JN418775

구조주의 사유체계와 사상

레비-스트로쓰, 라캉, 푸코, 알튀세르에 관한 연구

구조주의 사유체계와 사상

〔레비-스트로쓰, 라캉, 푸코, 알튀세르에 관한 연구〕

김형효 지음

인간사랑

4저자들의 인용저서 약호

▣ Claude Lévi-Strauss

- *Les structures élémentaires de la parenté* : *S. E. P*
  (『친족의 기본구조』)
- *Anthropologie structurale* : *A. S.*
  (『구조론적 인류학』)
- *Tristes tropiques* : *T. T.*
  (『슬픈 열대』)
- *Race et histoire* : *R. H.*
  (『인종과 역사』)
- *La pensée sauvage* : *P. S.*
  (『야생적 사유』)
- *Le totémisme aujoùrd'hui* : *T. A*
  (『오늘날의 토테미즘』)
- *Anthropologie structurale deux* : *A. S. deux*
  (『구조론적 인류학 II』)
- *Le cru et le cuit* : *C. C*
  (『날 것과 익힌 것』)
- *Du miel aux cendres* : *M. C*
  (『벌꿀에서 잿더미까지』)
- *L'origine des manières de table* : *O. M. T*
  (『식사법의 기원』)
- *L'homme nu* : *H. N.*
  (『벌거벗은 인간』)

▣ Jacques Lacan

- *Écrits* : *E.*
  (『기록』)

▣ Michel Foucault

- *Histoire de la folie à l'âge classique* : H. F.
  (『광기의 역사』)
- *Naissance de la clinique* : N. C.
  (『병원의 탄생』)
- *Les mots et les choses* : M. C.
  (『말과 사물』)
- *L'archéologie du savoir* : A. S.
  (『지식의 고고학』)
- *L'ordre du discours* : O. D.
  (『담론의 질서』)
- *Surveiller et punir* : S. P.
  (『감시와 형벌』)
- *La volonté du savoir* : V. S.
  (『지식의 의지』)
- *L'usage des plaisirs* : U. P.
  (『쾌락의 사용』)
- *Le souci de soi* : S. S.
  (『자기의 관심』)

▣ Louis Althusser

- *Lire le Capital I* : L. L. C. I
  (『자본론 읽기 Ⅰ』)
- *Lire le Capital II* : L. L. C. II
  (『자본론 읽기 Ⅱ』)
- *Pour Marx* : P. M.
  (『마르크스를 위하여』)
- *Positions* : P.
  (『위상』)

일러두기

본문에서『 』은 저서임을 알리고, 인용내용은「……」과 같은 표시로 되어 있다. 그리고 단어와 구절에「……」가 붙은 것은 자의적인 강조의 뜻과 동시에 차용된 개념, 또는 일일이 사용원전을 밝히지 아니한 뜻을 기호화한 것이기도 하다. 그리고 번역도 가급적 쉽게 전달하기 위해 원문의 단어를 직역하지 않은 것도 있음을 부기한다.

초판 서문

정확히 말하여 400자 원고지 본문만 1,299장을 써서 탈고하였다. 이제 나머지 부록은 원문인용과 참고도서 소개와 같은 기계적인 것이어서 정신적으로 별로 부담을 느끼지 않는다. 이 책의 평가문제를 떠나 이 책의 원고를 끝냄에서 필자는 실로 감개무량하다. 구조주의에 대한 저술을 생각하고 틈틈이 거기에 대한 공부를 한 지는 어언간 70년대 중반부터였다고 생각된다. 그동안 이른바 구조주의 〈4총사〉의 저술도 틈틈이 보고 또 그에 대한 주석 및 해설 책자도 꽤나 보았다고 여긴다. 필자가 가장 먼저 본 책은 기억이 틀리지 않는다면 70년대 초에 구라파 벨지움에서 귀국한 후 얼마되지 않아 접한 레비-스트로쓰의 『야생적 사유』(*La pensee sauvage*)였다고 생각된다. 그 전 60년대에 루벵대학의 유학시절 쟝 라크로와의 『현대 프랑스 철학의 개관』(*Panorama de la philosophie française contemporaine*)을 읽고 구조주의에 대한 매력에 끌리기 시작하였지만, 필자의 학교공부와 학위논문 준비에 바빠서 구조주의를 본격적으로 공부할 수가 없었다. 더구나 루벵대학은 학문풍토에서 구조주의를 별로 크게 반기는 것 같지도 않았다. 그 까닭은 아마도 구조주의가 공통적으로 무신론(無神論)의 사상을 강하게 지니고 있기 때문이리라. 구조주의에 대한 매력에 이끌려 거기에 관심을 가져 온 지 10성상 이상이 흘러갔다.

그러면 필자는 왜 구조주의에 대한 매력을 가져왔었던가? 한 마디로 딱 잘라 대답하기는 어렵다. 그러나 언제부터인가는 모르지만, 필자에게 과연 인간이 자유스러운가?라는 의문이 제기되기 시작하였다. 필자가 배워온 철학은 한결같이 인간의 자유의지를 금과옥조로 강조하여 왔는데, 그런 가르침과는 달리 늘 필자의 머리에는 인간이 그렇게 자유스럽지 못한 존재임을 생각하는 사고로 기울어지기 시작했다. 이 점을 필자는 졸저 『동서철학의 주체적 기록』의 머리말에서도 밝힌 바 있지만, 인간이 자유라고 부르는 것은 주어진 운명의 각본에 따라 최선의 연기를 할 때, 연기자는 그가 대본에 따라 말을 하고 행동하는 것이 아니라, 마치 그 스스로가 말을 만들어내고 몸짓을 하는 것으로 여기는, 아는 착각과 같은 것이 아닌가 하는 점이다. 서투른 연기자는 그가 대본의 노예임을 느끼지만 노숙한 연기자는 전혀 그런 수동성을 느끼지 않을 것이다. 이때, 오직 이때만 자유란 말을 인생에서 합법적으로 쓸 수 있는 것이 아닌가 생각해 본다. 그래서 언제나 필자에게는 개인의 자유의지나 선택의 철학 밖에 운명의 비철학, 구조의 놀이가 있다고 여겨왔었다. 필자는 그런 어렴풋한 감정으로 구조주의를 그동안 틈틈이 공부하여 왔었다.

그러나 구조주의를 쉬엄쉬엄 공부하는 사이에 필자는 날이 갈수록 좌절과 절망을 수차례 맛보았다. 때로는 구조주의 공부를 포기할까 하는 심정까지도 가졌었다. 그 까닭은 첫째로 구조주의가 포괄하고 있는 지식의 범주나 양이 너무 많고, 따라서 필자가 얼마나 아는 것이 없고 무식한가 하는 쓰라린 자각 때문이다. 둘째로 구조주의의 논리가 너무 난해하고 어렵고 복잡하여서 스스로의 두뇌수준에 회의를 가졌기 때문이다. 가장 초보적인 구조주의의 해설책을 제외하고 웬만한 수준의 해설저서도 역시 대단히 그 내용에서 난해했고, 그 문장이 매우 까다로웠다. 구조주의는 수학책을 보듯이 앉아서 꼼꼼히 그리고 차근차근 생각해야지, 일반 교양서적 보듯 하면 도저히 파악하기가 힘들다. 『야생적 사유』를 처음 읽었을 때의 그 지적 환희가 어려운 난제들 앞에서 퇴색되어 감을 느꼈다. 그래서 필자는 구조주의의 내용에 대한 어느 정도의 자신이 서면 필자의 지난 어려움을 생각해서 이해하기 쉽되 학문성이 있는 방식으로 책을 써야겠다고 다짐 또 다짐하였다. 필자는 이 책을 쓰는 동안에도 자칫 난해해지기 쉬운 내용을 가급적 쉽게 전달하면서 그 학문적 품위는 잃지 않으려고 노력하였지만 얼마나 성공하였는지 두렵기만 하다. 필자는 20대 청년시절 남들처럼 청운의 뜻을 품고 유럽 벨지움 루벵대학에 유학을 떠났다. 그때가 60년대 초반이었다. 어렵고 까다로운 그쪽 대학의 시험에 실패하고 돌아올까봐, 또 부님의 큰 기대에 실망을 안겨드릴까봐 유학기간 내내 정말 한눈 팔지 않고 주야로 매진하였다. 공부 이외는 아무런 물질적 · 정신적 여유가 없었던 필자의 20대 젊은 시절의 미숙한 눈에 비친 서양의 모습은 그 당시의 우리와 비교하여 참으로 잘사는 나라였다. 그때 필자는 경제적 콤플렉스를 심하게 느꼈다. 나는 가난한 나라의 백성이다. 그러나 우리는 문화적으로 동방의 문화민족이다라는 자부심은 있었다. 단지 지금은 전쟁으로 가난하지만, 언젠가 우리가 그 가난을 털고 일어서면 우리도 유럽처럼 선진문화 민주주의의 국가를 경영할 수 있으리라고 여겼었다.

「헛된 정열」이었다. 필자의 20대부터 지녔던 소박한 이데올로기가 「헛된 정열」이었다는 참담하고 쓰라린 경험을 안고 작년에 20년 전에 공부하던 그 루벵대학에 다시 공부하러 떠났었다. 그동안 귀엄쉬엄 공부하던 구조주의를 20대 그때의 정열과 패기로 마무리를 짓고자 한눈 팔지 않고 연구와 공부에 매진하였다. 안개끼고 음산하기 이를 데 없는 벨지움의 겨울날씨 속에서 고독과 「헛된 정열」에 대한 만 가지 상념과 간간이 T.V.로 들리는 조국의 찢어지는 소리를 들으면서 오로지 공부와 연구에만 매진하였다. 마치 그것만이 내가 의미를 찾을 수 있는 유일한 길인 양.

50대에 막 접어든 필자는 이번에 문화적 충격이랄까, 콤플렉스를 느꼈다. 이 문화적 콤플렉스가 무엇일까? 지금 말할 수가 없다. 오랜 세월 속에 축적된 과학지식에서의 평균적 역량과 아름다움을 생활 속에 자연화시키는 감수성의 질—아름다움이 없는 도덕은 거친 소음만을 낳는다—이 없이는 선진문화 민주국가가 되기 어렵다고 여겨진다. 필자는 평화와 평안이 있는 곳을 찾으면서 필자가 조용히 할 수 있는 바른 일은 과학지식의 축적과 아름다운 감수성의 질을 닦아나가는 것뿐이리라 생각한다.

필자의 노력에도 불구하고 실력의 축적이 미진하여 구조주의를 아직 완전히 소화하지 못하였음을 고백한다. 곧 이어서 필자는 G. 마르셀, E. 레비나스, M. 메를로-퐁티, P. 리쾨르, L. 라벨, H. 베르그송 등의 그간 연구를 보완하여 객관화시키려 한다. 그 다음 구조주의의 미진한 부분인 신화의 연구를 다시 완료하여 세상에 햇볕을 보게 하고, 이번 연구에 빠져 있는 후기 구조주의의 상징인 데리다 연구를 프랑스철학사의 집필과 함께 끝내고 동양과 한국의 연구에로 회귀할 것이다. 운명을 벗어날 길은 없지 않은가? 이 머리말을 쓰는 지금 밤시각에 모든 것이 고요하다. 문득 가끔 듣는 「실크로드」의 주제음악을 다시 머리 속에 되뇌이면서 사건의 무상 뒤에 도도히 깃들어 있는 적멸의 미학을 그려본다. 그리고 이 책의 저술이 문교부 해외 파견 교수 학술연구 조성비의 도움에 힘입었음을 부기하지 않을 수 없다. 끝으로 이런 학술서적을 기꺼이 출판하는데 동의해 주신 「도서출판 인간사랑」 여국동 사장님과 임직원들께 감사한 생각을 금할 길이 없다.

1989년 성하(盛夏) 새벽에 씀

개정판 서문

『구조주의의 사유체계와 사상』의 초판이 1989년에 나왔다. 그동안 꾸준하게 10쇄까지 진행되었는데, 이번에 출판사에서 재판을 하기로 결정했다고 하니 부족한 책을 집필한 저자로서 독자들에게 죄송스럽기도 하고 동시에 한편으로 감사한 마음을 가눌 길이 없다. 그래서 아주 세세하게 미비한 점을 다시 수정하기로 작심하고 꼼꼼히 읽어내려 갔다. 근본적으로 아주 새로 집필하듯이 대량으로 수정하지는 못하고, 인용문의 번역을 더 세련되게 하기 위하여 원문대조를 일일이 하면서 훑어 내려갔다. 그리고 설명과 해설의 우리말 표현에서 서툰 것이 보이면 쉽게 읽힐 수 있도록 다시 고쳐 썼다. 전보다 조금 더 향상된 흔적이 보였으면 좋겠다.

돌이켜 보면 구조주의는 저자에게 아주 중요한 사유의 계기를 제공해 주었다. 그 이전까지 저자는 주로 의식의 철학에 집중적으로 관심을 기울였다고 볼 수 있다. 그러나 무의식의 철학으로서의 구조주의는 역설적으로 의식의 철학인 현상학의 권위 있는 학자였던 루벵대학의 알퐁스 드 와렌스(Alphonse De Waelhens)로부터 영향을 받은 결과라고 볼 수 있다. 드 와렌스 교수는 현상학을 늘 프로이트 심리학의 무의식과 결부하여 주로 강의하였는데, 그의 현상학은 인간 의식을 인간의 자연적 경험의 깊이까지 확장된 의미를 지녔었다. 즉 그의 현상학은 심학을 자연적 물학의 영역과 맞닿는 데까지 심화·확장되는 탐구의 방향을 드러냈다. 이런 드 와렌스 교수의 사상은 저자로 하여금 평소에도 늘 갖고 있었던 철학적 의심인 의식의 한계를 알고 싶은 욕망을 불러일으켰다. 그런 의심을 갖게 된 중요한 계기는 의식의 영역이 이 세상의 모든 것이 아니고, 의식이 침투하기 어려운 몰의식과 무의식의 영역이 오히려 인간세상을 깊숙하게 지배하고 있는 것이 아닌가 하는 철학적 상상력이 작용해 왔던 것과 연관되어 있다.

그래서 저자는 구조주의의 탐색에로 들어가게 되었다. 구조주의는 대단히 난해했고, 또 기존의 철학공부와는 다른 영역의 확장이 필요했다. 인류학, 언어학과 수사학, 그리고 정신분석학, 마르크시즘, 서양의 역사 등과 같은 학문의 섭렵이 요청되었다. 이 여러 분야의 학문들을 저자가 다 소화했다고 보기는 어려워도 그래도 저자는 초보자처럼 새롭게 공부했다. 구조주의의 철학적 의미는 모든 표피적 사건과 행위에는 반드시 깊숙한 문화적·신화적 구조와 언어활동, 그리고 언어활동이 종합적으로 안고 있는 다원적 결정의 집합인 사회구조와 사회적 무의식의 실천양식의 압박 등과 같은 것이 도사리고 있다는 것의 발견이라고 볼 수 있다. 그래서 구조주의는 나로 하여금 에고(Ego)의 영역을 벗어나서 무의식적인 이드(Id)의 욕망을 중시할 것을 가르쳐 주었다. 자아철학이 얼마나 허망한 환각인가 하는 것을 구조주의가 나에게 가르쳐 준 진리였다. 그로부터 나는 인간 중심으로 세상을 보는 것을 멀리하고 인간도 자연의 한 부분으로 해체시켜 스피노자의 철학적 이념처럼 '영원의 상 아래서' (sub specie aeternitatis) 세상을 보는 법을 더 익혀야 한다고 여겼다.

이런 생각은 자연히 나로 하여금 구조주의의 자식과 같은 데리다의 해체주의를 다시 더 공부하게끔 하는 길을 떠나도록 했다. 데리다의 해체주의는 사실상 이미 독일의 철학적 거장인 하이데거의 사유에서 암암리에 시작된 것임을 나는 뒤늦게 깨달았다. 그러나 그 점은 여기서 더 언급하는 것은 적합하지 않으리라. 구조주의는 의식의 영역 밑에 남몰래 꾸준히 일하는 구조의 세계를 읽기를 종용하지만, 해체주의는 아예 더 인간과 그 의식의 세계를 온전히 해체하는 것이 철학적 과업이라고 주장한다. 그러나 이미 구조주의가 이런 인간의 해체작업을 선도했다고 볼 수 있다. 레비-스트로쓰는 의식의 인간학 대신에 무의식의 인류학을 등장시켰고, 라캉은 의식의 현상학을 무의식의 언어학으로 밀어냈으며, 푸코는 지성의 역사 대신에 역사적 무의식의 지층이 지닌 단층의 발견을 통하여 인간은 아주 최근에 근대정신과 더불어 등장된 자본주의적 신화에 불과함을 역설하였고, 알튀세르는 마르크시즘이 인간학적 소외 극복의 형이상학이 아니라 엄밀한 구조의 중층결정(다원결정)의 인식방법을 알려준 사회과학임을 주장하였다. 그래서 인간이 혁명의 주인공이 아니라, 구조의 모순이 스스로 폭발하는 것이 혁명의 순간임을 밝히려 하였다. 구조주의는 다 공통적으로 인간의 의식이 진리를 만드는 주체임을 거부한다. 무의식의 구조가 의식보다 먼저 더 깊게 작용한다는 것을 보여주는 사상이라고 볼 수 있다.

구조주의는 한국에서 철학적으로 별로 연구된 바가 없고, 오히려 사회과학에서 더 친근하게 연구되고 공부되어 온 것으로 보인다. 그 까닭은 한국의 철학은 아직도 의식의 영역을 더 사랑하는 관습에서 벗어나지 않았기 때문이겠다. 그리고 구조주의가 순수철학의 영역이 아니고, 일반과학과 뒤섞인 혼합철학의 스타일이라서 철학적으로 그다지 크게 환영을 못 받아온 것이 아닌가 짐작한다. 그러나 해체주의의 사상은 구조주의에서 잉태된 것이므로 구조주의의 이해는 해체주의와 21세기적 탈자아의 사유를 익히는 데 징검다리 역할을 할 것임에 틀림없다 하겠다. 이 점에 이 재판을 통하여 수정된 졸저가 조금이라도 철학과 사상의 공부에 관심이 있는 분들에게 어떤 학문적 도움이 되었으면 하는 외람된 마음을 갖고 이 재판의 머리말을 감히 대신하고자 한다.

2007년 여름의 끝자락에서

김형효 씀

차례

“

의미는 표면의 한 결과이거나
하나의 반짝거림과 물거품에 지나지 않는다.
우리를 깊게 가로지르는 것, 우리보다 앞서 있는 것,
시간과 공간 속에서 우리를 떠받쳐 주는 것은 체계다.

”

장 라크루아
– *Panorama de la philosophie française contemporaine*에서 –

1_ 구조주의의 이념

1. 멀리서 그리고 바깥에서 본 사유

인간이란 무엇인가? 인간에게 있어서 산다는 것은 무엇을 뜻할까? 이런 물음은 철학이 인류사에 등장한 이래 줄곧 반복되어 왔다. 몇 년 전 한국의 모 방송국에서 중국 내륙에 깊숙이 감추어져 있었던 풍물을 소개한 「실크로드」와 「대황하」를 연속 방영한 적이 있었다. 거기에 등장하는 주제음악의 멋과 아름다움은 접어두기로 하자. 그곳에 나타났던 사람들의 삶과 사회생활의 모습과 행태는 거의 매일 격한 충격과 어지러운 사건들의 연속과 비등하는 흥분과 열기로 충일된 우리의 것과는 너무나 달랐다. 열이 상대적으로 높은 우리 사회생활은 과열현상이 거의 보이지 않는 것 같은 저들 사회와 어떻게 다를까?

구조주의 사유체계의 대표격인 클로드 레비-스트로쓰(Claude Lévi-

Strauss)는 이처럼 대비되는 두 사회를 「차가운 사회」(la société froide)와 「뜨거운 사회」(la société chaude)라고 이름지었다. 「뜨거운 사회」에서 살아가는 사람들에게 적멸의 정신세계가 가져다 주는 고요와 평화를 어디에서 찾을 수 있을까? 사람들에 있어서 진정 행복과 안식이 어디에, 어떻게 존재할 수 있겠는가? 그런 개념들은 어디에도 있을 수 없는 하나의 허상에 불과할까? 우리가 흔히 발전이 덜 된 미개사회라고 부르는 그곳, 「차가운 사회」에서 사람들은 우리보다 더 행복하게 그리고 평화스럽게 사는 것일까, 아니면 무지몽매하게 사는 이른바 동물적 생활에 가까운 것일까?

이와 같은 의문들은 비록 구조주의적 사유세계에 접하지 못한 사람들도 위 두 편의 기록영화를 보았다면 생각할 수 있는 성질의 것이리라. 다시 철학적 의문에로 돌아가자.

인간이란 무엇일까?

동서철학사를 통하여 인간에 관한 철학적 관점에서 언제나 두 가지의 축이 마치 좌표상의 X, Y대처럼 존재해 왔던 것으로 보인다. 그 두 가지 축 가운데 어느 하나가 우세하면 다른 경향이 숨거나 잠복하게 되는 추세가 있었다. 인간을 수학적이고 지적인 작용에서 설명하느냐, 아니면 정감적이고 감성적 정열에서 파악하느냐? 인간은 이 우주에 공존하는 기호의 한 요소냐, 아니면 역사의 창조자냐? 인간이 자연적 물질 속으로 소멸하느냐, 아니면 초자연적 정신의 세계로 비상하느냐? 인간은 어쩔 수 없는 사회제도와 문화체계 속에서 필연적으로 살아가느냐, 아니면 의식의 자유로운 계획을 갖고 의미를 창출하느냐?

우리가 앞으로 다루고자 하는 구조주의(le structuralisme)의 사유세계와 논리는 단적으로 말하여 위의 양분법적 질문에서 전자의 축에 해당한다. 따라서 구조주의는 인간과 사회생활을 수학적 작용과 기호와 자연적 물질, 그리고 제도와 체계로써 설명한다. 그런 점에서 실존주의와 현상학과 해석학에서 귀중하게 여겨졌던 체험과 정열, 시간성과 역사성, 의식과 자유, 정신적 의미 등은 구조주의에서 사라지거나 무의미한 허상으로 밀려난다. 실존주의가 제2차 세계대전 와중과 직후, 그리고 식민지 해방전쟁의 소용돌이 속에서 신음하던 프랑스와 유럽대륙에서 한때(1950-1960년대)의 전성시대를 지성 가(街)의 유행으로 누렸다면, 구조주의는 혼란기를 극복한 시대에 많은 지성인들의 갈등에 유행처럼 대응되기도 하였다.

유행이란 것이 롤랑 바르트(Roland Barthes) 같은 구조주의자에 의해서 귀중한 기호체계로 다루어지기는 하지만, 여기서 우리가 다루려는 구조주의에 관한 연구는 그런 일시적 유행의 바람 때문만은 아니다. 구조주의가 현대의 인문사회과학에 끼친 영향은 지대하고, 심지어 그 영향으로 구조주의와 상반되는 과학연구 방법론인 현상학과 해석학도 어느 정도 구조주의의 방법론적 성과를 수용하고 있다.

그러면 왜 구조주의가 위에서 열거한 바와 같은 그런 좌표의 축을 자신의 이념으로 선택하게 되었을까?

루소(Jean-Jacques Rousseau)가 프랑스 철학사에서 비주류의 그늘에 가리워졌다가 구조주의적 사유의 선구자로서 부상하게 된다. 루소가 『언어기원론』(*Essai sur l'origine des langues*, ch. Ⅷ)에서 말한 구절은 레비-스트로쓰의 인류학적 구조주의의 중요한 이념적 바탕이 된다. 「인간들을 연구하고자 할 때, 자기 가까이서 바라보아야 한다. 그러나 인간을 연구하기 위해서는 자기 시선을 멀리 가져가는 것을 배워야 한다. 특성들을 발견하기 위하여 먼저 차이점을 관찰해야 한다」.[1)]

우리는 흔히 우리 주변 가까이 무수한 사람들을 만나면서 그들과의 만남과 접촉이 안겨다 주는 체험과 경험에서 사람들을 이해한다고 말한다. 그런 경우 우리는 자기 관점과 이해관계에 따라 자기 중심적으로, 편리한 대로 남을 평가하기가 십상이다. 그렇게 인간을 즉흥적 체험과 경험에서 판단하는 것이 과연 옳은 인식방법일까? 그런 방법이 옳다면 우리가 그 나라의 언어를 모르는 외국이나 또는 인류학자가 답사하는 원주민 사회에서도 과학적 보편성에 의하여 같은 방식이 적용되어야 마땅할 것이다. 그러나 어떤 언어적 의사소통도 잘 안 되는 사회에서 우리는 즉흥적 체험과 일상적 경험에 의존해서 그 사회를 인식하려고 하지 않고 밖에서 거리를 두고 관찰하려 할 것이다.

마찬가지로 우리는 별다른 생각 없이 자기가 자기 자신을 잘 알고 있다고 생각한다. 그래서 자기가 잘 안다고 생각하는 자기 자신은 남들이 모르는 어떤 신비스런 성역과 성벽으로 둘러싸여 있다고 착각한다. 그래서 자기 자신을 완고하게 주장하고 고집한다. 이른바 자아의 명증적 확실성이다.

레비-스트로쓰에 의하면, 적어도 서양철학사에서 이른바 자아의 명증적 확실성의 성채를 최초로 깨뜨리려고 철학적으로 노력한 이가 루소이다. 루소는 인문과학적 진리가 올바로 정초되기 위해서 데카르트(René Descartes)적인 「코기토」(cogito, 나는 생각한다)의 원리를 출발점으로 취하는 것을 포기해야 한다고 역설하였다. 레비-스트로쓰는 루소를 옹호하면서 데카르트를 비판하는데, 그 비판은 사르트르(J.-P. Sartre)에 대한 것과 사상적으로 일맥상통한 데가 있다. 레비-스트로쓰에 의하면 데카르트는 인간의 내면세계에서 세계라는 물리적 외면성에로 직접 건너뛰기 위하여 사회와 문명과 인간세계를 보지 못하였다는 지적을 받는다.[2] 더구나 서구적인 자아의 자신감과 확실성이 너무도 강렬하게 넘쳐 흐르던 계몽주의 철학의 시대에 루소가 「생각하는 자아」의 철학에 회의를 품고 「나는 하나의 타인이다」(Je *est* un autre)[3]라고 진술하였음은 놀랍고 경이로운 철학적 발상이 아닐 수 없다. 이러한 루소의 진술은 내 속에 생각되어지는 3인칭 단수인 「그이」(il)가 있음을 뜻한다. 내가 나 자신을 내면적으로 깊은 침묵 속에서 의식을 기술하는 것이 아니라, 나는 내 속에 있는 「그」를 물리학자가 자연을 바라보듯이 응시하고 관찰한다. 내가 나를 알고 집합적인 생활을 영위하는 인간을 인식하기 위하여 멀리서 그리고 바깥에서 그 「그이」를 먼저 객관적으로 인지해야 한다.

레비-스트로쓰의 이러한 사유논리의 철학성은 다른 구조주의자들인 자크 라캉(Jacques Lacan)이나 미셸 푸코(Michel Foucault), 루이 알튀세르(Louis Althusser) 등에게도 정도의 차이는 있지만 다 같이 나타난다. 정신분석학자인 라캉은 인류학자인 레비-스트로쓰와는 대상의 영역에서 다르지만, 데카르트나 사르트르와 같은 「코기토」의 철학적 원리를 사유의 출발점으로 삼기를 부정한 점에서는 마찬가지이다.[4] 「나는 생각한다. 고로 나는 존재한다」라는 명제가 담고 있는 뜻은 인간 사유와 인간 존재의 완전한 일치원칙을 겨냥하고 있다. 내가 존재함을 나는 직관적으로 나의 생각에서 파악하고, 내가 생각함은 다시 나의 존재의식을 직접 동반하게 된다. 이것이 데카르트적인 합리주의의 대원칙이다. 그런데 그런 원칙이 무의식을 탐구하는 라캉에서 그대로 수용되지 않는다. 인구에 회자되는 라캉의 표현을 빌리면, 「내가 존재하지 않는 곳에 내가 생각하고, 내가 생각하지 않는 곳에 나는 존재한다」.[5]

라캉의 인식세계에서 주체로서의 내가 말하는 것이 아니라 오히려 나는 말해짐을 당하게 되고, 그래서 자기 말의 주인으로서의 독자적이고 자치적인 인격으로서의 주체는 부정된다. 더 엄격히 말하면 내가 말하는 것이 아니고 「그것」(Ça)이 말하는 셈이다. 그리하여 라캉의 인식이론은 생각하는 나와 존재하는 내가 균열을 일으키는 자아의 「입벌림」(la béance)에서부터 시작된다. 조금 비유적으로 표현하면 「자아는 자기 자신의 집 속에서 주인이 아니다」. 그래서 그도 루소처럼 「나는 하나의 타인이다」라는 진술을 진리로 여기고 있다. 그의 말을 직접 들어보자.

「"내가 인간이다"라는 말이 지닌 충분한 가치는 그 인간을 인간으로 인정함으로써 내가 나 자신을 그러한 인간으로 인정하게 되는 사람과 같다는 것을 뜻한다. (…) 여기서 "나는 생각한다. 고로 나는 존재한다"(cogito ergo sum)가 자행한 지나친 남용에 대한 비판은 그만두기로 하고, 단지 (…) 자아는 병적 증후에 대한 치료에서 모든 저항의 중심을 대변한다는 것만 상기하기로 하자」.[6)]

인류학자(또는 민족학자)나 정신분석가로서 각각 출발하여 철학적 사유세계의 대변혁을 일으킨 레비-스트로쓰나 라캉과 달리 푸코나 알튀세르는 순수철학자로 분류된다. 나중에 흔히 「구조주의의 사총사」라고 불리워지는 이 네 사람에 대한 사상과 사유논리가 정리되겠지만, 푸코는 상식적으로 간주되는, 철학사 속에 등장되는 그런 철학자가 아니다. 그의 철학은 지극히 반철학적이다. 알튀세르는 공산당원이며 마르크시스트이다. 그러나 그의 마르크시즘은 공산당원이기도 한 그람시(A. Gramsci), 루카치(G. Lukács), 르페브르(H. Lefebvre)나 비공산당원이지만 마르크시스트가 된 사르트르의 철학과는 거리가 아주 멀다.

이미 푸코 자신은 그가 기고한 1966년 6월 『비판』지(*Critique*)에서 스스로 자기 철학을 「바깥에서의 사유」(la pensée du dehors)라고 명명하였다. 이 표현이 지니고 있는 상징성은 인간 의식의 내면적 체험에 바탕을 둔 실존주의와 확연히 구분된다. 구조주의가 「바깥에서 보는 사유」라면 실존주의는 「안에서 느낀 체험」이라고 보아도 좋으리라. 실존철학의 선구자인 키에르케가아(S. Kierkegaard)의 사상에 따르면, 추상적이고 논리적으로 실존을 생각함은 구체적이고 시간적이며 단독적인 실존을 파괴하는 셈이다. 푸코를 포함한 구조주의 사상은 실존적 생명을 철저히 전복시킨다. 오히려 구조주의는 실존적 인격의 은밀성 대신에 무인격성을, 자유의 윤리성 대신에 필연에의 인식을, 정신적 가치의 「현존」 대신에 물질적 체계의 법칙을, 주체의 자각 대신에 주체와 인간의 소멸을 내세운다. 실존주의는 내밀한 양심의 독백을 듣기 위하여 인간들에게 가까이, 더 가까이 다가서려는 교제(la communion)를 갈구하지만, 구조주의는 인간의 삶을 그 전체 구도에서 인지하기 위하여 가급적 거리를 두려고 한다. 시간적인 과거를 「고고학적」으로 연구하기 위해서도 공간적으로 다른 영역을 민속학적으로 탐구하기 위해서 과거의 문헌 속에 담겨 있는 언어적 「담론」(le discours)이나 비언어적 실제행동(la pratique)이 더없이 중요하다. 왜냐하면 의식세계의 내면적 체험세계를 부정하는 구조주의에서 남게 되는 인식의 수단은 밖으로 언표된 담론이나 외양화된 실제행동 이외에 달리 의존할 것이 없기 때문이다. 뒤에서 우리가 살펴보겠지만, 푸코의 인식이론은 바로 이 두 가지 것에 대한 관심으로 요약된다.

그래서 푸코 철학의 두 가지 주요한 이론서인 『말과 사물』(*Les mots et les choses*)과 『지식의 고고학』(*L'archéologie du savoir*)은 「담론」의 체계에서 어떻게 저자의 무게가 합법적으로 무의미해지며, 그것이 결국 소멸되어 종국적으로 문헌자료에서 사고규칙의 명백한 장치나 「언표」(l'énoncé)와 「담론」의 제자리 찾기가 이루어지는가를 보여준다. 저자의 실존적 체취는 사라지고 언어의 체계만이 남는다. 이브 베르트라(Yves Bertherat)가

『정신』지(*Esprit*, 1967년 5월)에서 푸코에 대해서 이야기하였듯이 「작가는 목수가 그의 건물 뼈대의 원인이 되는 방식으로 그가 그의 작품의 원인이 아님을 잘 안다」.[7] 「문자는 오직 자기 자신에게만 관계된다. 그럼에도 불구하고 문자가 내면성의 형식에서 파악되지 않는다. 그것은 자기 자신의 전개된 외면성에 일치된다. 문학은 기호의 한 유희 이외에 다른 것이 아니므로 (개념적 의미인) 소기(所記, le signifié)*의 질서보다 (감각적 측면인) 능기(能記, le signifiant)*의 질서에 더 많이 복종된다. (그리하여) 주체는 언어활동 속에서 고정되어지지 않고 오히려 사라지기를 계속한다」.[8]

그런 점에서 푸코에게 있어서 인간의 사유세계는 밖으로 나타난 기호나 담론 이외에 다른 것이 아니다. 그 담론은 「모든 인식이 나타날 수 있는 장소」이다. 구조주의적 진리는 단지 「외면성」(l'extérioroté)의 특징을 지닐 뿐이다. 이 점에서 그는 이렇게 생각한다.

「네 번째 규칙인 외면성의 규칙, 담론으로부터 감추어진 내면적 핵심이나 그 속에서 나타나게 될 의미나 사상의 심장부에로 가지 않고 담론 자체로부터, 담론의 나타남과 그 규칙에서 출발하여 가능성의 외적 조건에로 향하여 가는 것, (…)」.[9]

하여튼 구체적 체험과 일상적 경험은 푸코 철학에서는 인식론적 가치가 없는 비(非)지식의 세계에 속할 뿐이다. 푸코가 귀중하게 다룬 광기나 정신병이나 의학에 관한 그 모든 담론도 결국 어떤 신성불가침한 주체나 저자가 말했던 것을 기술한 것이라기보다 광기나 병 등이 표시하고 있는 언어 속에 「고고학적」인 「외면성」의 규칙이 있음을 뜻한다. 고고학적인 발굴조사에서 나타난 무덤이나 토기의 소유자나 주체가 누

---

* 소기와 능기의 개념은 곧 설명될 것임.

구인가를 논의할 필요가 별로 없다. 그 조사에서 나타난 유물은 그 시대의 생활문법을 알리는 「언표」(l'énoncé)이다. 푸코가 사랑한 「고고학적」 방법은 먼 공간에서 우주를 관찰하는 천문학처럼 시간 속에서 멀리서 그리고 비깥에서 바라보는 「외면성」의 진리와 연결된다.

이런 구조주의적 이념의 특징은 마르크시스트인 알뛰세르의 경우도 예외가 아니다. 스탈리니즘에 분노와 환멸을 느낀 서구의 마르크시스트들은 자신들의 이데올로기적인 갱생을 위하여 초기 마르크스(K. Marx)의 저작 중에서 특히 소외론에 깊은 사상적 애정을 쏟게 되었다. 독일의 「프랑크푸르트」 학파나 프랑스나 영 · 미의 마르크시스트들이 그러하였다. 그런데 알뛰세르는 바로 이러한 초기 마르크스 저작 속에 있는 소외론이 마르크스 본연의 사상이 아니고, 그가 헤겔(Hegel)이나 포이에르바흐(Feuerbach)의 철학적 우산에서 벗어나지 못한 과학적 방황과 미로의 소산인 이데올로기에 불과하다고 비판한다.

그에 의하면 소외론이 품고 있는 사회주의적 휴머니즘의 개념은 모순적이다. 왜냐하면 마르크스의 사상 가운데 사회주의의 개념은 과학적이지만 휴머니즘의 개념은 이데올로기적이기 때문이다. 과학과 이데올로기와의 준엄한 구분에 대한 그의 이론은 뒤에 다루어지게 되겠지만, 이데올로기는 과학적이고 구조론적인 인식에 비하여 표피적 체험과 경험적 관찰에만 의존하여 성급하게 내린 감상주의적 행동양식에 속한다. 그의 개념대로 표현하면 이데올로기는 「거짓 인식」(La connaissance fausse)이고 「몰인식」(la méconnaissance)이다. 미셸 리샤르(Michel Richard)는 알뛰세르의 철학을 해석함에 있어서 이 구조주의자는 「마르크스의 작품에서, 특히 변증법에서 헤겔주의의 모든 것에 종말을 내렸다고 진단」하였다. 「그의 관심은 이성과 인식을 생산으로 간주하는 것이다. 인식하는 것은 역사적이고 사회적인 상황의 한 계기에서 인간의 이론적 · 실천적 조건을 탐구하는 것이다. 알튀세르적인 모형(le modèle)은 칸트(J. Kant)의 측면에서 탐구되어져야 한다. 왜냐하면 사회적이고 역사적인 것은 칸트 철학에서 시간과 공간의 형식과 똑같은 인식의 선천적 조건의 기능을 갖고 있기 때문이다」.[10] 칸트가 뉴턴(I. Newton)적인 자연과학적 지식의 가능근거를 제시하려고 했던 것처럼 알튀세르는 마르크스의 사회과학적 지식의 구조론적 가능근거를 인식론적으로 정립하려 하였다. 그래서 이 구조주의자에게 있어서 「철학한다는 것은 어떤 조건 아래서, 그리고 어떤 조건에서 과학적 문제가 정립되는가를 연구하는 것이다」.[11]

그렇다고 알튀세르의 인식이론이 칸트적인 선험주의의 사회과학적 복사판이라고 간단히 생각해서는 안 된다. 왜냐하면 그의 사상은 종국적으로 역사와 사회를 거대한 기계의 작동에, 「저자가 없는 연극」에 비교하기 때문이다. 그런 점에서 구조주의가 제기한 과학성에 대한 긍정적 평가와 철학적 한계에 대한 부성적 비판을 동시에 수행한 폴 리쾨르(Paul Ricoeur)가 구조주의의 이념을 일컬어 단적으로 「선험적 주체가 없는 칸트주의」[12](un Kantisme sans sujet transcendental)라고 평가한 사실을 크게 유념해야 하리라. 대체적으로 리쾨르의 이 이념적 평가는 모든 구조주의자에게 별 이의 없이 수용되고 있고, 특히 레비-스트로쓰는 그런 분류에 어떤 당혹감도 표시하지 않음을 공인하고 있음에서랴.[13]

2. 동일화의 실체론에서 다양성의 관계론에로

헤겔, 그는 분명히 서구의 근대사와 현대사를 통하여 사상적인 대부 노릇을 해왔었다. 이데올로기적으로 좌파든 우파든 어떤 이도 이데올로기상으로 헤겔의 영향력에서 벗어나서 자기를 이념적으로 정립할 수 없었다. 확실히 이 독일의 철학자는 동서철학사에서 누구도 감히 시도하지 못했던 거대한 진리의 전체화라는 야심을 실현시키고자 하였다. 즉 그는 지식과 실천의 두 측면을 통일한「절대지」의 지평을 웅대하게 전개시켰다. 그런데 20세기 중반에 들어와서 이러한 헤겔의 야심을 분쇄하려는 한 무리의 흐름이 언어학, 민족학, 기호학, 정신분석학 등에서 움트기 시작하였다. 헤겔적인 변증법에 의하여 이루어지는 통일의 논리를 비웃으면서 헤겔이 구축한 형이상학과 이데올로기의 자아중심성에 정면 도전한 한 묶음의 과학적 탐구를 우리가 구조주의라 부른다. 실존철학자인 키에르케가야나 가브리엘 마르셀(Gabriel Marcel)이 헤겔적 사유세계에 처절한 투쟁을 한 것은 사실이지만, 그 투쟁은 어디까지나 정감적 차원의 것이지 과학적 지식의 차원에서 체계화된 것은 아니었다.

구조주의자들은 헤겔에서 정상을 누렸던 서구의 지식체계와 이데올로기가 너무 서양인의 자기중심적 · 자기폐쇄적 나르시즘 현상이라고 비판한다. 구조주의 철학이 그 이전의 철학에 대해서 가하는 비판은 유일하다고 여겨온 서구적 이성의 보편성에 대한 믿음이다. 이런 자기 확신에 대한 믿음은 서양철학사를 통하여 이미 언급된 데카르트와 헤겔 그리고 사르트르까지 이어져 내려온다. 근대 · 현대 서양철학사는 자기 문화 내부에 있는 자기 자신의 합리성과 그것의 보편화가 지구상의 다양한 역사와 생활문화권의 다면성을 자기 기준과 규범에 의해 정리하고 설명할 수 있다는 신념체계를 굳혀놓았다. 다른 역사와 문화는 서양적 이성의 요구에 복종해야 한다고 주장하였다. 또한 과학과 기술의 최선진적 지식이 그런 정당성의 현실적 본보기라고 그들(서양인들)은 철칙으로 믿어왔었다. 이런 발상은 단순히 서양 근대 · 현대사에서 불쑥 솟은 것이 아니고, 고대 희랍의 철학에서도 예외가 아니었다. 플라톤(Platon)이 희랍인들의 합리적이고 논리적인 「로고스」(logos)와 야만이라고 여겼던 비(非)희랍적인 「뮈토스」(mythos)의 구별을 학문과 문명의 척도로 여긴 순간에 벌써 타자를 배척하는 동일성의 배타주의가 싹튼 것 또한 사실이다.

흔히 마르크시스트적인 좌파들은 이런 백인 중심의 사고방식을 문화적 · 정치적 · 경제적 · 군사적 제국주의라고 비판한다. 그러면 그렇게 비판하는 마르크시스트들은 제국주의가 아닌가? 그들은 우파의 제국주의만큼 자기중심적이고 나르시스적이다. 공산주의적 제국주의가 바로 그 뜻이다. 구조론적 관점에서 보면 우파든 좌파든 다 이데올로기적 관점에서 동일한 제국주의적 사고구조를 지니고 있다.

좌우파 간의 구별 없이 서양 백인 중심의 문화가치와 사고방식의 제국주의적 우위성에 대하여 감정적이거나 감상적 차원에서가 아니라, 인식론적 차원에서 체계적으로 비판의 문을 열게 된 사상가가 클로드 레비-스트로쓰이다. 그의 저서 『야생적 사유』(*La pensée sauvage*)는 그런 이념을 품고 있는 인식이론이다.

「주술과 과학과의 사이에서 최초의 차이는 (…) 전자가 온통 전체적인 결정론을 요청하고, 그에 반하여 과학은 어떤 수준이 단지 다른 수준에 적용될 수 없다고 여기는 결정론의 형태를 인정하는 등 수준들(차이)을 구별하면서 작용하는 점에 있다」.[14)]

앞으로 이 책에서 이 유명한 「야생적 사유」의 본질을 더 자세히 접하게 될 기회가 있겠지만, 이른바 언어문자와 역사가 없는 「야만인」과 「문명인」 사이에 사고방식의 구조적 차이가 그렇게 우심(尤甚)하지 않다고 생각하는 인류학적 · 민족학적 구조주의는 오늘날 백인이 창조한 선진 과학기술 문명이란 어떤 필연의 결과가 아니고 문화전략의 다양성 속에서 우연히 솟은 사건일 뿐이라고 생각한다. 따라서 그 우위는 대단히 허약하며, 경우에 따라 다른 우연에 의해 전복될 수도 있다. 레비-스트로쓰에 의하면, 오늘날 서구가 누리는 산업혁명의 결과에 따른 과학기술의 우월감은 서구 문화사가 안아왔던 풍부한 다양성의 무의지적 소산에 지나지 않는다.[15)] 즉 르네상스의 시작에 서구는 고대 희랍 · 로마 문화, 독일, 앵글로-색슨 문화, 아랍과 중국 문화의 영향 아래서 이루어진 만남의 용광로였다.

요컨대 종족중심주의(l'ethnocentrisme)의 사고방식을 상대화시켜 나가는 길이 구조주의가 겨냥하는 이념이기도 하다. 지금까지 인류사는 자기 문화의 가치와 규범 그리고 사고법전에 따라 인간 본질을 해석하던 버릇을 정당화해 온 느낌이 강했다. 그런 버릇이 이데올로기화한 것이 인종차별주의(le racisme)이다. 그런 버릇을 과학적으로 정당화하려고 한 것이 제 문화법전의 다양성을 하나의 동일성에로 환원하고자 하는 일이었다. 서양적인 휴머니즘과 인권과 보편적 이성의 바탕도 이와 다르지 않다. 「인권의 위대한 선언도 (…) 인간이 추상적 인류 속에 자신의 본성을 실현하지 않고, 아무리 혁명적인 변화라도 칸막이 전부를 사라지게 하지는 못하며, 시공 속에서 엄격히 정의된 상황에 따라 설명되어지는 그런 전통적 문화 속에서 자신의 본성을 구현한다는 사실을 심히 망각한 이상을 나타낸 감정과 약점을 지니고 있다」.[16]

『슬픈 열대』(*Tristes tropiques*)에서 레비-스트로쓰가 말한 남미 인디언과 백인 정복자들이 각각 초기에 서로 어떻게 상대방을 보았는가 하는 이야기는 충격적인 사건을 넘어 어떤 사고방식의 엄청난 특이성을 그려내고 있다. 남미 일부 지방에서 인디언들은 백인들을 잡아다가 물속에 집어넣고 보초를 세워 그들이 사람(인디언)처럼 죽고 썩는가를 몇 주간 관찰하게 하였다. 인디언들은 백인들이 불사의 신들이 아닌가 하고 의심쩍어했던 것이다. 그러나 백인 정복자들은 인디언들을 보고 저들이 사람처럼 영혼을 가지지 못한 짐승들이 아닌가 생각했다. 레비-스트로쓰의 말을 그냥 옮기면, 다 똑같이 서로에 대해 무식하긴 마찬가지였지만 타인을 짐승보다 신들이 아닌가 하고 의구했던 대목이 더 인간다운 것이 사실이다.[17]

아무튼 종족중심주의와 제국주의의 이데올로기는 진보의 신화에 사로잡혀 있었다. 이 진보와 발전의 신화가 본질적으로 기독교와 어떤 밀접한 관계를 맺어왔던가를 여기서 펼치면 문제가 너무 복잡해진다. 진보와 발전의 역사관은 모든 인류의 역사를 종국적으로 그리고 한결같이 지고의 목표에로 통일적으로 수렴케 하는 일직선적인 역사개념과 관계된다. 서양 계몽주의 시대의 세계관까지 갈 필요가 없다. 우파적 이데올로기의 상징인 헤겔의 역사철학이나 좌파 마르크스의 역사발전의 6단계가 다 이 진보의 맥박과 직결되어 있다.

그러면 레비-스트로쓰는 도대체 진보와 발전의 개념을 전적으로 부인하는가? 그렇지는 않다. 그에 의하면 발전과 진보의 이미지가 내포하고 있는 비약과 도약은 같은 방향으로 줄곧 매진하는 것이 아니라, 「서양장기의 말처럼」「여러 가지 방향」으로 진행될 수 있다.「발전하는 인류는 계단을 올라가는 사람과 같지 않다. 즉 정복의 끝이 성취될 때까지 새로운 걸음걸이를 한 발자국씩 덧붙이는 그런 것이 아니다. 발전하는 인류는 매번 주사위를 던질 때마다 상이한 숫자를 자초하면서 융단 위에 흩어지는 것이 보여지는 여러 가지 주사위(숫자) 위에서 놀이꾼의 기회가 분배되는 것을 생각게 한다. 일방에서 이기면 타방에서 지게 마련이다. 단지 이로운 결합을 이루기 위해 계산이 첨가되듯이 역사가 수시로 축적될 뿐이다」.[18)]

결국 발전의 역사는 헤겔이나 마르크스가 힘주어 열변을 토하듯 필연의 법칙이 아니라, 우연의 놀이가 축적된 것에 불과하다. 그래서 레비-스트로쓰는『인종과 역사』(*Race et histoire*)에서「축적의 역사」(l'histoire cumulative)와「고정의 역사」(l'histoire stationnaire)를[19)] 대비시켜 언급하였다.「축적의 역사」는 이른바 문명인이 의미를 부여하고 상호 간 선-후를 비교한다. 그러나「고정의 역사」는 우리가 생각하는 발전의 개념이 그들에서 무의미할 뿐만 아니라, 우리가 사용하는 관계의 좌표에서는 결코 이해되기 쉽지 않은 개념을 지니고 있다. 사실상 레비-스트로쓰는「고정의 역사」란 표현을 별로 즐겨 쓰지는 않는 것 같다. 왜냐하면 그 개념 속에는 발전이 정체된 낙후성의 의미가 은연중에 담겨 있기 때문이다. 그가 말한 비유를 여기에 전달하면, 결국「축적의 역사」에는 모두가 같은 방향으로 가기 때문에—마치 같은 방향으로 서로 달리는 기차에 대해서 많은 정보를 얻을 수 있듯이—내용은 잘 인지하게 되지만,「고정의 역사」는 우리가 달리는 역사라는 기차의 방향과는 정반대이거나 또는 무관하다. 그래서 상반된 열차 운동에서는 서로 정보를 순간적으로 얻기가 힘들듯이「고정의 역사」에 대해서 우리가 잘 모르기에 그것이「무기력한 역사」(l'histoire inerte)라고 착각한다. 그러나 그런 착각은 다음과 같은 사실 앞에서 쉽게 무너진다. 악독한 기후와 지리적 환경에서 살아남는 적응력에서는 「에스키모」족이나 「베드윈」족을 당할 종족이 없고, 철학적이면서 종교적인 사유능력 면에서 인도를 누가 따라가겠으며, 자연과 조화를 이룩한 문화적 특징을 극동의 아세아제국보다 더 잘 이룩한 나라들이 또 어디 있단 말인가? 수경재배에 의한 농작물 생산은 이미 폴리네시아 원주민에서부터 시작되었고, 수학적 사고역량은 호주의 원주민이 이미 친족체계에서 구체화시켜 놓았다.

모든 문화는 그 나름대로 다 독특한 가치와 문제해결 능력과 그것을 위한 지식을 구비하고 있다. 그러므로 각 문화는 각각 다양하게 제 나름대로 조제방식이 다를 뿐이다. 조제방식이 우리와 다르다 하여 배척되거나 타기되어서는 안 된다. 레비-스트로쓰는 인류사에서 「신석기시대의 혁명」(la révolution néolithique)이 「산업혁명」(la révolution industrielle)보다 길고 긴 과정에서 더 중요하다고 언급한다.[20] 「산업혁명」에서 개인당 이용 가능한 에너지 양의 증대와 인간 생명의 의학적 연장과 보호가 과거의 「신석기시대의 혁명」에서는 볼 수 없었던 획기적 성과이다. 그러나 신석기시대에 어느 날 갑자기 수천 년 동안 인류가 향유하여 왔던 모든 도구제작과 예술, 종교, 사회생활의 법칙과 제도, 구체적 과학지식이 한꺼번에 탄생되었다. 「신석기시대의 혁명」에서부터 오랜 세월 동안 인류는 「조제법」의 특수성에 의해서 종족과 문화의 다양성을 열등의식 없이 누려왔다. 열등의식과 이데올로기적 투쟁의식은 백인이 가져다 준 독약이었다.

이처럼 구조주의는 발전사관에 의한 문화의 동일화(identification)를 거부하고 마치 음운론자들이 방언을 연구하기 위하여 음운대응의 방법을 취하여 방언의 음운을 연구하는 「이중체계」(le diastème)의 방법처럼 「변별적 차이」(l'écart différentiel)에서 역사와 문화를 논한다. 다시 말하면 모든 역사와 문화의 우열을 가리면서 암암리에 가치의 동일화를 시도하는 태도를 지양하고, 각 문화가 안고 있는 득이성이 다른 것과의 관계에서 어떤 방식으로 존재하는가를 탐구한다. 이 점에서 푸코의 구조주의도 인식론적으로 유사한 양식에서 전개된다.

이미 우리는 앞에서 푸코의 철학이 방법론적으로 「고고학적」 탐색의 성격을 지니고 있다고 암시하였다. 여기서 고고학적 방식에 의한 인식이론에 대한 이론적 규명을 좀 늦추기로 하자. 그 작업을 당분간 지연시키더라도 그가 독특하게 주장하는 「고고학」(l'archéologie)은 레비-스트로쓰가 말한 언어학적 연구방법(특히 음운론)인 예의 「변별적 차이」를 보는 방식과 구조적으로 맞물고 간다. 「고고학은 완만한 경사 위에서 앞서거나, 주위에 둘러싸여 있거나 또는 뒤따르는 것에 담론들을 다시 맺는 연속적이며 알아챌 수 없는 전이를 재발견하려 하지 않는다. (…) (고고학)의 문제는 반대로 담론들을 그들의 특수성에서 정의한다. 그리고 그 담론들이 작용시키고 있는 규칙의 놀이들이 어떤 점에서 다른 담론들에 환원될 수 없는가를 보여준다. (또한) 그 담론들의 외면적 뼈대를 전적으로 따라가면서 그것들을 더 잘 강조하기 위한 일만을 한다.[21]

「고고학이 의지하고 있는 지평은 하나의 과학도, 하나의 합리성도, 하나의 의식구조도, 하나의 문화도 아니다. 그 지평은 상호 실증성의 얽힘인데, 그 얽힘 가운데서 생기는 교차한계나 교차점들이 일격에 고정되어질 수 없다. 고고학은 담론들의 다양성을 축소시키려 하거나 그것들을 통일화해야 하는 단위를 묘사하려는 것이 아니라, 그것들의 다양성을 상이한 모습으로 나누려고 하는 비교의 분석이다. 고고학적 비교는 단일화

하는 결과보다 복수화하는 결과를 갖는다」.[22)]

정통 역사가들이 거창한 이념 아래 다루는 역사의 뒤안길에 레비-스트로쓰가 말한 「무기력한 역사」들이 「고고학적」 성격을 갖고 펼쳐져 있다. 이른바 「항해의 역사」라든가 「밀(맥작, 麥作)의 역사」나 「광산의 역사」, 「한발과 관개의 역사」, 「윤작의 역사」 또는 「기아와 번식 사이에서 취해진 균형의 역사」 따위가 그것이다. 과거의 전통적인 역사연구의 방식은 이와 같은 상이한 사건들 사이에 어떤 필연적 인과관계나 시간적인 연속관계를 찾으려 할 것이다. 그러나 구조주의는 다양한 사건들을 시간적 인과관계나 계기적 연쇄성에서 탐구하려고 하지 않고 어떤 사건이 일어난 시대의 지층이 다른 시대의 지층과 어떻게 다른가, 그 지층의 특성을 어떻게 계열화시킬 것인가를 겨냥한다.

푸코가 생각하는 인식의 세계는 세계사를 헤겔이 말한 것처럼 「자유의 의식에서의 진보」나 마르크스가 주장한 「계급투쟁의 역사」처럼 하나의 보편적 이념이나 설명원리에로 그렇게 조촐하게 정리하지 않는다. 그렇다고 테야르 드 샤르댕(Pierre Teilhard de Chardin)의 「우주론적 신학」같이 모든 역사가 마침내 「오메가 점」(le point d'oméga)에로 수렴되면서 비상한다고 여기지도 않는다. 단적으로 구조주의자는 통일적이고 연속적인 역사해석을 반대한다.

이런 이념은 마르크시스트인 알튀세르에게도 예외가 아니다. 이 구조주의적 공산주의자는 『마르크스를 위하여』(*Pour Marx*)라는 저서를 통하여 「통속적」이고 「이데올로기적」인 마르크시스트들의 견해와 달리 마르크시즘은 이론적이고 과학적인 관점에서 결코 휴머니즘도 역사주의도 아니라고 천명한다.[23)] 그의 지론에 의하면 휴머니즘과 역사주의는 꼭 같은 이데올로기적 문제성에 근거해 있다. 그가 생각하는 구조주의에서 볼 때, 마르크시즘은 「반(反)휴머니즘」(l'anti-humanisme)이고 「반(反)역사주의」(l'anti-historicisme)이다. 그 까닭에 대한 이론적 접근은 그의 사상과 논리를 별도로 다루는 장에 가서 자세히 보기로 하자.

하여튼 푸코나 알튀세르는 역사를 이른바 사유의 위대한 연속성이란 화려한 옷 안에, 또는 하나의 「절대정신」이나 그람시가 외쳐댄 「인간의 집요한 의지」라는 궁극적 유일성의 이념적 포장 속에 가두어 두기를 거부한다. 레비-스트로쓰나 라캉과는 달리 그들이 생각하는 사유나 인식이나 철학과 문학의 역사는 가스통 바슐라르(Gaston Bachelard)가 말한 「단절」(la coupure)의 이론에 바탕을 두고 있다. 바슐라르에 의하면, 모든 새로운 지식과 과학기술은 앞섰던 과학기술과 과감한 단절을 시도하는 사고의 용기에서 나온다. 「예컨대 20세기 이전까지 조명의 기술은 물질을 연소시키는 데 역점을 두었다. 그러나 20세기에 접어들면서 빛을 내게 하기 위하여 전혀 새로운 발상이 나왔다」. 이번에는 물질을 연소시키는 방향이 아니라 물질의 연소를 가급적 방해하는 기술전략이 문제이다. 여기에 「인식론적 단절」이 있다. 따라서 구조론적 역사인식은 동일화를 가져오는 연속적인 역사인식에서부터 구조적 층의 다양성과 그 관계를 보는 단절과 비(非)연속을 친근하게 여긴다. 차가운 구조의 확실한 인식을 위하여 뜨거운 사건의 분출을 지우려고 한다고 말해야 할까?

하나의 형이상학적 이념이나 영원한 진리에 의하여 모든 역사를 동일한 설명원리나 연속적 사건의 인과관계로 보는 방식을 탈피한 구조주의는 마침내 다양한 것들을 「관계의 틀」 속에서 파악한다. 그렇다면 아예 구조주의는 동일성(identité)을 인정하지 않는 것인가? 구조주의는 동일성을 주체적 실체처럼 파악하는 철학을 싫어한다. 일반적으로 구조주의는 자기와 자기 자신과의 주체적 동일성이나 자기 폐쇄적인 자존적 동일성을 실체론적 착각이라고 여긴다. 즉 동일성을 관계의 국면에서 파악하는 구조의 탐색이 중요해진다. 그래서 타자의 문제는 동일성의 구성요건으로 등장한다.

남들이 자기를 부르는 이름이 자신의 실체적 주체성과 자기 동일성을 알리는 기호가 아닌가 하고 생각할 수도 있다. 그러나 그것이 그렇게 상식의 차원에서 간단히 끝나지 않는다. 라캉의 정신분석학의 도움을 받자. 아직도 말을 할 줄 모르는 어린아이는 벌써 주위의 사람들에 의하여 이름을 부여받는다. 예컨대 한 아이의 이름이 「석이」라고 하자. 그 아이는 부모나 남들이 자신을 「석이」라고 부르는 관계에서 동일성을 배운다. 그런데 그 어린아이가 겨우 말문을 열게 되자마자 그는 스스로를 「석이」라고 부른다. 「나」라는 일인칭 대명사는 「석이」라는 이름보다 훨씬 늦게 상징화된다. 그가 자빠져서 우는 경우 「석이」가 자빠졌다고 생각하지 「내」가 넘어졌다고 생각하지 못한다. 라캉이 즐겨 쓰는 용어를 빌리면, 자아라는 「나」와 「석이」 사이에 하나의 구조적 「입벌림」(le béance)이나 「쪼개진 틈」(le clivage)이 있다. 자기 동일성이 최초로 주어진다는 것은 하나의 환상이다. 최초로 주어진 것은 타인과의 관계에서 노는 「석이」이다. 그래서 타인과 타자는 동일성을 정립하는 조건이 된다. 다시 말하자면 타인과 다른 것이 없으면 자기나 「같은 것」이 성립할 수 없으므로 동일성(같은 것)은 그 자체 홀로 존재하는 것이 아니고 「다른 것」이나 이타성과의 관계에서만 인식되는 변별적 차이에 의한 상징적 기호에 불과하다. 「(그런 점에서) 변별적 차이(l'écart différentiel)는 상징의 질서 안에서 주체 파악의 가능성이 긍정되는 장소이다」.[24)]

아프리카의 「오트 볼타」(Haute-Valta)의 서북쪽에 사는 「싸모」(Samo) 종족을 연구한 논문[25)]을 보면, 동일성을 구성하는 유일한 뼈대는 개인의 도덕적 판단에 의해서 주어지는 것이 아니라 사회적 정의에 의해서 성립한다고 한다. 심지어 개인이 범한 범죄도 도덕규칙을 어긴 것으로 간주되는 것이 아니라 사회규칙을 침범한 행위로 여겨진다. 그런 점에서 집단적 사회규칙이 개인 속에서 표현되며, 종족의 계보 속에서 정확히 주어진 그의 역할과 역할에 따른 명칭, 위치 등이 그에게 할당되면서 자기 동일성이 부여된다. 그래서 그 사회에서 죄의식의 감정은 존재하지 않으나 수치감은 존재한다고 한다. 다른 동일성은 없고 단지 그에게 부여된 각종 이름과 사회적 · 혈통적 명칭이 존재할 뿐이다. 「인간의 동일성은 그의 이름 속에 모두 포함되어 있다는 기호이다」.[26] 이 논문이 알려주는 정보도 실존적 개체의 고유성이 먼저가 아니다. 사회적 관계의 함수가 기본이다. 자기를 이해하기 위해 자기에서부터 벗어나야 하는 것을 배워야 한다.

3. 무의식의 논리, 무의식의 언어, 무의식의 놀이

현상학적 실존철학이 출발점으로 삼고 있는 의식과 주체성이 구조주의에서는 증발되거나 소멸된다. 따라서 모든 독립적인 개체와 자유 자체로서 여겨지는 의식은 나와 타인이나 타자들 간에 얽혀진 그물조직 속으로 융해되고 만다. 그래서 레비-스트로쓰의 경우에 결혼이나 친족의 체계와 구조가 인간이나 사회를 이해하는 「기호체계」(le code)나 「규칙」(la règle)으로 등장한다. 그런 기호체계나 규칙은 현상학이나 실존철학이 강조하듯이 개인의 자유로운 선택이나 「기획」(projet)에 의하여 의미부여를 받게 되는 것이 아니다. 현상학자들이 즐겨 사용하는 것과 달리 주체가 「의미부여」(la donnation de sens)의 원천이 되지 못한다. 왜냐하면 주체가 의식에 의하여 의미를 대상에서 발견하는 것이 아니라, 주체는 구조 속에서 거의 발견될까 말까 하는 정도이기 때문이다. 주체는 구조의 관계그물 속에서 의미의 저자나 근원일 수가 없다.

후설(E. Husserl)에 의해서 현대 철학의 중심개념으로 등장한 「의식의 지향성」(l'intentionnalité de conscience)과 같은 현상학의 철학에 정면으로 도전하면서 레비-스트로쓰는 「사회적 무의식」의 개념을 그의 철학적 인류학의 사상적 핵으로 삼고 있다. 「사회적 무의식」의 개념이 「구조론적 무의식」(l'inconscient structural)이라고 쓰여지기도 한다. 왜냐하면 그에게 있어서 「사회적 사실」(le fait social)은 물질과 같은 「사물」(la chose)이기도 하고 동시에 정신작용의 「표상」(la représentation)이기도 하기 때문이다. 객관적 사물세계와 같은 구조로서 존재하는 사회적 사실이 언어교환, 물질적 경제교환, 여성교환에 의한 결혼 등과 같은 집합에서 설명되어진다면, 우리의 정신구조도 그런 최소한도 교환의 가능조건인 「이중적 조직」으로 구성되어 있기 때문이다. 정신구조는 사회적 사실과 다른 별개의 것이 아니다. 그리고 좀더 정확히 말하자면, 인간의 정신구조가 이중적이기에 사회적 사실도 그러한 인간 정신구조의 반영에 의하여 이중적으로 구조화된다. 정신구조가 지니는 「이중적 조직」에 의한 상징적 표상보다 사회적 사실이 앞섰다고 말해서는 안 된다. 오히려 「이중적 조직」을 지닌 정신의 상징구조가 사회생활의 교환체계를 가능케 해준다고 봄이 타당하다.

레비-스트로쓰의 사유세계에서는 「물질적 사물」과 「정신적 표상」, 「사회적인 것」과 「상징적인 것」, 「객관적인 것」과 「주관적인 것」의 대립이 사라진다. 그런 대립이 무의미해지면서 「무의식의 체계」라는 개념이 나타난다. 「무의식은 집단적 사유의 범주이다」.[27] 「무의식은 타인과의 교환을 가능케 하며, 상징적 사유를 정초한다」.[28]

지금까지 레비-스트로스의 무의식 개념이 교환체계로서의 사회적 사실과 어떻게 관계되는가를 살펴보았지만, 그러나 그가 말한 무의식이 그 자체에서 무슨 기능을 하는지 우리는 아직 모른다. 이 의문에 대한 해답을 우리는 그의 저서 『구조론적 인류학』(*Anthropologie structurale*)에서 찾을 수 있다. 그는 우선 사람들이 흔히 혼동해서 쓰는 「무의식」(l'inconscient)과 「하의식」(下意識, le subconscient)을 구분하고 있다. 하의식은 매일매일의 일상생활의 와중에서 쌓여지는 「영상과 기억의 저장고」로서 단순한 기억의 한 국면에 속한다. 그래서 그 「기억이 비록 보존되어 있지만」, 언제나 현실적으로 다 나타나는 것이 아니기에 「제한성」을 지닐 수밖에 없다. 베르그송(H. Bergson)이 그의 저서 『물질과 기억』(*Matière et mémoire*)에서 말한 무의식은 엄밀한 뜻에서 「하의식」에 해당하리라. 그런데 「무의식」에는 「하의식」과 같은 그런 내용(기억)이 전혀 없다.

「무의식은 언제나 비어 있다. 좀더 정확히 말하자면, 위장이 자신을 관통하는 음식물들에 대하여 외부적이듯이 무의식은 영상들(les images)에 대하여 외부적이다. 특수한 기능의 조직으로서 무의식은 다른 곳, 즉 충동, 감동, 표상, 기억 등에서부터 오는 분절이 안 된 요소들에 대하여 그것들을 남김 없이 규명하는 구조론적 법칙들을 부과시키는 일만을 한다. 따라서 하의식은 우리 각자가 자신의 개인적인 역사의 어휘를 축적시켜 나가는 개성적 어휘 소사전이라고 말하여도 좋으리라. 그러나 그 어휘는 무의식이 자기 법칙에 따라서 그 어휘를 조직화하고 담론을 만들어 가게 되는 한에서만 우리 자신과 타인들에 대해서 의미를 지니게

된다」.[29)]

이 인용에서 레비-스트로쓰가 생각하는 무의식은 언어의 통사론적 법칙 같은 것으로 이해됨직하다. 그 통사론을 의미상으로 채우는 것은 하의식이라는 어휘들이지만, 그 어휘들을 의사소통의 교환수단으로 가능케 하는 것은 통사법칙이다. 뒤에 우리가 좀더 자세히 보겠지만, 인간 정신의 표상세계와 사회에는 무수히 다양한 어휘적 내용이 있지만 통사론의 법칙이나 음운론의 법칙은 지극히 유한하게 제한되어 있다는 생각에서 우리는 레비-스트로쓰가 의도하는 무의식의 법칙이 유한함을 짐작할 수 있다. 폴 리쾨르는 이러한 레비-스트로쓰적인 무의식의 개념이 프로이트(S. Freud)적이라기보다 칸트적인 성격에 가깝다고 진단하였다. 이러한 리쾨르의 진단은 레비-스트로쓰의 구조주의를 「선험적 주체가 없는 칸트주의」라고 한 해석과 함께 대단히 탁월한 식견으로 꼽히고 있다. 흔히 인구에 회자되는 칸트의 선험주의의 이념인 「경험의 가능성의 조건들을 인식함은 경험 대상들의 가능성의 조건들을 인식함과 동시적이다」라는 명제는 무의식적 구조가 하나의 생산적 관념이 아니라, 경험적 대상을 인식케 하는 선험적 법칙으로 여겨지는 한에서 구조주의의 이념과 일맥상통할 수 있다. 이러한 리쾨르적인 생각을 정당화시켜 주는 근거가 『벌거벗은 인간』(*L'homme nu*)에 나온다.

「구조주의는 인문과학에 대하여 그 과학이 전에 사용했던 것과는 비교가 안 되는 힘을 가진 인식론적 모형을 제의하고 있다. 구조주의는 인식의 눈으로 보면 무질서하게 산재돼 있고 어떤 점에서 평퍼짐하게 놓여진 사실들의 단순한 기술이 밝힐 수 없었던 통일성과 정합성을 사물들 배후에서 사실상 발견하고 있다. 관찰의 수준을 바꾸면서, 그리고 경험적 사실들을 통일하는 관계를 그 사실들 이쪽에서 생각하면서 구조주의는 그 관계가 사물들(그 사이에서 관계가 설정되는 바)보다 더 간단하고 더 잘 이해하기 쉽다는 것을 확증하고 증명한다. 그리고 그 사물들의 본성이 지니고 있는 불투명성이 일시적이든 결정적이든 간에 전과 같이 (칸트의 물자체 경우처럼필자주) 사물들의 해석에 방해가 되지는 않지만 그 마지막 본성은 측량할 길이 없다」.[30] 이미 언급된 바와 같이 「언제나 비어 있는」 무의식은 그 자체 어떤 특정한 내용을 갖추고 있지 않다. 그런 점에서 「(…) 정신의 무의식적 활동은 하나의 내용에 형식들을 부과함에서 성립한다. 그리고 만약에 그 형식들이 고대나 현대, 원시인이나 문명인이나 막론하고 모든 정신에 근본적으로 동일하다면, (…) 다른 제도들이나 다른 관습들에 대하여 타당한 해석의 원리를 얻기 위하여 각 제도나 각 관습의 밑바닥에 놓여 있는 무의식적 구조에 도달해야 하고 또 그럴 수 있다」.[31]

이렇게 볼 때, 레비-스트로쓰의 사상은 정신의 무의식적 활동을 지배하고 있는 보편적인 법칙을 발견하는 데 관심을 쏟고 있다. 그렇다면 예나 지금이나, 여기서나 저기서나 동일하게 지배하는 사고의 무의식을 발견하는 일이 바로 앞절에서 해명된 문화의 다양성 이론과 상치되는 것이 아닌가? 동일한 무의식의 논리 건축은 이른바 동일화의 진보이념과 같은 것인가? 이런 의문들이 자연스럽게 나올 수 있다. 언제나 동일한 무의식의 법칙은 언어학적인 용어를 빌리면 「통사론」(la syntaxe)적인 것이지 개개의 어휘들의 내용을 따지는 「의미론」(la sémantique)적인 것이 아니다. 비근한 예를 들면, 고대 한국어나 현대 한국어는 통사론적으로 거의 같을 수밖에 없다. 시대의 변천에 따라 어휘가 많이 변화하였겠지만 기본 언어의 통사론적인 의사교환의 구조는 별로 달라진 것이 없다고 보아야 한다. 이처럼 무의식의 보편적 구조는 이러한 통사론의 법칙과 유사하다. 그 무의식의 법칙이 시공을 초월하여 동일할 수 있다는 것이 레비-스트로쓰의 생각이다. 그런데 다양성을 무시하는 동일화의 진보이념은 언제 어디서나 다양하게 다 통하는 법칙을 존중하는 것이 아니라, 오직 내 것의 실체만이 가장 이상적이고 옳은 것으로 여기게끔 강요하는 제국주의의 발상법을 띠고 있음이다. 레비-스트로쓰가 찾는 무의식은 「우리 것이고 동시에 남의 것」이다. 그래서 「변별적 차이」의 관계에서 따져지는 의미론에서 보면 그것은 다양하고 사유법칙의 통사론에서 보면 그것은 동일한 보편성을 지닌다.

이처럼 다양성과 보편성이 레비-스트로쓰의 사유세계에서 전혀 상치되는 것이 아니다. 그는 방대한(거의 600페이지에 가까울 정도의) 그의 저서 『친족의 기본구조』(*Les structures élémentaires de la parenté*)에서 자연적인 것과 문화적인 것을 대비시키면서 자연적인 것은 보편적인 것의 대명사요, 문화적인 것은 규범적인 것, 규칙적인 것, 다양한 것의 상징으로 규정하고 있다.[32] 즉 자연이 자발성과 보편성의 곁에 놓여 있다면 문화는 상대성과 규칙의 측면에 서 있게 되는 셈이다. 이 구조주의의 현대적 창시자는 조르쥬 샤르보니에(G. Charbonnier)와의 T.V. 대담에서 자연과 문화의 구분은 흔히들 말하듯이 도구발명(homo fabor)에 있는 것이 아니라 음운적론으로 분절된 언어의 사용에 있음을 지적하였다.[33] 벌은 상호 간에 공동적 신호를 서로 교환하고, 개미는 지하세계에 엄청나게 정교한 집을 짓는다. 그러나 그들의 신호는 번역이 불가능하다. 의사소통의 번역이 안 되는 것은 언어가 아니다. 그러나 벌과 개미와 같은 자연은 사회생활을 영위한다. 인간도 사회생활을 한다. 그러나 거기에 큰 차이점이 있다. 「자연은 사회적인 것을 조직적인 것으로 변형시키지만 문화는 조직적인 것을 사회적인 것으로 변형시킨다」.[34]

이러한 대응적 구분을 시도하지만 그의 사상 밑바탕에는 각각의 다양한 문화가 누리고 있는 어휘들의 의미론적 「변별적 차이」 아래 보편적 무의식의 통사론적 세계를 그는 집요하게 추구한다. 무의식은 모든 인간에게 예나 지금이나, 여기나 저기나 공통적이고, 그 무의식은 인간 속에 잠재해 있는 자연 자체이다. 그 무의식이 인간 정신에서 최소한 「이분법」(la loi binaire)을 기저로 해서(삼분법으로 세분되어지기도 함) 교환을 가능케 한다면, 자연 자체도 거대한 이분법의 복잡하고 정교한 체계에 지나지 않는다. 이런 논리를 뒤에서 자세히 보게 되겠지만, 레비-스트로쓰가 우리를 인도하고자 하는 항구는 그의 충실한 철학적 제자인 쟝-마리 브누아(Jean-Marie Benoist)가 지적한 것처럼 「자연 속에 재가입시킴에서 성립하는 주체의 해체에로 가는」[35] 곳에 자리잡고 있다.

그의 사상을 주석하는 이들의 눈에만 그렇게 비친 것이 아니다. 레비-스트로쓰 자신도 분명히 「구조주의는 인간을 자연 속으로 재통합한다. 만약에 주체를 제거시키는 것이 가능하다면, 너무도 오랜 세월 동안 철학의 장을 점령해 왔고 참을 수 없으리만큼 애지중지하게만 키운 아이와 같은 그 주체, 자기 자신에게만 독점적인 주의집중을 요구함으로써 진지한 모든 일을 방해해 왔던 그 주체를 제외시키는 것이 가능하다면, (…)」[36]이라고 밝히고 있다. 그의 사고 속에서 자연은 구조로써 읽혀지고 있고, 자연과 문화 사이에 새로운 차원의 화해가 같은 유형의 인식론 위에서 그의 사상은 꽃피고 있다. 그런 유형의 관계가 「야생적 사유」 속에 구체화된다. 그러나 그런 화해를 동양의 유교나 도가에서처럼 형이상학적으로 탈바꿈시켜서는 안 된다. 그 화해는 엄밀한 과학적 논리와 지식체계와 더불어 나타난다.

그의 학문이 궁극적으로 겨냥하는 이념은 「세계와 사유의 법칙들의 요청된 동일성」[37]이다. 세계(자연)와 사유(정신)와의 사이에 가능한 한에서 엄격한 결정론이 시계추처럼 반복한다. 정신은 결국 물질적 자연 법칙의 다른 모습에 지나지 않고, 무의식은 자연의 언어요, 그 문법인 셈이다. 유기적인 세계는 무기적 물질 속으로 마침내 용해된다. 그는 다음과 같이 말한다.「문화를 자연 속으로 재통합해서 결국 생명을 자신의 물리화학적인 조건들의 전체 속으로 재흡입시킨다」.[38] 실존주의자이면서도 마르크시스트인 사르트르는 이러한 레비-스트로쓰의 철학을 일컬어 물질적 「탐미주의자」(esthète)라고 맹박한다. 그런 「탐미주의자」에게는 혁명적인 역사의식이 결여되어 있다고 보기 때문이다. 뒤에 우리는 사르트르와 레비-스트로쓰 간의 논쟁을 정리하겠지만,「탐미주의자」라는 꼬리표가 레비-스트로쓰에게 전혀 거추장스런 것이 아니다. 오히려 그는 그 수식어를 수용한다.「인문과학의 마지막 목표가 인간을 구성하는 것이 아니고 해체시키는 것이라고 믿는 한에서 우리는 탐미주의자의 수식어를 받아들인다」.[39]

레비-스트로쓰의 무의식이 「주체가 없는 칸트적인 선험주의」 논리로 해석되는 것이 정설로 굳혀진다면, 라캉의 무의식 세계는 정신분석가답게 다분히 프로이트적이다. 라캉은 프로이트에로 다시 돌아갈 것을 거듭 강조하면서 영미계통의 상업주의화된 정신분석학 경향을 강력히 반대한다. 솔직히 라캉의 철학에서 일반적이고 세속적인 뜻에서 「정상」과 「병리」와의 구분은 환상적인 것에 불과하다. 즉 그에 의하면 이성적인 모든 인간의 담론은 다소간의 정도 차이는 있지만 「증후적」(symptomatique)이다. 의식은 현상학에서는 진리의 샘터로 여겨지지만 구조주의에서는 그것이 한갓 신기루에 불과하다. 오히려 의식의 작용이 인식의 근본적 오해를 자초하는 수가 있다. 그런 점에서 주체의 확고한 의식 위에 진리를 찾아나서는 데카르트의 「나는 생각한다」(cogito)의 철학은 여기서 붕괴되고 만다. 데카르트는 「나는 생각한다」를 의기양양하게 말한다. 그러나 라캉은 「나는 생각되어진다」라고 말할 뿐이다. 정통적인 철학자에 속하지 않는 그가 정통 철학에 준 충격은 인간의 존재를 사실대로 인식함에 있어서 원본적으로 인간이 욕망의 존재임을 부각시킨 데 있다. 비(非)철학의 지대로 추방당한 욕망을 다시금 철학적 사색의 핵심에로 환원시킨 이가 라캉이다. 욕망 때문에 인간은 숙명적으로 억압받게 마련이다. 억압당하지 않는 인간은 없다. 이것을 「원억압」(le refoulement originaire)이라고 한다. 이 개념은 라캉을 다루는 장에 가서 본격적으로 보게 될 것이다. 하여튼 「원억압」은 도덕적 죄의식보다 늘 구조적으로 선행한다. 숙명적인 「원억압」과 그 억압 때문에 직설적으로 표현하지 않고 우회적 상징으로 언어를 나타내는 「은유」(la métaphore)가 인간의 무의식이 된다. 은유는 이미 언어적 상징이다. 무의식은 언어의 상징적 기능에 의하여 인간에게 지불된 대가이다. 언어가 없는 동물에게는 무의식이 없다. 「언어활동은 무의식의 조건이다」.[40)]

아마도 라캉의 저서만큼 난해하고 어려운 책은 또 없으리라. 그만큼 라캉을 소화하기가 모든 이에게 너무 어렵다. 그럼에도 불구하고 왜 라캉이 철학자와 정신분석학자의 끊임없는 관심의 대상이 되는가? 그 까닭은 아마도 어두운 심연으로 표상되던 인간의 무의식을 언어의 법칙으로 그가 경이스럽게 해명하였기 때문이리라. 무의식을 구성하고 있는 상징들은 신화와 같이 인간 욕망의 은유적이거나 환유적인 언어들이다. 그 무의식의 언어들이 컴퓨터의 기억장치처럼 예외없이 자동적으로 한 개인의 운명을 지배하고 결정한다면, 유아시절 저장된 기억의 강도와 반작용이 그 이후에 오는 모든 개인생활의 기능을 프로그램화시키고 있다고 보아야 하리라. 무의식의 상징언어는 사전에 등장하는 바와 같은 일차적인 의미로 점철되어 있지 않다. 즉 언어의 개념적 측면인 「소기」(所記, le signifié)에 직접 연결되어 있지 않고 물질적이고 감각적 · 청각적 기능에 해당하는 「능기」(能記, le signifiant)에 얽혀 있다. 레비-스트로쓰의 무의식이 음운론적 또는 의미론적 「변별적 차이」에서 접근되듯이 라캉의 무의식도 여러 능기와의 차이 관계에서 파악된다. 그런 능기들은 인간 욕망의 성적 표출들로서 충동의 언어들이다. 「충동」(la pulsion)은 단순히 동물적 본능하고는 다르다. 본능은 동물적 행동에만 속하는 것이지만 「충동」은 동물과 다른 인간의 표상이다. 라캉은 4가지 「충동」을 「구강」, 「항문」, 「투시」, 「간청」 등으로 구분하고, 거기에 각각 대응되는 대상을 「가슴」, 「대변」, 「눈짓」, 그리고 「목소리」라고 말하였다. 더 기술적 측면으로 들어가는 것은 일단 여기서 그치기로 하자. 그것은 뒤에서 다루어질 것이다.

좌우간 무의식의 지주로 나타나는 위의 4가지 충동은 전부 타인, 즉 어머니와의 관계에서 생기는 일들이다. 어머니의 가슴에서 유아가 젖을 빨고, 어머니가 대변을 누게 하며, 자나 깨나 어머니의 눈짓과 마주치고, 어머니의 음성을 듣는다. 그렇게 자란 사람이 어른이 되어 이성적 사고를 한다 하여도 전통철학이 생각해 온 것과 반대로 이성적 생각은 유아기의 환상적 배후구조에서 결코 벗어날 수가 없다. 어른의 이성적 사고는 유아기의 물렁한 반죽 위에 새겨진 고고학적 흔적을 외면한 순수한 사변일 수가 없다. 인간의 무의식은 유가에서부터 타인과의 관계에서 싹튼다. 그래서 라캉의 구조주의는 「상호 주관적 논리」(la logique intersubjective)에서 파악되어야 한다. 그 타인 중의 타인이 어머니이다.

역시 관계(타인과의)에 의한 교환이 레비-스트로쓰에 못지 않게 라캉에게도 중요한 대목이다. 라캉이 레비-스트로쓰를 연상시키는 대목이 그의 주저인 『기록』(*Écrits*)에 나온다. 「동물적 사회로부터 언어에 근거해 있는 사회를 구분케 하는 것, 민족학적으로 사회를 감상하게끔 하는 거리 유지가 인식할 수 있게 하는 것, 그것은 그런 사회를 특징지우는 교환이 거기에서 채워주는 필요 자체보다 다른 근거를 갖고 있다는 것이다. 다른 근거란 "전체적 · 사회적 사실로서" 증여라고 불리워지는 것이다」.[41] 이 인용에서 우리가 감지할 수 있는 것은 인간이란 독립적 실체로서 내면적으로 성립하는 본질이 아니라, 다른 사람들과의 관계에서 인간의 구실을 한다는 것이다. 이 점은 민족학적 관점에서나 정신분석적 관점에서나 모두 마찬가지이다. 만약에 그 관계를 차단시키면 그 인간은 죽음과 절망에로 치닫게 된다. 레비-스트로쓰가 그의 『구조론적 인류학』에서 예를 들었듯이 원주민 사회에서 저주받았다고 생각되어진 개인은 그 집단과 가족으로부터 철저히 고립당한다. 고립당한 그 사람은 자연히 죽음의 길로 빠져든다. 레비-스트로쓰에게 무의식의 법칙이 이분법적인 교환의 사회성이듯이 라캉의 무의식에서도 타인과의 관계가 우선한다. 탄생하고 나서 유아에게 붙여지는 가계혈연상의 명명에 의하여 그 아기는 이미 언어적 상징의 세계에 도입되고, 죽음까지 그를 따라다니는 집단의 법칙에 종속된다. 라캉의 말을 듣기로 하자.

「상징들은 결국 인간의 삶을 전체적인 그물로써 포괄하기에 그 상징들은 인간이 세상에 태어나기 전에 뼈와 살을 통하여 그 인간을 생산하려고 하는 이들을 결합시키고, 그 상징들은 요정들의 선물이 아니라면 별들의 선물과 함께 인간의 탄생에서 인간 운명의 소묘를 가져오며, 그 상징들은 인간을 충복자로, 아니면 배신자로 만들 말들을 주고, 그 인간이 아직 존재하지도 않거나 죽음 자체를 넘어서 있는 곳까지 그를 따라

다니게 될 행위들의 법칙을 주며, 인간 존재가 말씀에 의해서 죄사함을 받게 되느냐 아니면 형벌을 받게 되느냐 하는 최후의 심판에서 인간의 종말은 그 상징들에 의하여 자신의 의미를 발견하게 된다(…)」.[42)]

라캉의 이 인용은 일체의 운명적인 것을 거부하는 사르트르가 그의 『보들레르』(*Boudelaire*)의 결론에 언급한 「흔히 사람들이 운명이라고 부르는 것은 사실인즉 자신들 스스로가 만든 것 이외에 아무 것도 아니다」라는 명쾌한 자유론과 정면으로 충돌하고 있다. 이러한 라캉의 생각에 따라 로베르 죠르쟁(Rogert Georgin)은 「사실상 정신분석학은 한 아기의 운명이 그의 탄생 전에 생겨났던 사건들에 의하여 종종 결정된다는 것을 매일 가르쳐 준다」라고 단언한다.[43)] 사르트르가 말하고 있듯이 인간은 자유로운 계획을 짬으로써 자신의 삶을 설계하는 것이 아니다. 근원적으로 아기는 부모의 과거적 행위의 「유표」*(marqué)와 밀접한 연관을 지니게 되며, 또 그 부모는 과거에 이미 지난 행위의 반복이나 수선과는 무관한 행동과 계획을 미래에서 자행하는 것이 아니다. 불교에서 말하는 연기의 법과 전생의 인연이 라캉의 구조주의에서 확연히 대두된다. 이처럼 한 아기의 존재와 그 운명은 이미 밖에서 규정된다. 이런 사실은 인간 존재를 남들과 바깥과의 관계를 떠나 설명할 수 없음을 보여주고,

---

* 「유표」(有標)는 「무표」(無標, la non-marqué)와 대립되는 개념으로서, 동일한 언어범주 내에 대립되는 두 가지 항이 있을 때 명시적인 언어형태를 가진 것을 유표라고 하며, 그렇지 않은 것은 무표이다. 예컨대 교통신호에서 "가시오"를 청색, "서시오"를 적색으로 표시하면 둘 다 "유표"이지만, "가시오"를 아무런 표시 없이, "서시오"를 적색으로 표시하면 "서시오"만이 유표가 된다. 유표는 특별취급을 뜻하고 무표는 그렇지 않음을 나타낸다(이정민 · 배영남 공저, 『언어학 사전』, p. 450 참조).

따라서 라캉의 개념에 따라 「상호 주관성」이 모든 무의식의 원천을 이루게 된다. 라캉은 말한다. 「인간과의 관계에서 상징적인 것의 외면성이 무의식의 개념 자체이다」.[44] 우리는 뒤에 나올 장에서 라캉을 별도로 다루게 될 때의 이해를 미리 돕기 위하여 다음과 같은 라캉의 명제를 기억해 둘 필요가 있다. 「무의식은 타인의 담론이다」.[45] 이 명제에서 소유격(타인) 「의」의 뜻을 정확히 알아두어야 한다. 소유격의 문법적 뜻은 「타인이 하는 담론」이라는 주격의 경우와 「타인을 말하는」 목적격의 경우가 각각 있다. 위의 명제는 이 두 가지 경우를 다 포함한다. 두 가지 경우 다 무의식의 주체는 존재하지 않는 이른바 「부재의 장소」가 된다. 왜냐하면 그 장소에는 타인이 하는 또는 타인에 관한 언표만이 존재할 뿐, 고유한 주체란 개념은 한갓 「부재」나 「벌어진 틈」이나 「입벌림」으로 표시될 뿐이다. 「비어 있다」고 주장한 레비-스트로쓰의 무의식과 「입벌림」, 「틈」 등으로 표시되는 라캉의 무의식은 모두 그 사고의 출발점에서는 다르지만 공통적으로 자기 것으로 가득 찬 자아와 주체의 개념과 정면으로 대치되고 있음에서는 마찬가지이다.

미셸 푸코는 위의 두 사람들만큼 무의식의 개념을 그렇게 현실적으로 강조해서 쓰고 있는 것 같지는 않다. 그러나 그의 철학의 인식이론은 분명히 무의식적 사유의 층을 빼면 성립되지 않는다. 문학작품이나 사유의 세계를 대변하는 문헌들은 저자 자신의 주체적인 메시지가 담긴 것이 아니고 언어가 말을 할 뿐이다. 그 책 속에서 말을 하는 것은 저자가 아니고, 「나」라는 주체가 아니다. 참다운 사유가 언어의 사유라고 할 때 푸코, 그는 이미 무의식의 세계 속으로 자신의 철학을 침잠시키고 있다. 많은 그의 연구가들이 한결같이 주장하듯이 푸코의 담론은 「바깥의 사유」(la pensée du dehors)에로의 진행이다. 역사의 지층을 정리하는 고고학은 시간적으로 그 시대의 바깥에 서서 사유한다. 고고학은 참여의 철학이 아니다.

고고학은 그에게 있어서 「고문헌」의 기술이다. 그러나 그가 말한 「고문헌」(les archives)이란 「하나의 문명 속에 보존되어 온 모든 텍스트나 인멸되는 위기에서 구출한 흔적의 전체를 뜻하는 것이 아니다」. 그에 의하면 「한 문화권에서 언표들의 출현과 소멸, 사건들과 사물에 대한 언표들의 역설적인 존재를 결정하는 규칙들의 놀이」[46)]가 곧 「고문헌」인 셈이다. 푸코에 의하면 서양 역사에서 르네상스 시대(16세기), 고전주의 시대(17-18세기), 18세기 후반-19세기 시대와 20세기 시대는 각 시대마다 그 이전과는 판이하게 단절된 그 시대의 공통적 사유문법이 있다. 이 사유문법을 우리가 뒤에 자세히 보게 되겠지만 그것은 정치권력, 자연과학, 사회과학, 문학 등 예술, 그리고 형벌의 역사, 병원제도의 역사, 언어학의 역사 등을 공통으로 가로지르고 있다. 모든 분야에 공통적인 사고방식이 지배하고 있을 때, 한 개인이 자기의 독창적인 목소리로 처음 어떤 것을 발굴 또는 발견하였다고 주장함은 망망대해에서 파도에 밀려가는 자기 소지품을 바라보고 안타깝게 자기 것이라고 메아리 없는 소리를 지르는 헛수고와 다를 것이 없다. 각 문화의 시대에 공통으로 가로지르는 그 사고의 방법이 곧 푸코가 말하는 「규칙들의 놀이」(le jeu des règles)이다. 어떤 규칙들의 놀이에서 그 놀이를 만든 사람의 주체는 별로 큰 의미를 띠지 못한다. 바둑과 장기는 그 놀이의 규칙들을 만든 이가 누군지 모르면서 사람들은 즐긴다. 그런 규칙들의 논리를 푸코는 「인식성」(l'épistémè)이라고 부른다.

전통적인 의미에서 역사의 인식논리는 시간의 다양함에 따라 여기저기 산재해 있는 자료들을 정리하여 하나의 일관된 연속적 세계관을 구축하는 일과 불가분의 관계를 맺고 있다. 마르크시스트들이 주장하는 계급사관이나 민중사관, 또는 우파 이데올로기적인 민족사관이나 모두 다양한 역사의 변이를 넘어 역사의 의미를 일관된 연속선상에서 파악하려고 하는 섬에서 공통적이디. 그런데 푸코는 그런 종류의 지성사나 철학사 또는 역사관이나 역사철학을 정면에서 부정한다. 역사를 관념이나 혁명투쟁의 연속적 전개과정이나 과업으로 여기는 교조성을 뒤흔들면서 푸코는 역사의 「불연속」과 「단절」 위에서 각 역사시대마다 공통적인 그 시대만의 「인식성」의 체계화에 전념한다. 그의 이런 역사인식의 특성은 이미 언급된 바슐라르나 캉길렘(J. Canguilhem)의 철학에서 영향을 받은 것으로, 역사의 불연속을 지식의 질서로서 간주한다.

「광기」의 역사에서부터 「성욕」(sexualité)의 역사에 이르기까지 푸코에 의해서 탐험된 모든 저서들에서 이른바 누구나 다 아는 서양역사의 창조자들, 예컨대 플라톤, 갈릴레오, 뉴턴, 칸트, 데카르트, 다윈, 아인슈타인의 이름이나 학설이 거의 등장하지 않는다. 왜 그러한가? 그 까닭은 한 시대에 공통적인 지식을 구성하는 「인식성」(épistémè)은 개별적인 천재들의 소산이라기보다 오히려 그 출처와 기원은 다양하지만 그것들을 한 시대에 공통으로 있는 「익명적인 담론」들의 소산이기 때문이다. 바로 푸코의 철학은 그것이 「광기의 역사」든 「병원의 역사」든 「감옥의 역사」든 「성욕의 역사」든 간에 각각 단층을 이루고 있는 시대의 「인식성」(episteme)을 구성하고 있는 담론들의 집합을 대상으로 삼는다. 그래서 그는 자기의 역사연구 방식과 전통적 역사연구 방식을 구분하면서 비(非)연속적인 단층식 고고학 연구문헌은 「기념물」(le monument)이라고 하고, 연속적 인과관계의 통시적 추구나 일이관지(一以貫之)한 역사관의 추구에 해당하는 문헌을 「자료」(le document)라 불렀다.[47]

「담론」(le discours)은 한 시대에 동식물, 정치, 경제교환, 광물, 자연, 환경, 질병, 언어, 실증법 등 다양한 부분에 걸쳐 말하여진 것들의 집합이다. 거기에는 과학문헌, 철학문헌, 문학작품, 법률조문, 민간의 구전설화, 각종 제도의 규정, 조약, 정치외교 문서 등이 다 포함된다. 그런 「기념물」적 담론들을 단층적으로 기술하는 것이 고고학적 인식론이라 하더라도 그 고고학은 예의 담론 이하로 파내려 가서 그 담론 밑바닥에 숨겨져 있는 인간 사상을 해석하는 것이 아니다. 「고고학」이란 개념이 갖는 인상은 감추어진 것을 찾는 일을 연상시킨다. 그러나 푸코는 「고고학적 인식이론」은 전혀 그런 류가 아니다. 예의 고고학은 모든 한 시대의 담론들을 나타나 있는 그대로, 그 기능과 규칙에 따라 바라볼 뿐이다. 즉 그 담론들의 형성법칙과 다른 종류에로의 치환논리(예컨대 식물학적 진술이 한 시대에 법률적 진술에로 어떻게 치환되고 있는가 하는 등), 그런 진술들이 나타나게 된 조건, 다른 시대의 진술들과 어떻게 구분되는가 하는 인식성적 단층의 가능조건 등을 「고고학」은 그저 기술할 뿐이다.

그래서 푸코의 역사연구는 엄밀한 의미에서 정신분석사, 의학사, 정치경제사, 형사제도사 등을 다루지 않는다. 오히려 그는 어떻게 각 시대에 「광기」, 「질병」, 「부」, 「감옥」, 「교육규율」 등에 관한 그러그러한 진술 등이 현실적으로 가능케 되었는가 하는 공통적인 인식론의 근거를 보여준다. 그런 점에서 그의 고고학은 니체(F. Nietzsche)가 말한 「계보학」(généalogie)과 일맥상통한 바가 있다. 또 어떤 점에서 그의 인식이론은 칸트주의적인 문화인식이론(물론 선험적 주체가 없는)이라고 보아도 좋으리라. 왜냐하면 그가 말하는 「인식성」(épistémè)은 한 시대 문화의 조직원리이자 가능조건이고, 모든 인식이론과 거기에 덧붙여지는 지식들을 정초하며, 한 시대의 객관적인 제도들과 학설, 그리고 사고방식의 형식과 지식들이 모두 하나로 구조적인 연결을 정합하게 하고 있음을 알려주는 「무의식적 지반」이기 때문이다.

4. 주체의 소멸과 반인간주의의 철학

이 책이 시작되는 곳에서 우리는 레비-스트로쓰의 대응개념인 「뜨거운 사회」와 「차가운 사회」를 구분하게 되었다. 이제는 그 두 개념에 대한 의미파악을 해보자. 『야생적 사유』의 저자는 「차가운 사회」란 「그 사회가 안고 있는 제도 때문에 거의 자동적인 방식으로 역사적 요인들이 그런 사회의 균형과 연속성에 가할 수 있는 결과를 폐기시키려고 하는 사회」이고, 「뜨거운 사회」란 「그 사회의 발전 동력을 만들기 위해 역사적 생성을 결정적으로 내면화」하는 사회라고 정의하였다.[48] G. 샤르보니예와의 T.V. 대담에서 레비-스트로쓰는 이 두 사회의 개념과 맞물려 가는 것으로서 「기계론적 기계」(les machines mécaniques)와 「열역학적 기계」(les machines thermodynamiques)의 개념을 도입하고 있다.[49] 이 두 「기계」의 의미를 그의 의도대로 충실히 옮겨놓으면 다음과 같다.

전자는 이론상으로 완전무결한 기계라면 처음 도입된 에너지가 한 번 주어지면 무한히 에너지의 상실 없이 작용을 거듭할 수 있는 성능을 지니고, 그 반면에 후자는 예컨대 증기기관처럼 온도의 차이에 따라 기능도 달라지고, 또 엄청난 노동력을 갖추고 있는 반면에 서서히 에너지를 소모하면서 점진적으로 그 에너지를 파괴해 나가는 성능을 지니고 있다. 전자와 같은 사회는 「차가운 사회」로서 거의 무질서가 발생할 수 없으며, 물리학자가 말하는 「엔트로피」(entropie)가 고정되어 최초의 상태대로 유지되는 그런 사회이다. 그 사회에서 「역사」니 「발전」이니 하는 개념들은 아무런 뜻과 매력도 지니지 못한다. 그런 사회는 「시계」(horloge)와 비유됨직하다. 반면에 「뜨거운 사회」는 「증기기관」(la machine à vapeur)에 비유되면서 발전과 그에 따르는 갈등과 엄청난 혼란, 「엔트로피」의 증가를 수반한다. 단순한 흑백논리에 의하면 이 두 사회 중에서 레비-스트로쓰는 「차가운 사회」와 「기계론적 기계」 사회를 선호한다고 말하지는 말자. 그런 생각은 너무도 한국 사회에서 풍미하고 있는 O · X식의 몸서리치는 반(反)지성의 형태에 속한다.

구조주의(le structuralisme)의 철학은 감정상 접근하기 어려우리만큼 차갑고 건조하다. 구조주의는 열정적인 참여 대신에 멀리서 응시하는 비(非)참여의 사상이요, 역사 속에 인간의 파토스(pathos)를 논하기보다 자연과 사물에 대한 로고스(logos)를 차분히 말하기를 가까이 하는 철학이다. 그러나 그와 같은 무(無)격정의 비(非)참여 이면에 어떤 차원의 화해가 감추어져 있는 것 같다. 그런 것을 구조주의가 지니고 있는 형이상학이라고 감히 부를 수는 없다. 왜냐하면 구조주의는 확연히 반(反)형이상학적 태도를 모두 견지하기 때문이다. 쟝 라크루아(Jean Lacroix)는 『현대 프랑스 철학의 개관』(*Panorama de la Philosophie française contemporaine*)에서 푸코의 사상을 해설하면서 끝에 다음과 같은 여운을 남겨놓았다. 「푸코는 로고스가 몰이성(hybris)과 관계 차단을 하지 않았던 희랍적 사유체계를 사랑했기 때문에 모든 전쟁과 모든 모순과 모든 분리 이전에 존재하는, 대립을 모르는 그 원초적인 합일의 세계에 거주하였던 것이 아닌가?」 그가 『광기의 역사』(*Historie de la folie*)를 저술한 원초적 의도가 거기에 있었던가?

후기 푸코에서는 인식론적 측면보다 「이성」과 「쾌락」이 이율배반을 일으키지 않는 희랍적 세계에로 그는 분명히 달려간다. 그것은 사실이다. 그리고 라캉의 정신분석학도 어쩔 수 없이 숙명적으로 억압의 슬픔을 도딕 때문에 감수해야 하는 인간에게 「행복」의 언어를 과학적으로 보여주려는 데 있다. 그런데 레비-스트로쓰의 사상은 반(反)형이상학적임에도 불구하고 궁극적으로 희랍의 세계에로 향하지 않고 불교적인 평화에로 경도되고 있다. 『슬픈 열대』에서 그는 이렇게 말하고 있다. 승려나 여승들이 모두 한결같이 머리를 삭발하고 있는 모습에서 여성도 남성도 아닌, 마치 고대 희랍 신화에 나오는 「자웅동체」(androgyne) (남녀양성을 겸비한) 같은 「제3의 성」이 출현하고 있는 것 같다.

「만약에 불교가 이슬람처럼 원시적 의례의 무절제를 지배하려고 한다면, 그것은 그 무절제 속에 어머니의 가슴에로 회귀하려는 약속이 품고 있는 합일하는 평온 때문이다. 그렇게 함으로써 불교가 광란과 불안으로부터 에로티즘을 해방시킨 연후에 다시 그 에로티즘을 재통합한다. 그와는 반대로 이슬람은 남성적 방향잡기에 따라서 전개된다. 여성을 유폐시킴으로써 이슬람은 어머니의 가슴에도 접근 못하도록 빗장을 걸어 잠갔다. 여성세계로부터 벗어나 남자는 하나의 닫힌 세계를 만들었다. 물론 그렇게 함으로써 이슬람은 고요를 얻는다고 믿고 있다. 그러나 이슬람은 제외시킴의 행위 위에서 그 고요를 얻는다. 다시 말하자면 사회생활로부터 여성을 제외시키고 정신적 공동체로부터 비(非)신앙인을 제외시킨다. 그런데 불교는 오히려 그런 고요를 하나의 융해로서 깨닫고 있다. 즉 여성과 인류와의 융해는 신성과의 성이 탈락된(assexué)된 표상 속에서 이루어진다」.[50] 이어서 그는 또 다음과 같이 말한다.

「각자(覺者)와 예언자(이슬람필자주)의 대조보다 더 분명한 것을 상상할 수가 없다. 둘 다 신이 아니라는 뜻에서 유일한 공통점이 있기는 하다. 그러나 모든 점에서 그들은 서로 대립된다. 각자는 정결하고, 예언자는 자신의 4부인들과 함께 힘이 있다. 각자는 남녀양성(androgyne)이고, 예언자는 수염이 텁수룩하게 나 있다. 각자는 평화적이고, 예언자는 전투적이다. 각자는 본보기를 보여주며, 예언자는 메시아적이다」.[51] 이어서 레비-스트로쓰는 기독교가 불교적인 것과 이슬람적인 것을 종합할 수 있었음에도 불구하고 현실적으로 역사적 · 지리적 그리고 내적 논리의 경향 때문에 그런 성공을 거두지 못하고 오히려 이슬람적인 것에로만 기운 서양의식의 불행을 이야기하고 있다. 『슬픈 열대』의 마지막 구절은 명상의 행복에로의 초대와 같다. 인류는 「생각의 이쪽에서」, 그리고 「사회의 저쪽에서」, 「아마도 우주와의 근원적인 교제 속에서」 자신이 존재했었고 또 존재하기를 계속할 것에 대한 본질을 파악할 수 있음을 그는 암시한다. 레비-스트로쓰가 불교에 대한 남다른 애정을 갖는 것도 과학적으로 그가 「야생적 사유」나 「신화적 사고구조」나 「근친혼의 금지」에 따른 「교환법칙」을 말하지만, 그 저변에 모든 「자아」(自我)와 「법아」(法我)마저도 소멸시키면서 자연에 용해되는 철학을 은근히 품고 있기 때문이 아닐까?

「모든 우리의 작품들보다 더 아름다운 한 개의 광물을 명상하는 것 속에서, 한 떨기 백합꽃의 공동 속에서 울려 퍼지는, 우리의 책보다 더 학문적인 그 향기 속에서, 상호 간의 용서와 청아함과 인내로 무거워진 그 눈짓 속에서 무작위적인 타협이 때때로 한 마리 고양이와 함께 교환하는 것을 허용하기도 한다」.[52]

이미 우리가 앞에서 본 자연과 문화의 상호 간 대립은 「우주의 시원적 소여」도 「세계질서의 객관적 측면」도 아니고, 그것은 단지 문화의 본질을 더 잘 이해하기 위한 방법론적인 작위에 지나지 않음을 알게 된다. 그런데 이미 언급하였지만, 우리는 결코 레비-스트로쓰의 이런 철학적 성향을 단순히 신비주의로 규정해서는 안 된다. 그는 어떤 경우에도 과학적 사유세계를 초월하는 신비주의를 인정하지 않는다. 단지 그가 자연과 문화의 합일을 궁극적으로 말한 것의 근거도 과학의 사유에서 왔다. 예컨대 자연의 유전세계에 「기호체계」(le code)가 있는가 하면 문화의 언어세계에도 교환의 기호체계가 있고, 문화에서 놀이의 법칙이 현대 물리학에까지 연장되기도 한다. 그가 문화를 「인간 두뇌구조」의 출현으로, 그리고 「생명을 그것의 물리화학적 조건들」로서 설명하려 할 때, 인간 정신의 본성이 물질의 그것과 구분될 수 없음을 알려준다. 그는 또한 『슬픈 열대』에서 인간 정신이 필연적인 법칙을 사물세계에 작용시킨다고 주장하는 『신칸트 학파』의 관념론에 반대하면서 「나의 생각도 그 자체 하나의 대상이며, 이 세계에 속하기에 나의 생각도 이 세계와 꼭 같은 성질을 지닌다」[53]고 표명하였다. 그는 이런 사상을 『야생적 사유』에서도 다시 취하고 있다. 「인간이 세계에 대립되지 않는 것과 같이 자아는 타인에 대립되지 않는다. 인간을 통하여 깨닫게 된 진리들은 세계의 것이다」.[54] 마찬가지로 『날 것과 익힌 것』(*Le cru et le cuit*)에서 그는 「정신은 사물들 사이에 존재하는 사물이며, 신화학(la mythologie)은 객관적 사유라는 바깥 구조를 알려주거나 증명하고 있다」[55]고 언급하기도 하였다. 그리하여 그는 「감각적 질(質)들의 논리가 실존함」(l'existence d'une logique des qualités sensibles)을 말하고, 「그와 같은 논리적 속성들은 맛이나 향기처럼 사물들의 속성으로서 직접 나타나기도 하여 감각적인 것과 지성적인 것의 대립이 초월되는」[56] 기호의 세계를 이야기하기도 한다.

구조주의가 「바깥의 사유」라고 해서 바깥과 구별되는 「안」의 세계가 존재하는 것을 전제로 하는 것은 결코 아니다. 단지 「바깥」이란 개념이 크게 강조된 이유는 종래의 철학개념과 의미론에서는 바깥이 안의 내용과 구분되는 형식으로서 취급되어 왔었고, 바깥 형식보다 안의 의미와 내용이 더 중요한 것처럼 여겨오던 것을 부정하기 위해서이다. 사실상 구조주의에서는 내용과 형식의 안팎 구분이 무의미해지고 「바탕」(le fond)과 「형식」(la forme)의 분별이 사라지는 데서 시작한다.[57] 이런 사유의 맥락에서 레비-스트로쓰는 너무도 오랜 세월 동안 철학에서 「귀염둥이로 자란 버릇 없는」 주체를 「나는 생각한다」(cogito)와 함께 자연과 물질 속으로 소멸시킨다. 그러므로 그의 인류학적 철학은 자유롭고 역사의식이 넘쳐 흐르는 개인을 아집의 덩어리로 여겨 소멸시키고, 오히려 익명적이고 보편적인 무의식의 그물 속에서 집합개념으로서의 인류를 응시한다. 구조론적 인류학은 철학적 인간학을 부정한다. 이 점은 푸코의 철학에서도 마찬가지이다.

여기서 우리는 구조주의가 공통으로 갖고 있는 이념인 「반(反)인간주의」(l'anti-humanisme)를 읽게 된다. 개인은 단지 집단의 일원으로서만 의미를 띤다. 「개인들이 자신들의 교훈을 배우는 것은 집단으로부터이다. 수호신에 대한 신앙은 집단의 사실이다. 자기 소속원들에게 사회질서의 와중에서 벗어나기 위한 절망적이고 부조리한 시도에 의해서만 그들에게 개인적 기회가 주어진다고 가르치는 것은 사회 전체이다」.[58] 「집단의 회원들로서 사람들은 각자가 개인으로서 느끼는 것에 따라서 행동하지 않는다. 모든 사람들은 그들에게 그렇게 행동하는 것이 허용되거나 규정된 방식에 따라 느낀다. 내면적 감정을 생산하기 이전에 관습이 외적 규범으로서 주어진다. 그리고 이 감지하기 어려운 규범은 (…) 개인적 감정을 결정한다」.[59] 이 모든 것이 그들에게 있어서 무의식이다.

그런 점에서 익명적이며 보편적인 구조론적 무의식의 요구는 그의 사상에 있어서 핵심적이다. 왜냐하면 그 무의식에 의하여 세계나 사유의 법칙이 동일해지며, 구조론적 방법과 현실이 동일한 체계 속으로 흡수되고, 나와 타인 사이에도 하나의 공통적 그물이 연결되기 때문이다. 그와 함께 「인간은 자신을 전적으로 결정하는, 즉 그의 사유나 행동, 행위마저도 조건지우는 어떤 결정론의 집합에 종속」[60]되기 마련이다. 그런 점에서 인간은 우주에 그물처럼 퍼져 있는 법칙이나 집단의 관습이나 상징적 · 이분법적 사고(예 : 음양)의 산물에 지나지 않는다. 레비-스트로쓰의 「반(反)인간주의」는 「인격의 자유와 유일한 실존성, 의식과 사유는 인간과 사물에 가차없는 결정론을 부과하는 익명적이며 무시간적인 보편적 무의식에로 환원된다. 레비-스트로쓰의 사상이 모든 인간주의의 근거를 파괴한 한에서 정당히 반(反)인간주의로 생각되어질 수 있다」.[61]

레비-스트로쓰보다 더 공개적으로 강렬하게 「반(反)인간주의」 철학을 선언한 구조주의자가 푸코와 알튀세르이다. 단적으로 푸코는 그의 주저라 불러도 좋을 『말과 사물』(*Les mots et les choses*)의 마지막 구절에서 「모래 위에 그려진 얼굴이 바닷가에서 사라지듯이 인간도 사라지리라」고[62] 「내기」를 건다. 사라질 인간의 모습과 동시에 철학도 같은 운명에 처하게 된다. 「오늘날 아직도 철학이 변함 없이 종말을 고하려 하고 있다는 사실, 아마도 철학 안에서, 그러나 더욱이 철학 밖에서, 철학에 대항하여 문학이나 형식사유에서 언어의 문제가 제기된다는 사실은 말할 나위도 없이 인간이 사라져 감을 입증한다」.[63] 그의 지론에 의하면, 언어가 소멸하면서 인간이 구성되어 왔기 때문에 이제 언어활동이 다시 모이는 이 기회에 이제는 인간이 사라질 차례가 된 것이 아닌가 하고 반문을 제기한다.

「하여튼 한 가지가 확실하다. 즉 인간은 인간 지식에 정립된 것 중에서 가장 오래된, 그리고 가장 항구적인 문제가 아니다. (…) 인간은 최근의 발명이다」.[64] 도대체 『말과 사물』의 끝부분에 해당하는 푸코의 이 인용문들은 무엇을 뜻하는 것일까? 이미 우리가 앞에서 레비-스트로쓰의 경우에 불교적 평온과 안정을 자신의 과학성을 넘는 철학성의 마지막 정향을 감지하였듯이, 푸코는 담론의 언어가 불연속성의 고고학을 넘어 소크라테스(Socrate) 이전의 원초적 희랍세계에로 회귀하려는 철학적 이념을 암시하고 있다. 그래서 푸코는 니체를 유달리 사랑하는지도 모른다. 왜냐하면 니체는 「신의 죽음」을 절규하면서 모든 작위적 굴레와 속박에서 인간을 해방시키려 하였다. 종교와 도덕과 정치적 다중주의에서 왜소해진 그 인간을 해방시켜 「초인」(le surhomme)의 도래를 준비하려 하였다.

그러면 형식논리적으로 니체는 일체의 종교와 도덕을 다 거부하였는가? 그렇게 단문단답식으로 대답할 성질의 것이 아니다. 적어도 니체는 핏기 없이 교리로 굳어진 기독교와 즐거운 쾌락과 담을 쌓은 도덕의 율법주의를, 민주주의의 이름으로 다중의 수에 아부하는 정치체제를 역겹게 여겼다. 푸코는 인간을 철학의 중심명제로 생각하기를 거부했다는 점에서 니체를 자신의 선구자로 여기고 있는 것은 명백하다.[65] 푸코의 사상이 사랑하는 것은 현대 인간학이 좋아하는 인간문제의 이율배반적 「아포리아」(풀기 어려운 난제)가 아니다. 푸코가 진리라고 여기는 곳은 인간이 골치 아픈 문제를 일으키는 곳이 아니라, 잘 다듬어진 도표 위에 질서정연하게 사물과 낱말들이 상관하면서 투명한 물이 바닥과 하늘을 동시에 반영하는 정태적 표상의 세계이다. 우리가 뒤에서 푸코의 철학만을 다루는 장에 가서 보게 되겠지만, 푸코는 「인간」이란 18세기 후반부터

(보통 19세기라고 하기도 함) 우연히 서양사에 등장된 거추장스런 개념이라고 평가한다.

푸코가 사랑한 고전시대에 인간은 「인간」이란 특별 개념으로 분리된 것이 아니고 자연의 빈틈 없는 연속 속에 스며들어 안정된 질서가 있는 세계에서 행복감을 느꼈다. 그러나 19세기부터 서양철학사에 「인간학적」(anthropologique)이라는 주제가 등장하기 시작했다. 푸코의 철학이 궁극적으로 겨냥하는 것은 현대문명이 「인간학적 잠」[66](le sommeil anthropologique)으로부터 깨어나기를 바라는 것이다. 우리는 19세기 이후 역사와 인간과 인간주의(l'humanisme)의 집념에 사로잡혀 왔다고 푸코는 지적한다. 그리고 그 인간주의가 중성적 인문주의(르네상스처럼)에 그치는 것이 아니라, 역사와 시간의 유한성에 인식의 축을 박고서 인간을 내면적인 경련상태로 몰고 간다. 그것이 현대철학에 나타난 주제로서의 「절망」이나 「불안」의 개념이다. 특히 실존주의에서 그런 주제가 더욱 두드러진다. 푸코는 그런 주제가 안겨다 주는 현상을 인간의 「주름」(le pli)이라고 표현하였다. 「주름살」은 팽팽한 근육이 사라진 축 처진 상태이다. 「주름」과 「주름」 사이에도 깊은 공허가 있다. 푸코는 말한다. 「인간은 우리 사유의 고고학이 쉽게 최근의 날짜를 보여주는 발명이다. (…) 인간은 바닷가의 모래 위에 새겨진 얼굴처럼 사라지리라」.[67]

「신의 죽음」은 푸코에서 「인간의 종말」과 동의어로 해석되어도 좋으리라. 어떤 인간의 종말인가? 자기 스스로 유한하게 정의된 것으로 생각하고, 「이성」과 「몰이성」의 구분을 당연한 것으로 구분하며, 「감시받는 환자」와 「감시하는 의사」를 합법적으로 제도화하여 놓고, 「주체」와 「객체」를 실증주의라고 착각하여 대립시켜 놓고, 행복한 질서를 버리고 인과율과 시간의 흐름에 종속되어 역사를 우상시하는 그런 인간의 종말이다. 그렇게 칸막이를 침으로써 「한정」(défini) 되고 유한한(fini) 인간의 「코기토」(cogito)에 만족하려는 것에 대한 도전이 푸코의 반(反)인간주의요, 「인간의 죽음」을 갈파하는 진상이다.

이런 사상의 각도에서 보면 푸코는 20세기의 새로운 니체이지 구조주의자가 아니지 않는가 하고 회의와 의심을 품을 수 있으리라. 푸코는 확실히 다른 구조주의자들과는 다른 면모를 보이고 있다. 자기 스스로 자기의 철학이 결코 구조주의가 아님을 강력히 천명하기도 하였다. 특히 푸코가 초기의 역사의 고고학적 「인식성」(l'épistémè)의 영역을 떠나 후기의 저작들인 『감시와 처벌』(*Surveiller et punir*), 『성욕의 역사』(*Histoire de le sexualité*)의 3부작인 『앎의 의지』(*La volonté du savoir*), 『쾌락의 사용』(*L'usage des plaisirs*), 『자기의 관심』(*Le soui de soi*) 등에서는 구조주의 철학의 면보다는 해석(l'hernméneutique)적 입장을 그가 더욱 가까이 하였다는 평가를 받기도 한다. 이와 같은 문제들은 그의 사상과 사유를 별도로 취급할 때 보기로 하자. 그런데 그가 고대 희랍의 「뮈토스」(mythos)적인 세계에로의 복귀를 니체처럼 생각하였지만, 그가 그런 이념을 암암리에 겨냥하기까지의 사유의 방법과 「인식성」에서는 구조주의적 논리방식을 택하였던 것은 엄연한 사실이다.

「드디어 아주 최근에 정신분석학과 언어학과 민족학의 연구들은 주체를 자기 욕망의 법칙과의 관계에서, 그리고 자기 언어의 형식과 자기 행동의 규칙이나 또는 신화적이거나 환상적인 자기 담론의 놀이와의 관계에서 분산시켜 놓았을 때, 그리고 인간 자신이 무엇인가 질문을 받으면 자기의 성욕이나 무의식이나 자기 언어의 체계적인 형식이나 자기 공상의 법칙성을 인간이 보고할 수 없다는 것이 명백해졌을 때, 새로이 역사의 연속성의 테마는, 즉 역사가 각운으로 나누어 읽기(scansion)가 아니고 생성이며, 역사가 관계의 놀이가 아니고 내면적 역동성(dynamisme)이라는 주제가 반동적으로 되살아났다」.[68] 이어서 그는 또 「역사가 체계가 아니고 자유의 힘든 노동이며, 그것이 형식이 아니고 자신의 가장 깊은 조건에까지 자신을 거듭 파악하고 다시 취하는 의식의 중단 없는 노력」[69]이라고 여기는 의식의 역사를 통박하고 있다. 그에 의하면 역사를 자유의 투쟁사나 계급의 해방사나 자연의 정복사 등과 같이 연속적 가치의 이음새로 보려고 하는 사관은 모두 인간의 주체가 「cogito」(나는 생각한다)의 철학원리처럼 모든 사고와 사유의 대상을 정립하는 기능을 가졌다고 믿는 허상에서 나온다.

푸코는 이러한 자신의 고고학적 역사인식의 방법이 니체가 말한 「계보학」(la généalogie)과 유사하다고 말한다. 그러면 예의 그 계보학은 연속적인 역사흐름의 방식을 탐구하는 것이 아닌가 하고 의아하게 여길 수 있으리라. 그러나 「인간 존재나 의식이나 기원이나 주체의 문제들이 나타나고 서로 교차하고 실타래처럼 얽혀 있고 특수화되는 그런 장 속에서 (…) 구조의 문제가 정립된다」[70]고 볼 수 있으므로 계보학과 고고학은 상반되지 않는다. 더구나 니체의 계보학이 「어떤 조건에서 인간이 선악의 가치판단을 만들었는가」라든가 또 「그런 가치판단이 지금까지 인간에게 어떤 영향을 주었는가」를 밝히기 때문에 그것은 푸코의 고고학과 유사한 성질을 지닌다.

그런 점에서 레비-스트로쓰의 민족학이 문자나 역사가 없는 원주민들의 사고구조와 문화의 기호체계(le code)를 해명하면서 인류의 보편적 무의식 체계를 구축하려고 하였듯이, 푸코의 철학은 역사와 문자가 있어 온 서양문화의 각 지층마다 「생각되지 않는 것」(l'impensé), 「말할 수 없는 것」(l'indicible), 그리고 「보이지 않는 것」(l'invisible)을 통하여 그러한 집단적 인식체계가 가능하게 된 역사의 「선천적」(l'apriori) 구조를 기호체계화한다. 예컨대 서양 역사를 통하여 같은 개념이나 어휘가 각 세기에 걸쳐 사용되었다 하여도, 고고학적 「인식성」의 방법에서 보면 그것들이 같은 의미로 파악되지 않는다. 18세기의 「일반문법」(la grammaire générale)이나 「부의 분석」(l'analyse des richesses)이나 「자연사」(自然史, l'histoire naturelle) 등이 19세기의 「역사언어학(문헌학적)」(la philologie)이나 「정치경제학」(l'économie politique), 「생물학」(la biologie)과 겉으로는 상관성이 있어 보이지만 구조론적으로 상이한 질서에 속한다. 이 점은 뒤에 우리가 별도로 보게 될 것이다. 그러므로 푸코의 철학은 어떤 질서의 공간이 지식체계를 그렇게 구성하였는가를 밝히는 이론이다. 주체의 의미부여와 인간의 자유롭고 독립적인 역할을 배제하는 푸코의 「반(反)인간주의」의 이념은 주어진 어떤 역사의 시기에 인문사회나 자연과학적인 지식들이 같은 「단층」(la strate)에서 어떻게 서로 질서화 · 구조화되어지며, 그 가능성의 조건이 무엇인가를 규명하는 「역사적 선천적 요소들」(les apriori historiques)을 찾아내는 길을 간다. 그리하여 인문과학에서 「인간」의 개념과 그 자리 대신에 「무의식」, 「규범」, 「인간의식에 그 내용과 형식을 해명하는 주는 능기적인 집합」[71]들이 대입된다. 대입되는 이 모든 개념들은 단적으로 「언어의 존재」로 묶여진다. 그러나 푸코는 「서양문화에서 인간의 존재와 언어의 존재가 공존할 수 없었고 서로서로 연접되어질 수 없었다. 그것들의 상호 불가 양립은 우리 사상의 기본 특징 중의 하나라고 서양문화사를 비평하면서 인간을 무의식의 언어와 단절시킨 서양지성사를 슬퍼한다」.[72]

레비-스트로쓰나 라캉, 푸코의 몰주체적 반인간주의와 달리 알튀세르의 그것은 대단히 사고의 폭이 좁고 경색되어 있다. 그럴 수밖에 없는 것이 그에게 있어서 마르크스의 사상은 유일무이한 진리 자체로 여기고 여타의 사상에 대한 어떤 사고의 개방도, 다른 영역에의 산책도 있을 수 없기 때문이다. 그것은 알튀세르에게만 해당되는 것이 아니고 모든 마르크시스트들 일반이 갖고 있는 지적 사고의 한계이다. 그러나 그의 마르크시즘적 구조주의는 마르크스와 레닌(Lénine)에 의하여 이미 진리는 결정이 났고, 이제 남은 것은 혁명을 하기 위한 행동과 실천의 성전만 남았다고 외쳐대는 「유치하고」, 「무식한」, 「속물적 행동주의자」들에게는 하나의 충격일 수 있으리라.

알튀세르는 역사에 구체적으로 나타난 공산주의는—특히 스탈리니즘(le stalinisme)—파시즘(le fascisme)과 전혀 다를 것이 없다는 생각을 갖게 되었다. 그리하여 제도화된 공산당과 공산주의가 스탈린적 전제주의의 공포정치로 화하게 된 역설 앞에서 서구의 마르크시스트적인 지식인들은 스탈린주의를 배격하고 마르크시즘을 재생시키기 위하여 초기 마르크스의 저작들(예 : 『경제 · 철학초고』 등)에서 생명의 부활을 가능케 하는 영약을 찾으려 하였다. 프랑스의 앙리 르페브르(Henri Lefebvre), 로제 가로디(Roger Garaudy), 쟝-폴 사르트르(Jean-Paul Sartre) 등과 독일의 이른바 위르겐 하버마스(Jürgen Habermas)로 대표되는 「프랑크푸르트 학파」들이 찾은 것은 「인간주의」(l'humanisme)라는 약이었다. 즉 마르크스의 철학은 소외된 인간의 해방을 위한 인간의, 인간에 의한, 인간을 위한 사상이라는 것이다.

그런데 루이 알튀세르는 바로 이 인간주의적 마르크시즘은 진짜 마르크스의 사상과 생각이 아니고 헤겔적인 것과 피히테적인 것, 칸트적인 것, 포이에르바흐적인 것—특히 헤겔적인 것—이 마르크스의 초기에 작용했던 비(非)마르크스적 요소라고 생각하면서 예의 휴머니즘과 소외론을 배격하기 시작하였다. 알튀세르에 의하면, 단적으로 인간은 자신의 노동과 노동이 수반하는 세계의 변혁 사이에서 작용하는 변증법에 의해서 파악되어지는 「자기 창조적 존재」가 아니다. 그리고 그는 또 사회의 상부구조가 경제적 생산과정의 반영에 지나지 않는다는 단순 하부구조 결정이론과 혁명은 자본주의 발전의 불가피한 결과로서 도래할 수밖에 없다는 혁명대망론도 거부한다. 물론 그는 공산주의자로서 「혁명」을 준비하고 수행해 나가야 한다고 언급한다. 그의 사상에 관한 세부적 연구는 뒤에 별도의 장에서 취급하더라도, 우리가 그의 마르크스적 구조주의에서 반드시 알아야 할 사항은 1845년이 마르크스 철학의 분기점이 된다는 것이다. 즉 1845년에 나온 『독일 이데올로기』(*L'ideologie allemande*)를 전후로 하여 그 이전의 저서들인 1844년의 『경제 · 철학초고』(*Manuscrits economico-philosophiques*), 1844년 『헤겔 국가법 비판』(*Kritik des hegelschen Staatsrechts*), 『헤겔 법철학 비판』(*Zur Kritik der hegelschen Rechtsphilosophie*), 『성스러운 가정』(*Die heilige Familie*)들과 1845년 이후의 저작들인 『독일 이데올로기』, 『공산당선언』(*Le manifeste communiste*), 『철학의 빈곤』(*Misère de le philosophie*), 『정치경제학 비판 개요』(*Grundrisse der Kritik der politischen Oekonomie*)와 『자본론』(*le Capital*) 등이다. 알튀세르에 의하면 『자본론』이야말로 마르크스의 구조주의적 철학의 성숙기에 해당하며, 1845-1857년 『자본론』이 나오기 전까지를 마르크스의 전(前)성숙기로서, 이미 칸트부터 헤겔까지 내려오는 독일 관념론과 포이에르바흐의 영향을 벗어나 독자적 지식체계를 구축해 온 시기로 본다.

그래서 마르크스 사상에는 엄밀히 말해서 3단계의 편력이 있고, 크게 보아서 1845년을 전후로 하는 2단계가 있다. 알튀세르는 어떻게 하여 마르크시즘을 몰주체적 반인간주의(1845년 이후의 마르크스)의 이념을 지닌 구조주의로 보게 되었는가? 알튀세르를 이해하기 위하여 기본적으로 라캉을 통해 새롭게 나타난 프로이트의 정신분석학과 레비-스트로쓰의 민족학적 사유체계, 그리고 소쉬르(Ferdinand de Saussure)에서부터 시작된 구조언어학의 지식이 필수적이다. 그와 함께 앞에서 암시된 바슐라르의 「인식론적 단절」(la rupture épistémologique)의 개념 역시 주요한 몫을 차지한다. 이 구조주의적 공산주의자는 라캉의 정신분석학의 도움을 받아 인간이 주체라고 부르는 것은 사실상 가상적 허구에 지나지 않는다고 주장한다. 왜냐하면 흔히 「주체」(le sujet)라 불리워지는 것은 「개인과 자신의 생존환경과의 관계들의 집합」에 불과하기 때문이다. 그에 의하면 늘 「주체와 그것에 따라 다니는 인간 의식이라는 것은 개인의 생존을 억압하는 진실을 감추려 하는 상상적인 것에 자기 자신을 투사함으로써 생기는 착각이다」.[73] 이때 「상상적인 것」(l'imaginaire)이라는 개념은 본디 라캉이 사용했던 것으로, 유아가 어머니와의 관계에서 어머니의 애인이 될 수 없다는 쓰디 쓴 현실을 감수하여 아버지가 표상하는 「상징적인 것」(le symbolique)의 법을 필연적인 것으로 받아들이지 못하고, 자기가 영원한 어머니의 애인인 것처럼 착각하여 행동하는 「무의식」의 한 병적인 행태를 말한다. 「상상적인 것」의 병에 빠진 유아는 자신의 주관적 환상에 의해 아버지가 주는 냉엄한 상징적인 법을 거부하는 것과 같이, 「주체가 있다는 착각에 빠진 사람은, 특히 피착취계급은 자기를 짓누르는 환경의 법칙을 모르고 자기 스스로를 자유스럽고 자치적이며 자기 책임에 따르는 선택을 하는 고유한 실존이라고 여긴다」.[74] 그런 생각을 하게 된 동기는 사람들이 부르주아적인 이데올로기에 젖었기 때문이라고 알튀세르는 주장한다.

우리가 이미 관견한 바와 같이 구조주의는 한결같이 주체가 능동적, 자유의지에 의한 계획의 중심체임을 인정하기를 거부한다. 이 점에서 알튀세르도 전혀 예외가 아니다. 이미 강조되었듯이, 프로이트와 라캉의 정신분석이 주체의 의식활동을 무의식의 허구적 표상이라고 여긴다. 알튀세르가 마르크스의 「모순」개념을 헤겔적인 변증법으로 해석하기를 거부하고 라캉적인 「다원결정」이나 「중층결정」(la surdétermination)으로 해석하는 것도 그의 마르크시즘이 헤겔 철학에서 벗어나 구조론적 정신분석의 영역에서 이루어지고 있음을 뜻한다. 이 점에 관해서는 뒤에 알튀세르를 별도로 다루는 장에서 다루어질 것이다.

「다원결정」이 그의 모순론에서 갖는 통사론적 의미는 뒤에서 보더라도 우선 의미론적 관점에서 그 개념의 뜻을 말함이 유익하리라 본다. 즉 언어심리학에서 어떤 용어의 의미를 결정할 때, 그 용어가 사용된 담론의 숨은 뜻과 연관시켜 그 용어를 규정하는 사고방식을 「다원결정」이라 한다. 예컨대 「나는 우체부를 기다린다」고 내가 말할 때 그 말 속에는 단순히 편지를 기다리는 사실뿐만 아니라, 내가 개인적으로 잘 아는 사람을 생각할 수도 있고, 또 이 시간에 우편물을 배달하는 그 사람을 생각할 수도 있다. 이런 뜻은 프로이트의 정신분석학에도 적용되어서 동일한 이미지가 여러 가지 행위와 상관관계를 맺게 된다. 예컨대 꿈속에서 「불꽃」을 본 경우에, 그것이 성적 충동의 욕망이거나 자유로운 해방의 상징이거나, 파괴심리의 행위이거나 영혼의 정화를 상징하거나, 아니면 그것들이 복합적으로 연결되어 있거나이다. 프로이트에 의하면, 꿈속에 나타난 각 내용은 여러 가지 숨은 원인들에 의존하거나 감추어진 여러 가지 생각들을 표현한다.[75] 이런 현상이 다원결정 또는 중층결정이다.

라캉에 있어서 주체라는 것이 사실상 무의식의 언어의 구조적 규칙과 놀이의 다원결정의 결과이듯이, 알튀세르의 세계에서도 주체는 「경제법칙의 무의식 규칙들」의 다원결정에서 파생된 결과에 지나지 않는다. 알튀세르가 라캉의 심적 무의식의 언어구조에 자신의 사회적 무의식의 경제구조를 대응시키는 논리는 이미 그의 저서인 『위상』(*Posotions*)의 세1장인 「프로이트와 라캉」에서 이론적으로 규명되고 있다. 이 모든 논리의 규명은 결국 몰주체적인 반인간주의의 이념과 연관되어 있다.

「코페르니쿠스(Copernic) 이래로 우리는 지구가 우주의 중심이 아님을 안다. 마르크스 이래로 경제적 · 정치적 · 철학적 자아(ego)로서의 인간 주체가 역사의 중심이 아님을 안다. 계몽주의의 철학과 헤겔 철학에 반하여 역사는 중심을 갖지 않으며, 이데올로기적인 몰이해 속에서만 중심이 필요하다고 여기지만 실상은 그것이 구조에 지나지 않는다. 프로이트는 특이한 본질로서 여겨지는 개체로서의 현실적 주체가—그것이 대자적 주체이든, 신체 자신이든, 행위이든—자아나 의식이나 또는 실존 위에 중심을 둔 "나"의 모습을 갖지 않음을 보여준다. 그리고 자아의 상상적 몰이해 속에서만, 즉 자아나 개체들이 스스로 주장하는 이데올로기적 형성 속에서만 오직 중심을 갖게 되는 구조에 의하여 인간 주체가 중심해체를 당하거나 구성되어진다는 것을 보여주고 있다」.[76)]

이 긴 인용에서 우리는 알튀세르가 역사창조의 주체가 인간에 의해서 이루어지는 것이 아님을 강조하는 대목을 행간에서 읽을 수 있다. 우리가 앞에서 푸코의 이념을 보았을 때, 「신의 죽음」은 신을 믿는 「인간의 죽음」과 같이 간다는 것을 알았다. 이와 마찬가지로 알튀세르는 「인간이라는 절대적 주체는 신 속에서 절대자를 만나는」[77)] 결과를 은연중에 동반한다고 지적하고 있다. 포이에르바흐가 말세를 겨냥하는 저 하늘나라의 기독교를 반박하면서 아무리 인간이 이 세계의 중심이고 이 세계의 목적 자체라고 강조하는 인간주의(l'humanisme)를 철학원리로 내세웠더라도, 그의 인간중심주의가 부르주아 사회에서 신을 믿는 종교와 신앙을 씻어내지는 못했다. 왜냐하면 포이에르바흐와 초기 마르크스의 사상에는 기독교적 신학과 교리가 전도된, 즉 세속화된 흔적이 여전히 남아 있기 때문이다.

따라서 알튀세르의 눈에는 하느님이 역사의 주체라고 보는 신중심주의나 인간의 주체가 역사의 중심이라고 여기는 인간중심주의나 다 유사한 구조로 짜여져 있는 이웃사촌과 다를 바가 없다. 역사는 인간에 의해서가 아니라 몰주체적인 경제구조에 의해서 지배된다. 이것이 알튀세르의 「물질변증법」(la dialectique matérielle)이요, 「역사변증법」(la dialectique historique)이다. 이 점은 뒤에서 보기로 하자.

후기 마르크스에 와서 마르크스가 「사회는 개인들에 의해서 구성된 것이 아니고」(『정치 · 경제학 비판 개요』), 「나의 분석적 방법은 인간에서 출발하는 것이 아니고 주어진 경제적 시기로부터 시작한다」(『바그너에 대한 주석』)고 언급한 것을 알튀세르가 재인용한 것은[78] 초기의 마르크스와 후기 마르크스 사이에 바슐라르가 말한 인식론적 「단절」이 있음을 알리기 위해서이다. 좌우간 알튀세르에 따라서 후기 마르크스가 주장하는 몰주체적 반인간주의의 이념은 어떤 목적을 겨냥하고 있는가? 그의 말을 직접 들어보자. 「사적 유물론에 나타난 마르크스의 이론적 반인간주의는 인간적 필요에 (경제적 인간), 인간 사상의 (합리적 인간), 인간 행동과 투쟁의 (도덕적 · 법률적 · 정치적 인간) 근원적 주체와 같은 이론적 주장에 속하는 인간개념 속에 사회형성과 그것의 역사에 대한 설명을 정초하려는 것의 거부와 같다. 왜냐하면, 사람들이 인간에서 출발하면 자유나 창조적 노동과 같은 전능한 관념주의의 유혹을 피할 길이 없다. 다시 말하자면, 모든 "자유" 속에서 인간의 자유로운 능력이라는 환상적 종류 아래서 다른 힘, 실제로 강력히 존재하는 자본주의라는 힘을 감추거나 강요하는 지배적인 부르주아적 이데올로기의 전능을 감수하는 것 이외에 다른 것을 할 수가 없게 된다」.[79] 결국 주체와 그 위에 바탕한 인간주의는 자본주의의 유혹이요, 강력한 이데올로기가 되기 때문에 그는 그것을 거부하는 셈이 된다. 그렇다고 가정하자.

레비-스트로쓰의 몰주체적 인간주의의 이념은 궁극적으로 불교적인 적멸의 세계로 우리의 생각을 이끌어 가고, 푸코의 그 이념도 「로고스」(logos)와 「히브리스」(hybris)가 대립을 일으키지 않고 인간 역사의 「모든 갈등과 전쟁과 모순의 이전에 존재하는 원초적 인간의 무분별」을 상기시키는 희랍의 「뮈토스」(mythos)에로 우리를 초대한다. 그런 것이 정당한가 아닌가 함은 여기서 따지지 말자. 그러면 알튀세르의 그 이념은 우리를 어디로 인도하는 것인가? 물론 자본주의 사회를 부정하는 「혁명」이다. 그 혁명은 무엇을 위한 혁명인가? 그의 말대로 초기 마르크스가 인간주의에 사로잡혀 그것이 「과학」이 되지 못하고 「이데올로기」에 머물렀다 하여도, 그 「이데올로기」는 적어도 우리의 눈에서는 영원히 역사에서 존재할 수 없는 허구적 환상일지라도 어떤 유토피아(l'utopie)를 갖고 있었다. 그러나 알튀세르의 몰주체적 반인간주의는 인간을 배제하고 역사에서 몰인간적인 「구조론적 인과율」(la causalité structurale)만 찾았기에 비록 허구적 환상일지라도 그 유토피아마저 사라졌다. 이 점에서 우리는 라크루아의 말을 생각한다. 「마르크스에 의한 과학이 알튀세르가 말한 대로라고 우리는 즐겨 동의해 보자. 그러나 우리는 그 과학의 의미에 대한 질문을 하지 않을 수 있을까? 칸트적인 표현을 다시 빌리면, "인간의 전체적인 목적"과의 관계에서 그 과학이 생각되지 않는다면, 결국 그 과학은 무엇일 수 있겠는가?」[80]

2_ 구조주의의 방법론적 특성

1. 구조언어학에서 출발하는 기초개념들

「구조론적 분석이 언젠가는 언어활동의 대상 가운데로 통과하는 날이 필연적으로 올 것이다. 그리고 그 분석은 때가 오면 자신을 설명하게 될 더 높은 체계 속에서 파악되어질 것이다. (…) 구조주의가 정확히 이해하려고 하거나 말하려고 애쓰는 필연성이 거기에 있다. 기호학자는 세계를 명명했거나 이해한 용어들 자체 속에서 자신의 미래적 죽음을 표현하는 자이다」.[1] 이 바르트(Roland Barthes)의 인용은 구조주의가 원천적으로 고향으로 삼고 있는 방법론적 주소가 어디에 있고 무엇을 겨냥하고 있는가를 보여준다. 구조주의는 이 세계의 모든 것이 「언어활동」(langage)과 「기호체계」(le code)의 법칙으로 이루어진 상징으로 가득 차 있음을 알려주려고 하는 일종의 방법론이다. 현대문명이든 원시문명이든, 과학적 사고든 신화적 사고든, 예술의 세계나 의복과 요리의 세계나 다 언어와 기호의 문법으로 배열되어 있다. 그뿐만 아니라 우리가 물건이나 여자나 말을 교환하면서 사는 사회적 삶 자체도 인간의 무의식 세계나 역사의 무의식 세계와 같은 논리체계로 구성되어 있다. 그래서 구조주의의 세계에서 그것이 인류학이나 민족학적 출발점을 갖건, 또는 문헌학적이거나 정신분석학적이거나, 정치경제학적이거나 문학 · 예술적이거나 모두 한결같이 「언어학」(la linguistique)을 학문적 방법의 공통분모로 갖게 된다. 그 언어학이 바로 페르디낭 드 소쉬르(F. de Saussure)에서 비롯된 「구조언어학」(la linguistique structurale)이다.

이미 구조주의의 이념을 말함에서 표시되었지만 구조는 관계의 그물 속에서 그 기능을 발휘한다. 구조언어학의 정의도 두 개 이상의 용어가 형성하는 관계 안에서 이루어지는, 즉 「구조화된 전체나 집합」으로서 언어를 생각하는 방식에서 성립한다. 파쥬(Fages) 같은 학자는 기초 해설서인 『구조주의의 이해』(*Comprendre le structuralisme*)에서 「구조적」(structurel)과 「구조론적」(structural)이라는 두 개념을 구분시킨다. 즉 「구조적」이란 우리가 재래의 통상적으로 쓴 보통의 개념으로서 건물의 구조라든가 광물의 구조, 사회구조 등의 용어가 나타내는 감각적으로 지각 가능한 질서를 뜻한다. 그러나 「구조론적」이란 말은 엄밀히 구조주의의 방식과 함께 나타난 뜻으로 감각적으로 쉽게 간파되지 않거나 또는 이분법적 기호체계(교통신호 체계)나, 아니면 무의식의 체계와 같이 쉽게 포착이 안 되어 방법적 변형을 통하여 드러나는 존재양식을 뜻한다. 이런 구분이 이의 없이 많은 구조주의 연구자들에게 받아들여지는 것은 사실이지만, 그러나 파쥬의 예의 구분이 그렇게 중요한 것은 아니다.

그런 구분보다 구조주의의 이해를 위한 방법론적인 접근에서 반드시 알아두어야 할 몇 가지 구조언어학적 기초지식이 있다. 그 첫째가 「언어」(la langue)와 「말」(la parole)의 구별이다. 이 「언어」(la langue)와 「말」(la parole)이 합쳐져서 「언어활동」(le langage)을 이룬다. 「언어」는 「언어활동」의 사회적 측면, 제도화된 객관적 측면을 가리킨다. 소쉬르는 그의 『일반 언어학 강의』(*Cours de linguistique générale*)에서 「언어」를 「사회적 제도」라고 말하기도 하였다. 「사회적 제도」인 한에서 언어는 생각을 표현하는 법칙이나 기호의 체계이다. 그 반면에 「말」은 「언어」의 객관화된 제도 안에서 개인이 어느 정도의 자유를 갖고 표현하는 개성 있는 언어활동의 행위라고 볼 수 있다. 그러므로 「말」은 개성과 학식과 직업에 따라 각각 달리 표현된 수 있지만, 「언어」는 모든 이가 의사전달을 하기 위하여 복종해야 할 체계이기 때문에 개인적인 자유의사와는 무관하다. 그러므로 언어는 아주 느리게 변화한다. 소쉬르에 의하면 언어학은 「말」보다 그 말을 지배하는 「언어」에 더 큰 관심을 기울인다.[2] 이와 같은 구분은 기호학에도 영향을 주어서 바르트는 언어학의 「언어」가 기호학(la sémiologie)에서는 「기호체계」(le code)에, 「말」은 「전언내용」(le message)에 해당한다고 말하였다. 그래서 언어가 말을 명령하고 구성하듯이 기호체계는 전언내용을 전언으로서 가능케 하는 체계가 된다.

또 소쉬르는 언어학의 연구방법에 따르는 특성을 「외적 언어학」(la linguistique externe)과 「내적 언어학」(la linguistique interne)으로 구별하였다. 「외적 언어학」은 주로 역사적으로 어떤 언어가 어떻게 한 지역에서 다른 지역으로 전파되었는가를 연구하는 것이라면, 「내적 언어학」은 한 언어체계 내부의 규칙과 법칙을 연구한다. 그래서 구조주의 언어학은 「내적 언어학」에 속한다. 인구에 회자되는 소쉬르의 말을 인용하면 「언어는 자기 질서 자신만을 인식하는 체계이다」.[3] 이어서 소쉬르가 즐겨 드는 장기의 비유를 소개하면, 장기놀이가 페르시아에서 유럽으로 건너온 사실은 외적 질서에 속하고, 그 장기놀이를 구성하는 체계와 규칙은 내적 질서에 속한다. 만약 내가 나무로 된 장기 말을 상아로 된 장기 말로 바꾸더라도 그것은 체계에 어떤 변화를 가져오지 않지만 장기놀이의 규칙을 증감시키면 그것은 그 놀이의 문법에 심각한 영향을 끼친다. 그런데 이 구조주의 언어학의 창시자인 스위스의 소쉬르는 그의 『강의록』에서 「구조」(la structure)라는 말을 쓰지 않고 단지 체계(le système)라는 용어를 구사하였다. 「구조」라는 말이 언어학에 등장된 것은 1929년 체코의 수도 프라하에서 이루어진 「슬라브 언어학자 대회」에서 시작되었는데, 그때 주동학자가 야콥슨(R. Jakobson), 트루베츠코이(Troubetzkoy), 카르체프스키(Karcevsky) 등이다.

인류학자인 레비-스트로쓰가 뉴욕에서 언어학자 야콥슨을 만나 구조언어학을 알게 된 것은 구조주의가 언어학의 영역을 넘어 인문사회과학 전반에 걸친 사유체계로 확장하게 된 동기라고 볼 수 있다. 그래서 레비-스트로쓰도 언어와 말의 구분을 기본으로 하여 그의 방법론을 전개시켜 나간다. 그에 의하면 「언어」는 시간상 「역전할 수 있는」(réversible) 성질을 지님에 반하여 「말」은 시간상 「거꾸로 돌이킬 수 없는」(irréversible) 본질을 지닌다. 즉 「언어」는 역사적 시간의 흐름과 무관할 수 있지만 「말」은 그렇지 못하다. 이것은 신화의 「기호체계」(le code)도 시간의 흐름과 무관하게 「역전 가능」하지만 「전언내용」(le message)으로서의 신화는 시간의 흐름과 무관할 수 없음을 알리는 뜻이기도 하다. 참고로 하나 부기할 것은 「언어」와 「말」 사이에 제3의 개념인 「사용」(l'usage)이 존재할 수 있다는 것이다. 이것은 덴마크의 옐름스레브(Hjelmslev)를 중심으로 한 코펜하겐 학파의 「언리학」(言理學, la glossématique)에서 표출된 개념으로, 파쥬는 그의 『구조주의의 이해』에서 다음과 같은 비유로 잘 구분하고 있다.

예컨대 「언어」(la langue)가 럭비나 핸드볼, 축구와 다른 규칙의 전체적 집합이라고 하면, 「말」(la parole)은 상기의 어떤 운동시합에서 이루어지는 개인적 운동경기 방식(예를 들면 느린 경기, 빠른 경기, 격렬한 경기)이고, 「사용」(l'usage)은 어떤 팀(l'equipe)의 전술과 공통적 스타일을 뜻한다.[4] 그러나 이런 미세한 구분이 이 책의 내용을 이해하는 데 본질적 요소는 되지는 않는다. 오히려 구조주의의 이해에서 더 중요한 것은 「언어」와 「말」의 구분에 더하여서 「능기」(le signifiant)와 「소기」(le signifié)의 구별이다. 단적으로 말하여 소두영 교수의 번역처럼 「능기」는 기호의 표현적 측면이고 「소기」는 기호의 내용적 측면을 뜻한다. 그 말은 구조언어학에서 언어가 기호(le signe)로써 구성된 조직체계임을 의미한다. 소쉬르는 언어의 기호란 「하나의 개념」과 「하나의 청각적 이미지」(영상)의 결합이라는 주장과 함께 개념적 면을 「소기」, 청각적 영상의 면을 「능기」라고 칭하였다. 그리고 능기에 소기를 결합시키는 연결성은 지극히 자의적이고 계약적이기 때문에 어떤 현실적 필연성이 내재해 있는 것은 아니다. 소쉬르가 말한 예를 들어보기로 하자. 불어에서 「soeur」라는 단어는 「누나」, 「여동생」이라는 뜻인데, 그 뜻인 바 「소기」는 그 발음이 되는 「쐬르」(s-ö-r)라는 「능기」와 필연적 관계로 맺어져 있는 것이 아니다.[5] 이어서 스위스 쥬네브의 이 대언어학자는 소기와 능기는 동전의 양면성과 같기 때문에 따로 분리되어서 존재할 수 없다고 보았다. 소쉬르는 능기를 단지 음운론적 측면에서 낱말의 「청각적 이미지」라고 규정하였지만, 그 뒤에 발전된 구조주의 사상에서 「능기」가 꼭 「청각적 요소」로만 제한되지 않는다. 능기는 보다 확장되어 모든 기호의 「물질적 질서」인 소리, 제스처, 영상, 꿈, 보이는 대상, 유형의 도표나 문서의 행간, 표제, 제도 등 일체를 뜻한다.

그러한 능기는 또 기술적으로 「제1차적 분절」(la premiere articulation)과 「제2차적 분절」(la seconde articulation)로 나누어진다. 이 구분은 프랑스의 언어학자 앙드레 마르티네(André Martinet)에 의해서 이루어졌는데, 일반적으로 구조주의에서 수용되고 있다. 「제1차적 분절」은 한 언어에서 의미를 구성하는 최소한의 단위를 뜻하는 「형태소」(le monème, le morphème)에 관계된다. 이와 같은 「1차적 분절」 때문에 이 우주에 존재하는 사상(事象)만큼 수없이 많을 수 있는 무한한 인간 언어의 언표(l'énoncé)가 예컨대 「l'enfant dormira」(어린이가 잠들 것이다)의 경우 「l−ãfã−dorm−ir−a」로 분절되듯이, 결국 그 언표는 수만 개의 「형태소」들로 제한된 유한한 목록의 기초 위에서 정돈될 수 있다. 「제2차적 분절」은 의미를 지니게 되는 「형태소」를 형성하도록 도와주는 최소 단위인 「음소」(音素)를 뜻한다. 「2차적 분절」에 의해서 수만 개에 달하는 언어의 「형태소」들의 음성형식을 질서화하기 위해서는 단지 수십 개 「음소」(le phonème)들의 정돈과 배열만으로 충분해진다. 멘델레프(D. I. Mendeleev)의 「원소주기율표」에 의하면 이 세상에 존재하는 수많은, 그리고 무한한 물질이 결국 유한한 수의 원소와 그 구조적 대응에 의하여 설명되듯이, 언어의 세계는 종국적으로 결국 유한한 몇십 개의 음소의 배열과 정돈법칙에 의해서 설명된다. 그 음소란 「dorm」의 경우에 「d/o/r/m」 등 4개로 분절된다. 단적으로 「제1차적 분절」은 「의미적 단위」(l'unité significative) 입장에서 본 것이고, 「제2차적 분절」은 「변별적 단위」(l'unité distinctive)의 입장에서 파악된 것이다.

능기와 소기로 나누어지는 기호로서의 언어에서의 그 「의미」(la

signification)는 그 두 요소들 사이에서 발생한다. 예컨대 소쉬르의 비유를 들면, 바닷물이 잔잔하면(능기) 그것은 고기압을 뜻하듯이(소기), 모든 의미는 홀로 독자적으로 존재하지 않고 물질적 표현과 내용적 뜻 사이의 관계에서 성립한다. 그런 관계성을 알리기 위하여 소쉬르는 「기호$=\frac{\text{능기}}{\text{소기}}$」(「$signe=\frac{signifiant}{signifi\acute{e}}$」 또는 「$signe=\frac{Sa}{S\acute{e}}$」)라고 표현하고, 이때 횡선은 두 요소 사이에서 생기는 의미의 관계를 뜻한다. 그런데 「의미」의 개념은 「가치」(la valeur)의 개념과 다르다. 「의미」는 한 단어 내부의 두 요소 사이의 관계이지만, 「가치」는 구체적인 언어의 교환과 교통이 가능하기 위하여 다른 단어와의 관계에서 파악되는 체계나 조직의 산물이다. 그래서 「언어」란 순수한 「차이」(les différences)에 의하여 구성된 가치의 체계에 지나지 않는다. 역시 소쉬르에 의해서 제시된 예를 각색해서 설명하면, 1,000원이란 돈은 그 자체 독립적인 의미를 띤다기보다는 500원과 5,000원 사이에 낀 위치에서 그 가치가 결정된다. 그러므로 1,000원이라는 기호의 가치는 그것이 다른 돈 단위의 가치들과의 관계에서 맺어지는 「위치」(position)의 소산이다. 그런 점에서 언어의 가치는 다른 것과의 관계를 고려하지 않고 자족적인, 자기충족적인 정의를 내포할 수 있는 것으로 여겨 하나의 실체처럼 분리시킬 수 있는 것이 결코 아니다. 그런 점에서 「가치」가 「의미」보다 구조언어학에서 훨씬 더 중요하다. 하나의 가치는 다른 것과의 관계에서만 성립하는 위상의 개념이다.

그런 관계의 중요성은 예컨대 돈 1,000원의 경우처럼 의미론적(sémantique) 차원에서 뿐만 아니라 통사론적(systaxique) 수준에서도 문제가 된다. 그래서 소쉬르는 담론(le discours)에 있어서 「연쇄체적 관계」(la relation syntagmatique) 또는 「결합체적 관계」와 「계열체적 관계」(la relation paradigmatique)로 구분하고 있다. 간단명료하게 파쥬는 다음과 같이 도식

화하고 있다.[6)]

1_ 말이 돌을 운반한다.

2_ 노새가 목재를 운반한다.

3_ 당나귀가 밀짚을 운반한다.

4_ 황소가 고철을 운반한다.

위의 네 가지 문장들에서 「연쇄체적 관계」란 1, 2, 3, 4의 각 문장이 별개로 각각 갖고 있는 어휘들의 통사적 관계를 뜻하고, 「계열적 관계」란 「말/노새/당나귀/황소」 집단과 「돌/목재/밀짚/고철」 집단을 각각 뜻한다. 즉 위의 각 낱말들은 같은 「계열체」(le paradigme)에 속하는 것들로 서로서로 낱말을 바꿔도 되는 대입의 기능을 갖는다. 각각 대입을 시켜도 통사의 문법체계에 하등의 불법적 변화를 야기하지 않는다. 이런 언어적 기호의 통사적 양면성을 롤랑 바르트는 의식주 기호의 체계에서도 적용시킨다.[7)]

	결합체(연쇄체)	계열체
옷	양복 한 벌 : 저고리(상의)+바지(하의)	상의 : 저고리/점퍼/스웨터 하의 : 반바지/긴바지
요리	식단 : 찬 음식+양고기+강낭콩	– 소시지/햄/새우요리/야채 – 스테이크/안심구이/등심구이/ 돼지갈비 – 감자튀김/검은 콩/당근(삶은)/강낭콩
가구	침대+식탁+옷장	여러 가지 스타일의 침대, 식탁 옷장의 제 종류

소쉬르는 「연쇄체적 관계」를 「현전성」(praesentia)으로 존재하는 관계로, 「계열체적 관계」를 「부재성」(absentia)으로 있는 관계라고 말하였다.[8] 말하자면 연쇄체적 관계는 현실적으로 문장상에 나타난 둘 이상의 낱말들 사이에서 성립하지만, 「계열체적 관계」는 현실적으로 문장 속에 주어져 있지 않은 낱말들이나 용어들을 잠재적인 기억 속에서 연상시킴으로써 성립한다. 소쉬르의 제자들은 이 두 개념을 더욱 보편화하였다. 예컨대 프랑스의 벵베니스트(E. Benveniste)는 「결합체」(연쇄체, le syntagme)를 「말의 연쇄」(la chaîne parlée) 속에서 그 말들의 「물질적 연속이 짓는 관계」이며, 「계열체」(le paradigme)는 언어의 각 단위들이 「형식적 분류체계에서 상호 대체 가능한 것들의 관계」라고 규정하였다. 또 야콥슨(R. Jakobson)은 전자를 「환유법적」(métonymique), 후자를 「은유법적」(métaphorique)이라고 명명하였다. 야콥슨의 이 분류는 구조주의의 방법을 이해하는 데 대단히 중요하다. 「환유법」(la métonymie)과 「은유법」(la métaphore)은 레비-스트로쓰와 라캉의 사유체계에 기본이 된다. 이 점은 곧 보게 될 것이다. 「환유법」은 「연쇄체적(결합체적) 관계」가 나타내듯이 상호 인접하여 연결되어 있는 성질을 지니고 있다. 즉 말이 「운반하다」라는 동사를 수단으로 하여 돌과 인접하여 연결되어 있고, 저고리는 바지와 의복체계에서 「근접 연결」(la contiguité)을 이루고 있다. 그와 반면에 「은유법」은 서로 현전적(現前的)으로 근접 연결된 것은 아니지만, 「유사성」(la similarité)에 의하여 「말」과 「노새」, 「황소」와 「당나귀」가 상호 대체되듯이 교환이 되는 수사법을 뜻한다. 그것들이 교환되어도 전혀 언어의 사고체계가 불법적으로 흔들리지 않는다.

이와 함께 「외연」(la dénotation)과 「암시적 의미」(la connotation)의 구분도 알아두어야 한다. 「외연」은 흔히 「일차적 언어활동」이나 「기본 언어활동」이라고 부르고, 「암시적 의미」는 「이차적 언어활동」이나 「장식적 언어활동」이라고 한다. 앞에서도 그러했듯이 파쥬의 보기를 원용하기로 하자. 예컨대 마르코니(Marconi)는 무신전신을 발명한 이탈리아의 사람인데, 상표 「마르코니」는 이탈리아 제품, 무선 라디오를 의미한다. 「마르코니」라는 라디오가 마르코니 상품의 「외연」이라면, 이탈리아 사람이 지니고 있는 천부적인 성악재질을 누구나 다 알고 있기에 판매에서 음악의 좋은 음질과 관계를 지어 선전하는 경우, 후자는 「마르코니」 상품이 지니고 있는 「암시적 의미」와 관계를 맺는다. 파쥬는 좀더 재미있는 비유를 다음과 같이 든다.

첫 번째 손님은 「위스키 페리에」(whisky Perrier)를 주문하고, 두 번째 손님이 「파스티스」(Pastis)를, 셋째 손님이 「꼬냑 페리에」(Cognac Perrier)를 부탁하는 경우, 이에 손님들의 「외연」은 「청량음료」를 원한다는 것이다. 그러나 「암시적 의미」상으로 첫 번째는 상당히 상류사회의 분류에 속함을, 두 번째는 남불(南佛)의 친근한 생활 분위기를, 세 번째는 모든 속물근성을 싫어하는 특이한 감정을 상징한다.[9]

우리는 이미 구조언어학에서 언어의 「변별적 차이」가 얼마나 중요한 것인가를 보았다. 그런 점에서 언어체계에서 상호 간 개념적 차이나 음운론적 차이를 배제한 방식은 상상할 수 없다. 예컨대 불어에서 「빵」이란 낱말인 「pain」은 「목욕」이란 단어의 「bain」과의 관계에서 오직 「p」와 「b」라는 음운대립과 음성차이에서 각각 그들의 기능을 갖게 된다. 그들 사이에는 음운론적 대립이 있다.

구조주의의 언어학에서 소쉬르 이래로 「변별적 차이」(l'écart différentiel)란 개념은 구조주의 사유체계를 이해하는 데 중추적인 방법이기도 하다. 이 개념들은 모두 문법에서 음소에 이르기까지 언어학적 분석에서 본질적 과정의 하나인 「구분적 특성」(le trait distintif)과 직결된다. 이 3개 념들은 유사한 의미를 지니고 있다. 즉 한 언어체계 안에서 각 형태소나 음소의 단위들은 그것들이 다른 형태소나 음소의 단위들과 맺는 관계 아래서만 정의된다. 그런 점에서 각 단위들이 관여하고 있는 대립에 의해서 그 단위들이 정의된다고 보아도 좋다. 서로 관여하고 있는 대립이나 그 대립이 낳는 변별적 차이 없이 언어적 사실의 본질이 나타날 수 없다. 예컨대 야콥슨이 밝힌 음소의 구분적 특성들은 12개의 「이항적 대립」(l'opposition binaire)으로 구성되어 있다. 즉 「모음/비모음」, 「자음/비자음」, 「장중한/예리한」, 「비음적/구강적」, 「유성음의/무성음의」 등과 같은 것이다. 이처럼 「상관적 대립」이나 「변별적 차이」가 낳는 「이항적 관계」(la relation binaire)는 친족관계와 신화체계의 연구에 지대한 영향을 미치게 된다. 다음에 곧 보게 될 터이지만, 친족체계에서 「부자」관계/「외삼촌과 조카」 관계도 「상관적 대립」이나 「변별적 차이」가 낳는 이항식 관계에서만 설명되고, 또 「평행사촌」/「교차사촌」의 이항도 역시 그런 논리에서 파악되어야만 설명된다. 그뿐만 아니고 신화에 등장하는 무수한 인물들도 그 자체 고유한 의미론을 지닌다기보다 오히려 대립되는 짝들이 논리적 기능 아래서만, 즉 「변별적 음소들의 묶음」에서만 그 가치를 나타낸다. 언어나 신화나 친족 등 모든 것이 독립적 실체라기보다 관계의 (이항적) 대립이 주는 위상에서 찾아져야 한다.

이것이 레비-스트로쓰의 사상이다.

언어나 신화 등이 의미론상 다른 것과의 관계를 떠난 고유한 형이상학적 실체가 아니기 때문에 비변별적 용어들은 마치 대수학에서 「(a+b)=(b+a)」의 공식처럼 의미작용에 영향을 미치지 않는 한에서 「결합변이체」(les variantes combinatoires)의 작용을 수행할 수 있다. 예컨대 불어에서

「fer」(쇠), 「mère」(어머니), 「père」(아버지), 「terre」(땅), 「mer」(바다) 등과 같은 「능기」들은 「f/m/p/t」 등등 사이에 존재하는 「변별적 차이」 때문에 의미상 구분된다. 그러므로 상기의 자음들은 「상관적」(pertinent)이지만 「er/ère/erre」 등과 같은 대립들은 「비상관적」(non pertinent)이다.[10] 왜냐하면 음운론상으로 후자들의 대립은 같은 음가(音價) 때문에 의미의 차이를 전혀 가져오지 않기 때문이다. 또 정신분석의 영역에서 「mère」(어머니)와 「mer」(바다)는 전혀 「변별적 차이」를 음운론상으로 나타내지 않기에(의미상에는 차이가 있지만), 환자가 자꾸 「바다」(la mer)를 그리워하는 것이 사실상 은유적 「계열체」의 법칙에 따라 「어머니」(la mère)에 대한 사랑을 상징할 수도 있다.

끝으로 구조언어학에서 등장된 「동시성」(la synchronie)과 「통시성」(la diachronie)의 개념적 구분을 언급하지 않을 수 없다. 소쉬르의 정의를 그대로 옮기면, 「우리 과학의 정태적 국면에 관계되는 모든 것은 동시적이고, 진화에 관계하는 모든 것은 통시적이다. 마찬가지로 동시성과 통시성은 각각 언어의 상태와 진화의 국면을 가리킨다」.[11] 한 언어가 외부로부터 받은 영향과 그 기원을 연구하는 「외부 언어학」은 사적(史的) 언어학(philosogie)으로서 「통시성적」(通時性的) 방법을 사용하지만, 언어체계 내부의 규칙과 법칙의 배열과 질서를 연구하는 「내적 언어학」은 「동시성적」(同時性的) 방법을 택하게 된다. 그리고 비교적 「말」은 사람과 시대에 따라 달라지기 쉽지만(통시적이지만), 「언어」는 시대의 변화와 흐름에 별로 큰 영향을 받지 안는다는 점에서 「동시성적」인 경향을 지니게 된다고 볼 수 있다. 그리고 「통시성」의 의미는 「사건」(l'événement)과 밀접한 관계를 가지고, 「동시성」은 「구조」와 불가분의 맥락을 유지하고 있다는 것도 알아두어야 하리라. 그러나 후기 구조주의에 와서, 그리고 레비-스트로쓰 같은 이의 경우에도 후기에 와서 「동시성」과 「통시성」의 지나친 구분은 별로 큰 의미를 띠지 않는 성향을 보인다. 그러나 그 구분은 적어도 구조주의의 기본 방법론 성격의 출발점을 파악하는 데는 필수적이다. 왜냐하면 원론적으로 구조주의는 「역사」와 「구조」를 대비시키고, 역사는 시간의 통시적 개념에 근거하지만 구조는 그런 시간의 흐름을 거부하는 역전 가능한 무시간적인 것에 깊은 애착을 느끼기 때문이다. 레비-스트로쓰도 스스로 고백했고 또 그의 제자도 그 점을 지적하였듯이, 구조와 역사는 마치 하이젠베르그(Heisenberg)의 「불확실성의 원리」와 같다.[12] 그 원리에 의하면, 미시세계에서 우리가 전자(電子)의 속도를 알면 그 위치가 불확실하고, 그 위치를 알면 속도를 모르게 된다. 마찬가지로 구조를 알면 역사를 잘 모르게 되고, 역사를 뚜렷이 부각시키면 구조가 숨어버리게 된다.

지금까지 우리는 상당히 기술적인 측면에서 단편적으로 구조언어학의 기초개념들을 관견하여 보았다. 이런 몇 가지 언어학적 기초개념들의 지식이 없이는 인문사회과학을 포괄하는 구조주의의 사유체계와 철학사상에 접근하기가 어렵다. 구조언어학이 얼마나 구조주의에 강한 영향을 주고 있는가 하는 것을 레비-스트로쓰의 인용을 통하여 직접 듣자.

「언어학이 틀림없이 속하는 사회과학 전체 속에서 언어학은 예외적인 자리를 차지하고 있다. (…) 언어학은 물론 과학의 이름을 받을 자격이 있고, 동시에 실증적 방법을 작성하였고 실증적 분석에 복종한 사실들의 본성을 인식하는 데 이르게 된 유일한 사회과학이다」.[13]

2. 구조주의의 언어학적 기저

모든 구조주의가 공통적으로 언어의 존재와 그 객관적 법칙에서 출발하여 세계와 정신을 하나의 구조의 유사법칙으로 정리한다는 것은 이미 잘 알려진 사실이다. 그런 점에서 구조주의는 언어학의 과학성과 논리성에 크게 의존하지 않을 수 없다. 언어학의 구조주의에로의 기여는 다음과 같은 세 가지 관점에서 정리된다.[14]

1_ 언어학은 어떤 인간집단도 예외가 될 수 없는 분절화된 언어활동인 보편적 대상을 소유하고 있다.
2_ 언어학의 연구방법은 「야만인」이든 「문명인」이든, 현대인이든 고대인이든 동질적인 방식으로 적용된다. 특수민족의 언어라고 해서 광역 사용지역의 언어와 다르게 연구되지 않는다.
3_ 언어학의 방법은 다른 인문사회과학에 비하여 훨씬 보편성과 일반성, 정밀한 과학성을 지닌 우수한 연구업적을 쌓았다.

바로 이와 같은 언어학적 성과와 방법을 인류학 연구에 적용시킨 레비-스트로쓰는 프라하 학파들, 즉 야콥슨이나 트루베츠코이가 시도한 구조론적 「음운론」(la phonologie)의 성과가 핵물리학이 현대 물리학에 남긴 업적과 유사하다고 평가하였다. 「트루베츠코이는 요컨대 음운론적 방법을 다음의 네 가지 근본적 과정들로 요약하였다. 첫째로 음운론은 의식적인 언어학적 현상의 연구에서부터 무의식적인 하부구조의 연구에로 옮겨지게 되고, (둘째로) 음운론은 용어들을 독립적인 실체로서 취급하기를 거부하고 오히려 반대로 음운론은 용어들 사이의 관계를 자기 분석의 기반으로 생각하며, (셋째로) 음운론은 체계의 개념을 도입하고, (넷째로) 음운론은 귀납법에 의해서 발견되든 논리적으로 연역되어지든 일반적 법칙들의 발견을 겨냥하고 있다 (…)」.[15)]

좌우간 레비-스트로쓰에게 있어서 언어는 문화의 산물이면서 동시에 그 문화권에 사는 사람들의 사고방식을 조건지워 주기도 한다. 우리 문화권에서 너도 나도 알건 모르건 유행에 따라서, 그리고 자기의 어거지 트집을 정당하시키는 대의명분 때문에 특정 용어들을 사람들이 남용한다면, 그런 개탄할 언어사용은 언어의 품위 있는 절약정신에도 어긋나거니와, 무엇보다도 일반적인 사고와 행동의 무질서를 상징하고 있다. 자연의 질서만큼 규제된 생활을 영위하였던 「야만인」들은 무턱대고 아무에게나 마음대로 무슨 말이든지 토해내지는 않았다. 그들은 대단히 과학적인 경제적 언어를 사용하는 관습에 젖어 있었다. 예컨대 호주 북쪽의 「요크」반도의 대부분 원주민들은 특수한 2개의 형태소들을 수단으로 하여 동물성과 식물성 음식물을 구분하였다. 「위크 문칸」 종족은 식물과 거기서 파생되는 음식에는 「마이」(mai)라는 접두어를, 동물과 동물성 음식에는 「민」(min)이라는 접두어를 붙여 변별하였다. 마찬가지로 그들은 나무와 막대기 종류에 대해서는 「유크」(yukk)라는 접두어, 모든 종류의 섬유와 끈에 대해서는 「코이」(koi)를, 풀에 대해서는 「와크」(wakk)를, 뱀에 대해서는 「투크」(tukk)를 접두어로 사용하고 있다.[16)]

다음에 레비-스트로쓰를 본격적으로 연구하게 될 장에 가서 그 유명한 「야생적 사유」(la pensée sauvage)와 「토테미즘」(totémisme)을 다루게 되겠지만, 위의 「위크 문칸」(Wik Munkan)족의 언어체계가 얼마나 엄밀한 논리적 사유 위에 서 있는가를 이해할 수 있다. 그 언어체계의 엄밀성은 각 낱말의 의미론이 문제가 아니라, 각 의미가 의미를 갖게끔 밑바탕에 쓰여지고 있는 체계 또는 분류적 사고와 연관되어 있다. 바로 모든 의미의 가능 근거를 보려고 하는 의도에서 그는 언어에 그토록 깊은 관심을 표명한다. 그리고 그 의미의 가능 조건은 시간에 따라 달라지거나 가변적이면 과학적 보편성의 가치에 어긋난다. 그래서 그는 시간의 질서에서 언제나 그 흐름에 종속되는 「말」보다 예와 지금의 시간적 구분을 넘는 「역전 가능한」(réversible) 「언어」를 더 중시한다.[17)]

신화를 「말」(la parole)의 관점에서가 아니라 「언어」(langue)의 차원에서 설명하려 하기에 자연히 그는 신화 속에 깃들 시간적 차원에 속하는, 사건의 연속에 속하는 「이야기」(récit)로서의 신화보다 시간의 연속적 계기와 무관한 신화의 뼈대를 찾으려 한다. 신화의 「말」이 신화의 「전언내용」(le message)이라면, 신화의 「언어」는 신화의 「기호체계」(le code)에 해당한다. 그는 이 두 가지 측면을 그의 「신화학 대계」 제1권에 해당하는 『날 것과 익힌 것』(*Le cru et le cuit*)에서 분명히 언급하고 있다. 「둘 또는 여러 개의 신화에서 불변적으로 남아 있는 속성의 집합을 뼈대(l'armature)라 부르고, 기호체계(le code)는 각 신화에 의하여 이런 불변적 속성들에 할당된 기능의 체계를 뜻하며, 전언내용은 특수한 신화의 내용이다」.[18)] 따라서 그 많은 신화들마다 제각기 특수한 전언내용들을 갖고 있지만, 그 「기호체계」의 입장에서 볼 때 공통적 언어로써 표현될 수도 있다. 예컨대 『날 것과 익힌 것』과 『신화학(Mythologique) 대계』의 두 번째 책에 해당하는 『꿀벌에서 잿더미까지』(*Du miel aux cendres*)에 나오는 신화연구의 기호체계는 결혼, 친족과 같은 사회학적 기호체계, 시각적 · 청각적 · 미각적 · 촉각적 · 후각적 기호체계, 요리나 기술경제적 기호체계, 우주론적이거나 천문학적 기호체계, 미학적 기호체계, 해부학적 또는 생리학적 기호체계, 메타-언어학적(meta-linguistique) 또는 수사학적 기호체계 등으로 분류된다. 그런데 이 기호체계들은 언제나 적어도 「이항적 대립」(l'opposition binaire)의 논리로 짜여져 있나. 과거의 신화연구가 범한 가장 큰 오류는 언어와 용어를 독립적 의미실체로 파악하려고 노력한 데 있다. 신화뿐만 아니고 토템연구도 그런 과오에 빠졌다.

「(…) 토템적 사유는 (…) 신화적 사유나 시적 사유와 마찬가지로 등가의 원리가 두 측면 위에서 작용하는 공통점을 갖고 있다. 전언내용이 수정됨이 없이 사회집단은 그 전언내용을 「위/아래」 또는 기초적으로 「하늘/땅」, 또는 더 특수하게 「독수리/곰」, 즉 상이한 어휘들을 매개로 하여 이루어지는 범주적 대립의 형식 아래 기호체계화할 수 있다」.[19] 이처럼 이상적 대립이나 이분법적 논리는 소쉬르가 말한 언어학적 「가치」개념에서 연유되었다고 보아야 하리라. 이미 살펴본 바와 같이 언어학적 가치는 어떤 낱말이 고유하게 갖는 것이 아니고, 다른 항이나 개념(낱말)과의 대립·대응관계에서 성립한다. 소쉬르가 예를 든 바와 같이 불어의 낱말인 「mouton」(羊)은 영어의 「sheep」과 동일한 의미를 지니지만 같은 가치를 갖는 것은 아니다. 왜냐하면 영어에서 양(羊)고기 요리를 「mutton」라고 부르지 「sheep」이라고 말하지 않는다. 그러나 불어에서는 마찬가지로 사용된다. 그래서 영어에서는 「sheep」 이외에 「mutton」이 있기 때문에 불어의 「mouton」이 갖고 있는 위치와 달라 영어와 불어에서 「양」의 낱말은 그 가치에서 다르다.[20]

따라서 신화나 토템이나 시의 연구도 언어의 기호체계와 다른 것이 아니기에 적어도 이항적 변별관계에서 설명되어야 한다. 이 점은 마치 장기판에서 「왕」(王)이나 「졸」(卒)이나 「차」(車)가 홀로 어떤 가치를 지니지 않고 다른 장기 말(우군이나 상대군)과의 관계에서 그 기능을 발휘하는 것과 같다고 하겠다. 그러므로 옐름스레브 계통의 「언리학」(言理學, 구조언어학의 한 학파)에서 한 요소의 의미란 그 요소가 다른 요소들과의 관계에서 나오는 결과이기 때문에 어떤 연관구조 내부에서만 어떤 용어가 그 기능을 발휘한다면, 결국 의미론(la sémantique)은 통사론(la syntaxe)을 위하여 사라져야 한다고까지 말한다. 레비-스트로쓰가 그렇게까지 생각하지는 않지만, 하여튼 그도 「통사론적 사고」를 「의미론적 사고」보다 선행시키는 것은 사실이다. 그것의 단적인 증거로 「남편/아내」, 「아버지/아들, 딸」과 같은 혼인이나 친족의 개념들도 「음소」와 같은 기능을 지니고 있다고 생각한다. 그래서 마치 음운론에 있어서 야콥슨적인 이항적 대립처럼 그런 체계에서 통사론적으로 흡수될 때 친족용어는 그 의미론적 기능을 수행한다고 그는 주장한다.

「설화(le conte)에 등장하는 "임금"은 단지 왕이 아니며 "목동"도 목동이 아니다. 그 낱말들, 그 낱말들이 품고 있는 소기(所記)는 "암/수"(자연의 관계 아래서)나 "상/하"(문화의 관계 아래서) (…)와 같은 대립으로 형성된 지적인 체계를 구축하는 데 필요한 감각적 수단들이 된다」.[21] 레비-스트로쓰는 그의 『신화학 대계』 제3권인 『식사방식의 기원』(*L'origine des manières de table*)에서도 신화와 의례는 각 존재들에게 의미론적 가치를 절대성 속에서 부여하는 것이 아니라, 각 용어의 의미는 변형되어지는 체계 속에서 그 용어가 차지하는 위치에서 나온다고 기술하고 있다.[22] 이와 같은 사유체계에서 다음과 같은 철학적 사상이 연역될 수 있다. 이 점은 그가 『구조론적 인류학 Ⅱ』(*Anthropologie structurale Deux*)에서 스스로 밝히고 있음에 주목할 필요가 있다. 「설화나 신화를 통하여 용어는 소산적(所産的) 자연(la nature naturée)으로서 파악된다. 그것은 하나의 소여(所

與)이며, 그 용어는 신화적 비전 자체와 현실에 어떤 단편조각을 부과하는 자기 법칙을 갖고 있다. 신화적 비전에 있어서 자유는 수와 방향(le sens)과 윤곽이 미리 고정되어 있던 모자이크의 조각들 사이에서 어떤 정합적 배열이 가능한가를 탐구하는 일 이외에는 이미 다른 것이 아니다」.[23] 그가 궁극적으로 자유를 부정하는가, 아니면 인정하는가? 이 인용에서 우리는 분명하고 명쾌한 그의 생각을 접하기는 어렵지만 자유가 인간생활의 구조적 본질이 아님은 뚜렷하다. 그러면 사람들이 흔히 자유라고 부르는 것은 수와 방향(le sens)과 윤곽이 이미 고정되어서 존재하는 사회생활 안에서 통사적 의미를 찾는 정신적 행위에 지나지 않을 것인가?

또 다른 언어학적 기저가 문제될 수 있다. 나중에 별도로 친족체계에 있어서 인도-유럽계통과 중국-티벳계통의 구조적 차이가 갖는 의미를 사람의 작명문제와 연관지어 설명되겠지만, 이름짓는 명명의 체계도 한 사회의 문화구조를 이해하는 방법론적 탐구의 대상이 된다. 그래서 각 문제체계의 명명방식을 연구함은 다른 문화체계와 「상관적 대립」(l'opposition pertinente)을 밝히는 좋은 방법론적 자료가 될 수 있다. 이 점을 레비-스트로쓰는 『야생적 사유』(*La pensée sauvage*)에서 다음과 같이 기술하고 있다.[24]

사람을 중심으로 해서 새와 개, 가축 그리고 말(특히 경주용 말)이 각각 어떻게 작명되는지 서구사회의 관습에 따라 생각해 보기로 하자. 우선 새의 경우를 보자. 서구사회에서 새는 사람과 다르면서 유사한 데가 많다고 생각한다. 그래서 새는 사람의 이름(성이 아니라)을 작명으로 받는다. 새는 털, 날개, 난생(卵生)을 특징으로 해서 사람과 다르다. 그래서 새는 우리와 다른 독립적 공동체를 형성한다. 이렇게 다르기 때문에 새들은 다른 사회생활로서 나타나지만, 또 그렇기 때문에 우리의 사회생활과 유사한 것으로 사람들은 상상하려고 한다. 즉 새들은 인간에게 자유의 상징이고, 또 새집에서 가족을 이루고 새끼를 키우고 같은 유의 다른 새들과 소리로 지저귀면서 사회적 관계를 유지하는 것을 보며 사람들은 자기들의 심정이나 실태와 유사하다고 상상한다. 언어학적으로 표현하면, 새들의 세계가 「은유적」인 의미에서 인간사회인 것처럼 생각한다. 두 세계의 관계가 「은유적」 관계로 상상되면서 새들에게 주어지는 작명법은 「환유적」인 특성을 지니게 된다. 프랑스인들은 새에게 「삐에로」(Pierrot), 「마르고」(Margot), 「자꼬」(Jacquot) 등이라고 명명하는데, 사람의 이름인 「삐에르」(Pierre), 「마르끄」(Marc), 「자크」(Jacques) 등의 이름에서 견본을 취한 것이다. 사람의 이름이 전체라면 새의 이름은 조그만 부분을 상징하여서 환유법에 있어서 전체와 인접된 부분의 관계처럼 보인다.

그런데 개의 작명은 좀 다르다. 개는 사람과 떨어져 살지 않고 길들여진 동물로서 인간사회에 참여하고 있다. 프랑스의 개 이름은 「아조르」(Azor), 「메도르」(Médor), 「쉴땅」(Sultan), 「피도」(Fido) 등이다. 그 이름들은 거의 죄다 사람들이 자주 다니는 극장의 이름들이다. 사람 이름의 관계와 직접적 결합관계나 연쇄관계를 지니지 않으므로 개의 작명은 은유적이라고 볼 수 있다. 그러므로 새와 사람처럼 은유적 관계(유사성 관계)이면 그 작명은 환유법적이고, 개와 사람처럼 환유적 관계(근접성 관계)이면 그 작명은 은유적이다.

다음 가축과 말(경주)의 경우를 보자. 가축과 사람과의 관계는 개의 경우에서처럼 환유적이다. 그러나 차이점이 있다. 개는 서양인의 경우에 주체인 것처럼 취급되지만 가축은 대상으로 취급될 뿐이다. 그래서 서양인은 동양인이 개고기를 먹으면 질겁을 한다. 마치 의사주체처럼 개를 생각하기 때문이다. 우리가 가축(예 : 젖소)에게 주는 작명법은 새나 개에게 주는 이름과는 다른 계열이다. 가축을 작명할 때 털의 색깔이나 풍채, 기질을 환기시키는 서술적 용이들을 일반석으로 사용한다. 예컨대 「뤼스또」(Rustaud)—촌스러운(rustaud)—, 「룻쎄」(Rouseet)—절갈색의 (roux, rousse)—, 「브랑세뜨」(Blanchette)—흰(blanc, blanche)—, 「두스」(Douce)—부드러운(doux, douce)— 등이다. 이 명명은 은유적 성질을 지니고 있지만 그러나 개의 작명과는 다르다. 왜냐하면 가축의 작명은 「결합체(연쇄체)적」(syntagmatique) 연쇄에서 나오는 부가적 형용사들이지만, (예컨대 "이놈은 촌스럽게 생겼지"에서 "촌놈"의 이름이 붙여지듯이) 개의 작명은 「계열체적」(paradigmatique) 연관에서 나오기 때문이다. (어떤 사람이 자주 다니는 극장을 연상하여 개의 이름을 짓는 경우). 그래서 레비-스트로쓰는 가축 이름은 「말」(la parole)의 질서에, 개의 이름은 「언어」(la langue)에 속한다고 본다.

말(馬)의 작명 경우를 보자. 이때의 말은 가축용보다 경주용이다. 경주용 말은 새처럼 우리와 동떨어진 사회생활을 영위한다. 왜냐하면 그런 말은 인위적인 육종학의 소산이고, 고고한 개인처럼 종마 사육장에서 태어나 그들끼리 같이 지내기 때문이다. 그 말들은 인간사회에 참여하지 않는다. 그들의 작명도 순수혈통과 혼혈혈통에 따라 달라진다. 그런 점에서 개나 새, 가축의 것과 다르다. 레비-스트로쓰가 경주말의 작명은 구전문학의 경우보다 유식한 상류층 문학에 더 가깝다고 비유한 것은 재미있는 관점이다. 그들의 이름은 철두철미 배타적이고 개인적이다. 그 이름들이 가축의 경우처럼 「결합체적」(syntagmatique) 연쇄를 견본으로 하며 형성되지만 가축의 작명 경우처럼 「암시적 의미」(la connotation)가 전혀 없다. 예컨대 「오세앙」(Océan), 「아지뮤트」(Azimuth), 「오페라」(Opéra), 「벨 드 뉘」(Belle de Nuit), 「뗄레그라프」(Télégraphe), 「위켄드」(Weekend) 등이다. 그들의 이름은 상호 동명이마(同名異馬)가 없을 만큼 완전히 개인적이고 배척적이어야 한다. 이 경우 작명은 거의 임의적이다.

지금까지의 설명을 기초로 하여 정리해 보면 다음과 같다.

1_ 새와 개는 인간사회와 「상관적 대립」(l'opposition pertinente, la pertinence)을 지니고 있다. 인간들은 새들 사회를 통하여 자신들의 성격을 상상하거나 또는 개들이 인간사회의 친구처럼 상관적이라고 생각한다.

2_ 가축들은 개들처럼 인간의 사회생활에 상관적이지만, 개들처럼 주체(의사주체)로서 참여하지 않고 비사회적인 객체로서 참여하고 있다. 경주용 말은 새들처럼 인간사회의 공동체와 떨어져 있지만, 그러나 가축과 달라 인간과의 내부적인 사회성이 결여되어 있다.

3_ 이런 추리를 전제로 해서 보면, 새들은 「은유적인 인간다움」(des humains métaphoriques)의 성질을 지니고, 개들은 「환유적 인간다움」(des humains métonymiques)을 나타내며, 가축들은 「환유적 비인간다움」(des inhumains métonymiques)을 나타내고, 경주용 말들은 「은유적 비인간다움」(des inhumains métaphoriques)을 띠고 있다고 보여진다. 왜냐하면 가축은 유사성이 없는 한에서 인간과 인접해 있고, 말은 인접성이 없는 한에서 인간과 유사하기 때문이다.

4_ 새와 개의 작명은 「언어」(la langue)의 체계에서 나오고, 공통적으로 「계열체적」(paradigmatique) 성질을 지닌다. 그러나 새 이름이

보통 인간의 실제적 이름과 직결되는 연상작용을 갖지만, 개 이름은 사람 이름과 직결되지 않고 사람이 애착을 갖고 관계하는 대상(예 : 극장 이름)과 간접적인 연상작용을 갖고 있다.

5_ 가축과 말의 이름은 「말」(la parole)의 실서와 연관을 지닌다. 왜냐하면 그 이름들은 「결합체적 연쇄」(la chaîne syntagmatique)에서 파생되기 때문이다. 그러나 가축 이름은 그 가축에 대한 문장진술이 생각되는 와중에서 은연중 표현에 떠오른다. 예컨대 "이놈은 순하게 생겼어"에서 「순한 놈」으로 명명되는 수가 있다. 그러나 경주용 말은 그렇게 명명되지 않는다. 말의 작명은 가축처럼 진술과 유관하지만, 진술에서 나타나는 「형용부가어」(l'épithète)(예 : 순한, 촌스러운, 갈색의)가 아니고 「이산적(離散的)인 단위」* (l'unité descrète)를 진하게 지니는 명사에서 파생된다.

〈도표 1〉

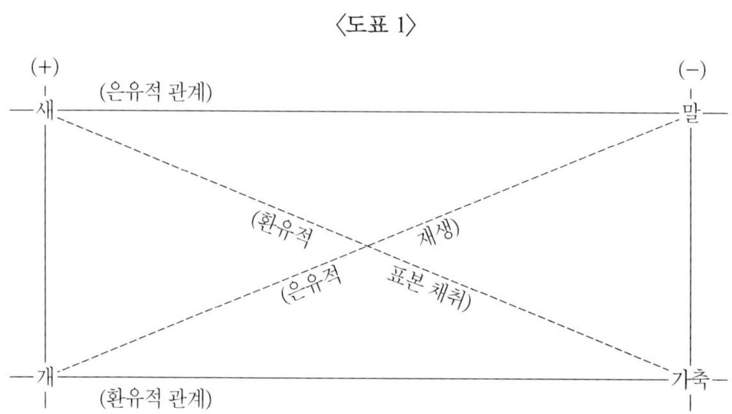

* 「두 개체가 공통의 부분을 갖고 있지 않으면 "이산적"(discrete)이라 함」(이정민 · 배정남 공저, 『언어학 사전』). 「어떤 언표가 서로서고 구분된 단위들로서 구성되어 있을 때」(*Dictionnaire de linguistique*, Larousse)를 말함.

레비-스트로쓰는 이런 동물 명명의 체계를 은유법과 환유법의 언어학적 문법에 적용시킨 다음 위와 같이 그 구조를 도식화하고 있다.

앞의 도표를 잠시 생각해 보자. 위쪽에 그려진 횡선은 인간과의 은유적 관계를 말하는데, 그 관계에서 새는 적극적(+)이고 말은 소극적(–)이며, 아래쪽 횡선은 인간과 환유적 관계를 맺고 있음을 뜻하고, 개는 그 관계에서 적극적(+)이고 가축은 소극적(–)임을 나타낸다. 왼쪽 종선은 사회생활에서 새는 인간에게 은유적, 개는 환유적 관계임을 말하고, 오른쪽 종선은 말이나 가축이 사회생활과 무관함을 뜻하지만, 그래도 가축은 인간생활의 한 부분(환유법)을 이루지만 경주용 말은 인간 사회생활에 대하여 소극적 유사성(은유법)을 지니고 있다. 두 사선에 관하여 말하자면, 새와 가축에게 주어지는 이름은 새의 경우에 「계열체적」 집합(은유법) 위에서 작명상으로는 환유법에 따르고, 가축의 경우에 「결합체적」 연쇄 위에서 흘러 넘치는 부가형용사적 환유법에 따르므로 둘 다 공통적으로 「환유법적」 견본 채취의 성질을 띠고 있다. 그와 반면에 개와 말에 관한 사선은 개의 작명 경우에 계열체적 집합에서 나오는 은유적 본질을, 말의 작명 경우에 결합체적 연쇄에서 파생되는 「이산적 단위」로서의 은유적 본질을 공통으로 하는 요인을 지니게 된다.

이와 같은 장황한 설명은 결국 레비-스트로쓰가 생활주변의 작명관습을 구조언어학의 도움을 빌려 민족어학적 호기심에서 그 관습의 무의식적 구조를 밝히려는 지적 사유에 얼마나 관심을 쏟고 있는가를 단적으로 보여주고 있다. 이런 구조분석에서 나오는 「은유법」과 「환유법」의 문제는 그의 신화학 체계의 분석에 중요한 도구가 된다.

라캉의 사상도 구조언어학의 열매를 프로이트의 정신분석에 응용하여 독창적인 구조주의적 정신분석학을 창조한 경우이다. 아마도 4명의 구조주의 「4거물」 가운데 가장 언어학과 긴밀한 방법론적 연계를 짙게 깔고 있는 이들은 특히 레비-스트로쓰와 라캉일 것이다. 푸코와 알튀세르도 관계가 있지만 그 관계는 간접적일 뿐이다. 그런 점에서 이 2장에서 특히 이 두 학자들의 사유방식을 구조언어학과의 관계에서 크게 논하는 것은 그러한 이유 때문이다.

라캉은 벨지움(Belgique) 루벵대학의 정신분석학자인 르메르(A. Lemaire)가 쓴 『자크 라캉론』(*Jacques Lacan*)의 「서언」에서 「무의식이 언어활동의 조건」이라고 하기보다 오히려 「언어활동이 무의식의 조건」[25]이라고 말함이 더 낫다고 시사하고 있다. 왜냐하면 언어가 없으면 무의식도 존재할 수 없을 것이기 때문이다. 르메르의 스승인 앙뚜안느 베르고트(A. Vergote) 교수도 이 책의 「서언」에서 신경증(la névrose)을 앓는 사람은 지난 기억과 덮여진 진술로 괴로워하는 자이고, 오직 말(la parole)만이 그 병에서 그를 해방시켜 줄 수 있다고 말하였다.[26] 이렇게 보면 모든 정신병(la psychose)이나 신경증의 근원은 모두 언어와 불가분의 관계를 맺고 있음을 알 수 있다. 「유아」를 가리키는 라틴어인 「in-fans」는 아직 말을 배우지 못한 존재라는 뜻을 함의하고 있다. 유아는 말을 배우는 순간과 동시에 남과 자기를 알게 된다. 그리고 닥쳐오는 「외디푸스 콤플렉스」(le complexe d'Oedipe)의 위험한 과정을 거쳐 문화의 세계에로 들어간다. 이 점도 라캉을 취급하는 장에 가서 알게 될 것이다.

하여튼 라캉에게 있어서 언어란 그 이전에 이미 구성된 주체적인 의식질서의 내부에서 그 다음 타인과 의사소통을 하는 데 필요한 수단이 아니고, 주체의 존재형성과 불가분의 동시성을 유지하는 성질을 지니고 있다. 바로 이런 까닭으로 인간에게 의미를 지닌 모든 것은 언어의 법칙에 따라 이루어지고, 언어의 질서와 문화의 질서는 뗄래야 뗄 수 없는 불가분의 관계를 노정하게 된다. 그래서 언어질서가 무의식인만큼 문화질서도 무의식이다. 즉 「프로이트의 생각처럼 언어의 형식이 문화의 본질을 구성하게 된다. 그런 점에서 한 언어는 한 문화의 본질을 꿰뚫어 보게 하는 진리의 장소와 다를 바가 없다」.[27]

「언어활동이 곧 무의식의 조건」이라면 무의식을 조건지워 주는 언어는 「언어」의 개념적 측면인 「소기」(所記)보다 오히려 「언어」기호의 물질적 표현 측면인 「능기」(能記)를 훨씬 더 중요시한다. 무의식이 궁극적으로 말하고자 하는 「소기」는 직접 나타나지 않고 무수히 다원적인 「능기」들의 표현을 통해 자신을 감추고 있다. 비근한 예를 들어보면, 어떤 이가 "나는 세속적으로 출세하는 데는 절대로 관심이 없고 단지 나라를 걱정해서 현실참여를 한다"고 주장하거나, 또 다른 어떤 이는 "세속적으로 현실에서 이른바 출세(?)를 했다는 학자를 학자의 본분을 망각한 사이비이거나 어용"이라고 흥분해서 질타를 한다고 가정해 보자. 이 담론을 액면 그대로 생각하여 그 담론의 소기가 그냥 표면에 나타나 있다고 여김은 너무나 순진한 생각이다. 오히려 그것은 자기도 모르게 자기의 진짜 무의식을 위장 또는 「부정」(la négation)하는 능기의 표현일 뿐, 사실은 그렇게 말하는 사람이 자기도 모르는 무의식의 골에서 더 세속적 출세(?)에의 강한 충동을 갖고 있는 것인지도 모른다.

라캉에 의하면 그와 같은 능기의 언어는 무의식에서 늘 「은유법」과 「환유법」의 원칙에 따라 놀고 있다. 라캉 특유의 논리대로 설명하면, 「은유법」(la métaphore)은 능기의 한 의미가 「유사성」(la similarité)에 의하여 다른 능기에 의하여 「대체」(la substitution)되는 경우를 뜻하고, 「환유법」(la métonymie)은 한 의미의 능기가 「인접성」(la contiguïté)에 의하여 자리를 옮기는 「치환」(la déplacement)을 말한다. 그러므로 무의식의 세계에서 능기와 소기가 언어학에서처럼 「$S=\frac{Sa}{Sé}$」(기호=$\frac{능기}{소기}$)처럼 직접 대응되는 것이 아니다. 능기들의 환유법과 은유법에 따라 무의식의 담론이 복잡하고, 또 이에 앞에서 본 바와 같은 어떤 소기에 대한 능기들의 「다원결정」(la surdétermination)이 작용하기 때문에 $S=\frac{Sa}{Sé}$의 공식이 $\frac{S}{\cancel{S}}\cdot\frac{\cancel{S}}{x}\rightarrow S(\frac{1}{s})$로 달바꿈된다.[28] 요컨대 소기와 대립해서 능기들의 지대는 능기들 전체의 집합을 매개로 하여 소기의 지대와 만나게 된다. 능기와 소기가 바로 사이 좋은 직접일치를 무의식에서 표출하고 있지 않기 때문에 라캉의 사유세계에서 무의식에서 말하여지는 것과 의식에서 체험되는 것이 일치하지 않고, 자기 자신의 진짜 본질과 겉으로 말하여진 담론 속에 담긴 현상의 뜻 사이에 공통적 척도를 발견하기가 어려워진다. 이미 앞에서 라캉의 정신분석에서는 「정상」과 「비정상」 간의 사이에 확연한 구별을 두기가 어렵다고 이야기되었다. 모든 사람은 다 어느 정도 정신적 · 신경적 병의 「증후」(le sym-tôme)를 갖고 있다. 그러므로 그런 불일치는 좁은 의미에서 신경증 환자나 정신병 환자에게만 생기는 것이 아니다.*

그런 불일치를 라캉의 구조주의에서는 주체의 「입벌림」(la béance)이나 「쪼개짐」(la fente), 「갈라진 틈」(la felûre) 등과 같이 표현하고 있다. 위에서 든 예[학자의 현실참여나 출세(?)에 대한]에서 담론현상과 속생각의 차이점도 이런 「입벌림」의 한 양상에 지나지 않는다. 이미 널리 유행

---

* 우리나라에서는 대체로 능기(能記=le signifiant)를 기표(記票), 소기(所記=le signifié)를 기의(記意)라고 번역하고 있다. 그러나 능기(능동적 기호작용)와 소기(수동적 기호작용)는 「1 : 1」로 간단히 대응되는 것이 아니고, 소기(기호개념)는 다원적이고 중층적인 능기(감각적 기호표지)들의 복합적 얽힘과 상관성에서 겨우 밝혀지므로 기호개념을 수동적 기호의 측면인 소기로, 감각적 기호표지를 능동적 기호의 측면인 능기로 번역하는 것이 옳다고 여김.

된 유명한 명제인 「무의식은 언어활동(le langage)처럼 구조화되어 있다」라는 라캉의 말은 단적으로 무의식은 언어의 환유법과 은유법과 같은 법칙으로 짜여져 있음을 뜻한다.

우리는 이미 앞에서 언급된 지식을 토대로 하여 「환유법」과 「은유법」이 무엇인 줄 안다. 은유법은 둘 이상 언어들 사이의 유사성을 토대로 하여 「연상작용」(l'association)으로 한 용어 대신에 다른 용어를 선택하거나 또는 선별하는 작용을 뜻한다. 그러므로 거기에는 대체작용이 성립한다. 요컨대 소쉬르에 의해서 제시된 예를 보면 「가르침」이라는 불어의 「l'enseignement」은 우리의 기억작용에 의지해서 그 의미에서 「학습」이라는 「l'apprentissage」나 「교육」이라는 「l'éducation」과 연상작용을 일으킬 수 있고, 그 소리에 의하여 동사 「가르치다」라는 「enseigner」나 「알리다」라는 「renseigner」와 연상작용을 빚기도 하고, 때로는 뜻이 전혀 다르지만 발음상 「enseigne*ment*」이 「ãsɛηmã」이기 때문에 그 끝음절인 「*ment*」(mã)과 발음이 같은 「arme*ment*」(armәmã) (무장)이나 「charge*ment*」(…) (화물의 적재)으로 대체되는 실수가 생기기도 한다. 그와는 반대로 환유법은 문장의 문맥 속에서 상호 연결된 관념을 취하는 작용을 뜻한다. 예컨대 전체에 대하여 그것의 부분을 취하는 경우, 내용물에 대하여 그 겉모양을 취하는 경우, 결과에 대하여 원인을 취하는 경우이다. 흔히 많이 드는 예문을 소개하면 다음과 같다.[29]

- 20개의 돛대는 20척의 배에 대해서 쓰여지고, 즉 전체에서 부분에로,
- 「나는 한 잔을 마신다」고 할 때, 그 잔은 내용물 술에 대신해서 의미의 자리가 이동된 것이고

–「그는 그의 노동으로 먹고 산다」는「그는 그의 노동의 열매에 의해서 산다」는 결과를 원인의 자리에 옮겨놓은 것이다.

야콥슨은 실어증도 두 가지 기본 종류를 갖고 있나고 말하였다. 즉 그 하나는 계열체적 유사관계를 연결시키지 못하는 실어증과 둘째로 결합체적 인접관계를 결합시키지 못하는 실어증이다. 전자의 경우에 은유관계를 짓는 것이 거의 불가능하여서, 예컨대「미혼자」를 알면 그 단어를 아직「결혼하지 않은 자」로 대체시키지 못한다. 그 대신 환유관계에 대한 능력은 쉽게 이루어져서「포크」(la fourchette)라는 단어는 쉽게「칼」(le couteau)이라는 낱말과 연결짓고,「연기」(la fumée)는 쉽게「파이프」(la pipe)와 인접시킨다. 그와는 반대로 결합체적 능력에 상처를 입은 실어증은 기본적인 단어를 좀더 복합적인 광범위한 의미의 단위에 결합시킬 수 있는 능력을 상실하지만, 그 대신 은유를 기억해내는 능력은 전혀 고장을 일으키지 않는다. 그래서 현미경 대신에 망원경을, 빛 대신에 불을 말한다.[30)]

이렇게 보면 정신분석의 세계에서 기본이 되는「계열체적 관계」(la relation paradigmatique)와「결합체적 관계」(la relation syntagmatique)는 다음과 같이 분류된다.

이미 우리는 앞에서 라캉은 무의식의 세계에서 소기보다 능기를 더 중요시한다는 것을 암시하였다. 반복해서 강조하지만, 능기는 소쉬르가 말한 단순한「청각적 영상」(l'image acoustiqué)의 차원을 넘어 라캉에 있어서 언어활동의 모든 물질적 요소를 가리킨다. 그래서 그것이 문자로, 소리로, 꿈으로, 그리고 그릇된 기억, 말의 실수(실언행위) 등과 같은「착오행위」(l'acte manqué)나 때로는 그림으로 나타나기도 한다. 또한 그

계열체적 관계	결합체적 관계
은유법(la métaphore)	환유법(la métonymie)
대체와 연상(la subsitution et l'association)	문맥의 연쇄(la chaîne du contexte)
대립(l'opposition)	대조(la contraste)
유사성(la similarié)	인접성(la contiguïté)
언어(la langue)	말(la parole)
동시성(la synchronie)	통시성(la diachronie)
교환(la commutation)	치환(la permutation)

것이 어떤 형태로 다양하게 나타나든 그 모든 것이 동일한 소기의 외형화가 될 수 있다. 그런 점에서 라캉은 능기가 주체도 모르는 사이에 그 본디 의미와 분리되어 행동한다고 말한다. 나도 모르는 능기가 내가 하고 싶어하는 것도 아닌데 스스로 작동하고 자신을 표출하기 때문에 내가 의식하지도 않는 곳에서 「이드」(id, Ça)가 생각하고 있다. 예컨대 아무것도 모르는 유아 앞에서 남녀의 성관계가 벌어지는 경우, 그 유아는 그것이 스스로 무엇인지 모르나 성교의 행위가 유아의 무의식에 하나의 능기로서 기록된다고 말한다. 요컨대 하나의 의미나 소기가 찾아지기 위하여 능기들에서 능기들로 방향전환을 하는 다양한 놀이 속에서 나타나는 전체 용어들과의 관계를 보아야 한다. 언어가 말을 명령하듯이 능기가 자신의 구조법칙에 따라 말(의미)의 도래를 명령하고 있다.

이런 뜻에서 라캉도 레비-스트로쓰와 마찬가지로 어떤 용어에 대한 의미론적 입장보다 통사론적 전체를 우선하고 있음을 알 수 있다. 융(C.-G. Jung)의 정신분석학이 범한 과오는 어떤 하나의 이미지(l'image)에 대하여 독립적이고 신비적인 의미론을 부과하는 데 있다고 라캉은 주장한다. 그는 융처럼 소기 우선의 심리학을 반대하고 능기 우선의 언어학을 택한다. 소기는 자신에게 의미와 법칙을 부여하는 능기에 복종된다. 하나의 소기에 미리 규정된 고정된 의미란 존재하지 않는다. 대수학에서 하나의 독립된 항이 무의미하고 통사규칙의 전체적 연관에서 그 항이 제 가치를 가지듯이 인간의 무의식 세계도 그러하다. 즉 대수의 방정식에서 x항이나 y항은 어떤 임의의 숫자에 의해서 대입이 가능하다. 그 항이 포섭된 통사만이 각 항의 의미를 결정하게 된다. 무의식의 언어활동도 이와 같다.

「낱말은 기호가 아니고 의미의 묶음이다. 예컨대 내가 "커튼"(le rideau)이라는 낱말을 말한다면, 그 낱말이 노동자에 의해서나 상인에 의해서나 화가에 의해서나 형태심리학자에 의해서 각각 일감으로, 교환가치로, 채색모습으로나 공간적 구조로서 무수하게 다양하게 지각되어지는 한 대상의 사용을 관례에 의해 지시하는 것만은 아니다. 은유에 의하면 그 낱말은 숲의 커튼이 되고, 말재롱에 의하면 물의 잔물결과 웃음(les rides et les ris d'eau)이 된다.* (……) 금지명령에 의하면 그것이 내 영역의 한계요, 때때로 그것은 내가 나누고 있는 방 안에서 이루어지는 내 명상의 장막이다.** 기적에 의해서 그것은 무한에로 열려진 공간이고, 문지방 위에 서 있는 이해할 수 없는 자이고, 아침에 고독한 자의 출발이다.***

---

* 커튼은 불어로 rideau(리도)다. 라캉이 여기서 말장난을 한다. 이 말장난은 무의식에서 튀어나오기에 발생한다. rideau(리도)와 라캉이 쓴 「les rides et les ris d'eau」(물의 잔물결과 웃음)의 발음인 「레 리드 에 레 리도」는 능기적으로 유사성을 지니므로 라캉이 불어의 「리도」를 저렇게 말장난해 본 것임.

** 내가 유폐명령을 받게 되면 커튼은 나의 생활공간의 한계요, 또 그것은 때때로 방안에서 나의 명상을 가능케 해주는 차단의 장막이기도 함.

*** 커튼은 무한을 계시하는 열림의 기적을 만들 수 있고, 또 다른 차원으로 가는 문지방 위에 선 알 수 없는 자이고, 또 때로는 고독한 자가 아침을 맞기 위하여 커튼을 열어야 하는 출발이기도 하다.

(…) 커튼! 그것은 결국 발견되기 위해서 베일이 벗겨져야 하는 의미의 한 영상이다」.[31] 이처럼 라캉의 문장은 난해하고 잘 간파하기 어려운 비의(秘義)와 은유에 가득 차 있어 특히 불어를 모국어로 하지 않는 대다수의 사람들에게, 심지어 모국어로서 갖고 있는 사람들에게조차도 대단히 소화하기 힘든 불가사의한 내용으로 가득 차 있다.

위의 긴 라캉의 인용에서 우리가 어렴풋이 감지할 수 있는 것은 언어활동에서 상징은 그 본성과 성격에서 소기와 관계를 맺고 있지 않는 것같이 보이는 능기이며, 그 능기들이 그들 사이에서 은유의 유사성들을 지니고 있다고 하는 것이다. 그래서 라캉은 소쉬르가 「$S = \frac{Sa}{Sé}$」의 산식에서 중간에 그어진 막대기의 분할을 매우 의미심장하게 생각한다. 소쉬르의 언어학에서 그 막대기는 감각작용(능기)과 개념작용(소기) 사이에 오고 가는 의미(la signification)를 뜻하지만, 라캉의 정신분석학에서 그것은 정신분석의 도움 없이는 접근하기 어려운 소기에 대한 「억압」(le refoulement)을 나타내기 때문이다. 그 막대기는 소기가 나타나는 것을 늘 막는, 저항하는 선이다.

인간은 마르크스가 말한 것처럼 생산수단과 노동에 의해서만 소외되는 것이 결코 아니다. 인간은 그를 강요하는 상징의 질서가 운명적으로 가져오는 어쩔 수 없는 억압의 소외 속에 살게끔 되어 있다. 속물적이며 전투적이고 혁명적인 마르크시스트들이 사회경제적인 억압만 배제하면 인간이 모든 소외에서 완전히 해방될 수 있다고 하는 것은 결국 이중적인 신화에 사기당하는 셈이다. 왜냐하면 이 지상에서 어떤 경우에도, 혁명에 의해서도 완벽하게 사회경제적 소외를 제거시킬 수도 없고(그렇다고 사회경제적 억압을 결코 정당화하는 것은 아니다), 또 인간은 태어나면서부터, 아니 그 이전부터 운명적으로 그를 억압하는 상징의 질서를 깨뜨릴 수 없기 때문이다. 「이러한 반복이 상징적 반복이기 때문에 더 이상 상징의 질서가 인간에 의해서 구성되어지는 것으로 인식될 수 없고, 그것이 인간을 구성하고 있음이 분명해진다」.[32] 상징의 질서는 언어에 의하여 표시된다. 「언어활동은 말하는 주체에게 그 언어활동을 연결시켜주는 다양한 심적 · 육체적 기능과 혼동되어지지 않는다. 그 까닭은 각 주체가 자신의 생각을 전개하는 순간에, 각 주체가 언어활동을 수행하려 할 때에 자신의 구조를 지닌 언어활동이 이미 먼저 존재하고 있다는 최초의 이유 때문이다. (…) 주체가 언어활동의 노예로서 나타날 수 있다면, 또한 그 주체는 자신의 자리가 비록 자신의 고유명사의 형식 아래에 존재한다 할지라도, 그의 탄생에 이미 새겨져 있는 보편적 운동 속에서 주체가 담론의 노예로서 더욱 더 나타나게 된다」.[33]

그러면 라캉은 왜 인간이 이처럼 남들이 유아에게 말을 건네는 순간부터, 아니 구조적으로 그 이전부터 운명적으로 언어활동이 상징하는 능기의 노예가 될 수밖에 없다고 보는 것인가? 그 물음에 대한 라캉의 답변은 인간이 (이 세상에) 태어나는 순간에 이미 잃어버린 존재, 즉 「존재의 결핍」(la manque à être)으로 등록되기 때문이다. 「껍질이 필요하지 않은 태생(胎生)의 배 속에 있는 난자(卵子)를 생각해 보자. 그리고 양막이 찢어질 때마다 상처받는 것은 그 난자의 부분이다. 왜냐하면 양막은 그 난자가 수태되는 순간에 그 양막에 구멍을 뚫음으로써 세상에 나오는 생명체와 마찬가지의 자격을 지닌 딸이다. 그래서 탯줄을 자름으로써 신생아가 잃는 것은 분석가들이 말하는 것처럼 그의 어머니가 아니라 자신의 해부학적 보체(補體, le complément)이다. 산파들이 태반이라고 부르는 것이 이것이다」.[34]

이처럼 인간이 생래적으로 또는 근원적으로 자기 존재의 시작에 본질적인 틈을 어쩔 수 없이 갖고 있는 「결핍된 존재」이기 때문에 인간 성장의 모든 과정이 사실상 균열의 「크레바스」(la crevasse)라는 텅 빈 구조와 떼어서 생각되지 않는다. 이런 「크레바스」의 텅 빈 구조 속에 언어 활동의 능기들이 인간의 정신을 혼란스럽게 하는 메아리들을 흘려보낸다. 그래서 주체는 자기 내부에 결코 지워지지 않는 그 균열의 텅 빈 곳에서 타인이 그곳을 향하여 말하는 언어들에 포위되고 만다. 그러므로 라캉의 철학에서 흔히 사람들에 의하여 자아나 자기 감정이라고 불리워지는 것은 자기의 것에서 시작된 것이 아니고 타인과의 관계에서 시작되어 구성된 언어적 담론에 지나지 않는다. 그런 담론의 세계에서 의식이라고 부르는 것은 언제나 2차적인 것이고, 그래서 「상상적인 것」에 지나지 않는다. 뒤에 우리가 볼 기회가 있겠지만, 라캉의 사유세계에서 「상상적인 것」(l'imaginaire)은 언제나 속임수이며, 허상이고, 「상징적인 것」(le symbolique)의 기능(언어기능)에 복종되어야 하는 것이다. 그렇지 못할 때 정신질환(신경증이나 정신병)이 발생한다.

라캉의 구조주의가 철학계에 던진 신선한 충격은 인간이 근원적으로 욕망의 존재임을 부각시킨 데 있다. 동서철학사에서 오랜 세월 동안 욕망의 세계가 지닌 이 엄청난 파도 앞에서 철학자들은 도피하여 왔다. 그 파도의 위력이 너무 강해서 철학자들이 도피했다기보다, 그 파도가 제멋대로 출렁거리는 것같이 보여 그것을 설명하기가 어렵거나 불가능한 것처럼 보였기 때문에 철학자들이 제대로 알려고 노력하지 않았다. 철학자가 그것을 포기해 버린 동안 오스트리아의 고독한 의사가 그것을 읽어보려고 손을 대기 시작했다. 남들이 알아주지도 않았다. 그 의사가 곧 프로이트였다. 라캉은 프로이트를 주전공의 선생으로, 소쉬르를 부전공의 선생으로 생각하면서 프로이트를 구조주의적 언어학으로 재해석하기 시작하였다.

인간은 무엇보다 먼저 욕망의 존재이다. 왜냐하면 앞에서도 관견하였듯이 인간은 결핍의 존재, 상실의 존재로서 잃어버린 자기 것이 사라진 그 자리가 영원히 메워지지 않고 구멍으로 남아 있음을 괴로워하면서 살아간다. 태어나자마자 그는 자기의 태반을 잃었고, 또 얼마 안 되어서 이유시기가 오면 엄마의 가슴도 잃게 된다. 인간은 이토록 스스로 그토록 애착을 가졌던 것들을 찾으려 한다. 그 몸부림이 「욕망」(le désir)이다. 그러므로 욕망은 단순한 동물적 본능과 다르다. 동물에게는 욕망이 없다. 찾으려 하지만 인간의 욕망은 상실된 대상을 영원히 재수(再修)하지 못한다. 그래서 욕망은 상실된 대상들의 대체물을 찾는다. 그 대체물을 무의식에서 찾는 과정이 인생이다. 라캉의 정신분석학의 밑바닥에 깔린 철학적 기조는 그가 고대 희랍의 「남녀양성」(L'androgyne) 신화, 「자웅동체」(l'hermaphrodite)의 신화를 행복의 원형으로 여기고 있음에서 암시되고 있다. 그러나 그 행복은 실낙원의 비극 속에서 늘 현실적으로 상상될 뿐이다.

그 까닭은 인간이 찢어진 존재이기 때문이다. 프로이트에 의하면 인간은 「분열」(Spaltung)이다. 아르토(Artaud)는 「존재의 침식」(l'érosion de l'être)이라고 말하였다. 인간은 의식과 무의식 사이에서 갈라져 있고, 자기 결핍을 채우려는 요구와 그 요구에 도망가는 만족 사이에서 입벌린 모습을 하고 있다. 또한 끝없는 욕망과 도망다니는 대상 사이에서 방황하며, 겉으로 나타난 능기와 속에 감추어진 능기의 이중적 분열을 깨닫지도 못하고 있다. 인간은 그가 거짓말을 한다는 의식도 없이 거짓말을 하고 있다. 그리고 정신질환자들이 정신과 의사들과 대화를 함은 진실을 말하기 위해서라기보다 속이는 즐거움을 누리기 위해서라고 한다.

클로드 레비-스트로쓰와 자크 라캉, 이들은 다 같이 구조언어학과 뗄 수 없는 민족학(l'ethnologie)과 정신분석학(la psychanalyse)을 열었다. 그들의 사유체계는 각각 위에서 말한 그들 전공의 특수과학에 매여 있지만, 그들의 사상은 그 특수과학을 넘어 이미 철학적인 언어로써 기호체계화되어 가고, 전언내용을 발신하고 있다. 그들은 어떻게 다른가? 『레비-스트로쓰에서부터 라캉까지』(*De Lévi-Strauss à Lacan*)의 저자는 그 점을 이렇게 표현하고 있다. 간결한 문장 속에 많은 함의(含意)가 들어 있는 것 같다. 「(레비-스트로쓰에게) 모든 신화는 인식의 이론이지만, 라캉은 좀더 멀리 가서 모든 인식은 신화의 한 부분을 포함하고 있다」고 주장한다.[35]

3. 구조주의의 방법론적 원칙들

심리학자 장 피아제(Jean Piaget)는 그의 문고판 『구조주의』[36]에서 구조주의의 방법론적 특징이랄까, 방법론적 원칙들을 세 가지 범주로 분류하였다. 1) 「전체성」(la totalité), 2) 변형(la transformation), 3) 「자체조정」(l'autoréglage) 등이 그것이다. 이 세 가지 방법론적 원칙은 거의 예외없이 모든 구조주의 연구자들에게 받아들여지고 있다. 따라서 우리의 생각도 이 피아제의 소론을 토대로 하여 확장되고 부연되어질 것이다. 우선 무엇보다 피아제가 정리한 내용을 먼저 이해하는 것이 선결과제에 해당하리라.

그가 말한 「전체성」의 원칙을 정리하면 다음과 같다.

모든 구조는 요소들의 집합으로 구성되어 있다. 그런데 이 요소들은 전체 체계를 구성하고 있는 법칙들에 종속되어 있다. 따라서 그 법칙은 결코 누적적인 연상심리 법칙에로 환원되지 않고 전체 체계에 대하여 각 요소들과 다른 성질을 부여한다. 그가 말한 예를 여기서 소개한다. 정수(整數)들은 각각 분리되어서 존재하지 않는다. 그리고 사람들도 그 정수들을 하나의 전체 속에 재결합하기 위하여 어떤 순서 속에서 찾지 않았다. 그 정수들(1, 2, 3, 4와 같은)은 수의 연속계열 속에서만 나타나는데, 이 연속적 계열은 짝수든 홀수든, 첫 번째 수든 또는 「n〉1」의 수에 의해 나누어지든 각각 개별적 정수에서 구별된 「군」(群, le groupe)이나 「환」(環, l'anneau)을 표시한다.

다음 「변형」의 원칙을 알아보기로 하자. 피아제는 구조화된 전체성의 본질이 구성의 법칙에 의해서 설명되어진다면, 그 법칙은 전체 구조의 본질을 탈바꿈시키지 않는 범위에서, 즉 전체의 통사체계를 변질시키지 아니하는 척도에서 요소들을 「교환」시키거나 「치환」시킬 수 있음을 말하고 있다. 이 내용을 구체적으로 알아보기 위하여 우리는 피아제가 즐겨 드는 수학의 영역보다 이미 앞에서 수차례 언급된 언어학의 입장에서 설명해 보기로 하자. 언어학에서의 변형이론은 대단히 복잡하다. 미국의 촘스키(N. Chomsky)의 이론이나 또는 해리스(E. Harris)의 이론을 여기서 일일이 소개하는 것은 본 저술의 의도를 너무 광범위하게 만드는 것이기 때문에 여기서는 일반언어학 사전의 수준에서 간단히 다루기로 한다. 변형은 주어진 통사(la syntaxe)의 최초 체계에서 의미론(le semantique)적 해석을 처음으로 받게 된 기본 문장의 의미를 바꾸지 않는 통사의 형식 바꿈을 뜻한다. 따라서 변형은 언어학에서 두 가지 수준에서 이루어진다. 그 하나는 「치환」(la permutation)의 수준이고, 또 다른 하나는 「교환」

(la commutation)의 수준이다. 요컨대 치환은 문장의 구성요소를 재배치함에서 장소의 이동을 뜻하고, 교환은 한 요소가 그 문장 속에 없었던 다른 요소에 의하여 대체되거나 대입되는 방식을 뜻한다. 예를 간단히 들어보자. 「그런 것이 그의 대답이다」라는 문장이 주어진 경우에, 치환의 형식은 「그 대답이 그런 것이다」로 나타난다. 반면에 교환의 예는 「감자가 야채다」라는 문장이 주어진 경우에 「당근도 야채다」라는 말로 바꾸어지는 형식을 뜻한다.[37] 그러므로 「치환」은 「결합체적 관계」(le syntagmatique)와 대응되는 변형의 형식이고, 「교환」은 「계열체적 관계」(le paradigmatique)에 상응하는 변형의 형식이다. 그리고 교환에서 의미론적 동일성이 문제되지 않는 것도 분명하다(감자가 당근이 아닌 것처럼). 구조는 이런 변형의 원칙을 자체의 방법으로 지니고 있다.

마지막으로 「자체조정」의 원칙을 보기로 하자. 이 「자체조정」의 원칙은 앞에서 언급된 「전체성」과 「변형」의 원칙과 동떨어져 있는 것이 아니다. 이런 규칙은 구조가 자기 내부에서 자기 규칙을 스스로 분비해내는 내재성(l'immanence)의 원리와 통한다. 피아제의 표현을 빌리면 한 구조 안에서 내재하는 변형이 자신의 구조를 벗어나는 월경(越境)을 하지 않고 한 구조 내부에서 성립하는 요소들만을 합리적으로 관리한다. 이 점에서 구조의 학문은 「사이버네틱스」(la cybernétique)와 유사한 기능을 지니게 된다. 예컨대 구조 내부에서 피아제의 말처럼 「n－n＝0」와 같은 가역성 원리(la réversibilité)나 「만약 "n－n ≠ 0"라면, 그때 "n ≠ n"가 된다」와 같은 모순율의 근원이 자동적으로 구성되기도 한다.[38]

지금까지 우리는 피아제의 소론에 기초하여 구조주의의 방법적 원칙들을 살펴보았다. 그러나 그 원칙들의 타당성에도 불구하고 그것들이 너무 일반론적인 성격을 지니고 있어서 우리가 여기서 다루고자 하는 구조주의의 연구와 4명의 구조주의자들의 사유체계와 사상에 직접 연결되지는 못하고 있다. 그러므로 우리는 위의 원칙들을 염두에 두면서 서술상 내용적 보완을 하지 않으면 안 된다고 생각한다. 그런 점에서 레비-스트로쓰부터 살펴보기로 하자.

사회학자이기도 한 레비-스트로쓰는 프랑스 사회학의 전통에 따라 뒤르케임(E. Durkheim)과 모쓰(Marcel Mauss)로부터 많은 학문적 유산을 물려받았다. 특히 뒤르케임은 사회 속에 살면서 각자는 자기 자신의 진정한 동기를 모르면서 행동한다고 지적하였다. 그에 의하면 사회는 하나의 거대한 전체적 「사실」(le fait social)인데, 그 속에 낀 개인은 경험적인 체험의 수준에서 자신의 동기를 인식할 수 없다는 것이다. 그래서 뒤르케임은 경험적으로 체험되거나 또는 부분적 실험에 의해서 결코 밝혀질 수 없는 인식방법을 중요시하게 된다. 즉 현상학적 방법도 아니고 그렇다고 영미계통의 실증주의도 아닌 제3의 길을 암시하고 있다. 그래야만 사회학의 연구목적인 사회의 집단적 무의식이 해명되리라는 것이다.

모쓰는 뒤르케임의 미완성적인 사유방식을 이어받아 사회학적 원리를 인류학의 세계에 적용시켜 보려고 시도하였다. 그는 「에스키모」 종족의 결혼체계를 통해 계절의 변화와 밀접한 상관관계가 있음을 확인하게 된다. 즉 모쓰는 「에스키모」 종족의 계절신화는 레비-브륄(Lévy-Bruhl)이 말한 것처럼 어떤 자연과의 「신비주의적인 관여」(la participation mystique)가 가져오는 「논리이전적」(la prélogique)인 「주객합일」의 사상이 아니고, 가장 논리적인 수준에서 작용하는 그 사회의 결혼규칙임을 밝혔다. 뒤르케임에 의해서 남겨진 「사회적 사실」의 집단무의식, 모쓰에 의해서 대두된 탈(脫) 레비-브륄적인 인류학의 성과가 레비-스트로쓰에게 수렴된다. 그리하여 레비-스트로쓰는 기회가 닿는 대로 사회가 안고 있는 질서는 결코 「체험적 질서」(l'ordre vécu)가 아니고 「인지된 질서」(l'ordre conçu)의 본질을 지니고 있음을 거듭 강조하고 있다. 다시 말하자면, 사회가 속으로 지니고 있는 그런 질서는 종교라든가 또 신화와 같은 체계 속에 은닉되어 있기 때문에 종교를 믿는 신앙인이라든지 또는 신화를 단지 이야기 수준에서 그 내용을 파악하는 사람에게는 인지될 수 없다. 따라서 종교적 사실도 사회구조 속에 포함된 부분으로 연구되어야 한다. 레비-스트로쓰는 재래의 종교사회학이 이 부문에서 실패하게 된 두 가지의 이유를 지적한다. 그 첫째 이유는, 재래의 종교사회학이 신앙이나 의례를 정감적 상태에 결부하여 파악하려고 시도했기 때문이며, 두 번째 이유는, 사회와 종교 간의 관계를 단도직입적인 대응관계로 보려고 했기 때문이다.[39] 종교나 사회의 여러 기호들을 정리하여서 구조언어학이나 집합론(수학)에서처럼 지적 연산(知的 演算, l'operation intellectuelle)의 과정을 통하거나 변형의 과정을 추구해서 결론을 내리지 않고 직관적 방법에 의해서 두 체계 사이의 대응구조를 밝히려 함은 표피적이고 피상적인 수준에서 벗어나지 못하는 어리석음을 범한다.

하여튼 그의 사유체계에 있어서 전체의 인식이 부분에의 인식보다 논리적으로도 선행하거니와 가치상에서도 앞선다. 『친족의 기본구조』에서 그는 이 점을 다음과 같이 서술하고 있다. 「인간의 제도들은 조정원리로서의 전체가 부분들보다, 즉 제도의 명칭들에 의하여 구성된 복합체라든가 그 명칭들의 결과나 함의, 그 제도가 표현되는 관습이나 그 제도가 야기하는 신앙 등과 같은 것들보다 먼저 주어질 수 있는 구조들이다」.[40] 그런 점에서 모든 것들이 개별적인 또는 부분적인 용어(개념)들의 측면에서 보면 괴상하거나 자의적인 것들도 그것들을 전체의 체계나 집합 속에 갖다놓으면 하나의 정합적 요소나 인자로 작용하게 된다. 「용어들은 내면적 의미를 결코 지니지 않는다. 그들의 의미는 위상적이다. 즉 의미는 한편으로 문화적 문맥과 역사적 기능에 따르며, 또 다른 한편으로 그 용어들이 형상화된 체계의 구조에 따른다」.[41)]

이 점에서 『야생적 사유』 속에 인용된 인류학 조사의 보고내용을 여기에 간단히 소개한다. 콘크린(Conklin)이라는 학자는 필리핀 「하누누」(Hanunoo)족의 색채에 관한 개념에 처음 무척 당황하였다. 왜냐하면 논리가 없고 상호 모순적인 성격을 현상적으로 노출하기 때문이다. 그러나 색채개념을 분리된 표본으로서가 아니라, 상호 대조되는 한 쌍의 내적 대립관계에서 「하누누」족의 생각을 분류하면 그들의 생각은 정합적인 체계와 구조를 이루게 된다. 즉 그들은 색을 상대적으로 밝으냐 어두우냐 하는 기준과, 또 색이 신선한 식물과 관계되느냐 아니면 마른 식물과 관계되느냐 하는 관점에 따라 분류한다. 예컨대 금방 자른 대나무의 생기가 감도는 밤색 빛 나는 것을 그들은 초록색에 가깝다고 생각한다. 우리 기준에서 보면 그것은 붉은 색(초록색과 대비하여)이다.[42)] 또 「에스키모」족은 우리 눈에는 다 같은 흰색으로 보이는 눈(雪)을 여러 가지 이항적 대립의 체계에 따라 자세히 그 색을 분류한다고 한다.

이런 전체성과 그 전체성이 나타나는 위상과 문맥이 방법론적으로 중요시됨으로써 자연히 관계의 개념이 독립적인 실체개념보다 더 큰 무게를 가지게 됨은 당연하다. 즉 전체성을 관계의 틀로써 파악하려고 하기 때문에 그와 동시에 변형의 방법이 하나의 원칙으로서 레비-스트로쓰에게 제시되지 않을 수 없다. 예컨대 원주민 사회에서 결혼의 규칙이 제시하는 관계가 개개인이 누구와 결혼하는가 하는 구체적 인물보다 언제나 선행하였다. 한국의 전통사회에도 이 점에서 예외가 아니었다고 본다. 마찬가지로 물품교환도 개별적으로 보면, 두 물품이 같은 가치를 지니고 있다 할지라도 물물교환이 이루어지는 구체적 맥락에 따라서 그 동등한 가치가 달라질 수 있다. 토템에서도 그런 방식이 적용된다. 토템은 동물 이름이나 식물 이름 또는 다른 명칭으로 짜여져 있는데, 그동안 토템연구의 가장 큰 과오는 토템이 적용되는 어떤 동식물의 명칭을 하나의 독립적인 신비적 실체로 파악해 보려고 했다. 그 결과는 물론 실패다. 토템도 같은 명칭들이 서로 각각 갖는 관계의 틀에 따라 의미가 달라진다.

신화도 이와 같다. 예컨대 남미 브라질 내부의 「세렌테」(Sherenté) 종족의 신화구조가 북미의 것과 통사론적으로 유사한 구조체계를 갖고 있음을 변형의 논리에 따라 파악하였을 때, 그 두 신화가 시간적 차이를 둔 전파에 의해서 길고 긴 거리에서 언제나 연결되었다고 보기는 어렵다. 레비-스트로쓰의 말처럼, 「유사한 논리적 구조는 상이한 어휘적 자산들을 수단으로 해서 구성되어질 수 있기에 요소들이 불변적이 아니고, 관계가 항구적이다」.[43] 『날 것과 익힌 것』에서 그는 분명히 말한다. 「신화적 진리는 특전을 입은 내용 속에 존재하지 않는다. 신화적 진리는 내용이 없는 논리적 관계 속에 있다. 좀더 정확히 말하자면, 논리적 관계의 불변적 속성이 연산적 가치를 남김 없이 써버린다. 왜냐하면 비교 가능한 관계가 수많은 상이한 내용들이 갖고 있는 요소들 사이에서 이루어질 수 있기 때문이다」.[44]

예컨대 레비-스트로쓰의 『신화학 대계』에서 신화 2(M2)에 해당하는 「보로로」(Bororo) 신화(물과 장식과 장례식의 기원에 관한)가 신화 124(M124)의 「세렌테」(Sherenté)의 막내 아들 「아싸레」(Asaré)에 관한 것과 각각 그 내용에서는 다르지만 동일한 구조를 지니고 있다고 말한다. 이 점은 야생돼지의 기원에 관한 신화들인 「M15」, 「M16」, 「M18」들이 문화재의 기원에 관한 신화인 「M20」과 어휘상으로는 서로 다르지만 변형의 방법에 의하여 동일한 통사구조를 지니고 있다고 보는 관점과 마찬가지이다.

이미 우리는 앞에서 구조언어학이 철두철미 언어의 자기 질서 자체만을 대상으로 삼지 언어 내부의 것 이외의 다른 것에 관심을 쏟지 않는 「내적 언어학」이라는 것을 말하였다. 말할 나위도 없이 그런 「내적 언어학」은 「언어역사학」이나 「언어지리학」보다 논리적으로 선행하고 있다. 그 말의 뜻은 언어를 철저히 폐쇄적 자기 질서 안에서 먼저 탐구하겠다는 뜻이다. 이런 원칙이 바로 내재적인 「자체조정」의 뜻이다. 이와 같은 내재적인 원리가 언어학에서부터 친족관계나 신화연구에로 옮겨진다. 「친족의 체계와 같이 기능적인 체계는 전적으로 전파의 가설에 의하여 해석되어질 수 없다. 그런 체계는 그것을 적용하는 사회구조에 연결되어 있고, 따라서 이민이나 문화적 접촉보다 오히려 이 사회의 내재적 성격이 지닌 본성에 근거해 있다」.[45] 신화의 연구도 내재성의 원칙에 근거해 있다. 그는 『벌거벗은 인간』에서 다음과 같이 술회한다. 「참다운 구조주의는 무엇보다 먼저 어떤 유의 질서의 내재적 속성을 찾으려 한다. 이 속성은 자신에게 외재적인 것을 표현하지 않는다」. 「이리하여 사람들은 무엇에서 주체의 사라짐이 방법론적 질서의 필연성을 표상하는 것인가를 안다. 그 질서는 신화에 의하지 않고서는 신화를 설명하지 않으려는 세심한 주의에 복종하고 있다」.[46] 이 모든 내재성의 「자체조정」원칙은 결국 무엇을 뜻함인가?

『꿀벌에서 잿더미까지』에서 레비-스트로쓰는 「신화학의 땅은 둥글다. (…) 왜냐하면 그 땅은 닫혀진 체계를 구성하기 때문에」[47]라고 언급하였다. 이 말은 도대체 무슨 뜻일까? 현대 물리학의 우주론에서 우주에는 「경계」(la borne)는 없지만 「한계」(la limite)는 있다고 한다. 즉 우주가 무한히 팽창하는 공과 같다고 할 때, 그 공의 고정된 경계는 없지만, 그러나 언제나 팽창해 나가는 공의 한계는 있다. 그래서 역설적으로 우주는 「무한한 유한성」이라고 하기도 한다. 이론적 가상에서 빛보다 빠른 속도로 이 지점을 떠나 우주공간을 여행하면 종국에는 출발지점으로 되돌아온다고 한다. 우주가 둥글기 때문이다. 신화도 이와 같은 이치일까? 신화의 수는 일정한 경계가 없을 만큼 많을지라도, 그러나 그 신화는 결국 자기 폐쇄적 둥근 공간 속에서 노는 것인가? 레비-스트로쓰가 『신화학』 3권에서 「요리의 신화」가 「자연에서 문화로」 가는 방향에서 나타나는 기호체계라면, 「벌꿀의 신화」는 반대로 「문화에서 자연에로」 가는 신호체계의 논리라고 말하고 있다. 각각의 의미론은 다르지만 통사론상으로 두 개의 과정은 하나에서 만나고 있다고 말한다. 내재성의 「자체조정」의 원칙은 결국 우리가 사는 이 세계의 근원구조가 문화와 자연의 두 축이 대응해서 만드는 폐쇄회로와 같음을 알린다. 그렇다면 문화와 과학은 결국 자연이 스스로 만든 구조를 우리가 자연 안에서 확인하는 것에 지나지 않는다. 왜냐하면 인간도 자연 이외의 다른 것이 아니기 때문이다.

그러면 푸코는 어떠한가? 앞에서 언급된 구조주의의 세 가지 방법론적인 원칙을 푸코의 철학에서도 적용시킬 수 있겠는가? 이미 언급된 피아제의 『구조주의』에서 그는 푸코의 철학을 소략하게 소개하면서 그의 철학을 「구조가 없는 구조주의」(le structuralisme sans structures)라고 규정하고 있다. 여기서 이런 규정이 지닌 평가의 타당성 여부를 따지는 것을 떠나서라도, 이런 생각은 벌써 푸코의 철학을 구조주의의 일반화된 도식에 엄격히 적용시키기가 대단히 까다롭다는 점을 내포하고 있음을 알려주고 있는 것이다. 푸코는 자기의 철학이 구조주의가 아님을 스스로 표명하고 있고, 또 사실상 그의 후기 사상이 이미 구조주의적 방법의 테두리를 벗어난 「강단적 허무주의」(la nihilisme de la chaire)*의 냄새를 풍기는 것이 아닌가 하는 느낌도 주고 있다. 사실상 구소주의의 「4거두」 가운데 구조주의자임을 스스로 강력히 천명하는 자는 레비-스트로쓰뿐이다. 그럼에도 불구하고 한결같이 그 「4거두」들의 사상과 학문을 연구하는 자들은 그들을 모두 구조주의의 화신으로 분류한다. 물론 후기의 푸코에게는 예외적 요소를 인정하더라도 그런 공통적 평가에는 그럴 만한 까닭이 있다. 왜냐하면 그들 사상의 출발에는 한결같이 소쉬르 이래로 대두된 구조언어학의 새로운 사유방법이 진하게 깃들어 있기 때문이다. 물론 푸코는 그 중에서 가장 구조언어학의 방법적 원용의 냄새가 제일 엷다. 그러나 결코 무관하지는 않다. 이미 앞에서 우리가 살펴본 푸코의 철학적 이념인 「역사의 선천적 가능근거」(la condition apriori de l'histoire)로서 역사 속에 「사유되지 않았던」 무의식의 측면을 「인식성」(l'épistémè)의 이름으로 단면을 떠내는 것이 구조언어학의 내재적 방법론과 다른 것이 아니다.

「지금부터 자기 스스로 말도 담론도 아닌 것을 구조화하기 위하여, 인식의 순수한 형식 위에서 분절화하기 위하여 언어활동이 무엇이어야 하는가를 자문해야 한다. (…) 니체와 말라르메(Mallarmé) 중에서 한 사람은 "누가 말하는가?"라고 물었고, 또 다른 이는 말(le Mot) 자체 속에 대답이 번득거리는 것을 보았다고 했을 때, 그들이 지시했던 그 장소에

---

* Merouior의 저서의 제목이 *Michel Foucault ou le nihilisme de le chaire*(P. U. F)임을 상기함.

로 다시 가야 한다」.[48] 구조언어학과 그의 사상을 연관지우게 하는 좀더 분명한 대목을 보기로 하자. 「비록 인간이 이 세상에서 말하는 유일한 존재라 할지라도 음운론적 변이나 언어의 친족, 의미론적 이동의 법칙을 인식하는 정도로 인문과학이라고 할 수 없다. 오히려 개인들이나 집단들이 말들을 마음 속에 그려보는 방식, 그 말들의 형식과 의미방향들을 이용하는 방식, 실제적 담론을 구성하는 방식, 그들이 그 말들 속에서 그들 스스로도 모르는 사이에 생각하고 말하는 것을 보이거나 감추는 방식 (…) 등을 정의하려고 노력하게 된다면 인문과학이라고 언급될 수 있으리라. 인문과학의 대상은 (사람들에 의하여 말하여진) 언어활동이 아니다. 그것은 존재를 둘러싸고 있는 언어활동의 내부에서부터, 말하자면 그 존재가 언표하고 있는 말들이나 명제들의 의미방향(le sens)을 머리 속에 그려보며, 마침내 언어활동의 표상(la représentation)을 자신이라고 생각하는 그런 존재이다」.[49] 「(…) 인문과학의 본질은 어떤 내용의 겨냥(인간 존재라는 특이한 대상)이 아니다. 오히려 그것은 훨씬 순수하게 형식적 성격이다. 인간 존재가 대상으로서(경제학이나 역사언어학에서는 절대적으로, 생물학에서는 부분적으로) 주어진 그런 과학과의 관계에서 인문과학은 하나의 "중복"(le redoublement)*의 위치에서 존재한다는 단순 사실, 즉 그 중복이 더구나 인문과학에게만 타당할 수 있다는 단순 사실이라는 그런 형식적 성격이다」.[50]

이와 같은 푸코 철학의 언어구조주의적 요소를 염두에 두고 지금

---

* 중복은 언어학적 개념으로 애칭법인 경우[ex. fifi(아가야), memere(할멈)]나 강조법의 경우[(아주, 아주 작은)]에 표현을 목적으로, 낱말 전체나 한 낱말의 음절을 반복하는 것(*Dictionnaire de linguistique*, Larousse에서 참조).

부터 구조주의 방법론적 원칙들이 그의 사유체계에서 어떻게 전개되고 있는지 살펴보기로 하자. 물론 그는 레비-스트로쓰만큼 분명히 구조주의적 방법론을 표면에 확연하게 부상시키지는 않는다. 그러나 부상시키지 않았다고 해서 존재하지 않는 것은 아니다.

푸코의 「고고학적」 역사인식의 방법은 구체적으로 「르네상스」(Renaissance) 시기부터 서양의 오늘에 이르기까지 사유체계와 사상이 어떻게 전개되어 왔는가를 밝힘을 목적으로 하고 있다. 그러나 이에 앞에서 우리가 보았듯이, 그의 그러한 역사인식의 방법이 헤겔과 마르크스가 주장하는 역사철학적인 「통시성」(diachronic)이랄지, 또는 역사 전체를 일이관지하게 관통하는 유일한 이념의 전체성을 나타내는 것은 아니다. 바슐라르의 인식론적 「단절」이론에 따라 그는 「르네상스」부터 현대까지의 이질적이고 비연속적인 단층들을 크게 보면 세 가지 종류의 것이고, 세분해서 보면 네 가지가 되는 것으로 분류하였다. 세 가지 단층들이란 1) 먼저 15세기에 전성기를 이루었지만 그 영향력이 16세기를 통했고, 경우에 따라 17세기 초까지 간 「르네상스」 시기를 말하고, 2) 17세기에서부터 18세기 말 또는 경우에 따라 19세기 초까지 연장되기도 한 「고전주의」(l'âge classique) 시대이며, 3) 18세기 말 또는 19세기부터 오늘날에 이르는 시기이다. 이 세 번째 시기가 19세기부터 20세기 초까지 가는 「근대기」(l'époque moderne)와 20세기 초부터 중반까지 가는 「현대기」(l'époque contemporaine)로 세분될 수 있다. 그런데 미셸 푸코는 그의 저서 『말과 사물』(*Les mots et les choses*)에서 「르네상스」 시기와 「현대기」는 소략하게 (특히 후자는 그렇다) 취급하였고, 주로 「고전주의」 시대와 「근대 시기」를 자세히 분석하였다. 뒷장에서 푸코만을 대상으로 하는 데 가서 이 문제를 또 다시 다룰 것이기 때문에 여기서는 푸코의 구조주의적 방법의 원칙들을 인지하는 수준에서 그치기로 하겠다.

푸코는 이와 같은 역사의 세 가지 단층들을 그 각각의 단층에만 국한하는 폐쇄적 전체성의 원리를 갖고 각 시기들을 「고고학적」 관점에서 공통적으로 설명하는 선천적 원리를 찾았다. 그런 점에서 그도 역시 「전체성」(la totalité)의 원리를 역사에 적용시켰다고 볼 수 있다. 물론 이때의 「전체성」은 전혀 헤겔적인 뜻이 아님은 자명하다. 푸코는 위에서 언급된 각 지층들을 근본적인 이질성에서 설명하기 위하여 「공간적 은유」를 사용한다. 즉 「르네상스」 시기(주로 16세기)는 「구형」(球形, la sphère)의 이미지를 지식체계에 주고, 「고전시대」(l'âge classique)에는 수학적 상관표(le tableau à double entrée)의 공간과 같은 「도면」(圖面, le plan)을, 그리고 근 · 현대기는 「세 가지 벡터」로써 형성된 「삼면각」(le trièdre)의 이미지를 준다고 푸코는 지적하고 있다.

우선 「르네상스」 시기의 「구형적」 지식체계를 간단히 보기로 하자. 「구형적」 체계란 마치 공이 그 중심을 향하여 서로서로 동심구조를 이루듯이 이 시기의 세계에서는 「닮음」(la ressemblance)의 개념이 지배적이다. 이 시기에는 그런 이유 때문에는 「닮음」을 상징하는 의미론이 「옷감의 실날」처럼 미만되어 있다. 푸코가 인용한 어휘들을 보면 「amicitia(우정), aequalitas(같음), contractus(계약), consensus(합의), matrimonium(결혼), societas(사회), similia(유사), consonnantia(합치), concertius(공명), continuum(계속), paritas(동질), proportio(비례), simititudo(상사), conjunctio(결합), copula(연계)」 등[51]과 같은 라틴어 개념들이 그 시대의 문헌에 압도적으로 풍미하고 있다. 이 「닮음」의 개념이 구조적 중심을 이룬 「인식성」의 지층 위에서 네 가지 종류의 성분이 발견된다. 그 성분들은 각각 1) 사물들이 서로서로 선린관계와 배열관계에 의하여 연결되고 있는 「합치」

(convenientia), 2) 서로 쌍둥이처럼 행동하면서 서로 닮은 것들 사이에 생기는 「경쟁심」(aemulatio), 3) 여러 관계들 사이에 평등과 비례를 상징하는 「유비」(analogia), 4) 마지막으로 사물들 사이에 작용하는 인력에 의해서 서로서로 끌리는 「동감」(la sympathie) 등이다.[52] 이와 같은 네 가지 성분을 가진 「닮음」의 지층은 사물 위에 지워지지 않는 흔적인 기호나 「각인」(la signature)이 없이는 가시화되지 않는다. 「각인이 없이는 닮음도 없다. (…) 각인의 체계는 보이는 것에서 안 보이는 것까지의 관계를 뒤집어 놓는다. 닮음은 세계의 밑바탕에서부터 사물을 보이게 한 것의 불가시적 형태였다」.[53] 푸코가 든 한 가지 예를 상기하면, 호두 알맹이는 사람 두뇌처럼 생겼기 때문에 호두는 사람의 두뇌기능을 좋게 발달시킨다고 믿는 것이나, 두뇌를 상하게 하는 예방약으로 호두 알맹이가 좋다고 믿는 일 등이다. 16세기의 「르네상스」 시대에는 대립의 개념이 없었다.

이어서 16세기와 전혀 다른 새로운 고전시대가 하나의 폐쇄적 인식의 전체성을 갖고 갑자기 나타난다. 이런 전체적 인식원리의 개념은 마치 언어학에서 말하는 「이산적 단위」(l'unité discrète)*와 같은 기능을 한다고 보아야 한다. 그와 같은 기능 때문에 16세기와 17세기가 완연히 구분된다. 이 「고전시대」의 지층에 와서 「닮음」은 이미 사라지고 「분별」과 「구분」이 모든 언어학 담론에 나타나기 시작한다. 「분별」과 「구분」은 뚜렷한 「질서」개념을 중심으로 모인다.[54] 「질서」개념은 자연히 수학적 「상

---

* 언어학에서 음운과 의미의 차이를 가져오게 하는 기본 단위. 예컨대 불어 「pas」(아니다)와 「bus」(아래)는 「p」와 「b」의 음운론적 차이에서 서로 구분되고, 「pain」(빵)과 「bain」(목욕)의 의미상 차이는 역시 「p」와 「b」의 구분이 단위가 되기 때문에 생긴다.

관표」와 같은 공간도표를 연상케 한다. 왜냐하면 분별과 구분은 대응되는 구조적 상관성을 전제하기 때문이다. 17세기의 데카르트가 고전시대의 상징적 철학자로 철학사에서 군림하고 있는 것은 사실이지만, 푸코의 눈에 비친 데카르트와 데카르트 학파는 고전주의를 창립한 것도 아니고, 단지 그 시대에 「옆모습만을 비쳤을 뿐이라」고 평가한다. 그 까닭은 데카르트가 너무 「나는 생각한다」(cogito)라는 주체를 부각시켰기 때문이리라. 그러나 데카르트 학파가 발전시킨 「보편수학」(mathesis universalis)의 방법이 모든 지식추구의 모델이 되었던 것은 사실이다. 이런 모델 위에서 푸코는 「고전시대」의 지층적 특성으로서 세 가지 학문인 「일반문법」(la grammaire générale), 「자연사」(l'histoire naturelle) 그리고 「부의 분석」(l'analyse de la richesse)을 대표적 성분으로 꼽았다.[55] 이 세 가지 학문분야에 공통적인 것은 「보편수학」의 원리 위에서 질서와 연역적 인식방법에 대한 가치부여이다. 뒤에 이 문제가 또 검토되겠지만 여기서 예비적 지식을 갖는 것이 실제적인 도움이 되리라 생각된다.

「일반문법」은 17세기 프랑스의 「포르 루아얄」(Port-Royal)을 중심으로 아르노(Antoine Arnaud) 등이 개발한 언어학이며 논리학이다. 「일반문법」이란 명칭은 특수한 언어의 문법이론과 달리 보편적인 문법이론, 즉 모든 언어에 공통적으로 적용될 수 있는 언어와 사고의 문법을 탐구하는 학문을 뜻한다. 이 문법이론에서 「주어」와 「속사」(l'attribut), 「계사」(la copule) 등의 개념으로 문장을 분석하여 특히 계사 가운데 「있다」, 「이다」의 뜻인 「être」의 기능에 큰 비중을 두고 있다. 예컨대 「그가 산다」(il vit)는 「그가 살고 있다」(il est vivant) 등으로 분석하며, 모든 동사는 계사와 속사의 함의적 결합으로 보고 있다. 그래서 「일반문법」의 논리는 「계사」로서의 「être」 동사를 모든 존재들의 가시성을 보장해 주는 근본적 토대로 본다. 그 계사 「être」는 모든 사물이 오직 언어 속에서, 그리고 언어를 통해서만 인간에게 나타난다는 것을 보장해 주는 다리와 가교의 역할을 한다. 즉 계사 「être」는 사물과 낱말이 교차되는 장소이다. 「자연은 명명(命名)의 창살을 통해서만 주어진다. 그러한 이름이 없다면 자연은 말을 못 하거나 보이지 않거나 할 것이다 (…)」.[56] 「일반문법」의 이론에 의하면 말할 수 있기 때문에 보이고, 보이기 때문에 말할 수 있어야 하므로 「보는 것」과 「언어」와 「이성」은 상호 간 일치된다. 그런 점에서 「일반문법」은 역사언어학이나 비교언어학이 아니고, 담론이 사물을 표상하는 사고기능을 연구한다. 즉 언어의 분석과 사고의 분석이 밀접히 관련을 맺고 있다. 「명제가 언어활동에 속함은 표상이 사고에 속함과 같다」.[57] 그런 의미에서 언어와 사고는 단순히 실재의 표현이 아니고, 담론의 사실과 직결된다. 「고전적 사유에 있어서 언어활동은 표현이 아니라, 담론이 있는 곳에서 시작한다」.[58] 결론적으로 말하여 「계사」 「être」(있다, 이다)는 그 자체 비가시적이지만 담론을 분절화하고, 그 담론 속에 명제가 성립하게 하며, 그 담론은 표상되어진 사물을 명명함으로써 표상작용의 내용을 언표한다. 그래서 「포르 루아얄」(Port-Royal)의 「일반문법」 이론은 사고의 표상작용과 표상된 사물의 질서가 계사 "être"를 통하여 구분 · 분열되면서 「상관표」의 도표를 짠다. 그런 「상관표」의 구분적 질서 개념 위에서 「자연」과 「부의 분석」이 같은 방식으로 추구된다. 즉 자연 연구나 부의 연구도 「일반문법」의 언어적 표상작용과 사물의 질서처럼 그렇게 연구된다. 그래서 푸코는 고전시대에 다윈(Ch. Darwin)이나 마르크스의 사상에서 보는 것과 같은 진화나 생산의 개념이 나타나지 않는다고 주장한다.

고전시대의 「자연사」나 「부의 분석」에서 진화론이나 마르크스적인 생산론이 야기하는 역사적 「원인」의 개념은 존재하지 않고, 단지 존재하는 것은 「강」(綱)이나 「유」(類, la classe) 개념이 지시하는 「질서」뿐이다. 「자연사」의 연구는 오로지 화석생물학(la paléontologie)을 연구하는 방식처럼 화석의 단편들을 모아서 그 구조를 질서화한다. 그렇기 때문에 자연에 관한 지식이나 담론은 마치 「구조주의적 문학비평이 텍스트 내부의 언어적 요소들이」 어떻게 서로서로 배열되어 있는가를 연구하듯이 그렇게 「자연의 체계 가운데서 어떤 담론이 놓여 있는 공간적 위치」에만 가치를 부여하게 된다. 예컨대 스웨덴의 박물학자인 린네(C. von Linné)가 시도한 「자연의 분류」는 그런 「화석생물학적」 구조 탐구의 대표적 본보기이다. 거기에는 다윈적인 역사적 진화의 개념이 없다.

「부의 분석」을 시도한 고전시대의 도안(圖案)도 이와 같은 지식체계에 속한다. 즉 그 분석은 근현대의 경제학처럼 부의 생산양식이나 재화를 창출하는 한 원인으로서 「노동」과 같은 개념에는 관심을 쏟지 아니한다.

「가격은 가치를 지시하는 기호이며, 가격은 가치를 표상하는 것을 기능으로서 갖는다. 가격은 또한 그런 기능에 의해서 교환 속에서 이루어지는 역할을 갖는다. 왜냐하면 가격은 상품의 다양성을 연결시켜 주기 때문이다」.[59] 그러므로 고전시대에 「부」의 개념이 지닌 기능은 한 물품의 가치의 표상과 그 물품이 전체 상품구조 속에서 갖는 위치를 화폐의 단위를 척도로 하여 결정하는 일이다. 그런 기능은 「자연사」에서 마치 화석생물학의 연구방법이 화석 단편들을 모아서 그것이 생물 전체의 구조 속에서 갖는 자리를 연구하듯이, 린네가 자연을 「강」과 「종」으로 분류하듯이 같은 방법에서 이루어진다. 그 점은 일반문법에서 「계사」, 「être」가 언어와 사물의 일치된 자리를 연결시켜 주는 논리와 통한다. 「고전시대」는 「질서」와 「분류학」(la taxonomie)이 지식의 황금률로서 존중을 받던 시대이다.

푸코는 19세기부터 「질서」와 「계통」의 분류법이 사라지고 「역사」가 대신 「지식」의 자리를 차지하게 되있나고 생각한다. 즉 「동시적」 구조는 뒷전으로 밀리고 역사가 「통시성」의 위력을 안고 전면에 부상한다. 새로운 단층이 형성되었다. 이를 테면 「부」의 연구에서 재화의 구조를 「상관표」화하는 대신에 아담 스미스(A. Smith)나 리카아도(D. Ricardo)나 마르크스는 「노동」이 「부」를 창출하는 「원인」으로 여기게 된다. 「시간적 인과관계」를 도입한다. 그와 동시에 언어학도 「일반문법」의 「표상이론」이 사라지고 언어의 「굴절이론」(la flexion)*이 등장하게 되고, 라틴어와 산스크리트어 사이에 어원을 따지는 비교문법이 각광을 받는다. 「굴절이론」이나 비교문법이나 다 같이 구조보다 시제나 상황에 따른 변화를 추구한다. 고전주의 시대에 일치되었던(대응되었던) 존재와 표상작용이 19세기부터 분리된다. 그래서 고전시대의 총아였던 「일반문법」, 「자연사」, 「부의 분석」 대신에 19세기부터 「노동」과 「생명」과 「언어활동」을 과학적 대상으로 삼는 「삼원체제」(la trilogie)인 「경제학」, 「생물학」, 「언어역사학」(la philologie)이 나타나게 된다.

푸코는 19세기의 학문적 「삼원체제」의 주역 역할을 한 「노동」, 「생명」, 「언어활동」(le langage)에 대한 자세한 분석을 많은 페이지를 통하여 그의 『말과 사물』에서 할애하고 있다.[60] 푸코는 리카아도와 마르크스의 경제학에 대한 세간의 「중론적」(衆論的, doxologique)인 견해와 「이데올로

---

* 「굴절이론」이란 명사, 대명사 또는 동사가 각각 격이나 성이나 인칭의 단복수에 따라 이미의 변화를 일으키는 현상을 뜻함.

기적」(idéologique)인 견해를 배척한다. 그런 비과학적인 측면을 벗어나 「인식성」(l'épistémè)의 차원에서 그 두 유명한 경제학자를 분석할 것을 요구한다. 주지하는 바와 같이 리카아도는 그의 『분배론』에서 지주의 지대, 노동자의 임금, 자본가의 이윤이 상호 상충하는, 즉 지대(地代)의 등귀, 노동자의 실질임금의 불변, 자본가의 이윤하락의 어쩔 수 없는 필연적 관계를 통하여 3계급 간의 갈등을 영원한 충돌로 본 비관론을 전개하였다. 즉 사회의 진보에 따른 「자본축적의 증대」→「노동수요의 증가」→「인구의 확대」→「곡물수요의 증가」→「열등지 경작한계의 확대」→「곡물가격의 등귀」→「지대의 증가」→「이윤의 감소」[61] 등과 같은 일련의 인과관계의 과정을 통하여 발전은 정체되고, 노동자는 그의 노동의 「시장가격」이 거의 언제나 「자연가격」(노동자가 그의 가족을 부양하기 위하여 필요한 식량, 생활필수품, 편의품 가격)의 수준을 넘지 못하는 필연적인 궁핍의 악순환에 빠지게 된다는 비관론에 리카아도는 도달하였다. 푸코의 말을 직접 들어보자.

「리카아도에 있어서 인간학적 유한성에 의하여 주선된 공허와, 또 결정적인 정체의 시점에 도달되어질 때까지 영속적인 궁핍으로 나타난 공허를 역사가 메우고 있다. 마르크스를 읽어보면, 역사는 인간을 그의 노동의 질곡으로부터 벗어나게 하며, 인간 유한성의 적극적 형태, 즉 인간이 물질적으로 해방된 진리의 측면을 부각시키게 한다」.[62] 이 인용에서 리카아도와 마르크스가 어디에서 구분되는가를 명백히 알 수 있다. 리카아도가 비관적인 대신에 마르크스는 역사에 대한 낙관론을 말하고 있다. 그러나 푸코에 의하면, 마르크스의 「혁명적 약속」이나 리카아도의 「비관주의」는 옳고 그름의 선택문제가 아니고, 구조주의적 인식의 관점에서 그들은 동일한 「인식성」의 내부에서 같은 문제에, 즉 인간주의적 역사주의에 빠졌다는 것이다. 리카아도의 자본주의 경제학이나 마르크스의 혁명적 경제학은 19세기의 동일한 지층에서 차이가 없는 사고를 수행하였다고 푸코는 진단한다. 그는 다음과 같이 말한다.「고기가 물에서 놀듯이 마르크시즘은 19세기 안에 있다. 다른 곳에서는 마르크시즘은 숨쉴 수 없다」.[63]

이미 우리가 앞의 이념을 다루는 장에서 살펴보았듯이 푸코의 철학은 철두철미「반인간주의」(l'anti-humanisme) 적이고, 동시에「반역사주의」(l'anti-historicisme) 적이다. 그 점에서 푸코가 19세기의「인식성」을 거부하고「고전시대」(17-18세기) 인식고고학을 더 친근하게 여기고 있음을 쉽게 간파할 수 있다. 푸코는 19세기와 20세기의「고고학적 인식성」(l'épistémè)을 아주 싫어한다. 그가 진단한 19세기의 고고학적 인식의 지층은「경제의 역사성(생산형식과 관계하여), 인간 실존의 유한성(희소성과 노동과의 관계에서), 그리고 역사종말의 도래(그것이 정해지지 않고 천천히 오든 또는 급진적으로 전복하든) 등이 동시에 나타나는 지식의 경향」[64]으로 특징지워진다. 17-18세기의 고전시대(질서시대)와 19세기(역사시대)에 있어「유토피아」개념의 차이를 인용한다.「고전적 사상에 있어서 유토피아는 오히려 기원의 어떤 공상으로서 작용하였다. 즉 세계의 신선함은 각 사물이 자기 자리에서 나타나고, 자기의 이웃들과 자신의 다른 점들과 자신의 직접적 등가들과 함께 있을 일람표의 이상적 전개를 확신시켜 주었다. 이런 아침의 빛 속에서 표상은 그 표상이 표상하는 것의 생생하고 예리하고 감각적인 현전과 틀림없이 분리되지 않았다. 19세기에 유토피아는 아침보다 오히려 시간의 전락에 관계한다. 즉 지식은 이미 일람표의 양식 위에서 구성되지 않고 연속이나 연쇄나 생성의 양식 위에서 구성된다. 약속된 저녁과 함께 대단원의 그늘이 오게 될 때, 역사의

완만한 침식이나 폭력이 바위 같은 굳은 정체상태에서 인간의 인간학적 진리를 솟아나게 할 것이다」.[65]

경제학이 역사적 개념으로 파악되고 노동이 가치결정의 원인으로 되는 그런 19세기적 사유방식이 19세기의 생물학(la biologe)에도 적용된다. 그런 생물학의 대표자가 프랑스의 퀴비에(G. Cuvier)이다. 퀴비에의 동물학은 동물기관 자체보다 그 기관의 기능에 더 큰 관심을 쏟았다고 푸코는 지적한다. 따라서 푸코의 분석에 따르면, 퀴비에의 기능주의는 유기체 내에서의 「공존」(la coexistence), 「내적 위계질서」(la hiérarchie interne), 그리고 「종속」(la dépendance)이라는 새로운 관계를 정립하였다. 그런 관계는 「고전시대」의 「자연사」(l'histoire naturelle)와 전혀 다른 지층의 「생물학」이다. 퀴비에 자신의 동물학이 진화론의 이론을 직접 내포한 것은 아니지만 진화론의 탄생을 예고하는 선구적 역할을 수행하였다고 푸코는 본다. 우선 「공존」의 관계부터 보자. 「공존은 결정된 형태나 본성을 지닌 다른 기관이나 기관조직이 똑같이 현전하지 않으면 생명체 안에서 한 기관이나 기관조직이 현전할 수 없다는 사실을 가리킨다」.[66] 이어서 푸코가 제시한 보기를 들어보자. 동물 치아의 형태(그 치아가 예리하거나 또는 씹을 수 있거나 간에)는 동시에 소화기관의 길이와 주름 그리고 팽창과 함께 변한다. 그리고 소화기관의 형태는 다른 사지의 형태(특히 발톱의 형태)과 독립해서 변할 수 없다.[67] 이와 같은 보기에서 퀴비에가 언급한 「공존」이 무슨 뜻인지 우리는 쉽게 추측할 수 있다. 다음으로 「내적 위계질서」의 개념을 보자. 그 개념은 문자 그대로 동물기관 내부의 중요성의 순서를 따지는 것이다. 예컨대 포유동물의 경우에 소화기관은 다른 기관보다 기능상 더 중요한 역할을 수행하기 때문에 다른 기관보다 더 자유스럽고 더 지배적이라는 것이다. 따라서 그런 기능의 위계질서는 반대로 기능의 「종속」을 동반함은 물론이다.

이와 같은 퀴비에의 동물해부학은 일종의 비교해부학이다. 비교해부학의 등장으로 고전시대의 「자연사」에서 문제시되던 자연의 일반적 「분류체계」(la taxinomie), 즉 단순 자연이나 광물에서부터 복잡한 유기체에 이르는 거대한 자연질서를 한눈에 볼 수 있게 하는 「일람표」가 사라진다. 그와 동시에 생명은 자연체계의 구조적 · 기계적 도식에서 빠져나와 자연과 다른 「생명론」(le vitalisme)의 범주를 형성하게 되며, 또 생명질서 내부에서도 위계질서가 형성되어 주종관계의 개념이 생기고 「공존」은 진화론의 토대를 구축하는 계기를 만들어 준다. 그리하여 자연학에서 생물학에로의 변이가 새롭게 생겼다. 푸코에 의하면, 이런 퀴비에의 동물해부학은 리카아도나 마르크스의 경제학과 서로 유사하게 대응되는 상호 변형의 지식체계나 논리를 갖고 있다는 것이다. 즉 퀴비에의 자연과학이 리카아도나 마르크스의 경제학으로 소쉬르 언어학에서 말하는 「부재적」인 「계열체적」 「변형」이 가능하다는 입장이다. 그 까닭은 리카아도나 퀴비에가 겉으로 진화론이나 역사의식을 전혀 도입하지는 않았지만, 그들은 다 함께 그들이 분석한 지식이 역사의 개념을 배제하고서는 궁극적으로 이해될 수 없는 사유체계를 암암리에 전제하고 있기 때문이다. 인간의 표상작용과 자연의 거대한 질서가 언어의 문법을 매개로 「상관표」(le tableau à double entrée)가 작성되던 시대가 사라지고 이제(19세기)는 「생명」이 자연의 중심개념이 되었다. 마치 19세기에 「노동」(le travail)이 경제학의 중심개념이 되듯이 「생명」(la vie)이 생물학의 총아가 되었다. 그 점에서 푸코의 말처럼 19세기는 「생명이 있기 때문에만 존재가 있다. 그리고 죽음에로 가게 되어 있는 근본적 운동 속에서 흩어져 있고 안정된 존재들은 한순간 서로 형성되고, 멈추고, 죽음을 죽이지만, 그러나 다

음 차례가 오면 이 죽음의 무진장한 힘에 의하여 파괴된다」.[68]

「노동」 중심의 경제학이 리카아도의 비관론이든 마르크스의 낙관론이든 하여튼 인간을 고통스런 부의 원인행위자로 규정하고 있음과 마찬가지로, 퀴비에의 생명 중심의 생물학은 인간을 자연과 분리시켜 자연에 승리하는 것같이 우쭐되게끔 만들지만, 결국 고통스럽게 죽음을 생각해야 하는 「인간의 유한성」(la finitude humanine)을 그려내고 말았다. 「인간주의」와 「역사주의」는 인간의 유한성을 종착역으로 삼고 있는 점에서 다 불행한 철학이다.

19세기의 언어역사학(la philologie)도 마찬가지이다. 19세기에 접어들어 언어역사학적 실증주의는 슈레겔(Schlegel)의 『인도인의 언어와 철학』(*Langue et philosophie des Indiens*), 그림(Grimm)의 『독일문법』(*Deutsche Grammatik*), 보프(Bopp)의 『산스크리트어의 동사변화의 체계』(*Système des conjugaisons du sanscrit*) 등으로 대변된다. 이들은 모두 비교문법, 비교언어학의 체계이다. 소쉬르의 용어를 빌리면 「외적 언어학」이다. 비교언어학을 통하여 언어의 중요성이 위계화되고 세련미와 정밀성의 정도가 비교우위화된다. 이런 관점은 리카아도의 「비교생산비」설과 그 발상법에서 다르지 않다. 그런 비교언어학이 은연중에 역사개념 위에 서게 되는 것은 필연적인 귀결이다. 푸코는 보프의 언어역사학을 결과적으로 두 가지 의미로 정리한다.[69] 1) 보프는 「언어활동」(la langage)에 대하여 「표현의 깊은 힘」을 부여한다. 보프는 언어를 「에네르게이아」(energeia)로 생각한 훔볼트(Humboldt)와 동시대인이다. 즉 언어가 사물을 표상하는 것에서 언어활동의 표현을 정리하는 것이 아니고, 오히려 언어활동은 말하는 이들의 깊은 의지의 반영이라고 본다. 2) 언어활동이 그 언어가 쓰여진 문명체계와의 관계에서 보지 않고, 그 언어를 사용하는 민족정신과의 연계관계에서 파악된다. 즉「언어는 사물의 인식과 관계되지 않고 인간의 자유와 관계된다」. 이래서 언어활동과 인간들의 자유로운 의지와의 사이에 깊은 유대관계가 맺어진다. 여기서 우리는 푸코가 지적한 대로 언어역사학과 19세기의 정치 이네올로기와의 연대성을 같은 고고학적 지층에서 발견하게 된다. 그리하여 역사성이「언어학」에서나「생물학」에서나「경제학」에서 다 함께 비록 의미론적 변형을 갖고 있지만 통사론적 체계에서 같은「계열체」를 띠고 나타남을 보게 된다. 푸코의 생각을 따라가 보면 19세기에 인간은 그가「인식성」의「삼면각」(le trièdre)이라고 부르는「노동」,「생명」,「언어활동」에 의해서 지배됨을 알 수 있다. 따라서 이「삼면각」에 의해서 접근하지 않으면 그 시대의 인간 이해는 불가능해진다.

지금까지 우리는 푸코의 철학이 역시 방법론상에 있어서 레비-스트로쓰와 같이 구조주의의 3대 방법론적 원칙에 의하여 짜여져 있음을 살펴보기 위하여 상당한 지면을 할애하였다. 지금까지의 논증을 토대로 하면 우리는 그 이유를 쉽게 알 수 있다. 푸코를 별도로 다루는 장에 가서 그 문제가 다시 검토되겠지만, 푸코가 서양사에서 분류한 각 시대에는 그 시대의 집단적 사고의 원형이 있어 그 원형이 예컨대 언어학, 자연과학, 경제학, 이데올로기, 박물학 등 모든 분야에서「사유되지 않는 사유」의「질서」로 존재하고 있다고 본 것은 곧 인식체계의「전체성」과 관계되고 동시에 한 인식체계가 다른 인식체계의 언어로「변형」됨을 의미한다고 보지 않을 수 없다. 이외에도 푸코의 철학체계에서 역사에 따라「광기」(la folie)의 의미와 광기에 대한 제도적 반응,「병원」과「병」에 대한 인식,「범죄자」와「감옥」에 대한 인식 등에도 상호 구조론적 인식의 변형이 적용된다. 이 점은 뒤에서 볼 것이다. 이 모든 변형은 또한 한 시기(지층)를 폐쇄회로에 의하여 연결하는 「내재성」이나 「자체조정」의 원리가 없이는 설명될 수 없음은 물론이다.

앞에서 언급되었지만 이제 우리는 푸코가 「인간」이 서양사에서 등장한 것은 최근의 일이라고 한 주장을 이해하게 된다. 이렇게 「인간」이 무대 위에 자기의 고유 이름을 유난히 번쩍이면서 등장하게 된 까닭은 19세기의 「인식성」(l'épistémè)이 그렇게 만든 것이다. 「노동」과 「생명」과 「언어활동」이 인간을, 고통스런 유한한 인간을 탄생시킨 것이다. 이와 동시에 푸코는 서양사에서 인간의 이성이 진보를 이룩했다는 것을 믿지 않는다. 오히려 그는 흔히 지성사가가 생각하는 것과는 정반대로, 르네상스 이래로 이성의 연속적 운동은 눈의 착각이나 주관적 환상에 지나지 않는다고 말한다.

3_ 레비-스트로쓰와 야생적 사유의 불변적 구조

1. 무의식의 법칙과 이항적 대립

『슬픈 열대』에서 클로드 레비-스트로쓰는 그가 대학에서 전공한 철학과 법학에 실망하고 어떻게 하여 민족지학(ethnographie)의 길로 접어들게 되었는가 하는 관심의 변화를 술회하고 있다. 이어서 그의 학문에 결정적인 영향을 준 것은 지질학에 대한 소년 시절부터의 관심과 마르크스의 방법론과 프로이트의 무의식 탐구라고 스스로 말하고 있다.[1] 어렸을 때부터 그는 산보 도중 만나게 된 민들레꽃의 정교한 구조와 완벽한 미학적 균형에 매료되었으며, 자연과 돌과 산하의 짜임새 있는 질서에 감탄하며 시간 가는 줄 몰랐었다. 그의 술회에 의하면, 그가 프로이트의 정신분석학을 처음 알았을 때, 마치 지질학에 대한 관심을 처음 느꼈을 때의 감회와 같았다고 이야기하고 있다. 마음의 심층이나 땅의 심층이나 겉에서 쉽게 안을 수 없는 그 비밀의 세계에 접근하기 위하여 「섬세의 질」을 연마하지 않으면 안 된다. 이런 심층의 분석에 대한 호기심과 관심은 그로 하여금 마르크스의 방법론에 귀를 기울이게 만든다. 「루소에 이어서 나에게 결정적인 양식으로서 마르크스는 마치 물리학이 감성의 소여 위에서 출발하지 않은 것과 같이 사회과학은 사건들의 도면 위에서 세워지지 않는다는 것을 가르쳐 주었다. (…) 현실의 다양한 수준에서 마르크시즘은 (…) 지질학이나 정신분석학과 같은 방식으로 진행되는 것 같다. 이상의 세 영역은 이해한다는 것이 현실의 한 형태를 다른 형태로 환원시키는 데서 성립하고, 참다운 현실은 가장 겉표면에 나타나 있는 것이 아니며, 그리고 진리의 본성은 그 진리가 스스로 숨으려 하면서 남겨두는 세심한 주의 속에 이미 속살을 보이고 있다는 것 등을 공통적으로 제시하고 있다. 이 모든 경우에 감각과 이성 사이의 관계와 같은 동일한 문제가 성립된다. 즉 그 본성을 하나도 희생시킴이 없이 감각적인 것을 이성적인 것에 포함시키는 것을 겨냥하는 일종의 최상위 합리주의(le superrationalisme)가 세 영역을 가로지른다」.[2]

지질학이나 정신분석학이나 마르크시즘을 공통으로 가로지르는 표상은 결국 무의식이다. 땅 속에 숨은 지층이나 인간 정신의 밑바닥에 있는 것으로 그려지는 무의식이나 역사와 사회의 하부구조를 중시하는 발상이나 다 같이 우리로 하여금 무의식의 세계를 연상시킨다. 그 다음 또 공통적인 것이 있다. 지질학 세계나 심적 무의식이나 사회 무의식이나 모두 어떤 감각적으로 느껴지는 기호를 통하여 나타난다는 것이다. 지질학자가 땅 밑 지층을 조사하기 전에 지표에서 이미 어떤 신호를 본다. 정신분석은 안 보이는 무의식에 단도직입적으로 파내려 가는 것이 아니다. 인간의 무의식이 보내는 감각적 신호를 이미 받는다. 마르크시즘도 사회진단은 이미 「증후」로서 나타난 신호에서 출발함을 말한다. 이 모든 감각적 신호가 이른바 「능기」다. 이 능기의 기호를 지성의 수준으로 체계화한 것이 레비-스트로쓰에 있어서 「감각의 논리」(la logique du sensiblc)로 전개된다.

이미 우리는 제1장에서 구조주의의 이념을 다루면서 얼마나 구조주의 일반에 있어서 이 「무의식」의 개념이 중요한 것인가를 살펴보았다. 여기서는 일반론적인 각도보다 오직 레비-스트로쓰의 사상만을 보다 구체화시켜 나가는 입장에서 그가 중요시한 무의식의 개념이 또 한번 정리되어야 할 것이다. 그런데 우리가 이미 알고 있는 바와 같이 레비-스트로쓰의 사유체계와 사상은 위에서 논의된 세 가지 영역의 영향만은 아니다. 그를 이해하기 위하여 지질학, 프로이트, 마르크스 이외에 철학적으로는 루소와 칸트, 사회학적으로는 뒤르케임과 모쓰, 언어학적으로는 소쉬르와 야콥슨, 인류학적으로는 보아스(Boas), 마리노우스키(Malinowski)와 래드크리프-브라운(Radcliffe-Brown) 등을 선행지표로 삼고 있어야 한다. 그러나 우리가 이 책에서 이들을 체계적으로 해설함은 불가능하므로 간헐적으로 필요한 경우에 따라서 그들을 언급하게 될 것이다. 그리고 이미 언급된 경우도 있다. 그러면 다시 우리의 주제로 돌아가자.

「모든 문화는 상징적 체계의 집합으로 생각될 수 있는데, 그 중에서 제일 중요한 것은 언어활동, 결혼규칙, 경제관계, 예술, 과학, 종교라고 볼 수 있다. 이 모든 체계는 물리적 현실과 사회적 현실의 어떤 면을 나타내고 있고, 더 나아가 이 두 가지 류의 현실이 그들 사이에 맺고 있는 관계나 상징적 체계 자신들이 서로서로 유지하고 있는 관계를 표현한다」.[3] 이 인용은 모든 문화나 사회는 하나의 체계로서 개인 차원의 실존적 결단이나 책임, 자유의 의미와는 상관없는 「집단적 표상」의 본질을 지니고 있음을 알리고 있다. 그리고 이런 「집단적 표상」은 아무렇게 무정형하게 존재하는 것이 아니라, 어떤 논리적 정합체계의 상징적 질서를 구비하고 있다. 이런 관점에서 보면, 이미 앞에서도 간단히 암시된 바이지만, 레비-스트로쓰는 프랑스 사회학의 뒤르케임과 모쓰의 전통과 맥락을 같이 하고 있다고 보아도 좋으리라. 이런 사회학의 사상에다가 소쉬르 이래도 대두된 언어학의 기호론(la sémiologie)이 첨가되어 그의 독특한 구조주의를 형성케 하였다. 그런 점에서 레비-스트로쓰는 사회나 문화의 「집단표상」적 체계와 언어의 구조 사이에 어떤 유비(類比)가 있다고 보았다. 따라서 사회의 「집단표상」(la représentation collective)과 기호체계로서의 언어와의 유비성이나 유사성의 이론은 우리가 무의식이라고 부르는 사회생활의 정신적 구조—「사이버네틱스」와 유사한—에서 파생되는 모든 행동이나 감정표출을 그러그러한 것으로 결정지워 주는 「선천적」(apriori) 규정의 역할을 한다. 그런 유사성 이론은 동시에 토템이라든가, 결혼과 친족의 구조라든가 또는 신화 등을 분석 · 이해케 하는 도구가 되기도 한다. 요컨대 사회의 무의식적 구조는 언어의 심층구조와 같은 논리와 기능을 갖고 있다는 이론에서 레비-스트로쓰의 사상이 출발하고 있다.

그런 점에서 이 「무의식」의 개념이 사회와 인간 정신(심지어 자연까지도)을 공통적으로 연결시켜 주는 가교 역할을 한다. 미국의 앨런 젠킨스(A. Jenkins)는 레비-스트로쓰에 관한 그의 연구에서 이 점을 잘 정리하고 있다. 젠킨스의 정리된 소론에 따라 레비-스트로쓰의 무의식의 뜻을 소개하면 다음과 같다.[4)]

1_ 레비-스트로쓰의 무의식은 하나의 형식이거나 또는 공허한 형

식들의 집합체이거나 장치의 성질을 지니고 있다. 그래서 그 형식은 그 형식에 담겨지는 내용보다 논리적으로 앞서고 있다. [그런 주장의 준거는 레비-스트로쓰의 『구조론적 인류학』(*Anthropologie structurale*), pp. 202-203 참조.]

2_ 공허한 형식으로서의 무의식은 논리적이며 인지적 속성을 지니고 있어서 그 무의식에 주어지는 내용에 대하여 법칙성의 무게를 갖는다. 이런 주장의 근거는 『오늘날의 토테미즘』(*Le totémisme aujourd'hui*, p. 145)에 나온다. 이런 레비-스트로쓰의 사유체계는 칸트의 선험주의(le transcendentalisme)의 철학과 이웃하고 있음을 쉽게 파악할 수 있다. 『벌거벗은 인간』(*L'homme nu*)에서 인용한다. 「생물학적 · 기술적 · 경제적 · 사회학적 기원에 속할 수 있는 반복재생하는 경험들이 동물들에 속하는 생래적 행동처럼, 그리고 어떤 적당한 상황과의 결합에서 그 동물들이 촉발되자마자 자동적으로 전개되는 행동국면처럼 명령을 수행할 때, 어떤 점에서 오성에로 미리 거슬러 올라간 대립의 장치가 작용한다. 개념의 기계장치는 경험적 상황에 의하여 그렇게 촉발되어서 진행된다. 비록 구체적 상황이 아무리 복잡하다 하여도 개념의 기계장치는 구체적 상황에서부터 줄곧 의미를 추출하고, 또 그 상황을 형식적 조직의 명령에 적용시킴으로써 그 상황에서부터 사유의 대상을 만들어낸다」.[5)]

3_ 이와 같은 무의식의 법칙은 레비-스트로쓰에게 있어서는 사실상 두뇌의 사고작용의 법칙과 통한다. 그가 가끔 「정신」이나 「사고」라고 부르는 것은 정신주의 철학에서 사용되는 것과는 판이하다. 그런 명칭은 실제로 인간 두뇌의 사고기능의 다른 표현일

뿐이다.

그러면 인간 두뇌(le cerveau humain)의 사고법칙은 어떻게 작용하는가? 레비-스트로쓰에 의하면 그 법칙은 곧 「이항적 대립」 또는 「이분법적 대립」(l'opposition binaire)이라고 번역된다. 주지하다시피 「대립」의 개념은 소쉬르에 의한 구조언어학의 소산이다. 특히 음운론에 있어서 「음운론적 대립」(l'opposition phonologique)은 둘 이상 변별적인 단위들 사이에서 생기는 차이를 말한다. 이미 앞에서 든 예를 다시 상기하면 불어의 「bain」(목욕)과 「pain」(빵)은 자음 「b」와 「p」의 음성 차이의 대립에서 그 뜻이 분별된다. 그러므로 언어의 가치는 대립되는 항들 사이의 관계에서 결정된다. 이런 원칙을 로만 야콥슨은 음운론적으로 보편화하여 인류의 모든 언어는 12가지 음운론적 대립의 항으로 분류된다고 밝혔다. 그 12가지 음운론적 대립은 「자음적/비자음적」, 「모음적/비모음적」, 「내밀한(compact)/확산적(diffus)」, 「유성음의/무성음의」, 「비음의/비(非)비음의」, 「연속적/불연속적」, 「마찰음적(strident)/무딘(mat)」, 「집중적인(bloqué)/비(非)집중적인(non-bloqué)」, 「둔중한(grave)/예리한(aigu)」, 「약음화한(bémolisé)/비(非)약음화한(non-bémolisé)」, 「샤프 음조의(diésé)/비(非)샤프 음조의(non-diésé)」, 「긴장스런(tendu)/이완된(lâche)」 등을 말한다.[6)]

야콥슨이 레비-스트로쓰에게 끼친 영향은 거의 절대적이라 할 수 있을 정도이다. 레비-스트로쓰가 브라질의 쌍파울로에서 교수생활을 끝내고 전쟁의 여파로 미국 뉴욕으로 건너가서 연구 교수생활을 할 때, 먼저 이민와 있었던 야콥슨과의 만남은 그의 민족학 연구방법의 신기원을 터주는 계기를 주었다. 야콥슨의 음운론적 「이항적 대립」의 법칙이 레비-스트로쓰에게 그대로 이행되어 사회문화와 신화의 세계까지 확장된다. 예컨대 레비-스트로쓰의 신화적 이항대립의 요소들을 살펴보면 「질적인 질서의 대립」(「건조한/메마른」, 「신선한/썩은」, 「연속적/단절적」), 「형식적 질서의 대립」(「빈/가득찬」, 「담는/담겨진」, 「안의/밖의」), 「공간적 대립의 실서」(「위/아래」, 「가까운/먼」), 「시간적 대립의 질서」(「빠른/느린」, 「주기적인/비(非)주기적인」), 「사회적 대립의 질서」(「결합된/분리된」, 「족내혼의/족외혼의」, 「동맹의/비(非)동맹의」), 「우주적 질서의 대립」(「하늘/땅」, 「태양/인류」), 「수사학적 대립의 질서」(「본래 의미/상징적 의미」, 「환유론/은유론」, 「고유명사/보통명사」) 등을 열거할 수 있다. 이런 대립의 항들 중에서 하나의 보기를 들자. 『꿀벌에서 잿더미까지』에 나오는 신화 「M 235」는 「꿀벌이 사위가 되는」 이야기이다. 또 「M 218」은 「꿀벌에 반한 딸」의 이야기이다. 신화에서 벌꿀은 비록 먹는 요리 음식의 의미를 지니고 있지만, 또한 그것은 성적 의미도 지니게 된다. 왜냐하면 성(le sexe)처럼 모든 이가 꿀을 좋아하기 때문이다. 그런데 「M 218」에서 신부는 본래의 고유한 의미에서, 즉 음식의 측면에서 꿀에 반했지만, 「M 235」에서는 정반대로 상징적 의미로 처제들이 꿀벌에 반하게 되는데, 여기서 남편은 벌꿀이라고 불리워지며, 처제들에게 은근히 성적 유혹을 보내게 된다.

하여튼 레비-스트로쓰는 대립을 이루는 어휘들의 의미론적 차원을 뛰어넘어 모든 야생적 사유와 토테미즘과 신화적 사유를 이항적 논리체계의 결합으로 보려고 함은 사실이다. 그런데 이 이항적 대립이나 이분법적 논리가 두뇌의 기본법칙으로 그가 파악하고 있을지라도 그는 오직 그것만이 전부라고 생각하는 것 같지는 않다. 왜냐하면 그의 저서들을 탐독하면 라캉의 사유체계에서 중심으로 등장하는 환유론법과 음유론법도 유비(l'analogie)개념과 같이 두뇌나 무의식의 기본법칙으로 여기고 있다는 증거를 여러 군데서 발견할 수 있기 때문이다. 그런 수사학의 기본법칙도 물론 이분법의 논리와 무관하지 않음은 물론이다. 이 이외에 그는 또 두뇌나 무의식의 선천적 법칙성을 알리기 위하여 「상동적 대응」(l'homologie)이나 「대칭」(la symétrie) 등과 같은 개념을 사용하기도 한다.

이와 같은 무의식의 법칙이 인간사회에서 구체화되는 곳이 친족의 체계이다. 친족체계는 단순한 음운론적 대립과 달라서 인간에 관한 문제이기 때문에 두 가지 요소를 동시에 지닌다. 왜냐하면 친족체계는 하나의 질서인 동시에 거기에서 호칭에 따른 의미의 문제도 따르기 때문이다. 즉 거기에는 단순한 언어적 호칭문제의 질서뿐만 아니라 또한 호칭이 필연적으로 부과하는 태도의 문제가 있다. 즉 아버지의 태도와 아들의 태도가 친족체계에서 동일할 수가 없다. 「친족은 명명법에서만 표현되지는 않는다. 왜냐하면 명명을 이용하는 개인들이나 개인들의 집단은 서로서로 어떤 규정된 행위를 해야 하는 것으로 여긴다(경우에 따라 여기지 않는다). 그 행위란 존경이나 친밀감, 의무나 권리, 애정이나 적대감 같은 것이다. 그래서 호칭의 체계 (…) 이외에 태도의 체계라고 볼 수 있는 사회적이고 심리적인 성질을 똑같이 지닌 다른 체계가 있다」.[7] 그러므로 친족체계를 이항적 대립에 의하여 설명하더라도 그 이항적 대립은 위에서 말한 「태도의 체계」와 「호칭의 체계」를 동시에 다 만족시켜 주지 않으면 안 된다. 곧 친족체계의 기본구조를 설명할 때 이 문제가 거론되겠지만 여기서는 하나의 예비적 이항대립의 적용 예의 수준에서 보기로 한다.

친족구조의 가장 단순한 체계는 4개의 용어로 구성된다. 즉 「아버지」, 「아들」, 「형제」, 「자매」이다. 즉 도표로 나타내면 다음과 같다.

〈도표 1〉

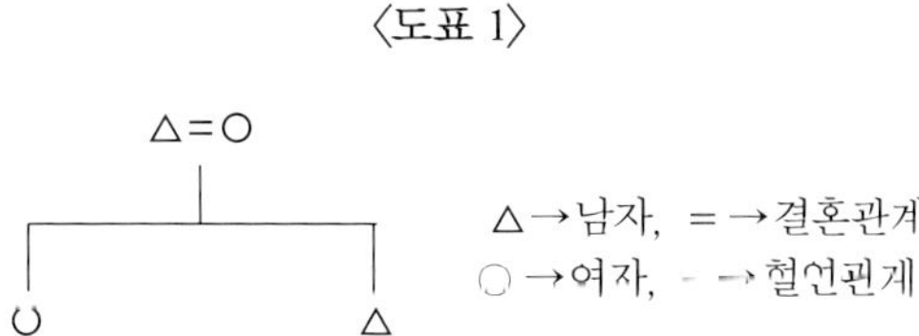

그런데 이 기본적 도표에는 너무 단순해서 나타내기는 힘들지만, 가장 단순한 친족체계에서도 그들 사이에 2쌍의 상관적 대립관계, 즉 2세대 사이에 언제나 「+」적 관계와 「-」적인 관계가 각각 존재한다는 것이다. 그리고 「호칭체계」와 「태도체계」를 둘 다 지닌 친족구조에서는 「근친혼의 금지」(la prohibition de l'inceste)가 하나의 보편적 법칙으로 존재한다. 레비-스트로쓰는 이 「근친혼의 금지」라는 보편적 법칙이 친족체계의 양면성(태도와 호칭)을 모두 설명하는 기본적 열쇠가 된다고 본다. 「근친혼의 금지는 인간사회에서 한 남자는 딸이나 누이의 이름으로 이루어지든 간에 자기 여자를 다른 남자에게 양보하는 그 남자로부터만 여자를 취할 수 있다는 것을 뜻한다. 그러므로 외삼촌이 왜 친족구조에서 어떻게 그 모습을 나타내게 되었는가를 설명할 필요가 없다. 외삼촌이 거기에 직접적으로 주어져 있고, 그 친족구조의 조건이다. 전통 사회학의 과오는 용어(명칭)들만을 생각했지 그 용어(명칭)들 사이의 관계를 보지 못했다는 데 있다」.[8] 즉 「근친혼의 금지」가 필연적으로 외삼촌의 모습을 구조적으로 나타나게 한다. 왜냐하면 다른 남자의 여자만을 취해야 하는 규칙이 단순화되었을 때 외삼촌이 구조적으로 주어진다. 「근친혼 금지의 규칙」이 가장 단순화되어 나타난 양식이 「교차사촌」(le cousin croisé) 간의 결혼이다. 교차사촌 간의 결혼에서 외삼촌의 구조는 명명백백해진다. 이 점은 곧 뒤에서 보게 되리라.

「근친혼의 금지」나 「교차사촌혼」이나 「외삼촌」 등과 같은 용어가 지닌 기능과 구조는 다음에 보더라도 여기서 문제되는 것은 하여튼 친족체계(결혼체계를 포함한)도 우연히 얽히게 된 것이 아니고, 사회의 집단 무의식이고 동시에 인간 정신구조의 대표적인 법칙이라고 볼 수 있는 「이항적 대립」의 논리 이외에 다른 것이 아니라는 점이다. 예컨대 「근친혼의 금지」라는 규칙의 개념을 앞에서 익혀두었지만, 그 규칙은 인류의 공통적인 사회규칙이다. 왜 그런 사회규칙이 생겼을까? 그 까닭은 사회란 상호 대립되는 이항 이상 사이의 관계가 교환을 전제로 하지 않고서는 선천적으로 성립할 수 없기 때문이다. 사회가 교환을 성립시키는 것이 아니고, 인간의 교환법칙(무의식)이 사회를 가능케 하는 조건이요 근거라고 볼 수 있다. 그러므로 다른 집단과의 교환을 가능케 하기 위하여(마치 언어학에서 말하는 「상관적 변별」—la pertinence—처럼) 「족외혼」(l'exogamie)의 성립 전제인 「근친혼의 금지」가 문화의 표면에 떠오르게 된 것이다. 따라서 「근친혼의 금지」는 어떤 후천적 필요의 소산이라기보다 선천적 인간 구조의 법칙이 낳은 산물이라고 봄이 타당하리라.

여기서 이런 논거를 뒷받침해 주는 레비-스트로쓰의 말을 인용한다. 「규칙으로서의 규칙의 요구, 상호성의 개념은 나와 타인의 대립이 포괄될 수 있는 가장 직접적인 형식으로 생각된다. 요컨대 증여(le don)의 종합적 성격, 즉 한 개인에서 다른 개인에로 가치의 동의된 이전은 이 두 개인들을 동반자로 변화시키고, 이전된 가치에 새로운 질을 첨가시킨다」.[9] 그러므로 교환은 뒤르케임이 말한 「집단적 표상」이든 레비-스트로쓰가 쓰는 「집단 무의식」이든 「이항적 대립」을 자신의 논리적 기초로 지니고 있기 때문에 「상호성」이나 「교환」은 「이항적 논리」의 가시화라고 불러도 좋으리라. 「그 형식에서나 그 분배에서 제한된 제도로서 생각된 이원적 조직의 배후에 일정 수의 논리적 구조가 있는데, 현대사회에서나 오래 전에 있었던 사회에서 그런 구조가 반복 · 재생한다는 것은 그 구조가 보편적이고 근본적인 성격임을 증명한다」.[10] 「이원성, 교차, 대립 그리고 대칭은 그것들이 정의된 형식 아래서 나타나든 또는 부정형한 형태 아래서 정시되든 설명되어야 할 현상이라기보다 오히려 사회적이고 정신적 현실의 직접적이며 근본적인 소여를 구성하고 있다고 보아야 한다. 그리고 그 소여 안에서 모든 설명의 기도가 시작되는 출발점을 보아야 한다」.[11]

더구나 레비-스트로쓰는 이런 이원성의 논리를 「정신구조의 직접 표현」이라든가 「근원적 논리」라든가 「정신의 배후에 있는 두뇌의 논리」라는 말로 자기의 사상을 정리하고 있다. 그래서 그는 결혼제도도 종족 번식이나 자손보존이나 성욕의 합법적 해결방식으로 생각하지 않는다. 그래서 조르쥬 바타이유(G. Bataille) 같은 이는 레비-스트로쓰의 사상을 「에로티즘이 증발된 세계」라고 비판하기도 하지만, 좌우간 레비-스트로쓰의 생각에 결혼제도도 인간 정신의 근본구조라고 여겨지는 이원성의 표현인 교환이나 상호성의 무의식적 현상으로 여겨진다. 그러면 이런 구조적 법칙은 결국 어디에로 가는가? 레비-스트로쓰는 이렇게 말한다. 「서로서로 닮는 것은 유사성이 아니라 차이이다」.[12] 인간 세상에 외형상 꼭 같은 것이 없기에 차이가 나는 그 관계에서 유사한 대응이 이루어진다. 토테미즘의 비밀이 여기에 있다. 이 점은 뒤에서 곧 보게 될 것이다. 여기서 레비-스트로쓰는 구조의 논리를 이원성이라고 명명하지만, 사실상 그것은 음양을 이중성으로 보는 것의 다른 명칭이다. 해체주의에서 레비-스트로쓰의 사유가 음양의 불일이불이(不一而不二)의 이중성을 읽지 못하고 이원성으로 규정한 것을 비판하고 있다.

2. 자연과 문화의 돌쩌귀로서 근친혼의 금지

앞절에서 우리는 이항적 대립에 바탕을 둔 교환이 결국 무의식적 구조를 설명하게 되는 것임을 살펴보았다. 그런 구조 위에서 친족이나 결혼제도가 성립한다는 논지도 살폈다. 『친족의 기본구조』라는 방대한 저서의 제5장은 마르셀 모쓰의 저서인 『증여론』(*Essai sur le don*)의 결론을 재음미하면서부터 시작한다. 「모쓰는 원시사회에서 교환이 상업거래의 형식에서라기보다 상호적인 증여의 형식 아래서 이루어졌음을 보여주었다. 이어서 이러한 상호 증여가 우리 사회보다 그 사회에서 훨씬 더 중요한 자리를 차지하고 있음을 밝혔다. 끝으로 이러한 교환의 원시적 형식이 유독히 그리고 본질적으로 경제적 성격만을 지니지 않고, 그가 다행히 "사회적 사실"이라고 불렀던 것, 즉 사회적이고 종교적이며, 주술적이고 경제적이며, 실용적이고 감정적이며, 법적이고 도덕적인 의미를 동시에 지닌 것을 이해하도록 우리를 이끈다」.[13)]

이와 같은 교환을 야생인*들은 「포트랏취」(Potlatch)라고 한다. 야생인들이 「포트랏취」를 교환할 때 꼭 경제적 이익의 동기에서 하는 것만은 아니다. 물물교환에서 서로 주고받는 물건은 우리가(현대인) 생각하는 관점과는 달리 거기에는 다른 의미의 질서인 권력, 힘, 동감, 지위, 정서

---

* 원시인(l'homme primitif)이나 원시사회(la societe primitive)란 개념을 인류학에서는 사용하기를 싫어하는데, 야생인(l'homme sauvage)이나 야생사회(le societe sauvage)라는 표현이 더 적절할 것으로 사료됨.

등을 내포하고 있다. 그와 동시에 그런 교환을 수행함으로써 자기 생존의 보장에 대한 확인과 동시에 동맹과 경쟁의 관계 위에서 예상치도 못할 위험과 재난에 대한 예방의식도 깃들어 있다고 레비-스트로쓰는 분석한다. 이러한 「포트랏취」의 관습이 서구어에도 남아 있다고 그는 지적한다. 예컨대 얼마 전까지만 해도 신랑될 자는 신부될 자의 아버지를 찾아가 청혼을 하면서 딸을 「달라고」 요청하였고, 또 신부의 아버지는 결혼을 승낙할 때 딸을 「준다」고 말하였다 한다. 그리고 신부의 아버지가 「신부를 넘겨준다」(to give up the bride)는 표현을 영국에서 사용하였다 한다. 그리고 애인을 갖고 있는 색시가 성교시 「자신을 준다」는 표현을 쓴다. 이런 말의 화용(話用)은 영국뿐만 아니라 프랑스나 독일 그리고 아랍 세계에서도 쓰여졌다고 말한다.[14] 그리고 결혼에 의하여 맺어진 두 집단은 단순히 여자의 교환에만 그치는 것이 아니고, 여자의 교환과 동시에 경제적 · 사회적 의례에 관한 선물과 선물이 오고간다. 이런 두 「반족」(半族, la moitié)*들 사이에 생기는 관계는 연대의식과 경쟁의식이 동시에 수반되기에 주로 의식과 놀이의 차원에서 그들의 관계가 표현된다. 이 점에 관해서는 곧 보게 될 것이다.

그러면 지금부터 「교환」(l'échange), 「증여」(le don)의 뜻인 「포트랏취」가 하나의 보편적인 현상이었음을 전제로 하여 보다 구체적으로 결혼의 교환세계를 검토해 보기로 하자. 쉽게 표현하여 자기 여자를 남에게 주고 남의 여자를 자기가 취하는 것을 규정한 「근친혼의 금지」는 소

---

* 반족의 개념은 두 개 또는 그 이상의 일가친척들이 두 개의 커다란 집단(씨족 또는 부족)을 구성하였을 때 그 한 집단을 반족이라 함. 그러므로 한 사회가 거대한 두 집단으로 구성되었을 경우, 개인은 누구든지 그 한 쪽인 반족의 일원이 된다.

극적인 의미에서의 금지가 「유표적」(有標的, marqué) 의미일 수는 없다. 오히려 「근친혼의 금지」는 보다 넓은 의미에서 「족외혼」(l'exogamie)을 가능케 하는 「상호성의 규칙」(la règle de la réciprocité)의 적극적 표현을 담고 있다.[15)]

그런데 그런 「상호성의 규칙」은 인간사회를 자연에서 벗어나게 하여 문화에로 이행케 하는 중요한 역할을 한다. 즉 「근친혼의 금지」(la prohibition de l'inceste)는 인간에게 자연과 문화를 갈라놓는 칸막이 문지방의 구실을 한다. 그것은 마치 피부막이 대기와 신체를 구분케 하면서 동시에 상호 간 피부호흡의 삼투작용을 하게 하는 이치와 유사하다 하겠다. 「근친혼의 금지 이전에 문화는 아직도 주어지지 않았고, 그 금지의 규칙과 함께 자연은 인간에게 지고의 통치로서 존재하기를 그친다. 근친혼의 금지는 자연이 스스로를 넘어서게 하는 과정이다. (…) 근친혼의 금지는 새로운 질서의 도래를 가져오게 하고 그것을 구성한다」.[16)]

그런데 이미 여러 번 반복되지만 「근친혼의 금지」는 곧 「교환의 규칙」이다. 이 내용을 강조하는 까닭이 있다. 왜냐하면 교환이 문화와 자연, 의식의 세계와 무의식의 세계에 공통적으로 적용되기 때문이다. 무의식 세계, 자연세계의 교환은 이미 언급된 바와 같이 「이항적 대립」의 「상관적 변별」(l'opposition pertinente)과 같은 성격을 지니고 있다. 그러나 비록 그러한 모형 위에 서 있기는 하여도 인간사회의 문화는 결혼과 친족이라는 결합과 교환을 시도하고 있다. 결혼은 문화적 · 의식적 측면에서의 교환이다. 그래서 교환은 그 두 세계를 가르는 칸막이의 문지방 역할을 하지만, 또한 동시에 피부막과 공기처럼 서로 삼투하는 기능을 수행하기도 한다. 구체적으로 결혼의 교환성이 문제될 때 자연과 문화, 무의식과 의식의 유사성적 차이를 가늠하는 것이 「근친혼의 금지」이다. 여기서 유사성적 차이라는 좀 이상야릇한 표현을 썼지만, 그 표현은 앞에서 우리가 말한 칸막이의 문지방이나 피부막의 삼투작용의 이미지를 동시에 생각하면 쉽게 이해되리라 여겨진다. 문화와 자연은 서로 다르지만 그러나 유사하다.

그러면 어떻게 다른가? 레비-스트로쓰의 생각을 정리하면, 규칙이 있는 곳에 문화가 있고, 보편적인 것이 있는 곳에 자연이 있다. 이 점에서 그의 말을 들어보자. 「인간에게 있어서 보편적인 모든 것은 자연의 질서에서부터 나오고 자발성에 의하여 특징지워진다. 규범에 복종되는 모든 것은 문화에 속하고, 상대적이며 특수적인 것의 속성을 정시(呈示)한다」.[17] 그런데 바로 「근친혼의 금지」와 같은 개념은 모든 인류의 결혼제도에 보편적으로 미만되어 있으므로 그것은 자연의 보편성을 띠고 있고, 동시에 그 개념은 하나의 규칙이므로 문화의 속성을 지니고 있다. 그 개념은 자연과 문화의 두 영역을 분리시키기도 하고 합치기도 하는 문의 돌쩌귀와 같은 역할을 수행하고 있다. 이 점에서 레비-스트로쓰의 말을 들어보자. 「근친혼의 금지는 조그만 의혹도 없이 우리가 서로 배척하는 두 질서의 상호 모순적인 속성이라고 인정하였던 두 개의 성격들을 확실히 통합하여 나타내 보이고 있다. 그 개념은 하나의 규칙을 구성하지만, 모든 사회적 규칙들 가운데 유일하게 동시에 보편성의 성격을 소유하고 있는 규칙이다」.[18] 그러면 왜 예의 「근친혼의 금지」가 자연과 문화를 차이나게 하는 동시에 합치게 하는 돌쩌귀의 역할과 기능을 맡게 되었을까? 이런 의문이 저절로 생기지 않을 수 없다. 이런 의문에 대한 해답을 레비-스트로쓰에게서 구해보자.

「규칙의 본성상 사회적인 성격을 지닌 이 규칙(근친혼의 금지)은 동시에 이중적인 자격에서 전(前)사회적이다. 먼저 그 규칙이 지닌 보편성에 의해서 그렇고, 그 다음 규칙이 자신의 규범을 부과하는 관계의 형태에 의해서 그렇다. (…) 만약에 이성(異性) 사이의 관계의 규제가 자연의 와중에도 문화의 쇄도를 구성한다면, 다른 한편으로 성생활은 자연의 와중에서 사회생활의 미끼가 된다는 것을 알아야 한다. 왜냐하면 모든 본능들 가운데서 성본능은 타인의 자극을 필요로 하는 유일한 것이기 때문이다. 성본능은 그 자체 자연적인 것이기에 자연과 문화 사이의 가교를 만들지 않는다. 그것은 생각할 수 없는 일이다. 그러나 성본능은 성생활의 영역 위에서 다른 어떤 것보다 더 두 질서 사이의 가교가 필연적으로 작용되어질 수 있고 되어야 하는 하나의 이유를 설명해 준다」.[19] 이상과 같이 레비-스트로쓰의 말을 음미해 보면 결국 「근친혼의 금지」라는 규칙은 성생활의 위치와 관계되어서 자연과 문화의 돌쩌귀 역할을 수행한다는 뜻이다. 즉 성생활은 성본능에 따라 그 자체 하나의 자연적인 본성을 지니고 있지만, 그 성본능이 다른 동물적 본능들과 달리 오직 그것만이 타인의 존재를 필요로 하는 관계를 이미 전제로 해서 성립하는 것이기에 또한 문화적인 것과의 접목을 가능케 한다는 것이다.

그러면 지금부터 이 「근친혼의 금지」라는 규칙에 대해 레비-스트로쓰 이전의 해석을 잠깐 살펴보기로 한다. 그래야만 그것에 대한 전통적 학설들과 레비-스트로쓰의 것을 분명히 구별하게 된다. 「근친혼의 금지」에 대한 전통적 학설은 대개 세 가지로 분류된다.[20]

1_ 인류학자 모오간(L. H. Morgan)과 메인(H. Maine) 등에 의해서 제창된 학설로, 이 학설은 주로 자연과 문화를 완전히 둘로 갈라놓은 이원주의의 함정에 빠졌다. 즉 근친혼의 금지는 「자연현상에 관한 사회적 반성」이라고 보는 견해이다. 다시 말하자면, 근친

간의 피가름이 가져오는 가공할 결과를 피하기 위하여 그런 규칙이 생겼다는 것이다. 그러나 레비-스트로쓰가 생각할 때, 그런 생물학상의 우생학적 견해는 많은 종족이 근친혼 금지의 규정을 어기지 않되 「족내혼」(l'endogamie)을 전통으로 여겨왔었다는 점에서 전혀 설득력이 없고, 또한 야생인들은 전혀 우생학적 지식을 갖고 있지 않았다는 점에서도 타당성을 상실하고 있다.

2_ 이것은 웨스터마크(Westmarck)나 하브록 엘리스(Havelock Ellis) 등에 의해서 제창된 이론으로, 모오간의 우생학적 또는 이원주의적 이론에 대하여 이것은 자연주의적 이론이라 부르기도 한다. 즉 「근친혼의 금지」는 인간의 자연적 감정이 스스로 설명해 주는 원칙, 즉 「피의 소리」가 저절로 알려주는 원칙이라는 것이다. 다른 말로 바꿔서 설명하면, 오랫동안 같이 기거해 온 가족끼리는 성욕발동의 요구가 생기지 않고, 따라서 「심리적 거부감」이나 「생리적 거부감」이 생겨서 그런 규칙이 나왔다는 것이다. 그러나 레비-스트로쓰에 의하면 이런 주장도 설득력이 없다. 자연적 발로로 근친 간에 성적 충동을 느끼지 못한다면 그런 규칙을 일부러 만들어 그것을 어기지 않도록 강조할 필요도 없거니와, 더구나 정신분석학의 보편적 이론에 의하면 근친 간의 성적 충동이 오히려 자연스럽게 일어난다는 것이다.

3_ 이것은 사회학자 뒤르케임 등에 의해서 제창된 사회적 설명방식이다. 따라서 이 설명은 생물학적 설명을 배제하고 오직 「근친혼의 금지」가 「족외혼」(l'exogamie) 제도에서부터 파생된 결과라고 본다. 그러나 이런 사회적 설명도 레비-스트로쓰에겐 전혀 만족스런 것이 아니다. 왜냐하면 그 규칙은 지구상의 동서고금에 다

> 공통적인 성질을 지닌 보편성인데 「족외혼」은 그렇지 않기 때문이다. 「족내혼」(l'endogamie)을 시행하는 종족도 무시할 수 없을 만큼 많기 때문이다. 그래서 보편적 규칙이 비보편적 현상에서부터 나올 수 있다는 것은 논리적으로 모순이 아닐 수 없다.

이상과 같이 전통적 학설과 견해에 대하여 우리가 이미 알고 있는 바와 같이 레비-스트로쓰의 주장은 전혀 새로운 각도에서 그 문제에 접근한다. 「근친혼의 금지는 순수히 문화적 기원에도 순수히 자연적 기원에도 속하는 것이 아니다. 그 금지는 또한 부분적으로 자연으로부터, 또 부분적으로 문화에서부터 빌려서 복합적으로 조립한 조제도 아니다. 그 금지는 근본적인 과정인데, 그 과정의 덕택으로 그 과정에 의하여, 특히 그 과정 안에서 자연에서부터 문화에로의 이행이 이루어진다. 어떤 점에서 그 금지는 자연에 속한다. 왜냐하면 그 금지는 문화의 일반적 조건이기 때문이다. 따라서 그 규칙이 자연으로부터 그 형식적 성격인 보편성을 얻게 되는 것을 보더라도 놀랄 것이 못 된다. 그러나 또 한 방향에서 그 금지는 이미 문화이다. 왜냐하면 그 금지는 먼저 그것에 의존하지 않는 현상들의 내부에 그 규칙을 부과하고 활동케 하기 때문이다. (…) 근친혼의 금지는 자연과 문화를 결합시키는 연관을 정확히 구성한다」.[21]

이 긴 인용에서 우리가 터득하는 것은 레비-스트로쓰가 「근친혼의 금지」와 같이 자연과 문화를 공통으로 상관적 차이의 입장에서 「대립법적 방법」(la méthode contrapunctique)에 따라 설명하는 것을 얼마나 귀중하게 여기고 있는가 함이다. 이런 「대립법적 방법」은 『친족의 기본구조』에서도 중요할 뿐만 아니라, 그의 『신화학 대계』에서 줄곧 반복되어 나온다. 뒤에 결론에 가서 이야기가 이루어지겠지만, 종합적으로 우선 간

결히 말하자면 레비-스트로쓰의 철학은 종국적으로 자연과 문화와의 연관성을 「대립법」의 작곡기법에 따라 정리한 우주론적 화음의 미학과 다른 것이 아님을 알 수 있다. 레비-스트로쓰가 고전음악을 유달리 좋아하고 그것의 미학적 구조를 자신의 철학 속에 원용한 것 자체가 결코 하나의 우연이 아니다.

『친족의 기본구조』에서 그는 자연과 문화의 「상관적 변별」을 「보편성/규칙」으로 대비시켰지만 『신화학 대계』에서 그는 「자연/문화」를 「연속량(la quantité continue)/이산량(la quantité discrète)」으로 대비시키고 있다. 이때 「이산」(離散)이란 개념은 이미 앞에서 설명한 언어학적 개념에서 파악됨은 물론이다. [(…) 자연과 문화의 대립과 연속량과 이산량의 대립 사이에 하나의 동형(同形, l'isomorphisme)이 있다.][22] 자연이 「연속성」(la continuité)의 개념 위에서 파악된다면, 문화는 「불연속성」(la discontinuité)의 개념 위에서 설명된다. 이와 같은 불연속성의 개념은 앞에서 레비-스트로쓰가 말한 문화의 특수성 또는 규칙성과 전혀 이질적인 것이 아니다. 왜냐하면 특수성은 상호 간의 불연속적인 이질성을 전제로 해서 가능한 것이요, 규칙성도 이것은 허용되고 저것은 동시에 금지되는 불연속을 암암리에 지시하고 있기 때문이다. 이렇게 보면 문화는 모든 것이 제일률(齊一律)에 의해서 지배되는 자연세계에 어떤 단절 마디를 도입함으로써 발생한다. 문화가 질서요, 질서가 예의라면, 예의는 남녀의 단절, 노소의 단절, 원근의 단절, 주야의 단절, 시비의 단절이다.

이 「단절」(le découpage)의 개념이 비록 푸코의 것과 의미론상에서 다르지만 통사론상에서는 같은 사고의 맥락에서 이해될 수 있음은 물론이다. 그러나 레비-스트로쓰의 경우 이 문화의 단절은 자연의 보다 풍요한 연속성을 배경으로 깔고서 이해되는 것이지, 자연의 바다와 같은 동일성의 「하나」가 없이는 문화의 특수한 단절(불연속)은 자신의 의미를 상실하고 만다. 『신화학 대계』 제3권인 『식사법의 기원』(*L'origine des manières de table*)에서 그는 이렇게 말한다. 「자연은 공허(le vide)를 싫어한다는 옛 원리를 긍정하자. 그러나 문화가 자연에 대립되는 조야한 상태에서 문화는 가득 찬 것(le plein)을 싫어한다고 말할 수 없겠는가? (…) 자연을 쪼개고 거부함으로써 문화는 가득 찬 것을 가지고 빈 것을 만드는 노력에 먼저 열중하고 있다」.[23] 여기서 「빈 것」(le vide)과 「가득 찬 것」(le plein)의 구분은 불연속적인 것과 연속적인 것의 계열체적 은유로 보아야 할 것이다. 자연의 시원적 현상은 제일률에 의하여 가득 찬, 빈틈 없는 바다이지만 문화는 그 시원적 제일의 바다 위에 잠정적인 칸막이를 하여 여기와 저기를 구분하는 데서 나오기 때문이다.

이런 점에서 문화는 두 개의 특징을 지니게 된다. 그 하나는 불연속의 상징으로서 문화는 마디요, 또 다른 하나는 규정적 질서의 처방이다. 왜냐하면 이미 우리가 알고 있는 것처럼 문화는 구분이나 변별에서 나오는 것일 뿐만 아니라, 또한 규칙에서 성립하기 때문이다. 한 마디로 문화는 질서이다. 문화가 마디로 분절된 질서라면, 자연은 근원적 「혼돈」(le chaos)이다. 이때의 「혼돈」의 개념은 무질서의 뜻이라기보다 「무구분」, 「무분별」의 뜻이다. 그런 점에서 문화가 자연보다 우위라고 생각하는 것은 큰 착각이다. 착각이기 이전에 하나의 오류이다. 레비-스트로쓰에게 있어서 문화의 마디와 질서는 더 근원적인 자연의 연속성에 의미부여를 하기 위한 방법론적 구분에서 나왔지, 결코 자연을 적대시하는 근대적 실증주의의 파생어가 아니다. 그렇기 때문에 자연과 문화의 공통적 잣대인 「근친혼의 금지」 같은 개념이 그에게 그토록 인식론적으로 중요하다. 그런 점에서 엄밀히 말하여 문화는 자연과 모순 속에 있는 개념이 아니라, 자연의 「치환적」(permutatif)이거나 「교환적」(commutatif)인 「변형」(le transformation)일 뿐이다.

기호학자인 조제프 쿠르테스(Joseph Courtès)는 이런 레비-스트로쓰의 사유방법을 기호적인 도식으로 표현하였다. 여기서는 이 절의 주제에 따라 「근친혼의 금지」에 대한 그의 기호론적 도식화 작업만을 살펴보기로 한다.[24]

다시 반복하지만, 근친혼의 금지는 양면성을 지니고 있다. 그 하나는 적극적 의미에서 결혼방법을 규정한 것이고, 또 다른 하나는 해서는 안 될 결혼을 금지하는 소극적 측면이다. 거기에 대하여 자연은 그런 두 가지 요인의 부정($\overline{P_1}$, $\overline{P_2}$)임은 저절로 연역된다. 그러면 근친혼의 금지는 도식상으로 「P_1+P_2」의 합계로서 끝나는가? 그렇지 않다. 왜냐하면 규칙은 또한 보편성의 원리에 따라 자연에도 속하기 때문이다. 그리고 그 규칙과 관계를 배후에 맺고 있는 「성욕」(la sexualité)이 이미 자연과 문화의 교차로에 놓여 있다. 물론 근친혼의 금지는 「P_1+P_2」의 합계인 것은 사실이지만 「$P_1+\overline{P_2}$」의 합계일 수도 있다. 「$\overline{P_2}$」는 비금지의 의미이기 때문에 허용의 함의를 지닌다. 그러나 규정(P_1)은 비금지($\overline{P_2}$)인 허용의 범주보다 더 넓다.

허용의 범주가 적용되는 것은 주로 「우선적 결혼」(le mariage préferéntiel)의 경우이다. 「우선적 결혼」이란 사회집단의 특수한 결혼양상으로서 특수집단 그들 안에서 결혼이 성립되는 것을 규정하는 결혼규칙이다. 그 예를 들면 교차사촌(le cousin croisé) 간의 결혼이 「우선적 결혼」의 한 양식이다. 사촌에는 「평행사촌」(le cousin parallèle)과 「교차사촌」이 있다. 「평행사촌」이란 예컨대 "나"에게 있어서 아버지의 형제(삼촌)의 아들(사촌)이나 어머니 자매의 딸(이종사촌)을 말한다. 보다 전문적 용어로 설명하

〈도표 2〉

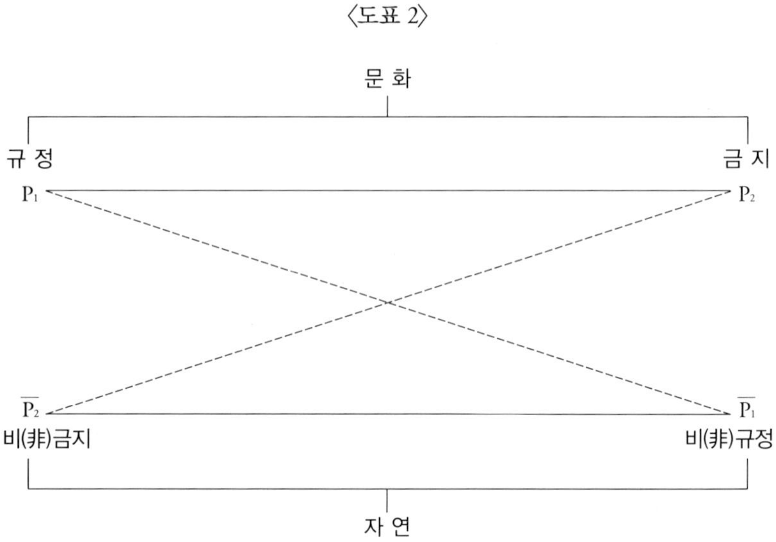

는 「평행사촌」은 동일한 성을 가진 형제의 자식들을 뜻한다. 그와는 반대로 「교차사촌」은 아버지의 누이나 여동생의 아이(고종사촌)나 어머니의 오빠나 남동생의 아이(외사촌)를 말한다. 전문적인 용어로 반대되는 성을 가진 형제의 자식들을 「교차사촌」이라 한다. 그런데 야생사회의 결혼제도에서 「평행사촌」 간의 결혼은 금지되고 「교차사촌」 간의 결혼은 허용된다. 이 「교차사촌」 간의 결혼제도를 흔히 「우선적 결혼」이라 한다.

이 결혼은 「근친혼의 금지」규칙이 이 권위의 손상을 가져오지 않는 최소의 교환단위이다. 이 문제는 곧 보게 될 것이다. 다시 앞의 도식에로 돌아가자.

근친혼의 금지를 기준으로 해서 문화는 「P_1+P_2」만이 아니고 「$P_1+\overline{P_2}$」도 가능하다. 이 경우에 그것은 비록 근친이지만 교차사촌 간의 결혼이 「우선적 결혼」제도로서 허용되기 때문이다. 이렇게 보면 다음과 같은 공식이 성립된다.

$$문화 = (P_1+P_2) + (P_1+\overline{P_2})$$
$$자연 = (\overline{P_1}+\overline{P_2}) + (\overline{P_1}+P_2)$$

여기서 $(\overline{P_1}+P_2)$의 합계를 잠시 언급하여야 쉽게 이해되리라 본다. $(\overline{P_1}+\overline{P_2})$가 자연에 속함은 쉽게 이해되지만, $(\overline{P_1}+P_2)$가 이 경우 왜 자연의 범주에 포함되는가? 이것은 「교차사촌」의 결혼이 허용되면서도 같은 근친인 「평행사촌」의 결혼은 배제되기 때문이다. 즉 금지되기 때문이다. 그래서 $(\overline{P_1}+P_2)$는 $(P_1+\overline{P_2})$의 논리적 대립의 입장에서 자연에 속하게 된다(의미론상의 문제라기보다 통사론상의 관점에서 보기 바람). 그래서 다음과 같은 새로운 도식이 앞의 〈도표 2〉에서부터 연역되어 변형된다.

P_1+P_2=규칙
$P_1+\overline{P_2}$=허용 } 문화의 측면

$\overline{P_1}+\overline{P_2}$=무정부(규칙의 부재)
$\overline{P_1}+P_2$=배제(배척) } 자연의 측면

다음의 〈도표 3〉에서 $P_2-\overline{P_2}$를 잇는 사선은 문화와 자연을 구분짓는 경계선이 된다. 이제 우리는 쿠르테스가 만든 도표에 따라 결론을 내리자면 「자연과 문화는 동시적으로 대립적이면서 상보적」인 까닭을 분명히 알게 된다. 왜냐하면 자연과 문화는 다 함께$(P_2-\overline{P_2})$ 잇는 축을 갖고 있기 때문이다. 그러므로 「일방을 긍정함은 타방을 동등하게 정립하는 것이 되고, 일방의 부정은 역으로 타방의 부정에 이르게 된다」.[25)]

〈도표 3〉

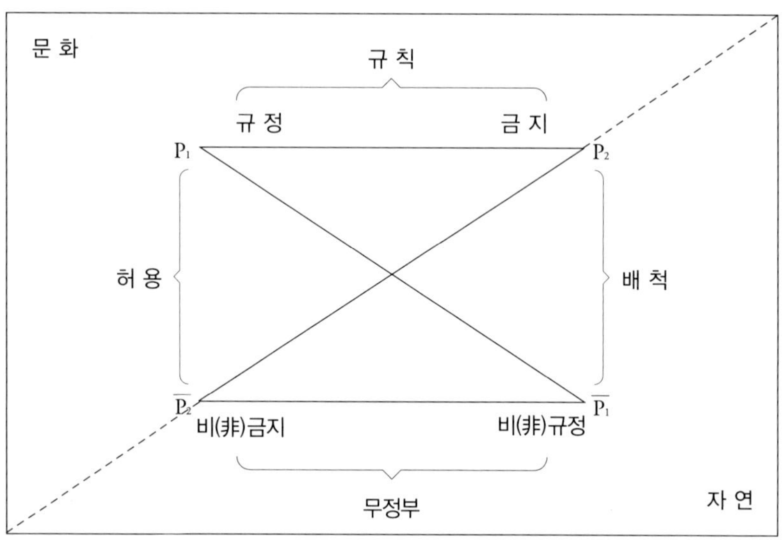

3. 교차사촌 간의 결혼과 교환제도의 분석

이미 살펴본 바와 같이 인간 「두뇌」나 「집단적 표상」의 무의식이 「이항적 대립」의 법칙으로 엮어져 있고, 그 법칙이 교환으로 가시화되고 그 교환이 사회생활에서 의식화되어 결혼(여자교환), 경제교환, 언어교환 등으로 나타난다. 그리고 우리가 본 「근친혼의 금지」도 자연에서 문화(사회생활)에로 그 교환이 이행되기 위한 하나의 보편적 법칙이다. 다른 말로 바꿔서 설명하면, 여자교환으로서의 결혼은 근친혼의 금지규칙에 의하여 여자를 공정하게 분배하는 행위가 된다.

더구나 인류학의 조사 보고서들에 의하면, 야생적 종족사회에 있어서 여자교환(결혼)은 매우 중요한 경제적 가치를 지니고 있고, 경제적 부와 직결된 노동의 분업과도 떼어놓을 수 없다고 한다. 남자는 주로 봄 · 여름에 사냥하고 여자는 주로 가을 · 겨울에 농작물을 추수한다. 이 책의 서두에서 소개되었듯이 아프리카의 「싸모」종족을 조사한 보고서에 따르면, 「싸모」족에게는 개인의 책임감이나 죄의식의 감정이 없고, 도덕적 차원에서 존재하는 것은 불행이나 과오의 감정이 전부다. 단지 기존의 질서를 흐트려 놓는 행위가 사회적 규범을 어긴 가장 용서받지 못할 범죄가 된다. 이미 밝힌 대로 그들에겐 죄의식은 없고 수치의식만이 있다. 사회적 규칙이 개인보다 앞서고, 개인을 결정한다. 그런 풍토에서 결혼을 하지 못한 노총각이나 부모를 잃은 고아는 수치와 불행의 표본이 된다. 특히 짝을 구하지 못한 노총각은 마을에서 조롱의 대상이 되고, 멸시를 받아 마을에서 살지 못하고 동네 밖 어구에서 저주받은 생활을 영위해야 한다. 고아는 친족이 데려다가 키우면 된다. 노총각은 또 가난하지 짝이 없다. 사냥감을 잡아 동네가 축제를 해도 노총각은 고픈 배를 움켜쥐어야 한다. 누구 하나 제대로 돌봐주는 이가 없다. 그런 사회에서 노총각은 자신의 정체성(l'identité)을 상실한다.[26]

그러므로 자기나 자기 집단이 생존하기 위해서도 여자를 교환하는 결혼을 해야 한다. 예컨대 종족이나 부족의 추장이 많은 여자들을 아내로 갖게 되는 특권을 누리는 경우에 그는 그만큼 많은 의무를 자기 부족에 대하여 짊어진다. 즉 종족을 먹여살려야 할 의무와 종족의 생명을 보존하게 하고 안보를 지켜주는 의무를 진다. 그런 기능을 제대로 수행하지 못할 때 그는 불신임을 당한다. 요컨대 결혼제도는 사회적인 것이 개인적인 것을 앞지른다는 신호이기도 하다.

결혼제도는 「족내혼」(l'endogamie)과 「족외혼」(l'exogamie)이 있다.

「족내혼」이란 「객관적으로 규정된 집단 내부에서 결혼이 이루어지는 것을 의무화한」 결혼제도이다. 「족외혼」은 그런 집단 밖에서 결혼을 하는 제도를 말한다. 그리고 앞에서 나온 「우선적 결혼(결합)」(le mariage préférentiel, l'union préférentielle)은 "나"와 함께 규정된 친족의 관계나 "나"와 관계가 있는 씨족이나 부족관계에 있는 사람을 배우자로 선택해야 하는 의무규정을 뜻한다. 그런 점에서 이것은 광의의 「족내혼」의 한 양식이라고 볼 수 있다. 그런데 레비-스트로쓰에 의하면 동서고금을 막론하고 모든 사회는 거의 예외 없이 「족내혼」과 「족외혼」이 섞여 있다는 것이다. 즉 구분되는 배우자의 외연적 설정기준에 따라 그 두 개념이 달라진다. 「족외혼과 족내혼의 범주는 객관적 존재를 갖고 있거나 독립적 실체를 구성하는 것은 아니다. 그 두 범주를 오히려 보는 관점과 또는 근본적 관계의 체계에 대한 상이하면서도 연대적인 전망으로서 생각해야 한다」.[27] 그런 점에서 이 책에서는 그 두 개념에 대한 분리된 연구추적을 하지 않기로 하고 통합하여 결혼체계를 분석할 것이다.

우리 분석에 가장 먼저 들어오는 것이 교차사촌 간의 결혼이다. 교차사촌 간의 결혼은 겉으로 보면 「족내혼」의 한 형식에 속하는 것같이 보이지만, 그것을 실행하는 사람들에겐 그것이 「족내혼」으로 여겨지지 않고 오히려 「족외혼」의 기초형태로 생각한다. 「교차사촌들은 평행사촌들이 형제나 자매와 같다고 여겨지는 그 순간에 친척들이 아니고 친척들 가운데서 결혼이 가능한 최초의 사람들이다. 교차사촌 간의 결혼이 어떤 경우에는 단순히 허락되는 것이 아니라 의무적인 것으로 나타나기 때문에 그 본질적인 성격이 종종 오해되어 왔다. 그 결혼이 가능한 이래로 그것은 의무적이다. 왜냐하면 그 결혼은 상호성의 가장 단순한 체계를 갖추고 있기 때문이다」.[28] 즉 「교차사촌」 간의 결혼은 교환의 가장 단순한 형태이기 때문에 그것이 의무적인 형태로 어떤 사회에서 나타났다는 뜻이다. 우리는 여기서 교차사촌 간 결혼의 기저가 무엇인가를 생각해 볼 필요가 있다. 말할 나위도 없이 교차사촌 간의 결혼의 기저는 이미 무의식의 법칙으로 천명되었던 「이항적 대립」의 원리이다. 그러면 같은 이항적 대립의 형식을 갖춘 평행사촌은 근친혼의 금지에 적용되어 결혼이 불가한데 교차사촌은 근친혼의 금지가 적용되지 않아 결혼이 허용되는 정도가 아니라 의무적인 차원으로까지 여겨질 정도가 되는가 하는 그런 종류의 의문이 생긴다. 여기에 대한 답변은 다음과 같다. 평행사촌은 「형제-형제」나 「자매-자매」 간으로 생각되지만 교차사촌은 「형제-자매」나 「자매-형제」 간으로 간주된다. 그래서 「형제-형제」와 「자매-자매」가 배제되면서 동시에 「형제-자매」나 「자매-형제」의 관계는 허용된다.

이렇게 볼 때, 사실이 증명하는 수준에서 근친혼의 금지는 결코 일반적으로 생각하듯 생물학적 근거를 가지고 있지 않다. 왜냐하면 그 규칙이 생물학적 근거를 갖고 있으려면 교차사촌 간의 결혼도 배제되어야 할 것이기 때문이다. 「결과적으로 교차사촌 간의 결혼을 특징지우는 것은 생물학적으로 동일한 정도 사이에서 사회적 장벽을 치는 것으로만 환원되지 않는다. 그것은 또한 결혼에서 평행사촌을 제거시키는 것에 스스로를 제한시킴으로써 순전히 부정적인 한계를 표시하는 것이 아니다. 교차사촌 간의 결혼 허용은 오히려 적극적 방향이다. 평행사촌에 대하여 표시되는 반감이 교차사촌에 대해서는 사라지는 정도가 아니라 그 감정이 정반대로, 즉 친화감으로 변형된다. 그러므로 평행사촌의 금지를 분리해서 설명하는 것은 충분치 못하고, 가능한 배우자의 축에 교차사촌을 포함시키지 않는 분리된 설명은 아무 데도 소용되지 않는다. 적극적 현상과 부정적 현상은 단독적으로는 아무 것도 아니고, 전체의 요소를 구성한다. 만약에 전체에 관한 우리의 생각이 정확하다면, 교차사촌은 평행사촌이 제외되는 것과 꼭 같은 이유로 권장된다는 것을 인정해야 하리라」.[29] 이것은 결국 레비-스트로쓰가 결혼의 가장 원초적 의미는 교환에 있고, 교환은 이항적 대립의 가장 직접적인 결과임을 말하고자 하는 것이다. 평행사촌의 관계는 「형제-형제」나 「자매-자매」로 간주되기 때문에 언어학에서 말하는 「상관적 대립」(l'opposition pertinente)이 성립되지 않는다.

우리 주변의 가장 가까운 최초의 이항에 의한 「상관적 대립」은 「형제-자매」, 「자매-형제」인 교차사촌 간이다. 레비-스트로쓰는 이와 같이 말한다. 「(…) 인간의 공동체는 자동적으로 그리고 무의식적으로 엄밀한 수학적 규칙에 따라서 엄밀히 대칭적 요소들 사이에서 분배되는 경향을 지니고 있다고 말할 수는 없어도 이원성, 교차성, 대립이나 대칭이 설명해야 할 현상이라기보다 정신적이고 사회적인 현실의 직접적이고 근본적인 여건을 구성하고 있다고는 인정해야 하리라」.[30] 그런 점에서 교환에 의한 상호성은 인간 정신구조나 사회구조의 지울 수 없는 불변적인 기계구조가 되는 셈이다. 왜냐하면 「이항적 원리」 자체가 「상호성의 원리」의 가능조건이기 때문이다. 이미 교차사촌 간의 결혼제도에서 우리가 쉽게 인지할 수 있는 문제이지만, 교차사촌 간의 결혼 자체가 친족의 개념을 실체적인 상태의 독립체로 생각하는 데서 오는 것이 아니라, 친족을 관계의 장 속에서 고려하고 있음을 입증한다. 그런 점에서 구조주의 방법론의 한 원리라고 볼 수 있는 「정체성」이 여기서도 작용하고 있다. 「(인간 제도들)은 전체가, 즉 통제원리(le principe regulateur)가 부분들보다 먼저 주어질 수 있는 구조이다. (…) 그러한 통제원리는 이성적으로 인지됨이 없어도 이성적(합리적) 가치를 소유할 수 있다. 그 원리는 자의적 형식으로 표현될 수 있지만, 그 자체가 의미를 결여한 것은 아니다」.[31]

그러면 지금부터 그「통제원리」가 구체적으로 결혼제도에서 어떻게 구현되고 있는가를 살펴볼 차례이다. 그것을 알기 위해「제한적 교환」(l'échange restreint)과「일반적 교환」(l'échange généralise)을 보아야 한다. 그러나 그것을 보기 전에 우선 교차사촌 간의 결혼에서「외삼촌」의 위치를 고찰하고 지나가야 한다. 이미 우리가 앞절에서 암시한 바이지만,「외삼촌 제도」(l'avunculat)의 존재가 교차사촌에서 강하게 나타난다. 우리가 이미 알고 있는 지식의 수준에서 보더라도, 교차사촌 간의 결혼에서 외삼촌이 동시에 장인인 이모부와 유사한 자격을 갖고 있기 때문에 그것의 존재가 부각됨은 구조적으로 필연적인 귀결이다. 로위(Lowie)나 래드크리프-브라운(Radcliffe-Brown) 같은 인류학자들도 이「외삼촌」의 존재가 야생사회에서 빈번히 등장하는 것을 보고 커다란 주의를 기울여 왔다. 로위는 그 점에 주의를 집중한 만큼 이렇다 할 현상의 설명을 하지 못하고 막연히「모계나 부계에 관계없이 일정한 친족의 형태에 일정한 사회적 관계를 결합시키는 일반적 경향」이라고만 보았다. 로위에 비하여 래드크리프-브라운은 훨씬 깊은 인식을 하였다. 그는「외삼촌제」의 출현을 두 가지 각도에서 보았는데, 그 하나는 외삼촌이 가족적 권위를 상징하는 것으로 조카에 대한 모든 권리를 쥐고 있는 존재의 측면이요, 또 다른 하나는 조카가 외삼촌에게 친밀감의 특권을 행사하며 외삼촌을 일종의 가족적 희생이 되게끔 하는 경우이다. 래드크리프-브라운의 이런 관찰이 기능적인 관점에서는 정확하지만, 그러나 레비-스트로쓰의 눈에서 보면 아직 이 영국의 대인류학자가「외삼촌 제도」(l'avunculat)의 구조주의적 체계에까지 미치지는 못하였다.

구조주의적 관점에서 보면 「외삼촌」의 등장은 어떤 친족체계를 구조화하는 열쇠를 쥐고 있다. 즉 「아버지와 아들」의 관계가 친밀한 관계면 「외삼촌과 조카」의 관계가 매우 엄격해지고, 또 반대로 「아버지」가 권위의 상징으로 군림하면 「외삼촌」은 대단한 자유의 상징으로 나타난다. 따라서 이 두 집단의 연계는 마치 언어학이나 음운론에서 서로 대조되는 「이항적 대립」처럼 그런 류의 성질을 표시하고 있다.[32] 이런 관계를 좀더 세분해서 분석해 보면 「외삼촌 제도」는 친족요소 가운데 네 가지 항—「형제」, 「자매」, 「부부」, 「외삼촌」—들 사이의 관계와 유기적인 상호관계를 구성하고 있음을 알 수 있다. 레비-스트로쓰에 의하여 보고된 몇 가지 예를 간단히 소개한다.[33] 「멜라네시아」에 있는 「트로브리안드」(Trobriand) 제도 원주민들의 사회생활의 조직은 부자관계는 자유로운 친근감으로, 외삼촌과 조카관계는 엄격한 복종의 관계로 그려진다. 이와 반대로 「코카스」 지방의 「체르케스」(Tcherkesse)족에서는 부자관계는 적대감정으로, 외삼촌과 조카관계는 대단히 인심이 후한 관계로 나타난다. 그리고 말리노우스키(Malinowski)가 조사한 바에 의하면, 「트로브리안드」 제도에서 부부관계는 매우 친근감을 풍기지만, 그와 반대로 형제자매 관계는 매우 엄격하다. 그와는 대조적으로 「코카스」 지방에서 형제자매 관계는 부드러운데 부부관계는 매우 엄격히 제한되어 있다고 한다. 이런 점에서 4개의 항이, 즉 「형제/자매」, 「남편/아내」, 「부(父)/자(子)」, 「외삼촌/조카」가 성립한다. 이 4항을 위에서 조사한 관점에서 정리하면 다음과 같은 등식이 성립된다.[34]

$$\left\{\begin{array}{l} R(O:N)=R(Fr:S) \\ R(P:Fr)=R(M:F) \end{array}\right\} \qquad \left\{\begin{array}{ll} R=\text{관계}, & O=\text{외삼촌} \\ N=\text{조카}, & Fr=\text{형제} \\ S=\text{자매}, & P=\text{아버지} \\ M=\text{남편}, & F=\text{아내} \end{array}\right\}$$

「그래서 그런 관계의 한 쌍이 인식되면 다른 쌍을 연역하기는 언제나 가능하다」[35]는 결론이 나온다. 이런 관계를 도표화하면 다음과 같다.[36]

〈도표 4〉

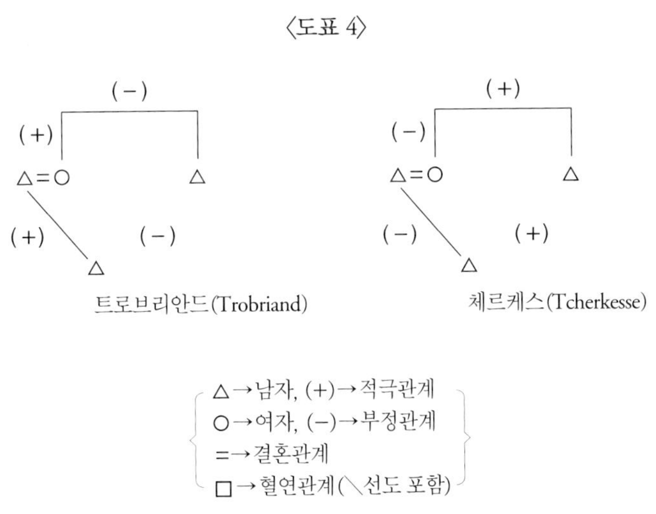

결국 외삼촌 제도는 이항적 대립의 교환체계에서 구조적으로 설명되어야 전체가 파악된다. 외삼촌의 존재를 별도로 분리하여 아무리 설명하려고 하여도 구조론적 관계의 논리가 파악되지 않으면 그것은 미제로 남게 된다.

지금부터 우리는 결혼제도 가운데 가장 기본적 형태인 교차사촌 간 결혼제도에서 두 가지 제도인 「제한적 교환」과 「일반적 교환」을 각각 검토해 보기로 하자. 이 결혼제도와 거기에 따른 친족제도의 구조론적 분석은 대단히 복잡하고 아주 난해하다. 따라서 거기에 대한 전문적인 분석과 인류학적 해설서가 별도로 필요하다. 그래서 이 책에서 그 방대한 인류의 결혼 및 친족관계를 다 구조화한다는 것은 불가능하기에 이 문제는 차후에 여기만 집중하는 인류학 전문서적의 집필에서 다루어져야 할 것이다. 그러나 이 책의 집필에서도 가능한 범위 안에서 차후의 친족체계의 종합적인 분석을 위한 예비적 고찰이라는 수준에서 그것이 취급되어져야 할 것이다.

전 인류에 퍼져 있는 친족(결혼 포함)체계의 기이한 다양성을 구조론적으로 분류하면 다음의 두 가지 모형(le modèle)으로 환원된다.

1_「친족의 기본구조」로서, 그 구조 안에서 어떤 유의 배우자는 금지되고 다른 유의 배우자와의 결혼은 허용되는 규칙이 있다. 주로 이 규칙은 아시아대륙과 호주대륙 및 미주대륙 원주민 사이에서 발견된다.

2_「친족의 복잡한 구조」로서, 여기서는 규칙이 금지된 결혼의 정도만을 설정하고 배우자의 결정문제에 대해서는 각자의 자유로운 선택에 맡기는 경우이다. 이런 제도는 주로 유럽과 아프리카 대륙에서 미만되어 있다.

그런데 여기서 분명히 오해해서는 안 될 것이 있다. 「친족의 기본구조」는 언제나 야생적(또는 원시적?) 사회에 적용되고 「복잡한 친족구조」는 진화된 사회에만 적용된다는 것은 엄청난 과오이다. 그런 것이 전혀 문제가 되지 않는다. 이런 기본전제를 두고 레비-스트로쓰는 친족체계의 「기본구조」를 두 가지 식으로 분류했는데, 그것이 앞에서 암시된 「제한적 교환」과 「일반적 교환」이다. 이 두 가지 교환제도에서도 결혼제도의 기본원리는 언제나 같다. 즉 그 원리는 이미 앞에서 우리가 누누이 강조한 교환의 법칙이 담고 있는 철학이다. 그 철학은 증여의 균형을 유지하는 것이다. 보다 민족학적(ethnologique)인 뉘앙스에서 말하면, 만일 어떤 씨족이나 가계가 딸이나 여자를 주면 그 씨족이나 가계는 반드시 반대급부로 다른 여자나 딸을 받게 되는 것이 확실하다는 보장과 신용이다.

예를 들어 설명해 보자. 「A」와 「B」라는 족외혼적 두 「반족」(半族, la moitié)으로 나누어진 마을이 있다고 하자. 이 경우 「A」, 「B」 두 「반족」 사이에서 남자 A는 절대적으로 예외 없이 여자 B를 아내로서 맞이하고, 그 반대로 남자 B는 여자 A를 아내로서 맞이한다. 여기에 철저한 상호성이 있다. 이런 상호성의 교환이 가장 단순한 법칙이다. 이 법칙을 레비-스트로쓰는 「제한적 교환」이라고 불렀다. 또 이번에는 어떤 마을이 「A」, 「B」, 「C」라고 하는 3개의 씨족집단으로 구성되어 있다고 가정해 보자. 이때에 남자 A가 여자 B를 아내로서 취하고, 또 남자 B가 여자 C를 아내로 취하고, 끝으로 남자 C가 여자 A를 아내로서 맞이하는 경우에 그 결혼제도는 일종의 순환형식을 취하게 된다. 이런 제도 형식을 레비-스트로쓰는 「일반적 교환」이라고 불렀다. 이와 같은 2개의 교환양식을 도표화하면 다음과 같이 도형화된다.

「제한적 교환」에서는 이항적 관계의 준수가 제일 중요하다. 두 반족(半族)으로 구분된 사회조직이 결혼의 교환에 의하여 결합하기 위하

〈도표 5〉

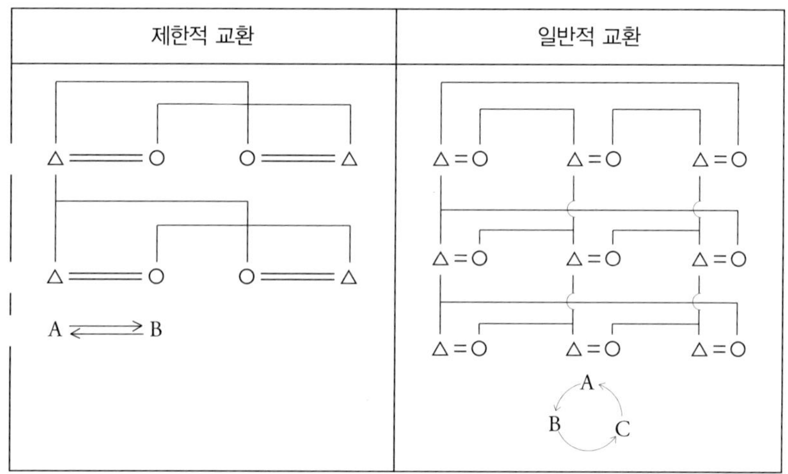

여 그 두 반족들 사이에 불신을 몰아내는 방식으로 공동의식의 집행, 사냥놀이나 스포츠 놀이의 공동집행, 때로는 정치적 집회까지도 자주 개최된다. 레비-스트로쓰는 미국의 철저한 양당제도도 이런 이원적 내지 이항적 조직의 징표로 보고 있다.[37] 그런데 이런 교환제도는 여자교환의 형평에만 제한되지 않고 「친자규칙」(la filiation)과 「거주규칙」(la résidence)에서도 또한 중요하다. 「친자규칙」이 부계적이든 모계적이든 평행사촌은 "나"와 같은 반족에 속해 있다. 그래서 그들과의 결혼은 금지다. 그러나 교차사촌은 "나"와 다른 반족으로 규정되기 때문에 결혼이 허용된다. 같은 반족에 속하는 형제와 자매 사이의 결혼은 언제나 금지되어 있다. 그러나 「부계친자」 관계에 있어서 오직 「부녀」 사이의 근친혼이 명백히 금지되어 있고, 「모계친자」 관계에서는 「모자」 사이의 근친혼이 공개적으로 금지되어 있다. 거기에 부녀 사이는 그런 금지가 불필요하다.[38] 좌우간 제한적 교환의 형식이 복잡해지는 경우가 생긴다. 그 경우는 각 반족이 자기 내부에서 2개의 족외혼적 하위반족으로 나누어지는 사례를 뜻한다. 그 경우 우리는 4개의 결혼집단을 갖게 되는 셈이다. 그 경우는 「거주규칙」이 동시에 고려된다.

여기서 우리는 레비-스트로쓰가 스스로 든 가상의 예를 생각해 보자. 프랑스의 모든 주민들이 2개의 결혼집단으로 나누어져 있다고 가정해 보자. 즉 「뒤퐁 가」(les Dupont)와 「뒤랑 가」(les Durand)가 있다고 하자. 또 이 두 집단은 「모계집단」이라고 하자. 그리고 여자들이 그들 남편이 사는 곳에 살러 가야 한다면, 물론 「거주규칙」은 「부측(父側) 거주지」의 특징을 갖는다. 그런 경우 각 개인은 모두 2개의 지표를 갖는 셈이 된다. 즉 「친자」관계(filiation)에서는 모계적 지표이고, 「거주」관계(reidence)에서는 부계적 지표이다. 이 점을 다음과 같이 정리할 수 있다. 만약에 한 남자가 한 여자와 결혼하면 그 아이는 이렇게 된다.

1_「파리의 뒤랑」이 「보르도의 뒤퐁」과 결혼하면 그 아이는 「파리의 뒤퐁」이고,

2_「보르도의 뒤랑」이 「파리의 뒤퐁」과 결혼하면 그 아이는 「보르도의 뒤퐁」이고,

3_「파리의 뒤퐁」이 「보르도의 뒤랑」과 결혼하면 그 아이는 「파리의 뒤랑」이고,

4_「보르도의 듀봉」이 「파리의 뒤랑」과 결혼하면 그 아이는 「보르도의 뒤랑」이다.[39)]

이처럼 「친자규칙」과 「거주규칙」이 각각 서로 두 반족에서 대립되어서 따로 각각 갖는 경우를 레비-스트로쓰는 「부조화적 체계」(le système dysharmonique)라고 불렀다. 그 반면에 「친자규칙」과 「거주규칙」이 하나의 반족에서 일치하는 경우에—예컨대 모계친자 규칙과 모계거주 규칙인 경우—레비-스트로쓰는 이런 것을 「조화적 체계」(le système harmonique)라 불렀다.[40] 그런데 이 「조화적 제도」(le régime harmonique)는 「일반적 교환」에로 전이하려 한다. 왜냐하면 「조화적 제도」는 집단의 통합을 잘 촉진시켜 주지 못하기 때문이다. 모든 것이 다 한 반족에 편중되어 있다. 「부조화적 체계」는 「모계친자/부계거주」 또는 「부계친자/모계거주」가 되지만, 「조화적 체계」는 「부계친자/부계거주」나 「모계친자/모계거주」가 된다. 아래에 레비-스트로쓰가 든 예대로 「부계친자」와 「부측거주」의 「조화적 제도」가 있다고 가정해 보자.[41]

「A」, 「B」 두 집단의 부계반족을 포함하여 「1」, 「2」의 두 장소집단이 있다고 생각하자. 물론 이 체계는 「조화적 제도」이다. 역시 위의 보기와 같은 순서로 정리된다.

만약 한 남자가 한 여자와 결혼하면 그 아이는 이렇게 된다.

- Ⅰ (A_1 ═ (결혼) B_2 → A_1 (아이)
  B_2 ═ A_1 → B_2
- Ⅱ (A_2 ═ B_1 → A_2
  B_1 ═ A_2 → B_1

여기서 「Ⅰ」, 「Ⅱ」가 서로 통합됨이 없이 2개의 이원적 집단으로 치닫게 된다. 통합은 구조상으로 예컨대 「부계친자」 집단과 「모측거주」 집단과 같은 「부조화적 제도」에서 더 잘 구현된다. 그러므로 「조화적 제도」는 「부조화적 제도」보다 덜 안정된 성질을 띠게 된다. 그래서 「조화적 제도」는 안정과 질서를 찾으려는 내적 요구 때문에 4개의 결혼집단 「A」, 「B」, 「C」, 「D」를 갖고 순환체계를 형성하는 「일반적 교환」구조로 변형되려는 경향을 지닌다. 즉 위의 예에서 4개의 아이들 집단인 「A_1」, 「B_2」, 「A_2」, 「B_1」은 「A」, 「B」, 「C」, 「D」로 치환되어 남자 A는 여자 B와, 남자 B는 여자 C와, 남자 C는 여자 D와, 남자 D는 여자 A와 결혼하는 「일반적 교환」으로 변하려 한다.

좌우간에 「제한적 교환」으로 구성된 모든 사회조직은 결혼집단이 반드시 한 쌍으로 이루어져야 한다. 그래야만 가능하다. 그러나 가끔 「일반적 교환」은 홀수집단을 더 좋아한다. 3개의 홀수집단만으로 교환의 순환체계를 충분히 형성할 수 있기 때문이다. 그러나 「일반적 교환」체계 위에 서 있는 사회조직은 결혼집단이나 또는 씨족이나 가계 수를 증가시킬 수도 있다. 그 경우 순환반복의 길이가 자꾸 늘어난다. 순환체계가 늘어날수록 교환은 늦어지게 마련이다. 그래서 「일반적 교환」에서 교환이 아주 늦어져서 교환에 의한 균형이 유지되려면 다음 세대까지 기다려야 하는 경우도 예상할 수 있다. 이때에 「동시적」(synchronique) 구조가 본의 아니게 「통시적」(diachronique)인 성격을 지니지 아니할 수 없다. 그 경우 결혼 자체가 상호적인 보장이 희박해져서 큰 위기를 맞게 된다. 그런 위험으로부터 상호 교환에 의한 결혼제도를 확립하기 위하여 담보물을 증가시키게 된다. 즉 「일부다처」 제도를 도입하여 아내를 많이 둠으로써 아기 생산을 대량화한다든지, 또는 돈으로 매수해서 결혼을 시키는 관습이 도래하게 된다. 그러나 「일부다처」든 또는 「매매결혼」이든 둘 다 종국적으로 균형의 파괴를 가져오게 됨은 말할 나위 없다. 여자들을 재산으로서 많이 가진 세력이 있는 집안의 남자를 구하기 위해 사람들은 가난한 집안과 결혼을 하겠는가? 그래서 결혼부족 현상을 보전하기 위하여 두 가지 해결책밖에 없게 된다.

그 하나는 인도의 경우처럼 「카스트」(la caste) 제도로 가든지, 아니면 서양사회의 경우처럼 「복잡한 친족체계」인 배우자의 자유선택으로 가든지 둘 중의 하나이다. 결국 이 모든 교환의 다양성은 애초에 「근친혼의 금지」라는 규칙에서부터 발생한다. 「복잡한 친족구조」는 「양계적」(bilinéaire)인 성향을 지니게 된다. 즉 모계친자든 부계친자든 재산귀속 문제에 있어서 똑같이 고려의 대상이 된다. 그래서 「복잡한 친족체계」는 「기본적 친족체계」의 경우와 달리 상호 간 「포트랏취」적인 교환의무보다 오히려 재산권의 제도에 더 깊은 연관을 맺게 되는 성향을 지닌다. 그래서 그런 친족체계에서 자아는 그가 소유한 재산에 의하여 상징화되지 이미 구조와의 관계에 의하여 결정되지 않는다.[42)]

그러면 위에서 설명된 결혼체계를 좀더 구체화하는 의미에서 참고삼아 실례를 들어보자. 「제한적 교환」을 수행하는 대표적 종족이 호주대륙 서쪽에 자리잡고 있는 「카리에라」(Kariera) 원주민이다. 이 원주민의 교환체계는 다음 〈도표 6〉과 같이 도표화된다.[43)]

다음 「일반적 교환」의 예는 버마 북부의 원주민 「카친」(Katchin)족과 호주 중앙의 「아란다」(Aranda)족에서 각각 나타난다. 먼저 「카친」족의 경우를 보면 다음 〈도표 7〉과 같다.[44)]

당 스페르베르(Dan Sperber)는 『구조주의란 무엇인가?』[44)]에서 「A」, 「B」, 「C」는 순환결혼을 하는 행정구역장의 가계를 말하고, 그 각각의 행정구역이 속해 있는 촌장에게 여자를 주는 가계이다(이미 「일반적 교환」에서 여자를 주는 자가 받는 자보다 세력우위를 점한다). 그래서 A는 촌장 a의 가계에 여자를 주고, 또 촌장 a는 각각 다른 마을 촌장 b, c와 순환결혼을 한다. a는 자기 차례가 되어서 그 마을에 사는 평민가계 α에게 여자를

〈도표 6〉

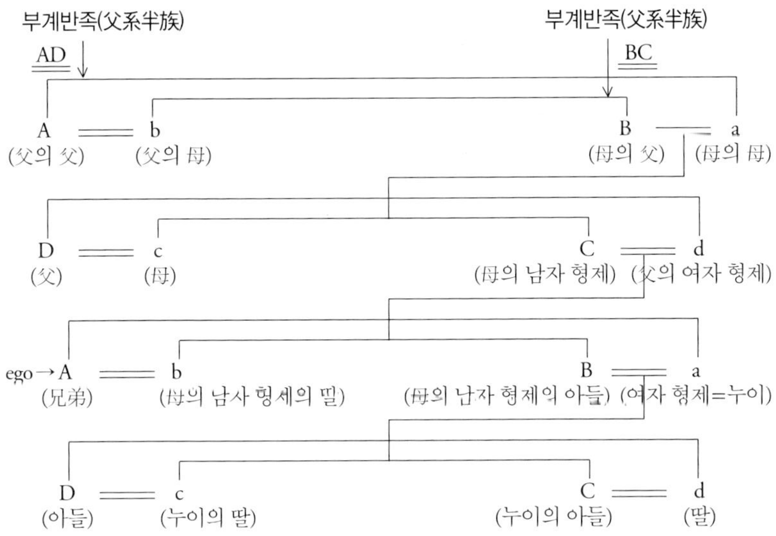

〈도표 7〉

→ 표는 남자가 결혼하는 방향

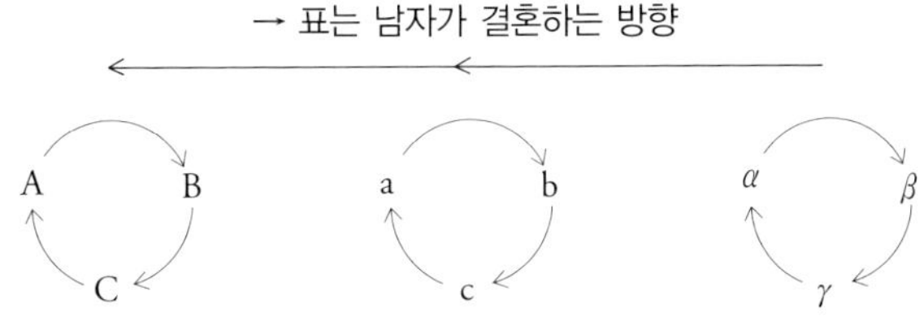

주고, α는 β, γ와 순환결혼을 형성한다. 다음 「아란다」족은 좀더 복잡한 순환체계를 형성하고 있다.[46]

「아란다」 종족은 4개 집단 「A, B, C, D」와 세대 「1, 2」의 교차를 동시에 고려하고 있고, 그래서 종합적으로 집단과 세대를 합쳐 8개의 집합

〈도표 8〉

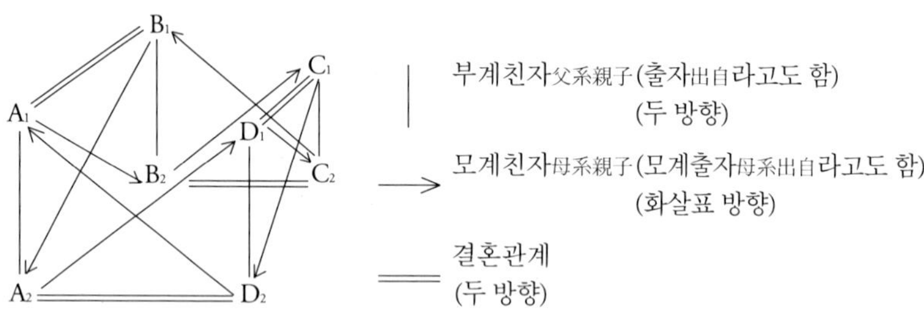

「A_1 A_2 B_1 B_2 C_1 C_2 D_1 D_2」로 분류된다. 여기서 우리는 다음과 같은 치환(la permutation)의 공식을 생각해낼 수 있다.[46]

치환 P는 X의 남자의 자식들이 P(X)라는 집합에 속하는 것을 표시한다고 하자. 그러면 위의 〈도표 8〉에 따라 공식화된다.

$$P = \begin{Bmatrix} A_1 & A_2 & B_1 & B_2 & C_1 & C_2 & D_1 & D_2 \\ A_2 & A_1 & B_2 & B_1 & C_2 & C_1 & D_2 & D_1 \end{Bmatrix}$$

이번에는 치환 f는 X라는 남자의 아내들이 f(X)라는 집합에 속하는 것을 표시하는 것이라면, 위의 〈도표 8〉에 따라

$$f = \begin{Bmatrix} A_1 & A_2 & B_1 & B_2 & C_1 & C_2 & D_1 & D_2 \\ B_1 & D_2 & A_1 & C_2 & D_1 & B_2 & C_1 & A_2 \end{Bmatrix}$$ 가 된다.

그런데 그런 체계에서 각 개인은 오직 하나의 집합에만 속하게 되고, 그 하나의 집합에 속하는 동일한 성의 구성요소는 오직 하나의 집합

안에서만 결혼하게 된다. 이것을 전제로 하여 X의 여자의 자식들이 m(X) 집합에 속하는 것과 같은 치환 m은 「$m = pf^{-1}$」이라는 가치를 지니게 된다. 「f^{-1}」이라는 기호는 「f」의 역순을 뜻한다. 예컨대 위의 치환 「$f = \begin{pmatrix} A_1 \\ B_1 \end{pmatrix}$」기 「$f^{-1}$」으로 되는 경우 「$f^{-1} = \begin{pmatrix} A_2 \\ B_2 \end{pmatrix}$」으로 치환된다. 왜냐하면 A_1과 A_2는 부자관계이므로, 즉 「$P = \begin{pmatrix} A_1 \\ B_2 \end{pmatrix}$」이므로 모자관계의 집합을 구하기 위하여 「$f^{-1} = \begin{pmatrix} A_2 \\ B_2 \end{pmatrix}$」가 되지 않을 수 없고, 따라서 「$m = pf^{-1}$」은 다음과 같이 된다.

$$m = \begin{pmatrix} A_1 & A_2 & B_1 & B_2 & C_1 & C_2 & D_1 & D_2 \\ B_2 & D_1 & A_2 & C_1 & D_2 & B_1 & C_2 & A_1 \end{pmatrix}$$

그러므로 이와 같은 치환에 의한 변형은 위의 〈도표 8〉을 작성하지 않더라도 연역적으로 추론되어 나온다. 여기서 더 나아가 다음과 같은 것을 검증할 수 있다.

1. $P \times P = e$(e는 동일한 치환, 즉 등가를 나타냄. ex. $e(x) = x$). 만약 그렇지 않은 경우 손자는 할아버지와 같은 집합에 속한다는 모순이 나온다. 실제로 그럴 수는 없다. 왜냐하면 4개 집단(A, B, C, D)과 세대(1, 2)를 합쳐서 8개의 집합이 형성되었지만, 실상 부계집단은 4이고 세대교차는 2세대(부-자)밖에 없기 때문이다.
2. 또 $m \times m \times m \times m = e$다. 그렇지 않으면 딸은 고조모와 같은 집합에 속하게 된다. 그런데 실상은 2모계집단뿐이다.
3. $f = mpm^{-1}m^{-1} = mmp^{-1}m^{-1} = pmp^{-1}p^{-1} = ppm^{-1}p^{-1}$

이것을 구체적인 집합에 대입해 보자.

$$f=\left\{\cancel{\frac{A_1}{B_2}}\right\}\cdot\left\{\frac{A_1}{A_2}\right\}\cdot\left\{\cancel{\frac{B_2}{A_1}}\right\}\cdot\left\{\frac{B_2}{A_1}\right\}=\left\{\cancel{\frac{A_1}{B_2}}\right\}\cdot\left\{\frac{A_1}{B_2}\right\}\cdot\left\{\frac{A_2}{A_1}\right\}\cdot\left\{\cancel{\frac{B_2}{A_1}}\right\}$$

$$=\left\{\cancel{\frac{A_1}{A_2}}\right\}\cdot\left\{\frac{A_1}{B_2}\right\}\cdot\left\{\cancel{\frac{A_2}{A_1}}\right\}\cdot\left\{\frac{A_2}{A_1}\right\}=\left\{\cancel{\frac{A_1}{A_2}}\right\}\cdot\left\{\frac{A_1}{A_2}\right\}\cdot\left\{\frac{B_2}{A_1}\right\}\cdot\left\{\cancel{\frac{A_2}{A_1}}\right\}$$ 로 된다.

여기서 각 집합에서 공통요인을 제거하면 $f=\left\{\frac{B_2}{A_2}\right\}\cdot\left\{\frac{A_2}{B_2}\right\}\cdot\left\{\frac{A_2}{B_2}\right\}\cdot\left\{\frac{B_2}{A_2}\right\}$ 로 단순화된다. 이 결론은 결국 같은 성(le sexe)의 교차사촌에서 나온 사촌 간에는 결혼이 이루어진다는 것을 뜻한다. 다음 도표를 보면 쉽게 이해될 수 있으리라.

〈도표 9〉

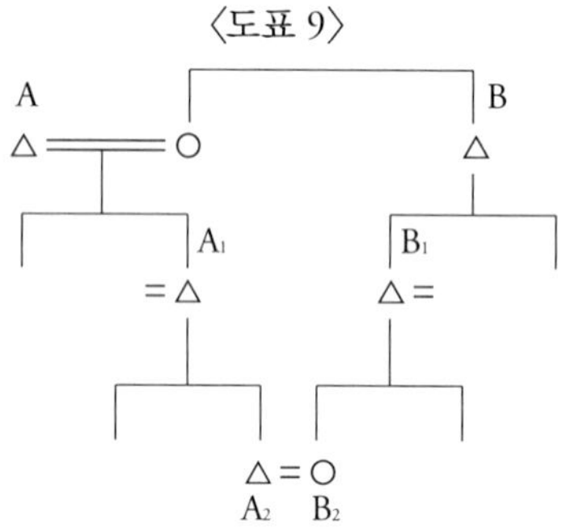

지금까지 우리는 당 스페르베르외 5인 공저 『구조주의란 무엇인가?』에서 그가 맡은 「인류학에 있어서 구조주의」에서 밝힌 치환적 변형의 식을 풀이해 보았다. 그는 이 장편의 논문에서 자세히 설명하지 않고 비약적인 표현으로 내용을 간추렸기 때문에 우리는 쉽게 이해를 돕기 위하여 좀더 자세한 분석과정을 새로 첨가시켰다. 이상의 분석에서 우리가 알 수 있는 것은 「세대의 교차를 가진 체계는 결혼집합의 놀이를 하고 있고, 그래서 결혼의 규칙이 집합(les classes)의 용어로 표현될 수 있다. 반면에 세대의 교차가 없는 체계에서는 가계(la lignée)나 친자(出自)집단(le groupe de filiation)의 유(類)에 관계만 하면 된다. 이 경우 규칙은 친족의 범주 용어로 표현된다」.[47]

지금까지 우리는 근친혼의 금지와 그것에 이어서 교차사촌 간의 결혼 및 결혼의 기본적 교환제도 등을 분석하여 보았다. 이 모든 인류학적 자료들은 철학적으로 무엇을 의미하는가? 이미 알고 있는 바와 같이 「근친혼의 금지」의 규칙은 사실상 금지가 목적이 아니고 교환에 의한 증여를 가능케 하는 선천적 규칙이다. 이런 선천적 규칙에서 보면 개인 자체가 의미 있는 것이 아니라, 개인과 타인 사이의 관계가 의미를 만들 뿐이다. 레비-스트로쓰는 「어머니다움」(la maternité)인 모성애도 관계의 산물이라고 본다. 「모성애도 하나의 관계이다. 자기 자식들과 한 여인과의 관계일 뿐만 아니라, 그 집단의 모든 다른 소속원들과 그 여인의 관계이기도 하다. 그 집단의 다른 성원에 대하여 그녀는 어머니가 아니라 누나이고 아내이며, 사촌이고, 또 단순히 친척의 관계에서는 하나의 외래인이다」.[48] 「각각의 관계는 자의적으로 다른 것과 분리될 수 없다. 관계의 세계 너머, 또는 그 이하에서는 스스로를 지탱시키기가 불가능하다. 사회환경은 하나의 빈 틀로서 그 안에 존재들과 사물들이 엮어지거나 나란히 놓이게 되는 그런 것이 아니다. 환경은 그 속에 살고 있는 모든 것들과 분리되지 않는다. 그 모든 것들은 중력의 장을 형성하고 있는데, 그 장에서 맡은 역할과 거리가 서로 연계된 전체를 구성하고 있고, 거기서 각 요소는 스스로를 수정시킴으로써 체계의 전체적 균형 안에서 변화를 촉발시킨다」.[49] 「결혼은 교환이므로, 결혼은 교환의 근원양상이기 때문에 교환의 분석은 증여와 반증여를 결합시키는 연대성을 이해하는 데

도움을 줄 수 있다」.[50)]

결혼의 교환체계를 가능케 해주는 「근친혼의 금지」규칙은 결국 인간의 교환이 너무 인색해서도 안 되고 또 너무 남용되어서도 안 된다는 철학을 담고 있는 것이 아닌지? 여자교환도 언어교환도 낭비와 인색의 양극을 피할 것을 가르쳐 준다. 여기서 레비-스트로쓰는 어느 정신분석가의 생각을 원용하고 있다.[51)]

「시끄러운 대화는 어떤 집착에 사로잡힌 사람들에게 광란의 성교와 같은 의미를 지닐 수 있다. 그들은 중얼거리며 낮은 목소리로 말한다. 마치 인간의 목소리가 무의식적으로 일종의 성의 힘을 대신하는 것으로 해석되는 것처럼」.[51)] 이어서 레비-스트로쓰는 인류학자들의 자료수집을 정리해서 암시한다. 「누벨 칼레도니」(남태평양)에서 나쁜 말은 간통으로 여겨지고, 「말레이시아」의 원주민 사회에서는 가장 큰 죄는 소나기와 태풍을 일으키게 하는 것으로서, 그런 자연의 재앙은 괴상한 몸짓과 개판치는 무질서—근친 친척 사이나 모녀 간, 모자 간의 근친쌍간 행위—에서 오고, 어린아이들이 너무 시끄럽게 노는 짓, 성인들이 사회집회에서 너무 공공연한 기쁨을 표시하는 짓, 곤충이나 새의 울음소리를 모방하는 짓, 거울을 보면서 심각한 얼굴을 하고 웃는 짓, 동물에게 약올리는 짓, 원숭이에게 사람 옷을 입히는 행위 등은 모두 무질서와 무절제의 과잉으로 여겨져서 교환의 질서를 파괴하는 것으로 간주된다. 모든 규칙은 과잉과 과소를 피하기 위하여 만들어졌다. 또 그런 규칙이 진정한 규범이 된다.

인간사회에서 잃지 않고 얻거나 나눔이 없이 즐기려 하는 일은 정당한 방식으로 일어나지 않는다. 그런 일은 교환의 바른 법칙이 될 수 없다. 그 점에서 레비-스트로쓰가 『친족의 기본구조』(*Les structures élémentaires de la parenté*)의 말미에서 역설적으로 과거에 낙원을 잃었다고 하는 고대 「슈메르」(sumérien) 신화와 미래에 낙원이 올 것이라고 믿는 「안다만」(andaman) 제도(인도 벵골만에 있는)의 신화가 서로 화합하고 있음을 밝힌다. 「전자는 언어의 혼란, 즉 말이 만인의 것이 되었던 그 순간에 원시적 행복의 종말을 두고 있고, 후자는 여자들이 이미 교환되지 않는 하늘과 같은 저 너머의 복락을 묘사하고 있다. 그 두 신화는 다 인간에 의하여 똑같이 도달할 수 없는 미래나 과거 속으로 사람이 자기 안에서만 살 수 있는 세계의 부드러움, 그러나 사회생활을 하는 인간에게는 영원히 거절된 그런 부드러움을 되돌려 주고 있다」.[52] 말의 교환이든 여자의 교환이든 교환이 없는 세계는 이미 인간의 것이 아니다.

4. 역사와 구조

앞의 서두에서 우리는 레비-스트로쓰가 「차가운 사회」와 「뜨거운 사회」를, 「기계적인 사회」와 「열역학적 사회」를, 그리고 「동시성」과 「통시성」을 각각 대비시킨 것을 살펴보았다. 사실상 그와 같은 대조가 이미 역사에 대한 적극적 판단에 대한 어느 정도의 유보를 이 구조주의의 창시자가 생각하고 있음을 감지케 한다. 또 그가 유네스코(UNESCO)에서 한 강연집인 『인종과 역사』(*Race et histoire*)에서 「누적의 역사」와 「고정의 역사」를 비교한 것도 같은 사유방식의 일환이다. 이 모든 대조는 결국 무엇을 의미하는가? 거의 언제나 레비-스트로쓰는 그의 전 저서를 통하여 「시간」과 「역사」를 자기 자신에게 스스로 의미 부여를 하려는 의식과 연관시켜 해석하고 있다. 그런 의식의 철학은 또한 동시에 역사의 발전과 진보를 예찬하고 그 진보와 발전이 인류를 해방시킬 것이라고 여기는 역사주의와 맥락을 같이 하고 있다. 그런 생각은 마치 「야생적 사유」를 미개인이나 어린아이의 생각처럼 유치한 것으로 믿는 「고풍적 환상」(l'illusion archaïque)처럼 어떤 점에 있어서 새로운 것에 대한 환상이다. 단적으로 레비-스트로쓰는 인간 의식에 체험된 의미내용으로서의 「역사의식」이라든가 그런 각도에서 쓰여진 모든 「역사적 문헌」 등을 불신하고 있다. 그는 그와 같은 역사의식은 쉽사리 이데올로기로 둔갑한다고 여기기 때문에 「역사의식」과 같은 용어보다 「역사과학」의 개념을 역사연구에 도입해야 한다고 생각한다. 왜냐하면 「역사의식」은 하나의 허구적 신화이고, 결국 「역사과학」은 푸코의 역사연구처럼 「기호체계」(le code)에 의하여 정리되기 때문이다. 역사는 시간의 축에서 성립하는 사실이기 때문에 「통시성」(la diachronie)의 성격을 결코 벗어날 수 없다. 그렇다고 레비-스트로쓰가 「통시성」을 무시한다든가, 그것을 무의미화시키는 것은 결코 아니다. 그가 하나의 보기를 보여준 다음의 논거에서도 구조와 역사의 관계문제를 분명히 이해할 수 있다.

여기 과거에 3부족으로 분류된 종족이 있었다고 가정해 보자. 그 3부족은 함께 동물의 이름을 상징적 체계로서 채택하고 있었다 하자.[53)]

우연한 인구의 변화 때문에 곰 부족이 소멸하고 거북이 부족이 인구팽창을 했다고 가정한다면, 거북이 부족은 위의 도표에서 보는 것처럼 2개의 하위부족으로 나누어진다. 옛날의 구조는 역사의 통시성의 변화 때문에 사라졌지만, 새로운 같은 구조가 옛 구조를 대신하게 된다. 옛 구조에서는 「땅/하늘/물」이 삼원적 대립을 보이다가 새 구조에서는 「하늘/물」의 이원적 대립으로 짜여지고, 또 이어서 「노랑색/회색」의 대립은

〈도표 10〉

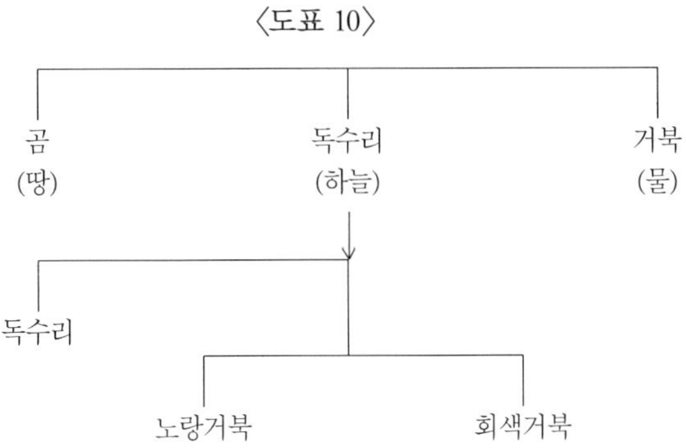

「낮/밤」의 대립으로 상징화된다. 그리하여 새 구조에서는 4항의 대립체계를 형성한다. 레비-스트로쓰가 제기한 이 보기에서도 우리가 짐작할 수 있듯이 구조는 시간의 흐름과 역사의 충격적 사건으로 변동될 수 있다. 그래서 변화가 생긴다. 그럼에도 불구하고 예전과 똑같은 구조는 아니지만, 적어도 그 형식에 있어서 유사한 구조를 새로이 복구하려는 체계존속에의 경향을 위의 보기에서 볼 수 있다. 그것은 마치 「컴퓨터」에 있어서 「피드백」(feed-back)하는 장치와 흡사하다. 옛 질서와 외부 충격으로 생긴 무질서 사이에서 새로운 균형을 찾으려는 경향이 「컴퓨터」에도 있다.

역사인식에 대한 그의 견해를 직접 들어보자. 「그러므로 역사가 내면화되는 것을 그치게 하기 위하여, 그리고 역사의 지성화를 상실하기 위하여, 또 역사가 일시적 내면성에 밀착되는 환상을 막기 위하여 역사는 지속 속에서 우리로부터 거리를 두고, 또 우리도 스스로 사유에 의하여 역사로부터 거리를 두는 것이 옳다. 그렇다고 해서 인간이 이런 내면성에서부터 벗어날 수 있고 또 그래야만 한다고 말하려는 것이 아님을 알아야 한다. 인간에게는 그렇게 할 능력이 없다. 그런데 인간이 역사를 살아가면서 그처럼 온전히 그리고 진하게 사는 것이 다음 세기의 인간들에게, 또는 아마도 몇 년 후 자기 자신에게도 그렇게 나타나게 되겠지만, 그러나 그런 것이 (길게 봐서) 앞으로 천 년 후의 사람들에게는 전혀 나타나지도 않을 신화(덧없는)라는 것을 깨달으면서, 지혜는 살아가면서 스스로 역사를 응시하는 데서 성립한다」.[54)]

여기서 우리는 다시 한 번 구조주의자가 안고 있는 철학적 이념을 발견하게 된다. 구조주의는 「참여」(l'engagement)의 철학이 아니고 「비참여」(le dégagement)의 철학이며, 「체험」(l, vécu)의 현상학(la phénoménologie)이 아니고 「인지」(le conçu)의 기호학(la sémiologie)이며, 행동하는 「혁명」(la révolution)의 철학이 아니고 정립하는 「질서」(l'ordre)의 철학이며, 「관여」(le participation)의 철학이 아니고 「응시」(le regard)의 철학이며, 「정감」(l'affectif)의 철학이 아니고 이지(理智, l'intellectuel)의 철학이며, 자유(la liberté)의 철학이 아니고 「규칙」(la règle)의 철학이다.

역사에로 다시 돌아가서 우리의 주제를 계속 추구해 보기로 하자. 역사는 그 본질상 계속성과 통시성을 언제나 우위에 놓을 수밖에 없기 때문에 역사가는 자기의 연속성 추구작업을 위하여 방해가 되거나 불필요한 것을 추려낸다. 즉 역사가가 역사의 전체를 빠짐 없이 인식한다는 것은 하나의 주관적 욕심이지 객관적으로는 불가능하다. 왜냐하면 역사가는 과거 역사의 모든 자료를 다 살펴보는 것이 아니라(사실상 그런 작업이 불가능하지만), 자기의 생각에 알맞은 것만을 추려낸다. 특히 이데올로기의 성질에 푹 젖어 있는 역사가일수록 그런 편견은 더욱 심하다. 특히 사르트르와 같이 마르크시즘적인 이데올로기에 젖은 철학자들에게는 마치 역사가 모든 인간문제를 푸는 열쇠가 되는 것처럼 착각하고 있다. 그래서 사르트르와 같은 철학자는 민족학자가 귀중하게 여기는 동시적

인식체계를 송두리째 부정하고 오직 통시적 관점 우위만을 주장한다. 레비-스트로쓰는 자기 스스로 결코 역사과학을 부정하지 않는다고 여러 번 강조한다. 그는 또 자기의 초기 시절에 너무 「동시성」과 「통시성」을 엄격히 구분하였던 지나침을 지금 후회하고 있다고 필자에게 고백하기도 하였다. 그러나 좌우간 그는 역사의식이라든가 역사의 이데올로기화에는 완강히 반대한다. 역사과학은 민족학(l'ethnologie)이나 민족지학(l'ethnographie)과 만나 상보해야만 가능하다고 주장한다. 여기서 우리는 레비-스트로쓰가 그의 저서 『야생적 사유』(*La pensée sauvage*)의 마지막 장에서 사르트르와 견해차를 보였던 논쟁을 중심으로 하여 그의 사상을 정리하고자 한다. 그러기 위해서는 우리는 다소 긴 그의 말을 인용하지 않을 수 없다.

「진실로 역사적 사실을 구성하는 것은 역사적 사실을 선별하는 것과 무관하지 않다. 그런 각도에서 보면 사가(史家)와 역사의 주역은 선택하고 자르고 가른다. 왜냐하면 진실로 하나의 전체적 역사란 그들을 혼란으로 몰고 갈 것이기 때문이다. 공간의 각 구석은 수많은 개인들을 안고 있는데, 그 많은 개인들 각자는 다른 사람들과는 비교할 수 없으리만큼 역사적 생성을 전체화한다. 즉 한 사람의 개인에게 있어서 시간의 각 순간은 그 역할을 수행하는 물리적 · 심리적 사건들에서 무진장 풍성하다. 스스로 보편적이라고 생각하는 역사까지도 몇 가지 국지사(局地史)의 병합에 지나지 않는다. 그런 국지사들 와중에서(속에서) 완결한 것보다 허점 구멍들이 더 많다(그런 허점을 보전하기 위하여). 동업자의 수를 늘리고 연구를 강화해서 더 좋은 결과에 이르게 되리라고 기대하는 것은 헛것이다. 왜냐하면 역사가 의미화를 추구하는 한에서 그 역사는 어쩔 수 없이 지역이나 시기나 인간집단이나 그 집단 속의 개인들을 선택하지 않으면 안 되기 때문이다. 그리고 역사는 그런 선택된 대상들을 바탕감으로 사용하기 좋은 연속체 위에 비연속적인 무늬처럼 돋보이게 하지 않으면 안 된다. 참으로 하나의 전체적인 역사란 스스로 중성화된다. 즉 그런 역사의 산물은 영(zero)과 같다. 역사를 가능케 하는 것은 사건들의 하위집합이 주어진 어떤 시기에 그 사건들을 반드시 체험하지 않았던 우연한 개인들에 대해서도, 또 수세기의 거리를 둔 개인들에 대해서도 동일한 의미를 개략적으로 가질 수 있다는 데 있다. 그런데 역사는 결코 역사가 아니고, ~위한 역사이다」.[55]

누구에게나 동일한 의미를 주는 공정한, 객관적 역사는 불가능하다. 역사가 무엇을 위한 역사로 해석되는 한에서 그 역사는 언제나 이데올로기의 도구로 전락한다. 그래서 이데올로기에 의해 조작되는 거짓이 참인 것으로 장식된다. 레비-스트로쓰의 지적처럼 「편파적」(partial)인 역사는 「부분적」(partiel) 역사와 같다. 아니 그보다 더 못하다. 이런 이론적 성격을 토대로 해서 하나의 역사적 사건에 비추어 이 문제를 생각해 보는 것이 이해에 훨씬 도움이 될 것이다. 레비-스트로쓰는 프랑스혁명사를 하나의 예로서 제시한다.[56] 사람들이 프랑스혁명사를 집필하려고 할 때 우선 하나의 큰 난관에 부딪치게 된다. 왜냐하면 당장 프랑스혁명 기간 동안 서로서로 극단적으로 대치되었던 「쟈꼬뱅」(Jacobin) 역사와 귀족의 역사가 상충을 일으키기 때문이다. 서로서로 견해가 너무 판이하지만 그들 각자의 역사전체화는 가설상 똑같이 타당하다고 전제하자. 그래도 그 두 파들 사이에서 선택을 해야 한다. 물론 제3의 길도 수없이 가능하다. 이런 경우, 즉 쟈꼬뱅파의 역사나 귀족의 역사 중에서 하나를 선택하는 경우, 그것은 아무래도 부분적 또는 편파적 역사가 될 수밖에 없다. 그것을 피하기 위해서는 부득이 그 두 파를 똑같은 비중으로 다룰 수밖에 없으리라. 그러나 그렇게 했을 경우에 「사람들이 지금까지 말한 것과 같은 그런 프랑스혁명은 존재하지 않았다」는 역리(逆理)를 자아낸다. 그런 점에서 흔히 사람들이 즐겨 말하는 「역사의 의미」라는 개념은 객관적인 과학의 소산이라기보다 오히려 주관적인 「자기 의식의 일반화」라고 보아야 한다.

그러면 역사가 과학화하기 위하여 어떻게 해야 하는가? 역사가 주관적 자기 의미부여나 이데올로기적 편파성에서 벗어나서 객관화하기 위하여 구조주의는 역사의 「전언내용」(le message)의 측면보다 「기호체계」(le code)의 면을 더 중시해야 한다고 주장한다. 물론 역사에서의 「기호체계」는 「연대」(年代, la chronologie)이다. 왜냐하면 연대가 없는 역사는 형식적으로나 구조적으로 구성될 수 없기 때문이다. 좌우간 연대를 중시하는 것이 역사학에서는 크게 존중되지 않지만, 그러나 역사가 의지하는 자신의 의미도 추상화되는 것이 아니라 어떤 주어진 연대에서 출발한다. 그런데 역사의 종적인 기호체계화가 그렇게 단순치 않다. 레비-스트로쓰의 생각을 빌려 정리해 보자.[57)]

1_ 역사의 연대는 계기적이다. 예컨대 어떤 연대 「d_1」이 있다고 하면, 그 「d_1」 앞에 「d_2」가 있었고, 그 뒤에 「d_3」가 온다. 그런 점에서 역사의 연대는 「서수적」이다. 그러나 또 동시에 「d_1」, 「d_2」, 「d_3」의 각 연대는 그 자체 다른 시대(연대)와 구분되는 「기수적」 성격도 지닌다. 그러므로 임의의 일정 기간에 역사적 사건의 연대가 많은 것은 그만큼 상대적으로 그 시기가 「뜨거운 시대」였음을 반영한다.

2_ 뜨거운 시대건 차가운 시대건 사건을 알리는 연대는 한 시대의

공통적 연대기적 집합을 이룩할 수 있다. 물론 그 집합은 다른 연대의 시대적 집합과의 관계에서 변별적 의미를 갖게 된다.

역사를 기호화하는 이런 특성은 결국 역사의 인식은 통시적 계속성에서는 불가능하고, 어떤 구조적 단절에서만 가능하다는 것을 암시한다. 왜냐하면 「d_1」 시기의 무수한 사건들(d'_1, d'_2, d'_3, d'_4, …, d'_n)은 결국 「d_2」나 「d_3」와 같은 다른 시대의 사건집합과의 변별적 관계를 서로 추구하는 한에서만 인식될 수 있기 때문이다. 레비-스트로쓰는 각 시대의 공통집합 「d_1」에서 「d_3」로 연속화시키는 것은 마치 「무리수에서 자연수로 이행하는 것만큼 불가능하다」고 극단적인 표현마저 쓰고 있다. 「만약에 일반적인 기호체계가 직선적인 연속에서 서열화되는 연대 속에 성립하는 것이 아니라, 독자적인 관계의 체계를 각각 갖춘 연대의 집합에서 성립한다면 역사의식의 불연속적이고 유별적인 성격은 명백히 나타난다」.[58] 이와 같은 레비-스트로쓰의 역사인식 방법은 푸코의 「고고학적 인식성」의 철학을 연상시키고도 남는다. 다른 말로 표현하여 구조의 선(先)인식 없이는 역사의 과학적 인식은 불가능하다. 보다 포괄적인 개념을 원용하면, 「구조」(la structure)의 틀 안에서만 「사건들」(les événements)이 자신들의 의미론적(sémantique) 또는 통사론적(syntaxique) 의미를 가질 수가 있다.

이와 같은 레비-스트로쓰의 역사인식의 태도는 필연적으로 사르트르의 변증법적 역사인식의 태도와 충돌하지 않을 수 없다. 초기의 사르트르는 그의 저서 『존재와 무』(*L'être et le néant*)에서는 인간의 「덧없는 정열」(la passion inutile)에 그래도 의미를 부여하고자 자유를 절대시하는 실존철학에 모든 것을 바치더니, 급기야 말기에 올수록 초기의 실존주의보다 전투적이고 혁명적인 마르크시즘에로 선회하여 후기의 대표작인

『변증법적 이성의 비판』(*La critique de la raison dialectique*)을 내놓았다.

후기의 사르트르는 공산당은 아니지만 분명히 마르크시스트이다. 그런데 레비-스트로쓰와 사르트르와의 논쟁은 마르크시즘에 대한 것이 아니라 방법론에서 출발한다. 사르트르는 레비-스트로쓰의 구조주의적 방법이 역사의 「변증법적 이성」을 망각하고 「분석적 이성」에만 탐닉하였으며, 「게으른 이성」(la raison paresseuse)이고 「탐미주의적」(l'esthète)이라고 비난하였다. 여기에 대하여 레비-스트로쓰는 「분석적 이성」(la raison analytique)과 「변증법적 이성」(la raison dialectique)은 기본적으로 큰 차이가 없다는 것이다. 왜 차이가 없는지, 그리고 변증법적 이성을 그가 어떻게 생각하고 있는지에 대한 그의 명백한 논지가 분명히 드러나 있지 않다. 단지 레비-스트로쓰의 입장은 「변증법적 이성」은 「분석적 이성」이 낳은 결과와 업적 위에서 나올 뿐이라는 것이다. 이 점이 무엇을 뜻하는지 우리로서는 잘 알 수 없다. 좌우간 「변증법적 이성」은 「분석적 이성」이 만든 가교 위에서만 존립할 수 있기 때문에 오히려 「변증법적 이성」이 「게으르다」고 레비-스트로쓰는 공박한다. 그리고 그를 「탐미주의자」(l'esthète)로 공박한 데 대하여 오히려 레비-스트로쓰는 이 표현에 조금도 저항을 느끼지 않는다. 「탐미주의, 사르트르는 이 용어를 마치 개미를 연구하듯이 인간을 연구하는 자에게 적용시킨다. 그러나 이 태도는 모든 과학자가 불가지론적일 때마다 그들에게 나타나는 태도라는 것 말고는 그 태도는 전혀 우리에게 누를 끼치지 않는다. 왜냐하면 개미들은 그들의 절묘한 지하동굴, 그들의 사회생활, 그들의 화학적 전언내용과 함께 분석적 이성의 기획에 완강히 저항하기 때문이다. 인문과학의 최후의 목적이 인간을 구성하는 것이 아니고 인간을 해체시키는 일이라고 생각하는 한에서 우리는 탐미주의자의 수식을 받아들인다」.[59]

라이브니츠(Leibniz) 이후로 발달하기 시작한 수리논리학은 그 정밀성과 변형적 추리에 있어서 전통적 논리학과 비교가 되지 않는다. 그런데 이 정교한 수리논리학은 거기에 상응한 현실이 실제로 있다고 주장하지 않는다. 다만 그 논리학은 현실과학이라기보다 인간 정신의 자유로운 사고력의 정합적 결정일 뿐이다. 그러므로 수리논리학은 인간의 내재적 법칙의 모순 없는 추리과정이다. 마찬가지로 레비-스트로쓰에게 있어서 인간 정신은 사물의 필연적 법칙과 다른 것이 아니다. 그 법칙을 깨닫는 한에서 인간은 우주의 법칙 속으로 소멸된다.

우주의 자연법칙 속으로의 소멸을 생각하는 철학이 사르트르와 같은 변증법적 혁명의 철학보다 훨씬 「엔트로피」(l'entropie)의 증가를 억제시킬 수 있다. 거기에는 우주적 균형과 건강이 있다. 이와 같은 철학의 바탕 위에서 그는 또 사르트르를 비판한다. 사르트르는 혁명을 한다고 외치지만 오히려 인간들 사이에 장벽만 더 크게 치는 결과를 가져왔다. 의심할 여지없이 사르트르의 철학은 데카르트의 「나는 생각한다」(cogito)의 기반 위에 서 있다. 그러나 두 사람의 차이점은 데카르트가 개인적 · 심리적 「cogito」에서부터 직접 물리적 자연세계로 나아갔지만, 사르트르의 「cogito」는 사회화한 데서 나타난다. 「데카르트는 물리학을 정립하려고 원한 나머지 인간을 사회로부터 단절시켰다. 그러나 사르트르는 인간학을 정립한다고 하면서 자기 사회를 다른 사회들로부터 단절시켰다」.[60]

『벌꿀에서 잿더미까지』의 마지막 페이지에서 레비-스트로쓰가 술회한 말은 이 절을 종결짓는 데 그 어떤 설명보다 정곡을 찌르는 것으로 여겨진다. 그의 말을 그대로 옮긴다. 「(…) 구조론적 분석은 그러므로 역사를 거부하지 않는다. 오히려 구조론적 분석은 역사에게 첫 기획의 자리를 양보한다. 그 자리란 그것 없이는 우리가 필연성을 알 수 없을 그런

돌이킬 수 없는 우연(역사)에로 바로 이어진다. (…) 생존하기 위하여 구조에로 향하는 연구는 사건의 덧없음과 힘 앞에서 몸을 굽힘으로써 시작한다」.[61] 사건의 우연함과 덧없음에서 벗어나 예나 지금이나 거의 변치 않은 구조의 세계를 찾아가는 레비-스트로쓰는 문명의 세계가 사건을 쫓아가기 시작하면서부터 건강을 잃고 우주적 불균형의 불행에 빠지게 되었다고 진단한다. 기독교는 다른 어떤 종교보다도 역사의식이 투철한 종교체계이고, 또 기독교도들은 그것에 큰 자부심을 느낀다. 그런 기독교가 지닌 강렬한 자의식과 역사의식이 르네상스 이후의 서구 발전문화의 전략과 맞아 떨어져 오늘날 세계는 백인이 만든 발전의 개념이 척도가 되어 문화를 논의한다. 거의 숙명적이라 할 정도로 그 발전의 대열에서 낙오하면 서글픈 패배를 감수해야 한다. 이것이 지구상의 냉혹한 현실이다. 그러나 바로 이 냉혹한 지상의 현실에 그런 발전의 이데올로기가 잘못된 것임을 레비-스트로쓰는 외롭게 주장하고 있다.

서양 지식인들이 걸핏하면 제3세계의 정치문제에 개입하여 잣대를 거기에 놓으려 하는 이른바 정치도덕적 선교활동에 대하여 레비-스트로쓰는 거의 침묵을 지키고 있다. 그가 인류의 보편적 이상을 몰라서 그러는 것이 아니고, 성급한 정치도덕적 선교활동이 야기할 수 있는 백인의 새로운 정신적 우월주의를 그가 감지하고 있기 때문이리라. 『구조론적 인류학 II』에서 그는 자신이 왜 역사적 발전개념에 저항하는가를 세 가지 이유에서 술회하고 있다. 첫째, 흔히 원시적이라고 부르는 대부분의 사회는 변화보다 통합을 더 좋아하고, 둘째, 자연의 힘에 대한 깊은 존경, 셋째, 역사적 생성에 참여하기 싫어하는 감정 등이 그 철학적 까닭이다.[62] 이 세 가지 관점에 관한 그의 사상을 좀더 설명할 필요가 있다.

「뉴기니아」 지방의 「가후쿠 카마」(Gahuku-Kama) 종족에게서 일어난 이야기이다. 그들은 서양 선교사들로부터 축구를 배웠다. 그런데 중요한 것은 그들이 축구를 할 때 양팀 가운데서 일방의 승리를 찾는 것이 아니라, 양팀이 동일하게 승리와 패배의 균형을 찾을 때까지 시합의 횟수를 늘려나간다는 사실이다. 놀이가 우리처럼 어느 일방이 이기면 끝나는 것이 아니라, 쌍방이 다 패배자가 없음이 확인되면 그때 끝난다. 역시 그 종족에서 정치적 · 사회적 주요 결정을 내릴 때에 그들은 좋다수원칙의 투표행위를 결코 좋아하지 않고 따르려 하지 않는다. 그들은 전통적으로 늘 만장일치에 의한 결정을 평화적으로 해왔다. 이런 만장일치에 이르기 위해서 그들은 사전에 은밀한 사전심의를 여러 번 거친다는 것이다. 한국의 고대 신라사회도 「화백」이라는 만장일치 제도가 있었는데, 이것은 신라나 백제에만(또는 고구려에도 그 흔적이 보임) 있었던 고유한 미풍양속이 아니라, 지구의 많은 야생사회에서 실행되어 왔던 방식이었다. 레비-스트로쓰는 승자도 패자도 없는 그런 사회를 희구한다.

발전의 개념은 특히 산업사회에서부터 더 크게 대두되었고, 그것이 산업사회의 신화가 되었다. 발전은 자연에 대한 문화의 절대적 우위를 어쩔 수 없이 강조할 수밖에 없다. 물론 산업사회의 기술문명뿐만 아니라 모든 문명이나 문화는 자연의 부정에서부터 생긴다. 이 점은 야생인의 문화에서도 마찬가지이다. 그러나 그들의 문화에서 자연에 대한 관념은 우리의 것처럼 그렇게 단순하지 않다. 자연은 그들의 「문화 아래 있는 하위문화나 전(前)문화」인 경우로 생각되기도 하고, 또 때로는 자연을 초자연적인 것으로 간주하여 거기서 그들의 조상이나 신, 정령들을 만나게 되는 성스러운 장소로 간주되기도 한다. 아무튼 그들은 자연과 대립의 관계에서 문화를 생각하지만, 그러나 늘 자연과 땅을 그들의 영원한 어머니로 존경하고 있다. 그래서 야생인들은 「남/녀」의 상관적 차이항목이 동시에 「문화/자연」의 대립항목과 서로 「1 : 1」처럼 대응되는 것으로 생각한다. 여자는 보다 자연에 가까이에서 농사짓고 베를 짜는 반면에, 남자는 자연과 좀 떨어져서 사냥도 하고 도구도 만들고 기계도 제작하기 때문이다.

야생인들은 변화하는 역사에 매력을 느끼지 못한다. 서양사회는 변화를 위하여 만들어졌다고 할 정도이나 야생사회는 가급적 오래 지속하기 위하여 조직하고 구조화한다. 그들은 그들의 구조를 벗어난 사람들에 대해서는 경계심과 적대감을 지니지만, 그들 구조 내부는 매우 질긴 천처럼 조직되어 있다. 그 조직이 사회 · 도덕생활을 가능케 한다. 그들이 비록 경제기술적으로 대단히 저급한 수준에 산다 할지라도 그들 나름의 풍요와 복지의 감정을 느끼며 행복하게 산다. 따라서 레비-스트로쓰가 술회하고 있듯이 그들 각자는 서로서로에게 살 가치가 있는 삶을 제공해 주고 있다.

지금까지 우리는 레비-스트로쓰가 야생사회의 생활에 비추어 왜 그가 발전의 신화에 저항하고 있는가 하는 철학적 신념을 정리하여 보았다. 이제 우리는 또 다시 역사를 떠나왔다. 그는 학문이 구조의 이름을 받을 자격을 갖추려면 구조를 설명하는 모형(le modèle)은 적어도 다음의 네 가지 조언을 구비해야 한다고 역설한다. 그가 말한 네 가지 조건이란 다음과 같다.[63)]

1_ 하나의 구조는 체계의 성격을 나타내기 때문에 그 체계를 구성하는 한 요소가 수정되면 그 수정이 다른 모든 요소들의 수정을 유도한다.

2_ 모든 모형은 변형의 집단에 속한다. 그래서 그 변형의 집합은 일

군의 모형을 구성한다.

3_ 모형은 예측 가능해야 하고, 그 집단의 한 요소가 변하면 그것이 전체에 어떤 반작용을 불러오는가를 예견할 수 있어야 한다.

4_ 모형은 그의 기능이 관찰된 모든 사실을 설명할 수 있도록 구성되어야 한다.

이상과 같이 레비-스트로쓰가 정리한 「구조론적 모형」의 성격을 염두에 두면서 그의 구조주의 사유체계와 사상의 보다 중심부에로 접근하기로 하자. 언어학적 표현을 빌리면 「능기」는 「구조」이고 「의미」는 「소기」라고 불러도 좋으리라. 「능기」가 「소기」를 제약하고 조건지우듯이 「구조」에 의하여서만, 또 그 안에서만 「의미」가 주어진다. 능기의 수준에서 보면 레비-스트로쓰에게 사유는 곧 세계나 자연과 다른 것이 아니다. 그에게 있어서는 사회(세계)나 자연의 구조와 인간 정신의 구조가 동일한 법칙에 의하여 지배되고 있다. 그것을 알리는 것이 「야생적 사유」(la pensée sauvage)이다. 정신과 자연, 사유와 물질을 공통으로 연결시켜 주는 연결고리나 돌쩌귀가 바로 무의식이다. 무의식은 인간의 것이면서 동시에 자연의 것이다. 레비-스트로쓰가 말한 「야생적 사유」는 곧 자연과 인간, 정신과 물질을 공통으로 관통하는 무의식적 사유와 다를 것이 없다. 그러하기에 그 사유는 결코 원시인의 사유방식을 말하는 것이 아니라 바로 우리 자신, 지금의 시대를 살아가는 우리 현대인의 근원적 사고방식을 의미한다.

5. 야생적 사유와 감각적 논리의 본질

지금까지 전개된 내용으로 보아서 구조주의는 그 인식론적 성격에서 일종의 「형식주의」(le formalisme)가 아닌가 하는 생각을 떨쳐버릴 수 없으리라. 형식주의는 논리학과 수학에 바탕한 거의 모든 이론이 귀결되는 방법적 「엄밀주의」라고 볼 수 있다. 구조주의가 그와 같은 「형식주의」의 뉘앙스를 풍기고 있는 것이 사실이다. 그러나 모든 구조주의자는 그 사실을 부인하고, 특히 레비-스트로쓰는 「형식주의」와 「구조주의」가 어디에서 차이가 나는지를 의도적으로 밝히고 있다. 이 점은 뒤에서 검토되겠지만, 하여튼 「야생적 사유」와 「감각적 논리」의 대목에서 구조주의는 가장 덜 형식주의의 모습을 나타내 보이고 있다. 말할 나위도 없이 「야생적 사유」는 자연, 즉 동물, 식물, 천체, 광물 등을 기초로 해서 전개되는 사고체계이다. 이 사고체계는 신화, 의례, 토템, 전설 등을 통하여 이야기 형태를 빌려서 나타나지만, 그러나 그 이야기는 한갓 「전언내용」(le message)이라기보다 근원적인 「기호체계」(le code)의 논리를 담고 있다. 이런 「기호체계」가 구성되기까지 야생인들은 오랜 세월 동안 반복 속에서 지칠 줄 모르고 자연을 관찰하는 과학적 태도를 견지하여 왔었다.

「신화와 의식(예) 속에 환기된 각종 동식물과 돌, 천체 및 자연현상을 단지 정확하게 확인하는 것만으로는 충분치 않다. 각 문화가 그런 대상들에게 의미체계 와중에서 무슨 역할을 부여하고 있는가를 알아야 한다」.[64)]

이 말은 독립적인 자연의 대상 그 자체가 고유한 의미를 갖는다기보다 모든 자연적 대상을 의미체계의 전체 구조 속에 접목시켜 각자가 하는 역할을 보아야 한다는 뜻이다. 예컨대 북미대륙에서(구라파도 예외는 아님) 쓴 쑥은 특히 여성, 달, 그리고 밤과 같은 「암시적 의미」(la connotaion)를 갖는 식물로 여겨진다. 즉 여성의 월경불순시나 난산시에 이용된다. 마찬가지로 남성의 정력부족과 요도쇠약에도 사용되는 유사 식물이 있는데, 그것이 색깔이 노랗고 어둡지 않아 밤에 대한 낮, 여자에 대한 남자의 상징으로 이용된다. 단적으로 「음양의 이론」은 동아문화권에만 있는 것이 아니라 모든 인류의 공통적 사고방식이다. 야생적 사유와 거기에 따른 「감각적 논리」(la logique du sensible)를 이해하는 실마리를 풀기 위하여 북미대륙 「히다차」(Hidatsa) 종족의 「독수리 사냥」의 의례를 먼저 소개한다.[65)]

「히다차」 종족은 독수리 사냥을 할 때 반드시 구덩이를 파고 자기 스스로가 그 속에 숨는다. 그리고 은폐된 자신 위에 독수리 먹이를 올려놓는다. 독수리가 그 먹이를 먹기 위하여 그 함정 속에 내려와 앉을 때, 「히다차」 사냥꾼은 맨손으로 그 독수리를 피 흘리지 않고 사로잡는다. 이 사냥의 의례 속에 이미 논리적 상징의 대립이 들어 있다. 사냥꾼이 구덩이(함정)를 파서 그 속에 숨는 행위는 「아래」의 위상이요, 독수리는 하늘 높이 나는 새이고, 또 새 중에서 가장 서열이 높은 것으로 그들에게 간주되기 때문에 독수리는 「높은 곳」의 상징기호이다. 즉 사냥꾼과 독수리 사이에는 가장 많이 벌어진 공간적 거리 차이가 있다.

그런데 이미 암시된 바이지만, 독수리 사냥을 하기 위해서는 독수리를 유혹할 수 있는 먹이가 필요하다. 그 먹이는 지상에서 활로 잡아야 하는데, 그때는 사냥감을 피 흘리면서 잡아야 한다. 독수리를 맨손으로 피 흘리지 않고 잡는 것과는 대조적이다. 독수리 먹이 사냥은 지하와 천

〈도표 11〉

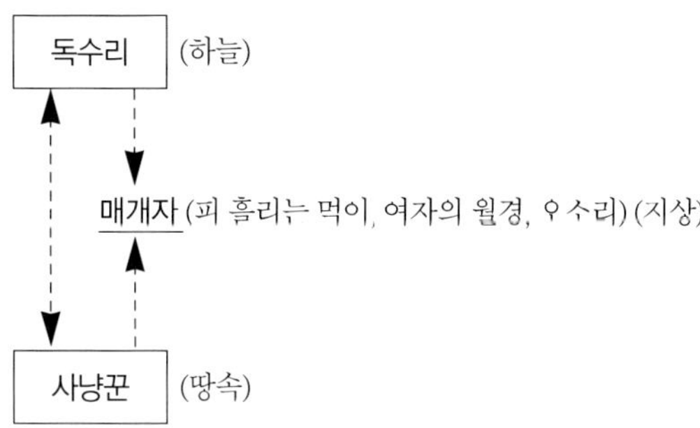

상과의 중간 공간에서, 즉 근접근 거리에 이루어진다. 독수리 사냥과 대비된다. 그 사냥감이 피를 흘리게 하는 까닭은 독수리가 피냄새도 맡고 동시에 빨리 부패하도록 하기 위해서이다. 또 독수리 사냥에 특이한 것은 여성의 월경이 사냥에 좋은 길조로 여겨진다는 사실이다. 대부분의 경우 사냥에서 여성의 월경은 불길한 것으로 받아들여지는데 이 경우만은 예외이다. 왜냐하면 독수리 사냥은 너무나 원거리(구덩이/하늘)에서 대립을 보이기에 중간 매개자(피 흘리는 먹이)가 필요하다. 피 흘리는 먹이와 여성의 월경은 은유적 관계를 표시하고 있다. 월경은 첫 번째 먹이 사냥과 관계된다. 또 이 사냥의례 이야기에 직접 관계가 없는 오소리가 등장하는 경우도 있다.

오소리는 지상의 동물로 사람이 숨어서 독수리를 잡듯이 오소리도 숨어서 사람이 사냥해 놓은 사냥감이나 또는 독수리 사냥 먹이도 훔쳐 먹는다. 오소리는 땅 속의 사람과 천상의 독수리 중간 공간에 위치한 공간적 매개자이다. 이상의 사냥의례를 정리하면 우리는 위의 〈도표 11〉과 같은 도식을 발견하게 되리라.

이해의 편의상 우리가 만든 이 도표에서 우리는 무슨 상징체계를 얻는가? 왜 모든 다른 사냥에서는 여자의 월경이 불길한 조짐(은유적 유사성의 과잉 때문에)으로 간주되는데 하필이면 독수리 사냥에서는 길조로 판단되는가? 왜 독수리 사냥에서 매개자의 기호가 상징적으로 필요하게 되는가? 이 모든 의문이 한꺼번에 생긴다. 이런 의문에 대하여 레비-스트로쓰는 어떻게 생각하는가? 그는 의미론적 관점에서 이 문제를 본다. 즉 지상사냥과 같은 근접사냥일 경우에 여성의 월경은 과잉결합을 유도할 위험성(사냥시 사냥감의 유혈과 여자의 유혈이 다같이 갖는 과잉적 은유의 유사성 때문에)을 내포하지만, 독수리 사냥의 경우는 정반대이다. 남녀 간의 과잉 성교는 언제나 낭비를 가져오고 남성의 힘을 무력화시킨다. 그러나 독수리 사냥의 경우는 근린결합의 위험성이 없다. 너무 관계가 멀기 때문에 낭비의 관계가 아니라 인색의 관계로 발전할 위험성이 있다. 그래서 중간 매개자가 필요하고, 바로 월경은 그 매개체의 기호로 등장한다. 「근친혼의 금지」가 여성관계의 과잉적 낭비와 과소적 인색을 다 피하게 하기 위한 규칙이듯이 여기 독수리 사냥의 의례에서도 그런 유의 사유방식이 등장하고 있다. 야생적 사유는 「지나침」과 「모자람」을 다 싫어한다.

「감각의 논리」(la logique du sensible)는 「야생적 사유」(la pensée sauvage)의 논리이다. 「내가 야생적 사유로써 정의하려고 시도했던 것은, 비록 그것이 문명의 한 부분이나 형태에 속한다 할지라도 본질적으로 무엇에나 다 귀속시킬 수는 없다는 것이다. 야생적 사유는 어떤 술어적 성격도 갖지 않고 있다. 오히려 야생적 사유의 이름 아래서 나는 가능한 한 좋은 능률을 갖고서 "우리 것" 속에 있는 "다른 것"을 번역할 수 있는 기호체계, 즉 우리가 우리 자신을 더 잘 이해할 수 있는 조건들의 전체를 정립하기 위하여 요구되는 공리(公理)나 요청의 체계를 가리키려고 한다는 것을 알아야 한다. 물론 거기에는 언제나 유보조항이 있다. 근본적으로 야생적 사유는 (…) 그들 장소에 나를 놓는 "자아"와 내 자리에 자아에 의해 놓여진 그들(야생인들)이 서로 만나는 장소 이외에 다른 것이 아니다」.[66] 이 인용에서 우리는 다시 한 번 루소가 남긴 명제인 「나는 타인이다」(Je *est* un autre)와 라캉의 정신분석학적 구조주의의 「묘비명」과 같은 대명사가 된 「나는 내가 존재하지 않는 곳에서 생각하고, 내가 생각하지 않는 곳에서 존재한다」(Je pense où je ne suis pas, je suis où je pense pas)라는 명제를 연상시킨다. "우리 속"에 불변으로 남아 있는 이 비인격적인 존재가 야생적 사유나 감각의 논리로 나타난다. 야생인이 사용한 이 논리는 대단히 그 자체 엄밀한 체계를 지니고 있고, 그 논리는 우리 현대인에게 하나의 무의식의 법칙으로 작용하고 있다.

이 야생적 사유를 제대로 이해하기 위하여 야생인(원시인?)들이 대단히 비논리적 또는 논리 이전적 신비주의의 사고형태에 머물러 있었다는 「환상」을 떨쳐버려야 한다. 또는 그들이 수학처럼 합리 자체를 위한 사고를 할 줄 모르고 오직 그들 생활의 실용적 필요에 의해서만 생각을 했다는 「환상」도 지워야 한다. 야생인들은 그들 나름대로 추상적인 사고를 충실히 수행해 왔다. 예컨대 북미의 「치누크」(Chinook) 종족의 경우, 그들은 「나쁜 놈이 가엾은 어린이를 죽였다」는 문장을 「인간의 악의가 어린아이의 가엾음을 죽였다」라고 표현한다고 한다.[67] 「동물이나 식물의 종들이 유용하기 때문에 인식된 것이 아니고 그것들이 먼저 인식되었기에 유용하거나 흥미있는 것으로 선언된다」.[68] 그러므로 그들은 우리만큼 이론적 인식에 가장 큰 관심을 쏟았다.

그들이 생각한 이론적 인식은 우선 사물과 자연에 대하여 「질서」를 부여하는 「집합개념」이나 「유별개념」, 「유비개념」을 도입하는 데서부터 시작된다. 예를 들어보자. 그들은 딱따구리 부리와의 접촉이 사람의 치통을 낫게 해준다고 생각하였다. 실제로 그것이 그런 결과를 가져오는지 하는 것은 부차적이다. 그들에게 있어서 일차적인 관심은 딱따구리의 부리와 사람의 치아는 같은 유별(類別)로 분류하는 사고방식이다.[69] 즉 야생인들은 분류학(la taxonomie)의 천재들인 셈이다. 그들이 그런 분류에 관심을 기울인 철학적 지혜는 우주의 모든 것은 제자리에 놓여져야 한다는 「수분(守分)의식」과 통한다. 이 「수분적 질서」가 통하지 않으면 모든 것은 파괴되고 만다. 그들의 질서의식은 너무도 융통성이 없을 정도이다. 그래서 사물들이 제자리에 있어야 할 곳에 있도록 인식하기 위하여 그들은 「질서의식」과 관계되는 「분류학」에 깊은 애정을 보였다.

질서의 개념은 모든 것이 서로 인과관계로 연결된다는 필연성의 법칙과 깊은 유대관계를 갖는다. 그래서 그들이 즐겨 사용한 「주술」(la magie)도 현대인이 겉으로 단순히 생각하듯 무의미한 미신으로 돌릴 것이 아니라, 과학적 요구에의 극단적 표현과 행위에 지나지 않는다. 「주술과 과학 사이의 첫 번째 차이점은 (…) 주술이 전반적으로 통합적인 결정론을 요청하고 있다면, 과학은 어떤 것은 다른 수준에 적용될 수 없는 것으로 간주되는 결정론의 형식들을 인정하면서 여러 수준들을 구분하면서 작동하고 있다는 점이다」.[70] 즉 주술은 실제로 인과관계가 없는 사실들 사이에까지 필연적 인과관계를 연결시키려 하는 일인데, 그런 사고방식은 모쓰가 지적하였듯이 「무지의 소산」이라기보다 오히려 「고집불통의 결정론적 사고」의 결과이다. 그래서 레비-스트로쓰도 「주술」을 무의미한 것으로 버리거나 과학이 움트기 전의 전(前)단계적 과학으로 여기기보다, 그 자체 이미 그것의 효용성과 실효성 여부를 떠나 하나의 「잘 분절된」 인식의 체계로 보고 있다. 「주술적 사고는 초보거나, 시작이거나, 소묘이거나, 아직도 실현이 안 된 모든 것의 부분이 아니라 잘 분절된 체계이다. 비록 주술에는 과학의 은유적 표현이 깃들어 있고 과학과 유사한 형식적 유비를 지니고 있지만, 주술은 과학이 구성하고 있는 것에서 독립되어 있다. 그러므로 주술과 과학을 대립시키는 대신에 그것들의 이론적 · 실천적 결과에서는 같지는 않지만 인식의 두 가지 형태로서 그 둘을 평행시키는 것이 더 낫다」.[71]

그래서 우리의 저자는 「주술」을 미발전적 과학으로 보지 않고 오히려 자연을 생각하는 인간 정신의 나누어진 두 가지 길을 대표할 뿐이라고 여긴다. 그 두 가지 길이란 첫째, 감각적 직관에 비교적 가까운 방법이요, 둘째, 감각적 직관에서 아주 먼 방법이다. 전자는 야생인들이 주로 인식하기 위해 의존했던 방편이고, 후자는 문명인이 의지하고 있는 방식이다. 만약에 주술이 미발달된 과학으로만 규정하게 되는 경우, 우리가 쉽게 풀 수 없는 하나의 수수께끼가 생긴다. 그것은 레비-스트로쓰가 말한 「신석기시대의 혁명」(la révolution néolithique)에서 「산업혁명」에 이르기까지 수천 년 동안 인류는 사고방식에서 구조적 변화를 수행하지 않고 동일한 사고체계 속에서 살아왔는가 하는 점이다. 「신석기혁명」에서 「산업혁명」까지 점진적 변화가 아니라 갑작스런 새로운 사고의 출현이 하나의 「단절」처럼 도래되었다. 그래서 그는 인류에게 두 가지 종류의 사고체계가 깃들어 있다는 것을 주장한다. 하여튼 「주술적 사고」도 혼돈을 극복하기 위한 질서의 요구요, 산물이다. 그런 점에서 그는 이 「주술적 사고」를 「구체의 과학」(la science du concret)이라고 부르기도 한다. 말할 나위도 없이 「구체의 과학」은 「감각논리」의 이명(異名)이다. 그런 점에서 우리는 야생인과 문명인의 사고를 「주술/과학」=「감각의 논리/오성의 논리」=「구체의 과학/추상의 과학」이라는 등식으로 대비시켜도 좋을 것이다.

이런 대비는 또 「잔일꾼(le bricoleur)/기술자(l'ingénieur)」의 「상관표」로 나타난다. 「잔일꾼」의 개념은 생활주변의 자질구레한 일을 가벼운 공구를 가지고서 고치는 사람을 뜻한다. 「잔일꾼」이 하는 일은 제한되어 있고, 엄청난 계획 아래 착수되는 공사와는 다르다. 마치 신화가 좀 괴상망측한 개념과 문장을 빌려서 체계를 구성하듯이 「잔일꾼」은 자질구레한 주변의 것들을 모아서 손질을 한다. 「잔일하기」(le bricolage)의 우주는 폐쇄적이고, 그 일을 하는 규칙은 언제나 가장자리의 수단을 갖고, 즉 매 순간마다 좀 엉뚱한 재료와 공구를 갖고서 제한된 전체와 함께 배치되는 것이다. 왜냐하면 전체의 구성은 순간의 계획이나 특수한 계획과 관계를 맺고 있는 것이 아니라 재고품을 새롭게 하거나, 풍부히 하거나, 또는 이전의 작업이나 파괴시 남은 것들과 함께 재고품을 잘 관리할 목적으로 생긴 모든 기회의 우연한 결과이기 때문이다. 잔일꾼이 하는 모든 수단은 계획(…)에 의해서 정의될 수 없다(…).[72)]

그런 점에서 「잔일하기」는 우선 유한하게 제한된 일이며, 어떤 계획에 의하여 준비되는 공사가 아니고, 손 주변의 구체적 물건을 갖고 하는 일이다. 이런 일하기는 「개념」과 「이미지」의 중간단계에 속한다.[73)] 소쉬르의 「기호=청각(감각)적 영상/개념」의 공식을 생각하면 바로 「잔일하기」는 그런 「기호」와 같다고 볼 수 있다. 「기호」는 「이미지(영상)」와 같이 감각적으로 나타난 구체적 존재와 연결되어 있고, 동시에 그것이 「개념적 지시」를 수행한다. 「기술」과 「기술자」는 어떤 계획을 갖고 우주에 대하여 무한도전을 한다. 「잔일하기」가 유한한 도구를 갖고 폐쇄회로와 같이 제한적 일을 수행하는 반면, 기술은 무한한 팽창을 자기의 성공적 가능성으로 삼고 있다. 그래서 「기술」은 언제나 「저 너머로」(au-delà)의 초월적 의미를 지니지만, 「잔일하기」는 「이쪽 안에서」(en-deça)와 같은 공간적 이미지를 나타내 보인다. 그리고 「기술」은 늘 개념을 갖고 계획을 짜지만 「잔일하기」는 기호와 연관되어 일을 해나간다.[74)]

「주술」→「감각의 논리」→「구체의 과학」→「잔일하기」로 이어지는 「야생적 사유」는 레비-스트로쓰에 의하여 다시금 「축소된 모형」(le modèle réduit)의 이론으로 나아간다.[75)] 실제로 거대한 조각을 한다든가 건축물을 지을 때, 먼저 축소된 모형을 만드는 것이 제작기술에도 도움이 되고 예술적 전체 평가를 위해서도 좋다고 한다. 말하자면 모형이 실물보다 축소되는 경우에 전체의 인식이 훨씬 용이해진다. 왜냐하면 전체가 단순화되기 때문이다. 말할 나위도 없이 「축소된 모형에서 전체의 인식은 부분들의 인식보다 앞선다」. 또 이런 「축소된 모형」은 잔일하기의 경우에서와 같이 사람이 직접 손으로 일을 하는(기계의 힘보다) 감각성과 구체성을 더 띨 수가 있다. 작은 물건이나 손으로 만든 물건에서 우리는 구조가 모든 것에 우선하는 인식양식을 갖는다. 그러나 과학과 기술에 의하여 만들어진 아주 정교하며 복잡한 대상이나 거대한 대상 앞에서 우리는 구조를 쉽게 분별하지 못한다. 「저 너머로」 초월하는 기술의 정복과 확장은 「구조」라기보다 「사건」(l'événement)으로 기록된다. 새로운 기술의 발명은 신기원을 이룩하는 「사건」이다. 사건과 구조는 마치 하이젠베르그의 「불확정성 원리」처럼 동시성적 인식을 본질적으로 용납하지 않는다. 「구조」가 분명하면 「사건적 인식」은 희미해지고, 「사건성」이 크게 주목을 받으면 「구조」가 숨어버린다.

「잔일하기/기술」이 「축소된 모형」의 이론을 거쳐 「구조/사건」으로 대비되면서 「구조」는 각각 「이쪽 안」, 「사건」은 「저 너머로」의 공간적 영상을 준다는 사실도 우리는 알게 되었다. 레비-스트로쓰는 「만화경의 방식」에 의한 논리를 다시 도입함으로써 「야생적 사유」의 세계를 보다 종합화하려고 시도하려는 것 같다. 「만화경의 방식」(la façon de kaléïdoscope)에 따라 그는 그가 그동안 말해온 「주술→감각의 논리→구체의 과학→잔일하기→축소된 모형→"이쪽 안"의 이미지→구조」 등의 다양한 생각들을 하나의 통일적 묶음으로 집약시키는 듯하다. 그러면 이 「만화경의 방식」과 같은 논리란 무엇인가? 그가 설명한 내용을 한번 용해해서 정리해 보기로 하자.[76)]

1_ 그동안 설명되어 온 야생적 사유의 여러 측면들은 구체적으로 감각적인 기호(동식물 이름, 자연현상)들을 사용해서 조립하는 논리이다. 그것은 마치 잔일꾼이 고물상에 가서 엉뚱한 물건들을 사와서 무엇을 만들어내는 것 같고, 반드시 필연적인 인과관계가 없는 것처럼 보이는 것들(자명종 시계의 톱니바퀴와 뻐꾸기의 장난감)을 연결시켜 가는 것을 보면 주술의 사고방식과 이웃하는 것 같고, 원대한 계획 없이 손에 잡히는 대로 조립하여 나가니 「이쪽 안」의 이미지를 확실히 갖고 있다. 그래서 이런 작업에서 그냥 거기에 있기 때문에 쓰여지는 단편들이나 조각들은 계획을 갖고 통시적 설계에 따라 일을 하는 사람에게는 무질서하고 괴상하기까지 하지만 만드는 이는 구조의 논리를 갖고 일을 추진해 나간다.

2_ 이와 같은 일함의 논리는 「만화경의 방식」과 닮아 있다. 만화경은 일정한 유리 삼각대의 구조 속에 단편적인 조각들을 넣고 조그만 구멍으로 바라보면 그 우연적 조각들이 구조적인 정합적 배열을 하게 된다. 그 조각들 자체는 독립적으로 아무런 뜻이 없

> 지만, 유리 삼각대의 구조 속에서 조각들의 능기들이 어떤 소기적 의미를 나타내 보이고 있다. 그러나 조각들의 배열구조가 무한하지 않고 만화경 속에서 유한하다. 그리고 만화경 속에 서로서로 배합된 내용은 그 배열의 형식과 분리되어 존재하는 것이 아니다.

「구체과학」은 「기호」와 함께 일을 하지만 자연을 지배하기 위해서가 아니다. 「구체과학」은 여기서 일일이 그 예증을 다 들 수 없을 정도의 자연과 분류(생물 · 무생물)에 세심한 관심을 보이고 있다. 그들의 분류는 린네(Linné)의 자연 분류학과 큰 차이점이 없다. 그들은 그런 구체과학적 분류를 통하여 자연 곁에서 자연이 아닌 타자로서, 그러나 자연의 친구로서 자연과 함께 가기를 원하였다. 그래서 자연과 문화는 승자도 패자도 없는 「영도」(零度, le degré Zéro)에서 「엔트로피」의 증대를 유발하지 않으려 하였다. 「야생적 사유」의 사고방식은 「+」와 「−」가 균형을 취하는 것을 겨냥하기 때문에 그들은 문명인이 생각하는 「놀이」(le jeu)보다 「의례」(le rituel)를 더 중시하였다.

이미 앞에서 「뉴기니아」의 「가후쿠 카마」족이 축구시합에서 상호 동등한 점수를 유지할 때까지 경기를 계속한다는 이야기를 하였다. 그것은 「의례」이지 「놀이」가 아니다. 놀이는 판가름을 내는 규칙이다. 그래서 레비-스트로쓰는 「놀이규칙」은 「선별적」(disjonctif)이지만 「의례의 규칙」은 「결합적」(conjonctif)이라고 하였다. 의례의 그런 「결합적 사고」가 「산 자」와 「죽은 자」, 「속」(俗)과 「성」(聖), 「신도」와 「사제」, 「성인」과 「미성인」 사이에 「대칭적 균형」을 형성한다. 레비-스트로쓰가 멋지게 표현한 것처럼 「놀이」는 처음 같다가 나중에 서로 다른 것을 낳게 하여 끝을 내지만, 「의례」는 시작에 「비대칭적」이다가 끝에는 꼭 「대칭적 균형」을 잡는다(축구의 예를 상기하라). 그래서 「놀이」는 「구조」에서 시작하여 「사건」으로 끝나고, 「의례」는 「사건」에서 시작하여 「구조」로 끝난다.

「야생적 사유」와 「감각적 논리」는 오늘날 우리에게 무슨 의미가 있으며, 또 무슨 관계를 맺고 있는가? 이와 같은 의문은 인류학자로서의 레비-스트로쓰가 아니라 철학자로서의 레비-스트로쓰에게 당연히 제기될 수 있는 기본적 성격을 지닌다. 우리에게 있어서 저러한 「야생적 사유」란 도대체 무엇을 뜻함인가?

레비-스트로쓰는 프랑스 철학사에서 루소와 콩트(A. Comte)를 높이 평가한다. 루소에 대해서는 앞에서 여러 번 거론하였기 때문에 여기서는 생략하더라도, 그가 보기에 콩트는 민족지적인 자료의 결핍으로 야생적 사유의 본질을 제대로 파악하지는 못하였지만, 문명인 이전 단계의 원시인(미개발인) 사유의 체계적이고 정합적이며 논리적인 측면을 잘 통찰하였다는 것이다. 그가 그의 저서인 『오늘날의 토테미즘』의 첫 페이지에서 콩트의 『실증주의 강좌』(*Cours de philosophie positive*) 52강에 나오는 말을 인용한 것은 결코 우연이 아니다. 「지성적 세계를 궁극적으로 지배하는 논리법칙들은 그 본성상 모든 시공에 대해서 뿐만 아니라, 현실적이든 공상적이든 모든 종류의 주체에 대해서도 본질적으로 불변적이고 공통적이다. 그 법칙들은 근본적으로 꿈에서까지 관찰된다」. 「야생적 사유」의 본질은 바로 콩트가 밝힌 그 논리법칙이다. 그 논리법칙이 옛 사람에겐 있고 지금 우리에겐 없다고 주장함은 「고풍적 환상」(l'illusion archaïque)에 젖었기 때문이다. 「주술」을 이야기한다고 해서 레비-스트로쓰가 미신을 찬양한다는 우스꽝스럽고 유치한 생각을 해서는 안 된다. 「주술」은 이미 앞에서도 강조되었듯이 「과잉적 결정론」의 결과이다. 레비-

스트로쓰가 말하고 있는 바와 같이 「주술적 사고」는 우주의 객관적 법칙과 자연적 인과의 연쇄성이 모든 것을 예외없이 그물처럼 묶어놓았다는 믿음에서 성립하고 있다. 주술사가 그 법칙을 자기가 수정하거나 어느 정도 바꿔놓을 수 있다고 생각하는 것은 「기만」이지만, 엄밀히 말해서 주술사가 결코 「야바위를 치지는」(tricher) 않는다고 레비-스트로쓰는 증언한다.[77)]

그는 인간의 모든 행동에는 주술적 요인이 작용하고 있다고 보는 것 같다. 「만약에 종교가 자연법칙들의 인간화(une humanisation des lois naturelles)에서 성립하고, 주술(la magie)이 인간 행동들의 자연화(une natrualisation des actions humaines)에서 이루어진다고 말할 수 있다면(후자의 경우, 어떤 인간 행동들이 마치 물리적 결정론을 포함한 한 부분이라고 취급함), 종교와 주술 사이에는 양자택일이나 진화의 단계와 같은 것이 문제되지 않는다. 종교(la religion)가 성립하는 자연의 인간동형론(l'anthropomorphisme de la nature)과 주술(la magie)로서 정의되는 인간의 자연동형론(la physiomorphisme de l'homme)은 언제나 주어지는 두 가지 성분을 형성하고 있다. 그 둘의 함량이 변할 뿐이다. (…) 각자가 다른 것을 내포하고 있다. 적어도 종교의 씨앗을 포함하지 않는 주술이 없듯이 주술이 없는 종교는 없다. 초자연의 개념은 자기 자신에게 초자연적인 힘을 귀속시키고, 그 대신 자연에 초인간적인 힘을 부여하는 인류에게만 존재한다」.[78)] 이 긴 인용은 문명사회의 종교가 자신의 이면에 야생적 사유인 주술적 요소를 업고 있음을 알려주는 것이고, 종교와 주술은 보는 방향의 차이일 뿐, 그 둘은 구조적으로 상호 간에 「반사성」(反射性, la réfexivité)*의 본질을

---

* 반사성(la reflexivite)은 구조조의의 한 구조공리인데, 예컨대 「모든 a에게 있어서

지니고 있음을 알려주고 있다. 왜 그들은 상호 간 「반사성」의 성질을 지니고 있는가?

천둥이 치고 벼락이 떨어진다. 하느님이 노했다고 한다. 노아의 대홍수다, 천벌이다라고 말한다. 자연법칙의 인간화요, 자연에 대하여 인간의 감정을 집어넣는 자연의 인간동형론이다. 모든 것이 연기(緣起)의 법(法)이다. 죄를 지으면 고통스런 생명의 윤회를 영원히 벗어나지 못하고 다음에 짐승으로 또 환생한다. 마치 자연의 순환법칙처럼 인간 행동의 자연화이고, 동시에 인간 행동을 자연의 인과법칙과 순환법칙에 맞추는 자연동형론이다. 이처럼 이른바 고등종교와 주술은 서로 방향이 다를 뿐이지(예 : A ⇄ A′), 다 같은 동형론은 반사성을 지닌다. 레비-스트로쓰에 의하면 종교와 주술은 결국 일란성 쌍생아인 셈이다. 다시 말하면, 루소나 라캉의 방식대로 표현하면 「주술」은 「종교의 타자」이리라. 그러나 그 타자는 닮은 타자이다. 이렇게 볼 때 야생적 사유는 야생인이나 야만인이나 원시인의 사유를 뜻하는 것이 결코 아니다. 우리 속에 있는 타자의 사유이고, 내가 보통 의식에서 생각하지 않는 곳에서 존재하는 「생각되지 않는 사유」일 뿐이다. 그것은 명분적 사유가 아니고 자연발생적 사유이다. 도덕은 거짓말이 가능함에서 생기는 명분이지만, 자연발생적 사유체계에서는 그런 명분적 도덕이 존재할 수 없다.

「야생적 사유는 우리의 것과 같은 방식, 같은 방향에서 논리적이다. (…) 그런 오해가 불식된다면 레비-브륄(Lévy-Bruhl)의 생각과는 반대로 그 사유는 오성(l'entendement)의 길로 나아가지 정감(l'affectivité)의 길로 접어들지 않는다. 즉 그 사유는 변별과 대립의 도움을 받아 수행되지

---

a=a와 같다는 기본공리」를 뜻한다.

무분별과 관여의 도움으로 이루어지지 않는다」.[79] 말할 나위도 없이 그런 사유는 신석기시대나 지금이나 변함 없이 존재해 왔고, 앞으로도 불변할 것이다. 차를 운전하다 보면 우리 시선의 주의력은 옆 차선에서 달리는 차가 나에게 위험을 주는지, 아니면 우리가 불안 없이 달릴 수 있는지 즉각 느낀다. 시내의 차 주행에서 우리의 운동 메커니즘은 주위의 기호체계(차들, 신호등) 안에서 반사한다. 마찬가지로 야생인들은 초원에서 동물의 발자국 흔적을 정교하게 찾아낸다. 우리가 그들의 반사체계를 신기하게 여기듯 그들도 복잡한 거리 주행에서 우리의 반사체계를 신기하게 그들과 가깝다고 할 것이다. 레비-스트로쓰가 생각하는 「야생적 사유」의 철학은 마침내 「세계의 영상」(imagines mundi)과 연관된다. 「야생적 사유는 세계의 영상의 도움을 받아 자기 인식을 심화시킨다. 야생적 사유는 세계와 닮은 한에서 세계의 기능을 자신에게 쉽게 이해하게 해주는 정신적 구조를 구성해 준다. 그런 점에서 야생적 사유를 유비적 사유로써 정의할 수 있었다」.[80] 인간의 정신은 세계의 「거울」이다. 인간 정신의 법칙을 통하여 우리는 세계를 인식하고, 세계의 법칙을 통하여 우리는 자신의 타자가 세계나 자연과 다른 것이 아님을 깨닫게 된다. 「야생적 사유」의 본질이 여기에 있다.

6. 토테미즘에 대한 인류학적 분석

「5. 야생적 사유와 감각적 논리의 본질」에서 우리는 야생적 사유의 철학적 · 일반적 본질을 음미하였다. 지금부터 우리는 일반론의 철학적 성향에서부터 좀더 구체적인 인식론의 차원으로 전문화하여서 「야생적 사유」의 세계를 기술적으로 접근할 필요를 느낀다. 야생적 사유는 주지하다시피 신화, 토템, 의례, 주술, 샤머니즘 등 다양한 세계에서 다양한 옷을 입고 나타난다. 이 다양한 옷 가운데 역시 레비-스트로쓰가 가장 심혈을 기울인 곳은 토템과 신화라 하여도 과언이 아니리라. 바로 그런 까닭으로 우리는 토템과 신화를 각각 별도의 장으로 분리해서 연구하려고 한다. 레비-스트로쓰가 주로 토템만을 연구한 저서인 『오늘날의 토테미즘』의 서문에서 전통적인 인류학의 토템에 관한 연구에 비판적 입장을 보이면서 자신의 방식에 의한 문제 접근의 정당성을 제시해 나가고 있다. 레비-스트로쓰가 비판한 토테미즘(le totémisme)에 관한 전통적인 해석은 다음의 세 가지로 분류된다.[81)]

1_ 미국의 인류학자인 로위(Lowie)나 보아스(Boas) 등에 의해서 제창된 이론으로, 토템은 고유한 실재가 아니고 구비문학이나 자연현상이나 자연철학을 설명하기 위하여 민족학자들이 자의적으로 설정한 통일의 원리라는 것이다. 그래서 토테미즘은 외부에 있는 실재와 전혀 대응되지 않는 인간 정신의 형식적인 범주와 다른 것이 아니라고 보아스는 주장하였다. 이런 견해는 주로 토테미즘에 관한 형식주의(le formalisme)의 이론이다.

2_ 영국의 인류학자인 래드크리프-브라운(Radcliffe-Brown)의 초기 학설과 말리노우스키(Malinowski), 그리고 프랑스의 사회학자 뒤르케임 등에 의하여 제창된 기능주의(le fonctionnalisme)의 이론이 있다. 이 이론에 따르면 토테미즘은 인간의 자연적 · 실용적 또는 정감적 필요의 요구를 만족시켜 주기 위해서 창출된 기원을

갖고 있다는 것이다.

3_ 역시 영국의 퍼어스(Firth), 포오티스(Fortes), 에반스-프릿차아드(Evans-Pritchard)와 래드크리프-브라운의 후기에서 주로 제창된 이론으로서, 이 이론은 레비-스트로쓰의 구조주의적 이론과 가장 상흡(相恰)하는 바가 많다. 따라서 레비-스트로쓰의 토테미즘 연구는 이들 인류학자들의 선구적 업적을 토대로 해서 가능했다고 봐도 큰 무리는 없다. 이들은 공통적으로 어떤 사회집단과 그 사회집단이 선택한 자연의 특수한 「종」(les espèces)은 임의적인 환상도 아니고, 어떤 정감적 친밀감의 표현도 아니며, 자연계열의 「종」과 「사회집단」 사이의 동일화를 위한 의식화 작업도 아니라고 주장한다. 거기에는 어떤 객관적 연상법칙이 있다는 것이다. 그러나 그들의 한계는 이 연상법칙을 설명함에 있어서 무의식의 범주까지 내려가지 못하고 의식의 수준에서 지각된 현상적 유사성만을 상정한 대목에 있다. 이러한 기성의 학설들은 모두 「토템적 환상」(l'illusion totémique)에 젖었다고 레비-스트로쓰는 지적한다. 그러면 레비-스트로쓰가 생각하는 그의 이론은 무엇인가?

우선 단도직입적으로 말하자면, 「토테미즘」은 야생인들이 사용한 「분류나 유별(類別)의 체계요 논리」이다. 즉 자연과 문화를 「상관적 변별」(l'opposition pertinente)의 방법으로 대칭시키고서 자연계열의 「종」(l'espèce)과 사회계열의 「집단」(le group)이 상호 간 「은유적 연상의 법칙」으로 「유별」(la classification)되어 있는 것이 곧 토템의 세계라고 정의될 수 있다. 그러므로 토테미즘의 여러 가지 다양한 모습은 위에서 말한 두 계열의 다양한 연상관계의 양식 차이에서 생기는 것이다. 모든 다양한 토테미즘의 종류도 따지고 보면 두 계열이 각각 두 가지씩의 「매개변수」(le paramètre)*를 갖고 있는 형식으로 수렴된다. 그 두 가지 매개변수는 「자연계열」에서는 「범주」(catégorie)와 「개체」(individu)요, 「사회계열」에서는 「집단」(groupe)과 「개인」(person)이다. 이를 도표화하면 다음과 같다.[82)]

결국 네 가지 유의 토템적 결합형식이 있다는 뜻이다. 그러면 이 네 가지 결합에 대응되는 실제의 예를 레비-스트로쓰가 밝힌 바대로 기술해 보기로 하자.[83)] 호주의 토테미즘은 자연계열의 「범주」(동물과 식물의 종 개념)와 문화계열에서 「사회집단」[반족(半族), 결혼집단과 그 하위집단 등]의 연결관계로 이루어져 있고, 북미대륙의 인디언들은 「개인」이 시련을 거쳐서 자연계열의 「범주」와 일치하는 경향을 띠고 있고, 세 번째 유별로는 「방크스 제도」(les îles Banks)에서 어린아이는 그의 어머니가 임신했다고 자각한 순간에 먹는 동물이나 식물의 화신이라고 여기고 있기에 「개체」와 「개인」의 관계에서 토테미즘이 파악된다. 이런 양식은 북미대륙의 「알곤킨」(Algonkin) 인디언의 세계에서도 나타난다. 마지막으로 네 번째 관계인 「개체」와 「집단」의 상호성은 남태평양의 「폴리네시아」와 아프리카 등지에서 발견된다. 이 경우 특수 동물(사자, 도마뱀, 악어 등)이 사회집단 전체의 보호와 경배의 대상이 된다.

토템의 논리와 체계를 분석하기 전에 먼저 몇 가지 토템의 실례를 들어보는 것이 이해에 도움이 되리라 생각된다. 「뉴기니아」의 「아스마트」(Asmat) 종족에 있어서 다람쥐는 특별 보호의 대상이 된다. 왜냐하면

---

* 매개변수(le paramètre)란 통계학적인 한 집합의 주요한 원리와 특징을 요약하고 단순화시켜 표시할 수 있는 척도의 크기를 말하는데, 일반적으로 어떤 현상의 본질적 특징을 명백하게 해줄 수 있는 가변적 요인이다.(ex. 비와 어둠은 거리의 교통사고를 주로 설명해 주는 매개변수이다) (*Encyclolédie de Larousse* 참조.)

〈도표 12〉*

	1	2	3	4
자연	범주	범주	개체	개체
문화	집단	개인	개인	집단

그들에게 있어서 앵무새와 특히 다람쥐는 과일을 많이 먹는 동물로 여겨진다. 그래서 사람 머리 사냥에 나서는 사람들은 앵무새나 다람쥐와 가깝다고 느끼고 그것들을 그들의 형제라고 부른다. 왜냐하면 그 종족들은 사람의 몸통과 나무, 사람 머리와 나무의 열매 사이에 평행적 관계를 유지한다고 믿기 때문이다. 그런가 하면 아프리카「가봉」의「팡」(Fang) 족에게 있어서 다람쥐는 임산부에게 하나의 금기이다. 왜냐하면 다람쥐는 나무 줄기에 구멍을 파고 거기서 서식하는데, 다람쥐 고기를 먹은 임산부는 그 아이가 다람쥐를 닮아 자궁에서부터 잘 나오려고 하지 않을 위험성이 있다고 보기 때문이다. 그런가 하면 북미의「호피」(Hopi) 인디언들은 정반대로 임산부에게 다람쥐 고기를 먹인다. 왜냐하면 그 고기는 출산에 도움을 준다고 믿기 때문인데, 그 까닭은 다람쥐가 사냥꾼에게 쫓기면 민첩하게 땅 속에 구멍을 파서 도망갈 길을 찾는 것처럼 어린아이가 빨리 땅으로 내려오기를 기원하는 마음에서이다. 또 미국 남서부의 인디언들은 농사를 짓고 사는데, 까마귀를 특히 정원의 약탈자로 생각한다. 그와는 반대로 태평양 서북해안의 인디언은 오로지 고기잡이와 사냥으로 생활을 영위하는데, 까마귀를 썩은 고기나 생선을 먹고 배설물을

---

* 레비-스트로쓰에 의하면 1, 2의 두 형식이 토테미즘의 대표적인 방식이라고 말함.

싸고 도망가는 놈으로 여기고 있다. 전자의 농경종족의 경우는 까마귀를 농사꾼과 유사하게 경쟁관계에서 묘사하고 있고, 후자의 경우는 까마귀를 반대로 적대관계로 그리고 있다. 그뿐만 아니라 같은 동물인 다람쥐가 어떤 곳에서는 보호를 받고 있고 또 다른 곳에서는 다람쥐 고기를 먹되 임산부에게 좋으냐 나쁘냐 하는 기준이 각각 다르다.

이렇게 보면 토테미즘에서 동·식물의 어느 하나가 무슨 의미를 지니고 있는 것처럼 해석되어서는 안 된다. 융의 정신분석이 범한 큰 과오는 이처럼 하나의 개념을 가지고 문화의 「상징원형」(l'Archetype)을 얻으려는 데 있다. 예의 모든 동·식물은 토테미즘에서도 친족체계에 있어서와 같이 관계의 맥락 속에서 파악되어야 한다. 물론 이 관계의 맥락은 이미 우리가 밝힌 언어학적 관점처럼 「은유」와 「환유」의 두 가지로 토테미즘에서 나타난다. 「환유」의 두 개념 사이의 인과적·내용적, 전체와 부분적 관계처럼 서로 인접된 것에서 연결을 짓는데, 흰개미집이 있는 곳에 뱀이 있다는 것은 환유이고, 붉은 개미와 코브라 뱀은 직접 관계는 없지만 색깔의 붉은 것을 통하여 토테미즘에서 「은유」의 관계를 나타내기도 한다. 앞에서 말한 다람쥐와 임산부의 관계는 「은유」의 관계이고, 까마귀와 사냥꾼의 관계는 「환유」의 관계이다.

이상과 같은 실례를 통하여 우리는 다음과 같이 생각할 수 있다. 토템체계는 그 체계를 만들어낸 사회 안에서 하나의 공통적인 「기호체계」(le code)를 형성하여 그 기호체계 안에서 각자는 사회생활의 기술적·경제적·친족적 「전언내용」(le message)을 다양하게 표시할 수 있다. 이 점을 좀더 구체화시키기 위하여 토테미즘과 같은 양식을 지니고 있는 한 신화의 체계를 잠시 언급해 보기로 하자. 호주 북부에 사는 「먼진」(Murngin)족의 신화이다. 그 신화의 내용을 요약하면 다음과 같다. 옛날 옛적에 「와위락크」(Wawilak) 자매가 바다를 향하여 여행길을 떠났다. 그 중 동생은 임신중이었고 언니는 이미 아기를 데리고 있었다. 출발 전에 그녀들은 이미 그녀들 반족의 남자들과 근친혼을 범하고 말았다. 동생이 임신중인 것을 알자 그녀들은 여행을 떠났는데, 어느 날 그녀들이 속하는 반족의 토템인 큰 뱀 「유르룽구르」(yurlunggur)가 사는 큰 저수지 근처에 멈췄다. 그러나 언니가 월경으로 그 저수지의 물을 더럽혔기 때문에 뱀이 화가 나서 비를 뿌리고 큰 홍수를 일으켰다. 그리고 그녀들과 아이를 삼켜버렸다. 뱀이 화가 나서 몸을 꼿꼿이 세우니까 대지가 물바다였는데, 그 뱀이 다시 눕자 물은 사라지고 말았다. 이 지역은 우기 5개월, 건기 7개월로 나누어지는 지방인데, 한번 우기가 시작되면 비가 억수처럼 쏟아진다고 한다. 매년 같은 기후의 반복이다. 우기가 오면 「먼진」족은 뿔뿔이 흩어져 고산지대에 살면서 배고픔과 허기에 지쳐 있다가 건기가 오면 즉시 풀이 풍성히 자라고 동물들이 많이 모여들고 해서 충족한 생활을 영위한다. 이 모든 풍요도 우기의 나쁜 계절이 없으면 불가능함은 물론이다. 이 신화는 자연조건과 사회생활 조건과의 사이에 맺힌 대응관계를 말하고 있다. 그 신화는 그 종족의 지리적 · 경제적 · 기술적 · 동식물적 · 기상학적 · 철학적 사고체계와 밀접한 관계를 갖는다.[84] 레비-스트로쓰가 만든 도표를 옮긴다.

〈도표 13〉

순수한, 성스러운	남 성	우 위	비옥하게 하는 (비)	나쁜 계절
불순한, 속된	여 성	하 위	비옥하게 된 (땅)	좋은 계절

앞의 도표에서 알 수 있는 것은 성년식을 통과한 남자가 그것을 안 한 여자보다 우위이듯이 남자가 여자보다 우위를 점한다. 그럼에도 불구하고 남자는 나쁜 계절(배고픔, 이별, 분산)인 우기와 연결되어 있고, 여자는 풍요와 성스런 의식이 집행되는 좋은 계절에 속한다. 여기서 우리는 야생인의 사유에서 하나의 이상한 것을 발견한다. 사회적(문화적)으로 남자는 성년식(l'initiation)을 통과하는 시련을 겪기 때문에 여자에 비하여 상위이고 순수한 것으로 분류되지만, 자연의 계열에서 그 남자가 오히려 나쁜 계절에 속한다는 점이다. 왜 그럴까? 만약에 남자에게 문화적 우위뿐만 아니라 자연적 우위마저 주게 된다면 그 결과 여자에게 우기와 같은 나쁜 계절이 할당되는데, 비와 홍수는 엄청난 힘을 상징하고, 그 시기는 비옥하게 하기는 하지만 만물이 물 속에 잠기는 불임의 시기인데, 그 두 가지가 여자에게 부적(不適)하다. 남자에게는 사회적 힘을, 여자에게는 자연적 힘(풍요)을 주어야 한다. 남자가 문화적 힘을 얻는 대신에 그는 일상생활의 행복한 측면을 포기해야 한다. 그 신화에는 그와 같은 무의식의 구조가 깔려 있다고 레비-스트로쓰는 주장한다. 좌우간 신화의 이해는 토테미즘의 이해에도 도움을 준다. 왜냐하면 신화나 토테미즘이나 다 같이 어떤 사회집단이 사는 생활환경이나 자연환경과 불가분의 관계를 맺고 있기 때문이다. 레비-스트로쓰는 이렇게 말한다. 「자연현상은 신화가 설명하려고 찾는 것」이 아니라, 「자연현상들은 오히려 신화가 자연질서가 아니고 논리적 질서에 속하는 현실을 설명하고자 하는 방편이요, 수단이다」.[85] 그런 점에서 토테미즘도 자연현상을 매개로 하여 그들의 사고체계를 논리화한 체계일 뿐이다.

그러면 도대체 무엇을 위하여, 그리고 무엇 때문에 그들은 자연을 빌려서 그들의 사고세계를 논리화하려고 하였는가? 이런 의문이 저절로 도출되지 않을 수 없다. 야생인들이 토템적 사고를 통하여 그들이 추구하였던 논리는 결국 「균형」과 「교환」을 통한 질서의 유지가 주 목적이었다. 야생인들은 「균형」과 「교환」이 없이는 모든 것이 제자리에서 수분(守分)하는 질서가 유지될 수 없다는 위험을 느꼈다. 이에 우리가 본 앞의 「먼진」족의 신화도 종국적으로 두 계절의 반복이라는 기호를 빌려서 사회의 「이항적 대립」 위에서 균형을 유지하는 논리 이외에 다른 것이 아니다. 사회적 · 문화적 계열에서는 남성이 성년식도 치르고 모든 것을 휩쓰는 물의 홍수처럼 위력이 있고 파괴적이며, 스스로는 불모요 불임이지만, 그리고 타자(여성)를 비옥하게 하기에 우위를 점령하고 있지만, 그러나 자연적 계열에서 보면 좋은 계절의 상징인 여성이 우위를 차지하고 있다. 여성을 통하여 배고픔과 고독과 난산의 인고도 잊고, 필요와 충족을 느낀다. 이 신화에는 「먼진」족의 균형적 논리가 자연환경을 매체로 나타나 있다. 토템적 사고도 이와 다르지 않다. 그러면 이제 왜 토테미즘이 결국 질서를 겨냥한 교환의 논리와 관계되는지 알아보아야 한다.

그러기 위하여 먼저 왜 토테미즘에는 「금기」라고 번역되는 「터부」(le tabou)가 있는지 하는 것이 해명되어야 교환의 문제가 풀린다. 토테미즘 속에 들어 있는 「터부」는 대개 두 가지 종류로 대별된다. 그 첫째는 먹는 것을 금지하는 것이요, 그 둘째는 먹는 것과 전혀 상관없이 접근을 금지하는 것이다. 세분해서 들어가기 전에 우선 「금기」(le tabou)의 원칙이 갖고 있는 기본성격부터 규명해야 하리라. 여기서 레비-스트로쓰의 말을 직접 들어보자. 「허용된 종과 금지된 종 사이의 차이점은 마치 물리적이거나 신비적인 내재적 본질처럼 금지된 종에 속하게 될 가상적 위해도(危害度)에 의해서 설명되기보다, 오히려 언어학자가 말하는 것처럼 유표적 종(有標的, l'espèce marquée)과 무표적 종(無標的, l'espèce non-marquée)

사이의 변별을 도입하려는 관심에서 설명된다. 어떤 종을 금지시키는 것은 그 종이 의미를 띠도록 만드는 다른 방법들 가운데 한 수단에 지나지 않는다. 그리고 실천적 규칙은 영상의 도움과 동시에 행위의 도움으로 일할 수 있는 질적 논리 안에서 의미에 봉사하고 있는 조작자(l'opérateur)로 나타난다」.[86]

위의 인용에서 나타난 바와 같이 금기의 원칙적 성격은 금기로 여겨진 대상이 그 자체 해롭기 때문에서 오는 것이 아니고, 언어학적 개념에서 「유표적 기호」의 성질과 통한다. 교통신호에서 적색은 청색에 비하여 유표이다. 즉 유표는 의미의 체계를 특별히 변별하려고 할 때 요청된다. 그러므로 먹는 것과 관계되는 「터부」(le tabou)든 그렇지 않든 「터부」는 그 자체 어떤 종교적 · 신비적 또는 의학적 의미를 지니지 않고, 단지 다른 「무표적 기호」와의 관계에서 파악되어야 할 기호체계의 한 부분에 지나지 않는다.

이미 앞에서 금기는 크게 대별해서 음식과 관계되는 것과 그렇지 않은 것이 있다고 말하였다. 음식에 관계되는 금기는 역시 세 가지 종류로 분류될 수 있다. 첫째는 「금기」의 목적이 「교환의 질서」를 규칙화하기 위한 것이고, 둘째는 「사회적 위계질서」의 확립을 위한 것이며, 셋째는 금지된 대상과 인간과의 「은유적 관계」에서 비롯된 「의미론적(sémantique) 성질」을 가진 것이다. 편의상 역순으로 살펴보자. 세 번째 것은 이미 우리가 앞에서 든 토템의 예에서 분명해졌다. 다람쥐 고기는 어떤 종족에게는 임산부에게 금기식이고, 반면에 다른 종족에게는 비금기식일 뿐만 아니라 오히려 권장식품이 되기도 한다. 그 까닭은 여인의 자궁과 다람쥐의 소굴 및 땅으로(아래로) 구멍을 파는 행동과 각각 직결되어서 그런 은유법이 나오게 된 것이다. 그러나 그런 의미론(la sémantique) 차원

〈도표 14〉

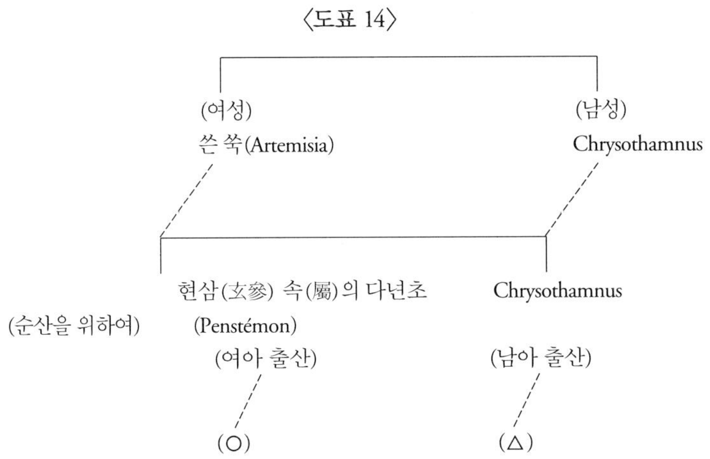

의 은유라 할지라도 그것이 하나의 독립적 실체로서의 의미를 갖는 것이 아니고, 토템은 친족체계나 신화체계, 언어(음운)체계 같이 언제나 「이항적 대립」이 지니는 「상관성」(la pertinence)의 구조 안에서 노는 의미이다. 즉 다람쥐가 임산부에게 금기라면, 거기에 대칭되는 다른 허용식품이 반드시 존재한다. 다음의 〈도표 14〉는 그런 생각을 입증한다.[87]

그러므로 토템체계에서 각 토템은 그 자체 결코 내면적인 의미를 홀로 지니는 것이 아니므로 토템의 의미는 관계와 위상의 구조에서 파악되어야 한다. 그때 위상의 구조는 그 집단이 속해 있는 문화적 맥락과 역사와 관계될 수도 있고, 또 동시적 체계의 구조형태와 유관할 수도 있다. 이제 두 번째로 금기가 사회적 「위계질서」의 확립과 관계 있다는 사실을 보기로 하자. 남아프리카의 「부쉬맨」(Bushman)족은 특이한 음식 토템체계를 지니고 있다. 화살로 잡은 모든 사냥감은 추장이 그 고기의 한 점을 먹기 전에는 모두가 먹을 수 없다. 그러나 간은 즉석에서 사냥꾼이 먹을 수 있는 예외는 있다. 예컨대 사냥꾼의 아내는 잡은 고기의 뒷다리

곁 지방질과 거기에 붙은 고기만을 먹게 되어 있고, 여자들과 어린아이에게는 내장과 복부 안쪽과 콩팥, 성기 쪽을, 사냥꾼은 어깨와 갈빗대 부분을, 그리고 추장은 사지의 속살과 안심 쪽을 먹는다.[88] 이런 현상을 레비-스트로쓰는 「종족동물학」(l'ethnozoologie)이 「종족해부학」(l'ethno-anatomie)에 의해서 대치된 현상이라고 불렀다. 이 경우 「토테미즘은 자연적 종의 사회와 사회집단의 우주와의 사이에 논리적 등가(等價)를 정립한다」.[89]

이제 우리는 「금기」가 「교환질서」에서 요청된 규칙임을 보기로 하자. 「결혼규칙과 음식규칙 사이에 가정된 관계는 때로는 추가적이기도 하고 때로는 보충적이기도 하다. (…) 음식의 금지와 규정(허용)은 먹을 수 있는 종들이 전체적으로나 부분적으로나 (사회적) 요소가 되는 논리체계 안에서 "의미를 의미화하기 위한" 수단(이론적으로 등가인)으로서 나타난다」.[90] 이 구절에서 우리는 음식토템의 터부가 마치 결혼체계에 있어서 근친혼의 금지규칙이 자기 여자와의 결합금지와 동시에 다른 집단 여자를 취하는 권리가 되는 것과 같은 방식으로 정립되는 것을 보게 된다. 실제로 레비-스트로쓰는 『오늘의 토테미즘』과 특히 『야생적 사유』에서 많은 종족의 경우 족외혼과 족내혼, 음식토템의 터부가 각각 어떻게 연관되어 나타나고 있는가를 밝히고 있다. 그런 사례를 다 열거하는 일은 이 책의 저술에서 불가능하기에 그것을 별도로 다루는 다른 전문서적이 필요하다. 여기서 우리는 원론적인 측면에서만 그 문제를 다루기로 하겠다.

「음식」과 「성교행위」는 상호 은유적으로 밀접한 관계를 갖고 있다. 「먹다」라는 동사가 속어에서 성관계를 나타내는 언어적 은유는 거의 모든 인류의 언어체계에서 공통적이다. 그리고 가끔 금지된 음식을 먹는 것은 근친혼을 범한 경우와 같이 취급하는 경우도 있다. 아프리카 「누엘」(Nuer)족은 자기 아내에게 금기된 음식을 남편이 먹지 않는데, 그 까닭은 그 음식이 성교시 자기 아내 속으로 정자를 타고 들어간다고 믿기 때문이다. 또 「팡」(Fang)족은 코끼리 코를 먹지 않는데, 그 이유는 남성기가 코끼리 코처럼 흐물거릴까봐 염려하는 때문이다. 아프리카의 「마쇼나」(Mashona)족이나 「마타벨레」(Matabele)족에게 「토템」(le totem)이란 낱말은 「자기 여형제의 성기」를 뜻한다. 「성교행위」(le coït)와 「먹는 행위」(manger)에는 은유적 등가가 있다. 마찬가지로 「근친혼의 금지규칙」과 「음식터부의 규칙」은 등가적이다. 그래서 다음과 같은 명제가 성립한다. 「여자의 교환과 음식물의 교환은 사회집단들의 상호적 조립(l'emboîtement)을 보장하며, 그 조립을 명백히 하는 수단이다」.[91] 결국 교환이 종족의 정당한 존재이유와 생존보존, 그리고 안전에 필요하다. 경제적 동기도 물론 중요하지만 기본적인 것은 아니다.

이제 음식과 관계없는 토템을 간략히 보자. 이 경우는 대부분 해당 토템이 그 부족의 「시조명」(始祖名, l'éponyme)과 관계된다. 예컨대 북미 대륙의 「알곤킨」 부족에게 음식금기는 안 보이고 그 대신 그 종족의 조상과 관련되는 동물토템이 있다. 그래서 자기들의 조상신인 동물과 유사한 복장과 장식, 차림새를 한다. 예컨대 「벼락」토템을 가진 부족은 나무 줄기를 탄다든지 발가벗고 목욕을 하지 않는다든지(벼락맞는 것과 유관), 물고기의 토템을 가진 종족은 물고기 잡는 댐을 만들지 않고, 곰 토템집단은 나무에 기어 올라가지 않는 금기 등을 가지고 있다.

이 모든 금기가 왜 생기는 것인가? 그 까닭은 다른 집단과의 「변별적 차이」(l'écart différentiel)를 표시하기 위해서이다. 여기서 우리는 하나의 중요한 결론에 이르게 된다. 각 부족(종족)이 선택한 「조상신」으로서

〈도표 15〉

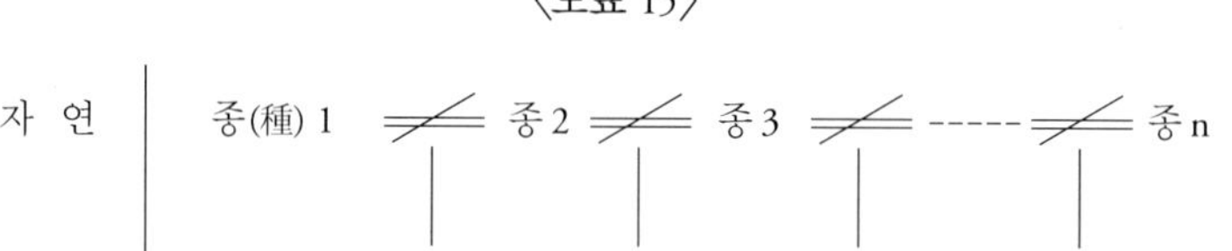

의 동물들이 그들 사이에 서로 닮은 것이 없다. 마찬가지로 각 부족의 시조도 서로 닮은 데가 없는 것은 자명하다. 동물들이 서로 다르고 시조들이 서로 다르다. 각 다른 그 점에서 그들은 「대응(l'homologie)의 유사성」을 찾는다. 「그들이 서로서로 닮은 것은 유사성이 아니고 차이이다」.[92) 「토템적 표상이 가정하고 있는 유사성은 차이를 지니고 있는 두 체계 사이에 있다」.[93) 이 점을 레비-스트로쓰가 생각한 도표에 옮겨보면 위와 같다.[94)

이런 관계의 맥락 속에서 각 집단은 자기의 토템을 보호한다. 또 음식터부와 결부된 토테미즘 집단에서는 그 음식토템이 다른 집단과의 교환에 쓰이고(결혼과 함께), 마찬가지로 「시조명」 토테미즘에서도 타집단과의 교환에 이용된다. 어떤 집단이 자기의 조상신인 「곰」토템을 많이 보호하면 그만큼 교환물량도 많아진다. 위의 〈도표 15〉에서 우리는 토테미즘이 어떤 방식으로 대응의 관계를 전개하면서 교환을 구조화하고 있는가를 보았다. 그런데 두 체계 이상 사이의 관계 사이에 맺어진 대응이 변질되어서 장소 이동을 하여 "관계" 사이의 대응이 아니고 각 체계 사이의 대응으로 전체적 구조가 변형하는 것을 생각해 볼 수 있다. 이것을 도표로 표시하면 다음과 같다.[95)

〈도표 16〉

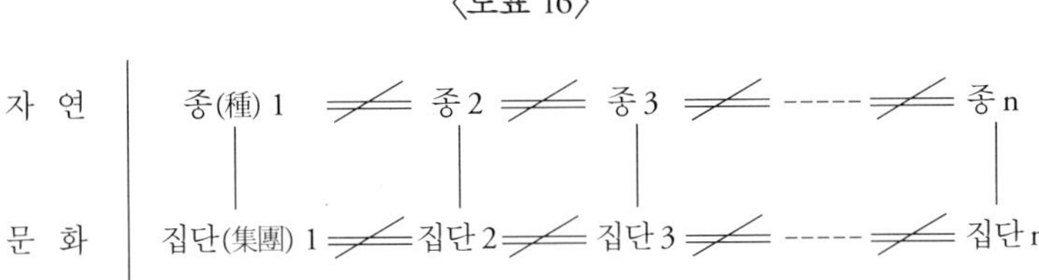

〈도표 16〉은 〈도표 15〉와 달라서 예컨대「부족 1」의 체제는「부족 2」의 것과 다르다는 것을 강조하고 있다. 〈도표 15〉는 부족 간의 독립적인 차이보다 관계에서의 차이가 대응성을 갖는 것이다. 그러므로 〈도표 15〉의 차이는「명목상」(nominalement)에 있어서의 차이인 데 반하여, 〈도표 16〉의 차이는「실체상」(substantiellement)으로의 차이를 그려낸다. 〈도표 15〉와 〈도표 16〉 사이에는 일종의 구조적 변형이 있다. 인류학자들은 이런 변형이 일어난 토템집단을 발견하게 된다. 예컨대 북미 인디언(북부)족인「칩프와」(Chippewa)족의 경우,[96] 이 부족은 여러 씨족으로 점차 나누어졌는데, 예컨대「물고기」씨족,「곰」씨족,「두루미」씨족 등은 관계 속에서의 차이보다 그들 집단의 폐쇄적 차이를 강조하고 있다. 그래서 〈도표 15〉는 레비-스트로쓰의 지적처럼 다양 속의 통일성을 은연중에 겨냥하고 있는 데 비하여 〈도표 16〉은 다양성이 통일성을 능가하는 경향을 나타낸다. 그와 동시에 씨족의 다양성은 부족의 통일성과의 연대의식을 허약하게 만든다. 그런 경향이 대두됨과 동시에 타반족(他半族)으로서의 다른 씨족과 족외결혼은 점차 사라지고, 보호된 토템을 다른 토템과 교환하는 관계도 점차 멀어져 간다. 그래서 각 씨족체제는 자기 자신 내부에서 닫혀져「유일한 자연적 · 사회적 이미지」(une image socio-culturelle unique)로서 쪼개진다. 이것을 도표로 표시하면 다음과 같다.[97]

〈도표 17〉

자 연	종(種) 1	종 2	종 3	-----------	종 n
문 화	집단(集團) 1	집단 2	집단 3	-----------	집단 n

이와 함께 결혼제도도 「족외혼」에서 「족내혼」으로 변질된다. 이처럼 토템제도인 〈도표 15〉가 〈도표 17〉로 변형된 형태를 레비-스트로쓰는 「카스트」 제도(la caste)라고 특징지웠다. 「카스트」 제도도 앞에서 북미 인디언 부족이 여러 개의 족외혼적 씨족으로 실체화되는 것처럼 이른바 「자연적 모형」(조상신인 동물과 연계되어) 위에 축을 둔 북미형과 호주형의 「카스트」 제도가 있고, 「문화적 모형」 위에 축을 둔 인도형의 「카스트」 제도가 있다. 여기서는 주로 인도형의 문화사회적 「카스트」에 초점을 맞추어 알기 쉽게 분석하기로 한다.[98]

일반적으로 토테미즘의 교환에는 두 가지 양식의 교환이 있다. 즉 여자를 교환하는 것과 재산이나 서비스를 교환하는 것이다. 여자 교환은 생물학적 개체이고 자연적 생산이기도 하다. 그 반면 경제적 가치의 교환은 사회적 생산으로서 가공된 것이다. 그런데 「카스트」는 토템집단과 구별되어 주로 사회적 · 문화적 · 직업적 차이와 연관되어 있다. 문화의 계열에서 보면 직업의 특수성은 서로 차이가 나며, 살기 위해서 각각 상보적이어야 한다. 그러나 자연계열상에 있어서 여자교환의 문제는 꼭 직업상 다른 집단의 도움이 필요한 것처럼 그렇게 생존의 필요불가결한 성질을 지니고 있지 않다. 왜냐하면 자기 집단의 여러 하위집단에서도 여자를 구할 수 있기 때문이다. 즉 동일 자연 「종(種) n」 안에서 얼마든지 여러 여자를 구할 수 있다. 그래서 「카스트 1」과 「카스트 2」는 사회문화적 직업상 차이점이 크게 부각되지만 자연적 여자문제에 있어서 「카스트 1」은 자기 집단 내부에서 유사성 우위를 부각시킨다. 이 점은 「카스트 2」도 마찬가지이다. 그런데 애초에 인도의 카스트는 문화사회적 계열의 차이점을 유표(有標)로 한다고 하였다. 즉 직업상 문화사회적 차이가 유표가 된다. 그러므로 카스트 집단 내부에서는 여자가 유사성에 의해서 서로 교환되나 다른 직업과 문화집단과는 여자가 교환될 수 없다. 문화적 · 사회적 · 직업적 차이가 자연적 차이를 부수적으로 가져온 셈이다. 그래서 레비-스트로쓰는 다음과 같이 대비한다. 「카스트는 여자들을 자연적으로 이질적인 것으로 정립하고, 토템집단은 여자들을 문화적으로 이질적인 것으로 생각한다. 그리고 두 체계 사이에 이런 차이를 가져오게 한 궁극적 이유는 카스트가 문화적 이질성을 실제로 이용하는 반면에, 토템집단은 자연적 이질성을 이용하는 환상을 단지 제의할 뿐이기 때문이다」.[99]

레비-스트로쓰의 이 인용은 카스트와 토템집단, 즉 〈도표 17〉과 〈도표 15〉 사이에 존재하는 변형적 차이를 분명히 제시하여 주고 있다. 다시 설명하면, 카스트는 사회적 생산제품인 경제가치의 교환을 목적으로 한 사회적 · 문화적 · 직업적 이질성의 강조가 결과적으로 결혼제도(여자교환)에서 여자들의 자연적 이질성을 동반하게 되고(여자교환이 불가능), 토템집단은 자연적 생산인 여자를 교환할 목적으로 명목상으로 강조된 자연적 종의 차이가 여자를 문화적 이질성으로 생각할 뿐이다. 이와 같은 변형을 레비-스트로쓰는 「전도된 대칭」(la symétrie inversée)*의 모형이

---

* 「대칭개념」은 수학적 집합론의 한 양식으로서, 예컨대 「a」와 「b」가 어떠하든, 만

라고 불렀다. 왜냐하면 「카스트」의 경우 문화적 차이가 자연적 차이를 가져오고, 「토템집단」의 경우는 역으로 자연적 차이가 문화적 차이를 유인하기 때문이다. 이제 우리는 카스트가 어떻게 해서 토테미즘에서 유래된 변형인지 인식하게 되었다. 이 문제에 대한 인식을 한번 마감하기 위하여 다시 레비-스트로쓰의 말을 듣는다.

「카스트는 기능상 이질적이지만 구조상은 동질적일 수 있다. 기능의 다양성은 현실적인 상호 보완성이므로 그 수준에서 설정된다. 그리고 결혼교환의 기능성도 같은 사회적 단위 안에서만 누적되는 성격을 보인다. (…) 반대로 토템집단은 기능상에서 동질적이다. 왜냐하면 이 기능은 현실적 이윤추구를 갖고 있지 않고, 또 그 기능은 모든 집단에 대하여 동일한 환상을 되풀이하는 것으로 모아지기 때문이다. 그러나 토템집단은 구조상으로는 이질적이다. 각 집단은 규정에 따라 상이한 사회적 종의 여자를 생산하도록 정해져 있기에 말이다」.[100)]

이처럼 「토테미즘」과 그것의 변형인 「카스트」의 분석을 통하여 인간의 사회생활은 인간 정신의 「개념적 사고놀이」(le jeu conceptuel)와 무관할 수 없다는 것이 입증되었다. 왜냐하면 다같이 토테미즘에서 출발하였지만 카스트와 토템집단 간에 차이를 가져오고, 문화와 자연에 대한 기능과 구조의 차이를 가져오게 한 것은 거기(그 집단)에 살고 있는 사람들의 「개념적 사고놀이」의 차이에서 기인하기 때문이다. 이 점은 레비-스트로쓰가 「사고의 선험적 체계」가 지닌 다양성이 문화와 자연구조의 다양성을 가져올 수 있다는 것을 말하고자 함이리라. 레비-스트로쓰 철

약에 「a=b」이면 그때 「b=a」가 된다는 법칙을 말함. 따라서 「전도된 대칭」은 위의 대칭양식이 뒤집힌 경우를 뜻함.

학의 지하실에는 언제나 칸트가 감추어져 있다.

그러나 그 칸트는 리쾨르가 잘 지적하였듯이 「주체가 없는 선험철학」이다. 이런 각도에서 레비-스트로쓰는 그의 말대로 마르크스가 아닐지라도 마르크시즘이 개념의 도식을 너무 경시하였다고 비판한다. 「마르크스가 아니라면 마르크시즘은 마치 "구체적 실행"(les pratiques)이 직접 "철학적 실천"(la praxis)에서부터 흘러나오는 것같이 너무 자주 말해왔다. 하부구조의 의심할 수 없는 우위를 문제삼지 않더라도 우리는 실천과 실행 사이에 언제나 하나의 매개자가 있다고 생각한다. 그 매개자는 각각 독립되어서는 아무 뜻도 없는 형상(la forme)과 질료(la matière)가 구조로서, 즉 경험적이고 동시에 지적인 존재로서 구성되도록 하는 선험적 도식(le schème conceptuel)의 조작(l'opération)이다」.[101] 인식론적으로 하부구조의 우위를 인정하더라도 「실천」(la praxis)이 「이론」(la theoria)보다 앞서야 한다는 인식론적 원칙이 성립되는 것을 결코 아니다. 이 점이 알튀세르의 구조주의에서도 뚜렷이 부각되지만 하부구조를 파악하는 「개념적 도식」의 차이가 실천과 실행을 다르게 가져올 수도 있다. 더구나 그 하부구조가 마르크스나 마르크시즘에서 주장하듯 경제구조만으로 이루어진 것이 아닐 때—친족구조, 언어구조, 역사구조, 토템구조, 신화구조, 정치구조, 자연조건 등도 다 하부구조임—, 단순한 실천우위가 야기하는 소박한 마르크시즘적 혁명투쟁 이론은 무식한 이데올로기적 선동일 뿐만 아니라, 미신적인 혁명의 환상에 지나지 않는다.

7. 구조주의의 인식이론

지금까지 우리가 살펴본 바와 같이 「토테미즘」은 자연과 사회에 관한 인간의 불변적 인식이 각각의 독존적 실체 위에 근거하고 있는 것이 아니라, 상호관계의 맥락 위에 자리잡고 있음을 알려주고 있다. 자크 라캉의 개념대로 치환하면 상호관계의 맥락은 「상호 주관성」(l'intersubjectivité)이라고 명명될 수 있다. 그러나 레비-스트로쓰가 주관이란 용어를 사용하는 것을 아주 꺼리기 때문에 여기에서 그의 의도에 맞지 않게 무리하게 그 용어를 강조해서는 안 될 것이다. 하여튼 그의 토테미즘 이론에서 분명히 제기된 것은 토테미즘을 통하여 나타난 인간의 사고구조가 「유기화된 전체성」의 형식 아래서 자연과 사회에 대한 모든 관계를 인식하는 「개념적 놀이」, 즉 「유별적(類別的) 도식」과 연결되어 있다는 점이다. 이 「개념의 놀이」나 「유별적 도식」은 역사의 통시성에 별로 영향을 받지 않고 그 애초의 균형과 질서를 그대로 보존하려 하는 「항존의 원칙」을 나타내 보인다. 물론 역사의 갑작스런 외부적 충격에 의하여 일시적으로 그것이 변화를 일으키는 것이 사실이지만, 이미 앞의 예에서도 보았듯이 새로운 변형을 안고 가급적이면 원구조에 가깝게 접근하려 한다.

이처럼 불변적 성향을 지니고 있는 구조의 성격은 언어구조와 친족구조와의 형식적인 대응에서도 역력히 나타난다. 자연과 문화의 대응인 토템체계에서만 그런 것이 아니다. 사회구조와 친족구조가 인식론적으로 거의 불변하게 대응하고 있다는 증거를 증명하기 위하여 레비-스트로쓰는「인도-유럽」계통의 친족체계와「중국-티벳」계통의 친족구조를 비교분석하고 있다.[102]「인도-유럽」계통은 인도의 대륙에서부터 서유럽 아일랜드까지 뻗쳐 있고,「중국-티벳」계통은「앗쌈」(Assam, 인도 동북부)지방에서 만주대륙까지 이어져 있다. 이런 친족의 두 체계가 언어의 두 체계와 대응관계를 갖고 있다는 데 구조주의는 인식론적으로 주목하고 있다. 레비-스트로쓰가 밝힌 도표 및 그 내용을 소개한다.

〈도표 18〉

	「인도-유럽」영역	「중국-티벳」영역
결혼규칙	배우자의 선택이 개연성의 법칙에 의하여 결정된다는 사실에서, 간접적이거나 또는 직접적으로 명백한 규칙에서 나오는 순환체계	대칭적 교환체계의 공존 속에서 주어지는 순환체계
사회조직	복잡한 구조로서 유기적으로 조직된 수많은 사회적 단위들(「확장된 가족」과 같은 형태)	단순구조로서 유기적으로 조직된 별로 많지 않은 사회적 단위들(「씨족」이나 혈통과 같은 형태)
친족체계	a) 주관적 b) 별로 많지 않은 용어들	a) 객관적 b) 매우 많은 용어들

〈도표 18〉에 대한 부연적 설명이 필요하다. 우선「인도-유럽」계열부터 보기로 하자.「인도-유럽」계열의 결혼규칙은 대개 그 기본성격에서 순환적 체계, 즉「일반적 교환」의 단순한 형식으로 집약될 수 있다. 그것의 대표적 보기가 외삼촌 딸과「우선적 결혼」을 하는 규칙이다. 그 경우 A→B→C→D→A(→결혼하는 방향)로 가는 방향이다. 이 순환체계에서 새로운 상대가 언제나 신규가입할 수 있다. 사회조직에 관하여 말하자면「확장된 가족」이 이 영역에서 가장 빈번한 형식이다.「확장된 가

족」(la famille étendue)이란 공통영역의 개발을 위해 여러 개의 방계가계가 결합되어 있는 상태를 뜻한다. 그렇지만 각 가계는 결혼문제에 있어서 어느 정도의 자유를 보장받고 있다. 이 점은 중요한 대목인데, 왜냐하면 「확장된 가족」이 엄격하게 순환법칙의 체계에 복종해야 한다면, 그때에는 그 「확장된 가족」은 자유가 없어 「씨족집단」과 같이 되고 말기 때문이다. 결혼에서 자유로운 방식을 택하는 형식은 다양할 수 있겠지만, 「확장된 가족」은 상호 간 동질적 결혼규칙에 얽매일 필요가 없다. 비록 규칙이 있더라도 예외가 너무 많이 행하여졌다. 마지막으로 친족체계에서 별로 많은 명칭이 없다는 것이다. 명칭은 「주관적 관점」에서 조직될 뿐이다. 즉 친족관계가 주체와의 관계에서만 인지된다. 그리하여 촌수가 먼 친족에 대한 친족명칭은 드물기도 하려니와 애매모호해진다. 예컨대 「아버지」, 「어머니」, 「아들」, 「딸」, 「형제」, 「자매」 등 이외에는 별로 정밀성도 없고, 「숙부」(l'oncle)와 「숙모」(la tante)에 대한 명칭은 벌써 가변적이고 애매해지기 시작한다. 그 촌수를 넘으면 실제로 마땅한 명칭이 없다 해도 과언이 아니다. 레비-스트로쓰의 말처럼 「인도-유럽」의 체계는 「자아중심적」(égocentrique) 체계이다.

거기에 반하여 「중국-티벳」의 체계는 2개의 결혼규칙의 형태를 갖는다. 그 하나는 위에서 설명한 「인도-유럽」계통의 것과 대응되는 것이고, 또 다른 하나는 가장 단순한 교환체계 방식에 의한 결혼이다. 즉 「2」, 「4」, 「6」, 「8」 등과 같은 짝수로 결혼집단이 나누어진다. 사회조직은 씨족적 형태로 특징지워지는데, 「씨족집단」은 결코 「확장된 가족」처럼 그렇게 조직되지 않는다. 오직 씨족집단이 가계집단으로 세분화될 뿐이다. 그래서 양적인 사회집단의 팽창은 대단하지만 그 구조는 「인도-유럽」계통에 비하여 언제나 단순하다. 그런 사회집단의 단순성에 비하여 친족명칭은 대단히 복잡하다. 중국 친족체계에서 친족명칭이 100여 개를 헤아리고, 아무리 촌수가 멀더라도 정확한 친족명칭이 존재한다. 그래서 이 영역의 명칭은 대단히 「객관적」이다.

그런데 이런 두 계열의 친족체계, 사회조직과 친족명칭 체계 등이 각각 이 두 영역의 언어체계와 어떤 관계가 있는가 하는 점에 관하여 레비-스트로쓰는 큰 성과를 제시하지 못하고 있다. 단지 그의 친구인 언어학자 로만 야콥슨이 시도하고 있는 노력을 소개하는 정도에 그치고 차후에 언어학자와 민족학자가 공통으로 연구할 과제라고만 언급하고 미결로 남겨두고 있다. 「인도-유럽」계통의 결혼체계가 「확장된 가족」체계 위에선 「자유선택」의 여지를 남겨놓고 있고, 또 친족체계가 「주관적」이며 친족명칭이 많지 않기에 그런 특징이 언어구조에도 다음과 같은 특징으로 나타난다고 야콥슨은 분석하고 있다. 「의미의 실체」와 「형식」 사이에 괴리가 많으며, 규칙에 많은 예외가 따르고, 「동일한 관념」을 표현하기 위한 「수단의 다양화」로 커다란 「표현상의 자유」가 언어학적으로 주어진다는 것이다.

이미 전반부에서 우리가 예를 들었지만, 「양(羊)」이란 말의 불어는 「mouton」이고 영어는 「sheep」이다. 이것이 「양」이란 단어의 실체이다. 그러나 그 두 단어의 실체가 형식에서는 다르다. 즉 불어의 「mouton」은 「양」과 동시에 요리의 「양고기」도 해당하지만, 영어에서 「sheep」은 「양」만을 뜻하고 「양고기」는 「mutton」이라는 말이 따로 있다. 그 형식이 다르다. 마찬가지로 영어의 갈색을 뜻하는 「brown」을 불어에서는 「brun」이라고 하고 또 「marron」이라고 한다. 「marron」은 밤색의 뜻이기도 하다. 그러나 불어에서 그 둘은 교환되지만 영어에서는 「brown」만이 갈색을 나타내고 불어의 「marron」에 해당하는 것은 없다. 이처럼 불어와 영어에서 낱말의 「실체」는 공통적이지만 「형식」에서 서로 괴리가 생긴다. 이외에 영어나 불어에서 사고를 표현하는 방법이 다양하게 자유롭다는 것도 사실이다. 그래서 문체의 개성미가 이미 언어 자체에서 표현된다. 동사의 예외는 불어를 따라갈 언어가 없는 것 같고, 명사의 단 · 복수형태가 다른 것이 예외로 있음은 영어의 특징이다.

그런데 그들에게는 동양언어와 같은 존비칭법(尊卑稱法)이 거의 없다. 사회생활에서 10년 이상의 인간관계도 남녀를 불문하고 원하면 그냥 이름(특히 미국은 애칭)을 바로 부른다. 전화를 받아도 그들은 바로 자신의 이름을 댄다. 「**동」이니 「**아파트」입니다라고 하지 않는다. 어떤 부인의 고향을 따서 우리는 「**댁」이라 한다. 이 모든 문제는 구조주의에서 사회인식론의 주요한 선험적 사실이 된다. 언어의 선천적 구조라고 불러도 좋으리라. 이런 하부구조의 인식 없이 상부구조를 인식하려고 노력해도 여전히 의식의 명분은 상부구조로 장식되어 있지만 무의식의 하부구조는 의식의 상부구조와 별 상관없이 따로 논다. 그래서 명분과 실재가 일치하지 못하고 물과 기름처럼 대응되지 못한다. 레비-스트로쓰는 모오간(L. H. Morgan)이 이미 지적한 바와 같이, 그리고 마르크스와 엥겔스(Engels)도 지적한 것처럼 「자본주의 (서구) 국가 이외의 사회에는 혈연의 유대가 계급의 관계보다 더 큰 역할을 한다」는 구조론적 사실을 시인하고 있다.[103)]

위에서 우리는 「명명의 방식」이 서양과 극동문화(한국 포함)에서 어떻게 다른 것인가를 일별해 보았다. 사실상 토테미즘에서도 고유명사와 토템적 호칭 사이에 밀접한 관계가 성립되고 있다. 예컨대 어떤 토템 집단에서 각자는 자기 이름을 자기 씨족의 명칭(정령(精靈), 새, 별, 포유동물, 도자기 등)과 관련하여 30개 이상 갖고 있는 경우가 있다고 한다. 그것은 토템집단에서 개인의 이름은 그가 속해 있는 씨족이나 집단의 일원임을 나타낸다는 증좌이다. 예컨대 동물 토템집단에서 그 씨족(부족)이 어느 동물을 토템으로 정하면 거기에 속하는 개인은 그 동물의 신체적 부분이나 특징을 따라 명명된다. 그리하여 씨족(부족) 전체에서 개인까지는 「전체분화」(la détotalisation)의 과정을 밟고, 개체에서 전체까지는 「재전체화」(la retotalisation)의 길을 다시 추구한다.[104)]

유교문화권에서 토템집단처럼 그렇게 명명하지는 않지만 항렬에 따라 오행의 순서대로 작명을 하는 것도 토템적 체계와 무관하지는 않으리라. 그런데 유럽의 「작명」은 친족체계처럼 대단히 「주관적」이고 「자유스럽다」. 그래서 「작명의 방식」도 친족체계처럼 「주관적인 것」과 「객관적인 것」으로 분류될 수 있다. 「객관적인 작명방식」은 태어나기 전에 미리 주어진 소속집단에 속하는 규칙에 따라 명명(命名)이 적용된다. 작명을 받은 자의 정통성은 그 소속의 일원임을 입증하는 과정과 다른 것이 아니다. 그와는 반대로 주관적인 작명방식은 작명하는 자(부모나 조부모)의 자유에 따라 결정된다. 즉 작명하는 이의 주관이 크게 좌우된다. 그런데 이 두 가지 작명방식이 있음에도 불구하고 레비-스트로쓰는 다음과 같은 물음을 제기한다. 「그러나 두 경우에 다 사람들이 진실로 명명한다고 말할 수 있는가? 위의 각각의 방식은 결국 타인을 어느 집단에 귀속시킴으로써 그 타인을 정체화(identifier)하는 것과, 또는 타인에게 이름을 준다는 핑계로 그 타인을 통해서 자기 스스로를 정체화시키는 것 사이의 선택문제인 것으로 보인다. 그러므로 사람은 결코 명명(작명)하는 것이 아니다. 만약에 타인에게 주는 이름이 그가 갖는 특징과 함수관계를 갖는다면 그것은 타인을 분류하는 것이요, 또 규칙을 따르는 것이 싫어서 자유스럽게 타인을 작명한다고 생각한다면 그것은 사람들이 자기

스스로 갖는 특징에 따라서 자기 자신을 분류하는 일이다」.[105)]

그러므로 「객관적 작명방식」이든 「주관적 작명방식」이든 이름을 짓는 「명명」은 그런 명명이 이루어지는 사회문화의 무의식 체계와 분리되어서 존재하지 않는다. 이미 우리가 앞에서 보았듯이 「인도-유럽」영역의 문화권과 「중국-티벳」영역의 문화권이 결혼체계, 사회조직, 친족명칭에서도 구조적으로 구별되지만, 「작명」과 「명명의 방식」(la dénomination)에서도 주관식과 객관식으로 특징화된다는 것을 보았다. 이렇게 두 문화영역이 특수성으로 나누어지지만, 그러나 보편적으로 「작명한다」는 것이 「단순한 명명」이 아니라 「분류하는 것」이라는 점에서는 다 같다. 그런 보편성 아래서 또 구별되어야 하는 특수성을 레비-스트로쓰는 「추상화」와 「구상화」에 비유하고 있다. 「거기에 오직 추상화와 구상화에서 제의된 것과 거의 같은 선택이 있다. 그것은 정체화할 수 있는 대상에 한 집단을 귀속시키는 것이나 또는 그 대상을 집단 밖에 둠으로써, 그 대상에 의하여 자신을 표현함으로써 자기 자신을 분류하는 수단을 거기서 만드는 것과의 사이에 있는 선택에 지나지 않는다」.[106)] 추상화는 「주관적 자기 표현」이지만, 그 표현은 결국 대상을 통해서 자신을 표현하고 자신을 분류한다. 그 점은 객관적으로 대상을 분류하여 그림을 그리는 구상화와 다르다.

하여튼 결국 작명에는 세 가지 종류가 있을 수 있다. 첫째, 자기명(自己名, l'autonyme), 둘째, 기술명(技術名, le teknonyme), 셋째, 사자명(死者名, le nécronyme)이다.[107)] 기술명은 우리나라의 특별 호칭제도처럼 「~의 아빠」, 「~의 엄마」 등으로 해서 자식의 이름을 통하여 부모를 호칭하는 경우이다. 한국과 같은 유교국가에서는 「자기명」(개인명)과 「기술명」이 한꺼번에 공존하고 있다. 「사자명」은 죽은 이의 이름을 산 자에 붙여줌으로써 가족적 연대의식을 사자와 생자에 연결시키는 명명방식인데, 이것은 서양이나 유교문화권에는 존재하지 않는다. 「기술명」이 서양에서 예컨대 어떤 부인이 과부가 되었을 때에 한하여 「과부 모(某)」(la veuve un tel)라고 하는데, 이때 「모」는 죽은 남편의 성을 붙인다. 그런데 우리나라 만큼 그렇게 생활 속에서 흔하지는 않다. 「자기명」(개인명)은 자기와 타인 사이의 대립을 강조하며, 「기술명」은 자식과 부모 사이의 결합을 강조하고, 「사자명」은 조상과 자식 간의 현전적 관계를 강조한다. 「자기명」이 역설적이긴 해도 남과의 관계를 떠나서 성립하지 않으므로 모든 이름은 그 변형의 방식이 어떠하든 관계의 틀 속에서만 성립할 수 있다.

그러면 레비-스트로쓰가 왜 이름에 이토록 인식론적 관심을 기울이고 있는가? 「자기명」이 가장 함량이 약하긴 하여도 모든 이름은 어떤 집단인 「사회적 종」개념과 깊은 연관을 맺고 있다. 우리가 가장 순결한 여성을 찬미할 때 「백합꽃의 화신」이라 부르고 용감한 사나이를 「사자와 같은 기백」이라고 칭찬한다. 이런 명명방식도 결국 「개체」(l'individu)와 「종」(l'espèce)이 서로 합류하고 있다는 증좌이다. 「자기명」이나 「기술명」이나 「사자명」이 각각 호칭습관에서 달라지는 것은 각 사회가 관계를 보고 맺는 분류방식의 차이일 뿐이지, 「개체」와 「종」의 두 측면을 동시에 보려고 한 것은 모두 마찬가지이다.

이 점에서 레비-스트로쓰는 다음과 같이 비유로써 설명한다. 「생물학적 각도에서 생각해 보면 동일한 종족(la race)—이 말이 정확한 의미를 갖고 있다고 가상해서—에서 나온 사람들은 꼭 같은 나무에서 싹이 트고 꽃이 피고 시드는 개별적 꽃에 비교될 수 있다. 그것은 그만큼 다양의 표본이거나 하위다양(下位多樣)의 표본이기도 하다. 마찬가지로 "호모 사피엔스"(Homo sapiens)라는 종의 모든 구성원은 어떤 동물이나 식물적 종의 구성원들에 비교될 수 있다」.[108] 그러므로 「토템적 사고」는 야생인들만이 가졌던 과거의 유물도 아니고, 이른바 문명인과는 거리가 먼 원시인의 사라져 가는 까마득한 옛 흔적도 아니다. 그것은 지금도 우리의 사고체계 속에 언제나 남아 있다. 「작명」도 「토템적 분류체계」의 곁에 머무르고 있다. 레비-스트로쓰와 함께 「각 체계에 있어서(…), 고유명사는 의미의 양자(量子, des quanta de la signification)를 표상하고 있다. 그 양자 이하에는 보여주는 것 이외에는 더 할 것이 없다」[109]라고 우리는 말할 수 있다.

지금까지 우리는 레비-스트로쓰의 인식론에 있어서 「개체」에서 「종」으로 가는 「재전체화」(la retotalisation)나 「전체」에서 「개체」로 가는 「전체분화」(la détotalisation)가 어떻게 중요한 것인가를 살펴보았다. 이런 두 가지 길이 토템체계에서 균형을 잡고 있기 때문에 「종의 개념에서 외연의 관점과 내포의 관점이 상호 균형을 이루고 있다. 따로 떼어서 생각하면 종은 개체들의 집합체이다. 그러나 다른 종과의 관계에 의하여 종은 정의의 체계가 된다. 그것만이 전부가 아니다. 각 개체가 이론적으로 무한하게 모여서 종을 이루는데, 그러한 각 개체는 외연상으로 한정할 수가 없다. 왜냐하면 그 개체는 기능(la fonction)의 체계인 유기체를 구성하고 있기 때문이다. 그러므로 종의 개념은 내적 추진력을 지니고 있다. 즉 2개의 체계 사이에 다리를 놓고 있는 집합체로서, 종은 복수성(la multiplicité)의 단일성(l'unité)에서부터 통일성(l'unité)의 다양성(la diversité)에로 이행케 하는 조작자(l'opérateur)이다」.[110] 여기서 이해를 쉽게 하기 위하여 레비-스트로쓰에 의하여 인용된 동물생태학 보고서의 일단을 소개한다. 아프리카에서 멸종위기에 처한 동물을 보호하기 위하여 자연공원을 설정하고 애를 쓴 인간의 모든 노력은 중대한 난관에 봉착하고 있다. 비록 목초지의 면적이 충분하리만큼 넓을지라도 동물들은 그것을 잡아 죄는 족쇄처럼 생각한다. 그래서 그 면적이 광활하다는 단순 이유로 동물들에게 먹도록 강요하는 그 초지의 풀보다 단백질이 더 풍부한 풀을 찾아서 동물들은 제한구역을 멀리 떠나간다.

〈도표 19〉

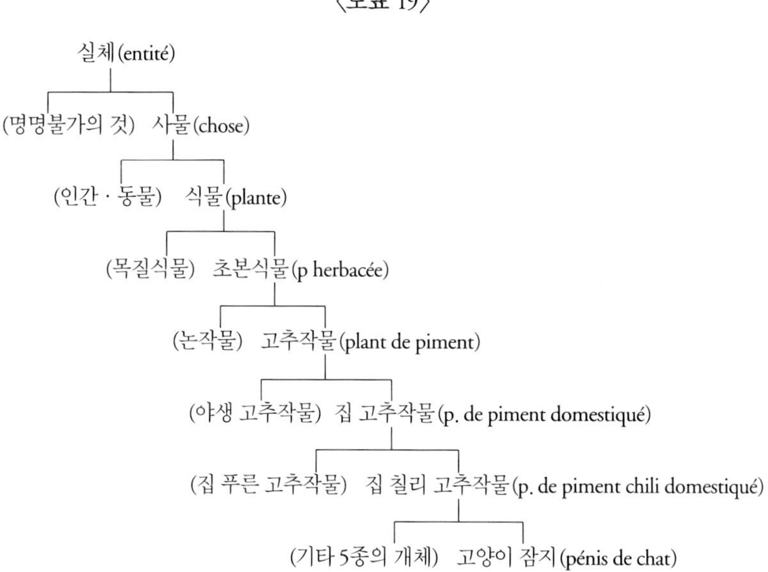

초식동물의 관심을 끄는 것은 풀이 아니라 풀의 종들 사이의 차이이다. 동물뿐만 아니라 사람들도 마찬가지이다. 사람들도 종들의 다양한 차이가 자신들의 사고를 움직이게 해주고, 하나에서 여럿에로, 또 그 역으로 가는 분류와 유별의 체계를 갖추게 한다. 종들의 차이인 「종차」(種差, la différence spécifique)가 인간의 사고를 객관적 기호체계로 엮게 하는 진원지가 된다. 그와 같은 기호체계는 언제나 「이항명명적 형식」(la forme

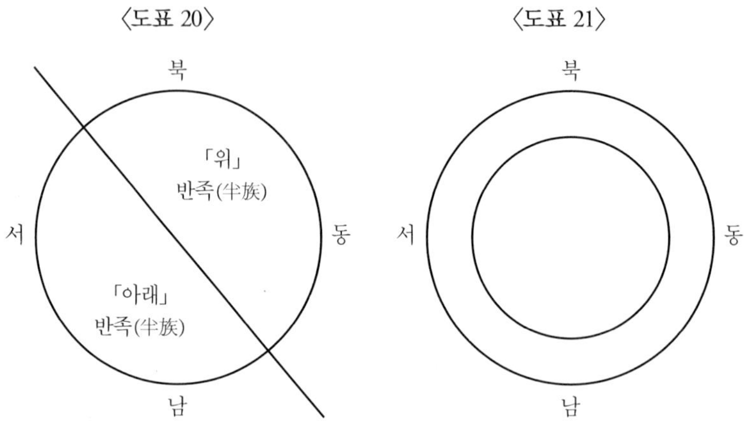

binominale)을 반드시 취하고 있다. 이미 전반부에서도 인용된 필리핀의 「하누누」족이 우주와 자연을 엮는 인식의 방법도 그러하고, 또 필리핀의 다른 종족 「수바눈」(Subanun)족도 피부병을 분류하는 방식이 「단순한/복잡한」, 「개방적/은폐적」, 「중상의/경상의」, 「표피적/잠복적」, 「말초적/중심부적」 등과 같이 이분법적이라 한다.[111]

야생인들은 자연체계만 이런 이분법이나 이항적 대립으로 분류하는 것이 아니고, 그들이 사는 거주의 마을까지도 이항적 구조로써 분류하고 있다. 이미 우리가 앞에서 본 「반족」(半族, la moitié) 개념이 그것을 입증한다. 참고로 미국 북부의 「윈네바고」(Winnebago) 종족은 그들의 마을을 〈도표 20〉처럼 이분화하고 남미 브라질의 「보로로」(Bororo) 마을은 〈도표 21〉처럼 이원화한다.

이분화된 반족의 명칭은 다양하다. 〈도표 20〉처럼 「위/아래」일 수도 있고 「천둥/땅」, 「낮/밤」, 「여름/겨울」, 「오른쪽/왼쪽」, 「서/동」, 「암컷/수컷」, 「평화/전쟁」, 「종교활동/정치활동」, 「창조/보존」, 「안정/운동」, 「성(聖)/속(俗)」 등등이다.

그런데 이런 이항적 형식이 보편적인 인간의 사유체계라 할지라도 이항식이 그대로 정태적인 상태에서 그냥 주저앉는 것이 아니다. 그 이항식은 이미 우리가 본 바와 같이 끼리끼리 다시 모이는 「재전체화」의 「추진력」을 지니고 있다. 물론 그 역의 방향인 「전체성의 분화」도 가능하다. 하여튼 다시 결합하는 「재전체화」는 은유법의 과정을 밟는다. 그런 점에서 토템적 인식론은 「은유법에 근거한 인식이론」이다. 예컨대 동물의 주둥이를 새의 부리에 은유시키면서 대응방법을 찾고, 또 「오싸쥬」(Osage) 종족은 불을 숭상하는데, 그 이유는 불이 그들을 보호해 주기 때문이다. 그래서 그 종족은 석탄과 밀접한 관계가 있고, 전투에 임하기 전에 검은 색을 몸과 얼굴에 칠하고(석탄처럼) 특별한 제의를 집행한다. 다음 〈도표 22〉에서는 이항방식에 이어서 어떻게 토템적 사유체계에서 범주(la catégorie)가 종(l'espèce)으로, 또 다시 종이 개체(l'individu)로 분해되어 가는가 하는 것을 역력히 볼 수 있다. 그 역의 과정이 물론 재결합의 길이다.

〈도표 22〉[112)]

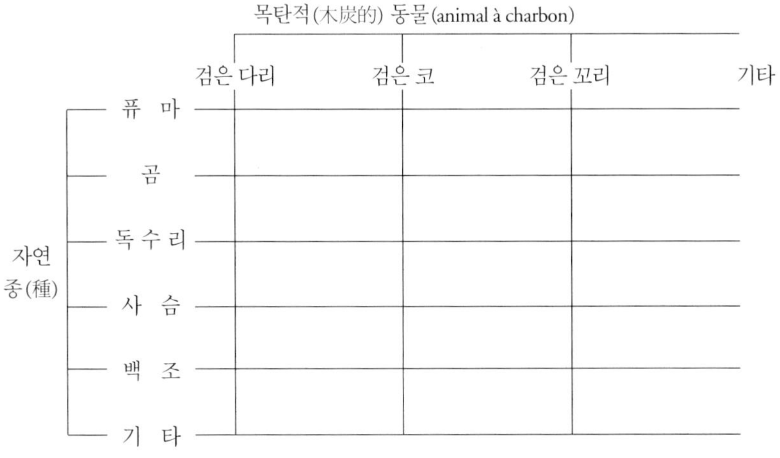

		목탄적(木炭的) 동물(animal à charbon)			
		검은 다리	검은 코	검은 꼬리	기타
자연 종(種)	퓨마				
	곰				
	독수리				
	사슴				
	백조				
	기타				

이 〈도표 22〉는 동물을 수단으로 해서 은유법에 의한 연상법칙이 어떻게 이루어지는가를 잘 설명해 주고 있다. 이 도표에서 각 횡선은 종차를 뜻하고 각 종선은 해부학적 특징의 차이를 말한다. 이와 같은 종차와 해부학적(생태학적) 차이는 모든 우주의 사물에도 성립할 수 있는 관계를 기호체계화하는 능기라고 볼 수도 있다. 이 능기의 체계(기호체계)에 의하여 각 씨족이 어디서 유사하고 또 어디에서 각각 다른 것인가를 인식하게 된다. 이런 「재전체화」(la retotalisation)와 「전체분화」(la détotalisation)를 상호 연관성의 도표 아래서 형상화한 것이 레비-스트로쓰의 유명한 「토템적 조작자」(l'opérateur totémique)이다.

단적으로 이 「토템조작자」는 「종」에서 「개체」에로 사유체계가 어떻게 특수화되고 또 「개체」에서 「종」에로 사유체계가 어떻게 보편화되는가를 잘 나타내고 있다. 세 가지 종들(이것들은 하나의 「범주」를 이룬다)인 「물개」, 「곰」, 「독수리」가 있어 물개가 다시 「물개 1」, 「물개 2」, 「물개 3」으로 복수화되고(물론 「곰」과 「독수리」도 마찬가지임), 각 「물개」는 「머리」, 「목」, 「다리」로 분절화되며, 이어서 3물개들의 「머리」, 「목」, 「다리」가 끼리끼리 집합하고, 이 집합된 몸의 3부위는 다른 종인 「곰」과 「독수리」의 3부위와 또 만나게 된다. 결국 개체는 그 3부위 중의 하나로 선택의 길을 마지막으로 밟는다. 결국 개체 이하의 의미화는 불가능하다. 이 점은 마치 「고유명사」가 「의미의 양자」인 것과 같은 이치라 보아도 좋으리라. 지금까지 우리가 분석해 온 바를 도식화하면 앨런 젠킨스가 그의 『레비-스트로쓰의 사회이론』(*The social Theory of Claude Lévi-Strauss*)에서 밝힌 바대로 횡선과 종선의 두 가지로 도형화된다.[114)]

신화에 관해서는 아직 본격적으로 접근하지 않았는데, 그것은 다음 절에서 별도로 취급될 것이다.

〈도표 23〉[113]

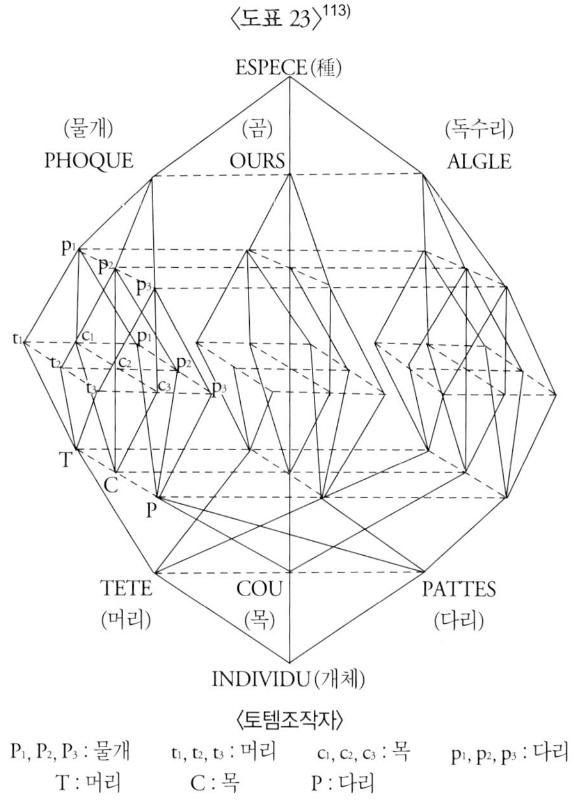

하여튼 위의 〈도표 23〉인 「토템적 조작표」를 보면서 우리는 다음과 같은 인식론적 원칙을 생각할 수 있다. 이 도표는 어떻게 단일성이 복수성을 통하여, 또 복수성이 단일성을 통하여, 그리고 다양성이 통일성을 통하여, 또 통일성이 다양성을 통하여 서로서로 상호 삼투작용을 하고 있는가를 알게 해준다. 플라톤(Platon) 이래로 서양철학사는 「하나」와 「여럿」, 즉 「일(一)」과 「다(多)」의 모순적 문제를 논리적으로 설명하기 위해 노력해 왔다. 진리는 하나인가, 아니면 여러 개가 존재할 수 있는가, 인생이 한 가닥 원칙으로 설명되는가, 아니면 여러 개의 마디로 나누어

〈도표 24〉

신화/의례/주술/토테미즘/음식금지/카스트/보편적 분류/명명체계
변형 : 논리적 유사의 수평적 관계

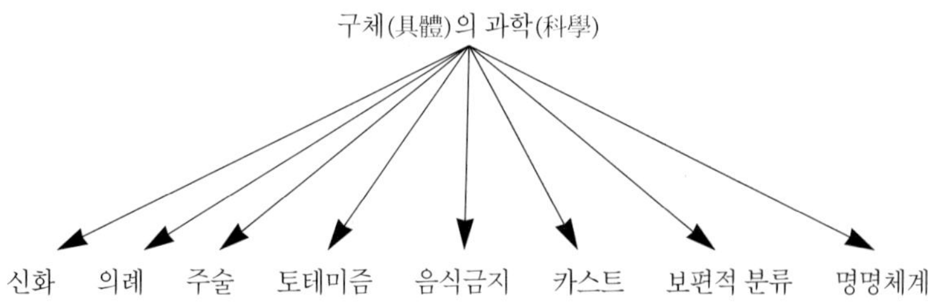

표현 : 실현(구현)의 수직적 관계

서 설명되어야 하는가 하는 문제들이 철학적 인식론의 큰 문제였다. 다시 말하자면 보편과 특수의 문제이다. 이제 우리는 레비-스트로쓰가 제안한 「토템적 조작자」의 기능에 따라 판단해 보면, 「일(一)」과 「다(多)」의 인식론적 문제는 서로 본질을 달리하는 외적 이질성의 것이 아니라 서로 「내적인 추진력」(une dynamique interne)을 지니고 있는 사고체계의 수평적 · 수직적 조작(l'opération)과 연결되어 있다는 점을 알 수 있다. 위의 〈도표 24〉가 보여주고 있듯이 신화에서부터 명명체계까지 모든 것은 각각 분화되어 있고, 또 「구체의 과학」이 각각 자신의 구현을 위하여 수직적 갈림을 달리하고 있지만, 이 모든 것은 동일한 것의 횡적 변형들이 아니면 동일한 것에서부터 발원하는 사고표현의 차이이다. 그런 원리가 예컨대 신화에도 또 새롭게 적용될 수 있는데, 이 지구상의 많은 신화들은 동일한 사고의 제 변형일 수 있고, 또 동일한 사고를 구현하기 위한 특수한 표현들의 발로이기도 하다. 이런 논리적 원칙은 의례나 음식금지나 기타 다른 범주에도 다 그대로 적용됨직하다.

본디 「토템」이란 낱말은 북미 오대호 근방에 사는 「알곤킨」족 계통의 언어에서 유래되었다고 한다.[115] 그 낱말의 뜻은 「그는 나의 친척이다」라는 내용을 담고 있다고 한다. 이 낱말의 어원과 그 내용을 참고로 하더라도 「토템」은 그동안 흔히 사람들이 생각해 온 것과는 달리 야생인의 개인적 「수호신」(le manido)은 결코 아니다. 그러면 「토템」(le totem)과 「수호신」(le manido)은 어떻게 다른가? 레비-스트로쓰에 의하면 외양적이고 피상적인 관찰에서는 구분이 잘 되지 않지만 그 둘은 엄연히 두 가지 차이를 드러낸다.

1_ 토템은 집단적 · 종족적 사유체계의 공통성을 표시하는 데 비하여 수호신은 단지 개인적 차원의 신앙심이나 종교적 감정을 표현하고 있다.

2_ 「토템」의 사유체계가 상호 간 「은유적인 관계」를 나타내고 있음에 비추어 「수호신」은 「환유적 사유질서」를 그 기본구조로 두고 있다. 「수호신」의 선정은 순전히 개인적 「사건」(꿈, 사냥에서 생긴 일, 개인적인 행복과 불행을 만난 일)과 결부되어 있다. 그래서 개인에 따라 많은 수호신들이 상하질서에 따라 위계화될 수도 있다. 그러나 토템은 종족의 집단적 「사건」과는 무관한 종족보존과 유지, 그리고 타종족과 균형유지에서 요청된 「구조」의 의미를 지니고 있다. 말하자면 「토테미즘」은 레비-스트로쓰의 말처럼 「종족생물학」(l'ethno-biologie)이라기보다 오히려 「종족논리학」(l'ethno-logique)이라고 해야 옳다. 그래서 「A씨족이 곰에서 나오고 B씨족이 독수리의 후손이라고 한다면, 그것은 A와 B의 관계를 두 종 사이의 관계와 유비적(類比的) 관계를 갖는 것으로 정립하

려는 구체적이며 요약된 방식에 지나지 않는다」.[116] 그래서 「토테미즘」은 「구조」이고, 그 구조는 「은유법」을 토대로 표현되고 있다. 거기에 반하여 「수호신」(le manido)은 「개인적 사건」이며, 그 사건은 종교처럼 「환유법」의 방식으로 나타난다. 이 관계를 표시하면 다음의 〈도표 25〉와 같다. 그리고 토템과 「마나」(le mana)와도 자연히 구분된다. 「마나」란 「수호신」의 체계에 필연적으로 붙어다니는 초자연적 존재나 위력을 말하는 것인데, 그 「마나」(le mana)에 선령과 악령이 있다는 것은 「수호신」(le manido) 내부의 「위계질서」 문제이지 토템과 연관된 것은 아니다.

반드시 야생적 신앙형태인 「수호신」만이 환유법의 사유체계를 나타내는 것은 아니다. 이른바 문명인의 고등종교라고 하는 것도 「마니도」와 같은 환유체계의 형식을 지닌다. 예컨대 기독교를 봐도 악마→인간→성자→천사→신의 질서는 불교에서 아귀→중생→사천왕→보살→부처의 위계질서와 다를 바가 없고, 그 질서는 다 함께 수호능력의 확대와 축소라는 인접성을 보여주고 있다. 인접성은 환유법의 특징이다. 그러므로 다음과 같은 등식이 성립한다.

토템체계=구조=은유법=종족논리
수호신 체계=사건=환유법=개인신앙

이와 동시에 「토테미즘」이라는 「종족논리」의 측면에서 그 논리를 공식화하면 다음과 같다.

〈도표 25〉[117)]

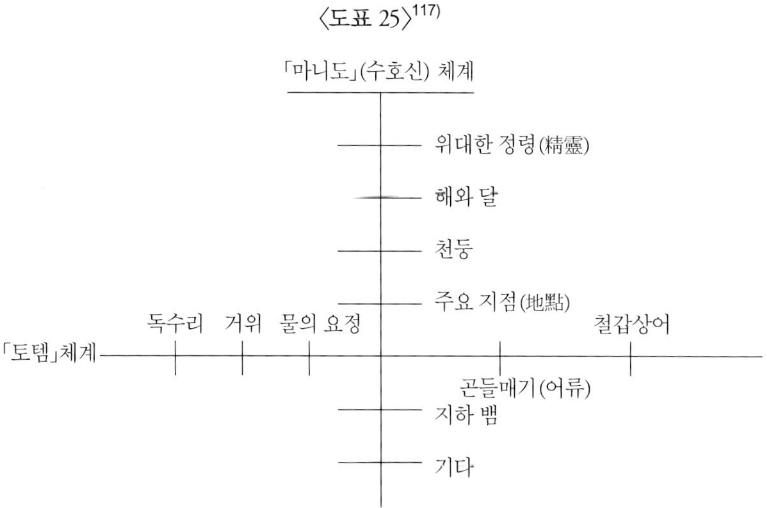

「만약에 (집단 a) : (집단 b) = (곰 종(種)) : (독수리 종)이라면, 그때에 (a의 구성원 x) : (b의 구성원 y) = (곰의 구성원 l) : (독수리의 구성원 m)이 된다」.[118)]

이러한 분석에서 우리는 철학적으로 무엇을 볼 수 있는가? 레비-스트로쓰와 함께 그 해답을 얻자. 「현재적인 것에서 봐도 사회적 행위는 실제적인 감동의 결과로서 각 개인에 의하여 자발적으로 이루어지지 않는다는 것이 확실하다. 집단의 구성원인 한에서 인간들은 각자가 개인으로서 느끼는 것에 따라 행동하지 않는다. 각자는 그렇게 행동하도록 그에게 허용되고 규정된 방식에 따라서 느낀다. 관습은 내적 감정을 낳기 전에 외적 규범으로서 주어지고, 그리고 이 감지할 수 없는 규범은 스스로 표현될 수 있고 표현되어야 하는 상황과 같이 개인적 감정들을 결정한다」.[119)] 여기서 우리는 그가 말한 「차가운 사회」와 같이 차가운 철학을 맛본다. 그의 주지주의(l'intellectualisme)는 철두철미 정감주의적 철학을 인식의 차원에서 무시되어도 좋을 만큼 부차적인 것으로 규정한다. 사실상 개인의 감정이나 정감은 그도 모르는 사이에 「조작된」(opéré) 집합적 구조와 집단적 무의식의 산물에 지나지 않는다. 자연과 인생에 내재하고 있는 사상과 논리가 있다. 그런데 그 사상과 논리는 개념의 유희를 통하여 우리에게 알려진다. 객관적 대상이 주관에 의해서 구성되어지기는커녕, 오히려 주관의 감정과 정감은 객관적 체계의 구조에 의하여 구성되어진다. 데카르트와 같은 개인적인 자아나 사르트르와 같은 사회적 자아도 그의 철학에서 존재하지 않는다. 프랑스 철학사에서 멘느 드 비랑(Maine de Biran)으로부터 내려오는 「내면성의 철학」을 그는 한사코 거부한다. 인간에게는 하나의 사유체계만이 궁극적으로 존재한다. 그것이 야생적 사유이다. 문명인에게도 그것이 불변적으로 존재한다. 야생인과 문명인의 사유체계는 대응의 관계를 정립하고 있지, 수직적 계보의 인과적 관계를 만들지 않는다.

「토테미즘의 동물들은 유난히 무섭거나 경탄스럽게 탐스러운 피조물이 아니다. 즉 그 동물들의 감각적인 실재는 관찰의 소여에서부터 출발하여 사변적 사유에 의하여 인지된 관계나 개념을 분명히 나타내 보이게 한다. 자연적 종들은 "먹이가 좋기" 때문에 선택된 것이 아니고 "생각하기가 좋기" 때문에 선택된 것이다」.[120] 구체적 자연을 지칭하여서 불(Boole)의 대수학과 같이 정교한 순환고리를 만들고 있는 토템조작표는 그 자체가 하나의 형식이면서 동시에 내용이다. 내용과 형식이 별도로 구별되어 있지 않고, 방법과 실재가 둘로 나누어져 있지 않다. 토템체계나 신화나 친족체계 자체가 그 사회의 「바탕」(le fond)이면서 동시에 「형식」(la forme)이기도 하다. 의미가 관계의 구조 안에서만 그 가치를 갖는 것이라면, 관계의 구조라는 형식밖에 별도의 다른 내용과 바탕이 성립할 수가 없다. 이런 주지주의의 철학이 프랑스 철학사에서 정신주의, 주정주의(主情主義)의 최고봉이라 볼 수 있는 베르그송과 기이하게 만나고 있는 것은 일견 하나의 놀라움이 아닐 수 없다. 물론 레비-스트로쓰가 베르그송의 철학과 궤적을 같이 하는 것은 결코 아니다. 다만 그는 이 정신주의의 거봉이 『도덕과 종교의 두 가지 원천』(*Deux sources de la morale et de la religion*)에서 천재적 직관력에 의하여 토템적 사고의 본질을 꿰뚫어 보았다는 데 기대하지 못한 경이를 느끼는 것이다. 모든 것이 움직이고 산들바람에 나부끼는 신록의 잎새처럼 신선하기만 한 「생명의 비약」(l'élan vital)을 말하는 철학자가 「상관적 대립」의 법칙에 의하여 토테미즘의 논리를 보편화시켜 나가는 데 반하여, 오히려 집단적 표상과 기계적 사고로 출발한 사회학자 뒤르케임이 마침내 형이상학적 무분별의 세계에 젖어들게 된 아이러니를 레비-스트로쓰는 말하고자 한다.[121]

레비-스트로쓰가 토테미즘을 통하여 말하고 싶은 철학은 야생적 사유나 그것의 한 표현인 토테미즘이 야생인의 원시적 정감에서 온 것이 아니라, 비록 그 대상은 자연의 「종」이지만 그 「종의 논리학」은 불(Boole)의 「대수학」처럼 짜임새가 있다는 것이다. 야생적 사유는 철저히 논리적이고 주지적이다. 그러므로 그것은 전혀 옛날에만 있었던 고풍적인 것이 아니라 지금도 우리의 정신구조 속에 활동하고 있다.

8. 신화란 무엇인가?

『구조론적 인류학 II』에서 레비-스트로쓰는 사회인류학이 현상학(la phénoménologie)에서 말하는 것처럼 「동감」이나 「감정이입」의 차원에서 종결되어서는 안 되고 합리적 조작과정에 의하여 기계를 설계하는 기술자가 생각하는 모형으로 사회를 분석 · 검토해야 한다고 주장하였다. 이어서 그는 그런 사회인류학의 입장은 소쉬르에 의해서 햇볕을 보게 된 「기호학」(le sémiologie)의 도움을 받는 것이 좋다고 암시한다.[122] 인류학이 기호학과 손을 잡게 될 때 인류학 분야에서 신화(神話), 구전(口傳)이나 의례, 결혼규칙, 친족체계, 관습법, 경제교환 양식 등과 같은 것이 기호체계로서 나타나게 된다고 주장한다. 기호학의 도움으로 구조가 파악된다는 그의 주장은 상기의 연구영역에 그대로 적용된다. 결국 기호는 구조를 파악하고 이해하는 수단이요, 매개이다. 그러면 구조는 어떤 조건을 만족시켜야만 적어도 레비-스트로쓰에게 그 타당도가 인정을 받게 되는 것인가? 여기에 대한 그의 생각을 정리해 보자. 「다음과 같은 두 가지 조건에 응답하는 배열만이 구조화된다. (첫째로) 내적인 응집력이나 일관성에 의해서 지배되는 체계이다. 그리고 (둘째로) 그 응집력(일관성)은 분리된 체계를 관찰하는 것에는 접근이 안 되고, 그것은 겉으로는 다른 것같이 보이는 체계 속에서 유사한 속성을 발견케 해주는 변형의 연구에서만 나타난다」.[123] 단적으로 그의 신화연구도 이 두 가지 요구조건을 충족시켜 주는 기호체계로 결론이 난다.

이러한 그의 연구태도와 방법은 인류의 문화와 그것의 각종 장르

중의 하나인 신화에 대한 연구를 과거의 전통적인 문화인류학의 사상대로 수행할 것을 거부하는 데서 시작한다. 그의 거부는 우선 19세기 후반부터 널리 퍼졌던 문화의 「전파이론」이나 「진화이론」에 대한 비판에서부터 구체화된다. 「진화이론」(l'évolutionnisme)은 말할 나위 없이 생물학적 진화론의 영향에서 빚어진 것이다. 이 이론에 따르면 서양문화는 인류의 문명 가운데 가장 진보된 형태이고, 원시인의 문명은 과거 이처럼 진보된 문화가 옛날에 밟았던 흔적의 잔재가 지금 남아 있는 것이라는 사상이다. 이런 태도는 레비-스트로쓰가 칭한 「고풍적 환상」(l'illusion aschaïque)에 지나지 않는다. 진화라는 개념은 인류의 모든 사회의 한 가지 기준으로 적용이 안 되는 이른바 과학이 아닌 이데올로기이다. 예컨대 「에스키모」족은 그 추운 겨울을 이겨내는 생활기술은 백인이나 어느 종족보다도 우수한 대신 사회조직에 대해서는 매우 둔감하고, 호주의 원주민들은 현대 수학을 놀라게 할 정도의 정교한 대수학적 친족체계를 갖추고 있다.[124] 일언이폐지해서 레슬리 화이트(Leslie White)나 타일러(E. B. Tylor), 프레이저(J. G. Frazer) 등의 「진화론」은 사실에 부합하지 않는다고 그는 반박한다. 또 「전파주의」(le diffusionisme) 역시 「진화론」과 유사한 입장이다. 「전파론」은 어떤 문화나 신화가 본디 한 중심부에 자리잡고 있다가 그것이 차용이나 이민 등에 의하여 타지역으로 번져갔다는 주장을 한다. 이 전파주의는 한편 미국에서 「역사주의」(l'historicisme)로 발전했는데, 유명한 보아스(F. Boas) 같은 인류학자가 그 대표자이다.

「진화론」과 「전파론」 이외에 또 레비-스트로쓰가 비판하는 사상은 「기능주의」(le fonctionnalisme)이다. 이 「기능주의」는 영국의 말리노우스키나 래드크리프-브라운 등에 의하여 창도된 이론과 사상으로, 이들의 사상은 구조주의와 외양상 유사한 면을 지니고 있다. 이들 사상은 한 사회를 구성하고 있는 제도, 습관, 신앙, 기술 등 여러 가지 요인들을 면밀하고 세심하게 상관관계에서 파악하여 구체적 사회의 제 요소들 간에 동시론적 기능을 인식하고자 한다. 이 점에서 기능주의는 구조주의와 이웃하고 있는 듯이 여겨진다. 그러나 한 사회의 기능적 제 요소가 거기에 살고 있는 인간들의 생활기능과의 표현관계라고 말하고, 그 관계는 단순히 경험적 관찰의 수준에서 느껴지는 차원에서 기술된다고 보는 것은 사회구조의 무의식적 차원을 무시하는 것일 뿐만 아니라, 모든 인류문화의 보편적 법칙을 간과할 우려가 있다는 것이다. 그러므로 「기능주의」가 앞의 「진화주의」나 「전파주의」에 비하여 진일보한 방법이지만, 그러나 이 사상은 「사회기능 관계」와 「사회구조」를 혼동하고 말았다는 것이다. 예컨대, 극단적으로 말하여 더운 지방에 사는 사람은 날씨 때문에 의복의 복잡한 체계가 불필요하였다고 주장한다면, 그것은 공허한 동어반복이지 새로운 지식을 주지 못한다. 인류학의 제 학설을 비교 · 검토함은 우리의 주제도 아니고 의도도 아니므로 다시 레비-스트로쓰의 「신화학」(les Mythologiques)에로 넘어가자.

레비-스트로쓰는 왜 신화를 연구하려 하는가? 그에게 있어서 신화의 연구는 단적으로 인간의 「정신적 울타리들의 목록을 작성하는 것」과 「겉으로 자의적인 것같이 보이는 여건들을 자유의 환상 속에 내재하는 필연성이 스스로 밝히는 수준의 질서에로 접목하려는」[125] 목적을 겨냥하고 있다. 지금까지 우리는 부족하지만 친족구조와 토템구조를 살펴보았는데, 신화구조도 저들 구조와 다르지 않다. 토테미즘은 자연을 대상으로 한 「종족논리학」이다. 그때의 자연은 「보기 좋고 먹기 좋기」 때문이 아니라 「생각하기」에 유용하기 때문에 선택된 것이다. 결국 「토테미즘」은 자연을 설명하기 위한 방편보다 오히려 인간의 정신적 구조를 스스로 밝히려 하는 내재성 논리의 요구와 바를 바가 없다. 신화도 이와 같다. 신화도 토테미즘과 같이 자연의 여러 가지 대상들을 따오지만, 그것은 자연에의 궁극적 관심이 아니라 결국 정신구조의 자기 법칙을 자발적으로 표현한 것이다. 그런 인간 정신의 자기 구조는 자연 속에 가득 찬 사물의 구조와 다를 것이 없기 때문에 인간은 사물들 가운데 속하는 것의 본성과 멀리 있지 않다. 그런 본성이 물질과 같은 법칙의 지배에 있기 때문에 본질적으로 무의식적이다. 이 점에서 인구에 회자되고 있는 다음의 말을 인용하지 않을 수 없다. 「그러므로 우리는 인간들이 신화 속에서 어떻게 생각하는가를 보여주려고 하기보다 어떻게 신화들이 인간들 속에서 인간들도 모르는 사이에 스스로 생각하게 되는가를 보여주려고 한다. (…) 신화들은 그들 사이에서 스스로 생각한다」.[126]

그러면 인간도 의식하지 못하는 신화의 자기 사유는 비록 겉으로 허황되고 황당무계한 것같이 보이지만, 이상하게도 지구상의 다양한 여러 지역에서 동일한 성격과 본질을 반복해서 재현하고 있다는 레비-스트로쓰의 주장을 먼저 언급하지 않을 수 없다. 이 주장에 따르면, 비록 신화의 「말」(la parole)은 서로 내용상 다르지만 신화의 「언어」(la langue)는 형식상 같다는 결론으로 유도된다. 그러면 레비-스트로쓰의 「신화학」은 인식론적으로 「형식주의」(le formalisme)의 성격을 지녔는가? 그것도 아니다. 지금부터 본격적으로 그의 이론에로 들어가기로 하자.

우선 간략히 그가 부정하는 신화 해석의 종전 입장을 네 가지로 분류해 본다.[127]

1_ 신화는 한 사회의 근본적 감정을 표현하고 있다.

2_ 신화는 천문학적 · 기상학적 자연현상을 원시인들이 해석하고자

한 논리이전적 설명방식이다.

3_ 신화는 한 특수사회의 구조와 사회관계의 반영이다.

4_ 신화는 정신분석적 입장에서 현실적으로 억압된 감정의 유출이다.

레비-스트로쓰에 의하면, 이와 같은 신화 해석은 전통 언어학의 연구방법만큼 오류를 범하고 있다는 것이다. 그 까닭은 재래의 언어학은 예컨대 「사랑」이라는 단어의 뜻과 그 단어의 발음 사이에 어떤 특유한 관계가 있는 것이 아닌가 진단하려고 하였기 때문이다. 「사랑」은 「사람」이나 「삶」과 혹시 발음상 동종의 개념에서 나온 것이 아닌지 깊은 관심을 쏟았지만 그 결과는 실망적이었다. 「사랑」이란 개념과 그것의 발음 사이에 어떤 필연성도 개재하지 않는다는 것이다. 오히려 현대 언어학은 그런 「1 : 1」의 관계보다 언어의 의미기능은 소리와 소리 사이에서 어떻게 음운이 결합되는가를 밝히는 데서 성립한다고 이야기한다. 신화연구도 이와 마찬가지이다. 어떤 하나의 신화적 개념이 그 자체 특수한 뜻을 지니고 있다고 여김은 신화가 「현실이나 상상의 사진」과 같다고 여기는 착각과 동일하다. 신화는 현실세계나 상상세계의 「사진」이 아니다.

그에 의하면, 우선 신화의 진술은 하나의 「메타-언어활동」(le méta-langage)이다. 「메타-언어」(la méta-langue) 또는 「메타-언어활동」(le méta-langage)은 자연적인 언어, 언어활동의 의미, 문장구조, 용례를 문법적으로 설명하기 위하여 만들어진 인위적 언어체계나 언어기호를 뜻한다. 그러므로 어떤 구조가 친족이나 토템, 신화나 의례 등 모든 측면에서 작동할 때, 그 구조를 「메타-언어」라 한다. 「신화나 설화(les contes)는 상위 구조론적인 사용을 만들고 있고, 그것들은 하나의 「메타-언어활동」을 형성하면서 거기서 구조는 모든 수준에서 작동하고 있다」.[128] 그런 「메타-언어적」인 담론체계 속에서 등장하는 자연대상(곰, 까마귀, 호랑이, 까치) 등은 「능기」이지 결코 개념적 「소기」는 아니다. 그런 대상들은 신화가 설명하고자 하는 논리의 기호(방편)와 같다. 그러므로 「음/양」의 의미를 고정된 실체처럼 해석해서는 안 된다. 예컨대 「양」은 좋고 「음」은 나쁘다든가, 「양」은 높고 「음」은 낮다는 그런 고정관념을 버려야 한다. 음양의 문제는 언어학에서 말하는 「상관적 대립」(l'opposition pertinente)의 관계다발에서 파악되는 위상의 양상논리학(樣相論理學)이지 결코 독립적인 「소기」의 형이상학은 아니다. 몇 가지 예를 들어보기로 하자.

북미대륙의 광범위한 지역에서 하늘에 묘성(昴星, les pléiades)의 출현은 우기의 시작을 뜻하는데, 그 별은 그들의 신화에 있어서 물고기와 수초를 가리키는 이른바 수면에 뜬 창자를 의미한다. 그러나 남미 브라질의 보로로 종족에게 있어서 묘성의 떠오름은 건기를 뜻하는데, 이 시기는 야생동물과 사냥철을 지시한다. 그런 점에서 묘성은 두 신화에 있어서 각각 「창자」(물고기와 수초)와 야생동물의 출현과 관계되지만, 전자는 우기, 후자는 건기와 관계를 맺고 있다.[129] 또 『벌꿀에서 잿더미까지』에 실려 있는 신화 「M 304」와 「M 318」은 다같이 나무껍질 벗기기에 관한 이야기를 담고 있다. 그런데 레비-스트로쓰는 이 두 신화는 다 「투쿠나」(Tukuna) 종족의 것이지만 실제로 거기에 나오는 껍질 벗기기의 기술은 행해지지 않음을 확인하였다. 「둘 다 사실이 아니다. 그러나 참으로 온전히 이루어진다면, 확실한 위험에로 구경꾼이나 제사봉헌자를 빠뜨리게 할 의례를 보완하는 2개의 내용을 생각해야 하므로 「투쿠나」 종족은 실제적 기술과 달리 그것과 대립관계를 만드는 상상적 기술을 생각하지 않으면 안 되었다」.[130]

물론 그는 문화의 하부구조로서의 신화가 상부구조와의 관계를 맺고 있음을 결코 도외시하지 않는다. 그러나 그는 신화체계가 직접 그 사회의 현실을 거울처럼 반영한다는 단순해석을 반대한다. 왜냐하면 위의 「투쿠나」 종족의 「M 304」와 「M 318」처럼 그 사회의 실제적 현실과는 전혀 상반된 것도 있기 때문이다. 그러므로 그는 신화가 곧 그 사회현실의 직접적 하부구조에 대응된다는 단순 하부구조적 묘사설에 이의를 제기한다. 그러므로 직접적 관점에서 신화를 생각해서는 안 되고 변형의 추리를 거쳐 사유해야 한다. 때로는 신화가 그 사회가 안고 있는 모순을 해결하려는 개념적 도식과 논리를 정시(呈示)하기도 한다. 그런 모순해결의 논리는 단순한 직관적 사실대응에서 찾아져서는 안 되고 수학문제를 풀 듯이 사고의 추리작용을 여과해야 한다. 예컨대 유명한 고대 희랍의 「외디푸스」(Oedipus) 신화나 또는 북미 캐나다 태평양 해안의 신화 「아스디왈의 무훈 이야기」(la geste d'Asdiwal)도 그런 장르에서 파악되어야 한다. 우리가 뒤에 곧 자세히 보겠지만, 「외디푸스」 신화는 그 시대의 사람들이 믿고 있었던 신앙, 즉 인간이 땅으로부터 나왔다는 생각과 인간이 남녀의 결합에서 생긴다는 사실을 화해시키기 위한 일종의 논리적 도구였고, 「아스디왈의 무훈 이야기」는 지리적 · 경제적 · 사회적 · 우주론적 여러 각도에서 인디언들에 의해서 생각된 이율배반이 모계 교차사촌 간의 결혼으로 극복하고자 시도한—거기에 이르지는 못했지만—사고의 갈등을 의미한다.

「(신화적 사변은) 결국 현실을 그려내려고 하는 것이 아니라, 현실에 성립하는 대강의 타협(la cote mal taillée)을 정당화하려고 한다. 왜냐하면 극단적인 위치는 그것이 (현실적으로) 부지될 수 없다는 것을 알리기 위하여 단지 현실에서 상상된다. 신화적 사유에 고유한 이런 과정은 현실적 실천이 (…) 극복할 수 없는 모순에 더렵혀진다는 것을 수용(신화에 감추어진 언어 속에) 한다는 것을 내포하고 있다」.[131] 또 그는 『구조론적 인류학』에서도 위의 『구조론적 인류학 II』의 인용내용과 유사한 사상을 피력하고 있다. 즉 여기서 그는 모순이 현실석일 때 실현될 수 없는 노력이지만, 모순을 해결하기 위한 논리적 모형을 갖추려고 하는 데 신화의 기능이 있음을 언급하고 있다.[132] 그러므로 신화의 기능은 현실적으로 해결할 길이 없는 모순에 대한 상상적 해결을 발견하는 데 있다. 그 해결은 실제적이고 실천적인 자신감에서 오는 것이 아니라, 단지 논리적 가상의 기능에서 온다. 이런 모순을 상상적으로 해결하기 위한 수단은 구체적으로 각 지역과 문화의 특수성에 따라 다를지언정 인류가 부딪쳐 왔던 모순은 언제나 한결같은 구조를 지니고 있다. 그래서 그런 것을 생각하는 정신의 구조물은 고대인이나 현대인이나, 문명인이나 야생인이나 구별 없이 모두 동일하다. 바로 이런 까닭으로 모든 설화나 신화에 저자가 있을 수 없다.

신화가 그 시대를 사는 사람들의 특수하게 느껴진 모순을 해결하고 승화시키려는 상상의 산물이지만, 그러나 그런 상상적 해결의 법칙은 시간과 공간의 차이를 초월하고 언제나 유사한 법칙을 제시하고 있다. 그러므로 신화는 보편적이고 비인격적이고 무시간적인 무의식의 산물이다. 「신화는 세계의 질서나 현실의 본성이나 인간의 기원이나 그 운명에 관하여 우리에게 가르쳐 주는 어떤 것도 말하지 않는다. 신화로부터 어떤 형이상학적인 만족을 기대할 수 없다. 신화는 세력이 약해진 이데올로기를 도우러 가지도 않는다. 그 대신에 신화는 그것이 나온 사회에 관하여 많은 것을 가르쳐 주고, 처음에는 이해할 수 없는 것처럼 보이는 신앙이나 관습이나 제도의 배열이 그렇게 된 존재이유를 해명해 주며, 특히 신화는 (…) 수세기 동안에 항구적이며 그리고 무한한 공간에 일반적으로 확산된 인간 정신의 어떤 양식을 드러내 보이게 한다」.[133]

지금부터 보다 근접하여 신화의 구조론적 분석에로 나아가자.

이미 앞에서 우리는 신화의 언어적 기능은 「메타-언어적」 성격을 지니고 있다고 말하였다. 따라서 모든 신화는 자연언어의 음운단위(제2차적 분절)나 의미단위(제1차적 분절)와 다른 구성단위를 갖고 있는데, 레비-스트로쓰는 신화의 최소 단위를 「신화소」(le mythème)라고 불렀다. 이 「신화소」를 간단히 설명하면, 그것은 한 문장(주어+동사)으로 구성되어 있고, 다른 「신화소」들과 늘 관계를 맺고 있다. 그리고 이 「신화소」들이 능기적 기능을 발휘하는 것은 「관계다발」(les paquets de relations)의 결합에서 가능하다.[134] 이런 점을 염두에 두고 레비-스트로쓰가 시도한 「외디푸스」 신화를 분석하기로 하자. 아래 도표에서 왼쪽에서 오른쪽으로 가는 횡적 순서는 이 신화의 이야기가 전개되는 사건의 진행을 뜻한다. 그 대신 위에서 아래로 각각 내려오는 기둥은 「관계의 다발」이 동일한 형태를 다소간 유지하고 있음을 말한다. 수평적 이동은 「통시적 사건」과 「결합체적 연쇄」(la chaîne syntagmatique)를 뜻하고, 수직적 각 기둥은 「동시적 구조」와 「계열체적 집합」(l'ensemble paradigmatique)을 말한다. 비유적으로 언급하면, 신화는 음악 악보처럼 통시적으로 읽는 길도 있고, 또 위에서 아래로 화성(和聲)처럼 동시적으로 해독하는 방법도 있다.[135]

1기둥은 공통적으로 혈연 및 친족 간의 과잉관계를 말하고, 2기둥은 정반대로 소원한 관계를 뜻하고, 3기둥은 괴물과의 싸움에서의 승리, 즉 인간의 토착성(l'autochtonie) (인간은 땅에서 나왔다는)의 부정을 말하고 4기둥은 공통적으로 등장하는 인물들의 이름이 걷기에 어려운 신체장애를 말하고 있는데, 그것은 인간이 남녀의 결합에서 나왔다는 생각보다

〈도표 26〉[136)]

1	2	3	4
Cadmos는 Zeus가 반한 그의 누이 Europe를 찾는다.		Cadmos가 용을 죽인다.	
	Spartoï 형제들은 서로 서로 죽인다.		
			Labdacos (Laios의 아버지) (절름발이?)
	Oedipus가 그의 아버지 Laios를 죽인다.		Laios (Oedipus의 아버지) (왼손잡이?)
		Oedipus는 Sphinx를 타도한다.	
			Oedipus (발이 부은?)
Oedipus는 그의 어머니 Jocaste와 결혼한다.			
	Etéocle은 그의 형제 Polynice를 죽인다.		
Antigone은 그녀의 형제인 Polynice를 매장한다. (물론 금지를 위반하면서)			

다른 끈질긴 토착성의 신앙을 나타낸다. 물론 레비-스트로쓰의 논리는 「결합체적 연쇄」보다 「계열체적 집합」으로 신화를 생각하는 것이 더 근본적임을 가르친다. 그리하여 「외디푸스」 신화체계가 보여주듯 각각의 기둥이 다른 기둥들과의 상관관계와 대립의 관계에서 의미가 생긴다. 각 「신화소」 그 자체가 중요한 것이 아니라 「신화소」들 사이의 관계가 문제이다. 예컨대 4기둥의 각 이름은 그 자체로는 별 의미를 지니지 않지만

다른 이름들과의 집합, 그리고 다른 기둥들과의 연관에서 자기의 정체성을 확보한다. 3기둥은 인간이 남녀의 결합에서 태어나서 생존하기 위하여 토착적 동물인 용과 「스핑크스」를 죽여야 하지만, 4기둥에서 인간이 어쩔 수 없이 대지에 저항하기 힘든 존재임을 고백한다. 대지에서 태어난 인간이 처음에 걸음을 걷기 힘들다는 신화는 「외디푸스」뿐만 아니라 「푸에블로」(Puoblo)족이나 「콰키우틀」(Kwakiutl)족의 신화에서도 나온다. 1과 2는 혈연관계의 과잉과 그 역현상을 각각 나타낸다. 이 〈도표 26〉의 분석에 이은 그의 결론은 무엇인가? 이 신화는 식물이 대지에서 자생적으로 자라듯이 「인간의 토착적 출생을 공언하는 사회가 있을 수 없고, 이 이론에서 현실적으로 우리 각자는 한 남자와 한 여자의 결합에서 태어난다는 사실에의 승인에로 넘어가는 것을 공언하는 사회도 존재할 수 없음을 뜻한다」.[137] 이 모순은 극복될 수 없다. 그런 불가능성의 대안으로 상호 간 모순적인 두 관계는 결국 각각 자기 내부에서 자기 자신과 모순적인 것과 구조적으로 같은 것이라는 명제에 의하여 대체되는 길밖에 없다는 것이다. 즉 「혈연의 과잉이 소원의 관계에 대응됨은 토착성에서 탈출코자 하는 노력이 그 노력의 실패에 대응됨과 같다는 점이다」.[138] 이 점을 공식화하면 다음과 같이 정리된다.

$$\text{즉}\ \frac{\text{과잉적 친족관계}}{\text{소원해진 친족관계}} \simeq \frac{\text{인간의 토착성}}{\text{토착성의 부정}}$$

「≃」라는 기호는 동형(isomorphisme)을 나타낸다.

그래서 하나의 신화는 다음과 같이 일반화된다.

$$\frac{A}{\text{non } A} \simeq \frac{B}{\text{non } B}$$

이와 같은 방법을 신화의 각종 계열에 적용시키면서 그는 신화의 모든「변이」(les variantes)들을「치환」(la permutation)의 교환법칙에 종속시킨다. 그리하여 레비-스트로쓰는 다음과 같은 불변의 법칙에 대응되는 변형의 공식을 발견한다.

$$Fx(a) : Fy(b) \simeq Fx(b) : F_{a-1}(y)$$ [139)]

이 공식에서「a」와「b」는「x」와「y」의 함수에 함께 주어진 용어들이다. 그리하여 다음과 같은 조건이 성립된다. 1) 두 용어 가운데 하나는 반드시 그 반대의 용어로 대체된다(예 :「a」의 반대는「a-1」). 2) 함수가치와 한 용어의 가치가 전도된 관계를 이룩한다(예 :「y」와「a」의 경우). 이와 같은 공식은 그의『신화학 대계』에서 줄곧 변형의 법칙으로 이용되고 있고,[140)] 친족의 일반체계에서도 응용되고 사회현상의 분석에서도 응용되고 있다.「외디푸스」신화의 분석에 이어서 좀더 자세한 신화분석의 실례를 접하기 위하여『구조론적 인류학 II』에 나오는「아스디왈의 무훈 이야기」(la geste d'Asdiwal)를 소개하는 것이 좋으나 신화의 이야기 자체가 상당한 분량이 되는 데다가 거기에 분석이론까지 겹치면 분량의 불균형을 초래할 것 같아 이 책에서도 생략하기로 한다. 또 그의『신화학 대계』는 제1권『날 것과 익힌 것』(*Le cru et le cuit*)이 본문만 347쪽, 제2권『벌꿀에서 잿더미까지』(*Du miel aux cendres*)가 408쪽, 제3권『식사법의 기원』(*L'origine des manières de table*)이 422쪽, 제4권『벌거벗은 인간』(*L'homme nu*)이 621쪽씩을 갖고 있는 방대한 분량이다. 더구나 그 책의 크기는 모두 대형 사전류의 판형에 해당한다. 그래서 이 책에서 그 내용을 자세히 논의한다는 것은 불가능하고,「아스디왈의 무훈 이야기」나 다른 신화와 더불어 레비-스트로쓰의『신화학』만을 별도로 취급하는 연구서가 필요하다. 다만 본 저서에서는「신화란 무엇인가?」의 기본적 물음에 대한 수준의 차원에서 논의하기로 하겠다.

『신화학 대계』(*les Mythologiques*)의 제1권은 남미 브라질 인디언의 187개 신화를 분석하고 있다. 물론 레비-스트로쓰는 하나하나 축조심의를 하기보다「M 1」인「보로로」(Bororo) 신화를 기점으로 하여 다른 신화들이 이 기점신화와 어떤 변형적 관계를 유지하고 있는가를 구조론적으로 검토하고 있다. 이 기점신화는「새집에서 알을 꺼내는 아이의 노래」(l'air du dénicheur d'oiseaux)이다. 여기서 이 신화의 이야기를 소개함은 많은 다른 신화와의 변형을 함께 가져오는 일이므로 별도의 독립적인 연구가 없이는 불가능하다. 그러므로 여기서는 신화의 구체적인 이야기와 관계하는 구조인식은 생략하지 않을 수 없다. 이 점은 제2, 3, 4권의 경우에도 다 적용된다.『날 것과 익힌 것』(*Le cru et le cuit*)은 총체적으로 요리, 농사, 불의 발견, 장신구 등과 같은 신화소의 소재를 대상으로 하면서 자연에서 문화에로의 전이를 설명하고 있다.

신화에「신화소」(le mythème)가 있듯이 요리에도「요리소」(le gustème)가 있다. 이「요리소」는「날 것」(le cru),「익힌 것」(le cuit),「신선한 것」(le frais),「썩힌 것」(le pourri),「마른 것」(le sec),「축축한 것」(l'humide) 등과 같은 능기로 나타난다. 그런데 이 요리는 마치 언어체계와 같은 보편적 기호체계이다. 언어가 한 사회의 의사소통의 기본체계이듯이 요리는 한 사회의 사회생활과 문화생활을 지탱시켜 주는 기본체계이고, 그것이 인간 정신의 구조를 결정하기도 하고 표현하기도 한다. 그러므로 요리의 요리소의 구조 연구가 구조주의에서 중요해진다. 그는 이런 관점에서「요리의 근본적 기호체계」(le code fondamental de la cuisine)인「요리의 삼각형」(le triangle culinaire)을 개발하였다. 이 「요리의 삼각형」은 야콥슨이 음운론의 연구에서 밝힌 「모음의 삼각형」이나 「자음의 삼각형」과 인식론적 궤도를 같이 하고 있다. 우선 야콥슨의 삼각형부터 먼저 소개하기로 한다.

〈도표 27〉

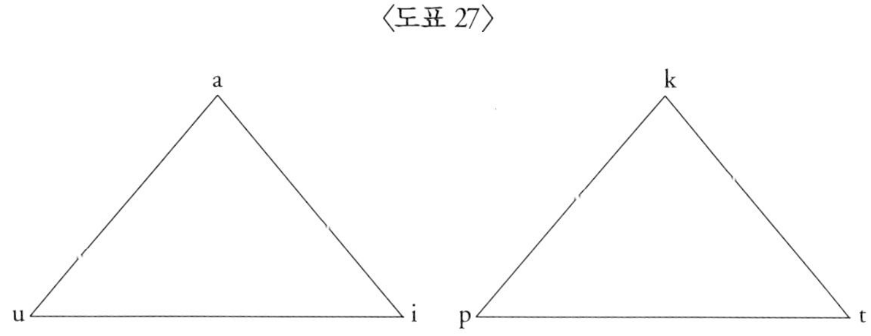

〈도표 27〉에서 「a」와 「k」는 음운론상으로 「치밀한 음가」(compact)를 갖고 있고 「u」와 「p」는 「무거운 음가」(grave), 그리고 「i」와 「t」는 「예리한 음가」(aigu)를 각각 소유하고 있다. 레비-스트로쓰는 이와 같은 야콥슨의 삼각형 도식은 다른 영역에도 적용될 수 있다는 생각을 갖고 그것을 특히 요리의 체계에 대입시켰다. 상기 야콥슨의 두 삼각형은 모음과 자음에 있어서 모든 언어의 기본적 「음운소」(le phonème)가 된다. 마찬가지로 레비-스트로쓰의 요리의 삼각형도 모든 요리체계의 보편적 기본 「요리소」(le gustème)가 된다고 주장한다.

여기서 (+)와 (-)의 기호는 각각 물과 공기의 현존과 부재, 또는 그것들의 강약을 나타낸다. 그리고 「날 것」이 자연적 요리의 계열이라면 「익힌 것」과 「썩힌 것」은 요리의 문화적 계열에 속한다. 또 「날 것」이 언어학적 의미에서 「요리의 무표(無標, non-marqué)적 요리소」라면, 「익힌

〈도표 28〉[141]

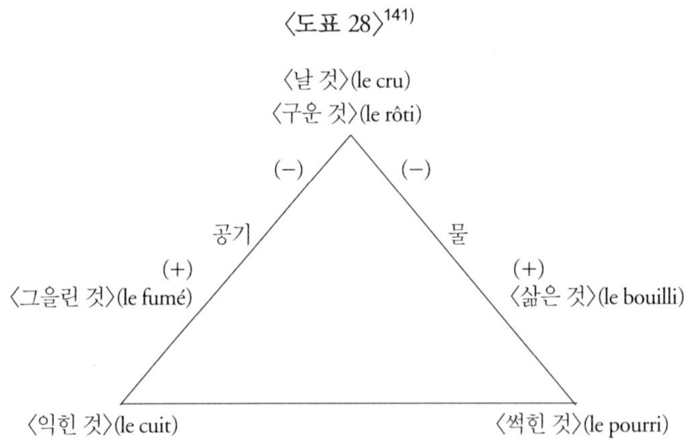

것」과 「썩힌 것」은 「요리의 유표(有標, marqué)적 성질」을 지니고 있다. 그리고 「익힌 것」이 「날 것」의 문화적 변형이라면, 「썩힌 것」은 「날 것」의 자연적 변형이다. 그러므로 이 삼각형에는 이미 두 가지 종류의 대립을 전제로 하고 있다. 즉 「자연/문화」, 그리고 「정련된 것(l'élaboré)/정련되지 않은 것(le non−élaboré)」 등이다. 그리고 이 기본적 삼각형을 토대로 하여 새로운 양상을 결합시켜 나갈 수 있다. 그 새로운 요리소의 양식은 「삶은 것」과 「구운 것」, 그리고 「그을린 것」이다. 즉 「익힌 것」은 두 가지 하위 요리소를 갖는다. 그것이 「구운 것」과 「삶은 것」이다. 「구운」 요리는 불에 직접 닿는 데 반해 「삶은 것」은 이중적인 매개체를 필요로 한다. 첫째는 물이요, 둘째는 물과 재료를 담는 그릇이다. 그런 측면에서 보면 「삶은 것」은 「구운 것」에 비하여 문화의 측면에 속한다고 할 것이다.[142]

이렇게 볼 때 모든 문화는 자연적인 것의 원색적인 노출이나 표출이 아니라, 언제나 물이나 그릇이 상징하듯이 「중간 매개체의 도움」을 받아 「간접적 대응관계」를 갖는 것이라 볼 수 있다. 하여튼 「구운 것」과 「삶은 것」을 비교해 보면, 「구운 것」의 요리가 「삶은 것」보다 더 자연적이고 더 직접적(불과의 관계가)이기에 「구운 요리」가 「삶은 요리」보다 인류사에서 선행했음을 인지할 수 있다. 그리고 「구운 것」과 「날 것」의 상사성(相似性)은 「삶은 것」과 「썩힌 것」의 상근성(相近性)과 대응됨은 말할 나위도 없다. 또 이런 각도도 생각할 수 있다. 「삶은 것」은 그릇 안에서 익힌 것이고 「구운 것」은 바깥에서 익힌 것이다. 그래서 전자는 「凹형」의 영상을 주고 후자는 「凸형」의 것을 제공한다. 그래서 전문용어로 표현하면 「삶은 것」은 「족내요리」(族內料理, l'endo-cuisne)의 구조를, 「구운 것」은 「족외요리」(族外料理, l'exo-cusine)의 체계를 상징한다. 「족내요리」란 아주 친근하게 가까운 사람들끼리 내밀하게 식사를 하는 데서 요구되는 요리방식이고, 「족외요리」란 일반적인 초대손님과 식사할 때 생각되는 요리방식이다. 한국식으로 말하여 안방에 손님을 받아들이는 경우와 야외 식사용으로 구분됨직하다. 요리의 삼각형의 하위소로서 「그을린 것」이 남아 있다. 「그을린 것」은 「익힌 것」과 짙은 연관성을 정시하고 있다. 물론 「그을린 것」이나 「익힌 것」이 다 도구가 소용된다는 점에서 문화의 측면에 속하나 차이점이 있다. 익힐 때 쓰이는 도구는 계속 보존되지만 연기로 그을릴 때 소용되는 도구는 사용 후 파기된다.

그래서 「익힌 것/그을린 것」은 「지속적인 것/일시적인 것」으로 대립된다. 그러나 그을린 음식이 익힌 음식보다 오래간다는 점에서 이 경우 그 대립은 정반대의 역구조를 나타낸다. 그리고 「그을린 것」과 「구운 것」의 관계는 공통적으로 공기라는 매개체를 갖고 있다. 그러나 그것들 사이에 이중적 대립이 있음을 간과해서는 안 된다. 불과의 관계에서 「구운 것」은 근접이고 「그을린 것」은 거리를 둔다. 그리고 요리의 속도에서 「그을린 것」은 시간이 지체되고 「구운 것」은 빨리 이루어진다. 이런 설명으로써 우리는 〈도표 28〉의 내용을 마쳤다. 이외에도 많은 「요리소」의

하위개념들을 그 삼각형에 추가시킬 수 있고, 또 각 지역문화의 특수성에 따라 대립의 의미론(la sémantique)을 추가로 뽑아낼 수 있다. 예컨대 미국에서 「구운 것」은 야영음식이나 남성식으로 간주되기도 하며, 「삶은 것」은 마을 생활식이나 여성식으로 여겨지고, 어떤 지방에서 후자는 생명과 세계질서의 보존에, 전자는 죽음을 의미하는 성질을 상징하기도 한다.[143)]

이와 같은 레비-스트로쓰의 사상에서 한 사회의 요리도 그 사회가 자신도 모르게 안고 있는 무의식적인 자기 구조를 알려주는 언어활동과 다를 것이 없음을 느끼게 해준다.[144)] 앞에서 「그을린 것」과 「익힌 것」이 「지속성」과 「일시성」에서 서로 역의 대립을 갖고 있음을 보았다. 즉 사용도구의 「지속성/일시성」은 「익힌 것/구운 것」이지만, 만든 요리의 「지속성/일시성」은 그 반대로 「구운 것/익힌 것」으로 바뀌어진다. 이것은 무엇을 의미하는가? 레비-스트로쓰의 세심한 정신은 이것을 예사로 흘려보내지 아니한다. 그는 이 점을 이렇게 생각한다. 「문화적 획득의 지속적 소유는 의례의 측면에서든지 신화의 측면에서든지 자연과는 반대로 만들어지는 허가를 끌어들이는 것같이 보인다. 즉 결과가 지속적이면 그 수단은 일시적이고 또 그 반대로도 가능하다」.[145)] 여기서도 우리는 「자연/문화」의 균형과 대칭성을 본다. 그런 균형과 대칭의 사고체계는 이미 요리의 삼각형 안에 숨어 있다. 그 점을 보자. 「구운 것」은 「그을린 것」과 「삶은 것」에 비하여 「자연적인 것」이나 「날 것」에 비하여는 「문화적인 것」이고 「익힌 것」은 「문화적인 것」이라면, 「그을린 것」은 그것에 비하여 상대적으로 「자연적인 것」에 가까우며, 「썩힌 것」은 「날 것」에 비하여 「문화적인 것」이지만 「익힌 것」에 비하여는 「자연적인 것」에 가깝다. 그리고 「삶은 것」은 「썩힌 것」에 비하여 더 「문화적임」은 당연하다. 이처럼

〈도표 29〉

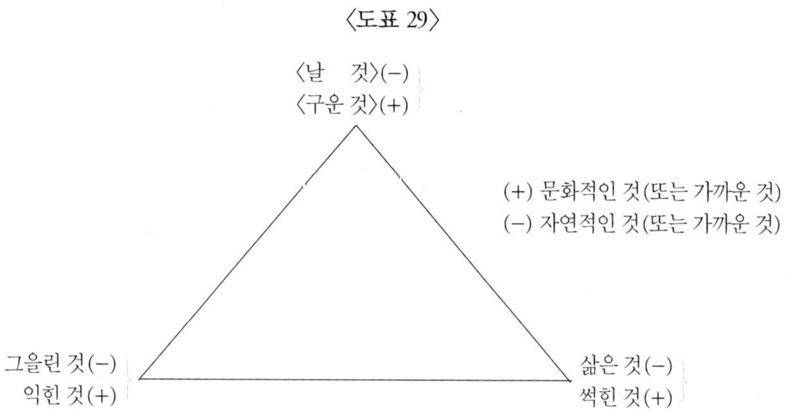

요리구조도 이미 하나의 선천적 균형질서를 안고 있다.

『날 것과 익힌 것』이 「요리소」 내부의 내적 요리구조를 밝힌 것이라면, 『벌꿀에서 잿더미까지』는 우주론적(cosmologique)이거나 사회학적(sociologique)인 성질을 지닌 다른 종류의 대립을 요리의 기초체계를 통하여 밝히려 한다. 그런 점에서 이 책은 요리를 요리 내부에서가 아니라 바깥에서 구조화한다. 그리고 이 책도 역시 남미 브라질의 원주민 신화의 채록분석인데, 166개의 새로운 신화가 거기에 담겨 있다. 『신화학 대계』 제1권은 주로 요리체계를 「감각적 질의 논리」(la logique de la qualité sensible)인 「익힌 것」, 「썩힌 것」, 「날 것」 등으로 분석하고 있지만, 이 제2권은 「형태의 논리」(la logique de la forme)인 「빈 것(le vide)/가득 찬 것(le plein)」, 「담는 것(le contenant)/담겨진 것(le contenu)」, 「안(l'interne)/밖(l'externe)」, 「포함된 것(l'inclus)/배척된 것(l'exclus) 등의 도움을 받아 주로 「꿀」과 「담배」라는 요리 주변을 분석하고 있다. 이 꿀은 모든 이가 좋아하는 엄청난 마력을 지니고 있어서 서양사회에서도 「밀월여행」이라는 특수어가 생기기도 하였다.

꿀은 누구나 좋아하는 매력이 있는 기호식품이기에 그만큼 성의 위험한 유혹성을 은유적으로 간직하고 있다. 하여튼 꿀이 자연계열의 기호품이라면, 담배는 문화계열의 기호품이다. 꿀과 담배는 기호품이기에 직접 요리 자체와 관련은 없다. 「꿀은 벌이 인간의 힘을 빌리지 않고 먹을 수 있도록 정련된 것이고, 담배를 소모하는 가장 공통적인 방식은 꿀과 달라서 담배는 "요리 이전"(en deça de la cuisine)의 위치가 아니라 "요리를 넘어간"(au-delà de la cuisine) 위상에 처해 있다. 왜냐하면 담배를 꿀처럼 그냥 자연 그대로 먹지 않고 고기요리처럼 불에 미리 쪼여야 한다. 연기를 마시기 위해 담배를 재로 만든다」.[146] 그래서 「꿀-자연」의 짙은 연관성에 대하여 연기가 하늘로 올라가므로 「담배-초자연」의 연관영상을 제공하기도 한다.

여러 가지 신화의 변형을 통한 연쇄에 의하여 담배는 표범신화와 밀접한 관계를 지니고 있다. 「새 둥지에서 알을 꺼내는 아이」의 신화로부터 담배는 시작한다. 그 아이는 불을 가지고 있는 표범으로부터 불을 훔친다. 표범을 죽여야 살 수 있기에 그를 죽인다. 그 죽은 잿더미에서부터 담배가 생긴다. 담배는 또다시 야생돼지를 낳고, 야생돼지에서 고기가 나온다. 또 「꿀에 반한 소녀의 이야기」에 의하면 꿀은 먹는 것이 지연되어야 하는 결혼기호나 재산으로 나타난다. 성관계와 먹는 행위는 이웃한다. 만약 꿀을 게걸스럽게 먹어치우는 먹보가 있으면, 그는 기다려야 하는 명령을 어긴다. 왜 기다리는가? 사냥감은 잡아서 즉시 먹어야 하는데, 일 년 중에 어느 날까지 기다려서 먹는 꿀의 축제는 연중 벌어지는 사냥의 성공기원과 관계 있다. 그래서 꿀도 역시 사냥의 풍성한 성공과 요리할 고기와 관계를 맺는다.[147]

꿀과 담배에 관한 대립관계의 도식을 잠깐 보기로 하자. 꿀에는 좋

〈도표 30〉[148]

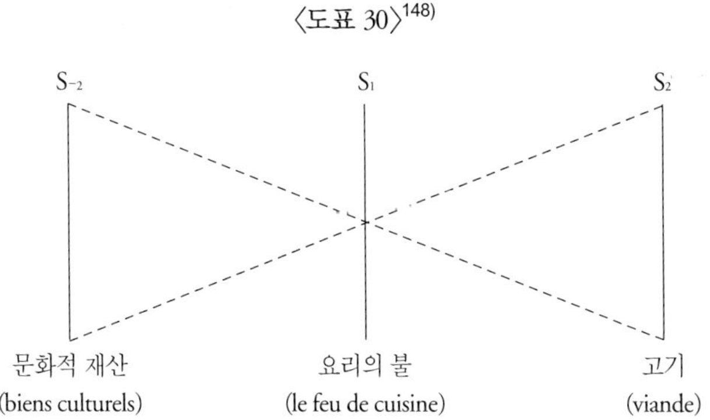

은 꿀과 나쁜 꿀이 있고, 연기에도 좋은 연기와 나쁜 연기가 있다. 좋은 꿀은 물기도 있고 미끈미끈해서 마치 맛있는 정과(正果, la compote) 같고, 나쁜 꿀은 물기도 없고 텁텁해서 꼭 시큼한 정과 같다. 좋은 연기는 담배 연기처럼 향내가 나나 나쁜 연기는 새털을 태우듯이 구린내가 난다. 「담배와 꿀」(le tabac et le miel)은 이처럼 구조의 뼈대상으로는 같은 동형의 신화지만 그 둘은 「전도된 대칭의 관계」(la symétrie inversée)를 유지하고 있다. 왜냐하면 담배는 불을 붙여 재로 화하지만 꿀은 불과 전도된 관계에 있는 물기와 유관한 능기이기 때문에 그 대칭은 전도된 것이다. 이 점을 도표화하면 다음과 같다.

「S_2」와 「S_{-2}」의 관계는 완전히 「전도된 대칭의 관계」이다. 우선 고기는 「요리 이전」(en deça de la cuisine)의 위치에 있고, 문화재산은 요리를 넘어서(au-delà de la cuisine)의 위치에 있다. 그리고 고기는 사냥해서 즉시 먹어야 하는 자연계열의 재료이고, 장신구와 같은 재산은 금방 소모하지 않고 보관한다. 꿀도 금방 먹지 않고 재산처럼 기다린다는 말을 기억해야 한다. 그런데 고기는 야생돼지에서 나왔고, 그 야생돼지는 담뱃재에서 생겼다. 그래서 야생돼지의 고기 뒤에는 담배를 목적으로 갖고 있다.

담배는 「요리를 넘어서」 있다. 그런데 장신구와 같은 재산은 꿀의 축제가 벌어질 때 나타난다. 장신구의 출현은 꿀의 축제를 목적으로 한다. 그리하여 다음 〈도표 31〉과 같은 도표가 가능하다.

그런데 고기가 자연계열이라면 장신구는 문화계열이다. 그런데 또 고기가 나온 출처인 담배는 문화적 계열에 속하고 꿀은 자연적 계열에 속한다. 고기는 「요리 이전」에 있고 장신구는 「요리 넘어서」 있지만, 반대로 담배는 「요리 넘어서」 있고, 꿀은 「요리 이전」에 있다. 꿀과 담배는 요리를 중심으로 균형상태에 있지만 전도된 대칭이고, 또 「꿀 : 장신구」=「고기 : 담배」와 동형인 신화구조 관계를 나타낸다고 추리할 수 있다. 이것은 「외디푸스」 신화에서 본 치환의 공식인 $Fx(a) : Fy(b) \simeq Fx(b) : F_{a-1}(y)$와 다를 바가 없다고 하겠다.

그리고 담배가 연기처럼 하늘로 오르는 초자연적 기호가 된다면 꿀은 자연적 기호이고, 고기와 담배가 남성적 기호체계와 연관된다면 꿀과 장신구는 여성적 기호체계와 관계된다. 그리고 담배연기의 초자연성과 대립되는 꿀의 자연성에는 성의 의미도 관련되어 있다.

『신화학 대계』 제3권에서 우리는 남미 브라질을 떠나 북미로 간다. 여기는 274개의 신화가 담겨 있다. 『식사법의 기원』은 주로 「명제의 논리」(la logique de la proposition)가 주 도구로 이용되고 있고, 「느린/빠른」, 「동등한/부동등한」, 「낮/밤」, 「증가된/감소된」, 「소화/배설」 등의 시간적 대립이 사용되고 있다. 이 책에서는 「M 354」가 기본 기준신화로 작용하고 있다(M 354→M 528). 아무튼 『식사법의 기원』은 『날 것과 익힌 것』의 관점과 같이 자연에서 문화에로 돌아가는 것을 나타내 보이고 있다. 제2권 『벌꿀에서 잿더미까지』는 문화에서 자연에로 해체되는 신화의 구조를 밝힌다면, 이 제3권은 1권의 보완역할을 한다. 그리하여 제3권은 어

〈도표 31〉[149)]

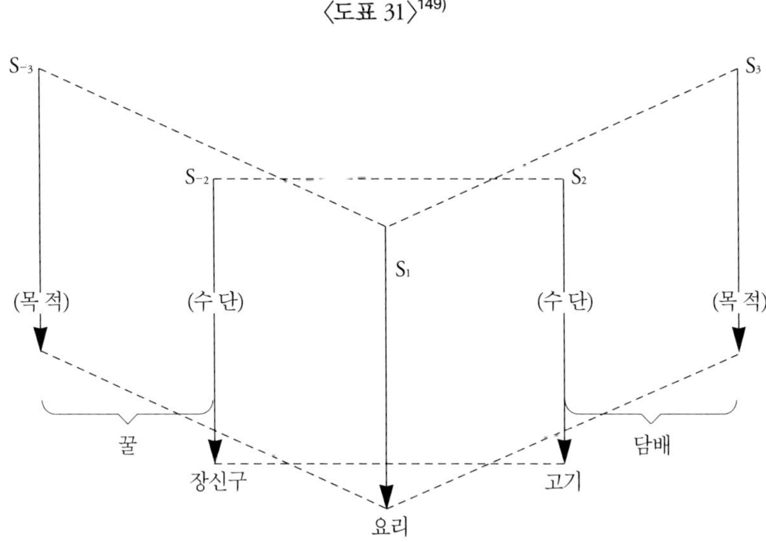

떻게 문화의 접근이 「식사법」과 같은 도덕에 의하여 표시되고 있는가를 보여준다. 제1권이 요리 내부의 「요리소」들을 요리체계 범위 안을 싸는 「내적 범위」(l'entour)와 관계된다면, 제3권은 「요리의 한계」를 정하는 「외적 범위」(le contour)와 연결되어 있다. 그래서 예컨대 식사할 때 소리를 내느냐 안 내느냐 하는 문제는 요리의 「내적 범위」(l'entour)가 아니고 「외적 범위」(le contour)이다. 소리를 시끄럽게 내면서 씹는 저작(咀嚼)활동은 여성의 특권이고, 과묵하여 말없이, 소리내지 않고 먹는 것은 남자들의 처세규칙이다. 또 날짜와 시간 그리고 10일을 기준으로 하는 달력은 천문학적 체계와 관계되는데, 여기서도 언제나 해와 달 사이에 균등한 균형이 강조되고 있다. 해를 너무 편애함은 우주를 영원한 낮으로 저주스럽게 만들고, 달에 특별한 혜택을 줌은 이 우주를 영원한 밤으로 만들게 된다. 이런 해와 달은 남녀관계로 변형된다. 이 책은 「처세술의 규칙」

(le règle du savoir-vivre)을 마지막 장으로 갖고 있다. 즉 존재들 사이의 「정당한 거리」, 소화기능을 잘 하기 위한 「적당한 태도」, 식사법에서 「역할의 분담」 등에 대한 「규칙」이다.[150] 소리를 내고 입을 벌리면서 저작하는 행위는 인간 사이의 거리유지가 바람직스럽다는 것을 뜻하기도 한다.

그러나 그것은 입을 다물고 말없이 저작하는 결합과 동시적으로 성립한다. 「서로서로 너무 가깝거나 너무 멀면 인간을 무력이나 광란의 포로로 방치시키게 될 존재들을 분리시키고 동시에 결합시키는 것과 같은 이중성이 구조주의의 세상 읽기와 늘 직결된다」.[151] 여기서 「신화학」은 「인식론」의 차원을 넘어 「도덕론」으로 길을 열어놓는다. 「신화학」이 담고 있는 도덕은 우리가 오늘날 생각하는 도덕과 다르다. 신화학의 「처세술」(le savoir-vivre)은 「세계에 대한 공경」(une déférence envers le monde)과 「의무의 존중」(le respect de l'obligation)으로 가득 차 있다. 그 도덕은 세계와 타인에 대한 존경심을 내포하고 있다. 사르트르가 「만약에 지옥이 있다면 그것은 타인들이다」라고 말하였다. 레비-스트로쓰는 「지옥은 우리들 자신」이라고 읊조린다. 「잘 정돈된 인간주의는 자기 자신으로부터 시작하지 않는다. 그 인간주의는 생명보다 먼저 세계를, 인간보다 먼저 생명을, 자존심보다 먼저 다른 존재들에 대한 존경을 놓는다」.[152]

제4권 『벌거벗은 인간』은 284개의 새로운 신화를 담고 있다. 이 제4권은 앞의 3권들에 비하여 보다 종합적이고 훨씬 접근하기 수월하다. 기술적인 모든 분석은 다음으로 미루고 철학적 결론만 취급하자면, 『벌거벗은 인간』(*L'homme nu*)은 인간이 더불어 사는 교환의 존재임을 가르쳐 준다. 「모든 신화가 놓여 있는 상황이 우주적 · 기상학적 · 동물학적 · 식물학적 · 기술적 · 경제적 · 성욕적 · 사회적이든 간에 나눔과 교환과 거래의 개념이 모든 신화를 지배하고 있다. 자기들 사이에 짝을 짓지 않고 제각기 상대방의 영역을 침투하기를 피하는 동물들에 대하여 약탈자나 썩은 고기를 훔쳐먹는 놈처럼 협동의 어떤 형태를 실천하는 동물들이 대립된다. 시장이나 장터에서 또는 결혼거래에 의하여 얻어진 사람들이나 새산에 대하여 요리의 불이나 음료수처럼 모든 이의 것인 재산의 범주가 대립된다」.[153)]

『신화학 대계』 4권을 통하여 레비-스트로쓰는 무엇을 철학적으로 생각하고 있나? 신화를 통한 그의 구조주의 철학은 궁극적 의미가 주체나 "나" 속에서 찾아져야 하는 것을 거부하고 있다. 그에 의하면 주체는 「철학의 무대에서 너무 오랫동안 자리를 잡아 왔고 오직 자기에게만 관심을 기울여 달라고 졸라댐으로써 진지한 작업을 방해해 온 지긋지긋하리만큼 버릇 없는 아이」[154)]로 묘사되고 있다. 이러한 주체의 철학에 반대해서 그는 두 가지 철학적 방향을 제시하고 있다. 한 가지는 자아를 「인류의 "우리"」(le nous de l'humanité) 속에 해체시키는 것이고, 또 다른 하나는 「인간성」을 「자연」 속에 통합하는 일이다. 이 두 가지 방향은 이미 우리가 앞에서 다룬 구조주의의 이념 속에서 취급되었다. 레비-스트로쓰는 그의 구조주의가 「목적론적」이라고 언급한다.[155)] 이 목적은 주체적 신앙이 아니다. 그것은 인간과 문화를 마침내 거대한 자연의 고요 속으로 흡입시키는 것이다. 영겁의 세월 동안 적요(寂寥) 속에 지내온 우리의 영원한 고향, 그 자연은 무엇인가? 그것은 「수백만 년의 세월 동안, 그리고 복잡하고 꼬불꼬불한 길을 통하여 곤충을 유혹하고, 유일한 주머니 속에 갇혀 있는 꽃가루를 향하여 그 곤충을 인도하도록 빛을 통과시키게 하는 투명한 창문 덕택으로 난초의 수분을 가능케 할 수 있었던 이름 없는 바람(願, vouloir obscur) (…)과 같은 본성[156)]이다」.

지금까지 우리는 레비-스트로쓰의 『신화학 대계』(*les Mythologiques*)

4권을 아주 소략하게 소개하였다. 이것은 신화학에 대한 별도의 저술을 통하여 보완될 것이다. 그런데 그동안 그가 신화를 분석하는 방법을 보고 그는 「형식주의」나 「형식주의적 논리」에 빠져 있는 것이 아닌가 하는 생각을 갖게 되리라 짐작된다. 그러나 그는 분명히 자신의 구조주의는 결코 인식론적으로 「형식주의」(le formalisme)가 아니라고 단언한다. 「형식주의에 있어서는 (형식과 내용이) 절대적으로 분리되어야 한다. 왜냐하면 형식만이 가지적(可知的)이고 내용은 의미의 가치가 없는 잔재에 지나지 않기 때문이다. 구조주의에 있어서 이런 대립은 존재하지 않는다. 구체의 면과 다른 추상의 측면이란 없다. 형식과 내용은 같은 본성에 속하고 같은 분석의 관할에 속한다. 내용은 자신의 구조로부터 그 실재를 이끌어낸다. 그리고 형식이라고 불리워지는 것은 내용이 성립하는 국지적 구조의 "구조화"(la mise en structure)이다」.[157]

레비-스트로쓰는 러시아 형식주의자인 프롭프(V. Propp)의 러시아 설화 분석이 형식주의의 함정에 빠졌음을 비판하면서 그 형식주의는 「문맥」(le contexte)을 배제한 용어와 개념에 집착하였다고 지적하였다. 즉 어떤 용어나 개념의 의미를 알려면 언제나 「문맥」 속에서 그 개념과 용어를 치환시켜 보아야 한다. 그가 든 예를 여기서 소개한다.[158] 같은 기능에서 독수리는 낮에, 올빼미는 밤에 활동하는데, 그 경우 독수리는 낮의 올빼미, 올빼미는 밤의 독수리라고 정의할 수 있고, 이때에 변별적 대립은 낮과 밤이다. 그리고 독수리와 올빼미는 또 까마귀와 대립되는데, 그것은 「약탈자」가 「몰래 훔쳐먹는 자」와 대립되는 이치와 같다. 또 오리가 등장하면 그것은 「하늘/물」, 「하늘/땅」의 대립개념으로 파악되어야 한다. 구비문학을 이런 각도로 분석하면 그것이 「신앙」, 「의례」, 「미신」, 「과학」 등과 같은 맥락에서 변형되면서 파악될 것이다.

레비-스트로쓰의 구조주의가 형식주의가 아니라면 그의 신화학은 철학에 어떤 영향을 미쳤을까? 우리는 두 가지로 그의 영향을 정리해 볼 수 있을 것이다. 첫째로, 그의 신화학에서 궁극적으로 뭉뚱그려서 등장하는 대립되는 두 가지 개념인 「자연/문화」를 생삭해 보자. 어느 것이 상부구조이고 어느 것이 하부구조인가? 자연이 하부구조이고 문화가 상부구조인가? 그렇기도 하다. 왜냐하면 신화는 주위의 자연을 생각의 「모형」으로 삼기 때문이다. 그러나 그것만이 전부가 아니다. 경제적인 것만이 하부구조인가? 전혀 그렇지 않다. 경제 이외에 친족이나 음식체계, 식사법, 언어구조, 결혼규칙이 다 하부구조이다. 그리고 이런 범주들은 문화가 아닌가? 하나의 하부구조가 없으려니와, 여러 하부구조는 프로이트가 말한 바와 같이 서로서로 「다원결정」(la surdétermination)을 하고 있다고 보는 것이 옳다. 마르크스의 경제적 하부구조가 상부구조를 결정한다는 것은 인식론적으로 너무 단순하다.

둘째로, 그의 신화학은 오직 「계열체적 집합」(l'ensemble paradigmatique)만이 보편적 인식을 가져다 준다는 사상을 남겨놓았다. 그래서 그의 구조주의적 인식이론이 그의 부정에도 불구하고 형식주의적 특성을 진하게 지닌다고 비판받기도 한다. 그는 이렇게 말했다. 「조야하게 생각한다면 모든 결합체적 연쇄는 의미가 없는 것으로 간주되어야 한다」.[159] 폴 리쾨르가 잘 지적하였듯이 결합체도 계열체에 못지 않게 의미를 지닌다. 이 점은 이 책의 결론부분에 가서 취급될 것이다. 하여튼 그는 말하였다. 「신화로서의 신화의 가치는 가장 나쁜 번역에도 불구하고 존속한다」.[160] 신화는 계열체의 치환논리로 의미화되어야 하기에 결합체적 성격을 지닌 번역이 설사 좋지 않더라도 그것이 치명적인 타격이 될 수 없다는 것이다. 이야기가 중요한 것이 아니기 때문이다.

계열체적 인식논리를 확립함은 곧 분류하는 정신, 유별화하는 정신이 곧 지식임을 뜻한다. 그의 말대로 「유별적 체계」(le système classificatoire)의 개념이 의미의 체계가 된다.[161] 그가 사회학자 『마르셀 모쓰의 저술에 부치는 서론』(*Introduction à l'oeuvre de Marcel Mauss*)에서 한 구절을 인용한다.[162] 「인간 정신의 진보나 좌우간 과학적 인식의 발전이라고 불리워지는 것은 재단(裁斷, le découpage)을 수정하고, 재집합(le regroupement)에로 나아가며, 자기 자신과의 보완적이고 닫힌 체계의 와중에서 새로운 수단을 발견하고 귀속을 정의하는 일에만 늘 성립할 수 있었고 앞으로도 그럴 수밖에 없으리라」.

9. 구조주의의 미학적 성찰

문자가 없는 종족들이 의미를 기호화하기 위하여 그림이나 음악 등 예술에 깊은 정열을 쏟았을 것이라는 것은 쉽게 짐작이 간다. 그리고 그들이 현대인들처럼 개인적 생활을 영위하지 않고 집단의 일원으로 철저한 행동양식을 표시했던 점에서 그들의 예술이 집단 사회생활의 표상과 결코 무관하지 않으리라는 것도 당연히 나올 수 있는 귀결이다. 예컨대 야생인들은 가면을 만들거나 또는 그들의 얼굴에 문신을 새겨넣기도 하는데, 그 가면과 얼굴 문신은 개인의 취미나 멋이 아니고 고대 희랍인들이 말한 「persona」, 즉 사회로부터 부여받은 역할과 특성을 뜻한다. 그 가면과 얼굴 문신의 역할 뒤에서 개성은 사라지고 만다. 「(…) 문자가 없는 사회는 가면에 다음과 같은 기능을 부여한다. 즉 쓰고 있는 가면에 가장 높은 가치를 부여하면서 그 가면 속으로 개인을 은닉시킨다. 고유명사(이름)가 개체를 사회적 역할(personne)로 탈바꿈시킨다는 사실에서 그것이 개체의 참다운 은유의 역할을 수행하는 것같이 선율적인 문장은 담론(le discours)의 은유이다」.[163] 물론 이 가면이 꼭 문자가 없는 사회에서만 그런 뜻을 지니는 것은 아니다. 문자가 있어온 사회에서도 같다. 그러면 일반적으로 야생인의 사회에서 예술은 어떤 기능을 지니고 있나? 그것은 신화와 같이 사회의 모순을 환상적으로 극복하려는 일종의 보상행위와 같다. 「예술은 사회적 모순의 환상적 해결로서, 즉 상상적 매개체로서, 보상적인 행동으로서 주어진다. 예술은 이미 경험적 사회생활의 도구도 아니며, 그것은 경험적 사회생활을 극복하는 이미지이다. 예술은 그가 태어난 사회의 유토피아적 형태의 은유를 그린다」.[164]

야생적 사회에 있어서 예술의 기능이 「집단적 표상」과 또 다른 한편으로 「집단 내부의 모순」(어느 사회도 완벽하지 못하므로)을 「상상」과 「환상」에 의하여 극복하려 하는 두 가지 점을 지니고 있다면, 예술의 위치는 어디에 있는가 생각해 보지 않을 수 없다. 레비-스트로쓰는 「예술은 과학적 인식과 신화적 또는 주술적 사유와의 중간길에 놓여 있다」[165]고 천명하였다. 즉 예술가는 「과학자와 잔일꾼」의 두 가지 요소를 동시에 소유하고 있다는 뜻이다. 잔일하기(le bricolage)나 신화에 의한 사유는 이미 우리가 앞에서 검토한 것같이 과학자나 기술자처럼 개념에 의해서 일을 하지 않고 기호에 의해서 일을 한다. 즉 「신화적 사유는 실천적 측면에서 잔일하기 같이 구조화된 다른 전체와 직접 관계없이 사건의 단편과 잔재들을 이용하면서 구조화된 전체를 만들어낸다. (…) 신화적 사유는 사건들을 배합하면서, 또는 오히려 사건들의 잔재를 배합하면서 구조를 만들어낸다. (그런 반면에) 과학은 스스로 건설해 나가는 유일한 사실의 진행 와중에서 중단없이 (…) 만드는 구조의 도움을 받아 사건의 형태 아래서 자신의 수단과 결과를 창조한다」.[166] 즉 「과학」은 구조를 기반으로 하여 사건을 창조하고, 신화는 사건을 재료로 하여 구조를 만들어내는 그런 차이를 지니는 셈이다.

또한 신화는 구조를 만들어 불변의 의미를 찾으려 하고, 과학은 끊임없는 수정을 통하여 새로운 인식을 발견하려 한다. 과학적 사고와 신화적 사고가 이런 차이점을 지니고 있기 때문에 과학과 신화는 그 사고적 특징의 반반(半半)을 예술에 부여하게 된다. 우선 예술가는 잔일꾼의 일하기처럼 기호에 의하여 작업에 착수한다. 예술가는 과학자처럼 개념적 도식을 만들어 예술작품을 만들지 않는다. 기호에 따라 수공업적인 방식으로 물질적 대상을 만든다. 그런데 대상을 만들 때에 먼저 「축소된 모형」을 생각한다. 우리는 앞에서 이미 「축소된 모형」(le modèle réduit)의 의미를 보았다. 그 모형은 구조를 인식하기 위해서이다. 「축소된 모형」의 구조 위에서 물질적 대상을 창조하면 그것은 동시에 새로운 인식의 대상이 된다. 새로운 예술작품은 새로운 인식의 사건을 열어놓는다. 그래서 예술은 신화적 사유와 과학적 사유의 중간에 서 있게 된다. 그래서 훌륭한 예술작품에서 우리가 감동을 받을 때, 그 감동은 예술작품이 구조의 질서와 사건의 질서를 동시에 조화시키면서 나타나는 경우에 일어난다.

이런 관점을 정리하면 다음 〈도표 32〉와 같은 분류도식이 나온다.[167]

예술의 경우에 그것이 꼭 먼저 사건에서 출발하느냐 아니면 구조에서 출발하느냐 하는 것은 애매모호하다. 물론 과학은 「구조→사건」으로, 신화는 「사건→구조」로 가는 정반대의 과정을 각각 밟는다. 그러나

〈도표 32〉

	과 학	신 화	예 술
인식대상의 생산 / 비(非)인식대상의 생산	+	−	+
개념적 조작 / 기호적 조작	+	−	−
사건 우선 / 구조 우선	−	+	0

※ 여기서 +는 첫 번째 항목, −는 두 번째 항목을 말하고 0은 애매한 경우를 말한다.

과학과 예술이 다 같이 신화와 달라 인식대상을 생산하는 데 공통적 요인을 지니고 있다고 하여도 그 두 가지가 꼭 같은 성질을 지니고 있다고 여겨서는 안 된다. 레비-스트로쓰에 의하면 과학적 인식의 대상은 「환유법적」 질서를 갖고 있고, 예술적 인식의 대상은 「은유법적 인식」의 대상을 지닌다. 왜냐하면 과학적 인식은 주로 원인과 결과나 양적 대소에 의한 인식의 본질을 생명으로 삼고 있는 반면에, 예술적 인식은 비유에 의한 상징화를 기본조건으로 여기기 때문이다. 그러므로 과학적 인식과 예술적 인식이 혼동되어서는 안 된다. 레비-스트로쓰의 미학이론은 단적으로 기호(le signe) 속에서, 또 기호에 의하여 구성되어지는 은유법적 인식이라고 볼 수 있다. 이 우주는 의미나 무의미의 구별 이전에 기호로 가득 차 있다. 이때의 기호개념은 꼭 소쉬르가 말한 언어학적 의미로 좁게 해석할 필요는 없다. 초상화를 그리는 것도 그것이 단순한 복제품이 아닐진대 인물대상이 주위 환경과의 관계, 자신의 역사와의 관계, 타인과의 관계, 직업과의 관계 등에서 엮어진 기호체계를 사건과 구조와의 배합으로 잘 표현할 때 초상화의 미학은 가능하다. 기호는 때로는 「지표」(l'indice)로, 때로는 「신호」(le signal)로, 때로는 「상징」(le symbole)으로, 때로는 「언어학적 기호」(le signe linguistique)로 출현하기도 한다. 여름 하늘이 갑자기 어두워지는 것은 소나기가 임박했다는 「지표」이다. 먼저 그 지표적 기호 아래서 모든 이는 행동하고 생각한다. 의미가 기호체계 밖에서 존재하는 것이 아니다. 미학적 의미도 이와 같다. 이것이 레비-스트로쓰의 사상이다.

기호 속에서, 또 기호를 통하여 세계를 생각하는 것이 예술로 여겨졌기 때문에 야생인들의 회화가 고전시대의 회화와 달리 초상화를 그려도 사실적이거나 구상적이 아니다. 그렇다고 그들의 회화가 추상적인 것은 더군다나 아니다. 그들이 구상적 데생의 기술이 없어서 구상화를 안 그린 것이 아니다. 그들이 구상화를 도자기나 신전에 새기기를 거부한 것은 그들이 생각한 세계의 상징이 초자연적이었기 때문이다. 그래서 야생인들은 세계나 자연을 소유하려 하거나 자기 것으로 만들려고 생각하지 않았다. 이 점에 관하여 레비-스트로쓰의 말을 들어보자. 「문자가 구상적 형태에로 향하는 예술의 진화에 매우 깊은 역할을 하였다고 생각한다. 왜냐하면 문자는 인간에게 기호를 수단으로 하여 외부세계를 의미하는 것뿐만 아니라, 그 세계를 파지하고 소지하는 것이 또한 가능하다는 것을 가르쳐 주었기 때문이다. (…) 이와 같은 것은 거의 일종의 주술적 영감으로 가득 찬 음욕이다. 왜냐하면 그런 태도는 존재와 교통할 수 있을 뿐만 아니라, 초상을 통해서 그 존재를 자기 것으로 만들 수 있다는 환상에 근거하고 있기 때문이다」.[168]

이어서 레비-스트로쓰는 바로 우리 문명의 예술이 그런 「탐욕스런 요구」, 「사물의 소유자」, 「주인이 되고자 하는 욕구」에서 성립한다고 지적하였다. 서양인의 구상예술이 「대상과의 면전에서 소유성」을 뜻한다면 원시예술(미술)은 그런 지배와는 거리가 멀다. 서양사에서 특히 르네상스 이후로 사람에 대한 지배, 사물에 대한 지배가 인쇄술의 발달에 힘입어 가속화되었다고 그는 지적한다. 그런 점에서 구상회화에 대한 레비-스트로쓰의 비판은 그런 회화를 잉태시킨 문명에 대한 비판과 동시적으로 간다. 그 문명은 개인과 주체를 앞세워—그 개인과 주체가 소유자이든 관람자이든—대상을 자기 손아귀에 포착하려는 야심이고, 「바깥의 아름다움이나 부를 독점하려는 수단」을 예술의 이름으로 정당화하려는 탐욕의 속성과 관계한다. 그런 「주술적 음욕」은 세계에 대한 존중과 세계가 언제나 나의 이미지를 훨씬 넘는다는 초월을 부정한다. 그러나 원시미술이나 원시회화는 그런 초월의 기호를 읽었다. 그래서 야생인들은 구상화를 꿈꾸지 않았다. 「구상주의는 "대상의 초과"(l'exces de l'objet)에 대한 체계적인 망각에서부터 탄생한다」.[169] 오히려 「구상주의는 "대상의 결핍"(le manque de l'objet)에서 영양을 취한다」.[170] 대상을 희미하게 만듦은 자연히 개인이나 주체의 고집을 강조하는 「주체주의」를 싹트게 한다.

그렇다고 레비-스트로쓰가 「입체파」(le cubisme)와 같은 「추상주의의 회화」를 결코 옹호하는 것이 아니다. 입체파가 구상화에 비하여 대상에 대한 「소유욕」과 「음욕」을 덜 가진 것은 하나의 획기적 혁명으로 생각된다. 즉 입체파는 구상파보다 예술의 「의미론적 진실」에 가깝다고 레비-스트로쓰는 생각한다. 「입체파는 예술의 의미론적 진실을 재발견한다. 왜냐하면 입체파의 본질적 야심은 단순히 표상하는 것이 아니고 의미하는 것이기 때문이다. 그러므로 입체파의 혁명이 인상파의 결과를 이용함으로써 시작되었다 할지라도 인상파적 혁명보다 더 깊은 혁명을 시도하였다. 입체파는 대상을 넘어 의미화(기호화)까지 간다. 그러나 입체파에도 본질적으로 결핍된 것이 있는데, 비록 입체파가 원시예술의 영향을 받았고 그것을 사랑한 것이 우연이 아닐지라도, 원시예술과의 일치를 이야기하기가 주저되는 바가 있다. 그러나 우리는 다른 어떤 형태의 회화보다 더 행복하게, 그리고 더 쉽게 대상들이 입체파와 동거하고 있다고 느낀다」.[171] 「그럼에도 불구하고 입체파가 극복할 수 없는 근본적 어려움이 있는데, (…) 예술생산의 조건이 아직도 개인주의적이다. 그리고 입체파는 예술작품의 집단적 기능이 발견되지 않는다」.[172] 이 인용을 통하여 우리는 레비-스트로쓰가 입체파와 같은 추상회화가 구상회화보다 「사물의 독점」이나 「소유욕」은 덜하여서 「표상예술」이 아니고 「기호화(의미화)」의 예술인 것은 사실이지만, 「개인주의의 생산 차원」에서 대상과 동거하기를 원하기에 원시미술이나 원시회화처럼 「집단의 기능 속에 자기를 숨기는 것」이 없다고 판단하는 것을 본다. 추상회화는 주체를 극복한 점에서는 좋으나 주체 대신에 주체적인 것의 「티」(les manières)를 벗어나지 못하고 있고, 구상회화처럼 꼭 현존하는 대상은 아닐지라도 「부재적 대상에 대한 현실적 모방을 창조하는 점」에서 원시미술과 일치하지 않는다.

지금까지 우리는 레비-스트로쓰의 회화관을 살펴보았다. 그러면 그의 음악에 대한 미학적 견해는 어떠한가? 어떤 점에서 보면 음악은 회화보다 레비-스트로쓰의 철학세계에서 더 가깝고 더 중요한 장르로 취급되고 있음을 볼 수 있다. 그는 신화와 음악 사이에 어떤 구조론적 유사성을 발견한다. 「진실한 대답은 신화와 음악작품 사이의 공통적 성격, 즉 각각 자기 방식으로 회화와는 반대로 분절된 언어활동처럼 스스로를 표현하기 위하여 시간적 차원을 요구하면서도 분절된 그 언어활동을 초월하는 언어활동으로 존재하는 것 속에 성립한다」.[173] 신화는 결합체적 연쇄의 관계에서 보면 통시적인 시간의 흐름을 떠나서 성립하지 않는다. 거기에는 사건도 있고, 또 시간의 전개에 따라 사건의 연속이 단순화되기도 하고 복잡해지기도 한다.

음악도 이와 같다. 음악은 그 점에서 회화와 달라 시간의 통시적 흐름 위에 타 있는 예술이다. 통시적 측면에서 보면 신화나 음악은 가역작용도 불가능한 일방적 시간의 흐름이다. 그러나 신화를 제대로 해독할 줄 알거나 음악을 주의깊게 듣는 사람에게 그것들은 단순한 사건의 흐름이나 음률의 진행이 아님을 알게 된다. 신화와 음악에는 제각기 시간을 정지시키는 「내적 조직」이 있음을 깨닫게 된다. 「음악작품, 음악의 내적 조직의 사실을 듣게 되면 음악이 흐르는 시간을 정지시킨다는 것을 알게 된다. 그것은 마치 바람에 나부끼는 식탁보(la nappe)가 바람을 다시 끌어당겨 다시 접는 것과 같다. 그래서 음악을 들으면서, 그리고 음악을 듣는 동안 우리는 일종의 불멸성에 접근한다」.[174)]

가장 소박한 뜻에서 음악과 회화를 우선 비교하여 보기로 하자. 음악은 소리의 예술이고 회화는 색과 형체의 예술이다. 자연은 거의 자동적으로 우리의 시각에 대하여 색과 형체를 제공한다. 그래서 거의 직접적인 경험에 의하여 우리는 자연이 색과 형체에서 이미 훌륭한 회화작품을 선사하고 있다고 가정해 보는 것은 무리가 아니리라. 그래서 회화는 그 출발에서 자연의 아름다움을 모방하는 데서부터 시작한다고 볼 수 있다. 그렇게 때문에 미술전람회에서 그림을 감상하는 사람들은 아마도 제일 먼저 이 그림이 무엇을 염두에 두고 그렸는지를 상상하려고 할 것이다. 그래서 입체파 그림이나 또는 추상미술 앞에서 관람자는 도대체 이 그림이 무엇을 표상하는지 당황해한다. 레비-스트로쓰는 추상미술을 평하면서 이 그림은 음악의 본질을 닮으려 하는 데서 나온 것이 아닌가 하고 자문자답하고 있다. 즉 음악은 회화와 달라 자연 자체의 모방에서 바로 생기는 것은 아니다. 음악은 악기라는 도구나 또는 사람의 목소리를 도구화하거나 간에 인간에 의한 어떤 조직과 인위적 만듦이 있어야 소리가 음악으로 변한다. 그렇지 않으면 자연의 소리는 소음일 뿐이다. 그러므로 음악의 구상적 대상은 존재하지 않는다. 바로 추상미술은 음악의 이런 특징을 본받아 구체적인 시각적 경험에서 독립한 형체와 색을 조직하려고 한 것이 아닌가라고 그는 반문한다.[175] 그러나 그런 추상화의 시도에 대하여 레비-스트로쓰는 추상화가 형체와 색의 지적 기호화(의미화)를 포기하려고 한 과오를 범한 것이 아닌가 조심스럽게 지적한다. 아무튼 음악과 미술은 그 출발부터가 다르다.

미술의 출발점이 「자연적 소여」(la donnée naturelle)라면, 음악은 「문화적 소여」(la donnee culturelle)의 측면을 비교적 짙게 지닌다. 출발이 그렇게 비교적 위상을 달리하면서 미술은 자연의 기호인 색과 형체를 「문화적인 지적 변이」로 생산하여 우리의 인식을 새롭게 한다. 반면에 음악은 인간에 의하여 생산된 소리를 출발로 하여서 자연적 기호를 도구로 사용하는 신화처럼 자연에 근거를 두려고 하거나 거기에 정박하려 한다. 꼭 베토벤(Beethoven)의 「전원교향곡」을 상기하지 않아도 좋다. 소리의 슬픔은 슬픔의 소리가 되고, 소리의 장중함은 바닷가의 천길 낭떠러지에 부딪치는 파도의 포효가 보여주는 장중함이 된다. 그런데 현대의 추상미술이 회화가 지녀야 할 「문화적 · 지적 기호화」를 포기하려 하듯이 쇤베르그(Schoenberg) 이래로 현대음악은 「음열음악」(音列音樂, la musique sérielle)처럼 음계의 음표들 사이에 세워진 체계에 자연화된 근거를 부여하지 않거나, 「구체음악」(la musique concrète)처럼 구체적 소음을 살리기 위해 음악의 소리를 싫어하거나 하는 「반자연성」에로 종착역을 찾으려 한다. 그런 점에서 레비-스트로쓰의 미학사상은 회화와 음악의 경우에 「구상회화」와 「추상회화」, 「음열음악」과 「구체음악」을 각각 모두 비판하는 입장을 지니게 되는 셈이다.

「고전음악」(la musique classique)은 자연과 문화 사이에 견고한 다리를 설정한다. 이것은 신화가 그런 역할을 하는 것과 같다. 오늘날 갈수록 현대문명이 자연으로부터 더 멀어지고, 멀어질수록 문화적인 것으로 착각하는 시대에, 오직 음악(고전)만이 인간의 문화와 자연의 자연스러움을 구조적으로 결합시켜 주고, 동시에 「상관적 대립」(l'opposition pertinente)을 가능케 해주는 역할과 기능을 한다. 고전음악 가운데 레비-스트로쓰는 특히 바그너(Wagner)에 대한 관심과 애정을 쏟고 있다. 「바그너적인 음악의 개념은 멋지게 구조론적 미학의 힘이 갖는 모든 계열들을 반영한다. 그밖에 레비-스트로쓰의 감수성의 생애 속에 담긴 의미를 넘어서 그의 바그너 음악에 대한 깊은 의미는 예술의 구조주의적 개념의 기본 특징을 개시하고 있다. (…) 레비-스트로쓰의 미학이 우리 시대 참다운 예술의 모형으로 선택하는 것은 바그너나 보들레르(Ch. Baudelaire)와 같은 전통의 위대한 창립자들 사이에서이다」.[176] 그러므로 음악(레비-스트로쓰에겐 고전음악)은 그 어떤 예술보다 자연과 문화를 동시에 걸터타고 앉은 가교의 기능을 담당하고 있다.

구조주의는 기호의 빛에 의하여 예술을 이해하도록 우리에게 가르쳐 주고 있다. 구조주의의 미학은 예술작품을 의식이나 또는 감성의 감각능력으로 생각하게 하는 고전적 미학이론과는 상치되고 있다. 예술창조의 과정은 언제나 구조와 우연의 끝없는 대치 속에서 모형을 통해서든 재료를 통해서든 우연을 넘어 구조의 승리를 구가하는 데 있다. 예술이 바로 덧없는 사건의 시장을 넘어서 구조의 고요한 공간 속으로 우리를 언제나 유도하기 때문에 지역적으로 그토록 먼 거리에 있는 고대 중국의 예술과 미국 서북부의 예술이 서로 닮았고, 그리고 그 두 예술이 또한 지구 남반부 뉴질랜드의 「마오리」(Maori)족의 예술과도 유사한 결과에 이르게 되었다. 다음의 그림은 『구조론적 인류학』(pp. 274- 280 참조)에 나오는 것으로 참고하기 바란다.

「예술작품이 대상의 기호이고 문자 그대로의 재생품이 아닌 한에서 예술작품은 우리가 대상에 대해서 갖는 지각에 직접 주어지지 않는 어떤 것, 즉 대상의 구조를 표시하고 있다」.[177] 예술은 처음에는 자연에서부터 문화에로, 즉 대상에서부터 기호나 언어에로 향하지만, 그 다음에 예술은 우리로 하여금 오히려 문화에서 자연에로 회귀하는 길을 은유적으로 암시하고 있다. 회화나 음악이 둘 다 예술로서 자연에서 문화에로의 이행을 가능케 하는 인간 정신의 소산이지만, 레비-스트로쓰는 미술(회화)보다 음악이 인간 정신 속에 원초적으로 깃든 자연을 의미화하는 상징을 더 많이 내포하고 있다고 주장한다. 그의 말을 직접 듣자. 「음악을 듣는 이는 각각 자기 자신에게 고유한 방식으로 작품을 느끼지만, 그래도 음악은 여러 가지 다양한 두뇌 속에 유사한 관념을 암시한다고 보들레르가 깊이 있게 지적하였다. 다른 말로 바꿔서 말하자면, 음악과 신화는 그것을 듣는 자에게 불러일으키는 것은 공통적인 정신구조이다」.[178] 「음악이 내 속에 삶을 영위하고 있고, 나는 음악을 통하여 나를 듣는다. 신화와 음악작품은 청중들이 소리 없는 연주자가 되는 그런 교향곡의 지휘자처럼 나타난다」.[179]

레비-스트로쓰가 야생적 사유의 핵심인 신화를 문학에 비유하지 않고 음악에 비유한 것은 신화를 문자로 새겨진 이야기로 탈바꿈시킬 가능성이 아주 적은 인간 정신의 자기 표현인 음악의 내재적 문법에 유사하다고 본 것에 기인하리라. 어떻게 보면 음악이야말로 레비-스트로쓰의 생각에 어느 곳에서도 현실적으로 이루어지지 않았던 모순의 초극

〈그림 1〉

①

① 왼쪽 그림은 캐나다 서북부 태평양 연안의 Tsimshian족의 그림, 곰을 상징하는 것으로 문의 정문에 새겨진 그림, 오른쪽은 물고기를 상징하는 모티브로 된 나무모자(Haida족)

② ③

②는 중국 안양에서 발견된 상자(청동)

③ 범 고래를 상징하는 그림으로 집 정문 위에 있는 그림(Kwakiutl족)

이 비록 상상적이나마 가장 잘 나타낸 세계라고 여겨졌는지 모른다. 그런 점에서 레비-스트로쓰의 철학에서 이단적 용어인 「잃어버린 천국」을 상상해도 좋을까?

음악은 현실에 한 번도 나타나지 않았던 그 천국의 상상인가? 이제 레비-스트로쓰를 끝내는 마당에서 그의 사상을 스스로의 입을 통하여 단적으로 정리하도록 하자. 「과학적 사유의 구분된 두 가지 양식이 있다. 그것의 각 기능은 인간 정신의 발전에 있어서 동일하지 않은 단계에서 오는 것이 아니라, 자연이 과학적 인식에 의하여 도전받게 하는 두 가지 전략적인 수준의 다른 단계에서 온다. 하나는 대략 지각과 상상력의 수준에서 합치되는 것이고, 다른 것은 거기에 어긋나는 것이다. 신석기적이든 현대적이든 모든 과학의 대상을 만드는 필연적 관계는 상이한 두 가지 길에 의하여 도달될 수 있는 것처럼 보인다. 하나는 감각적 직관에 아주 가깝고, 다른 하나는 거기에서 더 멀리 있다」.[180]

4_ 라캉과 무의식의 언어학

1. 정신분석학과 언어철학

우리가 통상 「인간」이란 말을 쓴다. 이 개념에 대한 과학적 정당성 여부는 제쳐두고라도 좌우간 매일 먹고 자야 하고 일하면서 희노애락에 젖게 되는 존재를 인간이라 부른다. 그 개념을 그렇게 부르자. 그러면 인간이 어디에 있는가? 이 물음은 대단히 괴이하게 들릴 것이다. 글을 쓰는 필자가 인간이고 이 책을 읽은 독자가 인간인데 도대체 인간이 어디에 있는가 하는 물음은 말이 안 되는 짓이 아닌가? 그러나 반드시 그렇지 않다. 정신분석학은 무의식을 연구하는 과학이다. 그런데 이 정신분석학에 의하면 인간은 일상적으로 세계와의 관계 속에서 연관을 맺고 그렇게 사는 것 속에 존재하지 않는다. 인간은 「다른 곳」(un Autre Lieu)에 있다. 그러면 이 「다른 곳」이 무엇인가? 이 물음은 라캉의 구조주의적 정신분석학에 관한 우리의 철학적 문답의 요체가 된다.

정신분석학의 아버지 프로이트가 진짜로 인간이 있는 곳을 새로이 발견하고 그 있는 곳을 탐험하려고 하였을 때, 그를 도와준 학문은 물리학이었다. 그때 그는 소쉬르와 야콥슨의 언어학을 알지 못했다. 그래서 프로이트는 심적 체계를 헬름홀쯔(Helmholtz)의 에너지 양식 위에서 기술하려고 시도하였다. 라캉의 정신분석학은 프로이트에로 다시 돌아가는 것을 이념으로 삼고 있다. 그러나 이제는 물리학의 에너지 항존법칙이 아니라 언어의 법칙을 갖고 프로이트에로 돌아가는 것이다. 누구나 다 실토하는 바이지만, 라캉을 완전히 이해하는 것은 불가능하다. 그의 사상과 문체는 비의(秘義)에 가득 차 있고 언어학, 수학, 물리학, 철학, 민족학, 예술 등의 제반 이론이 한꺼번에 쏟아진다. 거기다가 그의 문체는 통상적 설명문이나 서술문이 아니라 결합체의 문장을 토대로 계열체적 개념들이 은유법으로 들어서 있다. 엄밀한 과학지식을 탐구하는 와중에 갑자기 난해한 추상시와 같은 은유가 등장하면 우리는 아연해진다. 그러나 라캉에게는 엄청난 매력, 알게 모르게 끌리는 그 매력 때문에 많은 철학자나 정신과 의사가 그를 더 알고자 오늘도 수고를 아끼지 않는다. 이제 라캉의 세계에로 조심스럽게 들어가 보자.

레비-스트로쓰는 인류의 각종 사회에 우열이 없음을 밝혔다. 이곳의 우위가 저기서는 열등이고, 이곳의 열등이 저곳에는 우등이 된다. 마찬가지로 라캉의 세계에서 「정상」과 「비정상」의 차이는 원칙적으로 환상에 불과하다. 「정신분석적 경험은 무의식이 자신의 밭 밖에서 어떤 우리의 행동도 남기지 않는다는 것을 정립하는 것 이외에 다른 것이 아니다」.[1] 그러므로 정상으로 보이는 사람이 매끈하게 이야기하는 합리적 진술에도 다소간 병적 「증후」가 숨어 있고, 모든 자아는 그런 증후(le symptôme)로서 구조화되어 있다. 헤겔이 이미 형이상학적으로 인간을 「아픈 동물」이라고 하였다. 라캉의 사상에서도 모든 인간은 다 정신의 「병적 증후」를 지니고 괴로워한다. 단지 정도의 차이가 있을 뿐이다. 헤겔에 대한 라캉의 호감은 레비 스트로쓰가 지녔던 빈김과는 아주 대조적이다. 만약에 우리가 의식이라고 부르는 것이 사실은 무의식적 구조에 의하여 조종되는 허수아비나 도구에 지나지 않는다면, 데카르트 이후에 서양철학사에서 힘차게 내려온 모든 의식의 철학은 사상누각이거나 신기루에 불과하게 된다. 나는 생각하지 않고 오히려 생각되어진다. 의식이 거울 속에 비쳐지는 환영(또 어린아이는 거울 속의 일시적인 영상도 그것이 실제로 있는 것처럼 착각하여 잡으려 함)이 반복됨으로써 우리는 그것이 실재인 것으로 확신한다. 그 확신이 의식이라는 가공물이다. 라캉의 정신분석학이 철학에 던진 충격은 알랭 쥬랑빌(Alain Juranville)이 『라캉의 철학』(*Lacan et la philosophie*)에서 밝힌 바와 같이 「인간의 존재를 욕망」으로서 정립하는 권리를 당당히 설정하였다는 것이다. 그러므로 인간에게 나타나는 모든 대상은 인식론적인 대상이기 이전에 「욕망의 원인」(la cause du désir)이 된다. 신(神)도 절대선(善)도 다 욕망의 원인이다.

예컨대 신을 욕망의 원인으로 여기든(신이 있느냐 없느냐 하는 유무신론의 논쟁만큼 무의미한 것은 없다) 신을 절대적 충족으로 겨냥하든 욕망의 완전한 실현은 운명적으로 불가능하다. 그래서 인간은 이 근원적 욕망의 좌절에 의한 생애의 초기 단계에서 이미 「원(源)억압」(le refoulement originaire)을 어쩔 수 없는 운명으로 다 갖고 있다. 이 점은 곧 보게 될 것이다. 그러므로 「원억압」은 어떤 욕망이 도덕적으로 부당하기 때문에 죄의식에 의해서 그 욕망을 억압하는 차후의 행위와 엄연히 구별된다. 「원억압」은 「도덕적 의식」보다 늘 선행한다. 어머니의 젖가슴이 아기의 입을 성감대로 변형시키는 그 순간에 이미 아기는 무의식과 원억압을 준비한다. 「동물에게는 무의식이 없다」.[2] 아기는 이미 아기인 그 순간에 그는 이미 동물이 아니다. 그러므로 「무의식」을 「동물적 본능」과 결코 혼동해서는 안 된다. 이미 앞에서 우리가 인용했듯이 「언어활동은 무의식의 조건이다」.[3] 라캉은 아니카 르메르(Anika Lemaire)의 책에 부치는 「서문」에서 자신이 말한 위의 그 명제는 다른 사람들이 간혹 이야기한 「무의식이 언어활동의 조건」이라는 것과 혼동되어서는 안 됨을 강조하였다. 인간의 언어활동이 없다면 무의식도 존재할 수 없다. 이것이 라캉의 기본사상이다.

신생아는 어머니와의 최초의 접촉을 통하여 어떤 표상을 갖는다. 그러나 그 최초의 성적 표상이 오래 가지 않고 다음에 올 「표상」 또는 「상징」에 의하여 「억압」을 받는다. 최초의 「성욕적 표상과 지각」은 장막 뒤로 감추어지고 만다. 그 감추어진 것과 감추어지게 하는 것 사이에 장벽이나 울타리가 쳐진다. 그 장벽 이하가 바로 무의식이다. 그러므로 「무의식」은 원초적으로 「성욕」과 관계된다. 그 무의식이 깊숙한 곳에서 사장되어 얌전히 옹크리고 앉아 있는 것이 아니라, 끊임없이 활화산처럼 분출하는 기회만을 찾는다. 그 무의식이 솟아 나오는 방식이 언어학의 기본법칙에 따른다. 이 법칙은 이미 우리가 제2장에서 본 「구조주의의 언어학적 기저」와 크게 벗어나지 않는다.

1953년 로마대회에서 자크 라캉은 「능기」(le signifiant)를 「구조에 의해서 연결된 언어활동의 물질적 요소들의 전체」로서 정의하였다 한다. 즉 「능기」는 진술의 물질적 토대가 되는 셈이다.[4] 예컨대 문자라든가 소리가 곧 「능기」이다. 그와는 반대로 「소기」(le signifié)는 「진술 속에 서술된 경험의 의미」라고 정의되는데, 물론 그 의미는 모든 이에게 공통적

이어야 한다. 그런데 라캉의 정신분석에서 특징적인 것은 예컨대 소기 하나가 능기 하나와「1 : 1」의 단순관계를 맺는 것만이 아니고, 하나의 소기(개념적 의미)는 여러 개의「능기들」의 전체적 연쇄구조에서 겨우 나타날 정도이다. 물론 그 반대로 한 개의 능기가 여러 개의 소기로 분열되는 경우도 있다. 그래서 하나의 문장 속에 그대로 정직하게 소기가 표출되지 않는다. 그러므로 어떤 사람의 진술을 선뜻 액면 그대로 한번 듣고 판단한다는 것은 그 진술이 지니고 있는 무의식의 속생각을 전혀 이해하지 못하는「몰이해」를 가져오기 쉽다. 왜냐하면 무의식이 진짜 이야기하고픈 것은 딘 하나의 문장 속에 있는 능기에서 쉽게 표출되지 않기 때문이다.

이 점은 대권을 잡으려는 무한집념으로 응어리진 정객에게서 더욱 더 두드러진다. 본디「무의식」은 자신의 본 생각을「부정」하는 법칙을 지니고 있다. 병적인 경우에 무의식은 거짓말을 즐긴다. 대권에 욕심이 없다고 강조하는 것 자체가 정신분석적「의구심」을 자아내게 한다. 아무튼 무의식의 능기는 마치 뿌리와 열매처럼 하나의 줄기에 의해서 쉽게 판가름나듯이 그렇게 소기와 연결되어 있지 못하고, 샤머니즘에서 말하는 떠도는 혼백처럼 소기에서 떠나서 헤매고 있다. 이것을 라캉은「떠도는 능기」(le signifiant flottant)라고 표현하였다. 즉 능기는 소기와 분리되어 주체도 의식하지 못하는 사이에 작용한다.

의식이 그런 문자와 소리를 내지만 의식 자신은 자기가 왜 그런 표시를 하는지 모른다.「이드」(Ça)*는「주체가 생각하지 못하는」「다른 장

---

* 이드(Id) 또는「Ça」로 불리워지기도 함. 프로이트에 의하여 창안된 개념인데, 인간에게 있어서 무의식적인 충동의 전체를 가리킴.

소」에서 생각하고 있다. 이미 앞에서 암시된 바이지만, 부부의 성교를 아이가 옆에서 보아도 그 아이는 그것이 무엇인 줄 전혀 모른다. 그러나 그 성교행위가 아이에게 전혀 소기적 의미를 지니지 않더라도 그 행위 자체가 하나의 능기가 되어 아이의 무의식에 깊숙이 박히게 된다. 이 점에서 라캉의 능기와 소기의 의미는 이미 소쉬르의 구조언어학에서 말한 개념과는 거리가 멀어진다. 왜냐하면 소쉬르에게 능기와 소기는 거의 「1 : 1」의 상관관계를 임의적으로 맺고 있지만, 라캉의 경우에 그 두 가지는 서로서로 짝을 지어 대응하는 그런 관계의 그물만은 이미 아니기 때문이다. 물론 라캉에게 능기는 소쉬르와 같이 언어활동의 물질적 기반으로 「동시적」이고, 소기는 말의 진술에 나타나는 통시적 연관관계이다. 그래서 능기는 라캉에게도 수사학상으로 계열체적(paradigmatique)인 성질을 띠고, 소기는 결합체적(syntagmatique)인 본질을 지닌다. 그리고 능기는 다른 능기들과의 변별적 관계를 떠나서 정의될 수 없음도 마찬가지이다. 그래서 소쉬르의 「기호 = $\frac{\text{능기}}{\text{소기}}$」 공식이 라캉에게 그대로 적용되지만, 능기와 소기를 갈라놓는 막대기(–)의 의미는 아주 다르다. 소쉬르에게 그 막대기는 단순한 임의의 관계를 뜻하지만, 라캉의 경우에 그것은 「능기와 소기」가 「잘 대응되지 못하게 하는」 차단과 저항의 선을 뜻하고, 「무의식의 벽」을 말한다. 즉 「소기의 억압」을 뜻한다.

이와 같은 무의식의 장애 때문에 인간이 온전한 진리를 말할 수 있거나 인식할 수 있다는 것에 대하여 라캉은 회의적이다. 인간의 언어활동은 진리를 있는 그대로 전달하지 못한다. 라캉의 말을 직접 들어보자. 「거기에(진리와 과학 사이에) 어떤 교활한 기교가 나타난다면 잠시 진리의 체험된 척도에서 멈추자. 그리고 현대 물리학과 수학이 도달했던 현기증 나는 상대주의 속에서 가장 구체적인 기준으로 살아남는 것이 무엇인지, 즉 신비적 인식의 시금석인 확실성, 철학적 사변의 근거인 명증, 경험-합리주의자적 근성의 가장 겸손한 요구인 비모순율 자체는 어디에 있는가 물어보기로 하자. 더욱 우리의 판단이 미치는 범위에서 학자는 예컨대 무지개가 참인가 아닌가를 자신에게 물어본다고 말할 수 있는가?」[5)]

이상의 인용에서 알 수 있는 바와 같이 그는 과학이 진리를 확실하고 명료하게 인식할 수 있다는 생각을 의심한다. 그는 과학이 「추측의 가정」(l'hypothèse conjecturale)에서 진행된다는 생각을 갖고 있고, 이 점에서 자연과학과 인문사회과학의 구별이 없다. 예컨대 프랑스의 「미슈랭」(Michelin) 도로 지도가 아무리 완벽하게 되어 있다고 자랑을 하여도 미슈랭 지도가 프랑스 땅은 아니다. 모든 과학은 일종의 미슈랭 지도책처럼 기호체계화한 정보의 집합이나 분류이다. 그러나 그것이 바로 사실 그 자체일 수는 없다. 미슈랭 지도는 프랑스 국토에 대한 기호적 상징일 뿐이다. 기호적 상징이 「실재적인 것」 그 자체는 아니기에 라캉에서 「상징적인 것」(le symbolique)과 「실재적인 것」(le réel)은 일치하지 않는다. 「실재적인 것」은 언제나 미지라서 모든 진리는 부분적일 수밖에 없다. 그래서 라캉은 「실재적인 것」(le réel)과 「참」(le vrai)은 언어에 완전히 담겨지지 않는다고 여긴다. 더구나 방해물에 의하여 차단된 상태에서 무의식이 온전히 말하고자 하는 것이 인간에게 영원히 알려지지 않고 단지 부분적인 알림이 암시됨으로써 결국 「추측」(le soupçon)이 어쩔 수 없는 인식의 본질로 다가온다. 이 점에서 라캉과 레비-스트로쓰는 아주 판이하다.

하여튼 능기가 소기에서부터 독립하여 떠돌고 있다. 라캉은 이런 현상을 발레리의 시구에서 다음과 같이 나타내 보이고 있다.[6)] 「나무가

"아니오"라고 말한다. 나무는 멋진 자기 머리의 광채 속에서 "아니오"라고 말한다」.* 이 시 구절에서 나타나는 의미는 한 그루의 나무 속에 의인화된 당당한 위풍의 의미이다. 이 문장의 어떤 부분도 그런 의미를 하나의 부분에 집중시키게 하는 특권을 갖고 있지 않다. 「나무」도 「광채」도 오로지 그런 특권만을 지닌 것은 아니다. 그 의미는 어떤 특수용어에서 온다기보다 그 문장이 배열된 전체의 문맥에서 온다. 즉 몇 가지 개념의 결합양식이 나무에 대하여 인간의 당당한 모습을 주게 되고, 또 나무는 플라타나스 나무를 환기시키고 은유에 의하여 힘과 위풍을 고취시킨다. 그리고 머리라는 낱말은 "아니오"라고 말하는 나무에게 권위와 성찰의 개념을 되돌려 준다. 이처럼 무의식의 세계에는 어떤 능기가 바로 소기를 뜻하지 않고 그 능기가 은유적 방식에 의하여 그가 현재 말하고자 하는 일차적 소기보다 다른 것을 말하기 위하여 사용된다. 그래서 때때로 「팔」(le bras)이라는 낱말은 「강의 지류」를 은유법에 의하여 가리키는 수도 있다. 몇 가지 은유의 예를 더 들면, 「입」(la bouche)이라는 낱말은 「동굴」(la caverne)이나 「강」(le fleuve)을, 「혀」(la langue)는 말의 수단과 또는 표현 속에서 표상되어지는 것(「땅의 혀」) 등을 뜻하기도 하고, 「심장」(le coeur)은 「숲」(la forêt)이나 「생명」(la vie)이나 「사랑」(l'amour)을 상징하기도 한다.[7)]

그래서 무의식의 언어활동을 해독함에 있어서 은유법과 환유법은 대단히 귀중한 문법적 기초가 된다. 라캉은 은유법을 「압축」(la condensation)이라고 하고 환유법을 「치환」(le déplacement)이라고 명명하였다. 「압

---

* 참고로 여기 그 원문을 인용한다. "Non! dit l'arbre, il dit non dans l'etincellement de sa tête superbe."

축」이란 무의식 세계(ex. 꿈)에서 말하고자 하는 것이 마치 여러 가지 물질들이 압축기 속에 넣어서 압축당하면 하나의 복합적 물질이 생산되듯이 그렇게 응축되어서, 간단하지만 대단히 그 내포가 복잡한 언어로 나타나는 것을 말한다. 그 반면에 「치환」은 환유법 특유의 구조에 따라서 결과가 원인을 상징할 때, 또는 부분이 전체를(그 반대의 경우도 있음) 의미할 때를 말한다. 「정신분석에서 가능한 증후는—그것이 정상이든 병적이든—언어활동의 구조와 동일한 구조로 이루어진다는 점에서 진단적 지표뿐만 아니라 순수한 표현성에서 파악될 수 있는 모든 형태로부터 구분된다」.[8] 예컨대 프로이트가 본 환자 가운데 어떤 환자는 반복해서 나타나는 후각기능의 이상으로서, 그 환자는 코에서 자꾸 단내를 맡는다. 그 환자가 맡은 단내는 「환유」의 길, 즉 「치환」의 길에 의하여 그녀가 과거에 입은 마음의 병을 나타내 주는 지표가 된다. 또 다른 예를 보자. 꿈에서 「층계」는 애를 써야 할 노력으로, 「떠난 기차」는 실패를, 「나체」는 도덕적 수치감을 은유의 길에 의하여 압축되기도 한다.

알퐁스 드 와렌스(Alphonse De Waelhens)는 그의 논문 『무의식과 철학적 사유에 관하여』(*Sur l'inconscient et la pensée philosophique*)[9]에서 인간의 언어활동의 특수한 기능은 어떤 것을 가리키기 위하여 그 어떤 것이 아닌 다른 것을 대체함으로써 어떤 것이나 사물을 환기시키는 일을 한다고 지적하였다. 즉 「부재의 밑바탕 위에서 자기 현전을 환기시키는 일」이다. 이 점을 우리는 유명한 프로이트의 「Fort-da」 예에서 찾아보자. 이 예는 어린아이가 그의 어머니의 부재에서 오는 혼미한 체험을 극복하기 위하여 그 체험에 상징을 대입시키는 무의식의 구조를 알려준다. 드 와렌스는 이 예야말로 어린아이가 이미 언어의 은유적 기능에 접근하는 과정이라고 묘사하고 있다. 프로이트가 밝힌 그 실례는 어린아이가 실패에다가 실을 매달아서 노는 놀이이다. 그 실패를 침대 가장자리에 던지면서 그 아기는 '오오'(oooh)라는 발음을 한다. 그 발음은 독일어의 「fort」라는 것으로 쉽게 해석되는데, 「fort」는 「멀리」 「떠난」 뜻이 담겨 있다. 그러다가 다시 실패를 자기 가까이 잡아당기면서 기쁨에 찬 모습으로 인사하듯 「아!」(a!)라고 말한다. 이 「a!」는 독어의 「da」(여기! 자!)의 뜻이다. 이 아기의 어머니는 바깥에서 일을 해야 하기 때문에 하루 몇 시간씩 자기 아들을 혼자 남겨둘 수밖에 없었다. 이 18개월의 아기가 그런 놀이를 반복하는 것은 그의 어머니가 사라지고 나타나고 하는 고통스런 체험을 참는 포기의 대가이다. 드 와렌스는 이 「Fort-da」의 놀이가 현실에서부터 분리되어 독자적인 기능을 행사하는 언어활동의 탄생을 뜻한다고 본다. 즉 이 실례는 아기가 점차 체험적 현실에서부터 거리를 취하게 하는 것이 언어활동임을 알린다. 아기는 어머니의 부재와 현전을 실패의 멀리 던짐과 잡아당김, 그러면서 말하는 「오오」(Fort)와 「아!」(da!)로 대체시키고 있다. 바로 가장 기본적 음소인 「오오」(O)와 「아」(A)는 「Fort」와 「Da」로서 어머니의 「부재」와 「현전」을 상징한다. 이런 언어의 대체는 무의식의 모든 「치환」과 「압축」을 미리 대변해 주고 있다.

이런 점을 미리 일반화하면, 언어활동이 없이는 인식도 존재할 수 없고, 타인과 세계는 물론 자아의 인식도 불가능하다. 언어가 없이는 우리 자신과 우리를 둘러싼 모든 것이 혼란상태일 뿐이고, 어떤 질서도 없으리라. 질서가 없는 곳에 인식이 존재할 수도 성립할 수도 없다. 앞의 「Fort-da」 또는 「O-A」의 실례는 인간이 체험의 세계를 떠나 상징의 질서, 언어활동의 세계로 들어감으로써 비로소 객관의 인식이 가능해짐을 보여준다. 이미 레비-스트로쓰가 「체험」의 세계에서 「인지」의 세계로 철학의 무게중심을 옮긴 것을 우리는 알고 있다. 마찬가지로 라캉은 언어활동이 우리를 객관적 인식가능의 존재로 만들고, 그것이 동시에 체험의 세계를 대신하는 기호의 세계를 출현케 한다고 본다. 곧 우리가 뒤에서 보게 되겠지만, 상징적 언어의 등장으로 인간은 체험의 상상을 영원히 무의식의 세계로 침잠시키고 만다. 인간의 체험세계의 상상은 어쩔 수 없이 「억압」을 받아야 하고, 그 「억압」은 무의식의 시작이며, 그렇지 못하면 그 아기는 객관의 세계에서 의미화하지 못한다. 이른바 정신병의 세계로 빠져든다. 상상과 체험은 어쩌면 무의식에 묻어두어야 할 금단의 열매인지도 모른다. 그 언어활동은 소쉬르가 말한 것처럼 대립관계, 상관적 변별관계를 떠나서는 성립하지 않는다.

내가 「나」이기 이전에 「너」와 「그」가 있어야 하고, 대립이 전제되어야 한다. 단적으로 「비아(非我)」가 없으면 「자아(自我)」가 출현하지 못한다. 이미 서론부분에서 지적되었듯이 아기가 말을 배우는 순간에 자기 자신을 「나」라고 규정하지 않는다. 그 아기는 주위나 부모가 부르는 방법에 따라 자신의 이름을 대거나 또는 「제3자」로 규정한다. 그 아기는 아직 타인과 대립된 변별성에 의해서 「자기」라는 개념을 형성하지 않았다. 이런 변별적 대립이 계속 형성되지 않으면 사람은 「정신병」(la psycho-se)에 빠지게 된다. 일반적으로 정신병자는 1인칭을 사용하기보다 3인칭을 더 많이 사용한다고 한다. 레비-스트로쓰에게 「근친혼의 금지」가 인간의 사회생활을 가능케 하는 기본규칙이듯이, 라캉에게도 언어를 통해서 동시에 나타나는 「금지의 법」이 아기의 사회생활을 가능케 해주는 기본 상징이 된다.

라캉의 정신분석학이 지닌 구조주의 이론을 하나씩 검토해 나가겠지만, 우선 이 1절에서 정신분석과 언어와의 기본관계만을 먼저 정리하는 것이 그의 이해에 도움이 되리라 생각한다. 정리해서 말하면 언어활

동은 인간의 정신에 세 가지 기능을 부여해 준다.[10)]

1_ 자아와 타인의 구별

2_ 안과 밖의 구분

3_ 현실과 진술의 구분

이와 같은 언어활동이 주는 기능으로 말미암아 인간은 「상징」의 세계에 필연적으로 접하게 되고, 그 세계에 접하게 됨으로써 자신의 원초적 뿌리인 「상상」의 세계에 재귀하려는 모든 의도가 영구히 차단된다. 이 점은 다음 절에서 우리가 다루게 될 것이다. 레비-스트로쓰는 신화가 극단적으로 대립된 두 양극의 모순을 극복하려는 상상적 매개의 기능을 한다고 말하였다. 현실적 매개는 어디에도 완전 실현 불가능하다. 그 불가능성이 신화와 예술을 잉태시킨다. 그런 레비-스트로쓰의 사상이 라캉의 사상에서도 간접적으로 다시 나타난다. 모순과 갈등이 없는 그 「원초적 상상적 세계」는 사회생활이 주는 상징에 의하여 영원히 무의식의 세계로 추방된다. 그리고 인간은 영원히 그것을 완전히 알지 못한다. 남녀 간의 사랑도 물론 성교의 행위와 결부되어 있지만, 그것은 이미 원초적 「상상적인 것」(l'imaginare)이 아니라, 언어처럼 「상징적인 것」(le symbolique)과 함께 표시되는 사회관계의 「상관적 대립」(l'opposition pertinente)이기 때문에 언제나 자동적으로 사랑과 증오의 관계를 필연적으로 표출한다.

2. 「거울의 단계」와 주체의 형성

라캉의 대작인 『기록』(*Écrits*)에서 우리는 다음과 같은 수수께끼 같은 구절을 읽게 된다. 「거울의 단계는 비록 책임에서 벗어나 있다고 주장하는 길에 의해서라 할지라도, 심리학으로 인정되는 모든 것이 책임지는 역사적 관행에 의하여 포착되는 그 순간에 상상적인 것과 상징적인 것 사이에 나눔의 규칙을 준다」.[11-1] 단적으로 「거울의 단계」(le stade de mirroir)는 자아가 인생의 초기인 유아시절에 어떻게 형성되는 것인가를 정신분석학적으로 알려주는 의미를 가지고 있다. 이 「거울의 단계」는 라캉의 정신분석학과 그 기반 위에 선 철학이 인간의 진리를 바로 「cogito」로부터 출발시키는 철학에 어떻게 반대하고 있는 것인가를 보여주기도 한다. 이 「거울의 단계」를 검토하면 인간이 능기의 질서를 스스로 만드는 장본인이 아니라, 오히려 「능기의 질서」가 인간을 인간으로 구성한다고 하는 구조주의의 일반론과 라캉의 사상이 접목되고 있음을 알게 된다. 레비-스트로쓰의 경우에도 인간이 신화를 창출하는 것이 아니고 신화가 자기들 내부의 관계에서, 그리고 인간 정신의 내부에서 스스로 만들어진다. 그와 같은 인식의 대전환이 라캉의 사상에서도 나타난다. 「내가 말하는 것이 아니고」, 「이드」(Ça)가 말하고 「무의식이 타인의 진술」로 정의되는 세계에서 「cogito」의 이념은 자신이 적극적으로 설 땅을 거의 잃어간다고 하여도 과언이 아니리라. 그러면 「거울의 단계」란 무엇인가?

생후 6개월 안에서 18개월까지의 유아는 거울 앞에서 자기 모습을 보고 대단히 즐거운 표정을 짓는다. 「거울의 단계를 낱말의 충만한 뜻에서 하나의 동일화(une identification)로서 이해하는 것으로 족하다. 즉 주체(유아)가 영상을 받아들일 때에, 그 영상의 국면이 가져오는 결과에 대한 운명예정은 영상(imago)이라는 옛날 용어의 사용과 이론 속에 충분히 지적되었지만, 거울의 단계는 주체(유아)에 의하여 생산된 변형을 말한다」.[11-2] 아직 말도 배우지 못한 유아가 거울 앞에서 거기에 비친 영상을 보면서 근본적으로 그 영상이 자기 것이라는 「동일화의 경험」을 갖게 된다. 그런데 그 유아는 아직 말을 배우지 않았기에 언어활동의 세계에 들어가기 이전이다. 언어활동은 타인과의 관계에서 정립되므로 곧 「거울의 단계」에 있는 유아는 언어의 매개에 의한 타인과 자기와의 관계를 짓지 못한다. 이 「거울의 단계」에 들어가기 전 유아는 자기의 몸이 「조각조각 해체」되어 있다는 「환상」을 가졌는데, 「거울의 단계」 진입으로 유아는 자기의 몸을 「하나의 전체성」으로 통일되게 생각하게 된다고 한다. 다시 말하자면 신생아는 자기 몸이 통일된 전체를 이루고 있다는 느낌을 갖지 않는 것으로 보인다. 신생아는 「자기의 몸이 조각난 것」(le corps morcelé)이라는 「환상」(le phantasme)을 갖는다고 한다. 바로 이런 「원초적 환상」(le phantasme originaire) 때문에 「정신분열증」(la schizophrénie)이 생길 수 있다. 정신분열증은 자기 자신 개체에 대한 공격적 분열을 시도한 끝에 온다고 한다.

15세기 네덜란드의 화가 보슈(Jérôme Bosch)의 환각적인 그림은 무엇을 의미하는가? 「성 안토니오의 유혹」 등과 같은 환상의 그림 속에서 몸이 해체되고 조각난 이미지는 무엇을 뜻하는가? 유아의 원초적인 「조각난 자기 몸」의 영상을 천재가 보았던 것일까? 천재는 자기 몸 속에 있는 자기 아닌 다른 것의 발의에 의해서 나타나는 것일까? 아무튼 인간에게 최초로 주어지는 것은 「조각난 몸의 고뇌」(l'angoisse du corps morcelé)이다. 「거울의 단계」는 이 고뇌에 종지부를 찍는 순간이므로 아이는 대단히 즐거워한다. 이른바 주체가 형성되는 「거울의 단계의 기능은 우리에게 있어서 유기체와 그 현실과의 관계, 즉 내면세계(Innenwelt)와 주위세계(Umwelt)와의 관계를 정립하는 "영상"(imago)의 기능의 특수한 경우로서 판명된다」.[12]

라캉에 의하면 이 「거울의 단계」는 세 가지 절차를 순차적으로 밟아 이루어진다.

1_ 아기는 거울 속의 영상을 그가 잡으려 하거나 접근하고자 하는 실재적 존재로 지각한다. 이 단계에서 아기는 거울 속의 존재에 대하여 좋아하는 시늉을 하고, 그 영상이 어떤 다른 존재의 것으로 여긴다.

2_ 거울 속의 존재가 실물이 아니고 하나의 영상임을 알게 된다. 그래서 아기는 거울 뒤로 가서 진짜 실물을 찾으려 한다. 그러나 뒤에는 아무 것도 없음을 알게 된다.

3_ 거울 속의 타인의 영상이 영상에 지나지 않고, 그 영상은 결국 자기 자신의 반영이라는 것을 깨닫는다.

아기는 이상의 3단계 절차를 거쳐 이른바 「가상과 존재의 변증법」을 통하여 자신의 몸을 비추는 주체의 동일성을 확립하게 된다. 「거울의 단계」에서 행하는 아기의 행동양식은 다른 아기에 대해서도 비슷하게 나타난다고 한다. 비슷한 나이 또래의 다른 아기의 면전에서 그 아기를 물끄러미 바라보다가, 이어 거울 앞의 제스처처럼 하다가, 그 아기를 밀게 되어 그 아기가 자빠지면 이번에는 자기가 운다. 자기가 자빠진 것처럼 생각하기 때문이라고 한다. 이런 심리적 행동을 일종의 「전이주의」(le transitivisme)라고 한다. 구조주의 논리에서 「전이성」(la transitivité)은 예컨대 만약 「a」, 「b」, 「c」가 있고, 「a=b」이고 「b=c」이면 그때 「a=c」가 되는 기본법칙이다. 그런 점에서 그 아기가 다른 아기를 때리면서 자기가 맞았다고 호소하고, 다른 아기가 넘어지면 자기가 운다. 즉 아기와 타인(다른 아기) 사이에 일종의 혼돈이 일어나고, 그런 단계를 라캉은 「이자적(二者的) 관계」(la relation duelle)라 부른다. 이런 「이자적 관계」를 또한 「상상적인 것의 심급(또는 심적 역역)」*(心的 力域, l'instance de l'imaginaire)이라 부르기도 한다. 좌우간 이 단계에서 얻어진 「자아의 동일화」가 그 이후에 전개될 「자아의 주체성」의 기본바탕이 됨은 말할 나위가 없다. 그리고 라캉은 이 「거울의 단계」에서 생산된 「주체성의 동일성」이 「이상적 자아」(le Je idéal)의 원형이 된다고 말하고 있다. 이것은 곧 설명이 되겠지만, 「이상적 자아」(le Je idéal)가 「자아의 이상」(l'idéal du moi)과 결코 혼동이 되어서는 안 된다. 이와 같은 라캉의 분석은 전통적인 순수철학에 하나의 인식론적인 타격을 가하는 셈이 된다. 왜냐하면 「거울의 단계는 주체의 구성이 순수통각(la pure aperception)**의 행위에서 나온 결과가 아니고, 신체의 영상을 필연적인 중간 매개체로서 필요로 하고 있기 때문이다. 그 점에서 데카르트 학파의 모든 전통과 멘느 드 비랑(Maine de Biran)에서부터 후설(Husserl)로 이어지는 모든 전통(의식의 철학)이 무더기로 거부당하고 있다」.[13)]

---

* 구조주의에서 인식의 단계를 설명하기 위해 법률용어인 제1심, 2심 등과 같은 개념을 빌려서 그 단계의 위계질서와 힘의 영역을 구조적으로 설명하려고 함.

** 통각(l'aperception)은 철학의 개념으로 쉽게 말하자면 의식에 의하여 대상이나 관념을 직접 파악하는 행위를 말함.

우리가 라캉의 사유체계를 따라가면, 확실해진 것은 주체란 스스로 잉태한 산물이 아니고 바깥에서 주어진 것이기에 주체의 기원은 바깥에서부터 온 것이라는 것이다. 그리고 성인이 되어서 정신병을 앓게 되는 과정도 「거울의 단계」에서 이루어진 자기의 원초적 동일이 서서히 붕괴되고 자기 몸의 영상을 해체시켜 나가는 길을 밟게 되는 것도 결코 우연이 아니리라. 이와는 정반대로 사춘기에 접어든 청소년이 거울을 자주 보면서 자기가 아닌 자기의 우상(좋아하는 배우나 가수)의 몸짓과 표정을 연출하는 것도 「거울의 단계」가 무의식중에 지속되는 것을 뜻하기도 한다. 좌우간 이 「거울의 단계」는 많은 정신분석가와 철학사에세 하나의 인식론적 전기를 준 것이 사실이다. 다음의 철학적 평가를 인용한다. 「거울 앞에 선 아기의 관찰은 밖과 안의 관계를 새롭게 재분배시킨다. 욕망이나 리비도(libido)적인* 힘은 주체의 섬세한 바탕에서부터 나오는, 그리고 그것의 유기체적 기원을 논의해 봐야 하는 그런 신비스런 힘이 이미 아니다. 외부사건의 세계는 단순히 반응만을 일으키는 실재적 외면성이 아니고, 그것은 주체 자신보다 외면성의 형태 속에서 먼저 주체를 만드는 그런 형태의 세계이다」.[14)]

「주체는 그를 매료시키는 형태의 세계보다 앞서 있지 않다. 주체는 그 형태에 의하여 그 형태 속에서 먼저 만들어진다. 바깥은 밖(au-dehors)에 있지 않고 주체의 내부에 있다. 타인이 그 안에 있다. 다시 말하면 먼저 주체가 자기 자신 안에서 실재적인 외면성과 자신의 관계를 명령하는 차원을 받아들이기 때문에만 오직 외면성이 있고 외면성의 감정이

---

* 리비도(libido)란 간단히 말해서 성욕에 의해서 표현되는 생명의 기본적인 에너지를 말함.

있다」.[15] 철학적 사상에서부터 다시 정신분석의 세계로 또 돌아가자.

레비-스트로쓰의 민족학에 의하면, 문신은 마치 군기가 소속사단의 상징인 것같이, 그리고 국기가 나라의 상징인 것같이 자기 종족의 소속을 뜻하는 집단표상이기도 하고 또 사회관계에서 질서를 나타내는 구조예술이기도 하다. 그런데 라캉은 그것을 정신분석의 관점에서 다르게 본다. 「문신」(le tatouage)과 「할례」(la circoncision), 「자신」(刺身, l'incision) 등과 같은 행위는 「공격성」(l'agressivité)의 방향과 관계되는 점에서 같은 구조적 맥락을 지닌다. 어른뿐만 아니라 어린아이가 장난감 인형을 갖고 놀다가 머리를 자르고 눈알을 뽑고 배를 후빈다. 이와 같은 「공격성」은 자기 몸의 영상이나 타인의 몸의 영상과 특별한 관계를 갖는다. 요컨대 이와 같은 공격성은 「조각난 자기 몸의 환상」과 같은 구조를 지닌다.

「주체의 생성에 있어서 나르시스적인 구조에 상관적인 긴장으로서의 공격성의 개념은 가장 단순하게 형성된 기능 속에서 그 생성이 지닌 모든 종류의 사고와 비정형을 이해하게 한다」.[16] 남에 대한 공격이나 자해행위나 다 같은 공격성이다. 그러므로 「매저키즘」(le masochisme)*이나 「죽음의 본능」(l'instinct de mort)도 「공격성의 변형」이다. 공격성은 「조각난 몸의 옛 환상」을 지니고 있는 무의식에서 나온다. 그것이 「거울의 단계」에서 극복된다. 이때에 누구든지 「나르시스적」(자기편애적, 자기도취적)인 환상에 빠진다. 그런데 자기매료적인 나르시즘이 어떤 의기소침하게 하는, 풀 죽게 만드는 위치에 빠지게 될 때 다시 무의식 속에 잠자던 그 「조각난 몸의 영상」이 되살아난다. 그러므로 「나르시즘」은 「자기

---

* 매저키즘은 한국어로 「피학대음란증」이라고 번역되기도 하는데, 고통과 치욕을 감수함으로써 성적인 만족을 얻게 되는 성도착증을 말함.

도취」와 「자기 소외」가 동시에 연결되는 매듭, 갈림길에 구조적으로 서 있다. 이 점에서 라캉은 다음과 같이 말한다. 「바로 이런 매듭에 나르시스 신화가 본질적으로 표현하고 있는 자살에의 경향과 영상의 관계가 놓여 있다. 이런 자살의 경향은 프로이트가 죽음의 본능이나 원초적 매저키즘이라고 불렀던 것인데, 우리가 볼 때 인간의 죽음은 그의 생각 속에 언제나 애매하게 반영되기 전에 그가 보았던 근원적 비참의 국면, 즉 탄생의 심적 외상(le traumatisme)*에서부터 생리적 성숙 이전기인 최초의 6개월 말까지, 그리고 이어서 이유기에서 입은 심적 외상까지 포함하게 되는 국면에서 체험된다」.[17]

정신분석학적인 이런 공격성의 개념을 철학에서 최초로 강한 철학성을 띠고 역사에 부각시킨 이가 헤겔이다. 그래서 라캉은 구조주의자로서 특이하게 헤겔을 높이 평가한다. (레비-스트로쓰와 푸코는 헤겔에 대하여 아예 무관심이고, 알튀세르는 마르크시즘에서 헤겔적인 요소를 깨끗이 청소해 버린다). 헤겔이 『정신현상학』(*Phénoménologie de l'Esprit*)에서 역사전개의 법칙으로 밝힌 「주인과 노예의 변증법」이 「인간존재론에서 공격성의 기능」을 이론화한 것이다. 각자는 역사현장에서 타인을 인정함이 없이 인정되기를 바라는 법칙으로서의 「주인과 노예의 변증법」은 「우리 시대 철(鐵)의 법칙을 예언한 것으로 보인다」.[18] 이처럼 「거울의 단계」가 자기 도취와 자기 소외의 매듭이듯이 세상만사 모든 것이 다 좋은 것도 아니고, 그렇다고 다 나쁜 것만 가득 차 있는 것도 아니다. 같은 논법으로서 「거울의 단계」(le stade de mirroir) 또는 「거울의 국면」(la phase de mirroir)은

---

* 「심적 외상」(le traumatisme)은 간단히 말해서 외부의 극렬한 폭력으로 입게 되는 심적 · 물리적 상처의 전체를 말함.

「상상적인 것」(l'imaginaire)과 「상징적인 것」(le symbolique)을 갈라놓은 교차로의 역할을 한다. 즉 이 단계는 주체로 하여금 「자기 동일성」을—이 「자기 동일성」은 「자기 몸의 통일적 모습」에서 오지만—정립케 하여 주위와의 구별을 짓는 첫 계기가 되기도 하지만, 그것은 동시에 인간 소외의 첫 단계를 밟게 하는 계기가 되기도 한다.

자아는 거울 속에 박힌, 즉 주체의 바깥에 서 있는 객관화된 자기 몸의 통일적 영상에 지나지 않는다. 이 시기의 자아는 아직 말이 있기 이전의 아기이다. 이 「아기」를 라캉은 라틴어로 「in-fans」로 그대로 적는데, 그 까닭은 라틴어 「infans」는 「말을 하지 못하는 존재」의 뜻을 담고 있기 때문이다. 인간은 언어활동을 통하여 자기 주체의 기능을 타인과의 관계 속에서 정립하게 된다. 그러므로 「in-fans」가 「자기 동일성」을 갖게 된다는 것은 타인과의 변증법적 틀 속에서 스스로를 객관화시키기 이전의 상태이다. 그래서 우리가 조금 앞에서 언급하였듯이 「거울의 단계」는 자기 신체의 통일성을 지각한 「자기 동일성」을 이해하는 단계이지만, 그러나 그 단계는 남을 배제하는 「자기 동일성의 형성」이므로 「나르시스적」인 동일성의 본질을 지닐 수밖에 없다.

이 단계가 바로 「상상적인 것」(l'imaginaire)의 단계이다. 「상상적인 것」의 본질은 앞에서 암시된 바와 같이 「이자적 관계」(la relation duelle)이다. 왜냐하면 이 단계는 거울 속의 자기 영상처럼 자기 자신 이외에 다른 것을 보지 못하기 때문이다. 이 다른 것은 사실상 자기가 투영해 놓은 것에 불과하다. 「상상적인 것」은 자기와 진짜 다른 것, 영상과 자기 의식과의 구분이 형성되지 않은 최초의 연속성의 심적 상태이다. 여기서 이른바 「외디푸스」의 기능이 나오게 된다. 이른바 흔히 이야기하는 「외디푸스 콤플렉스」(le complexe d'Oedipe)라고 하는 것은 「이자적 관계」에서 「삼자적 관계」(la relation triadique)에로 심적 상태가 이행할 때 나온다. 이 점은 곧 보게 될 것이다. 하여튼 「외디푸스」 현상은 모든 인류의 「개체발생」(l'ontogénèse)의 과정에서 보편적으로 일어나는 사건으로서, 즉 인간이 「이자적」 직접관계에서부터 「삼지적」 간접관계로 치환할 때 발생한다. 「이자적 관계」는 어린아이가 자기 자신 또는 자기 영상 또는 어머니만의 단계가 이 우주의 모든 것이라고 여기는 「환상」(le phantasme)을 뜻한다. 아기는 타인, 즉 거울 속의 자기나 자기 어머니 속에서 자기와 꼭 같은 것만을 생각한다. 자기가 자신의 영상에 대하여 「나르시스」적 관계를 「이자적」으로 맺는 것이나, 자기 어머니의 가슴에 파묻혀 이른바 「구강적 성감대」(la zone érogène orale)의 쾌감을 즐기는 것이나 다 구조적으로 같은 「변형」의 차원이다.

여기서 우리는 다시 레비-스트로쓰를 회상하자. 레비-스트로쓰는 「근친혼의 금지」 규칙이 인류에 보편적인 법칙으로 존재하게 된 까닭은 자연에서 문화에로 인간의 생활을 이행시키기 때문이라고 분석하였다. 즉 혈연의 관계와 결혼의 관계를 혼동해서는 안 되는 것이 그 규칙의 의미이고, 문화발생의 시작이다. 그래서 「계통발생」(la phylogénèse)의 차원에서 레비-스트로쓰는 어머니나 누이와의 성적 결합의 금지를 설명하였다. 그래서 「계통발생」 차원에서의 「근친혼의 금지」가 결국 「사회발생」(la sociogénèse)을 가능케 한다는 그의 학설은 라캉에게 있어서도 유사하게 나타난다. 인간이 사회생활을 수행해 나가기 위하여는 「이자적 관계」가 극복되지 않으면 안 된다. 즉 「상상적인 것」의 단계가 「제삼자적 관계」인 「상징적인 것」(le symbolique)에 자리를 양보하지 않으면 안 된다. 라캉은 「계통발생」에서 「사회발생」에로의 전개보다 「개체발생」에서 「사회발생」에로의 과정에 초점을 맞추었다. 그러나 레비-스트로쓰나 라캉은 기본사상에서 같이 만난다.

3. 자아의 균열과 「아버지의 이름」

앞에서 말한 「삼자적 관계」(la relation triadique)가 이루어지기 위하여 주체는 분열을 일으킨다. 이것을 프로이트는 「균열」(die Spaltung)이라 불렀다. 즉 주체의 심적 상태와 언어활동의 상징적인 연쇄 사이에 금이 간다. 즉 「상상적인 것」과 「상징적인 것」 사이에 「입벌림」(la béance)이 일어나게 되며, 후자가 전자를 이기는 단계가 생긴다. 라캉에 의하면 그런 「틈」(la fente), 「균열」(die Spatlung) 또는 「입벌림」으로 분열이 생김으로써 무의식이 구조화된다. 라캉에 의하면 자기와 자기 영상과의 관계나 자기와 어머니 사이의 이자적 관계에서부터 새로운 타인이 끼어들어 오는 「삼자관계」, 「상징적 관계」가 형성되는 것은 제3자가 인위적으로 외부에서 틈을 비집고 들어서는 것이 아니다. 인간이 상징적 질서를 생각하게 되는 것은 이미 그 질서가 구조적으로 인간에게 가능하게끔 되어 있기 때문이다. 즉 인간이 후천적 · 인위적으로 그 구조를 만들게 되었다고 생각하는 것은 착각이다. 인간은 단지 있는 그 질서에 참여하게 될 뿐이다.

여기서 라캉의 말을 들어보자. 「만약에 인간이 상징적 질서를 생각하게 된다면 그것은 그 질서가 먼저 인간의 존재 속에 놓여 있기 때문이다. 인간이 자기 의식에 의하여 그 질서를 형성했다는 착각은 인간이 자기와 유사한 것과 상상적 관계의 특수한 입벌림의 길을 통하여 그가 주체로서 이 질서 속에 들어올 수 있었다는 데서 온 것이다. 그러나 그는 말의 근본적인 협로를 통하여만 그런 입장을 할 수 있었다. 다시 말해서 어린아기의 놀이에서 동일한 발생론적 한 계기를 알았는데, 그러나 그 계기는 주체가 절대적인 것으로 타인(자)에게 말을 건넬 때마다, 즉 자기 자신을 폐기시킬 수 있는 타인(자)으로서의 타인에게 말을 건넬 때마다 재생된다. 이 점은 그가 그 타인을 속이기 위한 대상을 만듦으로써 그 타인과 함께 행동할 수 있게 되는 것과 비슷하다」.[19] 이 점을 다시 라캉은 다음과 같은 도표로써 표시하고 있다.

〈도표 1〉[20]

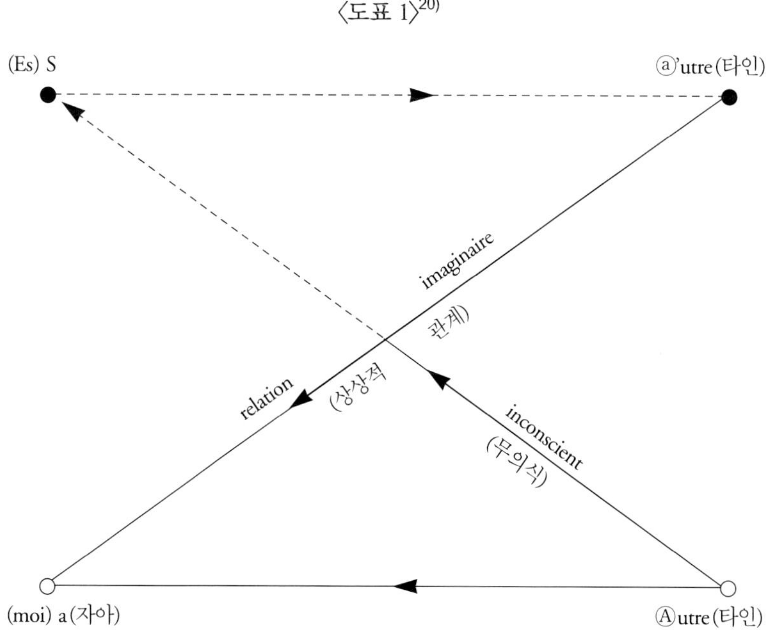

〈도표 1〉에서 「S」는 주체(sujet)를 뜻한다. 그런데 「S」의 발음이 「Es」인데, 그것은 동시에 「이드」(id) (Ça)의 독일어이기도 하다. 그러므로 이때의 주체 「S」는 의식상에 떠오른 주체라기보다 「이드」의 주체라고

보아야 한다. 그리고 「ⓐ'utre」는 거울 속에 비쳐진 자기 모습의 타인적 분신을 뜻한다. 이 「ⓐ'utre」(타인)가 바로 상상적 관계를 통하여 자아(a)가 된다. 자아(a)가 a로 기호화된 까닭은 「ⓐ'utre」(타인)가 바로 「자기」라는 「나르시스」적 관계 때문에 ⓐ'의 실재이므로 (a)가 된 것이다. 그래서 라캉은 「ⓐ'utre」(타인)와 「자아(a)」 사이의 「상상적 관계」를 종종 「a관계」(la relation a)라고 부르기도 한다. 「a」는 또 「나르시스」적 「상상적 관계」가 동시에 「다른 것」(타인, 거울 속의 타자)에 의해서 자아를 보기 때문에 「소외된」(*a*-liéné) 「자아」의 뜻도 동시에 지니고 있다. 그리고 대문자로 된 「타인」(Autre)은 상징적 관계에서 등장하는 「제삼자」를 뜻한다. 그런데 사실상 주체가 상상적 관계의 노예가 되어 있는 한에서 「상징적 질서」에 속하는 「절대적 타인」(Autre)이 자기를 명령하고 자기를 실재로 만들고 있음을 알지 못한다. 그러나 그는 곧 그것을 알게 된다. 위의 화살표 방향은 구성과 명령의 관계를 뜻하고, 점선과 직선의 차이는 무의식세계와 의식세계의 차이를 말한다.

〈도표 1〉이 암시하듯이 라캉의 사유세계에서 「개체발생」은 동물과 인간을 구분케 하는 척도인 「상징적 질서」 속에 자신을 가입시킴으로써 가능하다. 마치 레비-스트로쓰의 경우 타인과의 교환에서 자기의 정체성이 확립되듯이, 라캉의 경우에도 타인으로서의 「제삼자와의 관계」에서 자기의 정당한 「정체성」이 이루어진다. 이 정체성의 확립은 자유로운 선택과는 주소가 다르다. 즉 주체(아기)는 「누구의 아들」이라는 관계, 그리고 그에게 붙여진 이름을 통하여 상징세계에 관여한다. 그런 점에서 「인간 존재는 능기의 원인이라기보다 능기의 결과이다」.[21] 아기는 가정과 사회가 포괄하고 있는 문화가 주는 「능기」가 만드는 존재이다. 그 「능기」를 거부할 때 그는 정신적인 질병을 앓는다.

그러면 능기가 어떻게 인간을 만드는가? 우선 부모는 아기의 이름을 부르기 시작한다. 그와 동시에 그 아기는 자기의 존재를 그 「삼인칭 고유명사」와 일치시키고 자신을 그 「삼인칭 대명사」와 결부시킨다. 그래서 나 자신을 「그이」, 「그」, 「그녀」(il, elle) 등으로 객관화한다. 그리고 주위의 남들이 자기를 「~의 아들, ~딸」이라는 자격으로 부른다. 아기는 점차 그것을 배우게 된다. 이리하여 주체는 자신의 「개체발생」을 분명히 하게 된다. 이리하여 「언표화(l'énonciation)하는 주체」와 「언표된(énoncé) 주체」 사이에 균열이 일어난다. 「균열」은 「언표화의 주체」와 「언표된 주체」 사이에서 발생하는 능기의 모든 간섭에서 생기고, 그런 균열에서 「도덕법」이 가능하다. 「도덕법은 특히 언표화의 주체에서부터 언표된 것의 주체에까지, 즉 능기의 모든 간섭에서 작용하는 주체의 균열 이외에 다른 것이 아니다」.[22] 「언표화」(l'énonciation)의 주체는 스스로의 「상상적 관계」에서 오는 것이라, 「언표된 것」(l'énoncé)의 주체는 「타인」이 붙여준 「상징적 관계」에서 오는 것이다. 라캉은 인간의 모든 인륜도덕의 기본이 이 「틈」에서부터 비롯한다고 보았다. 그러므로 도덕의 주체는 그에게 「언표된 것」으로부터 생기는 것이기에 그 주체는 타인들에 의해서 명명된 사회적 역할과 기능의 분배와 다르지 않다.

여기서 우리는 다시 아프리카의 「오트 볼타」[Haute Volta, 1984년 부르키나파소(Burkina-Faso)로 바뀌었음]의 「사모」족의 경우에(우리가 이미 앞 서두에서 음미해 본) 그들의 사회생활의 도덕관념이 칸트가 말한 바와 같은 「주체적 도덕양심」이 아니라 「사회관습의 규범」이라는 것을 상기해 볼 필요가 있다. 「사모」족만 그러한 것이 아니고 모든 야생사회가 다 그러하다. 라캉의 철학에서도 같은 결론이 나온다. 도덕 주체는 사회관계에서 타인이 진술한 「언표된 것」 속에서 결정된다. 「만약에 개인이 스스로 자유롭다고 믿는다면, 그것은 그가 자기를 결정하는 원인에 대하여 의식하지 못하기 때문이다」.[23] 역설적으로 표현하자면 「도덕법」은 주체가 타인과의 「상징적 관계」 때문에 자아를 억압한 대가로 주어진다. 이 억압은 「원억압」이요, 근원적인 「자기 소외」이다. 이 「자기 소외」나 「원억압」(le refoulement originaire)이 「욕구불만」(la frustraton)을 필연적으로 야기한다. 따라서 「상징」과 「도덕」이 있는 곳에 「욕구불만」은 숙명적으로 생길 수밖에 없다. 그래서 「도덕↔원억압↔자아소외↔욕구불만↔부정」 등과 같은 하나의 진술적 연쇄가 형성된다. 즉 도덕이 있는 곳에, 욕구불만이 있는 곳에 언제나 프로이트가 말한 「부정」(die Verneinung, la dénégaton)이 생긴다. 즉 프로이트에 의하면 「상징」이나 「도덕법」에 의해서 「억압된」 내용을 「부정」의 방법을 통하여 자신을 표현한다. 흔히 인용되는 것을 여기에 소개한다.

1_ 당신은 내가 당신을 해치고자 한다고 생각하지만 내 의도는 전혀 그런 것이 아니오.
 –사실상 나는 당신을 해치고 싶다는 진술 부정–
2_ 내가 꿈 속에서 누구를 보았는데, 약속하지만 그것은 내 어머니가 아니었어.
 –사실상 그것은 자기 어머니였다.–

이처럼 「부정」은 겉으로 나타난 감정상에서는 진술의 내용에 대해서 자기를 일치시키기를 거부하지만, 그러나 그것은 겉의 감정이고 내심으로 「부정」은 「상상적인 것」이 우회해서 요구하고 있는 것을 긍정하는 셈이다. 라캉은 이러한 자아분열을 다음과 같이 비유적으로 설명하고 있다. 「분리하는 것—separare(라틴어), séparer(불어)—은 “se parere(라틴어)”, 즉 자신을 생산하는 것으로 끝난다. (…) parere(라틴어)는 얻게 해주는 것—(남편에게 아기를)」.[24] 「“나는 생각한다. 고로 나는 존재한다”(라는 명제)는 실존적인 내가 존재한다와 의미적인 내가 존재한다로 나누어진다. 이런 균열은 근원적인 억압의 첫 번째 분출로서, 원리로서 생각되어야 한다」.[25] 이어서 라캉은 또 「부정」의 생리를 다음과 같이 표현한다. 「요약하자면, 사람들은 분석 속에서 무의식으로부터 출발하여 어떤 “아니오”(non)를 발견하지 못한다. 그러나 자아(le moi)의 입장을 편드는 무의식의 승인은 자아가 언제나 무지(méconnaissance)임을 보여준다. 심지어 인식에 있어서도 사람들은 언제나 자아의 편에 서서, 부정적 공식 속에서, 무의식을 거부하면서도 그 무의식을 잡아두는 가능성의 흔적을 발견한다」.[26]

이와 같은 균열을 일으키는 가장 큰 까닭은 아버지의 존재이다. 아기가 어머니와의 「이자적 관계」를 지속하지 못하도록 하는 것이 곧 아버지이다. 아버지는 「삼자관계」를 가능케 하는 첫 번째, 그리고 가장 중요한 존재이다. 「아버지」가 곧 「법」이다. 아버지의 존재는 아기에 대하여 어머니와의 관계에 있어서 경쟁자가 된다. 「우리가 주체 속에서 나르시스적인 순간을 재발견하게 되는 것은 개인의 발생론적 모든 국면과 인격 성취의 모든 정도에 다 속해 있다. 그래서 한 걸음 먼저 그 주체가 리비도적인 욕구불만을 감수해야 하고, 그 다음 그 주체는 규범적 승화 속에 자신을 초월시킨다」.[27] 「외디푸스」 콤플렉스는 이 단계에 나타난다. 「외디푸스」 콤플렉스란 모든 아기가 자신의 성욕과 「리비도」(libido)를 어떤 규범에 종속시키지 않을 수 없는 의무를 뜻하고, 그 의무는 인간화의 첫 걸음이다. 그러나 그 인간화가 불가피하게 「억압」과 「욕구불만」을 필연적으로 내포하게 된다. 아버지의 출현으로 「외디푸스」 콤플렉스를 느끼기 전에 아기는 어머니와 특별한 관계를 갖는다. 아기는 어머니와의 「이자적 관계」에서 어머니의 관심과 접촉만을 바라는 것이 아니라, 또한 어머니의 모든 것이기를 원한다. 즉 아기는 무의식적으로 「어머니의 결핍」을 보충하고자 원한다. 어머니에게 결핍되어 있는 것이 「남근」(le phallus)이다. 「남근」(le phallus)은 「남자 성기」(le pénis)와 꼭 같지 않다. 「남자 성기」는 생물학적 개념이지만 「남근」은 오히려 남자 성기의 「능기」나 「상징」으로 해석되어야 한다. 하여튼 「남근」은 어머니의 욕망이다. 따라서 아기는 그 어머니의 이 욕망을 만족시켜 주기 위해 스스로 이 욕망의 대상인 「남근」(le phallus)에 자기 자신을 동일화시킨다.

따라서 어린 아기가 자신을 타인(어머니)의 욕망에 자신을 그 대상으로 종속시키게 됨으로써 어린 아기는 하나의 독립적 개체 또는 주체로서 존재하려고 하기보다 오히려 타인(어머니)의 욕망의 연장이거나 하나의 「공백」(un blanc)이거나 「아무 것도 아닌 것」(un rien)으로만 수동적 · 종속적으로 존재하기를 바란다. 「신경증」(la névrose)과 「정신병」(la psychose)은 성인이 되어서도 상징을 받아 사회생활을 영위하지 못하고 이 「이자적 관계」로 자꾸 되돌아가려는 정신질환을 말한다. 「신경증」은 사회적 규범을 자주 망각하려는 증세를 보이지만 그래도 원상태로의 회복이 가능한 데 반해 「정신병」은 원상태로의 회복이 대단히 어려운 경지를 말한다.

그런 「나르시스」적 상태에 있는 아기에게 아버지가 약탈자로 등장한다. 즉 어머니의 약탈자인 셈이다. 아버지는 아기에게 어머니의 「욕망대상」과 동시에 「남근」이 됨을 금지시키고, 어머니에게도 그렇게 생각하지 말도록 이른다. 「아버지의 금지」는 「권위」이며 「법」이다. 아버지의 말이 권위이며 동시에 법이기 위하여 그 말이 어머니에게 수용되어야 한다. 어머니가 그것을 수용하지 못할 때, 아기는 「나르시스」적인 「이자적 관계」의 「환상」(le phantasme)에서 잘 깨어나지 않는다. 이때 「아버지의 존재」는 「능기」이지 생물학적 관섬에서 이루어지는 「성교」나 아기 생산과는 직접 관계가 없다. 라캉은 「아버지의 이름」(le–Nom–du–Père)이 중요한 「능기」라고 보고 있다. 라캉의 말을 직접 듣자. 「(아버지의 이름은) 능기의 장소인 한에서, 타인 속에서 있는 법의 장소인 한에서 타인의 능기이다」.[28] 그래서 아버지는 「상징적 아버지」(le père symbolique)이다. 「상징적 아버지」 또는 「아버지의 이름」은 아버지의 은유이기도 하다. 「아버지의 이름」은 가정의 상징적 법과 질서의 기초가 된다.

만약 어머니가 이 아버지의 권위를 인정하지 않고 도전하며 「아버지의 이름」으로 표상되는 「법」을 무시하면 아기는 「남근」과 동일시되어 그 어머니의 욕망의 대상이라는 집념에 포로가 되고 만다. 그 점에서 「아버지의 이름」(le Nom du Père)과 「남근」(le phallus)은 동일한 능기에 속한다고 볼 수 있다. 왜냐하면 「남근」이 실재적 남성기(le pénis)라기보다 여성의 근원적 욕망의 상징이고, 어머니가 아기의 「남근」을 거부하고 아버지의 「남근」을 수용할 때 「법」과 「윤리」가 세워진다. 이 「아버지의 남근」을 욕망하지 않으면 이 「아버지의 이름」도 권위를 잃고 법이 무너진다. 「남근」은 무의식의 근본적 능기이다. 「남근은 하나의 능기인데, 그 능기의 기능은 분석의 주관 내적인 경제 속에서 그 남근이 신비 속에 감춰두었던 기능의 베일을 벗기는 것이다. 왜냐하면 능기가 능기의 자기 현전에 의하여 소기들을 조건지워 주는 것인 한에서, 남근은 소기들의 결과들을 그 전체 집합 속에서 가리키도록 정해진 능기이기 때문이다」.[29]

「아버지의 이름」으로 나타나는 「상징적 아버지」가 꼭 실재의 현실적 아버지와 일치할 필요는 없다. 아버지가 죽어서 모자 간만 존재하더라도 상징적 아버지가 「아버지의 이름」으로, 「법」으로 작용만 하면 된다. 라캉의 사상세계는 전혀 현실적 생물학이나 생리학의 범주에 제한되어 있는 것은 아니다. 그러면 딸의 경우는 어떠한가? 이런 의문이 나올 수밖에 없다. 아들이 어머니와의 이자적 관계를 포기하지 않으면 「아버지의 법」은 아들에게 위협이 되고, 그 위험은 「거세」(la castration)의 공포로 나타난다. 「거세」의 위협은 아기 자신의 자아를 위협으로 몰고 가는 공포를 자아낸다. 「거세 콤플렉스」에서 벗어나기 위하여 아기는 「아버지의 상징」과 그 「권위」에 굴복한다. 프로이트의 어린 환자 한스(Hans)의 경우에 그가 이미 「거세 콤플렉스」에 걸려 나타났다. 물론 프로이트는 어린 한스에게 그가 어머니를 사랑하더라도 아버지의 복수(거세)를 결코 당하지 않는다고 이해시켜 줌으로써 그 아이는 병에서 나았다. 남자 아이의 경우는 「거세 콤플렉스」가 어머니에 대한 「나르시스」적인 사랑에 종지부를 찍게 한다. 여자 아이도 애초에 어머니에 대한 「이자적 관계」를 갖는다. 아기 시절은 실제적 성의 구별에 의미를 두지 않는다. 여자 아이도 어머니의 「욕망의 대상」인 「남근」적 존재라는 「환상」을 갖는다. 그러나 「거세」 콤플렉스 앞에서 여자 아기는 공포를 느끼지 않고, 자기 어머니와 같이 자기도 이미 「거세된 존재」임을 발견하게 된다. 그 발견은 동시에 자연스럽게 아버지다움에로 복종하게 한다. 좌우간 「외디푸스」 콤플렉스에서 어린 아기는 아버지가 「남근」을 소유하고 있고, 자기는 그렇지 않다고 자각한다. 아기는 「남근적 존재」(l'être phallique)가 아니고 「남근 비소유」(le non-avoir phallique)가 된다.

인간은 존재의 개념에서 성숙하지 않고 「비소유/소유」의 구분에서 문화화한다. 베르고트(Anoine Vergote)가 그의 『종교심리학』(*La psychologie religieuse*, p. 110)에서 잘 지적하였듯이 「법을 내면화함으로써 아기는 아버지에 동화하게 되고, 아버지를 자기의 모형으로 삼게 된다. 그래서 법은 해방을 시켜준다. 왜냐하면 그의 어머니로부터 분리되어 아기는 자기 자신을 처분할 수 있게 되고, 그가 해야 할 것과 미래에로 향하는 의식을 갖게 된다. 그 아이는 사회와 문화 속에 가입되고, 언어활동의 세계에로 들어간다」. 이때에 「아버지의 아들」, 「상징적 아버지」, 「남근적 능기」 등이 이른바 프로이트가 말하는 「초자아」(le super-ego)이며, 또 이것을 라캉은 「자아의 이상」(l'idéal du moi)이라고 불렀다. 이 「자아의 이상」은 이미 앞에서도 언급되었듯이 「이상적 자아」(le Je idéal)와는 전혀 다르다. 후자는 라캉이 말한 「a관계」, 즉 「나르시스적 관계」에서 나타나는 심적 상태이지만 전자는 자아가 「삼자적 관계」, 즉 「아버지의 이름」 앞에 복종할 때, 즉 아버지를 모형으로 할 때 생기는 심적 상태이다. 이것은 프로이트의 「초자아」(le super-ego)와 불가분의 관계를 맺는다. 「아버지의 법」과 함께 아기에게 「이름」과 「위치」가 정해진다. 그리고 아기는 「자기의 정체성」을 가족의 체계 속에서 확립해 나가게 된다. 「최초의 법은 결혼을 제어하면서 결합의 법칙에 바쳐진 자연의 지배에 문화의 지배를 올려놓은 법이다. 근친상간의 금지는 그 법의 주관적 축이다. (…) 이 법은 스스로를 언어활동의 질서와 동일한 것으로 인식케 한다. 왜냐하면 어떤 힘도 친족의 명명 밖에서는 혈연연계를, 세대를 넘어 맺고 짜게 하는 좋아함과 터부(금기)의 질서를 설정할 수 없기 때문이다」.[30] 「외디푸스」 콤플렉스는 인간으로 하여금 「상상적」 세계에서 「상징적」 세계, 즉 「언어활동」의 세계로 이행케 하는 드라마이다.

사실상 이 드라마를 중심으로 하여 정신질환이 발생한다. 크게 보아 정신질환은 「신경증」(la névrose)과 「정신병」(la psychose)으로 대별된다. 신경증세는 「상징적」 세계와의 관계를 마다하고 주체가 「상상적」 세계에로 되돌아가려고 하는 심적 상태를 뜻한다. 즉 「상징」세계와의 관계의 상실은 주체로 하여금 「상상적인 것」이 「실재적인 것」의 전부인 양 착각하게 한다. 그래서 신경증 환자는 상징적 의미의 세계를 자기화하는데 큰 혼란을 빚는다. 그러므로 신경증세의 치료는 주체로 하여금 말의 정상적 진술세계에로 되돌려놓는 일이다. 이 신경증에는 두 가지 종류가 있는데, 특히 여성에게 많이 나타나는 「히스테리 증세」(l'hystérique)와 남성에게 주로 보이는 「강박증세」(l'obsessionnel)가 그것이다. 「히스테리 증세」는 자신의 성(le sexe)을 완전히 인정하고 감수하는 데 미치지 못해서 생긴다. 즉 자기가 거세된 능기를 가진 여자임을 수용하는 것을 「거울의 단계」에서 성공하지 못하고, 「히스테리」 환자는 자기가 자신을 깨닫지도 못하는 곳에서 자신의 어머니에게 별로 사랑받지 못했다고 느끼고서 자신의 이미지를 보상적으로 주체화하려고 한다. 즉 그녀는 자신과 일치될 수 있는 동성의 대상을 찾는다.

그러나 이 동성의 대상에게 접근할 때 가급적이면 사랑을 담뿍 받고 있는 여자를 선택하고, 그 여자의 애인이나 정부인 남자를 매개로 하여 그녀는 동성 대상에게 말을 건네기를 원한다. 그녀는 자기 동성(同性)의 대상, 즉 사랑받는 여자에게 보내지는 남자의 경의를 자신이 받는다고 꿈을 꾸고, 이 남자에게 사랑받는 여자를 제공해 준다는 환상 속에 산다. 그러나 그러면서 그녀는 연속적인 불만 속에 산다. 일반적으로 「히스테리」 증세는 「3각관계의 구조」를 이루고 있다. 사실상 「히스테리」의 무의식적 구조는 그녀가 「거세 콤플렉스」 때에 스스로 거세된 존재임을 자인하여 아버지에게 복종해서 그에게로 향하지 않고, 아버지에 대신해서 어머니의 「남근」임을 고집한 데서 온다. 결국 「무의식이 타인의 진술」이라는 라캉의 기본명제에 따라 「히스테리」도 타인의 욕망이다. 「강박증세」는 이와 다르다. 강박증세는 그 무의식 구조에서 자기 어머니에 의하여 너무 사랑받았다는 사실, 즉 자기 아버지보다 자기가 진실로 그의 어머니가 원하던 「남근」이었다는 자신감에서 나온다. 이런 과잉적 자신감이 나중에 자신을 해방시키지 못하고 자기 내부의 생각이 부스럼처럼 응결되고 만다. 한편으로 어머니의 완전 소유에 죄책감을 느끼면서 그는 늘 아버지에 의한 「거세」의 공포 때문에 아버지의 죽음의 필연성을 요구한다. 그러면서 그 공포를 잊기 위하여 그는 자신을 몽롱하게 만들 정도로 미친 듯이 일에 열중한다.

「정신병」은 「신경증」과 달리 그 질환의 정도가 대단히 심한 상태이다. 즉 「정신병」은 라캉에 의하면 「원억압」이 완전히 실패하여 상징의 세계에 대한 접근이 거의 불가능한 상태를 뜻한다. 즉 「신경증」에는 「원억압」이 이루어졌지만, 억압된 내용이 너무 강렬하고 「초자아」의 금지가 약할 때 휴화산이 활화산으로 변하여 폭발하듯이 폭발한다. 그때 그는 「금지의 법」이 무섭기도 하여 무의식의 억압된 내용을 속임수라든지 위장을 통해서 나타낸다. 그 반면에 「정신병」은 전혀 「원억압」을 받으려 하지 않고, 즉 상징적 언어활동의 수용을 거부하는 「배제」(la forclusion) 행위를 갖고 있다. 정신분석학자 르크레르(Leclaire)의 비유를 빌리면, 「신경증」은 옷의 천이 찢어져서 수리가 가능하지만, 정신병은 원단이 이미 구멍이 나 있는 상태여서 수선하기가 거의 불가능하다는 것이다. 그러므로 「배제」의 심적 행위는 어떤 「억압」도 받기 이전에 발생한다. 그래서 「정신병」 환자는 어떤 「상징의 능기」나 「금지의 법」을 아예 모르고 영원한 「상상」의 세계에 거주하려 한다. 그에게 있어서는 「상상적인 것」과 「실재적인 것」(le réel)이 일치할 뿐이다. 갈등도 없다.

4. 능기의 기호학

「분열」을 통하여 주체는 「로고스」(Logos)에 접하게 된다고 라캉은 말한다.[31] 라캉이 강조하고자 하는 로고스는 전통적인 「해석학적」(herméneutique) 사상에서 취급하던 소기가 아니다. 오히려 능기를 중요시하는 「기호학」이다. 그가 말한 「상징적 질서」는 결국 「능기의 기호학」인 셈이다. 라캉의 대작 『기록』을 열면, 서문에 이어 대뜸 에드가 포우(Edgar Poe)의 콩트를 보들레르가 불어로 번역한 "「도둑맞은 편지」(*La Lettre volée*)에 관한 세미나"가 나온다. 라캉의 『기록』이 모두 엄청나게 난해하지만 아마도 이 「도둑맞은 편지」는 그 중에서 더 까다롭고 이해하기 무척 힘든 대목이리라. 여기서 라캉은 주체를 구성하는 것이 능기의 상징적 질서임을 보여준다. 라캉이 이 「도둑맞은 편지」에서 보고 있는 자신의 과학적 관점을 이해하기 위해서도 우선 이 콩트의 내용을 간략히 소개하는 것이 필요하리라.

이야기의 시작은 왕실의 규방에서부터 전개된다. 왕비가 편지를 받자마자 왕이 들어온다. 그래서 왕비는 그 편지가 대수롭지 않은, 왕비의 명예를 높여주기 위한 것이라는 말로 얼버무리면서 다른 서류 사이에 놓아둔다. 왕이 별로 관심과 주의를 기울이지 않는 것을 보고 왕비는 그 편지를 수신인 성명을 위로 해서 뒤집어 놓고서 책상 위에 다시 놓았다. 왕을 따라 들어온 대신이 이 장면을 놓치지 않는다. 그는 벌써 왕비가 당황해하고 놀라워하는 이유를 알고 있다. 대신은 자기 호주머니에서 똑같은 편지를 꺼내어 읽는 시늉을 하다가 첫 번째 편지와 바꾸어 놓았다.

이 대신의 술책을 간파한 왕비가 왕의 의심을 살까 두려워 그 짓을 막지 못하였다. 왕비는 대신이 그 편지를 소유하고 있고, 대신은 자기 행동을 왕비가 눈치챘다는 것을 각각 다 안다.

그 다음 장면은 대신의 사무실에서 일어났는데, 앞 장면의 것을 반복하는 정도이다. 즉 18개월 동안에 경찰은 대신이 없는 야밤을 이용하여 대신의 사무실이나 그 근처를 뒤지면서 그 편지를 찾으려 했으나 허사였다. 이번에는 경찰 책임자가 대신에게 신고하고서 찾기 시작한다. 드디어 그는 대신의 푸른 안경 뒤에 있는 장소를 뒤지다가 문제의 편지를 찾아냈다. 그 편지는 구겨진 전갈쪽지처럼 되어 있는데, 그것은 눈에 잘 띄지 않게 하는 최선의 방법이다. 그는 대신이 전에 했던 것처럼 그 편지를 바꿔치기했는데, 대신이 전혀 눈치채지 못하였다고 안심하면서 유유히 퇴장한다. 새로운 상황이 일어났는데, 대신은 그 편지를 이미 갖고 있지 않고 또 그는 그 사실을 모르고 있는 반면에, 왕비는 그 편지가 이미 그의 수중에 있지 않음을 알고 있다. 경찰 책임자가 놓아둔 쪽지는 풍자만화였는데, 그것이 의미가 없는 것은 아니다.

이상의 이야기에서 라캉이 우리에게 말하려고 하는 것은 「반복의 자율운동」이다. 즉 편지가 세 사람의 손에서 왔다갔다 반복하는 동안에 세 주인공들은 진짜 편지에 대신하는 가짜 편지로 서로 중계되고 있다는 사실이다. 다시 말하면, 그들의 대용물 관계는 3각관계에서 도둑맞은 편지라는 순수 능기가 자리잡고 있는 장소에 의해서 결정된다는 사실이다. 이 이야기 속에 맛을 보이다가 숨기도 하는 진실이 있다. 역설적으로 표현하여 너무 명백해서 안 보이는 진실이 있다. 예컨대 경찰이 찾으려 했지만 못 찾은 그 편지는 대신의 책상 위에 있었지만 구겨진 쪽지 같아서 아무도 보지 못했다. 편지가 보이는 데 있건만 보지 못하고 헤매고, 또 찾으면 다른 위장물(대용편지, le déplacement)로 반복해서 바꿔놓고 하는 유희는 바로 무의식이 거주하는 장소와 표현방식과 그 진실과 너무 흡사하다. 이 점을 라캉은 다음과 같은 묘한 말로 표현하고 있다. 「능기는 그 본성상 없는 것(une absence)의 상징이란 점에서 유일하게 존재하는 단위이다. 그것은 마치 도둑맞은 편지에 대하여 다른 대상과 같이 그 편지가 어디엔가 있거나 **또는** 있지 않거나 해야 한다고 말할 수 없고, 다른 것과 달리 그 편지가 있는 곳에, 그 편지가 간 곳에 그것이 있을 것이고 **그리고** 없을 것이라고 말해야만 하는 것과 같다」.[32]

위의 콩트에서 세 주인공이 진짜 편지와 그 대용물의 출현을 알기도 하고 모르기도 하면서 자신의 감정에 얽매이게 된다. 그 편지와 대용물이 곧 능기이다. 라캉이 이 이야기(콩트)를 통하여 말하고자 하는 것은 인간이 능기에 의하여 지배되고 변형된다는 무의식의 진리이다. 위 이야기 사건에서 편지나 위장편지가 3인의 손에 의해서 왔다갔다 하듯이 능기는 고정되어서 존재하는 것이 아니고, 모든 능기는 어떤 연쇄의 궤적을 밟고 있다는 점이다. 그리고 능기가 인간을 구성하고 자기 질서 속에 인간을 몰입시킨다. 그리고 인간이 이 능기의 상징질서 속에 가입될 때, 비로소 그는 인간이 된다. 이런 내용의 의미는 앞절에서 우리가 본 어린아이(어머니의 부재시에)가 실패를 던졌다 잡아당겼다 하면서 「oooh」(오!) 「a!」(아)라고 하는 「O-A」 사례, 즉 「Fort-da」(멀리-여기에) 실례를 회상하면 쉽게 이해되리라. 어머니의 부재에 대신하는 상징, 즉 「O-A」라고 말하는 「능기」가 인간에게 말을 하게 한다. 즉 「상징」이 인간을 말하게 하고, 말이 인간을 만든다고 보아야 한다. 「상징은 먼저 사물의 살해로 나타난다. 그리고 이런 죽음은 주체 속에 욕망의 영원화를 구성한다」.[33] 이 말은 무엇을 의미하는가? 이미 앞에서 든 실례가 입증하듯이 주체를 구성하는 상징적 질서의 능력은 인간을 형성할 만큼 절대적이다. 인간이란 무엇인가? 라캉은 「인간의 본성은 인간에 대한 그의 관계이다」[34]라고 정의하였다. 인간이 인간관계 이외의 다른 것이 아니라면 결국 「능기」, 즉 「상징질서」는 인간관계가 절대적임을 알려주고, 그 인간관계란 사실상 늘 「타인에 대한 욕망」 이외에 다른 것이 아니기에 결국 상징적 질서는 욕망의 언어와 다를 바가 없다. 그리고 욕망의 언어는 무의식적이다. 그러므로 인간은 무의식적인 욕망의 언어질서에 의하여 영원히 규제되기 마련이다. 능기적 상징은 무의식의 언어활동과 다를 바가 없다.

이미 우리는 앞에서 무의식은 언어활동(le langage)처럼 구소화되어 있다는 것을 여러 번 반복하였다. 그런 점에서 무의식이 표출하는 언어활동이라 해서 특이한 것은 아니고, 그것은 우리가 일상에서 실제로 말하는 언어의 법칙과 같다. 「무의식이 언어활동의 근본적 구조를 갖고 있다는 사실, 즉 실제로 말하여진 그리고 말하여지고 있는 언어, 실증적 언어연구가 발견하고 있는 것과 같은 법칙에 따라 재료가 무의식에서 놀고 있다는 사실」.[35] 따라서 「Fort-da」의 언어적 상징은 어린 아기의 고독을 어머니 대신 다른 것과의 관계를 지으려는 욕망과 다르지 않다. 그러나 무의식적 욕망의 언어가 타인과 관계를 지으려 하고 또 그것이 일상언어의 재료나 법칙과 별다른 것이 없다 하여도 그것의 문법이 그렇게 간단하지는 않다.

예컨대 앞에서 나온 「도둑맞은 편지」를 다시 생각해 보자. 왕비는 대신이 그 편지를 가져가고 그 대신 다른 것(같은 모양의)을 두고 갔음을 안다. 그러나 왕비는 왕이 알까 두려워 제대로 표시를 내지 않았다. 왕의 감시나 검열 때문에 왕비는 알면서 말을 못한다. 무의식의 언어는 언제나 어떤 검열(상징적 세계, 법)이 있어서 제대로 다 표현하지 않는다. 그리고 경찰이 그것을 찾지만 너무도 보기 쉬운 곳에 변형(구겨서)을 해서 두었기에 그것을 알지 못한다. 보이지만 알지 못한다. 무의식의 상징언어(이미 삼자관계를 전제로 한)는 너무 하찮아서 모르는 수가 많다. 우리가 「실언」을 하거나 말을 갑자기 「더듬거나」, 어떤 단어가 갑자기 「생각이 안 나거나」 다 무의식의 상징이다. 그런 일은 일상생활에서 쉽게 나타난다. 그러나 우리는 그것을 모르고 지낸다. 또 진짜 편지가 이 사람에게서 저 사람 손으로 옮겨진다. 무의식의 언어 능기도 그 내용을 쉽게 사람들에게 알리지 않고(왕비도, 대신도, 경찰 두목도 그 내용을 잘 모른다) 능기가 여기서 저기로 떠돌아 다닌다. 즉 일종의 「연쇄성」을 형성하게 된다. 그래서 라캉은 모든 능기는 일종의 「직물의 실」을 형성한다고 말하였다. 이미 앞에서 암시된 바와 같이 「능기 : 소기」가 「1 : 1」만으로 전부 다 대응되지는 않는다. 그래서 능기(상징적 질서의 기회)는 소기에 대하여 어떤 고정된 만남의 일치점이 없으므로 순수한 초월의 뜻을 지닌다.

「정신분석가는 능기와 소기의 근본적 구별에 (…) 자신을 도입시켜야 한다. 그리고 서로서로 겹쳐지지 않는 관계로 그들이 조직한 두 망과 함께 훈련하도록 시작해야 한다」.[36] 이어서 라캉은 「능기의 망」은 소쉬르의 언어학 개념에 따라 「언어활동의 물질적인 것의 동시적 구조」에 해당하고, 변별적 대립의 관계에 의해서 정립되며, 「능기의 망」은 「구체적으로 무의식이 발음한 진술들의 통시적 집합」이라고 정의하였다. 즉 소기는 시간 차이에 따라 나타난 진술 속에 담긴 의미의 통일체가 된다. 그래서 「소기」는 진술의 역사적 통일과 관계된다.[37] 그러므로 언어활동의 물질적 기호인 능기는 동시적 연쇄의 구조로 보아야 하고, 소기는 시간적 · 통시적 진술들의 통합성으로 보아야 한다. 쉽게 말하여 여러 가지 능기들의 다양한 연쇄는 결국 어떤 시점에 가서 하나의 소기적 통합이라는 결론에 이르게 된다. 예컨대 「신경증」 증세는 주체의 의식사(意識史)에 의하여 억압된 능기적 구조로서 생각될 수 있다. 이처럼 소기는 많은 능기의 기호가 지닌 법칙을 분석함으로써 나타난다. 지금까지 기술된 것을 좀더 쉽게 풀어보자.

요컨대 「무의식의 언어활동」으로서의 「능기」와 「소기」가 서로 「쉽게 겹쳐지지」 않는 까닭은 일반적으로 무의식이 간접적인 방식으로, 즉 베일을 가리는 방법으로 자신을 표출하는 심리현상 때문에 그러하다. 그것의 단적인 예가 꿈이다. 꿈의 능기적 상징기호는 꿈의 내용과 바로 연결되는 것이 아니다. 왜냐하면 무의식적 자아는 의식이나 초자아에 의하여 인정되지 아니한 「리비도」적 충동을 교묘한 수단으로 엄폐하면서 나타내기 때문이다. 따라서 개인이 유아기에서부터 어른에 이르기까지의 역사에서 나타난 소기의 의미(개념의 통일)도 능기의 구조적 문법을 모르면 그 의미가 해독되지 않는다. 그래서 라캉의 기호학에서 능기가 더 중요한 역할을 수행한다. 같은 소기라도 그것이 때로는 꿈의 능기로, 때로는 「신경증」이나 「정신병」의 증후로, 때로는 「착오(실착)행위」(les actes manqués)—「말의 실수」, 「무심코 틀린 글씨」, 「그릇된 기억」, 「말더듬이」 등—, 때로는 「풍자」나 「비꼬는 재담」 등으로 달리 표현되기도 하는데, 이 일련의 능기적 연쇄는 같은 구조를 지닌다. 이런 능기적 구조가 형성되는 무의식의 문법이나 법칙은 이미 주지하였듯이 「은유」 또는 「압축」(la condensation), 그리고 「환유」 또는 「치환」(le réplacement)이다. 「(…) 언어활동을 구성하고 있는 물질적으로 불안정한 요소들의 연쇄 수준에서 발견되어지는 결과, (다시 말하자면) 환유(la métonymie)와 은유(la métaphore)가 구성하는, 즉 소기(le signifié)를 생산하는 두 개의 측면에 따라서 능기 속에 결합(la combination)과 대체(la substitution)의 이중 유희에 의하여 결정되는 결과를 재발견하는 것이 중요하다. 그 결과는 주체의 제도화(l'institution du sujet)를 위해서 결정적이다」.[38] 라캉 사상의 용어체계에서 [은유=압축=대체]와 [환유=치환=결합]은 각각 상호 간의 동일성으로 뭉뚱그려 묶여진 두 개의 개념다발임을 우리는 쉽게 알 수 있다. 이 두 개의 개념다발을 쉽게 이해하기 위하여 우리는 다음과 같은 도표를 재활용한다.

〈도표 2〉[39]

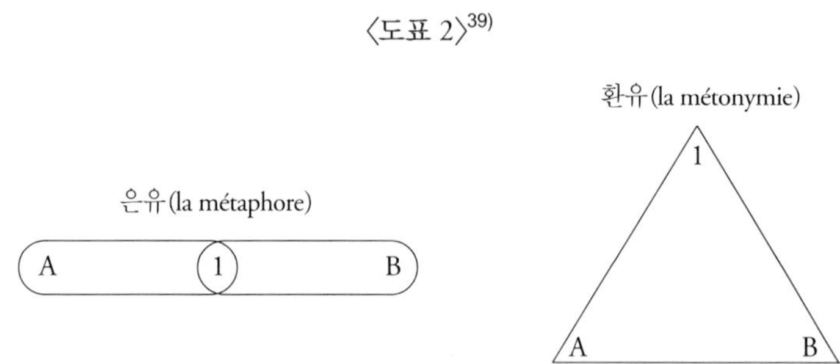

잠깐 위의 도표를 설명하자. 편의상 「A」, 「B」는 두 개의 진술을 뜻하고, 「1」은 두 진술을 연결하는 공통적 요인이라 가정하자. 예컨대 「불타다」와 「욕망하다」는 「뜨겁다」는 공통요인을 두 용어가 다 하나의 「압축」으로 안고 있다는 점에서 「욕망하다」는 「불타다」로 대체된다. 흔히 불교에서 이 세상을 「화택」(火宅)이라고 비유함은 하나의 좋은 은유법의 보기이다. 그 대신 「샹파뉴」(Champagne)라는 프랑스 술은 사실상 프랑스 지명 「샹파뉴」에서 유래되었다. 즉 「지명」이 「주명」(酒名)으로 「치환」(le réplacement)되었고, 또 내용상에는 「지명」과 「주명」이 결합되어 나타났다. 이 경우 공통요인은 지명과 주명을 아울러 「결합」(le combination)했다고 봐야 한다. 이렇게 보면 라캉은 다음과 같이 기호체계를 두 가지 기둥으로 분류함을 우리는 알 수 있다.

I	II
1) 압축(la condensation)	1) 치환(le déplacement)
2) 은유(la métaphore)	2) 환유(la métonymie)
3) 대체(la subsititution)	3) 결합(la combination)
4) 동시성(la synchronie)	4) 통시성(la diachronie)

은유에 관하여 라캉이 든 보기로서 위고(V. Hugo)의 시구절 「그의 다발은 인색하지도 증오를 품지도 않았다 … 」(sa gerbe n'était pas avare ni haineuse …)를 인용하고 있다. 여기서 은유는 「다발」(la gerbe)이라는 개념에서 이루어진다. 물론 이 개념의 능기는 다른 능기인 『성경』에 나오는 인물인 「보오츠」(Booz)*를 대체하고 있다고 한다. 결국 「보오츠」가 소기인 셈이다. 그러나 그렇게만 끝나는 것이 아니고 그 인명은 다른 능기들의 연쇄에 또 은연중 연결된다. 「보오츠」가 「주인」으로서, 「아버지」로서, 「남근」으로서 「다산적 정력」 등과 연상되고 있다고 한다. 일반적으로 라캉은 은유법을 다음과 같은 공식으로 표시하고 있다.

$$f\left(\frac{S'}{S}\right)S \simeq S\ (+)\ s$$

은유의 함수(f)에 있어서 은유적 능기 S′(다발)는 막대기 (−) 아

---

* 보오츠(Booz)는 구약 「룻기」(Le livre de Ruth)에 나오는 인물로서 룻(Ruth)과의 결혼에 의하여 그는 메시아의 조상이 되었다.

래에 예전 능기인 「보오츠」(Booz)를 지니고 있다. 옛 능기 「보오츠」는 새 능기 「다발」에 대하여 소기의 역할도 한다. 그런데 애초에 소쉬르의 기호공식은 「$S=\frac{Sn}{Sé}$」, 즉 「$S=\frac{S}{s}=\frac{능기}{소기}$」였다. 그것은 「$f=S(\frac{I^*}{s})$」로 변형될 수 있다. 그렇다면 위의 공식 「$f(\frac{S'}{S})S$, 또는 $f\ S(\frac{S'}{S})$는 $f=S(\frac{I^*}{s})$과 대응되는 공식이다. 그리고 「S(+)s」에서 (+)는 S와 s 사이에 있는 막대기 (−)가 돌파되었음을 뜻한다. 즉 S(능기)와 s(소기)가 서로 겹치게 된 것을 말한다. 여기서 우리는 프로이트가 치유시킨 환자의 예를 은유와의 관계에서 생각해 보자. 아랫등에 고통을 느끼는 환자가 있었다. 물론 그것은 외과적 질환은 아니었다. 「자유연상」(l'association libre)**의 말놀이에 의하여 프로이트는 그 환자가 독일어의 「십자가」인 「Kreuz」라는 낱말을 반복적으로 발음하는 것을 듣게 되었다. 그런데 독일어 「Kreuz」라는 단어는 동시에 「도덕적 고통」을 의미하는 데도 사용된다. 이 실례는 S′(아랫등 선골의 통증)는 독일어 「Kreuz」라는 낱말이 지닌 이중성 때문에 S(도덕적 고통)를 대신해서 신체에 나타난 것이다. 즉 환자에게 있어서 고통은 십자가와 연상되고, 나는 나의 십자가를 짊어지고 산다는 생각을 하게 되며, 그 연상이 결국 아랫등 선골의 신체적 고통(십자가를 짊어지기 때문에)으로 나타나고 말았다.

그러면 환유법은 어떤 공식으로 표현되는가? 말할 나위도 없이 환유법은 「술을 마신다」는 말을 「잔을 들다」라고 표현할 때 나타난다. 즉 술이란 내용물(le contenu)이 잔이라는 담는 그릇(le contenant)으로 치환

---

* I = 무의식을 말함.

** 자유연상이란 정신분석학에서 환자에게 어떤 주체를 주지 않고 그가 쓰는 단어, 꿈의 기호 등을 정신집중을 통해 자유롭게 말하게 하여 환자의 정신적 무의식의 능기 연쇄를 끄집어내는 방법을 말함.

되는데, 그 까닭은 술잔과 술에는 인접성의 관계가 있기 때문이다.[40)]

$$f(S\cdots\cdots S')S \simeq S(-)s$$

설명하자면 환유의 함수(f)에 있어서 S′(술잔)는 S(술)와 인접의 관계를 맺고 있다. (……)은 그 인접의 정도와 간격을 뜻한다. 그리고 「S(−)s」에서 가운데 기호(−)는 능기(S)와 소기(s)가 서로 그 장벽을 돌파하지 못한 상태를 가리킨다. 여기서 우리는 프로이트가 스스로 술회한 예(비록 그 예가 은유적 요소를 다분히 안고 있지만)를 위의 공식과 연관시켜 생각해 보기로 하자. 발견자가 되기를 바라는 프로이트의 꿈 이야기이다. 꿈꾸기 전날 밤 그의 친구 쾨니히슈타인(Königstein)이 그를 찾아와서 그가 너무 환상에 푹 빠졌다고 질책하였다. 이 꿈은 그 친구에 대한 일종의 답변과 같다. 발견자가 되겠다는 생각은 프로이트에게 책에 대한 열정과 깊은 관계를 갖고 있다. 이 열정은 그가 5살 때에 채색그림이 있는 책을 한 장씩 한 장씩 찢던 쾌감과 연결되고 있다. 이 기억은 그로 하여금 능기적 연쇄성에 의하여 다른 추후의 기억과 또 연상작용을 한다. 즉 좀벌레들로 가득 찬 식물표본의 청소작업과 이어진다. 여기서 독일어에 유의할 것은 책을 갉아먹는 「책벌레」(Bücherwurm)란 단어는 「책벌레」란 뜻도 되고 「도서실의 쥐」라는 뜻도 된다. 그리고 책을 열심히 읽는 사람도 「책벌레」라 불리워진다. 프로이트는 책을 갉아먹는 벌레처럼 스스로 연상한다. 능기가 거기서 그치는 것이 아니라 또 더 깊은 차원으로 내려간다. 「벌레」(Wurm)라는 독어의 단어는 문자 그대로 「벌레」이고, 동시에 정신분석의 표상에서는 「어린 아이의 남근」을 뜻하기도 한다.

프로이트의 무의식에는 벌레가 책을 갉아먹듯이 어머니를 핥아먹는 욕망이 있었다. 그러면 왜 프로이트가 책과 그의 어머니를 연상하게 되었을까? 거기에는 그럴 만한 사건이 있었다. 즉 그의 아버지가 그의 생일을 축하하기 위하여 그의 아버지가 가장 아끼던 성경책을 그에게 주었다. 그런데 프로이트의 무의식에서 그 성경책은 어머니의 유산이라고 생각했었다. 그는 그의 어머니를 먼저 여의었다. 이상의 예에서 꿈은 이 능기에서 저 능기로, 또 다음 다른 능기로 파내려 가다가 마침내 어머니와의 결합을 욕망하는 최초의 능기로 와닿음을 알 수 있다. 그런데 어머니는 부재고 여의었으므로 욕망에서 출발한 욕구는 많은 다른 능기들을 접합시킴으로써 드디어 발견자의 꿈까지 이어진다. 그런데 여기서 특이한 것은 앞의 「십자가」(Kreuz)와 「선골의 통증」은 종국적으로 「도덕적 고통」에 대치되어 나타나서 그 도덕적 고통을 풀어주면 선골의 아픔(능기)도 없어진다. 소기와 능기가 이로써 겹쳐진다. 그런데 프로이트의 꿈은 계속되는 능기로 이어지고, 최초의 능기가 어머니와의 「상상적 이자관계」이기 때문에 어머니가 부재한 상황에서 소기와 접목되어 두 개가 겹쳐질 수 없으며, 결국 최초의 능기가 프로이트로 하여금 새로운 것을 발견하는 이의 열정으로(능기) 계속되는 것뿐이다. 능기와 소기가 「S(+)s」의 관계가 안 되고 「S(−)s」의 관계로 되고 만다.

이상의 보기를 통하여 우리는 왜 라캉이 「언어활동이 무의식의 조건」이며 「언어활동이 무의식을 창조하고 촉발」시키는가를 이해할 수 있다. 프로이트 학파의 다른 학자들은 「무의식이 곧 언어의 조건」이라고 하였지만 라캉은 정반대로 위의 명제를 도치시켰다. 「언어활동이 무의식의 조건」이기 때문에 무의식을 유지하는 것은 「은유법」, 「환유법」과 같은 언어규칙과 법이 될 수밖에 없다. 우리는 이 능기의 기호학을 좀더 잘 이해하기 위하여 정신분석의 「증후」(le symptôme)를 몇 가지 더 설명해야 하리라고 본다.

앞에서 우리는 「신경증」의 경우에 오는 「히스테리」와 「강박증세」를 설명하였다. 「히스테리」는 어머니의 「남근」으로서 여자 아이가 충분한 대접을 못 받았다는 데서 오는 불만과 연결되고, 「강박증세」는 어머니의 「남근」으로서 너무 지나치게 사랑을 받았다는 남자 아기의 자신감이 낳은 죄책감과 접목되고 있다. 그러나 우리는 아직도 「정신병」의 능기적 기호체계가 각각 어떻게 나타나는지 언급하지 않았다. 이미 암시된 바와 같이, 「신경증」(la névrose)이 「억압」의 강약과 관계된다면 정신병(la psychose)은 배제(la forclusion) 또는 「배척」과 관계되고 있다. 「신경증 증후」는 상징적 세계도 알고 있고 상징적 능기도 이해하고 있지만, 단지 상상적인 능기들이 세차게 솟아올라 상징적 능기들은 의미 있게 분절하기가 어려울 뿐이다. 그러나 「정신병 증후」는 아예 상징세계와 그 능기들을 「배척」해서 그 세계에 대한 접근의 가능성이 거의 차단된 심적 상태를 뜻한다. 그런 상태가 「배제」이다.

정신분석학자 르크레르가 밝힌 사례가 「배제」가 무엇인지 잘 입증해 준다. 두 술꾼이 그들의 주거지에서 「제비」라는 속어를 가진 경찰관들에게 심하게 구타당했다. 그 다음날 아침에 두 술꾼은 어젯밤에 있었던 사건을 전혀 기억하지 못했다. 그런데 그들은 이상하게도 온 몸에 타박상 투성이인 것을 알았지만 왜 그런지 그 연유를 전혀 몰랐다. 그런데 몇 달이 흐른 다음 두 사람 중 한 사람이 거리에 나갈 때마다 많은 새떼들, 특히 제비떼들에 의하여 공격당하는 「정신착란증」(le delire)을 일으키게 되었다. 그러나 그는 그전에 경찰관들에게 폭행당한 기억은 전혀 가지고 있지 않았다. 그 기억의 부재가 바로 「배제」이다. 「정신착란증」을 일반화하면 다음과 같은 도표로 나타난다.

〈도표 3〉[41)]

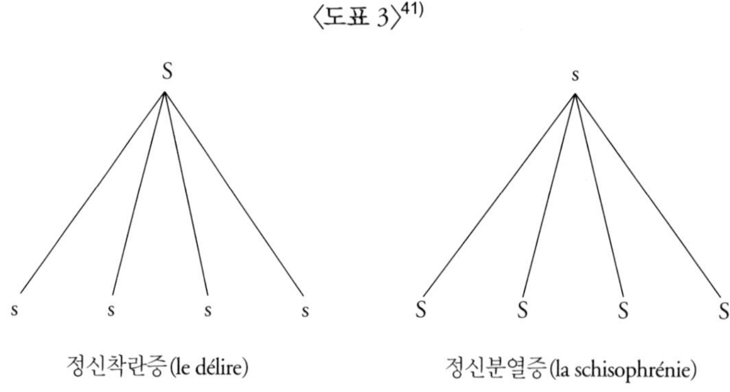

위의 〈도표 3〉이 나타내고 있는 바와 같이 「정신착란증」은 「정신분열증」과 구조적으로 정반대의 위상을 나타내고 있다. 「정신착란증」은 하나의 능기가 여러 개의 소기를 지시하는 「증후」이다. 즉 앞의 예처럼 환자가 거리에 나가면 그가 지각하는 거의 모든 대상들이 새떼나 제비떼로 돌변하여 그를 공격하는 환각에 빠지고 만다. 그와는 반대로 「정신분열증」은 하나의 소기에 많은 능기들이 접목되어 나타난다. 「정신착란증」은 환자에 의하여 지각된 모든 것들(소기)이 하나의 「박해자」(능기)로 수렴되는 것과 달리(위의 사례 참조), 「정신분열증」은 하나의 의미(소기)나 개념이 서로 성질을 전혀 달리하는 여러 가지 능기에 다 걸리는 증후를 뜻한다.

지금까지 우리가 훑어본 능기와 소기의 관계를 다시 한 번 정리하면, 개인의 역사적 사건과 연결된 소기는 「관계의 그물 연쇄구조」에서 체계화되는 능기의 규정 아래서만 그 의미의 통일을 가질 수 있다. 그래서 능기의 기호론(le sémiologie)이 소기의 의미론(la sémantique)보다 인식론적으로 우위를 점하지 않을 수 없다. 물론 라캉의 「능기/소기」의 개념을 소쉬르의 것만큼 분명한 속성으로 구분되지 않는 것은 사실이다. 능기와

소기에 대한 라캉의 인식론적 특징을 바르트는 다음과 같이 잘 정리해 놓고 있다.[42)]

1_ 능기(S)는 총괄적이며 다양한 수준에 속하는 은유적 연쇄에 의하여 구성되어 있다. 그런데 능기와 소기는 떠도는 관계 속에 있고, 그것들은 어떤 정박지점에서만 일치한다.
2_ 능기(S)와 소기(s)는 분리의 막대기에 의하여 나누어지고 있는데, 그 분리 막대기는 소쉬르의 애매한 막대기와 달라 고유한 기호적 가치를 지니고 있다. 그 가치는 소기(s)의 억압된 상태를 표상한다.

우리는 지금 의식의 차원에서 다루어지는 언어학에서 무의식의 수준과 심급(l'instance)에서 취급되는 언어기호의 문제를 다루고 있다. 다시 말하자면 의식의 심급에서 말하여진 진술에서 우리는 쉽게 명백한 소기를 파악할 수 있다.

그러나 무의식의 수준 차원으로 내려가면 그렇게 간단히 소기가 의미론이나 통사론의 차원에서 쉽게 잡히지가 않는다. 예컨대 정신분석가들은 꿈의 진술에서 여러 가지 능기들의 연쇄를 구성하고 의미파악에 노력한다. 그러나 이것이 진짜 그 꿈의 소기다라고 딱 꼬집어서 말할 수 없고, 소기의 개념과 의미가 언제나 또 새롭게 미끄러져 내려가거나 일정한 언어개념에서 다 담기지 않는 잉여성을 발견한다고 한다. 자꾸 미끄러져 내려가면 정신분석가는 한결같이 최초의 능기의 「남근」(le phallus)을 발견하게 된다고 한다. 그러나 그것은 아직도 농기이지 소기는 아니다. 그것의 소기는 「상상적인 것」(l'imaginaire) 속에 파묻혀 있다. 「상상적인 것」 속에 능기를 정박시킬 수는 없다. 왜냐하면 그 세계에 대한 확실한 것을 우리가 알 수 없기 때문이다. 그래서 「근원적 소기」는 「텍스트」(le texte)에 속하지 않고 「텍스트 이전」(le pré-texte)의 알 수 없는 세계에 관계된다. 라캉의 비유를 옮기면, 분석가는 마치 「낚시꾼」과 유사해서 「텍스트 이전」의 세계의 흐름에서 「낚싯바늘에 고기를 잡아올릴 수는 있지만」 그의 「낚싯줄이 고기의 수영법」과 「강물」은 전혀 잡을 수가 없다. 이제 그가 직접 제시한 도표를 보면서 좀더 생각해 보기로 하자.[43)]

〈도표 4〉

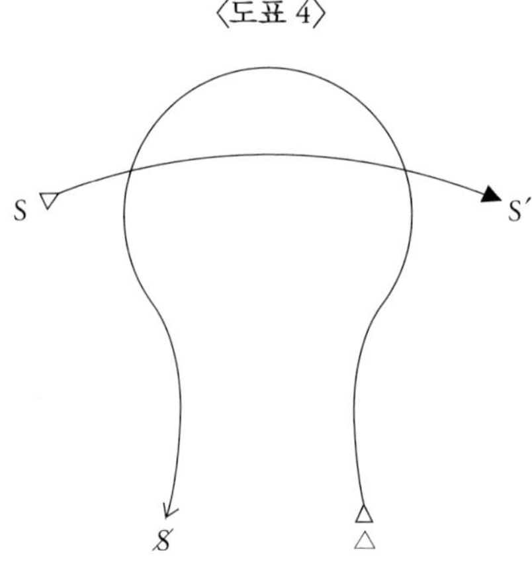

라캉은 소기의 미끄러짐을 △→$\not{S}$까지 가는 타원형으로 표시하였다. 이 방향의 선은 역사를(시간을) 거슬러 올라가는 방향이다. 그리고 그 타원형의 역순방향의 마지막에 소기 「$\not{S}$」가 자리잡고 있다. 여기서 라캉은 S에 빗금을 친 「$\not{S}$」로 표기하기 좋아하는데, 그 까닭은 근원적인 소기가 「텍스트 이전」(le pré-texte)에 속해서 인간에게 막혀 있다는 뜻이다. S→S′로 가는 방향은 능기의 연쇄성을 가리킨다. 그 연쇄성의 선분은 소기의 타원을 중간에 가로질러 갈고리 모양에 걸리면서 통과한다. 마치 낚싯바늘에 고기가 걸려든 것처럼. 라캉은 소기의 타원과 능기의 진행이 서로 만나는 두 점을 마치 「소파(le fauteil)의 등받이」(le capitonnage) 부분에 천과 비품을 실로 연결해서 안정시켜 놓은 불룩한 지점이 있듯이, 「소파 등받이 고정부분」(le capiton)이라고 명명하였다. 라캉의 수수께끼 같은 말을 인용한다.

우리가 「능기가, 그렇지 않으면 의미(la signification)가 무한히 미끄러져 갈 것을(그렇지 않도록) 정지시키는 "소파등의 고정지점"(le capiton)이라고 불렀던 것이 거기서 분명해진다. 의미를 주는 연쇄(la chaîne signifiante)—능기적 연쇄—는 「S→S′」 벡터로 지탱되고 있다고 생각된다. 「$\mathcal{S}$←△」 벡터에 의하여 이중적인 교차가 일어나는 역행방향의 섬세성에 들어감이 없이 단지 사람들이 이 벡터 안에서 그 벡터에 걸려든 물고기를 보기를 바란다. (물론 그런 일은) 그 물고기의 생생한 수영법을 파악하려는 데서 그 물고기가 도망하는 것을 그리려 하는 것보다 텍스트 이전의 흐름 속에서 그 물고기를 숨막히게 하는 데 노력하는 의도를 그리려 하는 것에 더 적합하다.(…) 문장 속에서 통시적 기능이 자신의 마지막 용어와 함께 자기의 의미를 고리로 채우는 한에서—각 용어는 다른 것들을 구성함에서 미리 앞당겨져 있고 또 역으로 그들의 의미를 소급해 나가는 결과에 의하여 날인해 주는 일을 하는 한에서—소파등의 고정지점(le capiton)에서부터 문장 속에 있는 통시적 기능을 발견하기 바란다.

그러나 동시적 구조는 더 감추어져 있다. 우리를 근원에로 이끄는 것은 동시적 구조이다. 그것은 개가 웡웡하고 짖고, 고양이가 야옹야옹하는 것을 널리 알리는 것과 같은 최초의 귀속이 거기서 구성되는 한에서 은유이다. 그 은유에 의해서 어린 아기는 단번에 자기의 울음소리로부터 사물을 단절시킴으로써 기호를 능기의 기능까지, 현실을 의미의 궤변술에까지 올려놓는다. 그리고 그럴 듯한 것을 경멸함으로써 그 아기는 동일한 사물로부터 증명해야 할 객관화의 다양성을 열어놓는다」.[44)]

이 긴 인용을 우리는 의도적으로 시행하였다. 라캉의 난해하고 수수께끼 같은 문장을 맛보는 계기도 되려니와, 동시에 그의 불어문장 번역하기가 사실상 거의 불가능함을 맛보는 기회도 될 것이다. 그동안 많은 번역 인용에서 ( )안의 내용은 독자들의 이해를 돕기 위하여 우리가 의도적으로 첨가시킨 것임을 부기한다. 다시 라캉에로 돌아간다.

이 수수께끼 같은 라캉의 말은 무엇을 뜻하는가? 그리고 능기와 소기가 만나는 저 「소파등의 고정부분」(좀 불룩 솟은)은 무엇을 뜻하며, 왜 소기의 통시성이 하필이면 낚싯바늘 모양이나 또는 「소파의 등받이 모양」을 하고 있는가? 이러한 물음이 끝없이 제기된다.

무의식의 궁극적인 소기는 우리에게 영원한 미제(未齊)처럼 보인다. 그런 점에서 마침내 무의식의 개념과 의미 자체는 우리가 포착할 수 없는 실재로 부각되는 것 같다. 그런 점에서 우리가 알고 있는 것은 「텍스트」 안에서의 문제이지 「텍스트 이전」(le pré-texte)은 마치 칸트의 「물자체」(la chose en soi, Ding an sich)처럼 「불가지」에 속하는 것처럼 보인다. 그런 한에서 라캉의 철학은 우리가 무의식에서 알 수 있는 것은 기호화가 가능한, 상징화가 가능한 영역밖에 없음을 알려준다. 그 점에서 라캉은 언어구조주의와 달리 기호세계와 세계의 실재 사이에 차이를 인정하는 것으로 보인다. 레비-스트로쓰나 야콥슨 같은 구조주의자에게 실재로서 세계와 기호로서의 세계 사이에 차이가 없었다. 그러나 라캉은 칸트 철학이 「인식 가능한」 「현상계」와 「인식 불가능한」 「물자체」를 구분하듯 인식 가능한 상징(언어활동)세계와 인식 불가능한 실재적 세계를 이원화시키고 있는 것으로 보인다. 소기가 「상징적인 것」으로서의 세계 속에서 점점 더 내려가고 언어활동 이하에서 우리가 파악하기 힘든 실재(le réel)까지 침강하는 데서 라캉의 인식론은 끝난다.

이미 우리가 앞에서 라캉의 사상에서 「상상적인 것」과 「상징적인 적」이 구분되는 것을 보았다. 그런데 그때의 「상상적인 것」도 「상징적 언어활동」을 수용하든지 또는 거부하든지 하는 현상화된 「상상적인 것」의 세계였다. 결코 「이자적 관계」라는 「상상적 세계」가 「텍스트 이전」의 실재 그 자체는 아니었다. 그런 것을 입증해 주는 실례가 「정신병」이다. 「정신병」은 「상징적인 것」을 거부하는 「배제」가 짙은 울타리를 치고 있어서 배제를 뚫고, 즉 「$\frac{S}{s} \rightarrow S(+)s$」로 변하기가 지극히 어려운 것을 우리가 이미 살펴보았다. 능기와 소기와의 상호 일치를 가져오는 것을 방해하거나 저항하는 (−)의 장벽을 뛰어넘기가 불가능하다는 뜻이다. 그래서 르크레르 같은 정신분석학자는 그런 정신현상을 원단에 이미 구멍이 난 옷감과 같다고 표현하지 않았던가! 그리고 「$\frac{S}{s}$」라고 일반적으로 기호화하지만 사실상 따지고 보면 모든 무의식의 기호는 「$\frac{S}{s(s^1, s^2, s^3, s^4, \cdots\cdots s^n)}$」 등으로 나타나기 마련이다.

그러므로 소기의 전체적 집합은 사실상 끝없다. 즉 불가능하다. 그런 점에서 라캉의 인식체계는 무의식의 범주에 있어서 「언어 이하적 영역」(l'infra-linguistique)과 「언어 이상적 영역」(le supra-linguistique) 사이에서만 가능하다. 언어의 상징기호가 아직 안 된 세계나 될 수 없는 형이상학은 인식에서 배제될 수밖에 없다. 그런 점에서 라캉은 괴테(J. Goethe)처럼 「태초에 행동(l'Action)이 있었다」고 생각하지 않고, 역시 『요한복음』에서 말하듯이 「태초에 말씀(le Verbe)이 있었다」는 생각에 동의하고 있다.[45] 물론 이 사상은 전혀 신학적 범주로 해석되어서는 안 된다. 오히려 라캉의 사상은 반신학적 범주에서 의미화되어야 한다. 즉 말씀이 가시화되는 순간에 인간은 인간으로서 존재하게 된다. 즉 말이 인간을 인간답게 만들고 인간의 생활을 영위케 한다. 그러므로 「인간의 법」은 「언어활동의 법」이고, 그 언어활동을 물질화시키는 능기의 법이다.

그래서 라캉의 무의식의 범주는 세 가지로 구분된다. 즉 「상징적인 것」(le symbolique), 「상상적인 것」(l'imagainaire) 그리고 「실재적인 것」(le réel)이다. 이미 우리가 프랑스 「미슈랭」 지도의 정밀함과 프랑스 국토와의 관계를 말한 바가 있다. 「미슈랭」 지도와 도로 및 관광해설이 아무리 완벽하게 잘 되어 있다 하여도 그것은 「상상적인 것」이지, 프랑스 국토 자체의 「실재적인 것」은 아니다. 프랑스 국토의 「실재적인 것」은 불가지이다. 라캉의 사상에서 「실재적인 것」(le réel)은 「현실」(le réalité)과 구별된다. 「현실」은 프로이트가 말한 「이드」의 쾌락추구와 구분된 「현실」의 고통을 의미한다. 라캉에서 「실재적인 것」은 그런 「현실」의 고통이 아니다. 「실재적인 것」은 무의식 자체와 모든 것들의 전체를 뜻한다. 이것들은 칸트의 「물자체」와 같은 것으로 보인다. 그래서 라캉의 인식세계에서 가장 우선적인 것이 「상징적인 것」이다. 그 상징은 「언어 이하」와 「언어 이상」의 양 경계선 사이에서 논다. 폴 리쾨르도 프로이트의 꿈을 해석하면서 꿈은 「언어 이상」과 「언어 이하」 사이의 「단락」(le court-circuit)에서 파생한다고 말하였다. 「단락」이란 전기 기술상의 용어로서, 전기회로의 두 점 사이를 저항이 적은 도선으로 연결하여 두 점 사이의 전기 흐름을 직접(중간을 배제하고)적으로 통과시키는 방식을 뜻한다. 리쾨르의 비유처럼 그 두 점 가운데 흐름을 벗어난 「이상」이나 「이하」에는 전파 방해음이 많아서 인간이 그 개념과 의미를, 즉 소기를 파악할 길이 없다. 소음

은 언어가 아니다.[46)]

앞의 〈도표 4〉를 다시 생각해 보자. 결국 소기의 타원형은 「언어 이하」와 「언어 이상」 사이의 「단락」(le court-circuit)현상과 같다. 그 두 한계를 넘으면 소음과 방해음 때문에 인간은 알지를 못한다. 그런데 소기는 전파음처럼 흐른다. 전파음은 시간의 흐름과 같은 방향으로 솟았다가 사라지지만, 무의식의 내용으로서의 소기는 시간의 방향과 역행할 수밖에 없다. 무의식은 그 내용상 통시적인 시간이 많이 흐를수록 내용이 복잡할 수밖에 없다. 인식은 거꾸로 갈 수밖에 없다. 많은 내용이 전파를 통해서 발산되지만, 우리가 잡을 수 있는 언어는 어떤 일정한 주파수를 잡아 같은 음파의 진동을 구조적으로 고정시킬 때 가능하다. 그 고정시키는 작업이 곧 「S→S′」로 연결되는 능기의 연쇄선이다. 그러므로 라캉이 말한 「소파등의 고정부분」(le capiton)은 「소기」의 전부를 다 구조적으로 동시에 파악할 수는 없지만, 일정한 능기의 공통적 연쇄의 수준에서 소기를 잡는 지점을 뜻한다.

능기의 수준이 다르면 소기가 달리 나타날 수밖에 없다. 라캉이 능기가 소기를 결정한다는 것은 이런 차원에서 이해되어야 하리라. 라캉의 무의식은 어디까지나 개인적 차원의 무의식의 분석이다. 그에게는 레비-스트로쓰가 말한 사회의 집단 무의식은 보이지 않는다. 그러나 라캉의 이 능기와 소기의 관계론, 즉 「소파등의 고정부분」 이론을 우리가 사회화할 수 있을까? 만약 그것이 가능하다면, 또 합법적일 수 있다면, 결국 「소파등의 고정부분」(le capiton) 이론은 한 사회의 집단 무의식의 내용을 그 전부에서는 불가능하지만 한 시대에서 잡음 없이 잡을 수 있는 「능기의 구조적 연쇄선」(la chaîne structurale des signifinats)을 어느 위치에서 어떻게 위치설정을 하느냐에 달렸다고 보아야 하지 않겠는가?

5. 언어활동으로서의 무의식

우리는 이미 앞에서 여러 번 라캉의 사유세계에서 「무의식은 언어활동(le langage)처럼 구조화되어 있다」는 명제를 말하였다. 지금까지 논의된 내용을 바탕으로 하여 우리는 무의식이 언어활동과 같이 작용하고 있음을 알 수 있다. 무의식은 어떤 고정된 실체가 아니고 하나의 「장소개념」(le topologique)과 유관하다. 그 「장소」는 물론 언어활동이 스스로 이루어지고 노는 장소이다. 「무의식의 참깨(le sésame)—(「알리바바와 40인의 도적」에 나오는 보물동굴의 문을 여는 암호)—가 말의 효과를 갖고 있고, 언어활동의 구조로서 존재하면서 그 참깨가 다시 문을 닫는 양식으로 되돌아오는 것을 분석가에게 요구한다 (…)」.[47) 「알리바바」의 이야기에 나오는 참깨의 문처럼 언어활동이 스스로 전개하는 그 공간, 그 세계는 「내가 생각하는 것」이 「주체」가 되고 「주인」이 되는 그런 의식의 세계가 아니다. 「내가 존재한다는 것에 적합한 방식으로 내가 나 자신에게 말하는 것인가 아닌가를 아는 것이 문제가 아니고, 내가 나 자신에게 말할 때, 나는 내가 말하는 나 자신과 같은 것인가 아닌가를 아는 것이 문제이다. (…) 철학적인 「cogito」(나는 생각한다)는 (…) 자기 자신에 관한 불확실성 속에서 근대 인간으로 하여금 자신으로 존재한다는 확실성을 갖도록 한 신기루의 중심부에 속하는 것이 사실이다. (…) 다음과 같이 말해야 한다. 즉 내가 나의 사유의 장난감인 곳에서 나는 존재하지 않고, 그리고 내가 사유한다는 것을 사유하지 않는 곳에서 내가 존재한다고 나는 사유한다」.[48) 「나는 내가 존재하지 않는 곳에서 생각한다. 그러므로 나는 내

가 생각(사유)하지 않는 곳에서 나는 존재한다」.[49]

이상 인용된 라캉의 이 유명한 명제는 「나의 사유」(ma pensée)와 「나의 존재」(mon être)의 사실적 분리를 뜻한다. 데카르트는 나의 사유가 어떤 간접적 추리매체를 거치지 않고 직접 지적(知的) 직시(直視)에 의하여 나의 존재를 동시적으로 합의한다고 생각하고 그것을 철학적 출발의 근간으로 삼았다. 나의 사유는 나의 존재를 완전 투명하게 조명하여 마치 빛이 모든 사물의 존재를 직접 확신시켜 주듯이 나의 존재를 확인시켜 줄 뿐만 아니라, 또한 나의 사유 자신도 스스로 조그만 어둠도 없이 자기 자신을 완전히 성찰할 수 있다고 주장한 데카르트에 반대하여, 라캉은 나의 사유가 나의 존재를 비춰주는 것도 아니고, 또 나의 사유가 완전히 스스로 투명하여 자기 자신을 에누리 없이 소유할 수 있는 것도 아니라고 생각한다. 「나는 생각한다」라는 의식이 없는 곳에서 「나는 존재하고」, 또 「내가 존재하는 곳」에서 「나는 생각하지 않는다」. 나의 사유가 완전 투명하지도 않을 뿐더러, 빛이 곧 사물이듯이 그렇게 사유는 곧 존재라는 등식도 성립하지 않는다.

그러면 라캉은 사유와 존재의 관계를 어떻게 보는가? 여기서 라캉은 프로이트의 명제를 새롭게 해석한다. 프로이트는 다음과 같이 말하였다.[50] 「Wo es war, soll ich werden」. 이것을 라캉은 다음과 같이 번역한다. 「"이드"가 있었던 곳에 내가 틀림없이 생긴다」.(Là où fut ça, il me faut advenir). 바로 이 「이드」(id, Ça)가 있는 곳, 여기가 무의식의 지대가 된다. 「이드」는 스스로 생각한다(Ça pense). 나는 이 「이드」의 생각에 따라 결정되는 존재이다. 그러면 이 「이드」(Ça)의 생각인 무의식은 무엇일까? 라캉은 「무의식은 타자의 진술이다」[51]라고 언급하였다. 그뿐만 아니라 『기록』이라는 양적으로 방대한 논문집의 첫 페이지를 열자마자 우리는 「언어활동에서 우리들의 전언내용(le message)은 타자로부터 우리에게 온다」[52]라고 라캉이 기술하고 있음을 발견한다.

마찬가지로 「인간의 욕망은 타자의 욕망」이라는 논리가 그에게 성립한다. 의식의 차원에서 내가 스스로 주체적이고 자발적으로 말하는 것 같지만, 그것은 어디까지나 허상이요, 실상은 무의식의 측면에서 보면 나의 진술은 타자의 진술에 의해서 구성되어진다. 나의 욕망도 타자의 욕망에 의해서 구성되어진다. 내가 스스로 원한 욕망이란 성립하지 않는다. 그런 점에서 「타자」는 내 「욕망」이 겨냥하는 「대상」이라기보다 오히려 주체의 무의식이 말하는 「장소」와 다르지 않다. 즉 라캉의 정신분석학에서 「타자」는 「무의식이 나타나는 장소」가 된다. 「타자는 그가 무의식의 이름 아래서 발견했던 기억의 장소이며, 그 기억이 어떤 욕망의 불멸성을 조건지우는 한에서 열려진 의문의 대상으로서 타자가 생각하는 그런 기억의 장소라는 것을 우리는 프로이트에 따라서 가르친다」.[53]

우리는 여기서 라캉의 정신분석학이 생각하는 타자의 개념이 도대체 무엇인가를 알아보는 것을 유보하더라도, 그의 사상적 성격은 분명히 다른 구조주의자들과는 다른 헤겔 철학의 기본 성격과 부분적으로 정신적 맥락을 논리적으로 같이 하는 대목이 많음을 알 수 있다. 레비-스트로쓰가 주체가 없는 칸트 철학의 성향을 지니고 있다면, 라캉은 정신이 없는 헤겔 철학의 논리구조를 지니고 있다. 지나가면서 잠시 언급하자면, 헤겔의 『정신분석학』(*Phänonenologie des Geistes*)에서 그는 「자의식의 성취」는 자기 자신을 상실하는 사유와 동시적이라고 말하였다. 즉 자의식은 자신의 정체성으로서 자아의 다른 의식을 파악하고 이 다른 의식에서 자신의 진리를 발견하게 된다. 그리하여 헤겔에게 사회적 실현은 타인 속에서 이루어지는 완전한 통일의 직관이기에 「자의식」은 자기 자신을 「타인 속」에서 사는 「특이한 개체」로서 스스로 직관하게 된다. 즉 「자의식」은 자기의 다른 의식을 자기 자신으로 직관하게 된다. 그래서 「자기 자신」은 스스로의 「소외」를 느끼게 되고, 자기를 자기에게 이상한(자기 것이 아닌) 본질로서 파악하게 된다. 이것이 헤겔이 파악한 「자아」와 「타자」의 「정신현상학」이다. 이런 현상이 라캉의 구조분석학에서도 나타나고 있다. 그에게 있어서 「타자」는 「주체의 필연적인 다른 모습」이다.

그러나 헤겔의 경우와는 달리 이 다른 모습을 보통의 의식적 자아는 전혀 모른다. 그리고 라캉은 또 헤겔 철학과 달리 정신이 궁극적으로 모든 진리를 다 파악할 수 있다고 생각하지 않는다. 그의 말을 인용한다. 「나는 언제나 진리를 말한다. 그러나 모든 진리를 말하지 않는다. 왜냐하면 모든 진리를 말한다는 것에 사람들이 결코 이르지 않기 때문이다. 진리를 모두 다 말한다는 것은 물질적으로 불가능하고, 그렇게 할 수 있는 낱말들도 없다. 바로 이 불가능성에 의하여 진리가 실재적인 것에 의존하고 있다」.[54] 이 문제에 관한 것은 우리가 앞절에서 살펴보았기 때문에 더 논급하지 않기로 하겠다. 다시 라캉이 말한 「타자」의 문제로 돌아간다. 벨지움의 르메르는 라캉이 사용한 「타자」의 개념을 다음과 같이 알기 쉽게 잘 요약하였다.[55]

1_ 타자는 언어활동, 능기의 장소, 상징적인 것을 뜻한다. 그것의 준거는 여기에 있다. 「… 타자의 이름 아래에 우리는 상징적인 것의 구조에 가장 본질적인 장소를 지시한다」.[56]

2_ 타자는 환자와 정신분석가가 분석적 대화를 하는 상호 주체성(l'intersubjectivité)의 장소를 말한다. 그것의 준거는 다음과 같다. 「타자는 말하는 내가 듣는 사람과 함께 구성되는 장소이다」.[57]

3_ 타자는 무의식의 능기적 요소들로 구성되어 있고, 그것은 주체 속에 타자인 한에서 곧 무의식이다. 「만약에 "이드"(Ça)가 타자 속에서 말을 한다면, (…) 주체가 소기의 모든 각성보다 앞선 논리적 선행에 의하여 자기의 능기적인 장소를 거기서(타자) 발견하기 때문이다」.[58] 이 점에서 타자는 헤겔이 말한 바와 같이 「자기」 속에 있는 이상한 「자기」로서의 타인이다.

4_ 하나의 진리를 형식화하는 것이 문제되는 때에 분석에서 환기된 제3의 증인을 타자로서 의미하는 수가 있다. 그것의 준거는 다음과 같다. 「타자는 (…) 말의 계약이 문제인 이상 비록 거짓말쟁이에 의할지라도 필연적으로 환기되는 선의의 보증인이다」.[59]

5_ 타자는 아버지나 어머니를 뜻한다. 「(욕망의 능기)는 남근이다. 그런데 신경증 환자는 타자가 그 남근을 갖고 있지 않음을 알든, 또는 그가 그것을 갖고 있음을 알든 그 남근을 주고 받는 것이 신경증 환자에게는 마찬가지로 불가능하다. 왜냐하면 두 경우에 다 그의 욕망은 다른 곳에 있기 때문이다. 그 다른 곳이 존재의 성질을 지닌다」.[60]

라캉이 「무의식은 타자의 진술」이라고 한 명제에 대해서 우리가 위에서 분류된 다섯 가지 개념을 타자의 자리에 대입시켜 보면 구체적 의미가 더욱 뚜렷해지리라 생각된다. 좌우간 라캉은 그 명제를 가시화하기 위하여 다음의 〈도표 5〉와 같은 도식을 제시하였다.

〈도표 5〉에서 S와 A는 각각 주체와 타자를 상징한다. 그리고 a는 주체의 자아를 뜻하고, a′는 대화 상대자(타자)의 자아를 말한다. a나 a′는, 즉 자아는 주체가 아니고 주체의 가상, 즉 자아가 하는 역할의 배역에 더

〈도표 5〉[61)]

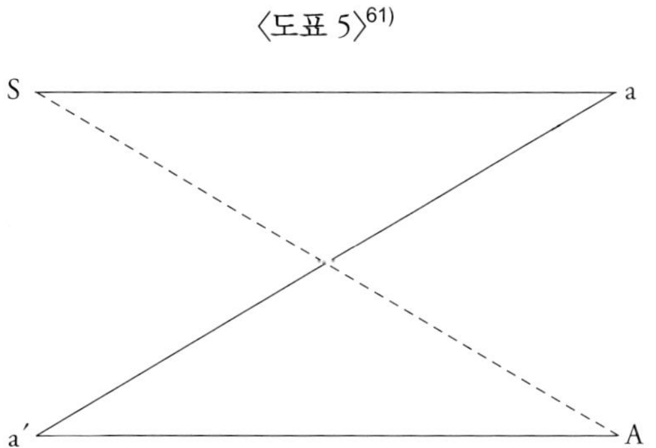

가깝다. 그러므로 「a－a′」를 연결하는 자아는 「상상적인 것」의 편에 서 있게 되고, 자기가 스스로 표현할 수 없는 주체는 「상징적인 것」, 즉 「타자」와의 직접관계에서 자기 정체성을 취득하게 된다. 그래서 「a－a′」관계는 상상의 관계이고, 「S－A」의 축은 상징의 관계이다. 「S－A」는 우회도 없는, 간접매체도 없는 교제관계를 표시한다. 그래서 정상적인 사람은 자기 자신의 존재의 능기를 그의 진술로부터 만든다. 즉 그가 사물들에 관하여 말하면, 그는 사물들을 자신으로부터 구별한다. 그리고 정상적 사람이 자기 자신에 관하여 말을 할 때도 그는 자기의 자아를 언어활동에 의하여 매개된(타자로부터 매개된) 자기 주체성과 동일하게 하도록 애쓴다. 그와는 반대로 정신착란증 환자(le delirant)는 그가 진술을 할 때도 그에 관하여(자기 자신에 관하여) 마치 그가 타자이듯이, 즉 사물들 사이에 있는 한 개의 사물인 것처럼 생각하면서 자기 주체성의 중심을 해체시키고 만다. 그런 경우 정신착란증 환자는 타인이 자기를 보듯이, 또는 하나의 대상처럼 그렇게 자신을 본다.

그러므로 정신착란증은 대상과의 관계에서 모든 「초월성」을 상실하고, 그의 진술은 타자에 의해서 매개된 자기의 주체성을 표현하지 못한다. 그가 기술하는 자아(a)는 하나의 타자이고 하나의 대상에 불과하기 때문에 「S—a」 사이에 결합의 관절이 부서지고 만다. 마찬가지로 대화자의 측면에서도 「A—a′」의 관절마디가 파괴된 것으로 그는 타인을 생각한다. 그래서 그에게는 오직 「a—a′」의 「상상적 관계」, 「이자적 관계」의 축만이 존재한다. 「S—A」의 관계는 증발한다. 즉 정신착란증 환자에게 주체성을 형성케 하는 「타자의 상징적 부호」란 존재하지 않는다. 그래서 그 타자는 곧 자신의 다른 자아처럼 생각해서 나와 너의 관계는 대립이 있지만 나 자신과 또 다른 나 자신과의 사이에는 대립이 무의미해질 수밖에 없다. 더 엄밀히 말해서 정신착란(le délire)의 세계에는 「일인칭/이인칭/삼인칭」의 구별이 없이 모두 다 「삼인칭」이므로 「삼인칭」화한 자아와 다른 자아 사이의 혼동이 일어난다.

또 다른 한편에서 정신분열증은 이와는 다르다. 정신분열증(la schizophrénie)은 반대로 「S—A」축에서 일어난다. 정신분열증 환자(le schizophréne)는 자아의 이미지를 갖고 있지 않다. 그 자아가 타아와 매개되어 타자(A)로부터 상징을 받아 타자의 매개를 통하여 주체성이 사회적으로 형성됨을 모른다. 정신분열증 환자는 정상상태에서 스스로 말할 수 없는 「주체(S)」(즉 헤겔 철학용어로 즉자상태의 주체)를 절대화하고 극단화하여서 마치 자기 주체가 절대적인 신성불가침의 것인 양 착각한다. 이미 우리가 본 〈도표 3〉은 이 두 가지 「정신병」(la psychose)의 도해적 도식이다. 정신착란증은 하나의 능기가 일정한 개념(소기)에 연결되어 있지 못하고 나타나는(지각되는) 모든 대상들을 그 능기에 결부시킨다. 이 경우 앞의 사례처럼 가해자는 「제비」라는 속어를 가진 경찰관인데, 가해자를 제비라는 하나의 능기에서 연상시키는 것이 아니라 건물, 자동차, 지나가는 사람 등 모두가 가해자라는 소기가 되어 다가온다. 이것을 〈도표 5〉에 비추어 설명하면 정신착란증은 자아(a)가 타자로부터 능기를 받되 그 능기를 변별하지 못하고 모두 「a′」를 「a」와 합치되는 것으로 착각한다. 그 반면에 「정신분열증」은 〈도표 3〉에 따라서 보면 많은 능기들을 오직 하나의 소기에 집중시키는 현상이다. 헤겔의 개념에 따라 즉자가 대자를 매개로 하여 즉자대자(卽自對自)로 종합하면서 주체성이 정립되는데, 정신분열증 환자는 그 타자(대자적)의 능기에 의한 매개를 마다하고 모든 능기들을 스스로 알 수 없고 말한 수 없는 주체(S) 속으로 끌어당기고 만다. 그리하여 주체의 과대망상증이 생겨서 자신을 절대시한다.

이 〈도표 5〉는 우리가 앞에서 이미 본 〈도표 1〉과 그 구조에서 유사함을 알 수 있다. 〈도표 1〉은 유아가 「거울의 단계」에서 어떻게 「이자적 관계」(la relation duelle)와 「삼자적 관계」(la relation triadique)를 갖는 것인가를 보여주는 데 비해서, 이 〈도표 5〉는 정상적인 언어활동과 비정상적인 언어활동이 어떻게 다른 것인가를 알려준다. 「거울의 단계」를 다시 정리한다. 이 단계에서 아기는 거울 앞에서 자기의 조각나지 않는 몸을 보고 통일된 자아를 형성한다. 그리하여 일차적으로 어머니와의 부드럽고 위험한 관계가 성립한다. 아기는 자신의 말할 수 없고 알 수 없는 자아를 타자인 어머니를 통하여 구성한다. 아기는 어머니에 대하여 자기 환상에 의하여 어머니의 버팀목이 되려고 하고, 어머니 몸과 환상적인 결합을 꿈꾼다. 여기서 아버지의 이름이 등장하여 그 환상적 꿈을 금지시키고, 아버지가 진정한 「남근」의 상징으로 나타난다. 즉 아기는 최초의 타자인 어머니로부터 「이자관계」를 유지할 때, 자기가 어머니 욕망의 대상인 「남근으로서의 존재」(être le phallus)라고 상상한다.

그 다음 단계에서 그는 「남근적 존재」(l'être phallique)가 아니고 「남근 비소유」(le non-avoir phallique)임을 깨닫는다. 이것이 「삼자관계」이다.

「이자관계」이든 「삼자관계」이든 아기는 타인(어머니와 아버지)과의 관계에서 자신이 형성된다. 「타자」가 없으면 「무의식」이 형성되지도 않고, 「언어활동」이 일어나지도 않으며, 말도 배우지 않고, 더구나 정신병이나 신경증이 발생할 수도 없다. 동물에게는 무의식이 없고, 언어활동도 없다. 오히려 언어활동, 상징활동이 없으니까 무의식이 없다고 보아야 하리라. 무의식은 문화의 소산이다. 라캉이 「무의식은 타자의 진술」이라고 명제화하였을 때, 이 소유격인 「의」는 모든 언어의 소유격이 다 그러하듯이 주격 소유격과 목적격 소유격으로 동시에 간주되어야 한다. 즉 「타자의 진술」은 「타자가 하는 진술」임과 동시에 「타인을 진술하는 것」으로 풀이되어야 한다. 아기가 어머니의 「남근적 존재」로서 「환상」을 갖는 것은 「어머니에 대한 진술」이고 동시에 「어머니의 진술」이기도 하다. 이런 설명으로 우리는 라캉이 기술한 〈도표 5〉의 의미를 알게 된다. 한마디로 「타자는 주체의 타자이다」. 또한 「다른 장소」에 나타난 「주체의 다른 모습」이다.

「타자의 진술」로서의 무의식은 결국 언어활동 이외에 다른 것이 아님이 자명하다. 무의식의 언어활동은 이미 우리가 「능기의 기호학」이란 절에서 보았듯이 은유법과 환유법으로 나타난다. 그 절에서 우리는 기호론적인 관점에서 형식적인 설명을 하였지만, 이제 우리는 보다 사실적인 접근을 시도해야 하리라. 다시 말하자면, 무의식의 두 가지 표출양식인 「압축」(le condensation)과 치환(le réplacement)이 무의식의 형성과정에서 언어의 두 가지 메커니즘인 은유법과 환유법에 따라서 지배되고 있다는 것을 밝히려 한다. 이미 앞에서도 거론되었지만, 무의식의 한 표출방식인 「압축」은 은유적 성격을 지니는 것으로 능기들이 「적재구조」(積載構造, la structure de la surimposition)를 이루는 것을 말하며, 치환은 환유적 성격을 지니고 있고 「의미의 동일한 진로변경」(le même virement de la signification)을 나타낸다.

이미 앞장에서 이 두 언어활동 법칙에 대한 논리적 설명과 예를 보았기 때문에 여기서는 중복된 언급을 피한다. 그러나 앞장에서 압축과 은유, 치환과 환유를 연결짓는 논리적 설명이 빠졌기 때문에 여기서 먼저 이 점을 보완해야 하리라 본다. 무의식의 표출양식에서 겉으로 드러난 표현들이 제각기 독립적이고 분리된 관념들에서 생기지 않고, 동일한 또는 여러 개의 바탕에서(숨어 있는) 빌려온 여러 가지 관념들에게서 나오는 경우가 많다. 프로이트는 이런 구조를 「다원결정」 또는 「다중결정」(la surdétermination)이라고 불렀다. 다시 말하자면, 표피에 나타난 무의식의 언어활동은 다원적으로 결정되어 있다는 뜻이다. 언어활동이 심층부에 잠재해 있는 여러 가지 생각들과 결부되어 「자유연상」의 법칙을 형성하면서 「다즉일」(多卽一)의 구조를 이루어 여러 개의 다원적 생각들이 하나의 표피적 언어활동 위에 중첩되거나 적재되어 나타난다는 것이다. 이런 점에서 보면 프로이트나 라캉의 언어법칙은 레비-스트로쓰나 야콥슨의 것보다 약간 변경된 것이 있다. 왜냐하면 후자의 학설에서는 「압축」이 「은유법」의 성질에 포함되지 않기 때문이다. 라캉의 언어법칙은 레비-스트로쓰나 야콥슨의 것보다 훨씬 덜 언어학적이며 광범위한 것이 사실이다. 그러나 여기서 그 문제는 생략하기로 한다.

예컨대 이미 우리가 본 프로이트의 꿈 이야기는 「다원결정」이 지닌 「압축」구조를 잘 말해주고 있다. 프로이트가 발견자가 되리라는 꿈의 내용 속에 「책벌레」(Bücherwuwm)란 낱말은 다원적 의미를 지니면서 나타나고 있다. 첫째로 프로이트에게 책은 그의 아버지가 준 것이지만, 어머니로부터 물려받은 유산이라고 프로이트가 생각한 성경과 관계된다.

「벌레」라는 단어는 근친쌍간에서 그의 어머니의 욕망인 「아기 남근」과 관계한다. 그래서 「책벌레」는 「성경과 어머니」와 「책 갉아먹는 좀과 아기-남근」이라는 두 개의 대칭집단이 한꺼번에 작용한 「다원결정」의 언어이며 동시에 「책(성경)/어머니」, 「책 갉아먹는 벌레/아기 남근」 사이에 은유적 관계가 성립한다. 또 다른 하나의 보기를 보자. 이 보기는 재담과 관계한다. 이 재담은 「압축」과 「은유」가 만나는 사례로서 프로이트에 의해서 인용된 「familionnaire」란 단어이다. 독일 시인 하이네(Heine)의 작품에 나오는 이야기인데, 극중인물이 자기 주치의와 그 측근에게 자기의 신분에 대해 허풍떨기 위하여 부자이고 귀족인 로트쉴드(Rotchild)와 나란히 식사하였음을 자랑한다. 그 주인공이 의사에게 로트쉴드 경이 자기를 「familionnaire」처럼 대접해 주더라고 허세를 떤다.[62] 물론 「familionnaire」란 단어는 불어에 없다. 그 낱말은 다음과 같이 분석된다.

Fami-li-onn-aire

Fami-li··· ···ère(가족적)

mi-li-onn-aire(백만장자의)

그래서 「familionnaire」란 말은 「familière+millionnaire」라는 두 단어가 압축된 것이다. 라캉의 분석에 의하면 그 주인공은 로트쉴드 경과는 잘 아는 가족관계인데, 거기에 그 경(卿)의 거들먹거리는 부티에 역겹기도 하고 질투와 열등의식이 복합되어 「-ère」와 「aire」의 발음상 유사한 은유법에 의하여 자기도 모르는 사이에 복합단어를 새로 만들게 되었다는 것이다.

다음 프로이트의 정신분석에서 환유법과 치환이 어떻게 연결되는지 살펴보기로 하자.[63] 역시 시인 하이네가 등장한다. 하이네는 파리의 살롱에서 「수이예」(Souillé)라는 어떤 사람과 담화를 하고 있었다 한다. 그런데 갑자기 사방에 보호벽으로 둘러싸여 있는 19세기 황금 임금상이 하나 나왔다. 이때 「수이예」가 「자! 보세요. 19세기에는 황금 송아지를 경배했습니다」.[황금 임금상을 황금 송아지로 말한 까닭은 우상숭배(모세시대)의 연상을 떠올린다.] 이때 하이네가 받아서 대답하기를, 「아! 저 송아지는 나이를 분명히 먹었습니다」라고 응수하였다. 나이를 먹었으니 이제 송아지가 아니고 황소가 되었다는 풍자이다. 그리고 얼마 후면 죽을 운명에 가깝다는 뜻도 들어 있음이 틀림없다. 여기서 황금 송아지가 황금 황소로 된 것은 의미의 「동일한 진로변경」이기에 「치환」이고, 또 송아지와 황소의 관계는 「환유」의 관계이다.

그런데 무의식의 언어활동 가운데 라캉은 「인간의 욕망」(le désir)은 주로 「환유법적 구조」를 지니고 있고 「병적 증후」(le symptôme)는 주로 「은유법적 구조」를 지닌다고 지적한다. 「증후는 주체의 의식에 의하여 억압된 소기의 능기이다」. (…) 살의 모래 위에 쓰여진 상징으로서, 증후는 (…) 언어활동과 같은 성질을 지니고 있다」.[64] 이 절에서 무의식의 언어활동으로서 「증후」(le symptôme)부터 먼저 살펴보고, 이어 「욕망」(le désir)의 무의식은 다음 절에서 보기로 하자.

여기서 우리는 르메르가 밝힌 프로이트의 일화를 소개한다.[65] 르네상스 시대 이탈리아의 화가 「시뇨렐리」(Signorelli)의 이름을 기억하지 못한 에피소드이다. 이 이야기는 대체된 이름의 틀린 기억이 잠재적 능기와 재생된 능기 사이에 존재하는 발음의 순수한 유사성이 낳는 연상(l'association)에서 결정됨을 보여준다. 프로이트는 「보스니아-헤르체고비나」(Bosnie-Herzegovine) 지방에서 낯선 사람과 기차여행을 하고 있었다. 대화는 이탈리아의 예술에 관한 것이었다.

프로이트 : 「당신은 …의 오르비에도에 있는 벽화를 보았는지요?」

이때 프로이트는 시뇨렐리(Signorelli) 화가의 이름을 떠올리려 하였지만 도무지 생각나지 않았다. 그에게는 단지 두 사람의 화가 이름만 생각났다. 그 두 화가는 「보티첼리」(Botticelli)와 「볼트라피오」(Boltraffio)였다. 프로이트와 낯선 일행은 조금 전에 「보스니아-헤르체고비나」 지방에 사는 터키 사람들의 관습을 이야기하였었다. 프로이트는 여기서 터키 사람들이 그들의 의사에 대하여 완전한 신임을 두고 있고, 운명 앞에서 완전한 체념을 하고 있다고 말하였다. 프로이트는 그 말을 함과 동시에 터키 사람들은 성적 쾌락에 대단한 중요성을 두고 있어서, 그 쾌락을 더 이상 추구할 수 없으면 그들은 절망의 극치에 이르게 된다는 생각이 그의 머리에 떠올랐다. 이 생각을 하고 있을 즈음 프로이트는 그를 찾아온 「트라포이」(Trafoi) 출신의 환자 생각이 났다. 이 환자는 치료가 안 된 성적 장애로 인해 괴로워하다가 자살하고 말았다. 이 두 가지 억압된 요소(성적 장애 앞에서 느끼는 터키인들의 절망과 같은 이유로 그의 환자가 자살함)와 화가 시뇨렐리(Signoreli) 사이에 무의식적으로 어떤 연상작용이 일어나 그 화가의 이름을 재생시키기가 불가능하였다. 그리고 「시뇨렐리」를 대체한 두 화가의 이름인 「보티첼리」와 「볼트라피오」는 잊혀진 이름(Signorelli)과 억압된 예의 요소를 다른 연상법칙에 의하여 대신하고 있다. 이런 연상법칙을 도표화하면 다음과 같다.

〈도표 6〉

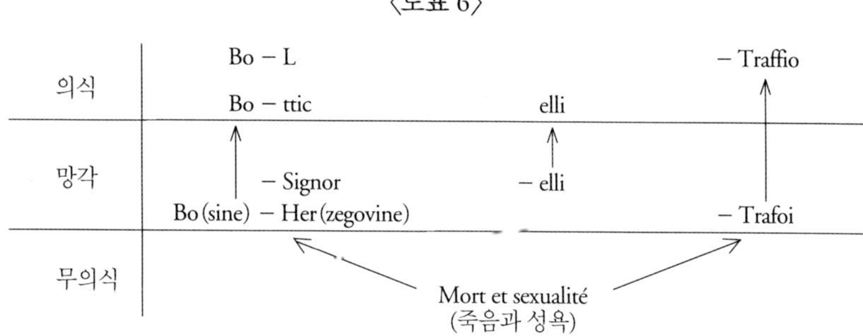

이 〈도표 6〉에서 연상작용은 때로는 의미로 때로는 소리의 유사성에 의해서 이루어지고 있다.

1_ 「시뇨르」(Signor)라는 말이 지명 「Herzegovine」(헤르체고비나)에서 나오는 「Her」라는 발음과 관계를 짓는 의미상의 유사성에 의하여 무의식에서 나오지 못하도록 끌어 잡아당겨졌다. 왜냐하면 「Her」는 독일어에서 「Herr」와 같은 발음을 갖고 있고, 이 「Herr」는 이탈리아어 「Signor」와 같은 뜻이다. 즉 「Herr」나 「Signor」나 다 「씨」(氏)나 「선생」(先生)이나 「군」(君)을 뜻한다. 그리고 또 독일어의 「Herr」는 절대적인 지배자인 죽음을 뜻하기도 한다.

2_ 「Elli」는 대수롭지 않은 것이기에 의식의 표현에 쉽게 떠올랐다 (예 : Botticelli).

3_ 「보스니아-헤르체고비나」(Bosnie-Herzegovine) 지방의 터키 사람들과 「트라포이」(Trafoi) 출신 환자의 죽음과 같은 억압된 두 가지 사례는 먼저 「Bo」(Bosnie)를 통하여 「Bo-ttic-elli」로, 또 「Bo-L-Traffio」로 나타났다. 「Traffio」는 자살자가 「Trafoi」 출신이란 것과 발음상 인접성을 갖는다. 이 〈도표 6〉에서 대부분은 의미상 또는

> 발음상 「유사성」(la similarté)에 의해서 이루어지는 은유법이 지배적이고, 그 은유에 의해서 화가 「시뇨렐리」의 이름이 망각되었었다. 그러나 부분적으로 예컨대 대체된 사람 이름(Botticelli, Boltraffio)에는 라캉이 말한 「환유적 잔재」(la ruine métonymique)가 작용하기도 한다. 그 까닭은 「Bo(snie)」가 「Her(zogovine)」와 인접해 있고, 「Her」는 「Herr」로 되어 절대적 주인인 죽음(억압된 것)과 연계되어 있어서 결국 억압된 두 요소인 「죽음과 성욕」이 근본이 되어서 그것이 거꾸로 「Her」(Herr)와 연결되고, 그것이 인접한 발음인 Bo(snie)와 치환되고, 그것이 「Bo-ttic-elli」나 「Bo-L-traffio」로 연상되었다. 그리고 「Traffio」도 완전히 억압된 성욕으로 죽은 「Trafoi」 출신자와 관계되어 나타났다. 좌우간 대체된 사람 이름도 전체적으로 보면 환유법과 은유법이 복합적으로 작용해서 나타났다. 즉 「Botticelli」는 「Bosnie」와 「Signorelli」의 환유이고(왜냐하면 각각 그 부분을 따왔기 때문이다), 또 「Bosnie」의 「Bo」와 「Botticelli」의 「Bo」는 은유이다.

이와 같은 보기의 분석은 무의식의 언어활동이 언어 자체의 법칙인 「은유/환유」, 「대체/결합」의 체계와 다르지 않음을 알 수 있다. 단지 라캉은 그 법칙에다가 구조언어학에서는 언급되지 않는 「압축/치환」을 같은 대조의 논리에 첨가시킨 것이 특징적이라 할 것이다.

지금까지 우리가 설명한 언어활동으로서의 무의식을 철학적으로 생각해 보자. 무의식의 정신분석학(la psychonalyse)이 철학에 끼친 충격은 의식과 주체에 관한 철학사상이 심한 타격을 받았다는 점이다. 서양철학사에서 주체와 의식의 개념에서 많은 철학자들이 자신의 철학적 근거를 삼아온 것이 사실이다. 그러나 라캉이나 프로이트에 의하여 해명되기 시작한 무의식의 출현은 사유하는 주체가 주류를 이루었던 데카르트와 후설의 철학이 수정을 받지 않으면 안 된다는 것을 보여준다. 물론 라캉은 좁은 의미의 철학자가 아니고 정신분석학자이다. 그러나 그의 저서에는 철학이론에 대한 방대한 사상이 언급되어 나오면서 철학과 정신분석학을 결부시키고 있다. 이 점은 레비-스트로쓰가 민족학자 내지 인류학자이면서 철학적 사유체계를 새로이 제시하는 것과 같다. 라캉에 의하면 「자아는 자기 집의 주인이 아니다」.[66]

라캉은 프로이트에 의하여 등장된 무의식을 능기의 언어기호학에 의하여 재해석하였다. 이런 기호학적 분석에 따라서 주체는 자기를 결정하는 생각을 모르고 산다. 라캉의 사상이 갖는 큰 의미는 프로이트 이래 유행처럼 나타난 인간의 무의식이 흔히 생각하듯이 어둡고 맹목적인 충동이나 비합리적 표상으로 생각되었던 것을 극복시켰다는 데 있다. 무의식은 인간의 언어활동처럼 법칙과 합리성을 지니고 있다. 이것이 라캉의 사상이다. 이미 우리가 살펴보았듯이 인간의 주체는 운명적으로 분열되기 마련이고, 그렇지 않으면 인간으로 존재하지 못한다. 그래서 라캉은 「쪼개진 틈」이니 「입벌림」이니 「균열」이니 하는 용어를 사용한다. 그 갈라진 틈에서 인간의 희비애락이 형성되고 드라마가 일어난다. 라캉이 지적했듯이, 인간의 모든 「성감대」(la zone érogène)가 모두 한결같이 신체의 갈라진 틈에 존재한다는 것도 한갓 우연이 아니다. 바로 이렇게 갈라진 「틈」이나 「입벌림」이 곧 인간 욕망을 구성하게 된다. 「주체의 분열」이 욕망을 구성하고 있다.[67]

철학은 그동안 인간의 분열과 균열을 구조주의적 정신분석학의 도래 이전에도 말하여 왔었다. 그것은 이성과 감성, 영혼과 육체의 균열과 틈이었다. 그러나 구조분석학의 성과 이후로 우리는 과거와 같은 그런 철학적 분류법이 과연 인식론적으로 타당한 것인가 하는 의문을 제기하지 않을 수 없다. 우리의 무의식의 두 가지 심급인 「이드」(Ça)와 「자아」(le moi)라는 것도 「타자」(l'Autre)가 구성하는 상징적 「삼자관계」가 전제되지 않는다면 그것들이 분절된 수도 없을 터이기 때문이다. 다시 말하자면, 우리 인간의 사유세계에 타자의 상징적 능기가 없으면 상상적 관계의 자아든 충동적 「이드」이든 그것이 아무 의미도 지니지 않을 것이기 때문이다. 그렇게 보면 「인간이 보통 주체라고 부르는 것은 능기적 조립이나 결과이다. 그러므로 주체의 개념의 전복과 사용을 필연적으로 만드는 것은 구조 자체이다」.[68]

「아이는 어른의 아버지」(Child is father of man)라고 영국의 한 시인이 말하였다. 확실히 그 말은 라캉의 사상에서도 타당한 의미를 지니고 있다. 어른의 생각의 기본구조는 아이 때 이미 결정난다. 아이의 갈림길은 두 가지이다. 그 하나는 아이가 어머니의 가슴에 파묻혀 상징의 언어를 거부함으로써 타자를 파괴하여 결국 주체도 파괴하는 길이요, 또 다른 하나는 「타자」와의 어쩔 수 없는 싸움관계를 가지면서 사회적 계약에로 나아가는 길이다. 물론 후자의 길이 건전한 길이다. 「내가 속하는 타자는 나 자신보다 나에게 더 가까이 밀착되어 있다」.[69] 루소에 이어서 라캉도 「나는 하나의 타자이다」(Je *est* un autre)라고 말한다. 이때 동사는 일인칭 단수에 맞는 동사가 아니고, 삼인칭 단수에 쓰이는 「être」 동사이다. 「나는 나이다」(Je suis un moi)가 되지 못하고, 인간은 운명적으로 「나는 타자」가 되는 그곳에서 인간은 벌써 「심적 외상」(le traumatisme)과 「자기 소외」(l'aliénation de soi), 그리고 「원억압」(le refoulement originaire)을 어쩔 수 없이 안고 인생을 살아간다. 또 그렇게 성장한다. 도대체 무슨 혁명이론이 신출귀몰해서, 어떤 신학이론이 천지개벽을 일으켜 티끌 만한 「심적 외상」도 조그만 「자기 소외」나 외적 「억압」도 없는 지상천국을 이룬다고 장담하는가? 조그만 거짓말은 거짓말로서 느껴지는데 워낙 큰 거짓말은 사기 같지 않고 위대한 예언처럼 느껴지는 것일까?

예수는 「이 지상에서 마지막 자가 천국에서 첫째 사람이 될 것」이라고 말하였다. 사랑인가? 아니면 원한인가? 그렇지 않으면 사랑의 원한인가? 원한 서린 사랑인가? 그러나 예수는 천국에서, 다른 곳에서 그것이 이루어지지 여기서가 아니라고 강조하였다. 프로이트와 라캉의 사상에서도 이 세계는 우리의 고향이 아닌 것으로 나타난다. 독일어로 「Unheimlich」하다. 아기가 벌써 자기도 어쩔 수 없이 「심적 외상」을 입게 됨은 어머니의 가슴과 헤어져야 하는 것 때문도 아니고, 어머니의 자궁에서 떨어져 잘려나와야 하는 것 때문도 아니다. 아기는 근본적으로 다른 분위기에로 욕망을 해야 인간이 되기 때문이다. 그래서 인간은 「욕망을 욕망하는 존재」가 된다.

6. 욕망, 욕구, 그리고 요구

이 6절의 제목에서 우리는 통상적으로 서로 비슷한 개념들이 나열되어 있음을 본다. 그러나 라캉의 사상세계에서 이 유사한 3개념들은 우선 그 기본에서 다르다. 우선 「욕구」(le besoin)라는 개념은 순전히 생리학적 · 생물학적 뜻을 내포하고 있다. 갈증을 느끼는 자는 물을 바라고, 배고픈 자는 먹을 것을 찾는다. 「욕구」(le besoin)는 어떤 대상을 겨냥하고 거기서 만족을 구한다. 그러나 라캉은 이 세상 순수한 생리적·생물적 욕구만이 존재하는 것은 실제적으로 불가능하다고 한다. 모든 욕구에는 언제나 「욕망」(le désir)과 「요구」(la demande)가 섞여 있다. 「요구」는 라캉에 의하면 「욕구」의 만족하고는 다른 성질을 지닌다. 왜냐하면 「욕구」는 생리적 만족을 찾지만, 요구는 「현전」이나 「부재」의 요구에서 그 의미가 뚜렷해진다. 「요구」는 무엇보다 「사랑의 요구」이다. 「타자에의 부름」이 「사랑의 요구」의 변형이다. 여기에 「욕구」와 「요구」가 혼용되어 있는 하나의 실례를 든다」.[70)]

어린이의 경우 때때로 「요구」가 「욕구」에 의하여 감추어지는 일이 있다. 그 실례로 라캉은 「정신적 식욕부진」의 경우를 이야기한다. 밥을 잘 먹지 않는 어린이가 그의 어머니에게 자꾸 사탕을 달라고 조른다. 사탕을 달라는 것은 물론 「욕구」이지만, 그 이면에 어머니에게로 향하는 「사랑에의 요구」가 깃들어 있다. 사탕을 달라고 졸라대면서 그 어린이는 사실상 어머니의 사랑을 다른 형태로 요구하고 있는 것이다. 이 경우 어머니는 사탕을 주지 말고 그 어린이를 품에 꼭 껴안고 사랑을 확인시켜 주면 된다. 이 「요구」가 영원히 알려지지 않고 모르고 지내게 되는 수도 많다. 자살자의 경우가 「정신적 식욕부진」(l'anorexie mentale)에서 오는 수도 있다고 한다. 「어린 아기가 존재의 가슴 속에서 언제나 잠만 자지 않는다. 특히 만약에 타자가 자기의 욕구 위에 자기 생각을 갖고 있어서 참견하려 든다면, 타자가 그가 지닌 큰 장대(물 바닥의 고기를 몰기 위한)가 일으키는 급류를 가지고 (…) 참견하려 든다면, 즉 그의 관심을 그의 사랑의 선물과 혼동한다면 어린 아기는 특히 잠을 자지 않는다. 먹이를 거부하고 자기의 거부를 하나의 욕망(정신적 식욕부진)으로 생각하여 노는 아이를 더 큰 사랑으로서 키워야 한다. 증오가 사랑의 거스름돈을 돌려

준다는 것을 아무 데서도 파악하지 못하는 경계. 그러나 거기에서도 무지는 용서받지 못한다. 요컨대 어머니의 요구를 만족시켜 주는 것을 거부하면서 어린 아기는 어머니가 그의(아기의) 바깥에 하나의 욕망을 갖도록 요청하는 것이 아닌가? 왜냐하면 자기에게 결핍된 욕망에의 길이 거기에 있기 때문에」.[71]

그러면 「욕망」(le désir)이란 무엇인가? 「욕망은 요구를 넘어서, 요구가 주체의 생명을 자신의 조건에 결합시키면서 그 조건에서 욕구의 소용없는 가지를 자르는 것을 넘어서 생긴다. 그러나 또한 현전(la présence)과 부재(l'absence)의 무조건적인 요구로서의 그 요구가 타자의 존재와 타자의 청원 속에서 알려지지 않는 말하기 어려운 것의 존재를 부정하려는 증오와 사랑의 요구의 바탕을 만드는 사소한 것의 세 가지 모습 아래서 존재에의 결핍(le manque à être)을 환기시키는 한에서, 욕망은 자신의 아래에로 움푹 파져 내려간다」.[72] 이 난해한 문장에서 우리는 무엇을 알 수 있는가? 「욕망」은 「요구」와 일치하는 것이 아니라 「요구」를 초월하고 있고, 동시에 「욕망」은 「존재에로의 결핍」과 관계하면서 무의식의 밑바탕으로 침잠한다. 그런 점에서 우리는 「욕망」이 물론 생리학적 「욕구」와 같지도 않으려니와 「사랑의 요구」, 타인으로서의 타인에 대한 사랑의 요구와도 일치하지 않음을 알 수 있다. 그러므로 「욕망」은 주체의 「상상적인 것」 속에 그 뿌리를 박고 있는 것으로 보인다. 라캉이 말한 「욕망이 자신의 아래에로 움푹 파져 내려간다」는 것은 이런 구조를 두고 한 말의 은유이리라. 그래서 「무의식이 타자의 진술」이듯이 「욕망도 타자의 욕망」이고, 「타자가 갖는 욕망을 욕망하는 것」이라고 볼 수 있다. 즉 욕망은 「타자의 욕망」에 의하여 자신의 욕망을 인정받게 하려는 욕망과 관계된다. 「욕망은 욕망의 욕망이고, 타자의 욕망이다」.[73] 「그 욕망은 인간 속에서 만족되기 위하여 말의 일치나 위엄 있는 투쟁에 의하여 상징적인 것이나 상상적인 것 속에서 인정받기를 요구한다」.[74]

조금 전에 우리가 기술한 바와 같이 「욕망」이 자리잡고 있는 위치는 「요구」를 넘어서 있고, 또 동시에 「요구」 이하에 있다. 「욕망」이 「요구」를 「초월해」있다는 것은 무엇을 뜻함인가? 그것은 「사랑의 요구」는 경우에 따라 만족을 표명하는 제한적 질서를 갖는 데 비하여, 「욕망」은 어떤 만족으로도 제한되지 않는 끝없는 「영원한 결핍」을 내부에 지니고 있음을 뜻한다. 또 다른 한편으로 「욕망」이 「요구의 아래에」 자리잡고 있다는 것은 「요구」가 「욕망」의 대행역할을 할 수 있음을 뜻한다. 즉 「요구」가 「욕망」의 광란을 흉내내어 욕망의 기초를 이루고 있는 근본적인 「존재에의 결핍」을 환기시킬 수도 있다는 뜻이다.

또 다른 기술적인 문제가 있다. 라캉은 「욕망」과 「욕구」 사이에 충동(또는 욕동, la pulsion)이라는 개념을 도입하고 있다. 「충동」은 단순히 유기체의 생리적 「욕구」가 아니다. 비록 「충동」이 그 욕구와 결부되어 있는 것은 사실이지만, 그 「욕구」에 「성애적」(érotique)인 본질을 결합시키므로 「충동」은 생리학의 영역에서 정신분석학의 영역으로 이행된다. 정신분석학적으로 「충동」은 모든 긴장상태를 없애고자 하는 생리학적 본성을 지닌 항구적 힘을 뜻한다. 그와 동시에 「충동」은 또한 스스로 「충동」을 느끼게 하는 대상을 상상하기 때문에, 그 상상의 표상력(représentation, Vorsllungsrepräsentanz) 때문에 「생물학적 양화」개념에서 「정신분석학적 질」의 개념으로 탈바꿈될 수도 있다. 그래서 「쾌 · 불쾌의 법칙」에 따라 움직이는 욕망은 우리의 심리상태를 긴장시키고, 더욱이 그 「욕망」이 「충동」의 대상적 표상을 만나면 긴장의 극치에 이른다.

그런데 이 「충동」은 언제나 「성감대」(la zone érogène)를 통하여 집중적으로 나타난다. 이미 앞에서도 간략히 언급되었듯이 인간의 「성감대」는 주로 「쪼개진 틈」, 「갈라진 분열」의 계곡에 집중되어 있다. 라캉은 이와 같은 「성감대적 충동」이 보여주는 능기가 어머니 모체와의 분리에 따른 「근본적인 결핍」과 「부족」의 상징과 다른 것이 아니라고 말한다. 그런 점에서 모든 「욕망」과 그것의 「성감대적 표현」인 「충동」의 밑바탕에는 「결핍」(le manque)이나 「입벌림」(la béance)이 구조적으로 도사리고 있다. 「존재에의 결핍」은 어머니의 「보체」(補體)에서 분리된 주체의 실존하는 조건과 다를 바가 없다.

「이러한 충동이 (…) 자연적인 만족을 추구하는 욕구에서 나오기는커녕 "성적 도착"(la perversion sexuelle)의 모든 형태를 다시 생산하는 국면에서 스스로를 주형시킨다」.[75] 「욕망이 확립되어지게 하는 결핍을 창조하는 것은 오히려 거세의 수임(受任)이다」.[76] 이상의 두 인용에서 우리가 알 수 있는 것은 「결핍」은 「성적 충동」보다 선행하는 것이고, 그 「충동」은 「성감대」를 통하여 나타나며, 어떤 점에서 「욕망」을 가능케 하는 기본구조라는 것이다. 그리고 「결핍」은 「성애적 충동」 이전에 우리 존재의 「원천적 단절」, 즉 「어머니의 모체로부터 분리된 불완전의 구조 자체」라 보아도 좋다. 어린 아기는 탄생의 순간부터 이미 생리학적 「보체」를 상실하게 된다. 이 「생리학적 불완전성」이 「결핍」 자체가 된다. 아기가 어머니의 자궁과 자궁 보호막에서 분리되면서 아기는 이미 자기 자신의 일부분을 잃어버린다. 그래서 「욕망」은 바로 아기가 그의 모체에서 분리된 최초의 사건과 결코 무관하지 않은 원천적 인간의 체험과 관계된다. 그러나 그 체험은 인간이 의식하는 체험이 아니기에 오히려 「무의식의 구조」라고 봄이 타당하다.

그러므로 「결핍」과 「충동」과 「욕구」의 「근원적 소기」는 영원히 무의식의 「실재」 속에 파묻혀 인간이 알 수 없게 된다. 이것은 마치 「실재적인 것」이 영원한 「불가지」라고 생각하는 라캉의 사상과 통한다. 그것은 하나의 「신화세계」이다. 「실재적인 것」은 우리가 인식할 수 없기에 「신화적인 것」과 같다. 가끔 라캉이 고대 희랍의 「양성소유」(l'androgyne)의 존재가 「제우스」(Zeus)의 명령에 의하여 남녀 양성으로 갈라지게 된 신화를 암시한다. 이 신화의 상징은 「쪼개지기 전」의 우리가 알 수 없는 원초적 합일에 대한 꿈인가? 그것이 「실재적인 것」인가? 좌우간 인간은 「쪼개지면서」 탄생하고 「갈라지면서」 인간이 된다. 이것이 인간세계의 지울 수 없는 「운명」이다. 「욕망」과 「충동」과 「욕구」도 이 쪼개진 존재로서의 인간의 원천적 구조와 직결되어 있다. 단지 인간이 알 수 있는 것은 이런 무의식의 구조가 부분적이나마 언어활동을 통하여 표출되는 한에서이다. 요컨대 주체의 「분열」에서 「결핍」이 생기고, 그리고 「결핍」에서부터 「욕망」이 생긴다.

여기서 우리는 라캉이 다시 헤겔의 변증법과 만나는 상상적 대목을 본다. 철학적으로 라캉이 헤겔 연구자인 코제브(A. Kojève)의 영향을 받고, 역시 헤겔 연구자인 이폴리트(J. Hyppolite)와 깊은 학문적 친교를 맺어온 것과 무관하지는 않으리라. 그의 말을 인용한다. 「인간의 욕망 자체는 매개의 기호 아래서 구성된다라고 헤겔이 우리에게 말했다. 인간의 욕망은 타인의 욕망을 대상으로 갖고 있다. 그런 점에서 인간은 이런 매개 없이는 자신의 욕망을 위하여 구성되는 대상을 가질 수 없다. 이런 것은 가장 원시적인 자신의 욕구 속에 나타난다. 예컨대 그의 먹이 자체도 준비되어야 한다. 이런 것들을 사람들은 노동의 모든 변증법 속에서 주인과 노예의 투쟁을 출발점으로 하는 자기 만족의 전개과정 속에서 다시 발견한다」.[77] 한 인간이 욕망하는 것을 타인도 바라고, 또 그 욕망이 타자에게 결핍된 것이기를 원한다. 마치 아기가 어머니에게 결핍된 「남근」이기를 욕망하는 것처럼. 남녀의 애정관계에서도 남자는 여자에게 결핍된 것의 욕망이 되는 존재이기를 찾지만, 그러나 그는 자기 여자 애인에게 무엇이 결핍되어 있는가를 잘 알지 못하고, 또 여자 애인도 자기에게 결핍된 것이 무엇이며 자기 자신에게 감추어져 있는 것이 무엇인지 잘 모른다. 그러므로 어쩔 수 없이 애인관계에도 완전한 화합과 일치는 어렵다.[78)]

야스퍼스(K. Jaspers)가 말한 「사랑하는 싸움」(der liebende Kampf)은 반드시 실존주의적 인간 상황에서만 나올 수 있는 철학이 아니고, 인간 구조의 정직한 단면의 표현이라고 보아도 좋으리라. 더구나 야스퍼스가 실존주의 철학자로 변신하기 전에 정신분석의 의사였다는 사실도 간과할 수 없는 일이다. 라캉의 철학에서 「욕망과 대상과의 완전한 일치는 하나의 신화, 예컨대 양성을 겸직하는 존재로서의 양성합일 존재(l'androgyne)의 신화이다」.[79)] 완전한 평화, 완전한 평등사회, 완전한 자유사회, 완전한 무계급사회 등과 같은 이데올로기들은 이 세상의 인간 과학이 아니라 「불가지」한 세계를 이 세계의 기호처럼 착각한 「허구」요, 「환상」에 지나지 않는다. 하여튼 라캉은 헤겔이 말한 「무의식의 변증법」, 「주인과 노예의 변증법」을 「신학적 희망」으로 신화화시키지 않고 이 세계가 영원히 지우지 못하는 「욕망의 무의식」으로 치환시켰다. 「(…) 인간의 욕망은 그 타자가 욕망스런 대상의 열쇠를 지고 있기 때문이 아니라, 오히려 그 자신의 첫 번째 대상이 타자에 의해서 인정되고 있기에 타자의 욕망 속에서 자신의 의미를 발견한다」.[80)] 이처럼 자기의 「욕망」이 타인에게 「결핍된 것」이기를 바라고 또 타자에 의하여 인정받거나 승인되기를 원하는 그 「욕망의 변증법」이 「언어활동의 질서」를, 「말의 분열행진」(le défilé de la parole)을 가능케 한다. 「만약에 욕망이 결국 능기의 분열행진에 의하여, 자신의 욕구를 통과시키게 하는 진술의 존재에 의하여 자신에게 부과된 그런 조건의 주체 속에 있다면, 만약 다른 한편으로 (…) 타자의 개념을 말이 전개되는 장소로서의 대문자 A와 같이 정립해야 한다면 (…), 언어활동에 사로잡힌 한 동물로 만들어진 인간의 욕망은 타자의 욕망이라는 것을 정립해야 한다」.[81)]

「주체가 로고스에 이음 마디를 갖게 되는 거기에 지난 분열(Spaltung)이 등록된다」.[82)] 이상의 인용에서 우리는 욕망이 타자에 의해서 승인받기를 원하는 내재적 「요구」(la demande)에 의하여 말과 「언어활동의 분열식」에 참여하며, 그런 「말의 전개장소」가 곧 「타자」임을 알게 된다. 「(…) 어린 아기의 욕망은 그 욕망을 지배하는 타아(他我, alter-ego)의, 즉 타자의 욕망이 되었고, 타자가 지닌 욕망의 대상은 이제 자기 자신의 고통이다」.[83)]

인간의 욕망은 번뇌를 낳는다고 하였다. 인간은 의도적으로 욕망의 존재가 된 것이 아니라 인간으로 태어난 구조가 욕망의 존재이고, 그 욕망이 이미 어린 아기 때부터 자기 자신의 고통이 된다. 고통이 번뇌다. 그렇다면 아예 인간으로도 태어나지 않았더라면 그가 더 행복하였을까? 이 물음은 이미 정신분석학과 그 철학을 넘어선 질문이다. 허나 불교는 그렇게 가르친다. 결국 라캉의 사상에서 보면 고통과 번뇌를 소멸시키는 길은 알 수 없는 무의식의 심연 저쪽을 통과하는 길밖에 없다. 선(禪)은 그 길로 가는 방법일까? 라캉은 여기서 침묵한다. 그의 말을 들어보자.

「우리가 말의 연속적 놀이 이전에 있었던 것을, 그리고 상징의 탄생에서 원초적인 것을 주체 속에서 획득하려고 원할 때, 우리는 죽음 속에서 그것을 발견한다. 그리고 죽음으로부터 주체의 실존은 그가 갖고 있는 모든 의미를 취한다. 주체가 타자들에 대해서 자신을 긍정함은 결과적으로 죽음의 욕망으로서이다. 그가 자신을 타자에 일치시킨다면, 그 타자를 자신의 본질적인 영상의 변형으로 고착시킴으로써이다. 그리고 타자에 의한 모든 존재는 언제나 죽음의 그림자 사이에서만 환기될 뿐이나」.[84)]

이렇게 볼 때, 라캉은 불교가 제시하는 것같이 고통과 번뇌를 넘고 죽음까지도 초월하는 멸도의 세계를 알지 못하는 것 같다. 불교의 유식사상(唯識思想)은 라캉의 사상적 한계에서 다시 이어져야 할 것 같다. 다시 라캉으로 돌아가면, 「갈림」과 「분열」이 낳는 「욕망」을 탈피하는 길은 없다. 그러나 무의식은 우리에게 가끔 「죽음의 욕망」을 「충동」으로 부채질해 주고 있다. 왜냐하면 무의식은 무의식 이전의 세계, 언어와 말의 「분열행진」이전의 세계에로 되돌아가는 길은 「죽음」의 길 이외에 다른 것을 가르쳐 주지 않기 때문이다. 그러나 그 순간 인간은 인간됨을 포기하고 만다. 이것이 「파괴적 본능」이다. 우리는 그 길로 갈 수는 없다. 그래서 라캉은 「욕망에서 요구에로」(du désir à la demande)의 길을 개척한다. 그런 길은 인간에게 얻어진 만족과 새로 찾으려 하는 만족 사이의 차이점으로 말미암아 언제나 그의 무의식에 「동력」이 있음으로 해서 뚫린다. 지금까지 논의된 내용을 요약하면 다음과 같은 도식으로 도해된다.[85)]

다음의 〈도표 7〉에서 보여주는 바와 같이 무의식적 「욕망」에서부터 솟아나온 「요구」는 욕망의 무제한적 갈증 때문에 역시 무제한적일 수 있다. 여기서 우리는 아니카 르메르가 인용한 그녀의 스승 베르고트(A. Vergote)의 말을 다시 인용하려 한다.[86)] 「인간은 그의 유한성의 의식을 취한다. 그 지식은 그가 그토록 열렬히 갈망한 평안을 얻을 수 없다는 불가능이 주는 체험된 현실에서부터 오직 그 무게를 이끌어낸다. 치환이나

〈도표 7〉

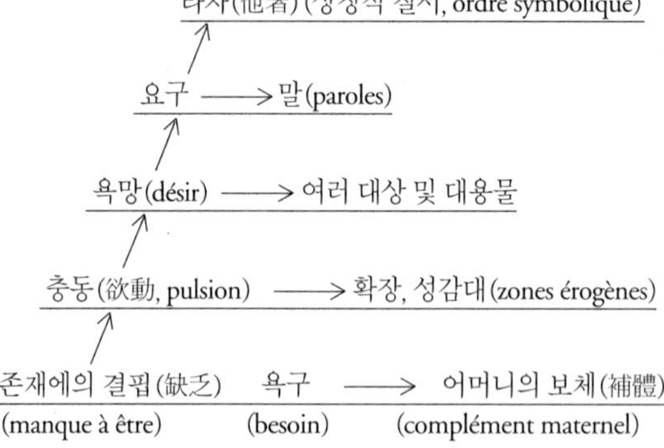

압축의 길이나 은유와 환유의 길과 같은 모든 수단에 의해서 성적 충동은 아기가 자기 홀로 어머니를 소유하려는 욕망을 실현하고자 애쓴다. 죽음에 사로잡혀서 그 욕망은 끝없는 승화에로 바쳐진다」. 이처럼 인간의 「요구」는 이제 「죽음의 상징」과 그 능기를 통하여 동물의 영지로부터 벗어나 「승화」의 요구를 요청한다. 「승화」의 요구가 제일 먼저 등장하는 것은 아버지로부터이다. 아버지의 진정한 기능은 매개에 있다. 아버지는 어머니를 소유하려는 아기의 욕망과 근친쌍간(近親雙姦)을 금지하는 법 사이에 매개의 다리를 놓는다. 아버지는 그런 「매개규칙의 상징」이고, 그 상징이 없이는 어떤 인간사회도 살아남을 수 없다. 아버지의 상징을 통하여 인간은 아기 시절부터 인간 사이의 화해의 언어가 무엇인지 배우게 된다. 이 화해의 언어, 타협의 말을 배움으로써 인간은 욕망의 끝없는 진술을 억압하고 의미의 세계, 상징의 세계에로 접근한다. 「상징주의는 억압과 연대적인 것으로 생각된다」.[87] 인간은 언제나 혼자서 의미와 상징을 찾지 못한다. 「타자」와의 관계에서만 의미와 투쟁과 질병과 억압이 동시에 발생한다. 그래서 라캉에게 「모든 언어활동은 상호 주관적인 것」이고, 또 「상호 주관적 논리」(la logique intersubjective) 만이 참으로 존재할 뿐이다.

이런 라캉의 사상을 뒷받침해 주는 예를 그의 『기록』에서 간단히 소개한다.[88] 이 우화는 고대 희랍의 궤변에서 취해온 것이다. 감옥에 세 명의 죄수가 있었는데, 하루는 감옥의 책임자가 세 명의 죄수를 불러 다음과 같이 말했다. 「여기 5개의 둥근 원판이 있는데, 3개는 흰색이고 2개는 검은 색이다. 내가 이것을 섞어서 세 사람의 등에 붙일 터인데, 각자는 남의 색을 알 수 있지만 자기 것은 모른다. 암시를 해서도 안 된다. 흰색이 자기 등에 붙었다고 제일 먼저 생각한 사람은 그 이유를 밝히고 자유롭게 석방된다」. 이 말을 끝낸 다음에 그 책임자는 세 사람의 죄수 등에 각각 흰색 원판을 붙이고 검은 색은 감추었다. 세 죄수는 한참 동안 침묵 속에서 생각에 잠기다가 3인이 한꺼번에 문을 나선다. 각자의 이유는 이와 같다. 「만약에 내가 검다면 다른 두 사람은 주저 없이 즉각 나갔으리라. 그런데 즉각 나가지 않고 좀 머뭇거렸다. 고로 내가 흰색이다」. 각자가 다 그렇게 취하고 한꺼번에 문을 나서려 하였다. 이 우화에서 라캉은 세 가지 결론을 이끌어낸다.

1_ 논리적 과정은 시간적 구조를 갖는다. 위의 경우 세 가지 배합이 가능하다. 즉 「백 3」, 「흑 2 : 백 1」, 「백 2 : 흑 1」.

2_ 그 과정은 확실성을 앞당기는 행위와 연결되어 있고, 그 행위는 다른 2인의 반사적 행동과 유관하다. 즉 다른 2인이 머뭇거리는 행동을 보면서 자기가 흰색이라는 미리 앞당긴 가설을 순간적으로 확인한다.

3_ 결국 논리적 모든 과정은 타인과의 관계를 배제하고 설명되지

> 않는다. 논리적 진리는 주체와 타인들과의 합의 속에 자리잡고 있다. 자기 홀로 그리고 혼자서 옳다고 할 수는 없다. 비록 그렇더라고 타인들은 틀렸다는 확증이 필요하다.

이 우화에서 라캉이 말하고 싶은 것은 모든 논리적 과정은 자기가 우선 옳다고 미리 정답을 앞당기고 싶은 심정과 그 다음 남이 틀렸다는 확정을 잡고 싶어하는 기본성격을 지니고 있다는 점이다. 남이 인정해 주지 않는 정답은 답이 될 수 없다. 그래서 기본적으로 모든 논리가 「상호 주관적」이라고 라캉은 보았다. 그런데 이 상호 주관적 논리가 대수학이나 논리학, 수학처럼 추리의 형식만을 주로 취급하는 형식과학에서는 바탕의 일치를 가져오기가 쉽다. 그래서 화해나 일치, 그리고 교통(la communication)이 비교적 쉽게 이루어질 수 있다. 그러나 개념적 내용이나 소기가 전혀 다른 사람들 사이에 「상호 주관적 논리」의 일치를 거두기란 여간 어렵지 않다. 거기에 대한 라캉의 사상은 소기보다 능기를 우선시하는 사유체계에서 해결의 실마리를 찾으려 하는 것 같다. 소기는 자기에게 법칙을 부여하는 능기에 종속되어야 한다. 「능기의 구조화」가 이루어지기 전에 미리 결정된 의미란 라캉에겐 수용되지 않는 듯하다. 「능기의 구조화」란 대수학처럼 통사의 규칙을 준수하는 일과 또 그 규칙을 찾는 일이다. 사회적 통사의 규칙을 찾기 전에 각자가 자기 입장에서 「소기」를 주장해 봐야 그 주장은 이미 앞에서 우리가 든 라캉의 말처럼 같은 커튼도 노동자의 생각과 상인의 생각, 화가의 생각, 형태심리학자의 생각에 따라 그 소기가 다른 경우처럼 화해와 타협의 상징으로 승화되지 않는다.

앞의 〈도표 7〉에서 우리가 보았듯이 욕망이 요구로 이어지면서 말을 하게 된다. 그 말은 언제나 「타자」를 전제로 하는 것이기에 본질적으로 「상호 주관적」이다. 「타자」를 전제로 한 상징적 질서가 파괴적이 되어서, 그것이 「욕망」의 「무의식적 욕구」의 수준으로 추락되어 욕구의 무질서한 분출로 사회가 자멸하지 않으려면 그 사회는 그 사회가 갖는 능기들의 통사론(la syntaxe)적 구조를 규칙화하지 않으면 안 된다. 욕망에서 「요구」로 이전될 때 인간의 무의식은 의식에 떠올라 말을 한다. 그 말의 수준이 운명을 좌우한다.

7. 운명과 진리

「동물적 사회로부터 언어활동 속에서 정립된 사회를 구분하게 하는 것, 심지어 민족학적인 감상거리가 그런 구분에 관하여 깨닫도록 허락해 주는 것은 그런 사회를 특징화하는 교환이 그 사회에서 만족을 취하는 욕구보다 다른 근거를 갖고 있다는 것이다. 그 다른 근거가 곧 전체 사회적 사실로서의 증여이다」.[89] 라캉의 이 말은 사회와 인간이 살아남기 위하여 욕구보다 상징, 전제 사회적 사실로서 「증여」와 같은 상징성이 중요함을 암시한 것이다. 그런데 그런 상징성을 어떤 도덕적 당위나 형이상학적 의미체계로 보아서는 안 된다. 상징성은 무의식의 내재적 질서일 뿐이다. 무의식의 병적 증상은 무의식의 자아가 그 상징성을 거부함에서 최초로 온다는 것을 우리는 이제 안다. 「아버지의 이름」으로 오는 「법」과 「질서」를 거부함에서 자아는 「병적 증상」에로 빠져 들어간다. 「아버지의 이름」을 마중하느냐 거부하느냐 하는 것도 무의식의 자기 내재적 구조의 표현에 지나지 않는다. 그래서 라캉은 「인간과의 관계에서 상징적인 것의 외면성은 무의식의 개념 자체이다」[90]라고 주장하였다. 이 말은 「무의식이 타자의 진술」이라는 명제와 서로 상통한다. 철학과 종교, 신학과 형이상학에서 「타자로서의 타자」를 「절대시」하고 거기에 초월적 의미를 부여하는 사상도 라캉의 방식대로 생각한다면, 인간의 무의식이 본디 상징성의 「외면성」 자체이고 동시에 타자의 진술이기 때문에 생기는, 즉 파생하는 결과에 지나지 않는 것이다. 그래서 라가슈(Daniel Lagache) 같은 정신분석학자는 「어린 아기가 자기 자신 속에서 자기 자신에 의하여, 그리고 자기 자신에 대하여 실존하기 전에 그 아기는 타인에 대하여, 타인에 의하여 실존한다. 이미 그 아기는 기대와 계획과 속성의 한 극이다. 잉태 전에 참인 것은 사는 동안 그리고 사후에서도 참이다」[91] 라고 말하였다.

프로이트가 인간을 「균열」(die Spaltung)로서 인간 존재의 특징을 삼았다는 것이 제4장 1절에서 언급되었다. 라캉의 정신분석학과 그 철학도 프로이트의 그 사상 위에서 출발하고 있다. 라캉은 프로이트에로 다시 돌아갈 것을 누차 주장한다. 그와 동시에 그는 미국의 정신분석학이 지나치게 상업주의화하여서 정신분석학이 사회생활에 적응시키기 위한 행동교정에만 치우친 미국식 기술주의를 맹렬히 비판하고 있다. 프롬(E. Fromm), 카렌 호오니(Karen Horney), 슬리번(Sullivan) 등의 미국 학자들이 라캉의 비판에서 표적이다. 그는 또 프로이트 연구에 탁월한 업적을 세웠던 클라인(Mélanie Klein), 아브라함(Karl Abraham), 존스(Ernest Jones), 페렌찌(S. Ferenczi) 등도 비판한다. 페렌찌는 생물주의에 빠진 과오, 유명한 존스는 현상학에 젖은 과오 등을 지적한다. 그러나 라캉과 이들 학자들과의 비교연구는 정신분석학의 전문적 영역에 속하므로(저자의 지식수준을 넘음) 여기서 다루어야 할 주제는 아니라고 여긴다. 하여튼 프로이트가 인간 정신의 무의식적 본질을 「균열」로 본 이후 라캉은 인간이 본질적으로 번뇌의 존재임을 생각케 한다. 그 번뇌의 구조적 양식이 어린 아기의 「구강기」(le stade oral)에서 벌써 나타나고 있다고 라캉은 생각한다. 어린 아기가 어머니의 젖꼭지를 빨면서 삼키고 내뱉는다. 삼키는 것은 「투입작용」(l'introjection)이요, 내뱉는 것은 「투사작용」(la projection)이다. 「투입작용」은 어머니로부터 「욕구」(le besoin)의 만족을 근원적으로 얻는 것을 일컫고, 「투사작용」은 그 포만감이 다 채워지지 않을 때 환각적인 만족을 야기시키는 것을 뜻한다. 다시 말하자면, 「투사작용」은 「상상적인 것」과의 관계에서 이루어지고, 「투입작용」은 어머니에 의하여 표상된 「상징적인 것」의 능기와 관계를 맺고 있다.[92] 이 점을 라캉은 다음과 같이 말하고 있다.

「(…) 어떤 영상이 욕망의 모든 값어치를 지탱시켜 주는 위치에 오는 것은 그 영상이 결핍의 순간에 상상적인 것의 투사기능을 장식하기 때문이다. 반대편에는 존재의 가슴에 그 존재의 구멍을 가리키기 위하여 하나의 지표가 정착된다. 그것이 상징적인 것과의 관계인 투입작용이다」.[93] 그런 점에서 인간 일생의 각 단계는 이 「투입작용」과 「투사작용」이 무의식 세계에서 반복되어 일어난다고 볼 수 있다. 인간의 모든 욕망은 탄생의 순간에 그가 어머니로부터 분리되면서 상실한 자기 몸에서 떨어져 나간 해부학적 부분을 상실한 「심적 외상」(le traumatisme)과 불가분의 관계를 지니고 있다. 다른 말로 바꾸어서 설명하면, 인간이 욕망하는 모든 대상은 언제나 이 세상에 나오는 순간에 영원히 상실된 것을 되찾으려는 상상과 환상이다. 되찾되 그 원본을 다시 구할 수 없으므로 인간이 그 원본에 대치되는 것을 찾아 헤맨다. 모든 인간의 욕망은 라캉에 의하면 이미 여러 번 암시되었듯이 고대 희랍신화의 「자웅공동체」(l'hermaphrodite)적인 「인간」(l'androgyne)을 그리워하는 근원적 합일을, 「균열」과 「틈」이 있기 이전에 원초적 세계를 그리워하는 신화와 연결되어 있다. 레비-스트로쓰가 삭발한 불교의 수도승과 비구니승들에서 「자웅공동체」의 이미지를 느꼈다는 고백에서 라캉의 이 신화와 만나고 있음을 느낄 수 있다. 불교의 철학적 진리가 궁극적으로 「성(聖)/속(俗)」, 「색(色)/공(空)」, 「이(理)/사(事)」, 「피안(彼岸)/차안(此岸)」, 「생(生)/사(死)」, 「열반/고뇌」의 대립을 넘어선 합일을 우리에게 가르쳐 주고 있다. 라캉이 욕망의 존재로서의 인간 무의식의 과학을 끝내는 곳에서, 레비-스트로쓰가 인간을 자연의 「물리학적 구조」 속으로 조용히 해체시키는 곳에서부터 과시 불교적인 말이 시작되는 것인가?

다시 라캉에로 돌아가서 「투입」, 「투사작용」을 보자. 이미 살펴본 바와 같이 「투사작용」은 근원적 상실로 생긴 「공허한 장소」에 「결핍」이 스스로를 「상상적인 것」에 결부시켜 자기 자신에 대한 「나르시스」적인 환상에 젖게 한다. 이것은 우리가 앞에서 본 「이상적 자아」(le Moi idéal, le Je idéal)의 모습이다. 다른 한편으로 그 「공허의 장소」에 자아가 복종해야 하는 「상징의 법」이 「투입작용」과 더불어 수용된다. 이때 상징은 「자아의 이상」(l'idéal du moi)이 된다. 이처럼 인간의 생애는 「상상」과 「상징」, 「투사작용」과 「투입작용」, 그리고 「이상적 자아」와 「자아의 이상」 사이를 방황하고 헤매게 된다. 이런 사실을 죠르쟁(Georgin)은 「뫼비우스의 반지」(l'anneau de Moebius) 또는 「뫼비우스의 띠」(le bande de Moebius)라고 불렀다.[94)]

다음의 도표에서처럼 리본 모양의 장방형의 띠가 있는데, 네 모서리를 각각 「A」, 「B」, 「C」, 「D」라 하자. 이 띠에서 「A」와 「D」가 일치되고

〈도표 8〉

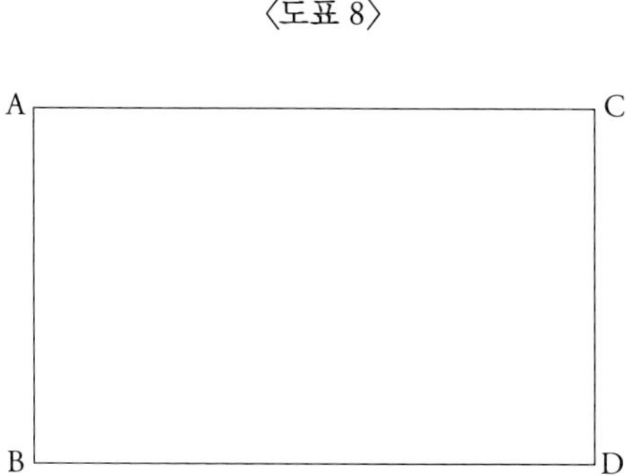

또 「C」와 「B」가 일치되도록 하면 「뫼비우스의 반지」가 형성된다. 그렇게 겹쳤을 때를 상상하면 다음과 같은 단면도 생긴다.

〈도표 9〉

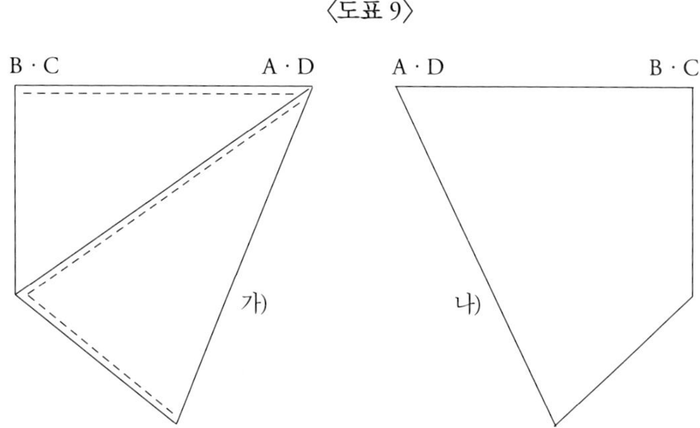

〈도표 9〉에서 가)는 〈도표 8〉의 요령대로 겹쳤을 때 생기는 전면의 뒤틀린 모습이고, 점으로 된 선들은 내부의 안 보이는 면의 같은 쪽의 동일한 단면을 나타낸다. 〈도표 9〉에서 나)는 뒷면의 전혀 뒤틀리지 않는 면을 말한다. 이 「뫼비우스의 반지」나 「띠」를 쉽게 비유하면 전면과 이

면이 한번 꼬인 허리띠를 상상하면 된다. 허리띠를 졸라매기 전에 그렇게 뒤틀린 허리띠가 버클로 묶어지면 우리는 의식이 없이 「전면↔이면」의 흐름을 갖게 된다. 죠르쟁은 라캉의 무의식 구조, 즉 「상상/상징」, 「투사/투입」, 「이상적 자아/자아의 이상」, 「나르시스적 환상/법과 질서의 복종」을 이와 같은 「뫼비우스의 반지(띠)」에 비유하였다. 〈도표 9〉는 다음과 같은 세 가지 의미를 갖는다.

1_ 뒤틀린 전면과 그렇지 않는 후면이 같이 순환체계를 형성하여 중심점이 존재할 수 없다.
2_ 「상상적인 것」과 「상징적인 것」이 띠(반지)의 두 끝처럼(겹쳐진) 뒤섞여 있고 동시에 구분되어 있다.
3_ 인간의 사유는 다람쥐 쳇바퀴 돌듯 그렇게 언제나 같은 방식으로 전면에서 이면으로, 또 이면에서 전면으로 바꿔가면서 돌고 돈다.

이미 앞에서 우리는 정상과 비정상의 차이라는 것이 무의식의 세계에서 그렇게 큰 차이가 있는 것이 아니라고 말하였다. 이 표현 자체는 별로 과학적인 것은 못 된다. 그러나 큰 차이가 없다는 것은 모든 인간이 예외없이 「상상」과 「상징」, 「이상적 자아」와 「자아의 이상」 사이에서 「뫼비우스의 반지」 속을 돌고 있다는 뜻이다. 그러나 정상과 비정상이 결코 꼭 같은 것은 아니다. 정상은 그런 순환 속에서도 「투사」보다 「투입」의 「상징」을 잘 수용하는 「수의성」(隋意性, la disponibilité)의 구조를 갖고 있다. 인간에게 투입되는 최초의 상징이 「아버지의 이름」(le Nom du père)이다. 그 이름이 곧 「법」(la Loi)이다. 「아버지의 이름」은 아버지의 사후에도 작용한다. 그래서 생물학적인 아버지라기보다 오히려 상징적 아버지이다. 이 점에서 라캉의 「아버지의 이름」은 기독교적인 이미지를 풍기지만, 그러나 라캉은 철저한 무신론자이다. 왜냐하면 그의 사상에서 「아버지의 이름」은 무의식이기 때문이다. 「완전한 무신론은 신이 죽었다는 데 있지 않고 신이 무의식이라는 데 있다」.[95]

「법」도 무의식이다. 그러나 「아버지의 이름과 법이 사물의 윤리의 근거이다. 욕망은 사회적 도덕을 알지 못한다. 그리고 그 도덕에 대하여 불성실하다. 왜냐하면 존재의 목자(牧者)로서의 인간은 성실성을 욕망의 결핍에서 생기는 대가를 입고 있기 때문이다」.[96] 그런 점에서 인간의 존재구조는 그의 무의식에서 「아버지의 이름」과 「법」이 「욕망」과 끝없는 술래잡기를 하는 역사와 시간성의 구조와 다른 것이 아니다. 아버지다움의 기능은 욕망으로 지리멸렬한 이 세계가 의미를 취할 수 있게 하는 출발점이라 보아도 좋으리라. 그 기능은 이 세계에 도덕과 윤리의 의미를 가져오는 구조적 기초이다. 레비-스트로쓰의 야생사회에서 사회도덕과 가정윤리의 기본은 집단적 사회성으로부터 왔다. 인간이 선천적인 양심에서, 자발적인 선천성에 의하여 도덕과 윤리가 정초되는 것이 아님을 우리가 보았다. 「죄의식」보다 「사회적 수치의식」이 앞섰다. 기독교의 윤리관과는 다르다. 마찬가지로 라캉에게 있어서 도덕과 윤리는 「타자」로부터 온다. 도덕과 윤리는 자아의 바깥에서부터 오는 「자아의 이상」이 내보내는 상징을 기꺼이 「투입」하는 데서 생긴다. 이때에 주체는 「타자의 밭」 속에서 근본적으로 등록되어 「타자」는 진리의 증인인 동시에 모체가 되는 셈이다. 「타자의 존재」가 그 상징성에서 매우 중요해진다. 그와 동시에 「타자의 말」(la parole de l'Autre)은 철학적으로 능기적인 의미의 정상이고, 정신분석학적으로는 무의식의 문화화나 인간화의 기본이 된다.

라캉이 이처럼 인간의 존재—무의식에서 본—를 「타자와의 관계」에 의한 「타율성」(l'hétéronomie)으로 규정하고 있음과 같이, 하이데거는 인간을 「존재」(l'Etre, das Sein)와의 관계 속에 타율적으로 의미화하고 있다.

뒤에 이 책의 결론부분에서 언급되겠지만, 프랑스의 철학자이자 미학자인 미켈 뒤프렌느(Mikel Dufrenne)는 구조주의의 인간 상실을 신랄하게 비판하면서 구조주의의 논리는 언어학에서 왔지만 그 이념적 사상은 하이데거(M. Heidegger)의 「존재론」에서 왔다고 지적하였다. 뒤프렌느는 하이데거의 「존재론」이 철학에서 20세기의 인간 상실을 촉진시킨 원조라고 비판한다. 이런 관점은 나중 결론에 가서 보더라도 하이데거 철학과 라캉의 철학에 대한 비교연구는 많이 이루어지고 있다. 그것의 한 대표적인 실례가 『라캉의 철학』을 쓴 알랭 쥬랑빌(Alain Juranville)이다. 그는 이 책에서 라캉은 「상징의 법」을 「타자」로부터 받고, 이 「타자」로부터 「운명」이 정해진다고 말하고 있다. 이것은 마치 독일의 하이데거가 「존재의 운명」 속에서 인간이 노닌다는 사상과 크게 다를 것이 없다. 단지 차이점이 있다면 인간의 운명이 타자로부터 결정되느냐 존재로부터 결정되느냐 하는 것뿐이다. 라캉에게도 「주체」라는 말은 있지만, 그것은 엄밀히 말해서 없는 주체는 가리키기 위한 주체이다. 하이데거에게도 「주체」는 없다. 단지 인간에게 존재하는 것은 「현존재」(das Dasein)뿐이다. 하이데거의 「현존재」는 인간이 이 세상 저기에 있다는 뜻뿐이다. 「현존재」는 「주체」가 아니다.[97]

라캉에게도 하이데거에게도 말과 언어가 중요하다. 「진술이 아무리 공허하다손 치더라도 그 진술을 표피적 가치로만 생각하니까 그렇다. 여기서 말라르메(Mallarmé)의 말이 지닌 가치를 생각한다. 말라르메는 언어의 공통적 사용을 침묵 속에서 사람 손에서 손으로 옮기는 동안 닳 아버린 동전 양면의 무늬와 비유하였다. 이 은유는 아무리 말이 극단적으로 닮아졌다고 하여도 동전의 가치(라캉은 로마시대 사용됐던 금속 상아패의 입장권을 가리킨다)를 지니고 있음을 상기시키기에 충분하다」.[98)]

정신분석학자는 환자가 자기도 모르게 아무리 거짓말을 꾸며도, 그리고 헛소리를 하여도 그 가운데 진실이 있음을 믿고 조용히 귀를 기울여야 한다. 그 허튼 소리에서 능기들을 찾아 그 사람의 무의식의 「통사론적 법칙」을 찾아내야 한다. 왜냐하면 치료의 능력과 힘은 말의 질서에서 오기 때문이다. 분석가는 개인의 억압된 무의식이 의식의 검열을 피하기 위해 「은유」와 「환유」를 통하여 쏟아내는 능기들을 의식의 차원까지 전진하도록 재구성해야 한다. 「치유」는 스스로를 감춤으로써, 거짓말을 함으로써만 자신을 말할 수밖에 없었던 무의식의 말을 진술의 정상적 맥락 속으로 재통합함으로써 성공한다. 그때에 분석가와 무의식 사이에 「충만스런 말」(la parole pleine)이 이루어진다. 「충만스런 말」은 「공허한 말」(la parole vide)과 대립된다. 그러나 「충만스런 말」이 곧 「진실」(la vérité)이라 하더라도 「진실」이나 「진리」가 모든 것을 다 말하는 것이라고 착각해서는 안 된다. 이미 우리가 모든 과학은 그 본질에서 「추측의 가정」(l'hypothèse conjecturale)을 지니고 있다고 언급하였다. 그 까닭은 「실재적인 것」(le réel)은 그 자체 칸트의 「물자체」처럼 우리의 인식이 영원히 접근할 수 없는 「불가지(不可知)의 영역」이기 때문이다. 어쩌면 그것은 「신화적인 것」인지도 모른다. 모든 것이 쪼개지기 전의 우주적 내외합일인지도 모른다. 그러나 과학의 입장에서 내외합일이 무엇인지 알 길이 없다. 「진리를 말하기 위하여 모든 것을 말해서는 안 된다. 진리를 모두 말해서도 안 된다. 진리를 전부가 아닌 것(pas toute)으로 말해야 한다」.[99)]

「무의식은 타자의 진술」이기에 무의식은 언제나 말(la parole)을 하려 한다. 무의식은 남에게 자기 말이 들려지기를 바란다. 그래서 모든 논리가 「상호 주관적」이라고 라캉이 말했다. 「말」(la parole)은 무의식이 먼저 「언어활동」(le langage)처럼 구조화되어 있기에 개인적 차원에서 생기는 것이다. 그래서 「말」은 「언어활동」이라는 최초의 능기를 사용할 뿐이다. 결국 치료의 종착역은 말을 하는 개인이 타인에게 건네진 언어활동의 말을 통하여 자기의 지나간 역사를 재구성하여 그 역사를 그 개인이 수납할 때 다가온다. 자기의 역사를 다시 찾을 때까지 그의 지나간 과거는 마치 술에 많이 취한 사람이 순간적으로 어젯밤 자기의 일부 역사가 완전히 잊혀진 공백처럼 느껴지듯 그렇게 과거를 의식하지 못한다. 그러나 의식하지 못했어도 무의식은 계속 그것을 발신해 왔다. 라캉과 함께 말하자. 「내가 말하는 것이 아니고」 「이드(Ça)가 말을 한다」. 「나는 말하여지고 있다」. 그러나 「이드」가 말을 하지만, 그 말은 「이드」가 괴로워하는 신음이다. 정신분석학은 그 괴로워하는 고통을 해방시켜 준다. 그러나 정신분석학이 인간의 고뇌와 괴로움을 모두 다 제거시킬 수는 없다. 왜냐하면 그것은 인간이 되는 구조적 운명이기 때문이다. 그래서 라캉은 「진리를 전부가 아닌 것으로 말해야」 하는 생각에 동의하는 것으로 보인다.

5_ 푸코의 고고학적 인식, 그리고 역사 · 철학적 비판

1. 광기의 역사와 몰이성의 불행한 역사

미셀 푸코(Michel Foucault), 그는 이른바 구조주의의 「4거두」 가운데 좁은 뜻에서 순수철학 출신의 구조주의자이다. 주지하다시피 레비-스트로쓰가 인류학과 민족학에 무게를 두면서 거기서 울려 퍼지는 철학적 사색이 철학과 사상계에 엄청난 새로운 사유의 파문을 던졌고, 라캉이 정신분석학자이면서 단순한 정신과 의사로서 환자를 치료한 기술인의 차원을 넘어 철학적 심리학의 현대적 정립에 큰 기여를 했다고 한다면, 푸코는 어디까지나 순수 철학자이다. 그러나 그의 철학은 철학사를 통하여 대부분의 철학자에게서 보는 것처럼 기존 철학이론과 학설이 거의 등장하지 않는 것이 외양상 하나의 큰 특징이다. 그의 저서에는 철학자의 이름은 거의 나오지 않고, 한국에서는 「잡학」이라 하여 우습게 여기거나 무시하는 그런 문헌과 자료가 주로 원용되고 검토된다. 동서철학사의 철학 연구의 주제적 관점에서 보면 푸코 그는 분명히 철학사의 돌연변이요, 이단아이다. 많은 사람들은 프랑스 철학계가 20세기의 현대문화에 남긴 찬란한 세계적 업적을 베르그송(H. Bergson)의 『창조적 진화』(*L'évolution créatrice*), 마르셀(G. Marcel)의 『형이상학 일기』(*Journal métaphysique*), 사르트르(J.-P. Sartre)의 『존재와 무』(*L'être et le néant*), 그리고 메를로-퐁티(M. Merleau-Ponty)의 『지각의 현상학』(*Phénoménologie de la perception*) 등으로 열거하는 데 주저하지 않는다. 여기에 새로 하나의 업적이 더 추가된다. 그것이 바로 푸코이며, 그의 주저 『말과 사물』(*Les mots et les choses*)이 추가로 등록된다. 푸코를 이어서는—비록 가변적이지만—아마도 레비나스(E. Levinas)의 『전체와 무한』(*Tatalité et infini*), 리쾨르(P. Ricoeur)의 『의지의 철학』 3부작(*La Philosophie de la volonté*), 데리다(J. Derrida)의 『문자학에 관하여』(*De la grammatologie*) 등이 가장 철학성을 가진 작품으로서 지성계의 주목을 받고 있는 듯하다.

프랑스 철학은 데카르트(R. Decartes) 이래로 바퀴를 움직이는 피스톤처럼 두 극 사이에 철학이 회전되어 왔었다. 그 두 극이란 「외면의 철학/내면의 철학」, 「물질주의/정신주의」, 「기호의 철학/의식의 철학」, 「지식의 철학/체험의 철학」 등을 일컫는다. 예컨대 「콩트/멘느 드 비랑」(A. Comte/Maine de Biran), 「꾸르노/라슐리에」(Cournot/Lachelier), 「브룽슈빅/베르그송」(Brunschvicg/Bergson), 「사르트르/마르셀」(J.-P. Sartre/G. Marcel), 「푸코/라벨」(Foucault/Lavelle) 등으로 변별해 볼 수 있다. 이런 변별적 계열이 뭉뚱그려 타당하다면 데리다는 앞쪽 계열, 리쾨르는 뒤쪽 계열에 해당하고, 레비나스는 뒤쪽 계열보다도 앞쪽 계열로 기운 철학자로 보아도 좋으리라. 이런 분류의 기본적 상식을 갖고 지금부터 푸코의 철학세계

안으로 들어간다. 푸코는 자기 스스로 남들이 구조주의자로 분류하는 것을 아주 싫어한다. 확실히 그에게는 소쉬르 이래로 내려오는 구조언어학의 용어나 개념 등이 레비-스트로쓰나 라캉의 경우처럼 그의 사상체계 안에 등장하는 것이 별로 없다. 그럼에도 불구하고 그의 철학과 사유방법을 구조주의적이라고 분류하는 데는 그만한 이유가 있다.

우선 그 자신이 『말과 사물』에서 구조주의를 호의적으로 평가하면서 그것이 「근대지식에 대한 불안하고 각성된 의식」[1]이라고 긍정하였다. 그런 단편적인 긍정적 평가가 중요한 것이 아니라, 그가 실제로 분석한 역사인식의 방법, 예컨대 『광기의 역사』(*Histoire de la folie*) [정확한 제목은 『고전시대에 있어서 광기의 역사』(*Histoire de la folie à l'âge classique*)], 『병원의 탄생』(*Naissance de la clinique*), 『감시와 형벌-감옥의 탄생』(*Surveiller et punir-naissance de la prison*) 등과 같은 특수사(特殊史)의 인식방법이 근본적으로 구조주의의 이념을 담고 있는 것이다. 그러면 무슨 의도에서 푸코는 예의 특수사를 구조적으로 파헤치는가? 그는 자기 스스로의 철학을 일컬어 「현재의 역사」[2] (l'histoire du présent)라고 규정하였다. 그래서 많은 그의 주석가들은 그의 철학을 「역사 · 철학적 비판」(la critique historico-philosophique)이라고 평가하기도 한다.

그의 사상에는 정신병과 육체병의 역사, 감옥의 역사, 과학사, 성욕(la sexualité)의 역사 등이 담론의 언어구조적 방법을 통하여 해석되고 있다. 방법은 구조주의적인데 그 구조주의의 결과가 철학적으로 한 시대의 문화와 이념의 해석과 결부되어서 그에게 해석학(l'herméneutique)의 경향을 지니고 있다고 지적하는 학자도 있다. 이 점은 그가 후기에 접어들수록 짙게 풍기고 있다. 그가 구조주의자냐 아니면 해석학자냐 하는 형식론적 분류는 그의 사상을 이해하는 데 본질적인 요소는 아니다. 이왕 그 말이 나왔기에 첨가하자면, 그의 사상의 기본적 방법은 분명히 구조주의적 특성과 이념을 진하게 지니고 있다.

왜 그는 자기가 「현재의 역사」를 탐구한다고 말하였을까? 이 의문은 그가 르네상스 이후부터 현대에 이르기까지 서양사의 구조를 그 특유의 「고고학적 방법」으로 규명하지만, 특히 그가 서양 근대문화(19세기)의 사유와 그 하부구조를 냉엄하게 비판하면서 그 비판의 연장 위에서 현대문화와 사상을 비판적으로 분석했다는 데서 해답을 얻을 수 있다. 그는 서양사에서 이성의 출현이 나타난 기조적 배경을 실증적으로 알아보기 위하여 인문사회과학사, 기술 및 자연과학사, 그리고 정치와 법제사, 기타 문헌사 등을 다룬다. 그리하여 서양 근대문화와 생명이라고 볼 수 있는 「이성」이나 「합리성」이 구조적으로 어떤 병리현상을 지니고 있는가를 진단한다. 그의 그러한 병리현상의 진단은 과거의 인식이론처럼 어떻게 해서 과학적 지식이 가능한가라는 물음을 제기하기보다 「인간의 주체」가 과학적 지식의 형성에 무슨 역할을 했으며, 서양사에서 자랑해 온 「합리성」(la rationalite)과 주체는 어떤 관계를 맺고 있는가를 밝히는 데서 시작된다. 이미 우리가 제1장과 2장을 통하여 푸코 철학을 기술할 때 여러 번 암시하고 지적하였지만, 푸코는 궁극적으로 「인간의 주체」(le sujet humain)라는 것이 참다운 지식의 체계에 얼마나 거추장스러운 것인가를 지적한다. 그래서 그는 역사에서 「초월적인 나르시즘」에 빠져 있는 「주체」나 「주체의식」으로부터 역사를 해방시키려 한다. 이 점은 우리가 곧 상세하게 보게 될 것이다. 이러한 역사개념에 대한 푸코적 관점을 기본으로 하여 푸코의 초기 저술인 『광기의 역사』와 『병원의 탄생』을 분석해 보기로 하자.

푸코는 『광기의 역사』에서 서양사를 5단계로 구분하여 분석을 시도하고 있다. 그 5단계란 1) 중세기, 2) 르네상스기, 3) 17-18세기의 고전시대, 4) 18세기 후반, 5) 19-20세기를 말한다. 우선 푸코가 「광기」(la folie)를 취급하게 된 동기부터 살펴보기로 하자. 푸코에 있어서 「광기」는 라캉의 경우처럼 정신적 질환을 말하는 정신분석적 개념이 아니다. 그런 점에서 「광기」의 역사는 정신질환의 역사를 뜻하지 않는다. 또 일반적으로 사람들이 「광기」에 대해서 가질 수 있는 일반적 표상을 정리하자는 것도 아니다. 푸코의 의도는 「광기의 역사」를 통하여 서양사의 문화와 시대적 사고유형을 도식화하여 현재의 역사로서의 우리 시대의 문화를 어떻게 평가해야 할 것인가를 밝히려는 문화인식론의 철학적 동기에서 출발한 것이다. 왜냐하면 「광기」는 어느 시대 어느 사회나 있었고, 따라서 「광기」를 어떻게 인식하였는가를 분석하는 작업은 그 시대의 특징적 「지층」을 정리하는 과제이기도 하기 때문이다. 거기에 덧붙여 인간은 누구나 자기 자신 내부에 「광기」의 요소를 다 지니고 있다. 그래서 푸코는 파스칼(B. Pascal)의 말을 『광기의 역사』 요약판(10-18) 서문의 문턱에서 인용하게 된다. 「인간들은 필연적으로 마치기에, 미치지 않았다는 것도 광기의 다른 측면에서 보면 미친 짓일 수도 있다」.[3] 이어서 그는 도스토예프스키(Dostoievski)의 말을 인용한다. 「자기 이웃을 가두어 놓음으로써 사람들이 자신의 양식을 확신하는 것은 할 짓이 아니다」.[4] 그러므로 광기는 문화와 인간의 사실적이고 보편적인 요소이다.

이러함에도 불구하고 근대 이후부터(18세기 후반) 근대 · 현대인들은 정상적이라고 생각하는 자기 자신의 다른 측면인 「광기」와의 대화를 단절시켰고, 「광기」를 많은 병 가운데 하나인 병으로만 추상화하여 의사들에게만 일임시켰다. 그와 동시에 사람들은 「광기의 언어」를 단지 합리적이고 억압적인, 그래서 도덕적일 수밖에 없는 그런 이성의 권위를 매개로 하여 판단하기 때문에 「광기」의 우스꽝스럽고 괴이한 말을 이해하지 못하고 말았다. 푸코는 프로이트나 라캉과 같은 정신분석학자가 시도하는 정신분석 치료법을 강압적이고 순응주의적 현대문화의 상징이라고 신랄하게 비판한다. 이에 앞장의 일반론에서 이미 언급되었지만 푸코는 철학적으로 멀리 고대 희랍의 사유세계로 날아간다. 소크라테스(Socrates)가 로고스(logos)를 사랑하기 위하여 뮈토스(mythos)를 폄하하기 전의 고대 희랍의 사유로 회귀하려 한다. 그래서 「로고스」와 「히브리스」* (hybris)가 모순 대립을 일으키지 않았던 그 시절을 그는 그리워한다.[5)]

그러면 서양사의 시대별로 「광기」에 대한 푸코의 생각을 정리해 보기로 하자. 중세기가 끝날 무렵, 서양에서 나병이 거의 자취를 감추었다고 한다. 그래서 나병환자들을 별도로 수용했던 교회의 수용시설은 텅텅 비게 되었고, 오랜 세월 동안 인적의 발걸음이 뜸했다고 한다. 그러나 그 자리에 다른 사람들이 들어서게 된다. 그 다른 사람들이란 나병환자와 같이 사회적인 격리수용을 해야 할 사람들인데, 그들이 바로 미친 자들이었다. 언제나 지리적 격리현상은 대조적으로 문화적 · 사회적 통합을 동반한다. 중세기 말에 「광기」가 유럽문화의 지평에 하나의 갑작스런 불안으로 떠오르게 된다. 그 당시 사람들에게 「광인」은 자신들에 대한 「위협」이었고, 동시에 「조롱」의 대상이기도 하였다. 종교적인 영향 때문이기도 하겠지만 중세기 말 사람들은 광인의 영혼은 짐승의 포로가 된 상태라고 생각하였고, 정신에 대한 유혹적인 타락의 결과라고 여겼다. 그들은 이 모든 「광기」가 인간의 지나친 욕망에서 온다고 생각하였다. 누

---

* 희랍어 hybris(ὕβρις)은 여러 가지 뜻을 지녔지만 여기서는 열정, 정열, 정염, 몰이성 등을 말함.

구나 욕망의 불길에 휩싸일 수 있고, 그것이 큰 유혹이기에 「광기」는 「위협」이 아닐 수 없다. 「광인」은 지옥에서 볼 수 있는 인수(人獸) 양면의 모습을 한 괴물이다. 「광기」는 인간에 의해서 길들여지지 않는 「동물성의 상징」이었다. 그런가 하면 중세인들에게 「광인」들은 다른 한편으로 보통 사람들이 가지지 못한 마력을 지닌 존재로 여겨졌다. 왜냐하면 「광인」들은 보통 사람들에게 결핍된 「이상하고 비의적이며 밀교적인」 세계를 꿰뚫어 보는 능력과 지식을 갖고 있다고 여겨졌기 때문이다. 「성 안토니오의 유혹」(*la tentation de Saint Antoine*), 이것은 귀스타프 플로베르(Gustave Flaubert)의 그림이다. 이 그림은 절대고독 속에 명상의 생활을 한 성자가 꿈꾼 살과 정신의 절망과 희망, 욕망과 신비가 교차된 환각을 그리고 있다. 바로 이 그림의 모티브가 중세인들이 생각한 「광기」와 「광인」에 대한 생각과 일치한다.

「광인」은 보통인에게 닫혀 있는 신비로운—비록 그것이 악의 세계라 할지라도—세계에 대한 「보이지 않는 지식」을 향유하고 있다. 물론 기독교적 세계관에 젖은 중세인들에게 광인이 아는 지식은 「금지된 지식」이고, 「악마의 지배」이며, 「세상의 종말」이다.[6] 「인간은 거기서 이미 고통과 욕구를 알지 못한다. 그렇지만 그는 순결을 다시 찾지는 못했다. 그것은 가짜 행복이고, 사이비 구세주의 악마적 승리이며, 이미 가까이 와 있는 세상의 종말이다」.[7] 요컨대 중세인들에게 「광기」와 「광인」은 「두려움」과 「악마의 호기심」의 상징성을 아울러 지니고 있었다.

르네상스(Renaissance) 시기에 와서 「광기」는 중세기보다는 인간의 마음에서 더 격리된 상징성을 보인다. 물론 중세기 말에도 「광인」들을 격리시키고 교회에서 성사도 받지 못하도록 하였지만, 사람의 마음 속에 언제나 짐승 같은 욕망의 유혹과 악마의 속삭임이 너무도 가까이서 손

짓하기 때문에 「광인」들을 두려워했고 조롱도 했다. 그러나 그 감정은 자기 자신에 대한, 「가상적 심리」에 대한 이중적 역설에 지나지 않았다. 그런데 르네상스 시대에 와서 「광인」들은 배를 태워 멀리 바다로 보내진다. 푸코가 지적한 이른바 「광인들의 배」(la Nef des fous)이다. 이 「광인들의 배」가 르네상스 시대의 상징성이다. 「항해는 인간을 운명의 불확실성에 맡긴다. 항해에서 각자는 자기 자신의 운명에 맡겨지게 되고, 모든 승선은 잠재적으로 마지막 길이다. 광인들이 미친 배 위에서 출발하는 곳은 다른 세계이다. 광인들이 하선할 때, 그는 다른 세계로부터 온다. 이런 광인의 항해는 엄격한 나눔이며, 절대적 통과이다. 이 항해는 어떤 점에 있어서 중세기적 인간의 관심의 지평에 속하는 것으로 광인들을 취급하는 대표적 상황, 즉 도시에 들어오는 성문 곁에 광인을 유폐시킨 특권에 의해서 상징화되고 동시에 실현된 상황을 반(半)은 현실적인, 반은 상상적인 지리에 따라서 발전시킨 것이다」.[8] 그러면 중세기에 「도시외곽에 광인들을 유폐」시킨 것과 르네상스 시기에 「광인들의 배」를 태워 바다로 강으로 멀리 띄워 보낸 행위와의 차이점은 무엇인가? 푸코에 의하면, 그 차이점은 이미 앞에서도 소략히 암시되었지만, 중세기에서는 「질서의 보이는 성체」로서 「격리」와 「사회통합」을 수행하였는데, 르네상스 시기에는 한편의 격리와 다른 한편의 사회 · 문화 통합은 눈에 보이지 않는 「우리 의식의 성(城)」으로부터 가능하였다. 즉 불가시적인 마음의 장벽이 더 짙게 생겼다는 뜻이다.

그러나 이 시기에 「광인」들이 배를 타고 강제로 멀리 기약 없는 물의 여행을 하였지만 그래도 「광인」들은 배 안에서 자유로웠고, 「불안」과 「희망」이 한없이 교차된 여행의 「포로」였다. 이 「광인의 배」가 주는 상징성에서 뿐만 아니라, 푸코는 또 유럽인의 꿈속에서도 오랜 세월 동안 「물과 광기와의 연결성」이 있어 왔다고 지적한다.[9] 그가 그 점에 관한 많은 문헌적 사례를 열거하지만 여기서 다 나열할 수는 없다. 우리가 잘 아는 문학적 사례로 셰익스피어(Shakespeare)의 『햄릿』(Hamlet)에 나오는 그의 애인 「오페리아」(Ophelia)도, 「로렐리이」(Lorerei) (독일 진설)도 모두 물과 관계된다. 다 광녀의 존재이다. 물은 인간 속에 잠들어 있는 「어둡고 습기 찬 요소」, 「움직이는 무질서」, 「모든 것의 씨앗이자 죽음」인 「광기」를 상징하고, 그 상징은 「정신의 어른스럽고 빛나는 안정」의 상징에 대립된다고 한다. 비록 「광인들」을 「배」와 「물」을 통해 멀리 떠나 보냈지만, 그러나 「광인과 보통 사람」 사이에 관계가 완전히 차단된 것은 아니었다. 왜냐하면 그 시기의 많은 연극이나 익살극에서 「광인」이나 「바보」가 상당히 중요한 역할을 하였기 때문이다. 극 중에서 그들은 「진실을 소지하고 있는 자」로 나타났다. 서로가 속고 속이는 인간관계에서 광인은 바보스런 언어와 동작 속에서 연주의 실마리를 푸는 진실의 말을 가진 자로 여겨졌다. 그뿐만 아니라 사람들은 「광인의 배」를 이성을 찾아가는 「순례자의 배」로서 상징화하기도 하였다.

15세기 후반부에 와서 「광기」는 「죽음」으로 상징화된다. 「광기」는 이미 인간에게 「죽음」 그 자체로 여겨지기 시작한다. 「광인」이 씽긋 하고 웃는 것은 이 시기에 이미 「죽음의 웃음」으로 예단된다. 그러나 푸코의 말처럼 광기를 죽음의 상징으로 생각하였어도 완전히 정상과 절연된 것으로 본 것은 아니다. 왜냐하면 「죽음」이나 「광기」나 다 「인간 내부의 불안한 가능성 안에서의 뒤틀림」에 지나지 않기 때문이다. 이런 15세기 르네상스 시기의 광기설이 16세기 에라스무스(Erasmus) 시대에 와서 「광기」의 「신화적 상징성」은 거의 사라지고 단지 인간적 약점, 즉 「자기 자신과의 지나친 애착」이 주는 환상에서 광기가 자리잡게 된다. 「자기 애착은 광기의 첫 신호이다. 그래서 인간이 오류를 진리로, 거짓말을 현실로, 폭력과 추함을 미와 정의로 수용하는 것은 자기 자신과의 애착에서 온다」.[10] 에라스무스로부터 「광기」는 「신기루」와 같은 상징으로 나타난다. 그리고 신기루나 허상과 같은 「광기」는 이 세계의 진리와는 전혀 상반된 개념으로 여겨지기 시작한다.

지금까지 우리는 푸코의 입장에서 중세기 말에서 16세기 르네상스 말기까지 서양역사가 제각기 「광기」를 어떻게 보았는가를 관견하였다. 이 양 시기에 공통적인 것은 「광기」가 그 자체 무섭고, 우습고, 기이해도 이성을 넘어선 어떤 의미의 영역을 가리키고 있는 것으로 생각했다는 점이다(물론 16세기에 에라스무스에 와서 벌써 어떤 「변이」가 생기기 시작했다는 것을 감안하여도). 「광기」는 물론 부정되고 다같이 예외 없이 추방되지만, 그러나 그 시대의 사회로부터 완전히 단절되지는 않았다. 광기와 정신착란을 겁내고 무서워하고 또 때로는 조롱도 하고 비웃기도 하지만 광인에 대한 악마적 매력을 느끼기도 했으며, 신천지를 찾아가는 「순례자」로 여기기도 했다. 또한 거짓말이 팽배한 사회에서 거짓말의 거짓을 밝히는 「진실의 증언자」로 여기기도 했고, 「죽음의 상징」으로서 전율을 느끼기도 하였다.

그러나 17세기에 들어와서 광기나 정신착란에 대한 사회의 생각이 완전히 그 색깔을 달리 하게 된다. 이른바 고전시대가 시작된다. 「광기는 세계와 인간과 죽음의 경계에서 종말론적인 모습을 지니지 않게 된다. 광기가 밤에 대하여 분명히 알고 있던 눈을 가졌던 그 밤, 불가능의 형태들이 탄생한 그 밤은 사라졌고, 망각이 배의 자유로운 노예 신분이 주름잡던 세계 위에 떨어진다. 즉 그 배는 이상한 항해 속에서 더 이상 세계의 밑에서부터 그 이상의 세계까지 가지 않을 것이고, 또 그 배는 더 이상 도피하는 절대적 한계가 되지 못할 것이다. 보시오! 이제 그 배는 사람들과 사물들 중간에 단단히 동아줄에 묶였고, 붙잡혔고, 고착되었다. 이제 배가 아니고 병원이다」.[11)]

고전시대와 더불어 「광인」들에 의해서 「춤추던 배」는 「음산한 병원」으로 탈바꿈한다. 즉 「광인의 배」(la Nef des fous)가 「광인의 병원」(l'Hôspital des fous)으로 변한다. 이와 함께 「광인」은 이제 「정신적 나병환자」의 취급을 받는다. 「배」가 「병원」으로 탈바꿈을 하면서 「광인」들은 이제 더 이상 사회로부터 추방당하지 않고, 오히려 사회에 의하여 일정한 장소에서 「거주 제한」을 당하게 된다. 17세기 고전시대가 올 때까지 「광인들」(les fous)은 「바보」, 「술주정뱅이」, 「방탕한 자」나 「범죄자」와는 다른 범주에 속했었다. 즉 「광인」들은 「무질서의 표본」이기는 하지만, 그 무질서가 신체적 결함이나 기능상의 하자 문제에서 온다기보다 오히려 「생각의 불규칙」과 정도의 「지나침」에서 온다고 여겼었다. 그런데 17세기부터 「광인들」은 이제 사회로부터 「낭인」, 「치인」, 「주정뱅이」, 「게으름뱅이」, 「범법자」들과 같은 유형의 취급을 받게 된다. 즉 르네상스 시기까지 「광인」들은 「기인」이었지만 「병자」는 아니었다.

그러나 고전시대부터 「광인」은 이미 「별난」, 「무질서한」, 「정도가 지나친」, 「기인」이 아니라 「병자」이며, 정신이 고장난 존재로 여김을 당하게 된다. 17세기에 대두되기 시작한 합리주의(le rationalisme)는 이성(la reason)을 건강, 몰이성(déreason)을 병으로 진단한다. 그리고 몰이성에 대하여 병적인 진단뿐만 아니라 도덕적인 저주마저 덧붙이게 된다. 「광인은 술주정뱅이이고, 광인은 기억과 생각도 없는 놈이고, 광인은 멍청하게 조는 놈이고, 반은 죽은 자이며, 광인은 머리가 텅 빈 놈이거나 김빠진 자이다. … 무질서의 이 모든 세계는 완전한 질서상태에서 이성의 예찬을 역설적으로 공언하는 셈이다. 이미 「병원」 안에서 「감금제도」(l'internement)가 「승선」(乘船, l'embarquement)을 이은 셈이 된다」.[12)]

그러면 「병원」과 「감금제도」가 생긴 까닭은 무엇인가? 푸코에 의하면 그것은 부르주아 시대(l'âge bourgeois)의 도래와 밀접한 관계를 갖는다는 것이다. 부르주아 시대에 가치는 오직 열심히 일하여 돈을 버는 것 이외는 다른 도덕이 존재하지 않는다. 광인은 낭인이나 치인 또는 알코올 중독자와 같이 「생산성」이 전혀 없다. 생산성이 없는 자는 사회를 낭비시킨다. 푸코가 생각하기를, 17세기에 세워진 「병원」은 광인을 의학적으로 치유하기 위한 목적이라기보다 오히려 「비생산적인 자들을 격리수용시켜」, 「생산성이 있도록 교정하기 위한 제도」라는 것이다. 푸코에 의하면 고전시대의 이런 관점은 1656년 프랑스 파리의 「일반병원」(l'Hôspital général)의 창설에서부터 1793년(18세기 후반) 피넬(Pinel)에 의한 「비세트르」(Bicêtre)의 「병원」에서 사슬에 묶인 자의 석방이 있기까지 지속되었다. 이 석방이 있은 후에 이제 피넬(Philippe Pinel)—그는 1745-1826년까지 생존했던 프랑스의 의사로서, 특히 정신병의 치료에 많은 저술을 남겼고, 현대적 정신치료법(la psychiatrie)의 창시자이기도 함—과 그를 추종한 정신과 의사들은 「광인」을 「정신병자」로 상대하기 시작한다. 푸코는 「일반병원」의 존재 이유를 다음과 같이 밝히고 있다.

「그 기능에 있어서나 목적에 있어서 일반병원은 어떤 의학적 이념과도 관계가 없다. 그 병원은 이 시기에 프랑스에서 조직되기 시작한 왕권과 부르주아 질서의 심급이다. 그 병원은 시민정부의 유일한 권위 아래 그 병원을 배치시켰던 왕권과 연결되어 있다」.[13)] 이런 목적으로 설치된 병원이 광인들에 대해서 육체적 잔혹행위와 특히 과학의 탈을 쓴 사이비 치유법에 의거해서 광기를 발생케 한 원인이 된 분비액의 부패를 정지시키거나 파괴시킨다는 명분으로 참혹한 신체적 고통을 가하기도 하였다. 이런 발상법이 지배적이게 되면서 과거에 그래도 광기에 대하여 그것이 몰이성이지만 무거운 의미를 지니고 있는 변칙적 존재라는 생각이 말끔히 가시게 되었다.

18세기 후반부터 시작하여 19세기에 본격적으로 접어들면서, 이미 앞에서 잠깐 보았듯이, 피넬에 의한 「정신병 치료요법」이 대두되기 시작하였다. 그리고 「낭인」과 「광인」, 「치인」, 「알코올 중독자」가 다 함께 무더기로 감금되지 않고 「낭인」과 「한인」은 「광인」과 구분된다. 그 까닭은 19세기에 접어들면서 산업이 급속도로 발달하여 인력이 필요하고 노동력의 수요가 급증하기 때문에 「낭인」, 「한인」, 「극빈자」들을 놀고 먹게 할 수가 없었기 때문이다. 그 반면에 「광인」들은 이제 신체적으로 묶이지는 않았지만 정신적으로 새로운 사슬에 올가미를 쓰게 되었다고 푸코는 생각한다. 즉 이제 「광인들」은 「일반병원」의 「감금제도」가 아니라 「정신병원」(l'asile)에 위탁된다. 17-18세기의 특징을(19-20세기에 들어가기 전에) 좀더 서술하기로 하자. 「일반병원」과 「감금제도」와 거기서 수행된 신체적 「부패교정」의 잔혹한 행위는 17세기나 18세기 서양사의 이념에서 나온 것이다. 즉 일체의 「몰이성」과 「반사회적 광기」를 억압하는 것이 행복한 사회에로 가는 지름길이라는 신화가 이 시기에 서양사회에 만연되어 있었다. 그리고 종교도 이런 신화에 접목되어 「질서가 바로 미덕」이라는 가르침을 교육하는 데 이바지하였다. 「그런 의미에서 유폐는 도시의 형이상학과 동시에 종교의 정치를 감추고 있다」.[14]

「고전시대에 감금제도는 완전한 도시의 건설을 위하여 종교의 시민성과 같은 가치로서 생각되었던 "경찰"의 가장 밀도 있는 상징을 나타낸다」.[15] 고전시대에 병원에서 공식적으로 이루어졌던 것은 아니지만

「사설병원」(la clinique)에서는 치료법이 시행되기도 하였다. 그 치료법의 원칙을 소개 · 정리 · 요약하면 다음과 같다.[16)]

1_ 신체단련(la consolidation)

광기가 정신의 불규칙성에 패배한 데서 온다고 여겨서 정신과 신경조직을 강화시켜 나가는 단련법을 시행하였다. 그래서 광인들에게 지독한 악취 냄새를 맡게 했는데, 악취 냄새를 맡음으로써 정신과 신경조직을 역설적으로 강화시킨다.

2_ 정화(la purification)

광기는 내장과 정신과 분비액의 부패에 기인하기에 전체적 정화 작업이 필요하다. 그래서 광인들의 썩은 피를 신선한 새 피로 대체하는 것을 꿈꾸었지만 실현하기 어려운 방법이었다.

3_ 물에 잠기기(l'immersion dans l'eau)

물은 순수성과 재생을 상징한다. 목욕요법은 긴 역사를 갖고 있기는 하다. 광인을 갑자기 찬 물 속에 처박아 가급적 긴 시간 물에 잠기도록 한다.

4_ 규칙적 운동(la régulation du mouvement)

광기는 무겁고 음침하고 고집스런 신체조건과 관계되기 때문에 가급적 규칙적 운동을 통하여 몸을 가볍고 경쾌하게 만들고 아울러 자연의 운동질서에 연결시킨다.

이처럼 17-18세기는 심리와 물리의 치료상 구별을 명확히 짓지 않았다. 그리고 「광기」는 「나병」처럼 전염이 되는 것으로 생각하여 「광인 감금병원」을 불질러야 한다는 공포심이 18세기 후반에 일어나기도 하였다. 그런 생각을 갖게 된 동기는 물리적 영역과 도덕적 영역이 혼동되어 「광기」를 도덕적 타락으로 여겨 그것이 나병처럼 전염되리라는 착각에서 연유하였다. 그래서 18세기 후반에 병원을 도시에서 더 멀리 이전하기도 하였고, 또 병원 주위의 공기를 정화시키는 일을 주요한 과제로 여겼다. 공기 정화는 전염을 예방한다고 생각했다. 「광기는 도덕적 · 육체적 악 자체」였다.[17] 그래서 이런 발상과 함께 「일반병원」은 서서히 「정신병원」(l'asile)으로 변화해 간다. 19-20세기의 정신병과 정신치료 시대가 접어들기 전에 고전시대(17-18세기)의 광기에 대한 관념을 정리하고 넘어가야 하리라. 푸코의 도움을 받는다. 「고전주의가 폐쇄시켰던 것은 미치광이, 방탕한 자, 병자, 범죄자들이 혼동된 추상적 몰이성뿐만 아니라 환상세계의 아낌 없는 저장고, 즉 괴물들을 한번 토해냈던 제롬 보슈(Jérôme Bosch)*의 밤 속에서 삼켜졌다고 사람들이 믿었던 그 괴물들의 잠자는 세계이다」.[18]

이제 우리는 피넬에 의해서 시작된 19-20세기 정신병원의 시대로 들어간다. 이미 앞에서 말한 바와 같이 「정신병원」은 「일반병원」처럼 신체적 구속은 없어졌지만 더 교묘한 정신적 속박을 자행하였다. 즉 「광인」에 대하여 「정신적 책임을 지우는 심리적 고문」이 시작된다. 「광인은 애초에 이성을 가졌던 인간 존재인 한에서 이미 광인이 된 것에 죄가 없다. 그러나 광인인 한에서 광인은 그가 죄의식이 없는 그 병의 내부에서 사회와 도덕을 어지럽힐 수 있는 모든 것에 대하여 스스로 책임을 느껴

---

* 제롬 보슈(Jérôme Bosch)는 1450-1516년의 네덜란드의 화가로서 화가집안에서 출생하였고, 그의 많은 그림은 16세기의 종교분쟁시에 많이 파괴당함. 그의 그림은 18세기 고전시대에 많은 냉대를 받았지만 오늘날 그의 환상적 · 초현실주의적 그림 성격으로 새로운 평가를 받고 있음.

야 하고, 그가 받는 벌에 대하여 스스로에게만 탓을 돌려야 한다」.[19] 그래서 참회의 길을 가게 하기 위하여 「광인들」에게 「강제노동」이 부과된다. 「광인들」이 「정념의 몰이성적 생각」에 빠지지 않도록 한가한 틈이 없도록 일을 시킨다. 이것은 생산성을 위한 경제적 문제와 관계되지만, 도덕적 순수규칙을 몸에 배게 하는 것이 더 컸다. 한가하고 게으르면 사람은 상궤를 벗어난 무분별한 짓을 하게 된다. 그래서 「정신병원」에서는 「감시」와 「판단」의 기능이 감독자에게 부과된다. 그리고 수시로 광인에게 「죄의식」과 「도덕의식」을 고취시키기 위한 교양강좌가 주어진다. 그러면 18세기 말까지의 「일반병원의 감금제도」와 19세기부터 시작된 「정신병원 제도」의 차이점은 무엇인가? 푸코에 의하면 그 차이는 다음과 같다. 고전시대의 「감금제도」는 「얼굴이 없는 추상적 권력」에 의한 제도였다. 그러나 「정신병원 제도」는 「감시하는 자」에게 도덕적 · 정신적 절대권위를 부여했다. 「감시자」는 「눈초리」와 「말」로써만 다스린다. 때로는 몰이성에 대한 이성의 승리를 확인시켜 주기 위하여 실제적 싸움과 물리적 힘이 동원되기도 하였다.

「신체적 고문」의 철폐는 새로운 「광기의 길들임」의 시작과 같다.[20] 여기서 「광인」은 「모순의 절대적 형태」로 생각되지 않고 단지 유치한 「어린아이」로 취급당한다. 「광인」은 「어린아이」로, 「이성」은 「아버지의 특징」으로 나타난다.[21] 피넬은 「정신병원」에서의 세 가지—1) 절대 침묵, 2) 거울 쳐다보기(자기가 미쳤다는 것을 깨닫도록), 3) 자가 비판(보이지 않는 재판정에 서 있는 기분이 들도록)[22]—기본적 치료수단을 제시한다. 그래서 「정신병원」(l'asile)이나 「수용소」(la Retraite)에서 「광인」은 언제나 「감시당하고」, 「판단되며」, 그리고 「처벌받는다」.

이런 「정신병원」 제도는 부르주아 사회의 정신질서를 반영한다고 푸코는 주장한다. 무엇이 부르주아 사회의 정신질서인가? 그것은 이성과 몰이성을 갈라놓고, 낮의 계산된 「법칙」만 존중하며, 밤의 광기어린 「열정」을 무분별한 짓으로 매도하는 윤리를 말한다. 프로이트나 라캉의 정신분석은 결국 「광기」를 어린이이의 짓으로 무시하고 이른, 아비지의 권위를 되살리는 「부르주아」 사회의 「이데올로기」라는 것이다. 이런 푸코의 사상이 얼마나 타당한지 아니면 문제점이 많은지 하는 것은 지금 여기서 논의하지 말자. 하여튼 『광기의 역사』에서 푸코가 종국적으로 돌아가는 곳은 니체(F. Nietsche)가 있는 곳이다. 「니체의 마지막 외침」은 무엇이었을까? 「(…) 광기에 의해서 세계 속에 심겨버려진 듯한, 세계에서 세계의 무의미를 개시하는 듯한, 그리고 병리학의 유일한 특징 아래서 변모되는 듯한 하나의 작품이 근본에서 세계의 시간을 자기 안에 끌어넣고, 세계를 제어하고, 세계를 이끈다. 세계를 중단시키는 광기에 의하여 하나의 작품은 공허를, 침묵의 시간을, 대답이 없는 물음을 열고, 그 작품은 세계가 스스로 설문해야 하는 화해 없는 파열을 도발한다」.[23)]

이 수수께끼 같은 푸코의 말은 무엇을 뜻하는가? 푸코가 우리를 데려가고자 하는 곳이 어딘가? 푸코는 우리를 대답이 없는 「허무주의」(le nihilsme)의 공간 속으로 「광기예찬」과 함께 우리를 인도하고자 하는 것인가? 간단히 말하기는 쉽지 않다. 푸코의 사상을 해석한 메르키오르(J.-G. Merquior)가 그의 저서의 제목을 『푸코 또는 강단의 허무주의』(*Foucoult ou le nihilisme de la chaire*)라고 붙인 것에는 이유가 없는 것인가? 푸코가 지적한 바와 같이, 특히 17세기부터 시작된 서양사에서 광인에 대한 비인도적이고 때로는 잔혹한 사고구조와 그런 사고방식을 잉태한 「부르주아 사회」의 냉엄함을 푸코와 같이 비판하도록 하자. 그리고 그 시대가 너무 초현실적 환각의 진리를 무시했다고 같이 동조하자. 그런 면이 확실히 있다. 또 푸코와 함께 17세기부터 20세기의 정신분석에 이르기까지 「의학적 인간(homo medicus)이 정신병원의 권위 속에서 단지 아는 사람(le savant)으로서가 아니라 현인(le sage)으로 취급받아 왔다」[24]고 하는 전제를 인정하자.

그러면 우리를 고통과 파열에서 구원해 줄 길을 보여주는 현인은 누구이며 어디에 있단 말인가? 니체인가? 니체는 「광기」의 의미와 여지를 말살시킨 현대문명 속의 불행했던 천재이지 현인은 아니다. 그러면 메르키오르의 말처럼 「허무주의」인가? 역사는 신화도 아니고, 예술도 아니다. 역사는 어떻게 보면 프로이트가 말한 가장 「냉엄한 법칙」이 지배하는 사회이다. 어느 시대의 사회나 역사에서 푸코가 찾는 그런 지대는 존재하지 않았다. 중세기나 르네상스는 「광인」들의 천국이었는가? 우리는 그렇게 생각하지 않는다. 푸코가 귀하게 여기는 그 세계는 현실역사의 것이 아니라, 레비-스트로쓰나 라캉이 말한 「신화의 세계」이다. 그래서 레비-스트로쓰도 신화를 현실에서 극복되지 않는 갈등을 초극하는 화해의 상징적 수단이라 하였고, 라캉도 인간의 세계는 어쩔 수 없이 「자웅동체」의 근원적 일치가 불가능한 번뇌의 세계라고 말하지 않았던가? 신화가 현실이 아니기에 예술이 인간의 손으로 탄생된 것이 아니겠는가?

우리는 또 다시 푸코에게로 돌아간다. 『병원의 탄생』(*Naissance de la clinique*)이란 저서는 「의학적 시선의 고고학」(une archéologie du regard médical)이라는 부제가 붙어 있다. 이 책을 통하여 우리는 비로소 푸코의 구조주의 철학의 사유체계와 방법에 접근하게 된다. 『광기의 역사』와 『병원의 탄생』은 시기적으로 출판연도에서 1961년과 1963년에 해당된다. 서로 근접한 시기이다. 우리가 푸코의 구조주의 철학을 취급함에서 서두에서 이 두 저서의 내용을 분석하는 데는 그만한 이유가 있다. 왜냐하면 푸코의 사상세계에서 서로 상관성이 없는 것은 아니지만, 확실히 좀 각도와 성격을 달리 하는 두 가지 흐름이 있기 때문이다. 그 두 가지 흐름은 역사의 사례를 통한 현대문명의 비판을 겨냥하는 「역사 · 철학적 비판의 계열」(결코 독일식의 역사철학이 아님)과 구조주의적 역사의 「고고학적 인식이론의 계열」을 각각 말함이다. 역사의 「고고학적 인식이론」의 계열은 그의 저서 가운데 『말과 사물』(*Les mots et les choses*, 1966), 『지식의 고고학』(*L'archéologie du savoir*, 1969), 『병원의 탄생』(*Naissance de la clinique*, 1963), 『담론의 질서』(*L'ordre du discours*, 1971) 등이 이에 속하고, 「역사 · 철학적 비판」(la critique historico philisophique)의 계열은(이것은 결코 헤겔이나 마르크스에서 시발되는 독일적 역사철학이 아님) 『광기의 역사』(*Histoire de la folie*), 『감시와 형벌』(*Surveiller et punir*), 『성욕의 역사』(*Histoire de la sexualite*) 3부작—제1권 『지식의 의지』(*La volonté du savoir*, 1976), 제2권 『쾌락의 사용』(*L'usage des plaisirs*, 1984), 제3권 『자기의 관심』(*Le souci de soi*, 1984)—등이다. 그리고 제4권이 『살의 고백』(*Les aveux de la chair*)으로 1984년 가을에 나올 예정이었으나 1984년 6월 그가 에이즈(?)로 갑자기 58세의 나이에(1926-1984) 타계하여 아직 햇볕을 보지 못한 것으로 알고 있다.

이 「역사 · 철학적 비판」은 모두 한결같이 현대 서구 자본주의와 부르주아 사회를 비판하면서 「로고스」(logos)와 「히브리스」(hybris)가 갈등을 일으키지 않는 문명과 사회—그에게 고대 신화시대의 희랍 사회와 문명—를 갈구하는 근원회귀 사상을 내포하고 있다. 이런 그의 사상은 구조주의적 「고고학적 방법」 계열과 사실상 일란성 쌍생아와 같은 관계를 유지하고 있다. 그 첫째 이유는 「역사 · 철학적 비판」 사상에도 구조적 방법이 숨어서 원용되고 있고, 그 둘째 이유는 구조주의적 고고학 이론도 종국적으로 「인간의 죽음」을 말하면서 은연중에 니체나 화가 고야(Goya)와 보슈(Bosch) 등이 사랑한 「디오니소스」적인 광란적 환각에 의한 「초현실적」(surréel) 세계에로의 몰입을 구가하기 때문이다.

이제 다시 구조주의적 고고학의 이론 계열에 속하는 『병원의 탄생』을 『광기의 역사』와 의도적으로 대비한다는 측면에서 간략히 보기로 하자.

2. 임상의 역사와 그 구조론의 지층

이미 앞에서 논급한 바와 같이 푸코는 『병원의 탄생』에서 『광기의 역사』에 비하여 비교적 짧은 기간인 18세기 후반부터 1815-1830년 프랑스 왕정복고 시대까지 프랑스 의학사를 세심하고 주의 깊게 분석하고 있다. 이 의학사는 푸코에 의하여 세 가지 단층으로, 즉 세 가지 이론적 담론과 그 의학적 실천양식으로 나누어진다. 그러므로 이 저서는 의학적 실천양식(les pratiques médicales)이 나오게 되는 의학적 담론의 구조를 밝힘으로써 인간의 조건을 인식하는 과학적 토대를 인식하려는 데 그 목적이 있다고 할 것이다. 그래서 먼저 개념상으로 푸코는 「담론」(le discours)과 「주석」(le commentaire)을 구별하고 있다. 우선 「주석」에 대해서 언급하자면, 그것은 어떤 진술 뒤에 감추어져 있는 의미의 숨은 뜻을 찾으려는 해석방법이나, 이미 시대가 지나 그 시대에는 진술한 뜻이 있었으나 지금에 와서는 그 의미를 상실한 것을 새로운 시각에서 복원하려는 작업이 「주석」이다. 예컨대 13세기의 성 토마스 아퀴나스(Saint Thomas Aquinas)의 신학이 오늘날 어떤 의미를 띨 수 있는가를 재해석하는 「네오 토미즘」(le néothomisme)의 철학이 하나의 탁월한 「주석」의 보기라 할 것이다. 그러나 푸코가 생각하는 구조주의의 연구방식인 「담론」은 그런 「주석」하고는 다르다. 나중에 담론의 자세한 푸고적인 의미를 해명하는 난계가 오겠지만, 여기서는 일단 간략히 푸코의 말을 먼저 듣기로 하자.

「전통적으로 타인의 사상에 관하여 말함은, 즉 타인이 말했던 것을 말하려 함은 소기의 분석을 시도하는 것이다. 그러나 타인에 의해서 다른 곳에서 말하여진 것이 오로지 능기나 소기의 놀이에 따라 취급되어야 하는가? 말하여진 것에 어떤 잉여나 지나침도 없이 말하여진 것의 역사적 출현의 유일한 사실만을 가정함으로써 주석의 필연성에서 벗어나는 담론을 분석하는 것이 가능하지 않겠는가? 그렇다면 다양한 의미의 자동적 핵심으로서가 아니라, 점차로 체계를 형성하면서 기능적인 구분과 사건으로서 담론의 사실을 다루어야 하리라. 한 언표(un énoncé)의 의미는 그 언표가 내포하고 있는 의향의 보물에 의해서(…) 정의되는 것이 아니라, 그 언표와 동시적이거나 또는 시간의 직선적 연속 속에서 그 언표와 대립되는 다른 언표들과 그 언표를 분절시키는 변별에 의하여 정의되는 것이리라」.[25]

이 긴 인용을 통하여 우리는 푸코가 「담론」의 방식을 택하면서 구조주의의 일반적 방법의 특성을 원용하고 있음을 보게 된다. 말하자면 타인의 애매한 「내적 의도」나 「의향」을 찾기 위해 불확실한 고심을 하기보다, 오히려 한 진술이나 언표가 다른 진술이나 언표와 다른 「변별」의 「외적 구분」에 의해서 그 의미를 포착하는 것이 훨씬 과학적이고 명증적이라는 구조주의 방법론의 철칙을 푸코가 선택한다고 스스로 말하고 있는 것이다. 그래서 푸코는 「지식의 모습과 언어의 모습은 같은 깊은 법칙에 복종한다」[26]라고 분명히 언급하였다. 그래서 지식, 언어구조의 동일성을 가진 동일한 시대의 모든 지식—이론, 실천양식, 진술, 예술, 감정 등—이 같은 구조논리에 의하여 상호 등가성을 가지고 있는 것으로서 넓은 의미에서 통용될 수 있다.

푸코는 먼저 프랑스 의학사에서 「종의 의학」(la médecine des espèces)이 약 1770년경을 전후하여 지배적이었다고 말한다. 「종의 의학」이란 마치 린네(Linné)가 식물학에서 한 방법을 질병분류학(nosologie)의 영역에 적용했던 것을 말한다. 린네는 이런 「종의 의학」이 나오기 조금 직전에 그 분류법을 체계화하였으므로 사실상 동시대라고 보아도 좋다. 단적으로 말하여 그 의학은 병을 「종개념」으로 분류하는 방식에서 성립한다. 그 방식에 따르면, 「병」은 신체와의 필연적 관계가 없는 하나의 독립적인 실체라는 것이다. 즉 「종의 의학」에서 병을 분류하는 원리는 네 가지가 된다. 참고 삼아 소개하면 다음과 같다.[27]

1_ 병은 철학적인 인과율의 체계에 따라 나타나기보다 역사적 경험에서 주어진다는 것이다. 예컨대 늑막염의 경우 철학적 인과성에서 보면 그 병의 원인과 기원을 따지는 것이 된다. 예컨대 「한기」, 「장액을 분비하는 피의 용출」, 그리고 「늑막염의 염증」 등을 말한다. 그러나 늑막염의 역사적 인식은 네 가지 현상으로 제한된다. 즉 「신열」, 「호흡장애」, 「기침」과 「옆구리의 통증」이다.

2_ 병의 본질을 인식하는 데 유비성(類比性)이 매우 중요하다. 이 병에서 저 병으로 차이를 가져오는 거리는 그 병의 시간적인 편차를 도입함이 없이도 유사성의 정도 차이에 의하여 측정된다. 예컨대 「졸도」, 「가사」 그리고 「마비」 등은 「유비의 정도 차이」이다.

3_ 여러 병 간의 유비의 형식은 병의 합리적 질서를 발견케 한다. 그 형식은 병들 사이의 논리적이고 가지적(可知的)인 처방을 가능케 한다. 이 점은 마치 식물이 늘 꼭 같은 방식으로 성장하고 꽃피고 시들 때에 한 개의 「종」을 구성하듯이, 「병」도 「유비적 증세」를 보이면 하나의 「종」으로 분류된다. 이런 사상을 갖게 되는 준거는 「병의 질서」가 「생명의 세계의 한 복사」에 지나지 않고, 생명의 세계가 같은 형식, 같은 질서를 가지듯이 병도 「마찬가지의 성격」을 지닌다.

4_ 식물세계에서도 「같은 종」 사이에 자연적이고 이상적인 개체가 있듯이 병의 세계도 그러하다. 「자연적이고 이상적인 병의 개체」를 발견함은 그 「병종의 본질」을 파악하는 데 결정적이다.

그래서 이 「종의 의학」이 지닌 사유구조가 「탈자연적」이면 그만큼 거기에 대응되는 병도 그 자신의 야생적 본모습을 잘 나타내지 않고 변질되기 쉽다는 것이다. 「병이 자리잡고 있는 사회적 공간이 복잡할수록 병은 그만큼 더 변질된다. 문명이 있기 이전에 사람들은 가장 단순하고 가장 필연적인 병만을 앓았다. 농부나 기층 사람들은 근본적 질병분류학의 도표에 가까운 병만을 앓는다. 왜냐하면 그들 생활의 단순성이 합리적 질서에서 병이 나타나도록 하기 때문이다. (…) 사람들이 조건의 질서에로 상승하고 개인의 주변에 사회적 그물이 조이면 조일수록 건강은 점진적으로 약해지고, 질병은 증가하고, 합병증이 생긴다」.[28] 「종합병원(l'hôpital)은 문명과 같이 이식된 병이 그 참모습을 잃을 우려가 짙은 인공적 장소이다」.[29] 그래서 「병원의 병」은 순수한 모습을 나타내지 않기에 가장 자연스런 곳이 가장 순수한 질병의 모습을 볼 수 있는 곳이다.

「질병이 순수」해야 회복이 수월하다. 그래서 「종의 의학」은 가족의 따스한 손길이 있는 가정이 건강회복에 가장 좋은 곳이라 이른다. 이 「종의 의학」이 있던 지층에서는 종합병원보다 가정의 주치의가 가정에 와서 환자의 개별적 안색을 살피며 치료하는 것을 원칙으로 한 시대이다. 그러나 푸코가 말한 새로운 지층이 또 하나의 새로운 「단절」(la rupture)을 인식론적으로 형성하면서 역사에 나타난다. 이른바 「병의 제도적 공간화」(la spatialisation institutionnelle de la maladie)가 생기면서 「종의 의학」은 사라진다. 여기서 말한 「단절」은 이미 구조주의의 이념(제1장)에서 설명되었기에 부연하지 않는다.

이렇게 해서 새로운 「단절」에 의해서 생긴 의학은 「증후의 의학」(la médecine des symptômes)이라 불리워진다. 이 의학은 질병을 「종의 의학」처럼 유비화하는 「분류도표」의 의학이 아니라 「동적 현상」에서 파악하는 데 있다. 여기서 「동적인 현상」이라 함은 병을 「독립적이고 결정된 실체」로 보는 것이 아니라 여러 「증후」들의 「혼합」으로, 그리고 「증후」는 「병리학적 진화」의 신호로 생각하는 의학적 인식이론이다. 이런 의학의 인식이론은 라마르크(Lamarck)의 진화론과 거의 유사한 공통적 발상의 구조를 가졌다고 보아야 한다. 「종의 의학」이 고전주의 시대의 다른 지식체계처럼(이미 제2장에서 언급되었음) 「정태적인 분류도표」에 의하여 형성이 되었고, 그 지식체계는 역시 폐쇄회로와 같은 닫혀진 공간에서 의학지식을 완수시켜 놓았다면, 「증후의 의학」은 무한히 열린 공간에서 무한히 연장될 수 있는 의학이론을 겨냥하고 있다.

푸코는 「종의 의학」과 달리 「증후의 의학」을 다음과 같이 설명한다. 「분류자들에게 있어서 의학적 인식의 근본적 행위는 부호를 설정하는 것이었다. 즉 하나의 질병 속에서 하나의 증후의 위치를 잡아서 그 병을 종적 집합 속에 위상시키고, 또 이 종적 집합을 병리학적 세계의 일반적 구도 안으로 정립케 하는 일이다. 유행병과 체질의 분석에 있어서 머뉘레(Menuret)가 말했던 바처럼 교차하면서 연쇄를 재구성하도록 하는 연속계열의 놀이에 의하여 그물을 설정하는 것이 중요하다」.[30] 푸코의 이 말은 이미 「증후의 의학」에서는 「종의 의학」에서처럼 의사와 환자의 개인적 만남이 문제가 되지 않고, 그리고 그 만남이 주는 지각의 판별에 의하여 병을 분류하지 않고 이제는 여러 가지 동종의 정보가 주는 무수한 계열의 교차방식에 의하여 공통적인 것을 재집합시켜 그 환자의 의학적 사실을 규명하는 작업이 문제된다는 것을 뜻한다.

그래서 그런 정보의 종합화를 연속적 연쇄성으로 묶으려면 거대한 「종합병원」이 필요하고, 조그만 개인의 「사설병원」은 견디기가 어려워진다. 「지식이 형성되어지는 장소는 신(神)이 종들을 나누어 주었던 병리학적 정원이 이미 아니다. 그것은 시간과 공간 속에 널리 퍼져 있고, 개방적이고, 가동적이며, 개인적 존재에 연결되나 나라의 전체적 생명에도 연결된 일반화된 의학적 의식이다」.[31] 그리고 「종의 의학」과 「증후의 의학」의 가치기준은 전자가 「건강」(la santé)을 주로 겨냥함에 비하여 후자의 의학은 주로 「정상상태」(la normalité)를 생각한다. 「건강」과 「정상상태」의 차이점은 「건강」이 환자가 잃은 원기와 유연성과 원활한 소통을 회복시켜 주는 개념이라면, 「정상상태」는 유기체의 규칙적 기능 여부에 더 신경을 쓰는 개념이다. 「증후」란 곧 질병을 나타내는 형식을 말한다. 「증후」의 나타난 형식이 곧 질병의 본질이라고 본다. 「증후는 (…) 보이든 안 보이든 질병의 불변적 모습을 비쳐 보이게 한다」.[32] 그런 점에서 「증후」는 곧 「질병의 기호」가 된다. 그러나 그 증후(또는 증세)의 인식은 「종의 의학」에서처럼 자연의 분류도표처럼 그렇게 분류법에 의한 결과가 아니다. 그것은 즉 완전히 의사와 환자 간 만남의 관찰결과가 아니라, 여러 가지 개인적 사례들을 가로지르는 다양성의 통계적 공통성 추출로 나타난다. 그래서 이 의학에서는 「종의 정원」이 지각의 장에서 중요한 것이 아니라 연속적인 「사건의 영역」이 중시된다.

19세기의 문턱을 넘어서면서 새로운 의학의 계열체(le paradigme)가 나타난다. 이 새로운 의학의 인식방법은 「조직의 의학」(la médecine des tissus)이라 불리워진다. 이와 동시에 병을 「증후적 사건들의 통계」에 의하여 「일반화」하던 방식은 사라지고 새로운 지층이 옛것 위에 나타나 과거의 것과 「단절」하게 된다. 이제 이 「조직의 의학」은 「임상해부학」의 이론과 관계를 맺게 된다. 이제는 「해부학의 눈」이 「순수언어」가 되고, 따라서 「눈은 말을 하게 된다」. 「말하는 눈은 사물들의 봉사자이고 진리의 주인이다」.[33] 「시체의 해부」는 무엇을 의미하는가? 그것은 「말」과 「보는 것」 사이에 「균형」이 있다는 「의학적 진실」을 뜻한다. 「18세기 말까지 질병기술학자의 눈은 원예사의 눈이었다. 즉 현상의 변화 가운데서 종적 본질을 찾아야 했다. 19세기 초기부터 새로운 모형이 부과된다. 즉 복합적 요소를 분리시키면서 복합물을 정의하고, 공통점을 설정하고, 다른 집합과의 동이를 보고, 이에 그 의학은 종의 형태가 아니라 관계의 형식 위에서 분류를 정초하게 하는 화학적 실험의 모형이다」. 「증후의 의학」이 논리적으로 콩디약(Condillac)의 인식이론의 영향이라고 한다면, 이 「조직의 의학」은 화학자 라부아지에(Lavoisier)의 영향이 지대하다. 이 「조직의 의학」을 대변해 주는 의학자가 비샤(Xavier Bichat)이다. 「조직의 구역은 지각에 나타난 병리학적 사건들이 자리잡게 되는 분류도표가 절대로 아니다. 그 구역은 질병의 현상을 관련지울 수 있게 하는 지각할 수 있는 공간의 한 부분이다」.[34] 신체 깊숙이 있는 조직들이 상호 어떻게 교통하고 있는가를 파악하는 방법이 질병과 질병의 연계성을 인식케 하는 길이다. 그래서 해부학에 의한 「조직의 의학」은 병을 「국지적」(localisateur)인 것으로 보지 않고 수순적(ordinal)인 것으로 본다.

그래서 라부아지에의 화학이 단순물체를 다양한 결합에 의해서 복합물체로 만들듯이 해부학도 단순조직이 어떻게 결합하여 유기체를 「수순적으로」 만드는가를 이해시켜 준다고 비샤는 생각했다. 그러므로 비샤의 「해부학」과 「조직의학」은 라부아지에의 화학과 다른 바가 없다. 그러면 비샤의 해부학이 사유일반에 끼친 영향은 무엇인가? 오랜 세월 동안 사람들은 삶 속에 병의 위협이 있고, 병의 위협 속에 죽음이 가까워진다고 여겼다. 죽음은 생명의 끝으로 여겼다. 그러나 비샤의 시체해부학은 관념의 새로운 발상을 요구한다. 「죽음은 생명에게 실증적 진리를 주는 유일한 가능성이 되었다. 생명체가 기계적인 것이나 화학적인 것으로 환원되지 않는다는 것은 생명과 죽음의 근본적 관계에 비하여 이차적이다. 생명주의는 주검(le mortalisme)의 바탕 위에서 나타난다」.[35] 푸코의 표현을 다시 한 번 빌리면 「살아 있는 밤은 죽음의 밝음에서 사라진다」.[36]

지금까지 우리는 푸코의 표현처럼 『의학적 시선의 고고학』인 『병원의 탄생』을 아주 소략하게 훑어보았다. 이 저서는 다른 것들에 비하여 비교적 철학적 의미부여의 작업보다 오히려 중성적인 눈으로 의학사를 통한 구조의 지층이 어떻게 단절되어 가는가를 비교적 짧은 연대를 중심으로 하여 정리한 작품으로 봐야 하리라. 본격적인 푸코의 고고학적 인식이론을 전개하기 위한 예비작업이요, 실험무대였다고 보아도 좋으리라. 여기서 푸코는 각 지층별로 나타난 의학의 인식이론에 대하여 내용적인 주석을 시도하지 않았다. 내용에 대한 시비는 그에게서 본질적인 인식의 문제가 될 수 없다. 이미 앞에서 우리가 밝힌 대로 그는 「종의 의학」,「증후의 의학」 그리고「조직의 의학」이 서로 어떤 차이를 갖고 있는가를 변별케 하는「지층분석법」에 주안을 두었다. 그렇게 함으로써 지난 역사에 대한「시비의 가치판단」보다 지난 역사의「동시적 구조인식」을 통하여 동시대의「인식성」(l'épistémè)을 일반화하려고 하였다. 여기서 그는 중립적 · 중성적 관찰자의 눈짓만 가졌을 뿐이다.「여기서 환자에 대한 특이한 인식이 몇 년간 구조화된 방식과 의학의 영역만이 문제가 된다. 임상적인 경험이 인식의 형식으로서 가능하기 위하여 병원의 재조직이 필요했고, 또 원조와 경험, 보조와 지식 사이에 어떤 관계의 창출과 사회 속에서 환자의 신분에 대한 새로운 정의가 필요했다. 사람들은 환자를 집단적이고 동질적인 공간 속에 포함시키지 않으면 안 되었다」.[37] 이 인용은 푸코가 생각한 의학의「고고학적 인식」의 특성을 말해주고 있다. 비샤의 새로운 임상해부학적 의학이 도래되기 위하여 사회구조적인 변화가 이 의학과 어떤 관계를 갖고 수반되는가를 보여준다.

요컨대『병원의 탄생』은 의학이라는 특수분야의 사례를 통하여 한 시대의 담론과 담론을 토대로 하는 실천적 양식과 그것을 바라보는 인간의 시선의 기초를 이루고 있는 말없는 구조를 밝히려 하는 첫 시도의 일환이다. 그의 철학이 역사인식에 우선을 두었느냐, 아니면 구조인식에 우선을 두었느냐 하는 것은 논란의 여지를 불러일으키는 철학적 주제이기도 하다. 이 점은 보는 이의 각도에 따라 달리질 수도 있으리라. 그러나 구조와 역사의 두 주제에서 그가 레비-스트로쓰만큼 분명한 자기 입장을 한번도 정리하여 밝히지는 않았지만, 그래도 그는「동시적」(synchronique)인「구조의 인식」을 통하여「통시적」(diachronoque)인「역사」를 재래의 역사인식 방법이나 지성사나 역사철학과는 다르게 파악하려고 하였던 것이 아닌가 여겨진다.

지금까지 그의 철학이 한 몸의 두 날개처럼 구조주의의 인식론과 역사 · 철학적 비판이론의 두 측면을 갖고 있다는 것을 우리는 1절과 2절을 통하여 해명하였다. 이제는 그런 원론적 시각을 두고 먼저 그의 구조론적 인식이론을 성찰해 보기로 하자.

3. 지식의 고고학

푸코의 철학을 다루는 이 장의 제목 자체가 「고고학적 인식」이라는 표현으로 시작되었다. 「고고학」이라는 표현 자체가 푸코 철학의 대명사처럼 유행되고 있는 것은 사실이다. 또 이미 제1장과 제2장을 통하여 그 개념은 푸코가 나오는 곳에 그의 그림자처럼 함께 등장되었던 사실도 우리는 알고 있다. 그러면 「고고학」(l'archéologie)이란 개념이 푸코의 세계에서 무엇을 말함인가? 이 개념을 이해하기 위하여 우선 푸코가 구분한 「자료」(le document)와 「기념물」(le monument)의 개념상의 차이를 먼저 인지해야 한다. 우선 형식적 구분으로 보면 「자료」(le document)는 재래의 역사연구가 가능케 했던 바탕이고, 「기념물」(le monument)은 푸코가 시도하는 고고학적 방법의 토대가 되는 것이다. 형식적 구분을 떠나서 의미상의 구분을 살펴보면, 「자료」는 재래의 역사가 그러하였듯이 어떤 중성적인 성격을 지니지 않았다. 즉 「자료」는 그 외연적 범주에서는 「책」, 「텍스트」, 「이야기」, 「행위」, 「건물」, 「제도」, 「규칙」, 「기술」, 「대상」, 「관습」 등 일체를 뜻한다는 점에서 「기념물」과 전혀 구별될 것이 없다. 언어개념의 「외연적 의미」(la dénotation)가 여기서 문제가 되는 것이 아니라, 그 개념의 「암시적 의미」(la connotation)가 중요하다. 암시적 의미상으로 「자료」는 역사를 연속적 인간 사고와 행위의 전개과정으로 합리화하기 위한 모든 물질적 배경의 집합을 뜻한다. 그래서 역사가나 지성사가가 자료를 이용할 때, 과거의 「기념물」을 「기억케 하여」 그것을 현재 연구의 「자료」로 활용한다. 그리하여 아이가 자라 어른이 되어서 죽음이 임박할 때, 사람들은 자기 일생을 하나의 영화처럼 영상화한다. 그래서 어린 시절이 노인의 머리 속에 기억되고 회상되면서 일대기나 자서전을 쓴다. 인간이 자서전을 쓰는 순간에 그는 과거 자기가 말하고 행동했던 것을 현재 그가 놓여 있는 위치에 따라 상황적 채색을 불가피하게 한다.

그래서 자서전은 거짓말 투성이의 「주석」이고 「해석」이다. 그와 달리 과거의 언행을 「기념물」로 여길 때, 「기념물」은 그 안의 의미보다 바깥의 모습과 구조와 형태에 따라 다른 것과 비교한다. 「기념물」의 의미는 그 「외적 형식」에 준하는 종속개념이다. 그래서 「기념물」은 과거를 연속필름처럼 의미화하지 않고 다른 것과의 「변별」에 의해서 자기의 위상을 찾는다. 거기에 인간의 주관과 감정이입이 성립하지 않는다. 그러나 「자료」에는 역사가나 역사철학자의 인간적 주관과 주체적 감정이 개재된다. 「자료는 인간들이 행동했고 말한 것을 역사가 재구성하는 그런 중성적 재료가 아니다. (…) 역사가 오랜동안 스스로 만족해 왔고 자신의 인간학적 정당성을 발견한 수단이기도 했던 영상으로부터 역사를 분리시켜야 한다. (…) 자료는 그 자체에 있어서 그리고 당연히 기억(la memoire)인 한 역사의 행복한 도구가 아니다」.[38] 그래서 푸코는 외연적으로 같을 수 있는 「자료」를 「기념물」로서 바꾸기 위하여 과거 인간들이 남긴 족적이나 흔적을 마치 구조언어학의 연구태도처럼 상호 간 격리시키고,

재집합시키고, 상관적 변별(la pertinence)방식을 수행하고, 관계의 틀을 만들어야 한다고 주장한다.[39] 즉 과거 연구방법의 차이가 「자료/기념물」, 「역사학/고고학」의 변별을 가져온다. 그러면 「고고학적 인식」의 특징은 무엇인가? 푸코의 생각을 정리하면 다음과 같다.[40]

1_ 고고학적 인식은 관점상 역사에서 「단절」(la rupture)을 가능한 한 증대시켜 보는 방식이다. 역사의 연속성 속에서도 가급적이면 각각의 요소들을 정의하고 그 한계를 고정시켜 보고, 유사한 종적 계열체를 확보하고, 그래서 공통적 법칙을 찾는 데서 성립한다.

2_ 이와 동시에 역사를 「불연속성」의 개념으로 인식함이 중요하다. 이 「불연속성」의 개념은 역사가들이 그동안 없애려 노력하였던 것인데, 「불연속성」 개념은 역사연구의 「대상」이고 동시에 「도구」이기도 하다. 왜냐하면 역사의 각 영역을 개별화하고 비교의 단위로 삼기 위하여, 즉 「변별단위」를 구성하기 위하여 역사를 불연속성으로 생각해야 하기 때문이다.

3_ 이와 동시에 「통사」(l'histoire globale)의 개념을 역사연구에서 지워야 한다. 말하자면 「통사」란 한 문명의 전체적인 형식이나 한 사회의 물질적 · 정신적 원리, 한 시대의 공통적인 의미를 찾고자 하는 의도를 지니고 있다. 그러나 고고학적 방법은 「통사」를 불신하고 오히려 「일반사」(l'histoire générale)를 추구한다. 「일반사」란 「통사」와 달라서 시대나 사회나 역사의 흐름에서 「동질적 관계의 체계」(le sysème de relations homogènes)를 추구하지 않는다. 그런 체계를 추구하려면 어쩔 수 없이 역사의 선후를 공통으로 꿰뚫는 인과관계의 그물을 찾아야 하고, 하나의 원리에서 제반 사

상이 어떻게 연결고리를 맺고 있는가를 찾아야 한다. 그러나 「일반사」는 그런 것과 다르다. 「일반사」는 「경제」, 「제도」, 「종교」, 「과학」, 「문화예술」 등 여러 분야에서 어떤 관계의 형식이 합법적으로 기술될 수 있는가, 어떤 수직적 체계가 형성 가능한 것인가, 어떤 상관성과 주종의 놀이가 거기에 있는 것인가를 도형화하려 한다.

4_ 고고학적 역사인식의 방법은 다양하다. 예컨대 「기념물」들 사이의 「상호 일치성」과 「동종성」을 검토하는 문제, 「변별적 요인」을 정리하는 문제, 어떤 언어나 관념이 제도와 실천양식과 사건과의 관계좌표를 설정하고 있는 문제 등 다양하다.

이렇게 「고고학적 인식」의 특징을 정리해 놓고 보면 우리는 그것이 하나의 「과학」(la science)이 아니라 「어떤 규칙을 가진 방법론」임을 알 수 있다. 물론 그 방법론은 역사를 구조론적으로 이해하는 역사적 「지식」(le savoir)을 추출하는 방법이다. 그런 지식을 추출하기 위하여 현상학처럼 삶에서 체험된 세계에서부터 출발하여 의식과 세계와의 내적 관계를 분석하는 방식으로 진행될 수는 없다. 왜냐하면 식물학자가 자연의 질서를 분류하고, 인류학자가 원주민의 생활을(언어도 모르면서) 논리화하며, 고고학자가 전대미문의 새로운 상형문자를 해독하는 일은 전혀 삶에서 체험된 의식과 그 언어로 성사될 수가 없다. 그것은 「밖에서 관찰하는」 방식이어야 한다. 그래서 「고고학적 인식세계」에서 「담론」(la discours)이 대단히 중요해진다. 그러나 그 「담론」은 의미론적(sémantique) 차원에서 주석되거나 해석되는 것이 아니고, 오히려 통사론적(syntaxique) 입장에서 비교 · 검토되는 수준이다. 「고고학은 담론 속에 숨거나 나타나는 사상이나 표상, 영상, 주제와 강박관념이 아니라 그 담론들 자체, 즉 규칙에 복종하는 실천양식으로서의 담론들을 정의하려고 한다」.[41] 그런 점에서 「지식」(le savoir)을 「고고학적」으로 추출하려는 그의 방법론이 「담론」을 기본 토대로 삼고 있다면 그가 생각한 담론의 성격과 기능이 무엇인지 먼저 탐구되지 않으면 안 되리라.

푸코의 난해한 방법론인 『지식의 고고학』(*L'archéologie du savoir*)은 어떤 점에서 보면 「담론」(le discours)과 「언표」(l'énoncé)의 구조론이라고 하여도 과언이 아니다. 이 책은 순수 이론적 방법론으로서 일반 독자들이 이해하기가 대단히 난삽한 표현과 모래알 씹는 듯한 사고의 추상성으로 가득 차 있다. 그러나 이 푸코의 논리와 방법을 터득해야만 비로소 『말과 사물』이나 다른 서술적 저서들의 기본 핵심적 사고형을 간파하게 된다. 푸코적인 개념에서 「고고학」이란 말은 「담론」과의 관계에서 그 개념을 논의하면 다음과 같이 언급될 수 있다. 「담론 이전에 있는 사물들의 수수께끼 같은 보물에 오직 담론 속에서만 그려지는 대상들의 규칙적 형성을 대체시키는 것. 사물의 밑바탕과 연관짓지 않고 사물을 담론의 대상으로서 형성케 하고, 또 사물의 역사적 출현의 조건을 구성하는 규칙의 집합과 연계시켜서 대상을 정의하는 것. 근원적인 땅의 공통적 깊이 속으로 파내려 가지 않고 분산을 지배하는 규칙성의 조직을 전개시키는 담론적 대상들의 역사를 만드는 것」.[42]

그러므로 이상의 인용에서 볼 때, 「고고학」은 통상적 의미처럼 어떤 보물이나 문화재를 땅 밑 속으로 파내려가 캐내는 것을 뜻하는 것이 아니다. 그것은 역사적인 대상이나 사건이나 문제가 그럴 수밖에 없었던 사고와 행위의 「규칙성」을 「담론」에서 발견하는 일이다. 그러므로 푸코가 생각하는 「고고학적 방법」이란 「담론」들 속에 나타난 「규칙들」을 상호 연결시키는 「법칙화의 작업」이지, 어떤 말이나 개념이나 사상을 그 의미론에서 분석하고 어휘의 개념적 · 철학적 중요성을 논의하는 작업이 아니다.

그래서 그의 「고고학」은 「해석학」과는 상당한 거리가 있다. 그러면 「담론」이 도대체 어떤 성격을 지니고 있기에 푸코는 담론에서부터 푸코적 개념에 의한 「고고학적 지식」을 형성할 수 있다고 보는 것인가? 우리는 다시 그의 말에 귀를 기울여 보자. 「담론은 현실과 언어 사이에 생기는 접촉이나 마주침의 얇은 표면이 아니다. 그리고 그것은 또 한 어휘와 한 경험 사이의 복잡한 얽힘을 뜻하지도 않는다. 나는 (…) 담론 자체를 분석함으로써 낱말과 사물 사이에 겉으로 보면 아주 단단하게 보이는 포옹이 느슨해지는 것을 보여주려고 하고, 또 담론적 실천양식(la pratique duscursive)에 고유한 규칙들의 집합이 밝혀지는 것을 보여주려고 한다. 그 규칙들은 한 현실의 침묵하는 존재와 한 어휘의 표준적인 사용이 아니라 대상들의 제도를 정의한다」.[43)]

담론이란 「정치적 담론」, 「법률적 담론」, 「경제적 담론」, 「과학적 담론」, 「정신분석적 담론」 등 다양한 종류를 갖고 있다. 그 담론은 늘 현실이나 어떤 실재와 언어활동과의 사이에 연결된 일련의 생각의 묶음이라고 보통 말한다. 그러나 푸코가 말하는 「담론」은 그런 차원이 아니다. 「담론」은 단순한 기호나 생각의 묶음이 아니라, 어떤 규정된 규칙에 복종하는 「실천양식」(la pratique)을 나타낸다. 그래서 푸코는 「담론」을 「담론적 실천양식」(la pratique discoursive)과 동의어로 쓰고 있다. 그러면 무엇 때문에 푸코는 모든 담론에는 실천양식이 들어 있다고 생각하는가? 여기 의학적 담론이 있다고 가정해 보자. 아무나 의학적 담론을 하는 것이 아니다. 그런 자격이 있는 사람이 한다. 즉 의사가 한다. 그 의사는 어떤 제도(개인병원이건, 종합병원이건)의 조직 속에서 일하면서 담론을 한다. 그리고 그가 그런 담론을 할 때는 그 담론을 하게끔 한 법적 규정이고, 신분상의 보장이며, 종교적 신념이나 교육적 배경이 다 포함되어서 나타난다. 의사의 의학적 담론은 병원의 배경을 깔고 한다. 병원이라는 「장소 개념」을 떠난 의학적 담론은 없다. 누가 무슨 담론을 하는가 하는 문제는 어디서 그 담론을 하는가 하는 「장소」를 떠나서는 설명이 안 된다. 비록 그가 병원을 떠나 친구와 등산 가서 건강관리를 위한 상식을 담소하더라도 그의 담론은 잠재적인 병원의 상상적 연장으로서 주위에 합법적으로 수용된다. 푸코는 「의사가 자기 담론을 수행할 때 그 담론이 합법적 기원과 적용의 지점을 발견하는 제도적 장소(l'emplacement institutionnel)를 기술해야 한다」[44]라고 말하고 있으며, 이어서 그는 담론을 하는 주체의 위치가 여러 가지 다른 영역이나 대상들과의 관계에서 그가 차지하고 있는 「상황」(la situation)에 의해서도 정의되어야 한다고 말하고 있다.[45]

여기서 우리는 누가 담론을 무엇 때문에 하느냐 하는 물음을 제기하지 않을 수 없다. 거기에 대한 해답은 동시에 담론의 실천적 양식에 관한 푸코의 생각도 함께 이해되리라. 무엇 때문에 담론하느냐 하는 문제가 바로 그 양식과 관련된다. 푸코는 난해한 『지식의 고고학』에서 「담론적 실천양식」(la pratique discursive)에 대한 명쾌한 정의를 내지리 않고 있는 것 같다. 다만 사전의 정의 없이 문맥을 통하여 스스로 이해되기를 바라는 것 같다. 정치가가 선거 유세장이나 국회에서 정치적 담론을 하고, 기업인이나 경제인이 경제적 담론을 하는 것은 언제나 실천을 전제로 하는 양식을 지니고 있음은 분명하다. 그러나 의학과 같은 과학적 담론도 실천을 겨냥하는 양식인가? 푸코는 그렇다고 생각한다. 『광기의 역사』나 『병원의 탄생』에서 그 예를 찾아보자. 예컨대 의사 피넬이 1793년 파리의 「일반병원」을 철폐하고 사슬에 묶여 있던 광인들을 해방시켜 주는 담론을 하였을 때, 그리고 「일반병원」 대신 「정신병원」의 개설을 주장했을 때, 그는 부르주아 시대의 발전에 적합한 의료적 실천을 겨냥해서이다. 그리고 또 비샤가 해부학의 진술을 함으로써 의과대학이나 대학병원에서 책을 많이 읽는 대신에 가급적 시체를 많이 해부하여 눈으로 시체 안을 조직적인 방법으로 보도록 하는 교육상의 실천을 야기시켰다. 손으로 만지듯이 눈으로 시체를 만지라는 규칙이 생기게 된다. 의학은 그렇다고 하여도 수학이나 논리학 같은 이른바 순수과학도 실천적 양식과 관계될까? 이 물음에서 우리는 어느 정도의 곤혹스러움을 느낀다. 그러나 푸코는 수학이나 논리학의 담론도 여러 다른 담론적 사건에 관련하면서 영향을 미쳐 결국 간접적인 방식이라도 「실천양식」을 지닌다고 주장하는 것 같다. 우리는 여기서 푸코의 구조주의가 일체의 내면적 사상이나 생각을 배제하고 인간의 사유가 전적으로 향외화(向外化)의 길을 치닫는다고 여기는 한에서 푸코 철학의 실용성과 실증성을 본다.

푸코의 「고고학적」 입장에서 보면, 「지식」은 입으로 말하는 「담론」과 눈으로 보는 「가시성」(입과 눈이 지식의 2대 원칙이므로)의 「기계장치」(le dispositif)요, 「실천적 배열」에 지나지 않는다. 그 「실천적 배열」(l'agencement pratique)을 알지 않고서는 비록 현실적으로 사물들이나 사실들이 있다 하더라도 우리에게 지식이 될 수 없다. 이 점에서 질 들뢰즈(Gilles Deleuze)가 푸코의 철학을 평하면서 다음과 같이 한 말은 옳은 것으로 보인다. 「지식을 구성하는 실천양식이나 실증성만이 있다. 즉 언표의 담론적 실천양식과 가시성(la visibilité)의 비담론적 실천양식만이 있다. 그러나 이 실천양식들은 달라지는 배분이 지층 사이에서 역사적인 차이를 구성하는 고고학적 문지방 아래에 언제나 존재한다. 그런 것이 푸코의 실증주의요 또 실용주의이다」.[46] 무엇 때문에 담론을 하는가 하는 문제에 대하여 푸코의 관점에 따라 설명이 이루어졌다. 그러면 누가 담론을 하는가 하는 담론 주체의 인식문제가 남아 있다. 이 점은 앞에 거론된 바와 같이 「누가」라는 주체개념은 「어디서」라는 장소개념과 분리되지 않는다는 이론과 유관하다.

그러면 담론의 주체가 「장소」나 「상황」개념과 구조적 맥락을 같이 하고 있다는 것은 무엇을 뜻하는가? 이 물음에 대한 해답은 푸코 철학의 구조주의적 핵심과 연결된다. 왜냐하면 이것은 푸코가 데카르트의 「나는 생각한다」(le cogito)의 철학원리나 모든 의식의 철학에 반대하는 기본을 표시하기 때문이다. 이 의식 철학에 의하면, 주체는 생각과 의식의 자아적 표상으로서 모든 생각과 의지가 모두 이 자아적 주체에서 나온다고 여기고 있다. 즉 주체는 자기 생각과 의지의 「저자」가 된다는 주장이다. 그러나 푸코는 상식적으로 흔히 사람들이 「주체」라고 부르는 것은 공간적으로나 시간적으로 「위치」나 「위상」을 「측정하거나」 「조절할 수」 있는 점들 사이의 「관계개념」에 지나지 않는다고 생각한다. 즉 「주체」는 「장소개념」인 「위치측정」과 「상황개념」인 「시간측정」이 날줄과 씨줄이 되어 엮어내는 「개연성」과 다른 것이 아니다.

이해를 돕기 위해 예를 들어보자. 위에서 이미 나온 의사의 담론을 다시 상기한다. 의사의 의학적 담론은 병원이라는 장소개념과 결부되어 있다. 그러면 그 병원이란 무엇인가? 병원도 모든 관계의 다발이 묶여져 있는 곳이다. 예컨대 병원은 사회구성원의 건강복지를 위한 봉사기관이기도 하고, 병균과 싸우는 모든 실험과 연구조직의 체계이기도 하며, 그 시대 사람들의 신체에 관한 정보와 기초체계의 저장고이기도 하고, 의사의 사명인 치료인으로서 사회교육자로서의 이중적 역할임을 자각시키는 곳이기도 하다. 그런가 하면 그 의사가 되기까지의 담론을 보자. 그는 어떤 의학이론과 정리에 바탕을 둔 교육을 받았고, 종교적인 신앙에 따라 의료적 진술을 달리 할 수도 있고, 그가 자라 온 어린 시절의 배경에 따라 의료의 행위를 달리 할 수도 있다.

또 그가 어떤 종교를 믿느냐에 따라 낙태수술을 찬성할 수도 있고 반대할 수도 있다. 이런 경우 의사 그는 누구인가? 그는 그가 속하고 있는 병원의 관계 속에서 그가 살아 왔고 현재 살고 있는 상황과의 관계에서 담론을 하는 「개인적 계기」이다. 「장소」가 다르고 「상황」이 다르면 그는 「담론」을 달리 할 수 있다. 그렇다면 무엇이 주체인가? 여기서 우리는 다시 들뢰즈의 도움을 받는다. 「주체는 하나의 변이(변수)다. 또는 언표의 변이(변수)적 집합이다. 주체는 기본함수에서 파생된 하나의 함수이거나 언표의 한 기능이다. "지식의 고고학"(L'archeologie du savoir)은 기능-주체의 분석을 시도하고 있다. 주체는 유형과 언표의 문지방에 따라 많이 달라지는 하나의 장소이고 위치이다. 그리고 "저자" 자신도 어떤 경우에서 가능한 위치들의 하나에 불과하다. 동일한 언표에 대해서도 여러 가지 위치가 있을 수 있다. 그래서 최초의 것은 "세상 사람들이 말한다"(on parle)이며 "익명적인 중얼거림"(le murmure anonyme)인데, 그 안에서 가능한 주체들에 대해서 장소가 정리된다」.[47]

푸코는 「담론이 구술적 언어수행(la performance verbale)의 집합을 가리킨다」[48]고 스스로 고백했듯이 애매하게 정의하고 있다. 그리고 또 그는 「기호의 집합에서부터 사실상 생산된 것」[49]이라고 규정하기도 하였다. 그런가 하면 담론이 「기호 이상의 것」[50]이라고 모호하게 규정하기도 하였다. 또 경우에 따라 「담론은 같은 체계의 형성에서 나오는 언표의 집합이다」라고 정의했다. 여기서 담론이 기호이면서 동시에 그 「이상」이라는 것은 담론이 기호처럼 객관적 사물(실)을 가리키지만, 거기에 그치지 않고 실천적 양식이 반드시 기호체계에 첨가된다는 뜻이다. 또 그가 담론이 「언표의 집합」이라고 규정하였기 때문에 「담론」(le discours)과 「언표」(l'énoncé)의 관계를 또 규명하지 않으면 안 된다. 그러나 그 규명에 진입하기 전에 지금까지 거론된 담론의 개념을 한번 정리하기로 하자.

푸코가 생각한 담론은 1) 실천적 양식의 본질을 지니고 있고, 2) 담론의 주체가 담론을 만든 장본인처럼 여겨져서는 안 되기에 담론의 주체라는 개념은 큰 의미를 지니지 않고, 3) 담론은 장소와 상황에 따라 가변적인 변수이므로 한 주체의 연속적 사상이나 사유로 생각될 수 없고, 불연속적인 규칙을 지닌다. 『지식의 고고학』과 같은 계열에 속하는 『담론의 질서』(*L'ordre du discours*)에서 푸코는 담론의 특징을 다음의 세 가지로 규정하고 있다. 다음의 세 가지 특징은 정확히 말하여 담론의 특성을 뒤틀리게 만드는 부정적 요소를 말한다.[51] 1) 「창설적 주체」(le sujet-fondateur) 개념이 담론의 실재를 뒤틀리게 한다. 2) 「근원적 경험」(l'expérience originaire)의 주제도 위와 유사한 역할을 한다. 3) 「보편적 매개」(l'universelle médiation)의 주제가 역시 담론의 실재를 생략시킨다. 이 세 가지 부정적 요소 가운데 1)의 개념은 이미 앞에서 논의되었기 때문에 여기서 부연하는 것을 생략한다.

그러면 푸코가 생각한 2)와 3)의 내용은 무엇인가? 먼저 2)의 경우부터 설명한다. 푸코에 의하면, 경험이 「cogito」(나는 생각한다)의 형식 아래서 자기 자신을 재파악하기 전에 「경험보다 앞서는 능기들」이 이미 이 세상을 편력하고 있었다는 것이다. 그 「능기들」이 우리 주위에서 세상을 「배열」시켜 놓고 있었고, 또 처음부터 일종의 시원적인 인식에로 세상을 개시했다는 것이다. 그래서 세상과의 그런 첫 「결탁」이 우리로 하여금

「세상에 대해서」 말하게 하고, 세상을 지시하고 판단하며 마침내 진리의 형식 아래서 세상을 인식하게 할 수 있게 한다는 것이다. 그래서 그런 「결탁의 능기」가 근원적인 경험보다 선행한다는 것이다. 다음 3)에 관하여 설명하자면, 담론이 합리적이고 보편적인 「로고스의 운동」이라고 한다면 그런 보편적 로고스가 담론보다 선행하는 것이 아닌가 하고 사람들은 생각할 수 있을 것이다. 그러나 푸코는 사실상 그렇지 않다는 것이다. 즉 그 「로고스」는 이미 자리잡은 담론 이외 다른 것이 아니고, 그 「로고스」는 자신들의 은밀한 본질을 개진시키면서 담론을 하게 한 그런 사건이나 사물에 지나지 않는다는 것이다. 그래서 그는 「담론」이 세 가지의 「철학적 · 인식론적 사명」을 갖고 있다고 주장한다. 그 세 가지 사명은 1) 우리가 갖고 있다고 여기는 「진리의 의지」를 의심하는 것, 2) 담론에 사건의 성격을 되돌려 주는 것, 3) 능기의 우월권을 인정하는 것[52] 등이다.

여기서 지나가면서 부연해야 할 것은 푸코가 초기 레비-스트로쓰처럼 「구조/사건」을 철저히 대립시키지 않는다는 것이다. 후기 레비-스트로쓰도 초기만큼 그 두 항을 첨예하게 대립시키지 않지만, 그래도 여전히 사건의 덧없음을 말하며 구조의 불변적 우위를 강조한다. 푸코는 이와 달라 역시 역사인식에 관심이 있기 때문에 레비-스트로쓰처럼 그렇게 주장하지 않고, 오히려 나타난 사건들의 능기를 통하여 관계의 구조가 한 역사의 지층 안에서는 수직화할 수 있다고 본다. 그의 철학에서 「사건」(l'événement)의 개념은 다음과 같이 정의되고 있다. 「사건은 실체도 우연도, 질도 과정도 아니다. 사건은 물체의 질서에 속하지 않는다. 그렇다고 사건이 비물질적인 것은 아니다. 사건이 효력을 발생하는 것은, 즉 사건이 효과인 것은 언제나 물질성의 측면에서이다. 사건은 자신의 장소를 갖고 있고, 관계, 공존, 분산, 교차, 축적, 물질적 요소의 선택 속에 존재한다」.[53] 이렇게 본다면 푸코의 사유세계에서 「사건」은 「구조의 옷 겉면」이고 「구조는 사건의 옷 안」이라고 보아도 좋을 성싶다.

다시 본 주제로 돌아가자. 푸코는 담론의 세 가지 과입(사녕)을 이룩하기 위하여 네 가지 방법론적인 원칙을 말하고 있다.[54]

1_ **전도의 원칙**(le principe de renversement)
전통철학이 사랑했던 담론의 「주인공」, 담론의 「가르침」, 「진리의 의지」와 같은 개념과 낱말들은 담론에 있어서 「주인공의 부재」, 담론의 「관계성」, 진술의 「계기」 등과 같은 개념에 의하여 대체되면서 앞의 것을 전도시켜야 한다.

2_ **불연속의 원칙**(le principe de discontinuité)
담론들은 불연속적인 실천양식으로 간주되어야 하고(그 까닭은 이미 설명되었음), 각 담론들이 서로 교차되기도 하고, 서로 이웃되기도 하며, 또 서로 알지도 못하고 상호 배척하기도 한다.

3_ **명기성의 원칙**(le principe de spécificité)
하이데거의 철학에서 「진리의 열림」과 같은 그런 개념이 여기서 적용되지 않는다. 담론은 사물의 나타남을 고이 받아 모시는 것이 아니라, 우리가 사물에 대해서 요구하는 「실천양식」으로 간주되어야 한다. 그런 「실천양식」 속에서만 「담론의 사건」은 자신의 「규칙성」을 발견하게 된다.

4_ **외면성의 규칙**(la règle de l'extériorité)
담론의 배후에 숨어 있는 「내면적 세계」나 「사상」이나 「의미의 숨은 뜻」을 찾아서는 안 되고, 담론의 존재로부터 그 가능성의

「외적 조건」과 「규칙성」만을 탐구해야 한다.

이와 같은 담론의 특성과 담론이 하는 놀이를 기초로 하여 이미 「언표의 집합」이라는 「담론」과 그 「언표」와의 관계를 정립하여 보자. 푸코는 이 관계에 대하여 명쾌하게 정의하고 있다. 그는 말한다. 「언표(l'énoncé)는 담론의 원자이다」.[55] 이 명제는 조금 위에서 나온 「담론은 언표의 집합」이라는 명제와 역전성(la réversibilité)의 관계에 있음은 말할 나위가 없다. 그래서 「언표」는 「담론」을 구성하는 최소의 단위가 되는 셈이다. 그렇다면 「언표」는 논리학에서 말하는 「명제」(la proposition)나 문법학에서 취급하는 「문장」(la phrase), 또는 영미 분석철학에서 말하는 「말행위」(speech−act)와 같은 것인가? 푸코의 대답은 부정적이다. 그러한 그의 대답을 뒷받침하기 위해 두 개의 보기를 푸코 스스로가 개진한 바대로 소개한다.[56]

이 예는 「명제상」으로는 내용이 동일한 것인데 「언표상」으로는 두 개의 다른 성질을 지니게 된다. 「아무도 듣지 못했다」와 「아무도 듣지 못했다는 것은 사실이다」라는 두 가지 예문을 보자. 논리적 명제로 보면 두 예문은 구별할 수 없지만 「언표상」으로는 등가가 아니다. 왜냐하면 첫번째 예문이 소설의 첫머리에 등장했다고 할 때, 그것은 누구에 의해서든지 단적으로 사실의 확인을 뜻한다. 그런데 두 번째 예문에는 내적인 독백이나 침묵의 토론이나 자기 자신과의 의견차이 등의 놀이가 등장할 수 있다. 그러면 「언표」와 「문장」과의 차이에 대해서 말해보자. 「문장」은 문법적으로 「주어+동사+술어」(서양어의 경우)로 되어야 하는 기본원칙을 지니고 있지만, 「언표」는 「이 사람!」, 「완전히」 또는 인칭대명사 「당신!」 등과 같은 것도 포함한다. 그래서 같은 「명제」라도 「언표상」으로 차이가 난다면 「언표의 동일성」은 언제 어떻게 가능한 것인가?

이와 같은 물음은 결국 「언표의 기능」과 연관된다. 즉 「언표의 본질」은 그 「기능」에 있지, 주어진 사물이나 사실처럼 생각해서는 안 된다는 뜻이다. 예컨대 플라톤과 프로이드가 다같이 「꿈은 욕망에서 나온다」고 말하였다 하자. 논리적 명제나 문법적 문장상에서 두 철학자의 말은 완전히 일치한다. 그러나 언표상에 있어서는 엄청난 차이를 갖는다. 전자는 욕망을 폄하하기 위해서이고, 후자는 욕망에 모든 의미의 무게중심을 두기 위해서이다. 그러면 푸코의 사상처럼 두 사상가의 생각 차이가 내적 사상을 파고 내려가는 해석학적 방식에서 인식될 수 있는 성질이 아니라면 플라톤과 프로이트의 욕망론을 우리는 어떻게 해서 인식할 수 있나?

이 점에 대해서 푸코는 두 가지 기준을 제시하고 있다. 하나는, 모든 언표는 「언표의 밭」 속에서만 언표로서 가능해진다는 이론이다.[57] 어떤 철학자의 말이나 문장 하나가 독립되어 뚝 떨어지는 경우에 우리는 그 언표가 무엇을 지시하는지 알 수가 없다. 「논리적 명제」로서 또 「문장」으로서는 의미가 독립되어서도 그 의미가 성립할 수 있다. 예컨대 플라톤의 위 예문이나 프로이트의 같은 문장은 명제적인 관점에서는 독립해서 의미를 지닌다. 그러나 그 말을 「언표」로 생각할 때 플라톤의 「언표의 밭」(le champ énonciatif), 프로이트의 「언표의 밭」을 떠나서 그 예문은 아무런 의미도 없다. 따라서 「언표의 밭」을 통하여 우리는 어떤 「언표」의 「동일성」과 「차이성」을 판별한다. 그러므로 언표는 추상적인 이론이나 형식주의적 논리가 아니다. 왜냐하면 「언표의 기능」은 언제나 「질료성」(la matérialité)을 반드시 필요로 하기 때문이다.

조금 전에 언급된 「언표의 밭」(le champ énonciatif) 자체도 이미 「질료적」(matériel) 개념을 안고 있지만, 거기에 덧붙여 푸코는 다음과 같이 분명히 말하였다. 「하나의 언표는 기저(la substance), 지주(le support), 장소, 그리고 날짜를 가져야 한다. 이런 필요조건이 수정되면 그 언표는 동일성을 스스로 바꾼다」.[58] 그런 점에서 같은 단어와 같은 문장이 반복되어 나오더라도 「언표의 밭」이 「언표」가 되어버린다. 그래서 푸코는 「명제」나 「문장」은 여러 번 반복할 수 있지만 「언표」는 반복되지 않는다고 말한다. 시간과 상황에 따라 그만큼 많은 언표화(l'énonciation)가 생겨난다. 둘째로, 「언표의 동일성」은 자기 자신과 동시대적인 다른 언표들의 「경계」와 「한계」에서 유지된다.[59] 이런 설명이 가능한 까닭은 담론의 「원자」로서의 「언표」는 다른 언표들의 상이한 단위들과의 관계에서 구조적으로 작용하는 기능에서 자신의 원자적 단위를 찾기 때문이다.

「언표는 그 자체 내부에서 하나의 단위가 아니고, 구조와 가능한 단위들의 영역을 교차하며 시간과 공간 속에서 구체적 내용을 갖고 가능한 단위와 구조를 나타나게 하는 기능이다」.[60] 푸코가 말한 예를 들어보자. 「지구가 둥글다」라든가 「종은 진화한다」라는 두 가지 언표는 각각 코페르니쿠스나 다윈의 시대 전과 후에 같은 뜻을 지니지 않는다. 낱말의 뜻이 각각 달라졌다는 것이 아니고, 이 언표들과 다른 언표들과의 연관관계 구조가 달라졌다는 것이다. 코페르니쿠스와 다윈 이후의 다른 언표들은 이 두 언표들과 유사한 「이용도식」, 「사용규칙」, 「공통적 경험의 밭」을 맺고 있지만, 두 사람 이전의 언표는 다른 언표들과의 경계나 한계가(비록 같은 낱말과 명제이지만) 그 두 사람 이후의 것과 전혀 다르다. 그래서 「언표의 동일성」은 같은 인식론적 지층의 다른 언표들과의 구조적 상이성에 의해서 지탱된다.

지금까지 우리는 「지식의 고고학」이란 절의 명칭 아래 고고학적 관점에서 지식을 정초하는 담론과 그 담론의 최소단위인 언표가 무엇이며 어떤 특징을 지니고 있고 그 기능이 무엇인가를 살펴보았다. 다음 절에서는 여전히 그 담론과 언표가 푸코의 구조론적 지식형성과 역사인식에 무슨 역할을 하는 것인지 계속해서 보기로 하자.

4. 담론의 규칙과 기능

그러면 푸코적인 고고학의 대상인 「지식」(le savoir)이란 무엇인가? 「과학」(la science)을 불러일으키는 데 필연적으로 예정된 것은 아니지만 「과학을 구성하는 데 필요불가결하고 담론적 실천양식에 의하여 규칙적 방식으로 형성된 요소들의 집합을 지식이라 한다」.[61] 「지식은 주어가 자신의 담론 속에서 관계하는 대상에 관하여 말하기 위하여 위치를 잡게 되는 공간이다」.[62] 「지식은 담론에 의해서 제공된 점유와 이용의 가능성에 의하여 정의된다」.[63] 이상의 세 가지 인용에서 우리가 알 수 있는 공통점은 「지식」은 「담론의 실천양식」에서 형성되고, 그 「지식」은 「과학」을 형성하는 토대가 된다는 것이다. 그리고 그 「지식」은 담론 속에서 주어가 대상에 대하여 말하게 되는 위치와 관계된다. 그래서 「담론적 실천양식-지식-과학」이 하나의 「계열체」를 형성한다면, 재래의 인식이론은 「의식-인식-과학」을 하나의 계열체적 묶음으로 하여 형성되어 있다. 그래서 푸코는 자신의 고고학이나 「고고학적 인식이론」과 재래의 「철학적 인식이론」이 다르다는 것을 크게 강조한다. 우리는 이 문제에 대하여 조금은 이론적으로 고찰할 필요가 있다고 느낀다.

푸코가 말한 바대로 「지식」은 「담론의 형성」과 「언표의 기술」에 의하여 구체화된다. 그래서 자신이 생각하는 「고고학적 인식이론」은 세 가지의 「지식기준」을 갖고 있고, 이 「지식기준」은 이른바 재래의 「철학적 인식이론」의 세 가지 「인식기준」과 대비되고 있다. 그러면 그 세 가지 「지식기준」은 무엇인가? 그것은 1) 「희소성」(la rareté), 2) 「외면성」(l'extériorité), 3) 「가중」(le cumul)을 말한다. 그와는 반대로 철학적 인식이론의 인식기준은 1) 「전체성」(la totalité), 2) 「내면성」(l'intériorité), 3) 「창설적 기원」(l'origine fondatrice)을 뜻한다.[64)]

철학사를 통하여 대부분 철학자들은 철학연구를 「전체성」과 「과다성」(la pléthore)의 관점에서 인식을 정리하려고 하였다. 이때 푸코가 말한 적혈구가 많은 상태인 의학적 개념으로서의 「과다성」은 의미가 너무 충일한 상태로 보아도 좋은 하나의 은유적 표현법이다. 왜 그런가? 그 까닭은 철학적 인식이론은 많은 다양한 텍스트를 하나의 의미로 채색하고 통일하려고 하였으며, 여러 가지 제도와 실천양식을 간단한 원리로 수렴 집중시키려 하였고, 그래서 한 시대의 사관이나 세계관, 또는 이데올로기를 창출하여 그것을 그 시대의 전체적인 「이념적 통일」로 여기려 하였다. 푸코의 비유를 옮기면, 그런 철학적 인식이론은 「유일한 소기에 관계하는 능기적 요소의 과다성」(pléthore des éléments signifiants par rapport à ce signifié unique)이다. 이 표현은 재래의 인식론의 축이 모든 「담론적 실천양식」이나 「비담론적 실천양식」(la pratique non-discoursive)—제도, 관습, 조직, 건축 등—과 같은 물질적 · 감각적 능기들을 오직 하나의 「전체적 진리」에로 수렴시키는 것을 일컫는다. 이런 「전체성의 인식기준」에 푸코는 「희소성의 지식기준」을 내세운다. 그에 의하면 이 「희소성」의 고고학적 지식기준은 몇 가지 특징을 갖는다.

1_ 「모든 것이 결코 다 말하여지지 않는다」는 원리가 「희소성」(la rareté)의 지식기준이다. 한 시대에 진술이 수적으로 아무리 많다 하여도 그것은 언제나 적자상태이다. 즉 동원되고 쓰이는 많은 어휘에 비하여 담론은 조금밖에 말해지지 않는다는 것이다. 즉 담론으로 나타난 지식이 모두 다 언어 속에 채워진 것이 아니다. 이 점은 라캉이 말한 바와 같이 진리란 운명적으로 「전부가 아닌 것」이라는 철학과 상통한다.

2_ 고고학적 지식을 잉태하는 담론의 형성은 헤겔 철학에서 보는 바와 같은 발전 속에 있는 「변증법적 전체성」이 아니다. 그 담론의 형성은 완벽하지 못하고 「결함」, 「공허」, 「부재」, 「한계」 등의 나눔과 같다.

3_ 비록 담론이 완벽하지 못하고 「결함」과 「빈 데」가 많지만, 그 각 담론 아래에 어떤 형이상적 신비가 숨어 있는 것이 아니라 모든 「담론」은 「자기의 표면」에 그냥 노출되어 있다.

다음 「외면성」(l'extériorité)의 고고학적 지식기준은 이미 3절에서도 충분히 논의되었기 때문에 여기서 중복을 피하겠다. 다만 여기서 새로 지적할 것은 푸코의 「고고학적 담론」은 개인적인 주체와 깊은 연관을 맺고 있지 않음은 물론이려니와, 레비-스트로쓰에게는 귀중한 질료인 「집단적 사실」이나 또는 칸트적인 「선험적 주체」와도 무관하다고 말하는 점이다. 그에 의하면 「담론의 외면적 지식기준」은 단지 「익명적 밭」(le champ anonyme)과 관계하고, 그 밭의 둘레는 말하는 주체들의 가능한 장소나 공간일 뿐이라는 것이다. 엄밀한 의미에서 「고고학적 담론의 형성」

은 「경험적/선험적」이거나 「개인적/집단적」인 주체적 사고와는 근본적으로 무관하고, 오로지 그 형성은 「세상 사람들이 말하는」(on dit) 수준에서 관계를 갖고 있다. 그러면 「세상 사람이 익명적으로 말하는 것」이란 무엇인가? 여기서 푸코의 직접 답변을 듣자. 푸코는 그것이 흔히 말하는 「여론」도 아니고, 뒤르케임의 「집단표상」도 아니며, 「제각기 떠드는 익명의 큰 목소리」도 아니라고 한다. 그것은 「말해진 것의 전체」이고, 「거기서(말해진 것) 관찰될 수 있는 관계, 규칙성 그리고 변형」이라고 한다. 이 푸코의 주장은 도대체 무엇을 지시하는가? 분명하지 않다. 「세상 사람이 말하는 것」이 「고고학적 담론형성」의 「주체 아닌 주체」이고, 거기서 「지식」이 나온다면, 그것은 레비-스트로쓰가 말한 「집단 무의식」이란 말인가? 그것도 불명하다. 아니면 하이데거가 말한 「선존재론적 이해」(die vorontologische Verständniss)를 뜻하는가? 아니면 메를로-퐁티(M. Merleau-Ponty)가 말한 「반성 이전의 세계」(le monde pré-réflexif)를 뜻하는가? 또는 푸코가 『말과 사물』에서 말한 「사유되지 않은 사유」(la pensée impensée)를 뜻함인지? 여기서 우리는 궁금증과 함께 일종의 지적 당혹감을 맛본다.

셋째로, 푸코가 말한 「고고학적 지식기준」으로서 「가중」에 대하여 살펴보자. 이미 언급된 바와 같이 이 「가중」(le cumul)의 개념은 어떤 「언표」가 탄생되었던 「원초적」 「창설적 기원」과 그 순간에로 거슬러 올라간다든가, 그것을 원형대로 재발견한다는 그런 뜻과는 전혀 반대이다. 「고고학」에서 행하는 「언표의 기술」이나 분석은 옛날의 「언표」가 다시 찾아졌으면 그 옛날의 기억이나 추억을 형태상으로 되살려 그 안으로 침잠하는 행위나, 또는 옛 자료를 전부 다 무분별하게 섭렵해야 한다는 뜻과는 전혀 다르다. 푸코적인 의미에서 모든 고고학적 언표는 한번 이 세상에 출현한 이후 거의 예외없이 망각의 잠 속으로 빠져들기 마련이다. 그 중에서 후인들의 손에 의하여 다행히 다시 재검토되는 담론이나 언표는 「독서-자취-해독-기억」으로 현재화된다. 지난 언표의 분석을 현재화한다고 해서 두터운 시간이 준 오랜 망각과 잠을 넘어서 언표화가 이루어졌던 그 기원과 그 순간에로 재귀하는 것은 불가능하다. 그런 언표는 다음과 같은 세 가지 특성을 지니고 있다.

1_ 그 언표는 「잔류자기」(殘留磁氣, la rémanence)의 성질을 지니고 있다는 점이다. 이런 표현의 뜻은 과거의 언표가 다시 현실화될 수 있다든가, 우리의 기억 속에 살아 있다든가, 또는 그 언표가 의미했던 바를 오늘 그대로 다시 발견할 수 있다든가 하는 의미를 전혀 품고 있지 않다. 푸코가 말한 「잔류자기」라든가 「보자성」(保磁性)은 무슨 심오한 의미를 지닌 것은 아니다. 그냥 옛 진술과 언표가 몇 가지 매체와 물질적 기술에 의해 보존되었다는 뜻이다.

2_ 이 「보자성」의 토대 위에서 고고학적 언표는 「추가성」(追加性, l'additivité)의 형식을 더 지니게 된다. 이 「추가성」의 개념은 「동류적 개념」의 「축적」(l'entassement)이라든가 또는 「연속적 요소」들의 「병립」(la juxtaposition)과 다름을 유의해야 한다.

3_ 고고학적 언표는 「반복」(la récurrence)의 현상을 지니고 있다. 이때 「반복」이란 개념은 예컨대 꼭 같은 명제나 문장에서 보듯이 동일한 내용이 역사의 시간대를 넘어 되풀이된다는 그런 뜻이 아니다. 그 개념은 그 언표가 자기 이전의 시대적 언표들과의 관계에서 어떤 점에서 새로운 조직과 새로운 관계그물을 형성하였는지를 알려주는 지층탐사의 기호가 될 수 있다. 그래서 푸코가

> 사용한 「반복」개념은 동일한 「의미의 반복」이 아니라 역사적 지층의 「단절」에 따른 「구조적 반복」을 나타낸다. 그런 점에서 푸코가 말한 「가중」(加重)의 기준은 고고학적 지식이 늘 보자성을 갖고 있고, 그 토대 위에서 후세에 또 새로이 발견된 유사한 언표들을 추가(추가성)시키고 잔류자기에 남아 있는 언표들이 동시대에 구조적으로 「반복」되었음을 발견한다는 점에서 이해되어야 할 것이다. 즉 고고학적 지식은 현 지점에서 그 원류로 거슬러 올라가는 것이 아니고, 시간적으로 유사한 언표와 담론형식을 찾아 보자성(保磁性)에 추가시키고 「동시적」인 구조적 반복을 증명함으로써 그 지식은 가중된다고 볼 수 있다.

지금까지 우리는 푸코가 생각한 이른바 「고고학적 지식기준」이 무엇인가를 살펴보았는데, 그 기준은 전혀 우리를 심오하게 하거나 지적 열정을 불러일으킬 만한 감동과 동감현상을 자아내게 하지 않는다. 아름다운 꽃길 호숫가나 온갖 산새가 우짖는 수풀 속을 산보하도록 푸코가 우리를 인도하지 않는다. 그는 우리를 명상의 길이나 내면적 사색의 세계로 접근시키지 않는다. 그의 「고고학적 지식이론」(사실상 그는 고고학적 지식과 재래의 인식이론을 구별하기를 바라기에 우리는 「고고학적」이라는 자격 형용사를 일부러 붙인다)은 주관이나 주체의 힘이 흥분을 통하여 나타나는 것을 배격해야 하기 때문에 천연색의 세계가 아니고 흑백사진만이 있는 「고문서」 도서실로 우리를 초대한다. 고문서 도서실에서 옛날 것의 구도나 설계도만을 보게 한다. 구도나 설계도가 총천연색일 수는 없다.

이런 푸코적인 지식기준을 그는 스스로 다음과 같이 술회하고 있다.「언표의 집합을 한 의미로서 과다하게 충일된 닫혀진 전체성으로 기술하지 않고 촌단(寸斷)되어 있고 결함이 많은 모습으로서 기술하는 것, 언표의 집합을 의향이나 사상이나 주체의 내면성과의 관계에서가 아니라 외면성의 분산에 따라 기술하는 것, 언표의 집합을 근원의 흔적과 순간을 거기서 재발견하기 위해서가 아니라 가중의 종적 형식들을 재발견하기 위해 기술하는 것. 이와 같은 것들은 분명히 하나의 해석을 조명하는 것이 아니고, 근거를 발견한다든가 구성적인 행위를 해방시킨다든가 하는 것도 아니다. 그것은 또한 하나의 합리성을 정하는 것도, 목적론을 조망하는 것도 아니다. 그것은 내가 즐겁게 부르는 하나의 실증성(une positivité)을 세우는 것이다. 담론적 형성을 분석하는 것은 언표와 그 언표를 특징지우는 실증성의 형식이라는 수준에서 구술적 언어수행의 집합을 취급하는 것이다. 일언이폐지하면 그것은 담론의 실증성의 유형을 정의하는 것이다. 전체성의 탐구에 희소성의 분석을 대신하고, 선험적 근거의 주제에 외면성의 관계에 대한 기술을 대신하고, 기원의 탐구에 가중의 분석을 대체하여 사람들이 하나의 실증주의자가 된다면, 그럼! 나는 행복한 실증주의자이다」.[65)]

하여튼 푸코가 스스로 말한 자신의 고고학적 지식이「희소성」(稀少性),「외면성」(外面性),「가중」(加重)의 세 가지 특성을 지닌「실증성」(la positivité)이라 할지라도 그의 그러한「고고학적 인식이론」이 구조주의 방법론적 테두리 안에서 수행되고 있는 것만은 틀림없다. 그가 말한「언표의 분석」이나「기술」, 그리고「담론의 형식」도 언제나「언표의 밭」이라는 전체가 부분이나 요소보다 인식론적으로 선행하고, 그「밭」이 바뀌면「담론」과「언표」의「동일성」이 변하게 된다. 이것은 그가 이미 앞에서 주장하였다. 요컨대「담론」을 구성하는 언표적 요소나 단위도 그 자신들을 동질화시키거나 개별화시키는 「밭」 안에서만 존재한다. 「문장이 텍스트에 속하고 명제가 연역적 집합에 속하듯이 하나의 언표는 담론적 형성에 속한다. 그리고 문장의 규칙이 언어의 법칙에 의해서 정의되고 명제의 규칙이 논리의 법칙에 의하여 정의되듯이 언표의 규칙은 담론적 형성에 의하여 정의된다. 언표의 소속과 그 법은 한 가지이며 동일한 것을 만든다」.[66] 따라서 「언표의 집합」과 「규칙」으로서의 「담론의 형성」이 「지식의 체계」가 되고 「과학」을 이루지만, 어떤 「지식의 체계」도 완전한 「전체성」이 될 수 없다. 그 까닭은 우리가 「희소성」의 지적 성격에서 이미 살펴본 바와 같다. 그런 한에서 「고고학적 지식체계」는 다른 지식체계 가운데 「하나의 예제」에 불과하다. 사실상 푸코는 과학이론보다 오히려 지식이론에 더 깊은 관심을 기울인다. 물론 그 지식은 막연한 지식일반이 아니고 역사연구와 인식에 필요한 고고학적 지식을 말한다. 그 지식은 「실증성」을 지니고 있어야 하는데, 푸코가 말한 「실증성」의 기준은 이미 앞에서 제시된 「희소성」, 「외면성」, 「가중」 등 세 가지이다.

따라서 모든 「고고학적 지식체계」는 이 세 가지 기준을 가진 「담론의 실증성 형태」에 지나지 않고, 이 기준은 푸코에 의하여 「역사적 선천성」(apriori historique)이라고 명명되었다. 이쯤에서 푸코가 「역사적 선천성」이라고 말한 개념에 대해서 그가 스스로 규정한 내용을 살펴보자. 「나는 선천성(apriori)이라는 것에 대해서 그것이 판단들에 대한 타당성의 조건이 아니라 언표들에 대한 실재의 조건이라고 가리키고 싶다. 하나의 주장을 합법적으로 만들 수 있는 것을 재발견하는 것이 문제가 아니라, 언표의 출현조건들을 분리시키고, 다른 언표들과의 공존의 법칙과 자기 자신(언표)의 존재양식의 특수형태와 자기 자신(언표)이 존속하고 변형하고 소멸하는 원리 등을 분리시키는 것이 중요하다. (따라서) 선천성이라는 것은 결코 말하여지지 않을 수 있는 진리, 경험에 실재적으로 주어지지 않는 진리를 말함이 아니라 주어진 역사의 진리를 말함이다. 왜냐하면 역사는 결과적으로 말하여진 것이기 때문이다」.[67)]

이 인용에서 우리가 보는 바와 같이 푸코가 말한 「역사적 선천성」이라는 것은 칸트에서 보는 바와 같이 과학의 가능한 근거로서의 판단의 타당성을 부여하는 「형식적 선천성」과 다름을 알 수 있다. 칸트와 푸코의 차이점은 두 가지 점에서 명백하다. 첫째로, 칸트가 말한 「형식적 선천성」(l'apriori formel)은 꼭 현실에 주어지지 않는 가능한 모든 경험에 대하여 다 적용되지만, 푸코가 말한 「역사적 선천성」(l'apriori historique)은 오직 현실적 · 실재적으로 역사에 주어진 경험에 대해서만 적용된다. 둘째로, 칸트의 「선천성」은 보편적 자아인 「선험적 주체」(le sujet transcendental)에서 오지만 푸코의 「선천성」은 객관에서, 즉 역사적인 형성에서 온다.

그러면 도대체 무엇 때문에 「고고학적 지식론」, 「인식론」에서 「역사적 선천성」을 푸코가 말하고 있는가? 그 까닭을 우리는 다음과 같은 두 가지 예를 통하여 알게 된다. 첫째로, 언어사는 예컨대 정치사나 사회사와 구분되어야 한다. 그것이 구분이 안 되면 지식계통에 혼란이 오게 된다. 그러므로 언어사를 정치사회사와 구분짓게 하는 자신의 「내재적 담론의 규칙」이 있어야 한다. 둘째로, 그 언어사가 정치사회사와 어떤 규칙의 연관성 속에서 다르고 또 상통하는지 구조적인 「상관적 변별」이 인식되어야 「역사의 지층」을 단면도로 만들 수 있다. 이 두 가지 기능 때문에 푸코는 「역사적 선천성」을 생각하게 되었다고 본다. 다시 말하자면, 푸코의 「역사적 선천성」은 그가 이상적인 지식체계로 생각했던 고전시대의 「수학적 상관표」(la tableau a double entrée)와 같은 것을 작성하는 데

긴요한 「질료적 · 역사적 규칙」이라고 여겨진다. 즉 앞의 예에서 반복하자면, 언어사가 정치사회사와 구분되면서 동시에 이것과 상관적 변별을 이루어 하나의 지층적 「일반사」가 구성되기 위한 「담론적 실천을 특징짓는 규칙의 집합」으로서 「선천성」을 생각해야 하리라.

그래서 그 「선천성」에는 위에서 든 세 가지 지식기준이 포함된다. 이러한 세 가지 「지식기준」 이외에 그는 또 다음과 같은 「고고학의 담론적 형성의 규칙」을 말하고 있다. 이 규칙도 결국 「역사적 선천성」에 속하는 것이다.[68]

1_ 고고학적 동형성의 규칙(la règle de l'isomorphisme archéologique)

서로 상이한 담론적 요소들—고전시대의 「일반문법」과 「자연사(自然史)」와 「부(富)의 분석」 등과 같은 것—이 어떻게 상이한 형성사건과 언표의 밭이 다름에도 불구하고 한 시대에 공통적 구조의 「인식성」(épistémè) 또는 지식체계를 형성하게 되었는가를 보여주는 「고고학적 동형성의 규칙」

2_ 고고학적 모형의 규칙(la règle du modèle archéologique)

예컨대 「포르-루아얄」(Port-Royal)의 「일반문법」에서 귀속이론(la théorie de l'attribution)과 「분절이론」(la théorie de l'articulation), 그리고 「지시이론」(la théorie de la désignation)과 「파생이론」(la théorie de la dérivation)*이 하나의 질서 속에서 연계되고 있다. 여기서 또

---

* 이미 서두에서 포르 루아얄의 일반문법론이 간략히 서술되었지만 다음 절에서 일반문법과 상기의 각 이론과의 관계가 다시 설명되므로 여기서 논의하는 것은 생략함.

이 네 가지 이론은 고전시대의 다른 영역인 「자연사」와 「부의 분석」과 모형상의 연계관계를 맺고 있다. 이처럼 각 「담론형성」에서 「모형적 연계관계」를 찾는 규칙

3_ 고고학적 동위성(同位性)*** 의 규칙**(la règle de l'isotopie archéologique)
예컨대 『말과 사물』에 나오는 이론이지만 「가치개념」과 「종」(種)의 성격, 「가격개념」과 「류(類)」의 성격이 「실증성」 체계의 과정에서도 유사한 장소를 차지하고 있다.

4_ 고고학적 편차의 규칙(la règle des décalages archéologiques)
예컨대 같은 낱말인 「기원」과 「진화」의 개념이 「일반문법」과 「자연사」에서 「같은 역할」, 「같은 장소」, 「같은 형성」을 갖지 않고 두 가지 상이한 요소를 지니게 됨. 그것을 지적하는 규칙

5_ 고고학적 상관관계의 규칙(la règle des corrélations archéologiques)
이 「언표의 밭」과 저 「언표의 밭」 사이의 관계가 보완관계냐 아니면 종속관계냐 하는 관계개념을 설정하는 규칙. 예컨대 고전시대에 「부(富)의 분석」과 「종(種)의 분석」에서 언어활동이 「부」와 「종」 영역에 대하여 각각 우위를 차지함

거듭 강조해서 밝히는 바이지만, 푸코가 이와 같은 고고학적 인식을 위한 지식의 규칙들과 기준, 그리고 진술의 방법론적 원칙들을 설정하는 것은 주체가 역사에 의미를 부여하고 내면에서 진지하게 생각하는

---

* 동위성(l'isotopie)의 개념은 언어학자 그레마스(Greimas)에 의하여 창안된 것인데, 즉 한 진술을 의미의 한 전체로서 파악케 해주는 의미론적 단위가 지니는 고유한 속성을 말함. 예컨대 「개가 짖는다」와 「경찰서장이 짖는다」라는 의미론의 단위 때문에 개와 경찰서장이 거의 두 언표에서 유사한 동위성을 지니게 됨.

방식에 관심을 가져서가 결코 아니다. 오히려 푸코는 중립적이고 실증적인 「고고학적 담론형성」과 「언표의 기술」에 나타나는 「익명적인 진리의 놀이규칙」에 더 큰 관심이 있다. 인간을 떠난 이 「놀이규칙」을 규칙으로서 보장하기 위한 방법적 개념의 요청이 「역사적 선천성」이기도 하다. 이 점에서 그는 다음과 같이 말한다. 「여기서 제기된 분석에서 형성의 규칙은 개인의 의식이나 사고방식에 그 자리를 갖는 것이 아니라, 한결같은 익명성의 종류에 따라서 그 규칙은 담론의 밭 속에서 말하기를 시도하는 모든 개인들에게 요구된다」.[69)]

역사인식은 언제나 「집단적 주체」나 「계급적 주체」, 「개인적 주체」나 또는 「초월적 주체」가 역사를 창조하고 변혁시키는 힘이라고 주장하여 왔다. 그래서 늘 역사가들은 다양한 종류의 한 「주체」를 역사인식이라 여기면서 이데올로기적으로 선택한다. 그래서 역사는 민족이라는 집단적 주체에 의하여 형성 · 발전되어 왔다고 허상을 말하는가 하면, 또 마르크시즘에 젖은 사람들은 역사가 계급적 주체인 민중이나 인민 또는 프롤레타리아(prolétariat)의 자각에 의한 연속적 투쟁사라고 하는 거짓말을 인간의 원한과 증오심을 이용하며 참말처럼 꾸미기도 하고, 또 어떤 사가는 영웅의 획기적 결단에 의하여 역사가 구원을 받아왔다는 주관적 신앙을 고백하기도 한다. 그러나 푸코의 눈에서 보면 이 모든 이데올로기들은 「지식」이 아니고, 인간의 주체나 의식이라는 것이 우연에 의하여 자기 최면에 빠져서 자기 상상이 곧 객관이라고 우기는 억지와 다를 바가 없다. 라캉의 말을 빌려 표현하면, 「상상적인 것」이 「상징적인 것」을 수납하지 않고 상징을 배척하는 행위나 다를 바가 없다 하겠다.

그래서 푸코는 「고고학」과 「지성사」(l'histoire des idées)를 엄격히 준별한다. 그는 「지성사」를 이데올로기의 일종이라고 매도하면서 지성사는 「지식보다 중론, 진리보다 허위, 사유의 형태보다 사고방식의 유형」에 더 큰 관심을 기울여 왔다고 말하였다. 그래서 「지성사는 언제나 역사를 직선적 형식 속에서 발전을 재구성」하는 데만 역점을 두며, 「시작과 종말의 과목」 또는 「맹목적 연속과 재귀의 기술」이라고 푸코는 비판한다. 「기원, 연속성, 전체화, 이것들이 지성사의 대주제들이다. 이것들은 또 지성사가 역사분석의 전통적 형식에 밀착되게 한 요인이기도 하다」.[70] 물론 고고학도 역사이기 때문에 재래의 일반역사학이나 지성사처럼 시간의 흐름에 의한 「연속」(la continuité)이나 「계기」(la succession)에 무관심할 수가 없다. 그러나 고고학은 시간의 흐름을 실세적인 「변형의 규칙」에 의하여 파악한다. 즉 「고고학은 변화의 분화 안 된 기준에 (…) 변형의 분석을 대체시킨다」.[71] 『지식의 고고학』의 저서 뒤편에 가서야 앞의 「하드웨어」(hard ware)적이며 기술적인 면에 비하여 비교적 「소프트 웨어」(soft ware)적인 방법이 보다 쉽게 긴장완화를 일으키면서 나타난다. 푸코가 말한 「연속적 계기」 대신에 「변형의 분석」이 무엇인가는 『말과 사물』(*Les mots et les choses*)에 등록되어 있다. 곧 뒤에서 이 점을 보겠지만, 간단한 예를 들면 고전시대의 「부(富)의 분석」이 19세기에 「정치경제학」으로, 또 고전시대 「자연사」가 19세기에 「생물학」으로 「지식의 체계」가 바뀐 것은 일종의 「변형」의 예이다. 물론 그 「변형」에는 바슐라르적인 의미의 「단절」이 있음은 물론이다.

이미 우리가 주지하다시피 푸코가 역사학과 고고학을 대비하면서 거기에 따라 「자료/기념비」를 대조시켰다. 푸코는 그의 『지식의 고고학』의 전반부에 등장하던 「기념비」(le monumnet)의 개념을 후반부에 가서 「고문서」(les archives)라는 개념으로 치환시키고 있다. 그의 간단한 정의에 따르면 「사물」과 「사건」에 대한 「언표들의 체계」가 「고문서」이다. 푸코 철학의 사유세계에서 「사물」과 「사건」은 별로 그 의미의 폭이 크지가 않다. 『담론의 질서』라는 소규모의 저서에서 그는 사건의 속성을 「우연」(le hasard), 「불연속」(le discontinu), 「질료성」(la matérialité)으로 표현하였다.[72] 이 방식에서 보면 「사건」이나 「사물」의 두 개념에는 의미상의 편차가 심하지 않다. 하여튼 「고문서」(les archives)는 그런 역사적 사건과 역사적 사물의 「담론적 규칙」과 관계 있다. 그가 「고문서」에 대해서 내린 정의를 인용한다. 「고문서라는 개념은 한 문화가 자기 자신 과거의 자료로서, 또 유지되어 온 자기 동일성의 증언으로서 자기 마음 속에 간직해 온 모든 텍스트의 합계가 아니다. 또 고문서는 주어진 사회 내부에서 사람들이 기억하기를 원하는, 또 자유스런 처분을 유지하기 원하는 담론을 녹음하거나 보존하게 하는 제도도 아니다. 오히려 고문서는 반대로 수천년 이래로 많은 사람들에 의하여 말하여진 것들이 사유만으로 이루어진 법칙이나 또는 정세만의 놀이에 따라 솟아난 것이 아님을 알려주는 것이다. 즉 고문서는 그 말하여진 것이 정신질서나 사물질서 속에서 전개될 수 있었던 것을 구술적 언어수행의 수준에서 단순히 신호화하는 것이 아니다. 그래서 고문서는 담론의 수준을 고유하게 특징화하는 모든 관계의 놀이 때문에 나타난 것이다」.[73]

이상의 인용을 정리하면, 「고문서」는 역사학에서 생각하는 「자료」가 아니며, 어떤 주체(개인적이든 집단적이든)에 의해서 말하여진 것으로 간주되어서는 안 되고, 더구나 보존제도나 보관소의 기능도 아니다. 「고문서」는 단적으로 말하여 역사의 다양한 단면만큼 많은 담론의 규칙과 형성과 기능에 관한 체계라고 볼 수 있다. 그렇기 때문에 푸코는 「고문서」가 「단절」이 없는 직선상에서 쌓여진 「무정형한 누적」이 아니라 변별적 모습에 따라, 다양한 관계에 따라, 종적 규칙에 따라 보이고 유지되고 흐려지는 「담론의 체계」요, 「법칙」이라고 생각한다. 그러므로 「고문서」는 「담론기능」의 체계와 같다. 「고문서」가 없이는 역사의 한 시대의 지식을 지시하는 언표의 분석이나 형성, 이 언표에서 저 언표에로의 변형도 알 수 없다. 「기념비」든 「고문서」든 고고학적 지식체세에서 그 개념들이 주어가 되는 것이지, 어떤 인간학적 개념이 주어가 될 수 없다. 이 점에서 푸코는 다음과 같이 말한다. 「인간학적 사유가 인간의 존재나 그 주체성을 설문하는 곳에 그 사유는 타자와 바깥(le dehors)을 폭발시키게 한다. 그런 식으로 생각되는 진단은 변별의 놀이 속에서 우리의 동일성의 공정증명서도 정립하지 못한다. (바른) 진단은 우리가 차이이며, 우리의 이성이 담론의 차이이고, 우리의 역사도 시간의 차이이며, 우리의 자아도 가면의 차이라는 것을 정립시킨다」.[74]

그러므로 고고학적 관점에서 역사인식은 시대와 공간의 차이에 따라 생기는 「담론의 형성」이 각각 다른 「변별」의 규칙과 그 기능에 밀접하게 연관되어 있다. 고고학의 연구방법과 고문서(기념비)의 연구와 본질적으로 관련된 담론과 그 기능은 어떤 숨어 있는 내면적 의미를 외면화시키는 표현이 아니다. 오히려 그런 담론의 기능은 역사 속에서 무수히 등장된 체계적 변형의 규칙을 가진 「실천양식」을 「담론의 표면」에서 찾는 것이다. 전기를 쓰듯이 연속과 진화와 진보의 개념으로 역사를 서술하는 역사가와 달리 푸코의 말을 옮기면, 「담론은 생명이 아니고, 그의 시간은 당신의 시간이 아니다」.[75]

이 점에서 푸코도 레비-스트로쓰와 같이 「동일성」(동질성)은 다른 것과의 관계에서 오는 「위치」와 「위상」의 문제이지, 자기 내부에서 은밀한 암호를 풀듯이 스스로 발생하는 문화의 자기 분비물이 아니다. 사실상 은밀한 암호 해독은 다른 암호체계와의 관계에서 풀린다. 「이타성」과의 관계가 차단된 「동일성」은 이미 「동일성」이 아니라, 단지 지식론적 암흑이고 혼돈일 뿐이다. 다르다는 차이는 같다는 동일성과 동시에 성립한다. 선후가 있을 수 없다. 사람들은 같다고 할 때 무엇이 같은지 해석학적이고 의미론적인 관점에서만 동일성의 문제를 인식하려고 하였다. 그러나 푸코의 「고고학적 지식이론」(인식이론)은 이런 관점의 허상을 지적한다. 즉 지식의 「등질성」(等質性, l'homogénéité)은 「담론형성」과 「언표기술」의 규칙과 기능이 상응한다는 것이지, 결코 의미나 내용이 같다는 것이 아니다.

푸코의 생각을 들어보자. 이미 우리가 앞에서 본 예문 중에 플라톤이나 프로이트가 다같이 「꿈은 욕망에서 나온다」라는 말을 하였는데, 그 두 사람의 말이 문장상으로나 명제상으로는 일치하지만 언표상으로는 일치하지 않는다는 것을 보았다. 그래서 푸코는 「언어학적 유비」(l'analogie linguistique)로서의 「번역가능성」(la traductibilité)과 「논리적 동일성」(l'identité logique)으로서의 「등가성」(l'équivalence)과 「언표적 등질성」(l'homogénéité énonciative)을 구별하였다.[76] 말할 나위도 없이 그는 세 번째 개념만을 그의 고고학에서 중요시한다. 다시 말하자면, 언어학적으로 「유비적인 것」에서도, 또 논리학적으로 「등가적인 것」에서도 언표상으로 전혀 새로운 「담론적 실천」이 생길 수 있다.

그러면 푸코는 역사에서 존재하는 모순을 어떻게 생각하는 것일까? 다른 것과 같은 것이 동시적이라면 모순은 무엇인가? 「고고학적 분석에 있어서 모순은 극복해야 할 가상(假象, l'apparence)도, 해명해야 할 비밀스런 원리도 아니다. 모순은 어떤 관점에서부터 대상이 사라질 수 있고, 또 어느 수준에서 그 대상이 급진화되고, 그리고 그 대상이 결과의 원인이 되는지를 사람들이 탐구함이 없이 자기 자신에 대하여 기술하는 그런 대상이다」.[77] 모순은 그 자체 기술해야 하는 고고학적 대상일 뿐이다. 그러므로 우리는 헤겔이나 마르크스의 변증법에서처럼 모순을 극복하는 투쟁이라든지, 또는 투쟁까지는 가지 않더라도 모순의 해체나 화해와 같은 그런 의미를 푸코의 고고학에서 발견할 수 없다.

모순은 역사의 상이한 기능과 상이한 수준과 상이한 구조유형에서 언제든지 나타난다. 모순을 해결하거나 극복하기 위한 유심론의 원리나 유물론의 원리 같은 신비스러운 무기는 없다. 단지 존재하는 것은 그 역할과 기능이 각각 다른 대립의 집합이나 담론적 실천양식의 상이한 형성체계뿐이다. 여기서 푸코가 말한 예를 실제로 보자. 18세기 「사연사」에서 린네(Linné) 계통의 「생물고정설」(le fixisme)과 뷔퐁(Buffon) 계통의 「생물진화설」(l'évolutionnisme)은 서로 모순적 학설이다. 참고 삼아 이 두 학설을 간단히 소개하면 린네의 「생물고정설」은 생물에서 「종의 고정불변설」을 제창하였다. 즉 모든 생물은 처음부터 신의 창조에 의하여 고정되어져서 각 「종」은 자기에서 필요한 욕구를 다 갖고 있어서 변하지 않는다는 것이다. 그러나 만년에 린네도 새로운 「종」의 탄생은 인정하였지만 한 「종」이 다른 것으로 변형할 수 있다는 것에는 반대했다.

그와는 반대로 뷔퐁의 「진화설」은 박물학자로서의 오랜 연구경험 끝에 지구는 점진적인 변형을 거쳐왔기에 린네 계통의 고정설을 부인하고 종의 진화와 변형을 주장했다. 이 두 학설은 그래서 상호 모순적이다. 그러나 푸코에 의하면 이 두 학설은 「종」(l'espèce)과 「류」(le genre)의 어떤 기술(記述)에서 공통점을 갖고 있다는 것이다.[78] 즉 그 두 학설은 유기체의 「보이는 구조」(「형태」, 「크기」, 「수」, 「공간」 안에서의 「배치」 등)를 다같이 기술의 대상으로 삼고 있다는 것이다. 그러나 이 두 학설은 대상을 두 가지 방식으로 제한했는데, 그 하나는 유기체 전체나 그 요소에 대하여 중요도에 의하여 규정하는 방식과 또 다른 하나는 분류학적 편의에 따라서 규정하는 방식이다. 전자의 방식은 「진화론」의 방식이고, 후자의 방식은 「고정론」의 방식이다. 이 두 학설은 공통기술의 대상을 가졌지만, 「우선 선택」의 「가지」와 그것이 담론의 놀이를 할 수 있는 「장소를 잡는데」 차이점이 나타난다. 「모순을 기술해야 할 대상으로 간주하면서 고고학적 분석은 그들의(두 학설의) 장소에 공통적인 형태와 주제를 발견하려고 애쓰지 않고 그들 편차의 척도와 형태를 규정하려 한다. 모순을 통사적 모양의 어두컴컴한 통일 속에 용해시키려 원하거나, (…) 일반원리에도 그 모순을 탈바꿈시키려 하는 지성사와의 관계에서 고고학은 불화의 여러 가지 공간(les différents espaces de dissention)을 기술한다」.[79)]

그러므로 「모순」은 인간의 의지나 「지식의 의지」에 의해서 혁명적으로 극복되는 대상이 아니다. 「지식의 의지」(la volonté de savoir)는 푸코에게는 늘 부정적이다. 왜냐하면 그 의지는 인간학적 뉘앙스를 풍길 뿐만 아니라, 종국적으로 배척과 지배의 의미를 숨기고 있기 때문이다.[80)] 하여튼 「모순」은 그 나름대로 기술되는 수밖에 없다. 왜냐하면 같은 시대에도 「담론의 자리」(어디서)와 「상황(어떻게)에 따라」 담론의 형성과 언표의 기술이 불가피하게 달라질 수 있기 때문이다. 앞에서 본 「생명고정론」과 「생명진화론」이 그 좋은 보기이다. 그러나 푸코의 철학을 세심하게 살펴보면 그의 「모순론」은 여기서 끝나지 않는다. 한 시대의 「상반된 모순」이 다음 지층의 고고학적 시대에 이르면 그 「상반된 모순」이 「상보성의 진술」로 나타나고, 그 다음 지층의 변형된 불연속의 새로운 담론체계와 오히려 모순을 일으키는 수가 생긴다. 「어제의 모순」이 오늘에는 「상보성의 담론」으로 바뀌어지면서 「새로운 담론형식」과 「대립」되고 단절된다. 예를 들어보기로 하자. 고전시대의 자연사에서 린네의 「고정설」과 뷔퐁의 「진화설」은 분명히 모순적이다. 그러나 그 뷔퐁의 「진화설」은 다음 19세기 다윈의 「진화론」과 비교해 보면 오히려 뷔퐁의 「진화설」은 린네의 「고정설」과 더 「고고학적 동형성(同形性)」을 짙게 지닌다. 왜냐하면 린네나 뷔퐁은 역시 「질서의 조작지」인 「유별」(類別, la classe)을 「역사적 · 계기적 원인」(la cause)보다 자연의 지식에 우선하는 것으로 생각하였기 때문이다.[81] 『말과 사물』에 이 점이 취급되어 나오지만, 하여튼 뷔퐁이 진화의 개념을 도입하였어도 뷔퐁이 말한 「사건의 역사적 계열」(la série historique de l'événement)은 「존재의 상보」(la nappe de l'être)에 첨가되지, 결코 「존재 자체의 인과적 등급」(다윈의 진화론처럼)을 결정하지 않기 때문이다.

하여튼 「모순」은 「의미론적」(sémantique) · 「실체론적」(substantif)인 개념이 아니라, 다른 「언표의 밭」에서 나오는 「다른 관계」일 뿐이다. 그것이 관계의 「이타성」이기 때문에 「담론의 장」과 「언표의 밭」이 바뀌면 「모순의 고집」은 사라진다. 「모순」을 실체로, 의미로 보는 한에서 헤겔이나 마르크스적인 「투쟁의 인간학」이 등장한다. 그러나 그것은 푸코에 의하면 가상(假象)이다. 지나가면서 부연하자면, 푸코는 모순을 「외적 모순」(la contradiction extrinsèque)과 「내적 대립」(l'opposition intrinsèque)으로 구분하였다.[82] 이 개념도 실체개념의 의미론이 아니라 관계의 진술적 차이이다. 즉 린네의 「고정설」과 뷔퐁의 「진화설」이 고전시대에는 「외적 모순」으로 나타났지만, 19세기와 비교하면 그것은 고전시대의 「내적 대립」에 지나지 않는다. 자연사뿐만 아니라 정치사회사도 이와 다르지 않으리라. 어제의 모순관계에 있던 세력 간이 오늘날 새 모순 앞에서 결합이나 결속을 하는 변형을 우리는 너무나 자주 본다. 「담론을 그 자신의 다양한 표면의 껄껄함 속에서 유지하는 것이 중요하다. 따라서 로고스

(Logos)의 미분화된 요소 안에서 한결같이 잃고 다시 찾고, 해결되고 또 언제나 태어나는 모순의 주제를 없애는 것이 중요하다」.[83)]

푸코의 철학에서 방법의 핵심인 「담론의 규칙과 기능」의 입장에서 보면 역사인식에서 「모순의 우위」라는 논리는 전혀 의미가 없다. 오히려 그는 모순의 강박관념에 의해서 쫓기는 철학과 사상을 고고학의 지식 입장에서 비판한다. 그의 지식론에서 종국적으로 중요한 것은 「인식성」(l'épistémè)이다. 우리가 푸코의 「인식성」이 지닌 이념적 · 방법론적 중요성에 대해서는 이미 이 책의 출발에서 논의하기 시작하였다. 푸코는 역사를 모순개념을 중심으로 하여 투쟁하고 참여하기보다 「인식성」의 성찰을 더 귀하게 여기는 듯하다. 그에 의하면 「인식성」은 「세계관」도 아니고, 역사의 이념이나 이성도 아니며, 한 시대에 모든 「담론적 실천양식을 통일할 수 있는 관계의 집합」이다. 「인식성(l'épistémè)은 여러 가지 과학을 관통하면서 주체나 정신이나 시대의 지고한 통일을 나타내는 인식의 형식이나 합리성의 유형이 아니다. 그것은 주어진 한 시기에 사람들이 담론적인 규칙의 수준에서 과학을 분석할 때, 과학 사이에서 발견할 수 있는 관계의 집합이다」.[84)]

그렇다면 푸코 스스로가 질문을 제기했듯이 그의 「고고학」은 철학인가, 역사학인가? 그는 이렇게 대답한다. 「만약에 철학이 근원에 대한 기억이나 재귀라면, 내가 하는 것은 어떤 경우에도 철학으로 생각될 수가 없다. 그리고 만약에 사유의 역사가 반쯤 사라진 모습에 생명을 다시 부여하는 일을 하는 것이라면, 내가 하는 것은 역시 역사도 아니다」.[85)] 그러면 그런 전제조건 밑에서 그의 고고학이 철학도 역사학도 아니라면 그의 고고학은 과연 무엇인가? 그는 그의 「고고학의 기능」을 「포괄하는 이론」(la théorie eveloppante)이라고 스스로 규정하였다. 왜냐하면 그의 「고고학」은 「여러 가지 담론적 실천양식에 고유한 규칙의 집합」을 찾는 것이기 때문이다. 이렇게 볼 때 그의 고고학은 철저히 밖에서, 그리고 멀리서 보는 구조주의의 사상적 이념에 충실하다고 생각하지 아니할 수 없다. 레비-스트로쓰는 루소와 함께, 라캉은 프로이트와 함께 「나는 타자이다」(Je *est* l'autre ; I *is* the other)라고 말하였다. 푸코는 그런 언표를 직접 하지 않았지만 그의 사상은 이 언표와 너무나 가까이 있다. 그는 인간의 내면세계를 철저히 부정하는 「바깥의 사유」(la pensée du dehors)만을 받아들인다.[86] 그는 삶 자체에 무관심하거나 중성적이기를 바라고, 삶과 죽음의 형이상학에서 인간이 해방되기를 바란다. 아예 그에게 인간이란 개념도 무의미하다. 이와 같은 푸코의 충격적인 사상에 대해서 우리는 다음 절에서 그가 던진 말썽 많은 파문이 어디에서부터 오는 것인지 알아봐야겠다. 푸코는 니체와 함께 가는가?

5. 질서와 표상의 분류학

출판 연도를 보면 『말과 사물』이 『지식의 고고학』보다 앞서 있다. 각각 1966년과 1969년이다. 따라서 으레 『말과 사물』이 먼저 취급되는 것이 순서일지 모르나 우리는 먼저 논리적 뼈대를 보고 이어서 그 뼈대에서 살이 어떻게 구체화되는지 알아보는 방식을 택하였다. 그러므로 5절과 6절은 3절과 4절의 사실적 대입으로 여겨도 좋으리라. 푸코의 주저라 불리워지는 『말과 사물』(*Les mots et les choses*)은 르네상스 시기부터 현대에 이르기까지 서양사에서 지식구조의 변형을 비판적으로 논술한 고고학이다. 이 저서를 통하여 어떻게 해서 19세기 이후 엉뚱하게도 인문사회과학에서 인간학과 인간개념이 주제로 등장하여 지식의 질서에 혼동을 초래하게 되었는가를 밝히고 있다. 따라서 '인문과학의 고고학'(Une archéologie des science humaines)이라는 부제가 붙은 이 저서는 푸코가 쉬지 않고 비판하는 지성사나 과학사, 역사철학이나 철학사가 아니고, 그의 표현대로 「무엇에서 출발하여 인식과 이론이 가능했고, 어떤 질서의 공간에 따라서 지식이 구성되었으며, 어떤 역사적 선천성의 근거 위에서, 그리고 어떤 실증성의 요소 속에서 관념이 나타날 수 있었고, 과학이 구성될 수 있었으며, 경험이 철학 속에서 반성될 수 있었고, 합리성이 (…) 형성될 수 있었는가를 재발견하려는 연구」[87]를 겨냥하고 있다.

이미 전술한 부문에서 언급하였지만 그런 목적을 겨냥하기 위하여 푸코는 「르네상스 시기」와 「고전시대」, 그리고 「근 · 현대」 등으로 서양사를 3분하여 논파하고 있다. 물론 여기서 푸코가 가장 애착을 갖고 사랑한 시기는 17-18세기의 「고전시대」였다. 그러나 우리는 그의 철학세계에서 두 가지 흐름이 있음을 안다. 그 하나는 「고고학적 구조주의」요, 또 다른 하나는 「역사 · 철학적 비판」이다. 후자는 앞에서 본 「광기의 역사」, 곧 보게 될 형정(刑政)으로서의 「감옥의 역사」, 그리고 「성욕의 역사」 등이다. 그런데 이 역사들에 대한 푸코의 「역사 · 철학적 비판」은 고전시대에 대한 가차없는 비판으로 일관되어 있다. 그는 오히려 중세 이전, 더 거슬러 올라가 고대 희랍시대 문화에 대한 향수를 그리워한다. 그렇다면 「고고학적 구조주의」에서 비친 「고전주의」의 예찬과 「역사 · 철학적 비판」에서 비친 「고대 희랍 신화시대」의 예찬은 서로 초점이 맞지 않는다. 이 문제를 어떻게 풀어가야 하나? 푸코 자신도 언급이 없고 그의 철학을 해석한 연구자들에게서도 어떤 언급도 비치지 않는 것 같다. 우리는 일단 이 문제에 대한 의문을 가슴에 지니면서 좌우간 그의 사유세계와 사상을 성찰해 보기로 하자.

푸코가 서양사의 지식이 점차로 근대 · 현대로 접어들면서 「인간중심주의」의 지식체계로 타락하는 것을 비판하면서 상대적으로 그는 서양과 반대편에 서 있는 동양, 특히 중국의 지식체계와 분류에 대한 강한 애착을 나타내기 시작한다. 푸코는 중국문화가 시간의 흐름에 민감하지 않고 공간적인 사고의 분류와 구조조직을 갖고 있음에 대하여 그럼에도 불구하고 중국인의 사고분류법이 대단히 치밀하고 정교한 방식에 찬탄을 아끼지 않는다. 푸코가 자세히 중국문화를 언급하지는 않았지만, 짧은 그의 견해를 보면 우리는 바둑놀이를 연상한다. 바둑은 물론 시간의 흐름에 따라 완성되어 간다. 그러나 바둑은 시간의 놀이가 아니고 공간의 놀이이다. 즉 바둑을 두는 자는 바둑판에 새겨진 무늬들에서 시간의 흐름과 변화를 넘어서는 공간적 구조전략을 본다.

「우리의 상상적 체계에 대하여 중국문화는 가장 섬세하고, 가장 위계질서가 잡혀 있고, 시간의 사건에 가장 둔감하며, 공간의 순수한 전개에 가장 애착을 갖고 있다. 우리는 중국문화가 하늘의 영원한 얼굴 아래서 둑과 댐의 문명과 같다고 생각한다. 우리는 중국문화가 만리장성 벽으로 둘러싸인 대륙의 면적 위에서 미만되어 있고 응결되어 있다고 믿는다. 중국문자 자체도 수평선으로 이룩되어 목소리가 도망가는 그런 비상을 재현하지 않는다. 그 문자는 수직의 기둥으로 이루어져 사물들의 움직이지 않고 아직도 승인할 수 있는 영상을 일깨워 주고 있다」.[88] 이 인용에서 서양문자가 횡으로 쓰여지기에 시간의 흐름에 민감하고 동양의 한자가 종으로 쓰여져서 그런 흐름에 둔감하다는 주장은 레비-스트로쓰의 신화분석에서 「신화소」는 종으로 된 기둥이고 이야기의 신화는 횡적인 연결이라는 구조대응과 유사하다. 푸코의 눈에 비친 중국문화와 지식체계는 단적으로 말하여 바둑판 같이, 그리고 바둑놀이 같이 「질서의 체계」요, 「질서의 지식」이다. 그 「질서」는 사물의 밖에서 첨가된 것이 아니라, 사물의 구조 내부가 스스로 잉태한 「질료의 법칙」이다.

이와 같은 중국문화 예찬이 그대로 푸코에게 고전시대 질서학의 찬미로 이어진다. 그러나 고전시대를 먼저 보기 전에 우리는 르네상스(16세기) 시대의 「인식성」을 보아야 하리라. 이미 이 르네상스 시대의 담론의 형성이 무슨 규칙으로 성립되었는가를 우리는 전반부에서 언급한 적이 있기에 중복을 삼가면서 논술하기로 하겠다. 간단히 거듭 말하자면, 르네상스 시대의 담론형성과 언표의 기술은 「닮음」(la ressemblance)의 법칙에 의하여 모든 담론의 실천양식이 집합되어 있다. 이 「닮음」은 네 가지 담론규칙을 품고 있는데, 그 네 가지 규칙은 1) 「합치」(la convenientia), 2) 「경쟁심」(l'émulation), 3) 「유비」(l'analogie), 4) 「동감」(la sympathie) 등을 말한다. 이 각각의 개념이 지니고 있는 담론의 의미에 대해서는 우리가 제2장에서 취급하였기 때문에 생략한다.

그러면 푸코는 이 16세기의 「인식성」에 대해서 어떤 판단을 내리고 있는가? 이미 제2장에서도 지적된 바와 같이 16세기 르네상스 시대의 「인식성」은 비유컨대 「구형」의 모습을 하고 있다. 눈공처럼 구르는 인식은 지식의 담론형성에 어떤 끝과 한계가 있을 수 없다. 눈공은 자꾸 움직이기 때문에 또 그만큼 안정성이 없다. 눈공이 구를 때마다 새로 붙는 지식도 기존의 눈공 모양대로 비슷하게 부피만을 키우는 「닮음」의 범주를 벗어나지 못한다. 그래서 푸코는 르네상스 시대의 지식과 진술은 「첨가」(l'addition)의 형식을 결코 벗어나지 못한다고 주장한다. 그래서 언제나 「유사한 것의 반복」만이 거기에서 생존하고, 그 「유사성」에서 벗어나는 것은 눈공의 부피 증가 속에 파묻혀 흔적도 없어진다.

그래서 「합리적 사고」나 「주술적 사고」도 유사하게 생각하여 아무런 구분도 짓지 않는다.[89] 그러면서 「합리적 사고」와 「주술적 사고」고 닮음의 「구형」(la sphère) 속에 함께 묻혀버리는가? 그 까닭은 그 시대의 지식이 앞에서 거론된 네 가지 「담론규칙」의 어느 것에 해당하든지 간에 종국적으로는 인간과 자연 그리고 심지어 신까지도 닮은꼴을 이룬다고 생각하였기 때문에 식물도 동물과 같이 「머리」, 「다리」, 「심장」 등의 유기체적 조직을 유사하게 갖는 것으로 상상하였고, 인간의 언어도 사물로부터 독립된 「자의적 기호체계」로 보지 않고 세계의 모습을 반영하고 「닮음」으로 간주하였다. 언어는 세계의 제반 모습과 유사하게 신이 내려준 선물이었다. 「상품표시와 말들 사이에서나 관찰에서부터 수용된 권위에 이르기까지 차이도 없고, 또 검증 가능한 것에서 전통에 이르기까지 차별도 없다. 어디든지 동일한 놀이뿐이고, 기호와 유사성의 놀이밖에 없다. 그래서 읽을 수 있는 이에게 유일한 커다란 텍스트로서 형성하면서 무한히 자연과 말씀은 서로 교차될 수 있게 된 까닭이다」.[90] 그리하여 세계의 모습과 거기에 상응하는 언어관, 그리고 그 사이의 「닮음」을 끝없이 추적하는 지식과 그 담론은 자연히 「예언」(la divination)을 중하게 여기게 되고, 예언을 많이 하는 것이 「박식」(l'érudition)의 상징이 된다. 그래서 「인식」과 「예언」과 「박식」이 「한 묶음」으로 연결되면서 합리적 사고와 주술적 사고 사이에 구분도 경계도 무너져 버렸다. 그런 「닮음」의 「인식성」이 가장 대표적으로 그려진 곳이 이른바 세르반테스(Cervantès)의 「돈키호테」(Don Quichotte)이다.[91] 이 작품은 르네상스에서 고전시대로 넘어가는 과도기, 현실적으로 상실되어 가는 르네상스적인 지식체계와 거기에 파묻힌 한 인간 사이의 괴리가 몰고오는 웃지 못할 희극의 면모를 역력히 나타내고 있다.

돈키호테 그는 지독한 독서광이었고, 그의 체격은 이미 희미해져 가는 「고문서」의 활자처럼 생기가 없고 깡말랐었다. 돈키호테, 그는 누구인가? 그는 이 세계에서 오직 「닮음」의 흔적만을 보는 인간이다. 푸코의 표현처럼 그는 「같은 것」(le même)만을 생각하는 주인공이다. 그는 「책을 증명하기 위해 세계를 읽은」 상실해 가는 르네상스의 화신이다. 그는 자기가 읽은 책과 르네상스의 문화가 옳음을 증명하기 위해 세상, 이미 변해가는 세상을 거꾸로 읽기 시작한다. 그래서 그 「닮음」의 세계와 다른 것은 그에게 모두 악마와 마귀의 장난일 뿐이다. 그러나 돈키호테는 르네상스적인 기호가 이미 세상의 사물이 아닌 시대에 살고 있음을 깨닫지 못하였다. 그 희극적 비극은 여기서 시작된다. 동시에 세르반테스는 이미 돈키호테의 우스꽝스러운 작태와 말과 행위를 통하여 르네상스 시대의 허상을 풍자하고 있다. 이 「돈키호테」는 벌써 르네상스 시대의 몰락과 새 지층의 탄생을 예고하는 작품이기도 하다. 서서히 언어와 세계의 사물이 갈라지기 시작하고, 눈은 오직 보기만, 귀는 듣기만 열중하고, 「담론」은 존재하는 것에 대하여만 말을 하려는 새 시대가 오고 있었다. 이제 언어활동은 사물의 「흔적」이나 그 흔적을 유사하게 표시하는 「날인」(la signature)이 아니라 사물을 「표상」하기 시작한다. 고전시대가 도래하게 된다.

고전시대의 지식체계, 담론형성에서 공통적인 세 가지 방법적 기준이 있었다. 그것은 첫째로 17세기 후반이 되어서야 출현하기 시작한 「기계론」(le mécanisme)이요, 또 다른 하나는 「경험의 수학화」(la mathématisation de l'empirique)이고, 마지막으로 「질서와 척도를 주는 보편과학」으로서의 「보편수학」(la mathesis universalis)의 이론이다. 이 세 가지 기준 가운데 역시 고전시대를 대변하는 방법적 기준은 「보편수학」의 이론이다.[92] 푸코에 있어서 고전시대는 「세계와 존재의 질서」를 반영하는 언어적 기호와 표상을 정연하게 「배열」하면서 인식론적인 확실성에 이르게 하는 「보편적 수학」의 방식을 개발한 시기이다. 이 시기에 세계의 존재는 보편적 질서를 갖고 있고, 「대수학과 같은 수학방식」은 세계의 질서 정연한 존재들의 배열을 가능한 한 「세심하게 표상한 도면」(le plan)을 갖고 있다. 그래서 이 시대의 지식체계와 담론의 형성은 「수학적 상관표」(le tableau à double entrée)를 연상시킨다. 「상관표」란 쉽게 말하여 대개 키가 큰 사람이 몸무게가 증가하는 양(+)의 상관관계와 제품의 생산량이 증대하면 가격이 하락하는 음(−)의 상관관계 두 가지가 있는데, 이런 관계를 수학적 도표로 대응한 것이 「수학적 상관표」이다. 이러한 「상관표」로부터 보편수학의 방식은 세계의 참다운 질서를 표상화하고, 그 표상 위에서 다양한 종류의 과학이 구조적으로 배열된다. 라이브니츠(Leibniz)의 수리철학이 대표적인 「보편수학」과 「상관표」에 의한 인식의 표본이다.

고전시대의 「질서」(l'ordre) 개념은 르네상스 시대의 「해석」(l'interprétation) 만큼 그 시대의 고고학에서 본질적인 것이다. 그러므로 「질서의 학(學)」은 「해석학」과 달라 어떤 것과 사물에 대하여 의미부여를 하지 않고 얽힌 것은 얽힌 것대로, 서로 구조적 연관성을 지닌 것은 연관성대로 표상하고 담론하는 기본 특성을 지닐 뿐이다. 그러므로 「사물」의 측면에서 존재하는 「질서」와 「언어」의 측면에서 성립하는 「기호」와는 역시 하나의 구조 대응적 「상관관계」를 가질 수밖에 없다. 이미 고전시대의 기호는 르네상스처럼 신으로부터 보내준 신비적 · 예언적 암호가 아니다. 그것은 이미 우리의 인식 안에 내재해 있는 것으로서 사물의 내재적 질서와 다른 것이 없다. 그래서 푸코는 고전시대에 와서 유신론의 철학인 말브랑슈(Malebranche)나 버클리(Berkeley)의 「감정」이나 「감각」도 비록 신과 무관하지는 않지만 우리 인식의 내재적 역할만을 수행하는 것으로 간주되었다고 주장한다. 여기서 푸코가 고전시대 지식의 특징으로서 「질서」를 진술하는 일반과학에 대하여 다음과 같이 표명하고 있다. 「고전적인 인식성의 집합을 가능케 하는 것은 먼저 질서의 인식과의 관계이다. 단순한 자연을 질서화하는 것이 문제될 때, 사람들은 그 보편적 방법인 대수학적 수학(mathesis)에 의존하게 된다. 그리고 복잡한 자연의 질서가 문제되면 (…) 분류학(taxinomia)을 구성해야 하고, 그러기 위하여 기호의 체계를 형성해야 한다. 기호가 복잡한 자연의 질서에 속한다면 대수학은 간단한 자연의 질서에 속한다」.[93]

이어서 그는 다음과 같은 도표(상관표)를 작성한다.[94] 즉 기호는 복잡한 자연의 대수학과 같고, 대수학은 반대로 단순한 자연의 기호학과 다를 바가 없기에 고전시대의 인식이론(지식이론)에서 「표상」(la représentation)이 중요한 몫을 담당하게 된다. 「표상」은 「상관표」의 둘 이상의 「상관관계」를 맺어주는 기능을 한다. 즉 「상관표는 스스로가 표상하는 바를 내용으로 하고 있고, 그 내용은 표상에 의하여 표상된 것으로서만 나타난다」.[95] 이 말은 상관표는 대수학과 기호학으로 짜여져 있는데, 수(數)도 다른 것을 표상하고 기호도 다른 것을 상관적으로 표상하고 있다. 따라서 자연의 수학과 언어의 기호 사이에는 서로 관념에 의해서 연결된 표상작용이 성립될 수밖에 없다. 푸코의 말처럼 「표상작용」은 자기 아닌 다른 것(대상)을 「지시」(l'indication)하고, 또 동시에 다른 것에 비추어 자기 것을 「현시」(l'apparition)하기도 한다. 그러므로 대수(代數)로 표시되는 「자연질서」와 기호로 표시되는 「언어담론」 사이에 「지시」와 「현

〈도표 1〉 질서의 일반학

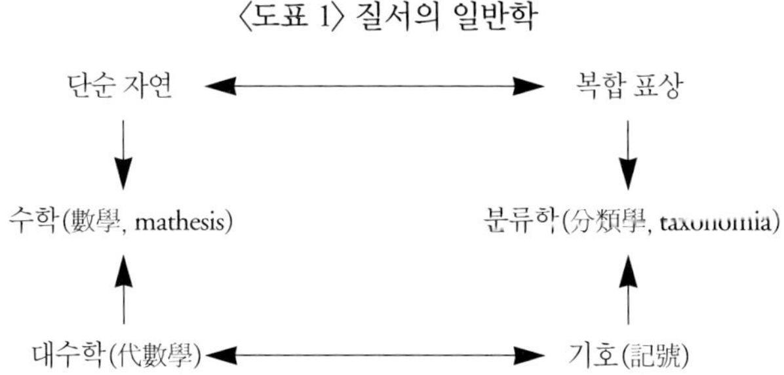

시」라는 「표상작용」이 성립한다. 이런 「표상작용」의 이론에서 보면 데카르트의 「나는 생각한다」(cogito)와 「나는 존재한다」(sum)가 하나의 형식적 타당성을 지니게 된다. 왜냐하면 「나는 생각한다」(cogito)는 「표상작용」에서 「언어담론의 기호적 측면」이고 「나는 존재한다」는 「사물의 질서」와 다를 바가 없다. 그래서 「cogito」와 「sum」은 「수학적 상관표」에 의하여 「나는 생각한다」는 「내가 존재한다」는 것을 「지시」하고, 또 동시에 「내가 존재한다」는 「내가 생각한다」에 「현시」되고 있다. 그래서 데카르트가 그 두 관계를 「지적 직관」으로 표현한 것은 당연한 이론이다. 그러나 데카르트의 철학은 그런 「상관표적 질서」의 학을 초월하여 「연장(延長)」으로서의 「세계」와 「사유」로서의 「자아」를 분리하여 각각 「실체화」한 데서 그만 아깝게 신학적 잔재를 청산하지 못한 과오를 남겼다고 푸코는 말한다.

철학에서 인간은 창조자도 아니고, 신과 같은 「위대한 제조자」(le Grand Artificier)도 아니며, 「이급 수준의 제조자」, 즉 사물의 질서를 표상하는 장소 이외에 다른 것이 아님이 분명하다. 그러므로 사유의 본질은 이미 있어 온 세계질서를 인위적인 진술과 기호로 나타내는 기능에 있다. 그런데 그런 사유의 기능에 데카르트는 「의미」를 부여하고 말았다. 그래서 「자아」에 초월적인 의미부여를 시행함으로써 데카르트는 「자아의 개념」을 모든 것을 창조하는 주체로서 변질시키고 말았다. 그래서 푸코는 데카르트를 고전시대 사유의 충실한 대변자로 생각하기를 주저한다. 고전시대에 「자연」(la nature)과 「인간 본성」(la nature humaine) 사이에 하나의 「상관적 표상관계」가 있었다. 반(反) 데카르트적인 푸코의 생각을 인용한다.

「자연과 인간 본성의 교통질서는 상반되지만 상보적인 두 기능에서 출발하여 (…) 커다란 이론적 결과를 야기한다. 고전적 사유에 있어서 (…) 만약에 인간 본성이 자연과 얽혀 있다면 지식의 기계론과 그 기능에 의해서이다. 오히려 고전적 인식성의 큰 경향에서 보면 자연, 인간 본성, 그리고 그것들의 관계는 정의되고 예견된 기능적 계기들이다. 살이 찌고 서열이 첫째인 실재로서, 까다로운 대상이며 최고의 주체로서의 인간은 고전시대에 어떤 자리도 차지하지 못한다」.[96] 그러므로 고전시대에 인간이 「질서의 부여자」라는 「주체」가 될 수 없었다. 여기서 푸코는 고전시대의 이런 사유형태를 가장 멋지게 표현한 것이 17세기 스페인의 화가 벨라스께즈(Vélasquez)의 작품인 「왕가의 자제들」(*Les ménines*)임을 꼽고 있다. 이 그림은 특이하게 화가 자신이 그림 속에 등장해 있고, 그림을 그리다 말고 뒤로 물러서서 그림도 아니고(그림은 등을 돌리고 있어서 보이지 않고, 뒤쪽 벽에 걸려 있는 거울을 통해 그림내용을 짐작할 정도임) 가상적인 관람자를 보는 것 같다. 푸코의 설명을 듣자.

「겉으로 보면 그 장소는 순수한 상호성을 띠고 있다. 즉 우리는 화가가 자기 편에서 우리를 바로 보고 있는 그림을 쳐다본다. 서로 마주 보는 것, 서로서로 붙들리고 있는 눈짓, 서로 교차하면서 서로 붙들리고 있는 바른 시선만이 있다. 그러나 (거울 속에 비친) 잘 보이지 않는 희미한

선은 오히려 불확실성, 교환과 살짝 몸을 비키기와 같은 복잡한 그물망을 내포하고 있다. 우리가 그 화가의 모티브 대신에 자리잡고 있는 한에서만 화가는 우리를 향하여 눈을 돌린다」.[97] 이 그림은 모델과 관람자가 일치한다. 푸코의 표현처럼 「쳐다보는 자와 보임을 당한 자가 끝없이 서로 교환된다」.[98] 푸코가 이 그림에 대하여 상당히 긴 설명을 하고 있지만, 요컨대 여기서 우리가 스스로를 제한하면서 결론을 내리고 싶은 것은 그 그림은 고전시대의 담론의 법칙인 「상관표」, 즉 자연의 질서와 언어담론의 언표적 기호 사이에 주종이 없는, 그래서 군림하는 주체가 없는, 끝없는 표상의 상호 교환만이 존재함을 알려준다는 것이다. 데카르트는 그 점에서 고전시대의 탁월한 철학자였음에도 불구하고 결국 그 시대의 이단자가 된 셈이다.

푸코에 의하면, 「표상의 상관표」에 들어오지 않는 「주체」는 데카르트에 이어 칸트에게 다시 클로즈 업(close-up)된다. 좌우간 푸코의 이런 이론에 따라 고전시대에 대표적인 세 가지 학문이 공통적 인식성을 지니고 나타난다. 그것이 「일반문법」(la grammaire génerale), 「부(富)의 분석」(l'analyse de richesse) 그리고 「자연사」(l'histoire naturelle)이다. 이 세 학문분야가 고전시대에 차지한 즉자적 의미에 대하여는 이미 제2장에서 논의하였기 때문에 생략하기로 한다. 「일반문법」이 지니는 의미는 이미 소개되었다(제2장). 그러나 여기서 중복을 피하면서 다시 그것을 반추한다.

단적으로 「일반문법」은 모든 언어가 복종할 수 있는 원칙을 찾으려는 언어문법학이다. 그 근거는 인간의 말이 「사유의 도표」요, 「모방」이며, 「표상」이라는 이론에서 출발하고 있다. 그리고 문장에서 주어와 술어와의 관계는 서로 상보적 관계로서 상관하고 있다. 주어는 술어와 관계해서 주어이고, 술어는 자족적 개념이 아니라 주어의 「애매한 관념」이다. 따라서 「사유의 분석」과 「말의 분석」은 동시적이다. 그리고 「개가 짖다」(le chien aboie)라는 문장은 「개가 짖고 있다」(le chien est aboyant)라는 「이다」 또는 「있다」라는 「존재동사」(être)를 「계사」(繫辭)로 하며 언제나 연결되어 있어서, 대상(주어)과 그 대상을 표상하는 사고(술어)는 존재의 가교에 의하여 연결되는 「상관표」와 다를 바가 없다. 따라서 「일반문법」에 의하면 「생각하는 것」과 「말하는 것」은 다른 것이 아니며, 「주어」를 통하여 나타나는 세계의 체계와 「술어」를 통하여 담론되는 인간 정신의 체계는 상관적이며 동시적이다. 그리고 그 「상관적 표상작용」을 떠나 지식이 성립하지 않으므로 「일반문법」에서 「말하는 것」↔「생각하는 것」↔「아는 것」은 모두 「가역적」(réversible) 관계를 맺고 있다.

그리고 시간도 밖에서 벌어지는 역사가 아니고 주어와 술어 사이에 놓인 가교로서의 존재의 양식에 불과해서 「시간은 언어활동 안에서 생성된다」. 더구나 「일반문법」은 결코 제 언어 간의 「비교문법」이 아니다. 왜냐하면 「비교문법」은 가능한 한 여러 개의 언어를 연구하여 그 언어들의 공통원리를, 하나의 통일적 이상을 찾으려 하는 데 반하여, 「일반문법」은 그런 방법을 택하지 않고 각 언어에서 담론을 표상하는 기능만을 찾고, 그 「담론의 표상기능」이 「표상대상」과 어떤 관계를 맺고 있는가를 따진다. 푸코의 표현처럼 「일반문법은 언어활동을 다른 것과 결연되는 표상으로서 나타나게 하기 때문에 그것이 일반적이다. 그 문법이 취급하는 것은 표상의 내적 양분화(le dédoublement intérieur)이다」.[99] 그래서 대상(주어)과 그 술어를 결연하는 방식이 각 나라마다 다르면(예, 「사람은 동물이다」와 그 말을 불어로 옮기면 「L'homme est un animal pensant」이 되는데, 계사와 술어의 위치가 양 언어에서 각각 다름) 여러 나라의 일반문법이 가능하다. 요컨대 「일반문법」은 각 언어의 「분류법」(taxonomie)을 세운다. 왜냐하면 사물의 측면인 「주어」와 정신의 표상인 「술어」와의 「상관관계」의 분류에서 언어와 사고의 「분류법」이 도출되기 때문이다.

이 「일반문법」의 분류법(la taxonomie)은 네 가지 방식으로 나누어진다. 1) 귀속(l'attribution), 2) 분절(l'articulation), 3) 지시(la désignation), 4) 파생(la dérivation)이다.[100)]

1_ 「귀속」은 이미 앞에서 본 「계사」「être」를 가교로 하여 주어에 연결, 귀속되는 술어의 속성을 말한다. 그러므로 「계사」「être」가 없다면 언어활동은 불가능하고, 언어활동이 없다면 그 활동의 한 부분인 계사 「être」도 존재할 수 없다. 그러므로 계사는 언어활동과 명제에 있어서 표상되는 존재(대상과 주어)와 표상하는 존재(술어)의 귀속관계를 일반화한다.

2_ 「분절」(음성론의 경우는 조음이라 함)은 「개체」의 「명사」가 「종」으로, 「종」에서 「류」로 증대하는 「일반화」를 가리키거나, 또는 「실체」에서 「질」로 「분화」되는 과정을 말하기도 한다. 「실체」와 「질」의 양쪽 끝에 「고유명사」와 「형용사」가 있고, 「보통명사」는 「실체」와 「질」을 공통으로 지니고 있어서 상호 간에 강한 귀속성을 짙게 지닌다(ex : 푸른 하늘, 붉은 피). 그리고 음성론의 수준에서 보면 순음(脣音)은 발음하기도 수월하고 가장 부드럽기도 해서 인간이 알게 된 최초의 사람, 주위의 사람에게 붙여진다[ex : *p*a*p*a(아빠), *m*a*m*an(엄마), *b*aiser(키스하다)]. 그리고 치음(齒音)은 강하고, 시끄럽고 소음 나는 억양이 붙여진다[ex : re*t*enir(울리다), *t*onner(천둥치다), é*t*onner(놀라다)]. 그리고 모음의 조음도 자음과 유사해서 「A」는 소유(*a*voir), 「E」는 실존(*e*xistence), 「I」는 권력(pu*i*ssance), 「O」는 눈을 둥그렇게 뜨는 모습으로서 놀라움(ét*o*nnene-ment), 「U」는 축축한 기분을 나타내는 습도(h*u*midité) 또는 분비액(h*u*meur)과 상관관계를 자주 갖는다.[101)]

3_ 루소도 주장하였지만 언어의 「지시기능」은 상호 간 행동을 알리는 신호로서 먼저 발생하였고, 곧 이어서 가까운 사물의 가치를 기억하기 위해서 소리를 통일하게 된다. 그러므로 「지시기능」은 행동언어와 거기에 따른 유사한 소리를 접목시켜 탄생되기 시작한다. 따라서 유비의 법칙은 사물과 소리의 대응이 무턱대고 이루어진 것이 아님을 알린다. 「생기 있고」 「빠르고」 「보기에 강한」 「빨간색」은 불어에서 「rouge」인데, 불어의 특이한 「r」발음이 주는 어감과 전혀 무관하지 않다. 이와 같은 「언어발음」(조음)과 「지시대상」과의 「상관법」은 각 언어마다 조음구조에 따라 상이하게 나타날 수 있다.[102)]

4_ 표의문자와 표음문자의 「파생」에는 차이가 있다. 이 두 문자의 파생기능의 선후의 복잡한 이론은 여기서 생략하고 단적으로 「표의문자」는 「그림」에서, 「표음문자」는 「노래」에서 「파생기능」의 기원을 찾는다. 한자의 파생적 기능은 생략하고 옛날의 상형문자에서 찾아보면 고대 이집트에서 화살표는 전투를, 사다리는 도시의 위치를, 눈은 전지전능한 신을 「지시」했고, 역으로 후자는 각각 전자에서 「파생」된 것이다. 「표의문자」를 쓰는 민족은 「표음문자」를 쓰는 민족보다 시간과 역사개념을 별로 의식하지 않고 「언어활동의 공간적 처분이 시간의 법칙을 명령하는 것 같다」고 푸코가 말한다. 이것이 동양과 서양의 큰 문화구조의 차이를 가져왔다고 그는 생각한다.[103)] 상형 내지 표의문자와 달리 알

파벳과 같은 표음문자와 더불어 인간의 역사는 급속히 변한다. 알파벳은 공간 속에 생각을 옮기지 않고 소리만을 표시한다. 소리로부터 알파벳과 같은 표음문자는 소리를 결합하여 낱말을 생산하고 또 파생시킨다[ex : faire→re-faire(만들다 →다시 만들다)]. 그리고 소리의 분석(조음분석)을 통하여 이성에 타당한 규칙을 엮어낸다. 그래서 글자는 생각을 표상하지 않고, 글자의 결합은 생각과 생각의 결합처럼 진행되어서 표의문자의 민족이 문자를 배우는 데 걸리는 시간을 표음문자는 생각의 분석과 사고의 진행에 바치게끔 만든다. 하여튼 표의문자든 표음문자든 그 문자의 성격에 따라 각각 운명적으로 그들의 상이한 역사를, 역사의 상이한 양식을, 상이한 습관을, 상이한 망각을 갖게 하였다. 이 「일반문법」의 「파생이론」에서 우리가 알 수 있는 것은 낱말은 시간 속에서가 아니라 공간 속에서 자기의 장소를 갖고 있다는 것이다. 왜냐하면 각각 시간이 흘렀어도 그 시간은 각각의 언어구조 안에서의 시제변화에 불과하지, 결국 역사와 관습과 생활의 차이를 가져온 것은 역사와 시간이 아니라, 그 각 「언어문자」가 사용되어 온 「공간」이었기 때문이다.

푸코는 위에서 언급된 「귀속」, 「분절」, 「지시」 및 「파생」의 네 가지 이론을 「언어활동의 사변형(四邊形)」(le quadrilatère du langage)이라고 명명하였다. 여기서 「귀속」(l'attribution)의 이론은 사실상 「명제」(la proposition)와 다를 바가 없다. 왜냐하면 「귀속」은 명제의 공식인 「S(주어)+C(계사)+P(술어)」에서 「P」와 「S」가 서로 「C」를 매개로 하여 갖는 관계의 이론이기에 결국 「귀속이론」은 「명제의 이론」에 귀결되기 마련이다.

이 네 가지 이론의 관계를 푸코는 다음과 같이 설명한다. 「(이 네 가지 이론은) 2 : 2로 서로 대립되고, 또 2 : 2로 서로 지탱해 주고 있다. 분절은 명제의 아직도 공허한 구술적 순수형식에 내용을 주는 것이고 명제를 채워주지만, 그러나 사물을 구별짓는 명명이 그것들을 결합시키는 귀속에 대립되듯이 분절은 명제에 대립된다. 지시의 이론은 분절이 갈라놓은 명목상의 모든 형태의 부착점을 나타낸다. 그러나 지시는 분절에 대립되니 그것은 마치 순간적이고 제스처적이며 직각으로 교차하는 지시가 일반성(la généralité)의 재단에 대립되는 것과 같다. 파생의 이론은 그 기원으로부터 출발하여 낱말의 연속적인 운동을 보여주지만, 표상의 표면에서 미끄러짐은 표상에 어간을 부착시키는 유일하고 안정된 연결에 대립된다. 마지막으로 파생은 명제에로 재귀한다. 왜냐하면 파생이 없이는 지시는 자기 자신 위에 포개져서 남아 있을 것이고, 귀속의 연결을 인가하는 일반성을 얻을 수 없으리라. 그렇지만 명제가 계기적 질서에 따라 전개될 때 파생은 공간적 모습에 따라 이루어진다」.[104)]

이 글에서 우리가 알 수 있는 것은 「명제」와 「분절」은 분절이 공허한 명제의 내용을 채워주는 점에서 그 관계가 상보적 관계지만, 「분절」이 「사물」과 「개념」과 「소리」를 쪼개고 명제가 그것들을 결합시킨다는 점에서 서로 상반적이라는 것이다. 또 「분절」과 「지시」는 분절이 쪼개놓은 것을 「지시」가 관절처럼 부착점을 가리킨다는 점에서 상보적이지만, 「분절」이 「일반적 법칙」을 지니고 「지시」는 개별적인 사례 중심이기에 상반적이며, 「지시」와 「파생」이 상호 원형과 상황에 따른 활용이라는 점에서 연속성을 지닌 상보성을 갖지만, 「지시」의 어간적 표상은 유일하고 안정적이지만 「파생」은 표상의 안정성이 없어서 서로가 상반적이라는 것이다. 또 「파생」은 「명제」가 상황에 따라 변화하는 것을 도와주지만,

「명제」가 시간적 「계기성」을 동사의 시제나 주어와 술어의 구성상 요구되는 시간적 차이성에서 나타나는 데 반해, 「파생」은 낱말의 「공간적 모습의 변이」(ex : faire→dé-faire, re-faire, malheur→malheur-eux 또는 euse, dire →contre-dire 등)에 지나지 않는다. 이와 같은 고전시대의 언어이론(「일반문법」)을 성찰해 보면, 결국 그 이론은 사물과 사물을 표상하는 개념(기호)과의 사이에 「상보성」과 「차이성」을 어떤 「도면」(le plan)에 의해서 질서화할 것인가를 생각한 노력이 여실히 돋보인다.

그런 「도면」 위에서 성립하는 「담론」은 사물에 명사를 귀착시키고, 그 명사 안에 그 존재를 부여하는 「존재론」(l'ontologie)과 다른 것이 아님을 알 수 있다. 그리고 이 네 가지 이론의 「상보」와 「상반」관계는 「존재론」의 「상관」·「상반」 법칙을 보여주는 것과 같다. 고전시대의 「존재론」은 곧 「분류학」이다. 결국 「포르-루아얄」(Port-Royal)의 「일반문법」의 이론에 내재한 기호의 이론은 바로 대상과 표상과의 관계가 문제되는 이론이고, 그 이론은 곧 자기 관념에 대한 성찰의 이론과 다를 바가 없다. 이것을 도표화하면 다음과 같다.105)

〈도표 2〉

관념 → (대상 = 관념 →) 대상
(a_1) (a_2) (b_1) (b_2)

즉 「a_2」는 낱말이며, 그 낱말은 대상 「b_2」의 관념인 「b_1」으로 작용하며, 또 낱말 「a_2」는 「a_1」을 정신 속에 있는 표상작용의 형식인 관념으로서 갖는 셈이다. 그래서 「언어의 분석」과 「사유의 분석」은 서로 별개가 아니라 같이 가며, 「언어」와 「사유」는 「실재」의 표현이 아니라 「담론의 존재」가 된다. 그리고 그 「담론의 구조」는 위에 나온 〈도표 2〉와 같다.

고전시대의 언어학인 「일반문법」과 마찬가지로 이 시대의 자연과학도 「일반문법」의 언어학과 유사한 표상의 담론을 통하여 하나의 인식과 지식을 위한 「상관표」 작성에 전력을 경주하고 있음을 볼 수 있다. 자연과학에서도 언어와 사물이 표상의 세계에 속하고 있다. 언어학이 말하는 담론의 법칙을 생각하였듯이 이 시대의 자연과학도 주로 보는 것의 법칙을 말한다. 보는 것의 법칙이 식물 분류학과 동물 분류학의 발전을 가져왔다. 푸코에 의하면, 이 시대에 19세기 이후 오늘날까지 우리에게 친숙해진 「생물학」(la biologie)과 「생명」(la vie)의 개념은 존재하지 않았고, 「자연사를 통하여 구성된 지식의 창살무늬(la grille)에서 나타난 살아있는 존재(les êtres vivants)만이 있었다」.[106] 그래서 「일반문법」이 그 시대 인문과학의 대표이듯 「자연사」(l'histoire naturelle)는 그 시대 자연과학의 으뜸이었다. 이 「자연사」의 연구는 눈으로 직접 보고 관찰하는 것이 가장 큰 방법이었으므로 「식물채집」, 「식물도감」, 「원예」 등과 같이 사물들이 서로 공간 속에 병립된 투명성을 중시했지 간접적 매개체에 의한 「주석」을 거부하였으며, 「자연사」는 단지 표면에 나타나 있는 것을 통하여 그것들의 「성격」이나 「공통성」에 대한 「명명」의 방법을 사랑하였다. 이런 점에서 「자연사는 보이는 것의 명명 이외에 다른 것이 아니다」.[107] 눈에 의한 「가시성」을 중시하기에 자연히 17-18세기의 「자연사」는 자연의 「선」, 「표면」, 「형태」, 「凹凸」 등을 주요 관심의 표적으로 삼을 수밖에 없다.

말할 나위도 없이 「자연사」는 「사물」과 「언어」의 「상관관계」인 「표상」을 수단으로 하는 「눈의 인식」, 「가시성의 담론형식」이다. 그 「자연사」의 담론이 특히 촉각이나 청각, 후각이나 미각보다 시각에 인식론적 우위를 둔 까닭은 시각이 다른 어떤 감각보다 불확실성에 의존하지 않고 보여진 사물과 말하여진 언어(기호, 언표) 사이에 「상관적 표상작용」을 정립할 수 있기 때문이다. 즉 보는 것이 말하는 것의 명증성(l'évidence)을 보증해 준다. 그래서 「자연사」는 보는 눈으로부터 말하는 입으로 관념의 표상이 전달 또는 이전되기 때문에 언어의 「명제이론」을 빌려 담론화하는데, 그 명제이론은 또한 「분절이론」에 의하여 내용을 공급받는다. 자연을 관찰하고 명증하게 진술하기 위하여 「자연」은 「쪼개져야 한다」. 「고전시대에 속하는 자연사를 그 모든 영역에서 관통하는 구조의 이론은 유일하고 동일한 기능 속에서 명제와 분절이 언어활동 속에서 하는 역할과 중첩되고 있다」.[108] 「명제」는 「분절」에 의해서 쪼개진 것을 하나로 통일된 「언표」로 「결합」한다. 「나눔」과 「합침」은 「보편수학」(mathesis universalis)의 방법과 같아서, 그 시대의 「식물학」은 「대수학」이나 「기하학」의 과정처럼 스스로 엄밀과학으로 자리를 굳히려고 하였다. 이 시대에는 식물학이 동물학이나 해부학보다 더 큰 환영을 받았는데, 그 까닭은 첫째로 식물의 조직과 구성이 동물보다 분류학상 더 눈의 관찰에 직접적이고 분명한 지각을 주며, 둘째로 아직 그 시대에 언표 가능한 것과 보이는 것이 동물의 몸 내부에 침투할 수 없었기 때문이다.[109] 즉 「식물학」이 「자연사」 연구에서 「일반문법」의 「명제」와 「분절」이론에 각각 대응되면서 「보편수학」에 의한 「엄밀과학」의 요구에 대응되었고, 동시에 사물과 담론의 상관표를 작성하는 표상의 질서와 구조에 쉽게 합당하였다. 푸코는 이런 것을 우리가 본 바와 같이 「고고학적 모형의 규칙」이라 하였다.

그와 동시에 이 시대의 「자연사」와 「식물학」 연구의 방법이 대단히 구조주의적이었다. 예컨대 가장 단순한 초보적 수학적 사고로서 「0〈1

〈2」라는 언표는 수가 독립적 실체가 아니고 관계의 상관관계에서 동일성과 차이성을 나타낸다. 자연의 표상적 지시는 가능한 다른 지시기호들과의 관계에서 자기 동일성을 정립한다. 「종」의 동일성은 차이의 놀이에 의해서만 고정되고 정의된다. 그것이 「분류체계」와 「유별」(類別)에 의한 「질서」이다.

그런데 고전시대의 분류학에서 커다란 이견이 생기게 된다. 그 이견은 자연의 분류를 「방법」(la méthode)에서 구하는가, 아니면 「체계」(le système)에서 찾는가 하는 관점의 차이에서 온다. 이 이견에 따라서 린네의 「생명고정설」은 「체계」에서 분류를 구하고 뷔퐁의 「생명진화설」은 「방법」에서 그것을 구하고 있다. 이미 이 두 개념이 앞절에서 언급되었음을 상기하기 바란다. 이 이견은 보편적이고 질서정연하며 연속적인 자연을 「인식론적 도면」이나 「도표」 위에 그리기 위하여 수많은 자연존재의 동일성과 차이성을 어떻게 지시할 것인가 하는 관점의 차이를 노출하고 있다. 그 동일성과 차이성의 기준이 되는 것이 곧 자연의 「형질」(le caractère)이다.

그런데 린네 계통의 「생명고정설」에서는 그 「형질」을 개별적인 요소들을 점진적으로 연역해서 공통적인 명명을 찾지 않고 전체의 구조를 우선으로 하여 「유(類, le genre)→종(種, l'espèce)」으로 분류하면서 동일성과 차이성을 탐구하려 한다. 그리하여 린네는 「유를 구성하는 것이 형질이 아니고, 유가 형질을 구성하며, 형질은 유에서 나오지 유가 형질에서 나오는 것이 아니라고」 주장하였다. 그러므로 「종차」(種差, la différence spécifique)가 곧 「형질」이고, 자연은 「종」의 세계에서 「형질」로서 선택된 구조가 취하고 있는 여러 가지 「종차」들이 다양한 영역을 빈틈없이 체계화한 질서요, 연속이요, 보편이다. 그러므로 「자연의 종차」는 「자연의 중단 없는 상보(床褓) 위에서 판명하게 존재하는 지역」에 현실적으로 대응된다. 그와는 반대로 뷔퐁 계통의 「생명진화설」은 자연을 동일성과 차이성에 의하여 분류함에 있어서 「종차」에 의한 「형질」로서 「종」을 고정시켜 체계화하지 않고, 모든 자연에 광범위하게 적용될 수 있는 「동일성」과 「차이성」으로부터 보다 덜 광범위한 존재의 영역에로 점차 내려오는 방법을 선택하는 「가변성」을 지닌다.

그래서 뷔퐁의 「방법」은 자연을 가급적이면 많은 존재로 분류하고, 그 분류가 많으면 그만큼 진실에 가까워지고, 결국 개체만이 실재로 존재하지 유(類)와 같은 체계는 우리의 상상 속에서만 존재한다고 말하였다. 그러나 이 두 이견도 고전시대의 인식성에서 기본적 공통점을 지니고 있는데, 그 공통점은 「체계」나 「방법」이나 다같이 「차이의 일반적 그물」에 의해서만 「동일성」을 정의한다는 것이다. 16세기 르네상스 시대의 동일성은 「구형」(球形)을 이루어 자기 「동심원」을 중심으로 하는 「폐쇄적 동일성」에 지나지 않았다. 예컨대 새의 여러 가지 종류를 구별하는 것도 르네상스 시대에는 「차이의 그물」에 의해 「구분」하지 않고 이 새는 밤에 사냥하고, 저 새는 물에 살고, (…) 하는 식의 폐쇄성의 정의에 만족하였다. 그러나 고전시대에 린네의 「체계」든 뷔퐁의 「방법」이든 모두 「차이의 변별」에 의한, 그 한계 안에서 「동일성」을 구했다. 이런 분류방식은 19세기의 「인식성」과도 다르다. 예컨대 퀴비에(Cuvier) 같은 생물학자가 본 19세기 「인식성」의 한 예인데, 「종의 동일성」을 「차이의 변별적 놀이」에서 찾은 것은 고전시대와 마찬가지이나 그러나 이미 하나의 단절적 변형이 나타난다. 그것은 그 「차이의 변별」이 내적인 상호 의존 체계(두개골, 호흡, 혈액순환 등)를 갖는 커다란 「유기적 통일」의 기반 위에 나타난다는 점이다.

예컨대 「무척추동물」은 「척추동물」과의 「변별적 표상」에 의해서 질서화하지 않고 어떤 호흡양식이나 혈액순환의 유형이나 어떤 통일을 적극적으로 전제로 한 「유기체 결합」에 의하여 정의하려 한다.[110] 그러므로 고전시대의 린네나 뷔퐁은 그 시대에는 서로 「외적 모순」처럼 보였지만, 16세기나 19세기의 「인식성」에 비춰 보면 그들은 「내적 대립」을 한 것에 불과하다. 「종(種)과 유(類)의 그물의 빈틈없는 견고성(린네의 고정설)과 그것을 휘저은 사건의 연속(뷔퐁의 진화설)은 같은 수준에서 자연사와 같은 지식이 고전시대에 가능하였던 인식론적 주춧돌을 이루고 있다. 그것들은 근본적으로 대립된 자연을 지각하는 두 가지 방식이 아니다. (…) 그것들은 고전시대에 자연의 지식을 정의하는 고고학적 그물에서 동시적인 두 가지 요구이다. 시간적 계기가 존재의 등급에 포함되어질 수 없다. (…) 고전적 사상에서 (다윈의) 진화론과 변형론의 추측도 없고 있을 수도 없다. 왜냐하면 시간은 살아 있는 존재의 내적 유기체 안에서 그들을 위한 발전의 원리로 결코 인지되지 않기 때문이다」.[111]

그런 점에서 뷔퐁의 「생명진화설」은 다윈의 「진화론」과 달라 「사건의 시간적 연속」 입장에서 자연을 생각하지만, 그가 말한 「진화」는 첫 번째 등장하는 요소에서부터 마지막 요소까지 「분류도표」상에서 「사다리」 모양의 일반적 「치환」(le réplacement)을 뜻하지, 다윈처럼 시간이 주축이 되어 이루어지는 변화를 말하는 것은 아니다. 그래서 뷔퐁의 「진화설」에는 다윈에서 보는 것같이 시간에 따른 연속적인 「발전개념」도 없고, 종국적인 「목적」과 더 나은 완성을 향하여 가는 「종의 변화」도 없다.

이상에서 우리가 본 고전시대의 「자연사」는 언어적 담론과 사물의 절서 사이에서 「표상작용에 의한 상관표」를 작성하는 「인식성」을 특징으로 하고 있다. 비록 자연의 「형질」을 보는 두 입장의 차이가 있기는 하지만, 좌우간 그 「형질」(le caractère)은 언어에서는 명사(le nom)에 대응된다. 그러므로 「명사」와 거기에 대응되는 자연의 「형질」을 중심으로 「말하는 것」과 「분류하는 것」이 동일한 표상의 공간 속에서 정리된다. 특히 이 「말하는 것」과 「분류하는 것」의 네 가지 요소 중 「명제」와 「분절」의 이론과 밀접한 관계를 지으면서 진술된다. 왜냐하면 이미 앞에서도 암시되었듯이 「자연사」의 진술은 자연의 분류에 대한 정확하고 명증한 「명명」(命名)과 그 「명명」에 관계되는 「언표의 밭」을 재집합하고 분절하는 관계와 다른 것이 아니기 때문이다. 이렇게 보면 「자연은 명칭의 틀을 통해서만 주어진다. 그런 이름이 없이는 벙어리나 보이지도 않을 자연은 그 이름 뒤에서 멀리 희미하게 반짝거리고 있는데, 그 자연을 지식에 제공하고 언어활동을 통해서만 자연을 보이게 하는 구획 정하기(le quadrillage)를 넘어서 계속적으로 자연은 현전하고 있다」.[112)]

푸코에 의하면, 이 시대에 자연에는 살아 있는 존재의 지식을 정리하고 질서화하는 자연질서와 거기에 대응되는 언어표상의 구조만 있었지, 근대 생물학에서 말하는 「생명」(la vie)은 존재하지 않았다는 것이다. 「자연사」는 일종의 자연체계와 사건에 관한 구조언어학과 다를 바가 없었고, 그것이 또한 「구획 정하기」 작업과 함께 나타난 「지역존재론」(l'ontologie régionale)이기도 하다.

「일반문법」이 인문과학, 「자연사」가 자연과학의 고전시대적 중심학문이었다면, 정치경제학으로 변형되기 이전의 「부(富)의 분석」은 사회과학의 중심이다. 그 시절에 아직 「생산이 지식의 질서 속」에 도입되지 않아서 「부의 분석」이 「경제학」이라고 명명하기가 곤란하다. 우선 「부」의 개념이 16세기와 17세기 사이에 「단절」지층을 형성하고 있다. 우선 「부의 기호」인 「화폐」에 대한 개념의 차이가 가장 크다. 「화폐」(la monnaie)

란 말할 나위 없이 상품과의 교환가치를 재는 단위를 말한다. 그런데 르네상스 시기에 그 가치는 전적으로 「내적 가치」에 근거해 있었다. 이 시기에 「화폐」는 「귀금속」으로 형성되어 있었는데, 「귀금속」이란 화폐구조의 범위를 벗어나면 사실상 별로 효용가치가 없는 금속이지만 그 시기에 가장 값진 교환가치로 여겨졌다. 왜냐하면 그 시기의 「인식성」에서 비춰보면, 땅 속에서 그것이 최고로 비싼 「값어치」를 「내재적」으로 지니고 있기 때문이다. 그 이유에서 「귀금속」이 가격을 갖고 모든 「경제교환의 척도」가 된다.

그러나 17세기 고전시대가 시작되면서 「화폐」는 그것이 갖고 있는 「고유한 폐쇄적 가치」나 「대용(代用)가치」의 성격보다 다른 것과의 「교환기능」을 중시하게 된다. 이런 기능을 중시하면서 「중상주의」(le mercantilisme)가 대두된다. 「중상주의는 (…) 화폐로부터 부의 분석과 표상의 도구를 만들고, 또 그 대신에 부로부터 화폐에 의하여 표상된 내용을 만드는 숙고된 분절이다」.[113] 그런데 그 「부」와 「화폐」의 관계는 교환과 순환의 체계 위에서 정리된다. 중상주의에 의하면 「모든 부는 환전 가능한 것이고, 순환되는 것이다」. 이러한 관점은 「자연사」에서도 만나게 된다. 「자연사」에서 「모든 자연적 존재는 형질화될 수 있고, 그것은 분류학 속에 편입된다. 또 모든 개체는 명명될 수 있고, 그것은 분절된 언어활동 속에 들어갈 수 있다. 그리고 모든 표상은 기호화할 수 있고 인식되기 위하여 동일성과 차이성의 체계 속으로 그것이 편입될 수 있다」.[114] 그래서 「화폐」와 「형질」과 「명사」(名詞) [명명(命名)]는 사실상 고전시대 「인식성」의 세 쌍둥이와 다를 바가 없다.

중상주의자에게 「부」의 개념은 「욕망을 많이 채워주는 것」으로 「효용성」, 「쾌감」, 그리고 「희소성」이다. 「화폐」는 이제 순수한 「교환기호」의 가치만을 지닌다. 인간의 「쾌감」과 「효용성」을 증대시켜 주는 「희소성」이 사물의 가치가 된다. 「금」은 가치를 표상하는 「기호」이거나 「도구」이지, 그 자체가 「가치」를 구성하지는 않는다. 가치는 인간의 판단에서, 욕망의 표상에서 나온다. 그러므로 「일반문법」이 「사물」과 「언어」와의 「표상관계」에서 지식을 법칙화하듯이, 「자연사」가 「자연적 존재」와 「언어담론」의 「상관관계」에서 「체계화」나 「방법화」가 이루어지듯이, 「부의 분석」이 금, 은과 같은 「귀금속」과 「인간 욕망」의 「표상관계」에서 분석의 틀을 본다. 「일반문법」에서 「보통명사」와 「계사」 「être」가 사물들을 표상하는 힘과 가교 역할을 하고, 「자연사」에서 「형질」(le caractère)이 「종」을 구성하든 「개체」의 차이를 구성하든 하여튼 「자연적 존재의 분류」를 가능케 해주는 매체 역할을 하듯이, 「부의 분석」에서 「금」이나 「은」과 같은 「귀금속」이 「부」와 「인간 욕망」과의 관계를 「도표화」하는 공통부문의 역할을 한다. 그리고 「자연사」에서 「형질」의 외연은 그가 모으고 있는 「종」의 수만큼 확장되고 축소되면서 정의되듯이, 「부의 분석」에서 사람의 손으로 거쳐가는 「화폐의 순환속도」가 바로 「자연사」에서 「형질이 갖는 분류의 외연」과 연관된다. 「화폐의 순환」이 빠르면 물가가 상승하고, 그래서 외국에서 물건값이 싸기에 구입하려는 추세를 증가시킨다. 그러면 화폐와 귀금속이 외국으로 유출되어 그 나라는 다시 빈곤에 빠지게 된다. 푸코가 「화폐금융」의 복잡한 구조에 대하여 한 설명을 생략한다면, 결론은 「자연사」에서 「형질」이 이웃과의 「동이관계」에서 「자연적 존재」를 지시하듯이, 「화폐가격」은 이웃 나라와의 관계에서 오는 「부」의 증가와 「감소」운동에 의하여 「부」를 지시한다는 점이다.[115] 즉 「형질-표상」(le caractère-représentation)과 「화폐-표상」(la monnaie-représentation) 사이에 구조적인 「고고학적 동형성의 규칙」이 있다. 이 규칙은 이미 앞에서 설명되었다.

지금까지 우리는 프랑스의 콜베르(Colbert), 영국의 먼(Thomas Mun)에 의해서 제기된 「중상주의」가 어떤 시각에서 「부의 분석」을 하였는가를 살펴보았다. 통상적으로 이 「중상주의」와 대조되는 「부의 분석」으로 사람들은 「중농주의」(les Physiocrates)를 꼽는다. 확실히 「중상주의」와 「중농주의」는 다른 모순적 면모를 많이 갖고 있다. 예컨대 콜베르를 중심으로 하는 「중상주의」가 「가치를 표상」하는 「금은 귀금속」을 「욕망」의 표상으로 중요시하였는 데 반하여, 케네(Quesnay)의 「중농주의」는 「자연의 산물」, 특히 「농작물」을 최고의 「경제가치」로 여겼다. 또 「중상주의」가 「무역입국」의 정책으로 「수출장려와 수입억제」를 유도하는 강제적 관세정책을 펴나갔음에 반하여, 「중농주의」는 「정부의 간섭정책」을 반대하였다. 또 「중상주의」가 「부를 축적에 의한 쾌감」의 표상으로 보았음에 반하여 「중농주의」는 「자연」을 「재산(les biens)의 표상」으로 보았다. 그러나 푸코에 의하면, 마치 「생명고정설」과 「생명진화설」이 고전시대에 대립 또는 모순되면서 상보적인 담론의 형성과 체계를 갖는 것과 같이, 「중상주의」와 「중농주의」도 그런 구조적 유비관계를 표시하고 있다는 것이다. 「중상주의」가 결국 「화폐의 순환체계」에서 「부의 분석」을 시도하듯이 「중농주의」도 「농산자(農産者)의 자기 욕구」를 넘는 「잉여물의 교환」 속에서부터 출발하여 부를 분석하기 때문이다.

「중농주의」와 「중상주의」의 기본 차이를 푸코는 다음과 같이 정의한다. 「중농주의는 어느 조건에서 하나의 재산이 교환체계 안에서 가치가 될 수 있는가를 자문하며, 중산주의는 어느 조건에서 하나의 평가 판단이 동일한 교환체계 안에서 가격으로 탈바꿈되는지를 묻는다」.[116] 그럼에도 불구하고 「중상주의」와 「중농주의」는 또 같은 이론적 요소를 갖고 있는 것이 둘 다 모든 「부」가 「땅에서부터」(귀금속도 땅, 농산물도 땅) 나오고, 「물건의 가치」는 결국 「교환」에 연계되어 있다고 보는 점에서 나타난다고 푸코가 지적한다.

푸코는 「일반문법」과 「사언사」, 「부의 분석」을 통하여 고선시대 시식체계의 도표를 구성한다. 예컨대 「부의 분석」에서 「가격의 이론」은 「일반문법」에서 「지시의 기능」 또는 「파생기능」과 대응되기도 한다. 「화폐」는 「낱말」처럼 「지시의 기능」을 갖는다. 그래서 「가격변동이 금속과 부 사이의 관계에서 첫째 설정에 속한다는 것은 수사학적 치환(le réplacement rhétorique)이 구술기호의 원초적 가치에 속하는 것과 같다. 더구나 화폐 자신의 가능성으로부터 출발하여 부의 지시, 가격의 설정, 명목가치의 수정, 국가의 빈곤화와 부유화 등을 확인시켜 주면서 화폐는 마치 형질이 자연존재와의 관계에서 하는 것처럼 부와의 관계에서 기능작용을 하고 있다. (…) 화폐와 가격이론은 형질의 이론이 자연사에서 갖는 것과 같은 위치를 부의 분석에서 차지하고 있다. 형질이론처럼 화폐와 가격이론도 사물에 기호를 주는 가능성을, 한 사물이 다른 사물을 표상토록 하는 가능성을, 기호가 지시하는 것과 관계해서 하나의 기호를 미끄러지게 하는 가능성을 하나의 같은 기능 속에서 결합시키고 있다」.[117]

우리가 푸코의 박물학적인 지식의 해박성을 다 따라가지는 못할망정 적어도 그가 17-18세기 고전시대의 담론체계와 지식을 다음과 같은 「도면」으로 정리하고자 하는 바를 이해할 수는 있다. 그의 말을 직접 들어보자. 「(…) 고전적 사상에 있어서 자연사의 체계와 화폐 및 상업의 이론은 언어활동과 꼭 같은 가능성의 조건을 갖고 있다. 이 점은 두 가지 각도에서 그러하다. 첫째로 자연의 질서와 부의 질서는 (…) 표상의 질서와 같은 존재양식을 갖고 있고, 그 다음 사물의 질서를 나타내게 하는 것이 문제될 때, 자연사가 잘 만들어진다면 자연사가, 화폐가 잘 통제된다면 화폐가 언어활동의 방식대로 작용하기 위하여 충분히 우대를 받는 기호의 체계를 말이 형성한다는 점이다. 대수학이 보편적 수학에 속한다면, 특별히 기호와 말은 분류학에 속한다. 분류학은 사물의 질서의 명증한 구성이고 표출이다」.[118]

이상의 인용에서 우리는 푸코가 고전시대에 주는 예찬의 철학적 본질이 어디에 있는가를 느낄 수 있다. 고전시대의 자연존재는 서로서로 연결된 고리처럼 「이웃관계」를 형성하여 자연이 하나의 「영원한 연속체」이게끔 하며, 따라서 자연은 「존재들의 중단 없는」 거대한 하나의 「상보」(床褓, la nappe)와 같은 것이다. 마찬가지로 인간사회도 인간들의 욕망의 교환을 통하여 스스로를 만족케 하는 질서를 찾아나간 것으로 푸코도 생각하는 듯하다. 그리고 언어도 자연대상이나 경제대상이 갖고 있는 질서를 잘 표상하는 「담론규칙」과 「문법의 분류학」과 다른 것이 아니다. 「말하는 것」과 「보이는 것」이 「질서와 표상의 분류학」에서 하나가 된다. 즉 말과 눈의 경험성이 고전적 사유를 지배하는 「존재론」에 결부되어 있다. 푸코는 고전시대를 다음과 같이 규정하고 있다. 「경험성(l'empiricité)의 질서화가 고전적 사유를 특징짓는 존재론에 그렇게 연결되어 있다. 존재가 표상에 단절 없이 주어진다는 사실에 의하여 투명하게 된 존재론의 내부에 처음부터 사실상 고전적 사유가 자리잡고 있다. 그리고 존재의 연속을 교부한다는 사실에 의하여 비추어진 표상의 내부에 그 고전적 사유가 사실상 처음부터 속해 있다」.[119]

푸코의 고전시대의 「인식성」(l'épistémè)에서 우리는 무엇을 보는가? 고전시대는 인식과 지식의 기원이나 진보나 생산과 같은 개념이 존재하지 않았다. 따라서 이 시기에 다윈의 적자생존을 위한 투쟁이나 마르크스의 계급투쟁이 존재할 수가 없는 것이다. 그 시대에는 「질서의 조작자」인 「유별」(類別) 만이 전부였다. 「원인과 결과」는 존재하지 않았다. 따라서 「모순의 개념」도 큰 뜻이 없었다. 이 시대의 지식이나 담론의 형성은 「보는 것」과 「언표 가능한 것」의 「상관성」에 의해서 이루어지지만 종국적으로 지식은 「담론의 제자리 찾기」와 깊은 연관을 맺는다. 「공간의 자리개념」이 없는 지식은 참다운 지식이 아니다. 예컨대 가격은 가치를 지시하는 기호이다. 가격은 가치를 표상하는 기능을 갖는다. 그러나 가격은 또 교환 속에서만 그 기능을 구체화한다. 「부의 분석」과 「일반문법」과 「자연사」가 동일한 구조를 지닌다. 이 시대의 제반 학설들이 비록 차이는 있지만 근본적으로 깊은 동일성의 구조를 약속해 놓고 있다. 고전시대의 우주에는 「존재」밖에 없고, 「무」와 「빈틈」은 없다. 모든 것이 꽉 차 있다. 그 「가득 찬 존재」를 표상하는 능력도 예외가 없다. 고전시대는 「질서의 행복감」에 가득 찬 시대이고, 「존재가 서로 싸우지 않는 시대」이다. 그래서 그때의 담론은 「일반문법」이 강조하는 「계사」 「être」처럼 「존재」와 「긍정」만이 넘쳐흘렀다. 「존재의 실재」와 「표상의 관념」도 의좋게 지내던 시대이다. 왜냐하면 존재가 곧 표상이고 표상이 곧 존재였기 때문이다. 이 시대에 사물에 대한 정확하고 명증한 「명명」(命名)이 곧 「지식」이고, 「행복」이고, 「질서」였다.

6. 역사와 인간시대의 철학적 특징

5절에서 우리는 지루하리만큼 좀 길게 푸코의 고전시대의 사유체계를 분석하여 보았다. 5절이 길었던 것은 푸코가 『말과 사물』에서 양적으로 엄청나고 질적으로 난해한 지식정보를 고전시대에 쏟아부었을 뿐만 아니라, 푸코 철학의 이론적 근거가, 즉 「고고학적 인식」의 기반이 고전시대이기 때문에 우리가 거기에 따르지 않을 수 없었기 때문이다. 이에 우리가 살펴본 바와 같이 19세기 이후 근대 · 현대처럼 예컨대 「생명」의 개념이 지식의 새로운 형태로서 자기 주장을 하지 않고 「생명」은 고전시대에 「자연의 분류체계」 속에 파묻혀 있었다. 그래서 「자연사」는 「형질적 명명호칭」과 「가시성 구조학」과 다른 것이 아니었다. 「부」도 「자연 속」에 본디 있는 것(농산물이나 귀금속)을 「인간의 욕망」에 따라 「교환」하는 「기호의 표상」에서 그 자리를 지켰고, 언어도 「존재와 기호」를 연결하고, 분절하고, 또 존재를 지시하고, 존재의 움직임을 언어의 「미끄러짐」(le glissement)에 담는 파생 등과 같은 원리에서 그 소임을 다하였다.

그러나 19세기부터 오늘에 이르기까지 역사와 인간의 시대가 오고야 말았다. 새로운 「단절」 지층이 형성되면서 「일반문법」은 「언어역사학」(la philologie)으로, 「부의 분석」은 「정치경제학」(l'économie politique)으로, 「자연사」는 「생물학」(la biologie)으로 각각 변형되었다. 이것을 푸코는 근대 · 현대의 「삼원체제」(la trilogie)라 불렀고, 각 「삼원체제」의 중심개념인 「언어활동」(le langage), 「노동」(le travail) 그리고 「생명」(la vie)을 「삼면각」(le trièdre)이라 호칭하였다. 이 「삼원체제」와 「삼면각」을 대변하는 언어역자학자 보프, 경제학자 리카아도, 그리고 생물학자 퀴비예의 소론을 우리가 제2장에서 미미하나마 살펴보았기 때문에 여기서 또 재론하지는 않겠다.

푸코에 의하면, 19세기 이후 「삼원체제」가 등장하면서 행복한 「질서」의 시대는 불행한 「역사」의 시대에 의하여 대체되었다는 것이다. 다시 말하면 퀴비에, 리카아도, 보프가 고전시대의 사유체계를 해체시킨 대표자이다. 생물학적 사유에서 이제 「통시적 기능」이 「동시적인 구조」를 지배하게 되었고, 언어역사학에서는 「어간」을 「진화」 속에서 해결하는 데 정력을 기울이게 되었으며, 경제학에서 「화폐의 순환」은 「생산의 전 과정」을 통하여서만 설명이 이루어지게끔 되었다. 고전시대가 끝나고 19세기 근대의 문이 열리면서 모든 분야에서 고전시대에 주류를 이루었던 「존재충만의 세계」, 「인식의 표면성」 읽기가 「언어표상」의 이론과 함께 사라지고 원인과 결과에 대한 「시간적 선후」와 「계기」가 대체되었다. 이리하여 「질서 있던 정태적 세계」는 사라지고 「동태적이며 역사적이고 불안정한 세계」가 도래되었다. 이러한 세계의 출현과 함께 「인간」(l'homme)이란 특이한 개념이 모든 사고의 중심을 이루게 되었다.

18세기 말까지 「인간」이란 개념은 존재하지 않았다고 푸코는 주장한다. 그러면 근대 이후 「인간」이란 개념이 어디에 어떻게 출현하고 있는가? 푸코에 의하면 「인간」의 개념은 「언어활동」의 「역사적 변혁의 주체」로서, 「노동생산성의 주체」로서, 그리고 「생명의 힘을 과시하는 주체」로서 진술되어 나타난다는 것이다. 이처럼 「인간」의 개념이 역사적 시간 흐름의 전 과정에서 「주체」로 등장한 것은 서양사에서 지극히 최근인 200년 이후부터라고 그는 진단한다. 그러면 17-18세기에는 「일반문법」, 「부의 분석」, 「자연사」에도 「인간」이 등장하지 않았다는 보장이 없는 것이 아닌가 하고 반문을 제기할 수 있다. 여기에 대하여 푸코는 다음과 같이 답변한다. 「자연사는 인간을 종이나 유개념으로 취급하였다. 18세기 인종문제에 대한 논쟁이 그것을 입증해 주고 있다. 다른 한편으로 일반문법이나 경제학도 인간을 요구나 욕망 또는 기억이나 상상력의 개념으로 이용하였다. 그러나 인간의 인식론적인 의식은 없었다. 고전적인 인식성은 어떤 방식으로도 인간이란 특수하고 고유한 영역을 분리시키지 않는 선상에서 분절된다. 그런데 어느 시대도 인간의 본성에 적합한 적이 없었고, 그리고 인간의 본성에 좀더 안정되고 결정적이고 담론에 좀더 잘 제공된 그런 법령을 아직도 주지 못하였다고 사람들이 주장하면서 나의 생각에 반대한다면, 인간 본성의 개념 자체와 그 본성이 작용하였던 방식도 고전적 의미의 인간 학문을 배척하였을 것임에 틀림없다고 응답해도 좋으리라」.[120]

근대 이후 서양은 철학적으로도 시간과 역사의 불안정한 흐름에 심취하여 모든 사물을 오로지 한 가지 기준만의 흐름에 따라서 진보와 발전만을 생각하였다. 여러 가지 존재양식에 따라 다른 표상과 상상이 배제되면서 근대 이후의 서양은 다양한 존재영역이 하나로 「꽉 채워진, 싸움 없는 기호의 그물조직」을 형성했던 그 행복한 고전적 인식체계를 파괴시켜 놓았다. 그렇다고 고전시대가 낭만적 행복감에 감정적으로 젖었던 그런 「정서주의」의 시대였다는 것은 아니다. 고전시대는 행복과 명증한 인식, 그리고 자연과 사회와 언어의 질서가 모두 일체감을 이루었던 그런 고요하고 점잖은 시대였다. 고전시대는 신이 모든 존재들의 상호 연쇄관계를 창조하였고, 언어활동을 규칙화시켜 놓았다고 생각하였다. 그런데 인간은 그 존재들 가운데서 언어적 상징을 기호화해서 표상하고 상상하는 유일한 능력을 갖고 있지만, 그러나 인간은 다른 종들 사이에 끼어 있는 하나의 요소에 불과했지, 다른 종들과 다른 역사성과 인간성을 지녔다고 생각하지 않았다. 그래서 인간은 고전시대에 인식의 「도표」를 만듦에서 그 체계 속의 한 요소로 감추어졌지, 다른 것을 지배하는 특출한 존재로 부각되지 않았다. 시간과 역사 그리고 진보의 개념을 의식하지 않았기에 고전시대는 「인간의 유한성」(la finitude de l'homme) 이라는 주제가 부각되지도 않았다.

그러면 푸코가 근대 · 현대에 출현한 「인간」의 개념을 어떻게 생각하고 있는가? 그의 생각을 직접 듣자. 「(…) 인간은 노동, 생명 그리고 언어활동에 의하여 지배되어 있다. 인간의 구체적 존재는 이 개념들 속에서 자기의 규정을 발견한다. 사람들은 인간이 만든 대상과 자신의 유기체와 자신의 말을 통해서만 인간에게 접근할 수 있다. 마치 이 개념들이 진리를 지니고 있는 것과 같이(인간은 믿는다). 그리고 인간 자신은 (…) 필연적으로 깊이 감추어진 두께 속에서, (그리고) 돌이킬 수 없는 시간적 선행 안에서 이미 하나의 생명체이고, 생산의 도구이며, 자기보다 앞서 존재해 온 말의 운반기구라는 존재의 형식 아래서만 이해되고 있다. (…) 인간 유한성이 지식의 실증성 속에서 알려지고 있다. 사람들은 두뇌의 해부를, 생산비의 메커니즘을, 인도-유럽어의 동사변화를 알듯이 인간이 유한하다는 것을 인식한다」.[121]

이 인용에서 우리가 짐작할 수 있듯이 푸코가 생각한 근대 이래의 인간개념은 그가 말한 이른바 근대 「인식성」의 「삼면각」이라고 하는 「언어활동」, 「노동」 그리고 「생명」과 불가분의 관계를 맺고 있음을 알 수 있다. 그가 말한 이 「삼면각」의 「인식성」이 근대적 지식체계의 담론형식의 근간임을 철학적으로 이해하기 위하여 근대철학의 시발을 먼저 설명해야 한다. 17-18세기, 특히 17세기의 고전사상은 위에서 열거된 세 가지 영역에서 인간의 대상적 표상 속에서 대상의 동이(同異)를 체계화한 「상관표」와 「도면」 위의 「질서」에 대한 인식과 다름이 없다. 그러나 18세기 말이 가까워짐에 따라 고전시대적 표상과 질서의 분류학이 점차 퇴색하고 새로운 두 가지 형식의 사유가 나타나기 시작한다.

그 두 가지 형식 중 하나는 고전시대적 인식의 매체였던 「표상」이 어떤 조건에서 대상의 인식을 가능케 하는가 하는 물음이고, 또 다른 형식은 「인간의 표상」이 대상(객체)을 완전히 그 배후까지 인식할 수 있는가 하는 물음이다. 말할 나위도 없이 이런 두 가지 물음은 칸트 철학과 밀접한 「각운」을 띠고 나타난다. 칸트는 18세기의 인물이지만 사실상 그의 사유와 사상이 이미 근대세계를 열어놓은 천재임이 분명하다. 첫 번째 물음은 칸트 철학에서 「선험적 주체」(le sujet transcendental)라는 개념을 등장시킴으로써 해결의 길을 찾는다. 즉 「선험적 주체」는 경험에 의해서 주어지는 것은 아니지만, 대상과의 관계에서 모든 가능한 경험일반의 형식적 조건을 규정하는 유한한 존재이다. 그런 조건을 규정함으로써 「선험적 주체」가 표상의 인식작용을 근거지워 주고, 또 그런 「선험적 주체」는 경험의 소여가 있어야 인식을 성립시키는 제한된 주체이기에 유한하다. 두 번째 물음도 칸트 철학에 있어서 우리가 대상의 「현상」(표면)만을 인식할 수 있을 뿐이지 대상의 깊은 곳, 속에 숨어 있는 잠재된 본질인 「물자체」는 우리에게 숨어 있는 「두께」가 된다는 것으로 모색된다.

이런 칸트의 「선험철학」은 푸코의 구조주의와 정면으로 부딪치는 대목이다. 물론 푸코에게도 「질료적 선천성」(apriori matériel)이 인식의 주요한 몫을 차지하기에 칸트의 「형식적 선천성」(apriori formel)과 유사한 대응의 논리가 있다는 것을 부정하지 않는다. 그러나 고전적 지식 형성을 사랑하는 푸코와 그것을 넘어서려는 칸트가 이 대목에서 충돌하는 것은 필지(必至)의 일이다. 그러나 푸코도 앞장에서 기술된 바와 같이 담론이 모든 것을 다 언급하는 것이 아니라고 했기에(희소성의 개념) 푸코의 담론 성격에 칸트의 「물자체」의 「불가지성」과 유사한 것이 있지 않나 하고 생각될 수도 있으리라. 그러나 그렇지 않다. 푸코가 말한 의도는 담론이 갖게 되는 공간의 자리와 상황의 제약성을 두고 한 것이고, 칸트의 그것은 「본질적인 불가지성」과 인간 지성의 「제한성」을 일컫는 말이다. 푸코는 「표면성」 이외에는 인정하지 않는다.

그러면 푸코가 말한 예의 「삼면가」과 칸트 철학과는 무슨 관계가 있는가? 이 점을 이해하기 위하여 우리는 칸트 인식론의 기본 이념명제인 「경험의 가능성의 조건은 경험의 대상의 가능성 조건과 일치한다」는 것을 상기할 필요가 있다. 즉 쉽게 말하면, 「선험적 주체」가 경험을 가능케 하는 것을 가지고 있는 능력이 곧 경험적 대상의 인식을 가능케 하는 현실적 조건과 같다는 뜻이다. 그리고 칸트는 뉴턴(I. Newton) 이래 근대 과학[다윈의 진화론, 아담 스미스*의 노동가치설, 그림(Grimm)과 보프의 인칭과 시제와 문장양식에 따른 동사의 변화 등]이 결론적으로 「인과율」(la causalité) 위에 근거해 있다고 보고, 그 인과율의 인식 근거도 「선험적 주체」가 선천적으로 지닌 한 「범주」의 기능과 같다고 보았다. 그래서 근대성의 「삼원체제」(la trilogie)도 칸트의 「선험철학」과 대응되는 논리를 구비한 「실증성」을 보여야 했었다. 「삼원체제」가 근대의 실증성을 보이기 위하여 적어도 두 가지 요구조건을 만족시켜 주어야 하는데, 그 두 가지 조건은 「선험성」과 「인과율」이다. 그 두 가지 조건을 충족시키기 위하여 「삼원체제」는 각각 「언어활동」, 「노동」, 「생명」이라는 「선험적」이고 「인과적」인 개념을 창출하지 않으면 안 되었다. 이 「삼면각」이 칸트 철학의 「선험주체」처럼 주체가 지닌 선천성은 아니지만, 그러나 그것들(삼면각)

---

* 푸코는 고전시대를 17–18세기로 한 묶음하였는데, 칸트나 스미스는 18세기에 활동했던 사람이기에 연대 단정에 무리가 있는 것이 사실이다. 그러나 푸코도 18세기 후반부터 고전시대의 체계가 붕괴되어 갔다고 보기에 푸코가 말한 고전시대는 17세기를 중심으로 18세기 중엽까지 보는 것이 옳을 것이다.

이 「생명존재」, 「생산법칙」, 「언어활동의 형태」 등의 객관적 인식을 가능케 해준다.[122)]

이와 동시에 이 「삼면각」의 개념들은 모두 「시간적 계기」에 축을 둔 「인과율」을 기본 언표로 하고 있다. 왜냐하면 리카아도에 있어서 노동과 노동량인 시간이 「가치창출의 원인」이며, 동시에 그 노동은 고전시대처럼 하나의 기호가 아니고 「생산품으로서 결과」이기도 하기 때문이다. 그리고 퀴비예에 있어서도 이 우주에 미만된 「존재의 일반법칙」에서 이탈하여 「생명적 존재」만이 「폐쇄적」으로 「지역화」하고 「자치화」한다. 그러면서 동시에 「생명은 모든 존재의 뿌리이고, 비생명적인 것, 무기력한 자연은 낙하된 생명 이외 다른 것이 아니다. 순수하고 단순한 존재는 생명의 비존재이다. 왜냐하면 생명은 19세기의 사상에서 근본적 가치를 갖고 있으며, 동시에 존재와 비존재의 원인인 것처럼,[123)] 보프의 「언어역사학」에서도 「언어활동은 이에 사물의 인식과 연관되지 않고 인간들의 자유와 연관되어 있다. 언어활동은 우리의 풍요한 자유에 그 기원과 그 진보를 힘입고 있다. 언어활동은 우리의 역사이며, 우리의 상속재산이다」.[124)] 이처럼 언어활동도 19세기에 와서 말하는 사람들의 「근본적 소망」, 「주체적 의지」와 결부된다. 그래서 「민족정신」이 언어를 낳게 되고, 거기에 활기를 준다. 마치 「생명」이 모든 유기체의 기능을 대변하듯이 「언어활동」도 「민족의 생명」을 지탱케 해주는 「민족의지」로 「역사화」한다. 그래서 「언어활동」은 이미 「에르곤」(ergon)—작품, 도구—이 아니라 「에네르게이아」(energeia)—원동력, 힘—로 탈바꿈된다.

지금까지 훑어본 바에 따라서 사실상 칸트 철학이 새로운 근대의 지층을 형성케 한 실마리를 제공하였다. 칸트 철학에서부터 「인간중심주의적」 사고라 할지 「인간학적 사유」가 발아되면서 「인간의 유한성」,

「주체의 선험성」, 「대상의 불가시적 심층부」가 생기게 되었다. 그와 동시에 대상세계와 선험적 주체세계에 「역사와 시간」이 도입되고, 「인과율」이 그것의 과학성으로 나타났다. 그 이후로 「세계의 질서」는 신에 의하여 창조되었건 또는 아니건 간에 「도표」 위에서 표상될 수 있는 것이 아니고, 인간을 「거대한 자연세계의 무한연속」의 「연쇄」 가운데 함몰시켰던 고전시대의 사유체계는 쪼개져서 「인간」이 대상세계를 심판하는 「주체」가 되고 말았다. 이제 인간은 존재연쇄 속의 한 존재가 아니라 객관과 대결하는 주체로 탈바꿈되었다. 근대 이후 「주체」는 고전시대처럼 「언어활동의 기호체계」 속에 노는 「놀이」로 여기지도 않고, 「세계질서」를 명증한 눈으로 보는 고요하고 점잖은 「구경꾼」도 아니다. 「주체」가 「민족의지」로서의 「언어활동」, 「생산원인」으로서의 「노동량」, 「모든 존재, 비존재」의 구별 원인으로서의 「생명」을 대상으로 선험적인 출발점으로 삼게 된다. 「주체」가 「인간」으로서 「인위적」으로 대상을 구성하기 위해 노력해야 한다. 그러나 「노동」, 「생명」, 「원동력」(energeia)으로서의 「언어활동」이 모두 「시간과 역사」를 그 본질로 하고 있고, 그것을 통해서 경험적인 세계를 인식하는 「인간」도 「역사와 시간」의 제물로 스스로 인식하기 때문에 「인간의 유한성」 개념은 밖에서 주어진 것이 아니라 근 · 현대인이 스스로 「분비한 액」이며, 자기화한 체질이 되었다. 「한계는 밖에서 인간에게 강요된 규정으로서 나타나지 않고, (…) 자기 자신의 사실 위에만 근거해 있는, 그리고 구체적인 모든 한계의 실증성 위에 열려진 근본적 유한성으로서 나타난다」.[125)]

「노동」도 유한하고, 「생명」도 그렇고, 「언어의 굴곡현상」(la flexion)*

---

* 굴곡현상이란 인칭과 수와 성과 격에 따라 명사, 대명사, 동사가 변화하는 굴곡형

도 「시간」과 「사람」과 「격」(格)에 따라 유한하고, 민족사의 에너지와 결부된 「언어활동」도 덧없다. 그리고 인간의 주체를 시간성으로 생각하는 「선험철학」(칸트나 하이데거의 인간 해석)도 「인간의 유한성」을 가장 본질적 「인간다움」으로 파악한다. 근대인은 안팎으로 「유한성」에 둘러싸여 있다.

「유한성이 지식의 일반적이고 역사적인 선천성이 발견하는 고고학적 수준에서 인간 실존에 제공되어질 수 있는 경험적 형식과 구체적 인간으로부터 출발해서 (…) 언제나 지시될 수 있는 것이 사실이라면, 근대인은—신체적으로 열심히 노동해야 하고 말해야 하는 그의 실존 속에 지정된 인간—유한성의 모습으로서만 가능하다. 근대문화는 인간으로부터 유한한 것을 생각하기 때문에 인간을 생각할 수 있다. 고전시대의 사상과 그 이전의 사상도 이런 조건에서 인간 존재에 대하여, 신체에 관하여, 정신에 대하여, 그리고 그의 인식과 자유를 측정하는 모든 한계에 대하여 말할 수 있었다. 그러나 이들 어떤 사상도 근대 지식에 주어진 것처럼 그렇게 인간을 생각하지 않았다. 르네상스의 "인문주의", 고전시대의 "합리주의"도 세계질서 속에 있는 인간적인 것에 대하여 특권적인 자리를 줄 수 있었다. 그러나 이들은 인간을 생각할 수는 없었다」.[126]

바로 이런 이유로 우리가 이미 전반부에서 언급하였듯이 푸코는 「인간」이란 개념은 「근대사상이 만든 발명」이라고 진단하였다. 푸코는 그의 『말과 사물』에서 이 근대적 인간개념이 초점이 맞지 않는 「이중렌즈」처럼 어색한 모순을 지니고 있다고 분석하고 있다. 즉 「근대적 인식

태의 집합을 뜻함. 명사와 대명사와 굴곡은 어미변화, 동사의 굴곡은 동사변화라 한다.

성」의 「담론적 실천양식」이 모두 「이중적 모순」에 차 있다는 뜻이 된다. 푸코가 말한 이중성은 「경험적인 것/선험적인 것」, 「cogito (나는 생각한다)/사유되지 않는 것(l'impensé)」, 「기원의 후퇴/기원의 재귀」를 말한다. 푸코가 지적한 이 인간의 「이중성」은 19세기와 20세기의 인간 존재양식과 이 이중적 존재양식을 정당화하는 「인간학」의 모든 「담론적 실천」을 뜻하기도 한다. 이렇게 본다면 결국 푸코의 철학은 이 「이중성」에서 벗어나기 위한 새로운 시도로 간주되어도 무방하리라. 그러면 그의 「이중성 분석」이 무엇인가를 하나씩 간략히 보기로 하자.

1) 「경험적인 것」과 「선험적인 것」

「우리의 근대성의 문턱은 인간의 연구에 객관적 방법을 적용하기를 원했던 순간에 자리잡지 않았고, 인간이라 불리워졌던 경험적-선험적 이중렌즈가 구성되었던 그날에 자리잡았다」.[127] 벌써 이 주제의 용어 자체가 칸트 철학을 연상시켜 주는 것이 사실이지만, 사실상 칸트 철학이 이미 앞에서 거론된 근대 인식성의 「삼면각」과 어떤 관계가 있는가를 우리가 보았다. 이 「삼면각」은 그 자체 「경험적 개념」이면서도 동시에 근대적인 모든 것을 인식케 하는 「선험적인 것」이기도 하다. 그런데 칸트는 우리가 이미 아는 바와 같이 「지식의 순수형식」(순수이성의 형식)을 「사실적이고 역사적 영역」에서부터 분리시키려고 노력하였다. 왜냐하면 「사실적 역사세계」는 「순수이성의 형식」이 적용되기에는 너무나 복잡하기 때문이다. 이런 칸트 철학의 애초 의도가 그렇게 두부 자르듯 되지 않고, 경험적 지식의 「내용」뿐만 아니라 그 「형식」(선천적)마저도 경험의 영향을 받게 된다. 다시 말하자면 칸트적인 「선험적 주체」도 「경험의 질서」에 종속될 수 있다는 것이다. 칸트 철학의 영향으로 사람들은 「경험적인 것」을 「선험적인 것」에 흡수해야만 「보편적 지식체계의 형식」이 구비된다고 믿었다. 그렇게 믿은 사람들은 칸트가 『순수이성 비판』에서 말한 「선험적 감성론」*(l'esthétique transcendentale)이 지시하는 방향에 따라 지식의 인식을 설명하려고 하였다.

그런가 하면 또 다른 한편으로 지식의 형식과 인식의 과정을 칸트가 마찬가지로 『순수이성 비판』(*Kritik der reinen Vernunft*)에서 말한 「선험적 변증론(la dialectique transcendentale)」**에 의하여 「경험적인 것」을 「선험적인 것」에 흡수하려는 사람들도 있었다. 이들은 주로 「인간 사유의 역사」를 「인간 인식의 역사」를 생산하는 방식으로, 즉 「인간 사유의 역사」에 그 「선천적 형식」을 규정하는 방식으로 설명하려고 하였다. 이 두 가지 태도는 진리를 인식하는 생각에 매우 애매모호한 입장을 던져준다. 왜냐하면 전자의 입장은 진리가 인간의 「감성과 지각」, 그리고 「신체의 유기체」를 통해서만 접근될 수 있다는 「자연주의적」 견해를 지지하고

---

* 칸트의 「선험적 감성론」이라는 것은 인식의 내용, 즉 경험을 받아들이는 인간 감성의 선천적 형식인 시간과 공간을 말함. 즉 감성이 지니고 있는 선천적인 시공의 형식이 갖는 감각적 직관의 틀을 통해서 인간은 대상을 경험적으로 수용하다는 뜻이다.

** 칸트가 말한 「선험적 변증론」은 인간 정신의 본성에 기인하는 것으로, 인간은 그의 감각적 경험의 한계 너머로 정신의 자기 법칙에 의하여 영혼, 세계, 신의 본성을 이론적 추리에 의해 규정할 수 있다고 믿는 환상을 말함. 비록 그것이 불가피한 환상일지라도 (이론이성의 차원에서) 그것에 대한 연구는 필요 없다고 칸트는 주장하였다. 그래서 영혼, 세계, 신에 관한 이론이성적 연구는 해결되지 않는 이율배반의 상반된 가치를 영원한 인간의 과제로 남겨놓았다.

있고, 후자의 입장은 진리는 경험적인 역사와 관계되고 그런 역사적 진리는 인간의 사유의 「변증론적 형식」을 떠나서 인식되지 않는다는 「역사주의적」 견해를 표명하고 있기 때문이다. 거기에다가 이 두 가지 학설이 「경험적 내용」과 「선험적 형식」 문제에서 다 애매모호한 네를 품고 있다는 푸코의 생각을 듣자. 「결과적으로 대상의 질서에 속하는 진리가 있다. 그 진리는 점차 신체를 통하여 윤곽이 그려지고, 형성되고, 균형이 잡히고 나타난다. (…) 그러나 담론의 질서에 속하는 진리가 또 있다. 그런 진리는 인식의 본성과 역사에 관하여 참된 언어활동을 유지하도록 해준다. 여기서 애매한 것은 참된 담론의 법규이다. 왜냐하면 참된 담론이 (…) 경험적 진리 속에 그 근거와 모형을 찾아서 사람들이 실증주의적 유형의 분석을 갖거나 또는 참된 담론이 자연과 역사를 정의하는 진리에 대하여 예단하고 미리 윤곽을 그려주고 멀리서 부추기고 하면서 사람들이 종말론적 유형의 담론을 갖게 되거나 하기 때문이다」.[128]

여기에 보충설명이 필요할 것 같다. 푸코에 의하면 칸트 철학의 인식이론 자체가 본디 종합적인 대신 그 대가가 애매하다는 것이다. 그래서 위에서 언급된 「자연주의」나 「역사주의」가 다 칸트로부터 시작된다. 칸트 이후에 대두된 「신칸트 학파」(les Néo-Kantiens)가 「실증적」 · 「자연주의적」 성향을 지닌 「마르부르크」(Marburg) 학파 계열인 코헨(H. Cohen)과 나토르프(P. Natorp), 「역사주의」와 「문화적」인 경향을 지닌 「바덴」(Baden) 학파 계열인 리케르트(H. Rickert)와 빈델반트(W. Windelbandt)로 분열된 것도 푸코의 지적과 유사한 원인에서 나왔으리라. 그래서 일차적으로 칸트 철학에서 「자연주의적 성향」과 「문화역사주의적 성향」이 각각 나오게 되는 것이 칸트 철학이 지닌 애매모호성의 첫 번째 모습이다. 그 다음 둘째로 위의 인용이 암시하듯, 두 번째의 애매모호성은 「실증주의적 유형」의 분석에 진리를 강조하는 담론과 「종말론적 유형」에 중점을 두는 진리의 담론이 각각 일치하지 않는 점이 있다는 데 있다. 「실증주의적 유형」의 진리는 푸코에 의하면 「경험적 대상의 진리」를 규정하고 있다는 것이며, 「종말론적 유형의 진리」는 「철학적 담론의 진리」가 「대상적 진리의 형성」을 구성한다는 것이다.

그런데 이런 이중적인 「애매모호성」이 근대철학의 기본 「담론형식」이고 그 「실천양식」임에도 불구하고, 푸코의 고고학에 의하면 그것은 모두 「근대성」이라는 「인식성」을 공통적으로 갖고 있는 일란성 쌍생아에 불과하다는 것이다. 푸코는 근대에서 예의 「실증주의적 유형」을 대표하는 철학자를 콩트로, 「종말론적 유형」의 진술적 실천양식을 대변하는 철학자를 마르크스로 보고 있다. 그의 말을 듣는다. 「콩트와 마르크스, 종말론(인간에 관한 진술의 다가올 객관적 진리)과 실증주의(대상의 진리로부터 출발하여 정의된 진술의 진리)는 고고학적으로 분리될 수 없음을 보여주는 증인이다. 왜냐하면 스스로 경험적이면서 동시에 비판적이기를 원하는 담론은 실증주의자적이면서 종말론주의자적인 것이 동시적으로 될 수밖에 없다. 인간은 그 담론에서 환원되고 동시에 약속된 진리로서 나타난다. 비판 이전의 순진성이 동아리를 내지 않고 거기에 군림하고 있다」.[129] 즉 푸코에 의하면, 역사를 「실증적」이고 「과학적」 법칙에 의하여 규정한다고 하면서 역사를 「예언」하고 기독교의 「종말 시간성」을 초월의 세계로부터 이곳의 역사세계로 세속화시켜 「혁명의 이름」으로 예언하는 마르크시즘이나, 또는 「실증적 경험」과 「경험의 대상」이 주는 한계 안에서만 담론을 형성해야 「과학적 지식」이라고 주장하는 실증주의의 분석이나 다같이 「인간」을 「주체」로 생각하고 「객관」과 대비하여 놓은 근대 인식성의 산물에 지나지 않는다. 왜냐하면 마르크시즘은 「선험적 주체」의 역할을 과장했고, 「실증주의」는 인간 앞에 서 있는 「객관적 경험세계」의 기능을 「과대포장」하였기 때문이다. 둘 다 「인간의 시간적 유한성」에 초조히 쫓기는 「불안의 철학」이다. 실증주의가 왜 시간에 쫓긴다고 하는가? 그 까닭은 실증주의도 마르크시즘보다 집난적 불안의식을 덜 가졌지만, 그래도 지식의 계기적이고 발전적 축적에 기여하지 못하면 지식으로 대우받지 못하기에 늘 새로운 금광을 찾아 헤매는 서부의 사나이와 같은 심리를 지니기 때문이다.

푸코는 지적한다. 이런 근대철학의 이론적 혼동은 오로지 「인간주의적 철학과 지식」에서 온다. 인간을 우주존재의 체계 속에서 정태적으로 함몰시켜 「공간적 도표」의 인식체계에서 진리를 구하지 않고 「인간」을 유별나게 「역사화」, 「시간화」하여서 보려는 「인간주의」(l'humanisme)가 그 혼동의 주인공인 셈이다. 메를로-퐁티(Merleau-Ponty)가 이런 혼동을 극복하기 위하여 「체험의 현상학」* (la phénoménologie du vécu)을 제시했지만 그것도 성공하지 못했다고 푸코는 진단한다. 푸코의 처방은, 즉 「경험/선험」의 「이중렌즈」를 극복하는 길은 「인간이 존재한다」는 생각을 포기하는 길이다.

2) 「Cogito」(나는 생각한다)와 「사유되지 않는 것」(l'impensé)

「사유 안에서나 동시에 사유 밖에서, (그리고) 사유 자신이 짠 실줄

---

* 여기서 메를로-퐁티에 관한 언급은 생략한다. 우리는 이 철학자에 관한 독립적인 연구를 곧 보게 될 것이다.

과 교차하고 있는 자신의 가장자리 속에서 사유가 가입되어 있는 무기력해 보이는 두께나 밤의 한 부분을 사유가 발견함이 없이는, 즉 사유가 끝에서 끝까지 내포하고 있지만, 역시 점령당해 있는 사유되지 않는 것을 사유가 발견하지 않고서는 인간이 인식성 속에 있는 한 개의 윤곽으로서 자신을 그릴 수가 없었다」.[130] 이 인용에서 우리가 알 수 있는 것은 앞의 1)에 못지않게 사유의 형식과 내용에 또 다른 괴리가 있다는 것이다. 인식의 근대성은 존재와 표상의 「상관관계」를 포기하고 주관과 객관으로 세계를 「양극화」시켰음에 있다. 그래서 「주관」이 세계와의 관계에서 「주인의 노릇」을 하려는 야심을 가졌었다. 그런데 이에 칸트가 「불가지의 객관세계」로서 「물자체」를 제시하였다. 그런 묘한 이중성(「주인」과 「불가지한 물자체」)의 작용 아래에 「세계」와 「인간이라는 주인」과의 관계는 어떤 이론적 당혹성을 노출시키고 있다. 즉 인간은 그가 온전히 지배하지도 못하는 「언어활동」, 다 꿰뚫어 보지도 못하는 「생명체와 사물의 세계」, 그 스스로도 길들이지 못하는 「욕망」 등이 모든 「인간학의 기본명제」로 나타나게 되었다. 이 기본명제가 푸코에 의하여 「사유되지 않는 것」(l'impensé)으로 호칭되었다. 이 「사유되지 않는 것」은 「cogito」에 의하여 밝혀지지 않기에 어두워서 빛이 침투하지 못하나, 그러나 그것은 현대적 사유에서 실존의 근거가 되고 있음이 분명하다. 「이런 형식 아래서 "cogito"는 모든 사유가 생각되어진다는 것을 밝혀주는 돌발적인 발견이 아니고, 어떻게 사유가 여기서 나가 거주하지만, 그럼에도 불구하고 자신에 가장 가까운 곳에 거주하는가를, 그리고 어떻게 사유가 사유하지 않는 것(l'non-pensant)의 종 아래서 존재할 수 있는가를 알기 위하여 언제나 다시 시작되는 물음이리라」.[131]

이 점에서 근대 및 현대철학에서의 "cogito"와 데카르트의 "cogito"

에는 하나의 근본적 차이가 있다. 즉 데카르트의 「cogito」는 우리에게 과오나 환상까지도 포함한 모든 「사유의 일반적 형식」으로서의 사유를 투명하게 밝히고, 이어서 사유에 의한 과오와 환상을 제거하는 방법을 제시하고 있음에 반하여, 근대 · 현대철학에서의 「cogito」는 언제나 자신이 투명하게 알지 못하는 「사유되지 않은 것」(le non-pensé)을 자신이 뿌리에 갖고 있다. 그러므로 근대 · 현대적 「cogito」는 「하나의 발견된 명증성이라기보다 언제나 다시 되찾아져야 하는 끊임없는 노력이다」.[132] 「근대의 모든 사상은 사유되지 않는 것을 사유하는 법칙에 의하여 관통되고 있다. 즉 즉자의 내용을 대자의 형식 속에서 반성하고, 인간을 자기 자신의 본질과 화해시킴으로써 인간을 소외로부터 벗어나게 하며, 경험에 대하여 직접적이고 무장이 안 된 명증성의 배후를 부여하는 지평을 해명하고, 무의식의 베일을 걷어올리고, 무의식의 침묵 속에 빠져들거나 그 무의식의 중얼거림에 귀를 기울이는 법칙에 의하여 근대사상이 관통되고 있다」.[133] 이와 같은 「사유 안 된 것」을 전제하지 않고서는 근대 · 현대사상이 성립되지 않는다. 이 전제는 흔히 「cogito」의 「타자」로 불리워지기도 한다. 헤겔에게 그것은 「대자」(für-sich)에 대한 「즉자」(an-sich)요, 쇼펜하우어(Schopenhauer)에게는 무의식(das Unbewußte) (프로이트에게도 마찬가지이다)이요, 마르크스에게는 「소외계급」이요, 후설(Husserl)에게는 「암암리에 전제된 것」(l'implicite)으로 나타난다.[134]

그러면 이런 분열과 괴리가 왜 철학적으로 문제가 되는가? 푸코에 의하면, 후설이나 메를로-퐁티의 현상학에서 이 간격을 극복하기 위하여 노력하였지만 결과는 헛수고라는 것이다. 왜냐하면 후설과 메를로-퐁티에게 그들의 사유가 의지하고 있는 배후가 「표상 불가능한 실천양식」으로 주어졌고, 그러면서도 그 「실천양식」을 부정할 수 없는 사실이나 믿음으로 간주하는 이론적 모호성이 그들에게서 떠나지 않았기 때문이다. 만약에 「이런 근대 · 현대철학의 방향대로 철학논리를 계속한다면 우리는 맹목적 힘에 의하여 밀려지는 대상이든가, 부조리한 방식으로서만 행동할 수 있는 명쾌한 주체이든가이다」.[135] 푸코의 지적처럼 「사유 안 된 것」이 모든 사유의 배후요 기초라 한다면, 그리고 그것이 인간 행동을 정초시킨다고 한다면, 그리고 그 배후가 인간의 이성에 의하여 통어되지 않는 것이라면 「근대사상은 인간의 타자가 인간과 같은 것이 되어야 하는 방향으로 나아간다」.[136]

3) 기원(l'origine)의 후퇴와 기원의 재귀

이 「이중렌즈」(le doublet)는 언어와 관계된다. 근대 · 현대에 와서 언어는 고전시대처럼 표상이론에서 벗어나 언어의 기원을 먼 과거에서 찾으려는 태도와 연관을 맺게 된다. 그러나 그런 탐색은 성공할 수 없다. 근대 사유의 「삼면각」인 「노동」, 「생명」, 「언어활동」이 어떻게 역사성을 스스로 지니고 있는가를 우리는 안다. 그러나 결코 이 「삼면각」의 기원을 거슬러 올라가지 못한다. 오히려 그 개념들이 지니고 있는 「역사성」이 인간 정신에 「기원」의 필요성을 부채질할 뿐이다. 왜냐하면 인간이 「생명의 존재」, 「노동의 존재」, 「말의 존재」로 의식한 순간에 그는 이미 그런 「존재의 기원」도 모르면서 그 「삼면각」이 이루어 놓은 형태 안에서 사고하기 때문이다. 「인간이 자기에게 기원으로서 타당하다고 여길 수 있는 것은 언제나 이미 시작된 바탕 위에서이다. 기원은 인간에게 있어서 절대로 시작이 아니다. 즉 기원은 그 이후의 모든 획득물들이 그것으로부터 출발하여 쌓여지는 역사의 첫날 아침과 같은 것이 아니다. 기원은 오히려 인간 일반이 (…) 노동과 생명과 언어활동의 이미 시작된 것 위에서 분절되어지는 방식이다」.[137] 인간이 「생명의 기원」을 알 수 없고, 그가 태어나자마자 이미 「생명의 역사에 가입된 것」이며, 「노동」도 그가 사회생활을 하는 순간 어떤 「제도의 규칙」 속에 속하며 일을 하고, 「언어의 기원」도 알 수 없다. 인간은 그가 만들지 않는 언어를 배워 쓸 뿐이다. 단지 「기원」이란 개념은 자기 자신과 동시대적이 아닌 것으로만 여겨질 뿐이다.

그러므로 기원을 찾기가 불가능함은 결국 「인간이 모든 기원에서 떨어져 나와 거기에 이미 있다」[138]라는 생각을 하게 한다. 이것이 하이데거(Heidegger)의 이른바 「인간 실존의 근원적 존재양식」으로서 「현존재」(Da-sein)이다. 그래서 「기원」, 「최초의 시간성은 후퇴」해 버리고, 「이미 여기에 있는」(déjà-là ; da-sein) 것을 하이데거의 『존재와 시간』(*Sein und Zeit*)이 밝히려 한다. 즉 이미 주어진 것을 토대로 인간은 자신과 대상(세계)을 이해하려 한다. 그래서 푸코에 의하면, 현대철학은 「이미 있어온 것」(le déjà-là)에서부터 출발하여 시간이 「과거-현재-미래」를 재구성하고 지속으로 흐르게 한다는 것이다. 푸코의 이런 지적은 하이데거가 시간성의 기원은 본래적 「현존재」(Da-Sein)의 구조를 파악하게 되면 이해될 수 있다는 말을 염두에 둔 비판으로 보인다. 그런 점에서 하이데거의 「존재론」이 「이미 거기에 있어온 것」에서 「시간성의 출처」를 찾는다면 「기원」은 「현존재」(das Da-sein)와 너무나 가까이 있고, 그와는 달리 「인간 존재」의 「근원적」이고 「최초의 시간성」을 「기원」으로 찾는다면 그 「기원」은 인간에게 까마득히 멀다. 하이데거가 『휴머니즘에 관한 편지』(*Brief über den Humanismus*)에서 「존재는 모든 존재자보다 더 멀리 떨어져 있지만 모든 존재자(des Seiende)보다 인간에게 더 가까이 있다」라고 한 말은 그런 차원에서 이해되어져야 하리라. 하이데거는 인간 역사를 가능케 하는 「시간의 기원」(l'origine)을 소크라테스 이전의 시기로 보고 있다는 것은 웬만한 철학도는 다 안다. 소크라테스 이전의 고대 희랍이 존재의 의미를 부여하는 역사를 개시하였다 한다. 그러나 그 시간도 대단히 애매모호하여서 측정되지 않는 환상적인 시간일 뿐이다. 기원전 6세기경의 고대 희랍을 존재 의미의 역사의 시발로 보는 경우에 대하여 많은 비판이 일자 그는 또 후퇴하여 기원전 9세기 호메루스(Homère) 시대까지 더 소급하였다.

이 점을 염두에 둔 듯이 푸코는 다음과 같이 말한다. 「기원의 후퇴가 그 가장 큰 명석성에서 그렇게 주어진다면, 기원 자체는 그 고풍의 왕국 안에 있는 자기 자신에까지 거슬러 올라가고 교부되어지는 것이 아닌가?」[139] 이처럼 우리의 역사와 인간이란 존재의 시간성의 기원과 연원을 찾기 위한 철학적 노력은 「끝없는 후퇴」 속에서 마침내 아무도 실증적으로 알 수 없는 「미로의 신비」 속으로 빠져들게 된다. 「인간의 유한성」과 「시간성」을 강조하는 하이데거의 철학은 결국 해결할 길이 없는 「방황」(l'errance) 속에서 헤매게 된다. 이 독일의 대철학자도 「방황」을 「유한한 인간 존재의 운명」처럼 그리고 있다. 여기에 하나의 역설이 있다. 인간 존재와 그 역사의 시간적 기원이 안개 속에 파묻혀 잘 보이지 않거나, 또는 산 너머에 있는 무지개처럼 달려가면 손에 잡힐 듯하다가 실제로 그 너머 가면 또 저만치 무지개가 후퇴해 버리는 것으로 보여 기원을 찾아 헤매는 것이 덧없는 놀이처럼 보인다. 그때에, 즉 그 「기원」의 극단적 후퇴 속에서 우리 인간이 기원 찾기를 포기할 때, 갑자기 그 「기원」은 또 우리 곁에 「재귀」한다. 푸코는 시인 휠더린(Hölderlin)이나 니체,

하이데거의 철학적 경험이 다 그런 역설에 속한다고 본다.[140] 「불가능한」「시간의 기원」 파악과 「시간성의 끝없는 후퇴」에서 절망한 인간 앞에 다시 그 「기원」은 손에 잡힐 것 같이 「재귀」한다. 그러나 푸코에 의하면 「기원은 시간과 인간 존재와의 극복할 수 없는 관계이다」.[141] 하이데거가 인간 실존의 근원성이 「불안」(Angst) 속에 있다고 한 말은 「유한한 시간적 존재」로서의 「인간학」이 정직하게 평가하는 자기 고백인지도 모른다.

지금까지 우리는 푸코가 근대 · 현대철학에서 인간 존재의 양식을 정의하는 세 가지 척도를 살펴보았다. 그 척도는 「선험적인 것」 속에 「경험적인 것」의 애매모호한 역할, 「cogito」와 「사유되지 않는 것」의 불투명한 관계, 「기원의 후퇴」와 그것의 역설적 「재귀」 등을 가리킨다. 이 모든 존재양식은 인간 존재를 유독히 오려내고, 거기에 「시간성」과 「역사성」을 부여한 「유한성」이 짓는 「인식성」의 「불안정」과 관계한다. 고전시대의 인식성과 달리 근대와 현대의 「인식성」(인간주의와 역사시대)에 대한 푸코의 신랄한 철학적 비판은 결국 무엇을 위함인가?

여기서 우리는 다시 한 번 고전시대와 근대와 현대를 인식성의 고고학적 차원에서 한번 정리해 보자. 그래야만 푸코 철학의 의중을 알 수 있을 것 같다. 고전시대는 「유한개념」이 없었다. 「무한」을 생각하는 방식이 지배적이었다. 물론 무한한 신의 오성과 그렇지 못한 인간 오성의 구분이 있었던 것은 사실이지만, 인간의 「오성이 유한하다고 하기보다 오히려 무한한 신적 오성의 다양한 질서」가 「사다리 모양」으로 하강하는 상태라고 보아야 한다는 것이다. 그래서 인간 오성도 무한한 영역까지 인식의 길을 밟아갈 수 있다는 것이다. 그래서 파스칼은 「크기의 무한」, 「작음의 무한」, 「자기 원인에 의한 무한」 등의 여러 개념을 도출하였다.

고전시대는 「무한 속에서 질서」를 놓으려 했다. 이 우주는 「무한한 표상의 구조」요 「질서」였다. 그 속에서 인간은 우주만큼 무한히 클 수도 있고 무한히 작을 수도 있다. 고전시대에 등장하는 「신」은 이 「무한개념」의 상징이다. 그래서 들뢰즈는 이 고전시대의 인식성은 「인간성 형상」(forme-Homme)의 시대가 아니라 「신적 형상」(forme-Dieu)의 시대라고 주장한다.[142)]

19세기에 와서 유한성의 개념이 인간 속에 도입된다. 근대과학의 「삼원체제」인 「생물학」, 「경제학」, 「언어역사학」이 「인간의 유한성」을 「선험적」이면서도 「경험적」으로 정착시켰다. 「유한성의 개념」은 칸트 철학까지 올라간다. 칸트에서부터 들뢰즈가 말한 「신적 형상」은 사라지고 「인간적 형상」이 대체된다. 인간과 그 유한성 개념이 발명되면서 「인간」은 자기 내부에서, 자기들 안에서 끼리끼리 싸운다. 푸코의 용어를 빌리면, 고전시대는 「주름펴기」(le dépli)의 시대라면 19세기부터 안으로 오그라드는 「주름접기」(le pli)의 시대가 도래하기 시작하였다. 푸코의 「주름접기」를 형상화하면, 인간은 「유한성」으로 「안」을 「주름」잡음으로써 인간은 「표면성」보다는 어두컴컴한 「두께」를 안으로 형성하게 되고, 그러면서 역설적으로 그 안은 「공허하게」 비어 있다. 그 공허 속에서 「불안정」과 「불안」이 현대인을 휩쓴다.

그래서 들뢰즈는 푸코의 철학이 근대 이후 왜소해진 「인간적 형상」(la forme-Homme)의 사상에서 다시 「무한」과 벗하는 「신적 형상」(la forme-Dieu)으로 되돌아갈 것을 주장하는 새로운, 니체 이후의 새로운 「초인」(le surhomme)의 사상이라고 해석하고 있다. 그래서 푸코는 「인간의 죽음」(la mort de l'homme)을 외친다. 「신이 실존하는 한, 즉 "신적 형상"이 기능하는 한, 인간은 아직도 실존하지 않는다」.[143)] 니체는 「신이 죽었다」고 부르짖었다. 왜소한 인간이 신을 죽였다고 하였다. 그런데 푸코는 니체의 이 말을 액면 그대로 받아들여서는 안 된다고 주장한다.[144] 니체가 의도하고 싶었던 것은 「신의 부재」를 긍정하자는 것이 아니라, 「인간의 종말」을 말하고 싶었던 것을 약간 「변음」해서 밀했을 뿐이라는 것이다. 니체의 생각에 「신의 죽음」과 「신을 죽인 인간」은 「연결된 한 판 게임」이다. 「살인자도 죽는다」. 따라서 「신을 죽인 마지막 인간」도 죽으면 이제 「인간」은 없어진다. 그때에 가서 「유한하고」 안으로 「주름접힌」, 그러면서 「공허한」 「인간은 사라지고」 「초인」이 온다. 여기서 언급된 「신」은 좁은 의미의 기독교적인 신이 아니다. 「하나님」이 아니다. 그 「신」은 무한이다. 그러면 「초인」이란 무엇인가? 「새로운 힘과 인간 속에 있는 힘과의 형식적 결합이다. (…) 초인은 시인 랭보(Rimbaud)의 표현에 따라 동물들 자체로 가득 찬 인간이다. 초인은 바위 자체나 무기물(규소)로 가득 찬 인간이다. 초인은 언어활동의 존재로 (…) 가득 찬 존재이다. 푸코가 말할 터이지만, 초인은 실존하는 인간들의 사라짐보다 훨씬 못하고, 한 개념의 변화보다 훨씬 낫다. 초인은 신도 인간도 아닌 새로운 형식의 도래이다. 이 새로운 형식이 신과 인간보다 더 나쁘지 않으리라고 희망할 수 있다」.[145]

이 절을 끝내면서 인구에 회자되는 푸코의 말, 그가 『말과 사물』의 마지막 결론에서 한 말을 인용한다. 「이런 배열들이 나타난 것같이 사라지는 것이 온다면, 우리가 기껏해야 가능성을 예감할 수 있지만, 아직도 당분간 형식과 약속을 인식하지 못하는 어떤 사건에 의하여 그 배열들이(인간주의를 태어나게 했던) 마치 고전적 사유의 흙이 18세기의 전환기에 그러했던 것처럼 흔들린다면, 그때에 인간은 바닷가에 그려진 모래의 얼굴처럼 사라질 것이라는 것을 내기 걸 수 있다」.[146]

지금까지 우리는 푸코가 생각하는 고전주의가 철학적으로 어떤 이론을 지니고 있는가를 살펴보았다. 그의 고전주의는 마침내 어떤 형태의 새로운 「니체주의」와 연결고리를 맺고 있음을 우리는 본다. 이것을 어떻게 해석해야 하나? 이에 우리가 앞에서 암시했듯이, 그에게는 「고고학적 고전주의」의 철학적 성향과 「역사 · 철학적 비판」에 의하여 「이성과 몰이성」을 갈라놓고, 「성욕」이 주는 쾌락의 의미와 「성과학」(la sexologie)을 갈라놓고 「로고스」와 「히브리스」를 분리시키는 「합리주의」를 비판하는 또 다른 한 개의 물줄기가 있다. 물론 이 두 가지 갈래가 니체적인 「초인」의 철학에 의하여 만나기는 한다. 니체의 철학이 인간을 「주름지게」 하는 철학이 아니라, 푸코의 생각처럼 「인간의 주름을 펴게」 하는 철학이라고 하자. 그리고 「초인의 출현」은 니체에게 있어서 「인간의 죽음」을 알리는 신호라고 하자. 그리고 고전시대의 인식성에도 「인간」이 없었고, 무한과 벗할 만큼 「주름을 활짝 펴게 한」 사상을 가졌다고 하자. 그러나 「고전시대」를 푸코는 그의 『광기의 역사』에서 「몰이성」을 매도하였다고 비판하지 않았던가? 고전시대는 푸코의 말처럼 「청아하고」 「명증적」이며, 「수학적」이고 「표상적」이며, 「구조적 상관성」을 짝맞추는 「호칭」과 「명명」에서 기쁨과 행복을 느끼던 시절이 아니던가? 그런 행복에서 「무한」과 사이좋게 벗했었다. 거기에, 그 시대에 「히브리스」(hybris)와 「디오니소스」(dionysos)가 「로고스」(logos)와 더불어 기지개를 활짝 펴게 한 여백이 있었던가? 「정태적 존재」로 가득 찬 고전주의의 인식론과 미학이 니체주의의 초인주의와 쉽게 매끄럽게 만나지 않는 것 같다. 이 점은 여전한 의문으로 아직 남는다.

7. 근대 부르주아 사회의 생리와 그 비판

우리는 3, 4, 5, 6절에서 대단히 난해하고, 설명의 구조가 복잡하며, 엄청난 지식의 정보로 독자들을 당황케 하는 그의 『지식의 고고학』과 『말과 사물』을 관견하였다. 이제 우리는 『감시와 형벌』—「감옥의 탄생」—이라는 형정사(刑政史)의 역사 · 철학적 분석에로 나아간다. 이 책은 『광기의 역사』와 유사한 일종의 「역사 · 철학적 비판」(la critique historico-philosophique) 계열에 속한다.

앞의 『지식의 고고학』이나 『말과 사물』만큼 엄청나게 많은 지식의 정보량은 아니지만, 그래서 그 두 권의 책에 비해서는 비교적 소화하기 수월하지만, 푸코 특유의 서술적 까다로움이 항상 복병으로 도사리고 있다. 그러면 푸코는 무엇을 진술하려는가? 담론적 실천이 여기서는 무엇인가? 말할 나위도 없이 여기서 담론은 「감화원」이랄까, 「감옥」이랄까, 좌우간 형벌을 다루는 제도와 그 역사에 관한 것에 초점을 맞추고 있다. 『감시와 형벌』의 책을 열자마자 우리는 끔찍한 고문의 현장을 만나게 된다. 우리는 1757년 루이 15세(Louis XV)의 살해 기도에서 실패한 다미앙(Damiens)이라는 죄수의 처형장면에 초대된다. 푸코는 이 끔찍한 고문에 대한 상세한 기록을 전달한다. 죄수 다미앙은 가슴, 팔, 허벅지, 다리의 지방질이 당근질을 당하고, 오른 손은 그가 시해하려고 한 칼을 잡고, 그 손은 유황불에 찜질을 당하고, 마침내 그의 사지는 네 마리가 끄는 말에 의하여 능지처참을 당하고, 그의 몸뚱이는 불에 던져 태워진다. 파리 시민은 이 처참한 광경을 구경하였다.[147] 1830년 이후에 고문의 남용은 억제되고 그 대신 지나칠 정도로 세심하고 자질구레한 형벌의 규칙이 제정된다. 신체적 고문의 종식은 형벌변화의 본질적 신호가 된다. 나폴레옹 이후의 프랑스는 다미앙에 가했던 공개적 체형(le supplice)과 유사한 것을 볼 수 없었지만, 수많은 죄수들을 이제 「감옥」(la prison) 속에 가두어 두었다. 이 「감옥」은 푸코에 있어서 「부르주아 사회의 흥융기」와 발을 맞춘다. 「감옥사회」(la société carcérale)가 탄생되었다.

서양 「형벌사」에서 최초의 형벌모습은 공개적 고문이었다. 이런 공개고문과 형벌의 법적 권위는 주권자인 국왕으로 온다. 왜냐하면 그 당시의 형법사상에서 법은 곧 국왕의 의지와 동의어로 생각되었다. 그러므로 법을 어긴 자는 곧 왕국의 주인에게 정면도전한 행위와 같았다. 물론 다미앙의 처형 경우와 같은 무시무시한 고문은 예외적인 사건이고, 대부분의 경우에는(물론 1755-1785년 사이에 10% 미만의 사형집행이 있었지만) 국외추방이나 벌금이었다. 그런 경우라도 푸코의 지적에 의하면, 죄인의 공시, 공시대, 쇠스랑 형벌, 채찍질, 낙인 등과 같은 「체형」이 수반되었던 것이 사실이다. 그러나 좌우간 참혹한 형벌은 아주 드물었고, 일단 하면 공개적이었다 한다. 그런데 그러한 끔찍한 「체형」을 공개적으로 받는 죄수는 자기에게 고통을 주는 공권력을 저주하고 욕설을 퍼부어도 좋다는 자유를 인정해 주었다 한다. 저주받은 죄수의 몸과 왕의 몸은 늘 그 당시 대조적이었다고 한다. 그 당시 왕은 「두 가지 몸」을 갖고 있다고 생각되었는데, 그 하나는 「자연적 몸」으로 소멸되는 측면이고, 또 다른 하나는 「영원하고 신비적이고 성스러운 몸」으로 영세불멸의 존귀한 가치의 상징을 뜻한다. 그런 사상이 형법사상에도 작용하였다고 한다. 그러므로 법(왕의 의지)을 어긴 자는 바로 이 신성한 왕의 몸을 더럽힌 자로 간주되었다.

그런데 계몽주의 시대에 와서 그런 형법사상은 비인간적이고 잔인한 것으로 지탄을 받으면서 「형사정의」(刑事正義)의 목적은 「복수」가 아니라 「형벌」이라고 여기게 되었다. 계몽주의 시대에 범죄행위는 「왕권」(주권으로서)에 대한 불명예스러운 「타격」이 아니라 「사회계약」을 파기한 행위로 간주된다. 그래서 「형벌」도 「육체적 고통」보다 「정신적 고통」에 역점을 두게 된다. 정신적 고통은 범죄자에게 그가 받는 형벌을 스스로 깨닫도록 함이 목적이었다.

18세기 고전시대는 이미 우리가 앞에서 본 인식성의 「표상적 도표」처럼 「범죄」와 그에 상응하는 「형벌」과의 함수관계를 상세한 「상관표」에서 작성하여 놓았다. 고전시대의 형법사상은 처벌이 공포를 일으키게 함이 목적이 아니고 「참회」를 가져오게 함이었다. 그래서 형법의 이념은 「사회적 유용성」(l'utilité sociale)을 범법자의 정신에 다시 부활시키는 것이다. 「유죄선고를 받은 자는 이익을 가져오는 재산, 즉 공중을 위해 봉사하는 노예로서 나타나는 것이 이상이리라」.[148] 그와 동시에 「죄수의 교정사업」은 죄수를 「경제적 인간」(homo economicus)으로 만들어 놓는 것이다. 「고통의 지속은 가능한 교정과의 관계, 즉 교정된 범죄자의 경제적 효용화와의 관계에서만 의미를 갖는다」.[149] 이리하여 18세기 후반부터 「감옥은 지식의 도구장치로 작용한다」.[150] 즉 죄수의 「생각을 통제」함으로써 죄수의 몸을 바른, 「유용한 생각」에 복종시키자는 형법사상이 지배적이 되었다.

그런데 여기서부터 푸코의 독자적인 형법사상이 나온다. 많은 사상가들은 「체형」(le supplice)에서부터 법에 의한 처벌(le châtiment)을 형정상 하나의 진보요, 발전이요, 인도주의의 발로라고 여길 터인데, 푸코는 정반대로 그런 형벌(la punition)의 변화는 오히려 「권력의 의지」(la volonté de puissance)를 교묘히 감추고 있다고 진단한다. 계몽주의자들의 형법사상은 전통사회에서 시행되었던 것보다 더 엄격하게 「사회통제」의 교묘한 형식에로 치닫는 「도덕적 기술」(la technologie morale)을 창안했다는 것이다. 푸코의 말을 직접 듣는다. 「비법치적 억압과 형벌로부터 사회에 공감을 얻을 수 있는 규제적 기능을 만듦은 적게 벌하고자 함이 아니라 더 잘 벌하고자 함이다. 아마도 경감된 엄격성을 갖고 벌하되 그러나 더 많은 보편성과 필연성을 갖고 처벌하는 것이다. 사회적 유기체 속에 더 깊이 형벌의 권력을 개입시키는 것이다」.[151]

그래서 푸코는 18세기 계몽주의 시대의 개혁(형사행정상)은 「새로운 감수성」에 의한 개혁이 아니라, 「불법」에 대한 다른 각도의 「정치」의 상황에 따른 것이라고 말하고 있다. 다른 「정치적 상황」은 이에 언급된 바와 같은 「부르주아 사회」의 「확립과 흥융」이다. 계몽주의의 철학과 사상이 이 새로운 「권력의 의지」, 「새로운 정치(부르주아적) 체제」를 공고화하는 데 형법적으로 기여한 실례의 한 증거로 푸코는 계몽철학자 라메트리(La Mettrie)의 「인간기계론」(L'Homme-machine)의 이념을 지적하고 있다. 「라메트리의 인간기계론은 영혼의 물질주의적 환원이며, 동시에 교육훈련의 일반적 이론이다. 그런 이론과 환원의 중심부에 분석 가능한 육체에 조종 가능한 육체를 결부시키는 순종의 개념이 지배한다. 복종될 수 있는, 유용할 수 있는, 변형되고 완성될 수 있는 신체는 순응적이다」.[152]

푸코의 분석에 따르면, 라메트리의 「인간기계론」은 두 가지 뜻을 담고 있다. 그 하나는 해부학적 · 형이상학적인 뜻으로 데카르트의 기계론을 시발로 하여 라메트리가 그것을 이어받아 의사들이 그 정신을 계승하였고, 또 다른 하나는 「기술적 · 정치적 의미」를 지니고 있는데, 이 의미는 특히 군대교육, 학교 및 병원의 교육과 관리제도 등에 많이 응용되었다는 것이다. 지식의 고고학적 관점에서 그렇게 찬양받던 고전시대가 역사 · 철학적 비판의 관점에서는 푸코에 의하여 억압의 시대로 평가절하를 받는다. 「자세한 부문에 이르기까지의 미세한 관찰과 동시에 인간의 이용과 통세를 위하여 조그만 일까지 고려하는 정치성은 고전시대를 넘어서 올라간다. 고전시대와 함께 기술의 집합을 동반하면서 지식과 기술과 처방과 여건의 모든 과정이 한 묶음이 되어서 간다. 그리고 이런 세세한 것에서부터 물론 근대적 인간주의의 인간이 탄생되었다」.[153-1] 형사행정상에서 고전시대와 그 이후가 「억압과 기율」(la discipline)의 시대였나는 것을 푸코의 나음과 같은 말에서노 엿볼 수 있다. 「지성사가들은 완전한 사회의 꿈을 18세기의 법률가와 철학자들에게 공을 돌리고 있다. 그러나 또한 사회의 군대적인 꿈이 있었다. 그런 근본적인 준거는 자연상태에서 온 것이 아니다. 최초의 계약에 대하여가 아니라 항구적인 억압에 대하여, 그리고 근본적 법에 대하여가 아니라 한정 없이 발전하는 교육훈련에 대하여, 또 일반의지에 대하여가 아니라 자동적인 순종성에 대하여 기계가 세심하게 복종하는 바퀴와 같은 기계장치에서 그런 준거가 왔다」.[153-2]

푸코는 19세기 서양 부르주아 사회는 이와 같은 「사회기강의 터전」 위에서 성립 · 발전할 수 있었다고 본다. 그런 「억압」과 「기율」이 사회 곳곳에 하나의 이상적 표준으로 작용하여서 학교, 병원, 군대, 그리고 심지어 노동작업장에까지 받아들여졌다는 것이다. 그런 억압과 기율이 가장 대표적으로 작용하면서 영향을 미쳤던 곳이 푸코가 말한 「감옥」이다. 18세기의 「기율」과 「억압적 사회기강」의 확립으로 19세기의 「부르주아 사회」의 「경제적 비약」이 가능했다. 특히 「감옥」 안에서 완전한 「감시」와 「세심한 통제의 체계」가 완벽하게 기능을 발휘하도록 고안된 것이 영국의 철학자요, 공리주의자인 벤담(J. Bentham)이 생각한 「원형감옥」(la Panopticon)의 제도이다. 이 「원형감옥」 제도는 중앙 통제탑에서 죄수들을 한 눈에 감시할 수 있도록 설계된 건물구조로서, 그러나 죄수는 결코 그 통제탑에 감시원이 있는지 없는지 식별할 수 없게끔 되어 있다.

〈도표 3〉 원형감옥 제도의 설계도면(le Panoptique)

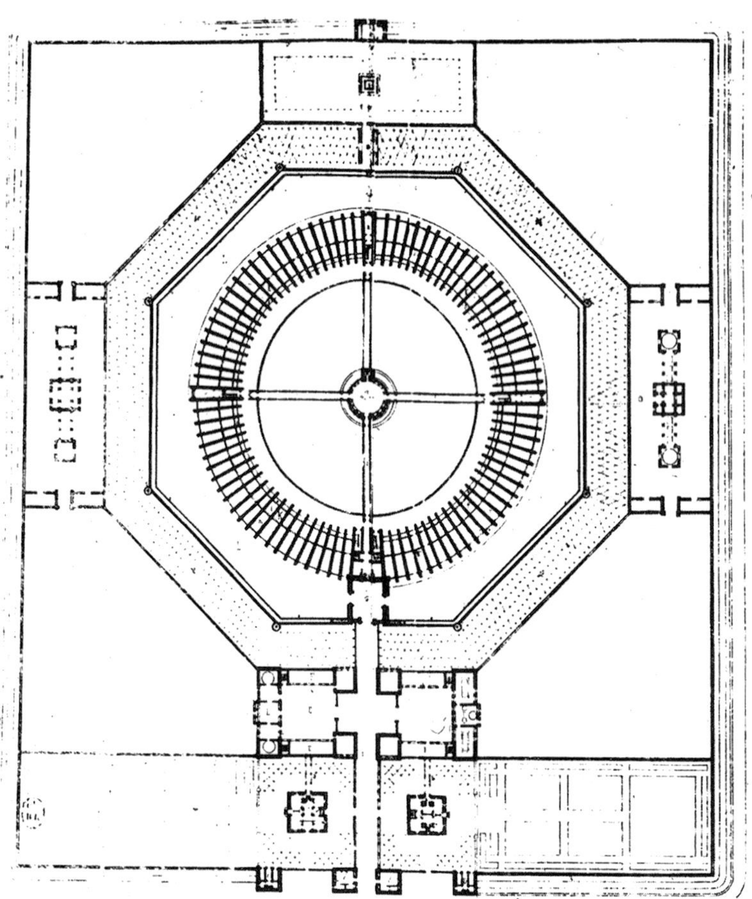

과거의 감옥은 지하 암굴처럼 돌벽 속에 죄수를 파묻히게 했지만 부르주아 시대에 와서 이제 죄수들을 상호 고립시켜 놓고 끊임없는 감시의 눈길에서 한시도 벗어나지 못하게끔 투명화시켰다. 이른바 「지하 감옥 속의 엄폐」가 「감방의 투명성」에 의해서 대치된 셈이다. 이 벤담의 「원형감옥」 제도가 현실적으로 그렇게 널리 유행되지는 못하였지만, 그러나 벤담의 그런 발상 자체가 「기율」을 이상으로 여겼던 「부르주아 사회의 정신」을 대변한다고 푸코는 지적한다.

이런 제도는 푸코가 『광기의 역사』에서 부르주아 사회에 접어들면서(18세기 이후) 광인들은 이미 「배」(la Nef)를 타고 사유의 별천지를 찾아가도록 하지 않고 「병원제도」 속에서 새로운 억압을 시도했던 역사와 상통하고, 『병원의 탄생』에서 「사설병원」(la clinique)이 의학적 담론에서 도태되고 「종합병원」(l'hôpital)이 등장하게 된 소이연(所以然)과 서로 일치하고 있다. 좌우간 부르주아 사회의 정치적 이상은 「기율 있는 사회」(la société disciplinaire)의 창조이다. 「19세기 초 이후부터 기율을 내세우는 권력에 의하여 규칙적으로 작용되었던 것이다. 즉 정신병 제도, 갱생원 제도, 감화원 제도, 감독받는 교육제도, 부분적으로 병원제도, 그리고 전반적으로 개인 통제의 모든 심급제도 등은 두 가지 양식 위에서 작용한다. 그 하나는 양분적 나눔과 표하기(광인/비광인, 위험분자/무해분자, 정상/비정상)와 둘째로 강제할당과 변별적 배분(그가 누구인가, 그는 어디에 있어야 하는가, 무엇으로 그를 특징화하는가, 어떻게 그를 인식하는가, 개별적으로 어떻게 그에게 감시의 눈초리를 계속할 것인가)의 양식을 말한다」.[154]

이와 같은 「기율」(la discipline)이 성공적으로 이르기 위하여 부르주아 사회는 네 가지 방법적 원칙을 고안해냈다고 푸코는 지적한다. 그 네 가지 원칙은 1) 분해의 술(術) (l'art de répartition), 2) 행동의 통제(la contrôle de l'activité), 3) 형성의 조직(l'organisation des genèses), 4) 힘의 구성(la composition des forces) 등이다.[155] 첫째로, 「분해의 술」은 기능적인 분리의 기술과 같은 것으로 모든 「기율」은 일단 공간의 「폐쇄조치」(la clôture)가 있어서 다른 공간과 구별이 되어야 하고, 그 폐쇄공간 안에서 그 다음 각자의 기능과 역할에 따른 공간의 「바둑판 무늬 조직」(le quadrillage)이 이루어져야 하며, 이어서 공간과 장소의 「기능적 자리찾기」(l'emplacement fonctionnel)가 완성되면, 마지막으로 각 기능과 장소에 따라 상호 횡적인 연결을 이으면서 위계질서를 세우는 배열상의 「기술과 순서의 술」(l'art du rang et la technique)이 조직되어야 한다.

다음 둘째로, 「행동의 통제」는 「분해의 술」에서 각자의 하루 일과를 정확한 시간에 의해서 규칙화하는 원리를 말한다. 그뿐만 아니라 고전시대는 글씨 쓰는 자세, 무기휴대의 자세에 대하여도 하나하나 통제하는 교범이 있었다. 셋째로, 「형성의 조직」은 「연습」(l'exercise)과 같은 의미를 지닌다. 즉 모든 사람의 시간을 동질화하지 않고 「신참」과 「고참」의 시간을 구별하여 젊은 「신참」은 「특별교육」을 시켜 고참 수준까지 연습 반복케 한다. 그래서 개인별로 그 「숙련도의 정도」를 묶고 그것을 다시 「세포화」하고 드디어 그것을 또 「유기체화」하면 결과적으로 일에 있어서 「기율」과 「기강」과 「숙련성」이 잡힌다. 「형성의 조직」이라 함은 각자의 경력의 형성도에 따른 조직이고, 연습의 시간과 정신자세가 「형성의 등급」을 결정한다.

마지막으로 「힘의 구성」은 실제적인 전술로, 각 개인은 「숙련도」와 「정밀도」에 따라서 이곳저곳에 알맞게 배치된다. 그래서 「세포와 형식」, 「시간사용」, 「연습량」, 「조직에 의한 배치」가 기율 있는 사회의 옷감을 짜는 순종적인 육체를 만들어 준다. 즉 「원형감옥」(le Panoptique) 제도가 상징하는 「감시」와 「기율」은 부르주아 사회에 적응하고 거기에 알맞은 유순한 순종적 인간을 만드는 것이 목적이다. 부르주아 사회의 생명은 「합리성」, 「효율성」, 「기술성」, 「생산성」이다. 이 생명이 결국 부르주아 사회에서 「선량한 시민」과 「불량한 시민」을 가르는 척도가 된다」고 푸코는 진단한다.

더구나 푸코는 모든 「지식」이 부르주아 사회에서 「권력의 기율 강화」, 「기강 강화」의 의지를 도와주는 보조자의 역할을 하고 있다고 비판한다. 이 점은 나중에 별도로 보겠지만, 이 부르주아 시대에 탄생한 사회과학은 「기율사회」와 「표준사회」의 창출을 위한 제반 시험제도를 객관화하고 효율화하기 위한 관심에서 탄생한 것으로 푸코는 보고 있다. 푸코는 이렇게 말한다. 「자료적인 기술로 둘러싸여진 시험은 각 개인을 하나의 사례(le cas)로 만든다. 즉 인식을 위한 대상과 동시에 권력을 위한 취득을 구성하는 사례이다」.[156)]

「지식의 고고학 계열」에서 18세기 표상의 도표는 푸코를 매료시켰다. 17-18세기의 이 지식의 「도면」이야말로 푸코가 생각한 「이상적 인식체계」의 속성이었다. 그러나 푸코 철학의 다른 계열인 「역사 · 철학비판」에서 보면 이 고전시대의 도표나 도면은 「억압과 거울」을 요구하는 부르주아 시대의 서막과 같다. 이와 같은 철학적 · 사상적 괴리를 우리는 어떻게 설명해야 할지 모른다. 우리가 아는 한에서 그의 저서에서 이 문제에 대한 암시나 언급이 전혀 없는 것 같다. 여기서 다시 푸코의 생각을 보지 않을 수 없다. 왜냐하면 그는 18세기의 「도표」는 「권력(le pouvoir)의 기술이고 동시에 지식(le savoir)의 절차」라고 정의하면서, 그 「도표」나 「도면」은 「다양한 것을 조직화하고 그것을 편력하고 지배하기 위한 도구」이고 「다양한 것에 질서를 요구하기 위한 것」이라고 비판하였기 때문이다.[157] 「감옥의 그물은 역사적으로 인문과학을 가능케 하였던 "권력, 즉 지식"(le pouvoir–savoir)의 골격의 하나를 구성한다. (과학에 의해) 인식할 수 있는 인간(영혼, 개성, 의식, 행위 등은 여기서는 별로 중요하지 않음)은 이런 분석적 투자(인문과학적 분석)의 결과적 대상이며 지배, 즉 관찰의 결과적 대상이기도 하다」.[158]

이처럼 인간을 잘 통제하고 순응시키기 위하여 「지식과 권력」이 하나의 「권력, 즉 지식」(le pouvoir–savoir) 또는 「아는 것이 힘」을 형성하였고, 또 그것이 부르주아 사회의 발전에 기여하였지만 「감옥」이 범죄자를 줄이는 일보다 오히려 「경범죄인」을 양산하는 데 기여하였다고 푸코는 지적한다. 감옥이 범법자의 수를 감퇴시키는 데는 성공하지 못하였지만, 복종의 전술 속에 인간으로부터 범법자를 구분하고 분할시키고 이용하는 데 성공했다는 것이다. 더구나 푸코는 부르주아 사회가 「교수–재판관」, 「의사–재판관」, 「교육자–재판관」, 「사회노동가–재판관」의 사회적 감시로서 그물조직이 되어 있기에 가히 사회 전체가 합법적 「감옥체계」(le système carcéral)를 형성해 가는 경향을 지닌다고 비판한다.[159]

푸코의 「부르주아 사회」(la société bourgeoise)에 대한 비판적 시각을 잠시 보자. 「역사적으로 부르주아 계급」(la bourgeoisie)이 18세기의 와중에서 정치적으로 지배계급이 되었던 과정은 형식적으로 평등적인, 법전화한, 명백한 법률적 틀의 배치를 방패로 삼아서, 그리고 의회적이고 대의적인 유형의 제도 조직을 통하여 자신을 보호하고 있었다. 그러나 기율적인 장치의 발전과 일반화는 그 과정의 어두운 다른 측면을 구성하였다. 평등의 원칙에서 권리의 체계를 보장했던 일반적 · 법률적 형식은 기율이 구성하는 본질적으로 불평등적이며 비대칭적인 미시적 권력의 모든 체계에 의하여, 그리고 세세하고 일상적이고 신체적 메커니즘에 의하여 기초가 잡혀졌었다. (…) 계약은 법과 정치권력의 이상적 근거로서 잘 상상될 수 있었다. 그런데 "원형감옥적 감시"(le panoptisme)가 보편적으로 만연된 강제권의 기술적 방식을 구성하였다」.[160)]

이처럼 푸코가 「부르주아 사회」를 비판하고 그 사회를 경제적 · 정치적으로 발전시켜 온 지탱점인 「기율」(la discipline)을 오히려 「감옥제도」보다 더 신랄하게 비난하는 것은 그의 『성욕의 역사』도 그렇지만 「기율이 있는 사회」로부터 탈피하여 「이성」과 「몰이성」, 「로고스」와 「히브리스」가 의좋게 짝짓는 그런 고대 희랍사회에로의 복귀를 바라는 요구에서이다. 그래서 그는 근대 이후 서양사회가 「감시의 사회」(la société de surveillance)라고 한다면 적어도 르네상스 이전, 특히 고대 희랍사회는 「구경의 사회」(la société de spectacle)라고 분류하였다. 그래서 그는 그의 분류방식에 따라 「감시의 사회」에서 「구경의 사회」에로 사회를 이행시키고자 하였다. 그러나 그런 푸코의 개인 사상과 철학에 대하여 이 자리에서 우리가 동의하느냐 안 하느냐 왈가왈부하는 것은 별로 큰 철학성을 지니지 않는다고 여겨진다. 푸코를 좋아하는 이가 있으면 싫어하는 이도 그만큼 많다. 우리의 관심은 그런 평면적 왈가왈부가 아니다. 그러나 분명히 풀리지 않는 이론적 모순이 그의 철학체계 내부에 도사리고 있다. 그 모순은 우리가 앞에서도 두 차례 지적한 바 있다. 우리가 생각하는 푸코 철학의 내재적 모순은 다음과 같다.

1_ 왜 그는 「차갑고」 「명증적」이고 「수학적」이며 「질서」의 인식구조를 가진 고전시대의 「고고학적 지식체계」를 예찬하면서, 다른 한편으로 고전시대의 고고학적 인식구조와는 전혀 판이한(그도 잘 알고 있다) 「광기」의 예찬, 「몰이성」에의 찬미, 「기율과 기강」

에서의 도피, 「성욕의 쾌락」을 노래하는가?

2_ 그가 니체를 사랑하는 대목이다. 그의 주장대로 고전시대(17–18세기)가 인식구조에 있어서 「인간」을 등장시키지도 않았고, 「인간주의」의 「인간학적」 철학이 나타나지 않았다고 이론적으로 동의하자. 그래서 인간은 그 시대 「무한소」와 「무한대」의 「공간적 배열」 속에 흡수되어 이른바 그의 용어대로 근대 이후처럼 「접힌」 「주름살」이 없었다고 인정하자. 그래서 고고학적으로 니체의 초인사상과 어떤 유비관계가 있다고 가정하자. 그러나 니체는 고전시대의 성향을 지니지 않았다. 그는 인간의 왜소함을 부정하려고 하였지만 그 「부정의 논리」는 「아폴론」(apollon) 적인 것이 아니라 다분히 디오니소스(dionysos) 적인 것이었다. 고전시대의 「아폴론」과 니체의 「디오니소스」를 어떻게 동일한 「지식의 고고학적 지층」 속에 포함시킬 수 있나?

3_ 푸코는 현대철학의 「인간주의적 사상」의 논리적 모순을 지적하는 가운데 하이데거의 사상이 「근원의 후퇴와 재귀」를 동시에 바라는 불가능성을 시도한다고 비판하였다. 일단 그의 그런 비판을 옳다고 한번 인정해 보자. 그러면 우리는 푸코에게 다음과 같이 되물을 수 있다. 하이데거가 「존재의 역사」가 「개시」된 시작을 기원전 6세기냐, 아니면 기원전 9세기냐(물론 희랍역사에서) 하는 것이 도시 구름 잡는 것 같은 소리라고 푸코가 비아냥거렸다. 그래서 하이데거는 「존재」가 우리에게 「지극히 멀고」 또 「지극히 가깝다고」해서 「존재」를 이미 「있어온 것」으로서의 「현존재」(Da-sein) 에서 출발하는 방법, 즉 「기원」의 시간적 후퇴가 끝이 없으므로 오히려 기원의 재귀를 생각하게 되었다고 말한다.

하이데거가 그러했다면 푸코도 역시 「기원의 후퇴와 재귀」의 시간적 애매모호함에 빠진 것이 아닌가? 왜냐하면 푸코의 「역사 · 철학적 비판」의 계열에서는 언제나 한결같이 고전시대 이후, 부르주아 시대(근대), 현대를 비판하면서 그의 마음은 우리가 실증적으로 언제인가를 확실히 알 수 없는 고대 희랍의 시대, 적어도 소크라테스 이전의 시대로 거슬러 올라가기 때문이다. 그 시대에는 「실재와 환상」, 「역사와 신화」, 「자연과 인간」의 구분, 「로고스」와 「히브리스」의 「분열」이 있기 이전이었다고 상상해 보자. 잃어버린 시대를 어떻게 찾을 수 있을 것인가? 혁명에 의하여? 그러나 푸코는 마르쿠제(H. Marcuse)처럼 미련하게 혁명을 생각하지 않는다. 왜냐하면 그는 인간이 혁명에 의하여 상실된 낙원을 재생시킬 수 있다고 믿기에는 너무 예리하고 박학하기 때문이다. 그의 실증적 지식의 박식함이 마르쿠제식의 순진한 아둔함을 막아주었다고 여겨진다. 그러면 예술과 신화의 방법 이외에 그 상실된 낙원에 접근하는 길이 무엇인가?

4_ 『감시와 형벌』에서 그는 부르주아 시대를 집중 비판한다. 그런데 그 시대는 「지식의 고고학」에서 보면 고전시대와 근대시기가 두루 겹쳐졌다. 『말과 사물』에서 「예찬된 고전시대의 질서」가 『감시와 형벌』에서는 「강압과 감시의 대명사」로 둔갑한다. 이런 이율배반적인 관점을 우리는 도대체 어떻게 해석해야 옳을까? 푸코가 해석학을 싫어하고 구조주의의 방법을 가까이 하기 때문에 해석하는 것이 옳지 않고, 그것들은 단지 고전시대에 나타난 「표면성」의 상이한 두 가지 담론형성이란 말인가? 그래도 담론형성에는 모순이 없어야 한다. 그러면 「고전시대의 고고학」으로 보는

「담론적 실천」은 「질서」라는 긍정적 면을 지니지만, 같은 시대를 「부르주아 시대」로 규정한 「역사 · 철학적 비판」의 입장에서 보면 「질서」가 「강압」과 「감시」의 계열체적인 은유법으로 변형된다는 뜻인가? 푸코는 대답이 없다. 그리고 그는 타계하였다. 그러나 참으로 이상하다. 왜냐하면 푸코의 저서를 읽으면 그가 얼마나 박식하면서도 꼼꼼하고 세심한 사고력을 가졌던가를 쉽게 알 수 있기 때문이다. 그런 철학자가 이 문제를 성글게 취급하였으리라고 생각하기는 어렵다. 그러면 정답은 무엇인가? 「고전시대」가 모든 시대처럼 흑백의 양면성을 구조적으로 가졌다면, 그러면 왜 「부르주아 시대」에 대해서(사실상 같은 시대와 겹치기도 하지만) 푸코는 오로지 부정적 시각만을 보려고 하였는가? 부르주아 시대에 도처에 편재하는, 그의 용어대로 「원형감옥」적인 강압의 지옥과 같은 도표를 지니고 있는 것이 사실이라고 하자.

그렇다면 「부르주아 시대」에는 또 다른 면에서 그 나름의 「힘」(푸코가 사용한)을 지닌 긍정의 면이 있었던 것이 사실이 아닌가? 그래야만 흑백의 양면을 종합적으로 보는 눈이 아니겠는가? 좀 덜 철학적인 질문을 던진다. 어떻게 보면 푸코가 오늘의 푸코가 되어서 지구의 도처에서 이처럼 연구되고 있는 것도 푸코와 그의 나라 프랑스가 「부르주아」 시대에 비축한 「힘」의 덕택이 아닌가? 그가 그리워했던 고대 희랍시대가 사실 푸코의 상상처럼 그렇게 실재하였다면 그 시대도 여전히 「흑백」은 있었으리라. 그것이 푸코가 싫어하는 「역사의 운명」이 아닌가?

또 다시 푸코의 진술세계로 돌아가자. 서양사의 오랜 기독교적인 전통에서 보면 「육체」가 곧 「영혼의 감옥」으로 진술되어 왔다. 소크라테스나 플라톤의 철학에서도 이와 마찬가지이다. 그러나 푸코는 오히려 정반대의 진술을 한다.「영혼이 육체를 가두어 놓았다」. 즉「부르주아 사회」에 길들여진「영혼」이「육체의 언어」에게 침묵을 강요했다는 것이다. 이 대목에 이르러 푸코는 확연히 20세기 후반기에 니체이기를 바라는 사상을 엿볼 수 있다.「육체의 해방」을 구가하는 니체적인「디오니소스」적 요소가 마침내「강압과 영혼의 기율」을 가져오는「권력」과 그 권력을 촉진시켜 주는 모든「지식」을 거부하고 부정하게 된다.

「권력」(le pouvoir)과「지식」(le savoir)의「상호 연관성」에 관한 푸코의 생각을 직접 인용한다.「권력의 관계가 중단된 곳에서만 지식이 있을 수 있다는, 그리고 지식은 권력의 명령과 요구와 관심의 밖에서만 발전될 수 있다는 전통적인 생각을 포기해야 한다. 그리고 권력은 사람을 미치게 만들고, 그리고 그 대가로 권력에의 포기가 사람들을 학자가 될 수 있게 하는 조건들 중의 하나라고 믿고 있는 것을 포기해야 한다. 오히려 권력은 지식을 생산한다고(단순히 권력이 지식을 사용하기 때문에 지식을 도와준다거나 또는 지식이 유용해서 지식을 적용함으로써가 아님) 인정해야 한다. 권력과 지식은 서로서로를 함축하고 있다고 인정해야 한다. 그리고 지식의 밭을 상관적으로 구성하지 않고서는 권력의 관계가 존재하지 않고, 동시에 권력의 관계를 구성하거나 전제하지 않는 지식은 있지도 않다는 것을 인정해야 한다. 권력, 즉 지식의 관계는 권력체계와의 관계에서 자유스럽다거나 그렇지 않은 인식주체로부터 출발해서 분석할 성질이 아니다. 그와는 반대로 인식하는 주체, 인식해야 할 대상, 그리고 인식의 양식들은 모두 "권력, 즉 지식"에 근본적으로 그만큼 연루되어 있는 결과이거나 그 연루의 역사적인 변형의 결과임을 생각해야 한다. 요컨대 권력에 유용하거나 반항적인 지식을 생산하는 것은 인식주체의 활동이 아니다. 인식의 가능한 영역과 형태를 결정하는 것은 그 주체를 관통하고 그 주체가 구성되어지는 투쟁과 과정, 그리고 권력, 즉 지식이다」.[161)]

여기서 푸코는 니체가 창안한 「계보학」(la généalogie)의 정신에 따라 근대 · 현대사회에 있어서 권력과 지식과의 상호관계를 논파하고 있다. 근대 · 현대사회에서 모든 지식학의 담론과 그 실천양식은 모두 「권력, 즉 지식」(le pouvoir–savoir)의 과정과 밀접한 연관성을 지닌다는 것이다. 즉 부르주아 사회 이후에 대두된 산업사회의 유지와 발전에 그 지식들이 깊숙이 관여하고 있다는 것이다. 그래서 푸코는 니체가 말하는 「권력에의 의지」(la volonté de puissance)가 「지식에의 의지」(la volonté de savoir)와 다른 것이 아니고, 또 그것이 「진리에의 의지」(la volonté de vérité)와도 통한다고 보았다. 근대사회의 「권력」과 인문사회과학의 「지식」은 사회를 「원형감옥 제도」의 이상으로 그물조직화하기 위하여 상호 필연적인 함축관계를 유지해 왔다고 그는 분석한다. 그의 주장에 따르면, 「원형감옥 제도의 주제는 감시인 동시에 관찰이고, 안전인 동시에 지식이며, 개별화인 동시에 전체이고, 고립인 동시에 투명이기에 감옥에서 실현의 우선적 장소를 찾았다」[162)]는 것이다.

요컨대 「지식」은 「권력의 보조수단」이 아니라 현대 산업사회의 「발전과 확장의 기술」에 본질적인 「구성요건」이라는 것이 푸코의 지식론이다. 그런 「권력, 즉 지식」의 시작은 「감옥」에서 죄수들을 순치하고 그들을 「경제적 유용성」이 있게끔 길들인, 「기율이 선」 인간으로 만들려는 근대사회의 요구에 지식이 응답한 데서 이루어졌다는 것이다. 이런 작태를 푸코는 지식의 「생체적 권력」(le bio–pouvoir)이라 불렀다. 「권력과 지식은 상관관계 속에서 작용하지 인과관계 속에서 작용하는 것은 아니다. (…) 권력과 지식이 결합하여 수행하는 이념은 근대사상에 대한 푸코의 주요한 이바지 중의 하나이다」.[163)]

8. 성욕의 역사

푸코의 문명에 대한 「역사 · 철학적 비판」은 「감옥의 역사」에 이어서 그의 『성욕의 역사』(*L'histoire de la sexualité*)의 「삼부작」에로 진행된다. 이 「삼부작」은 이미 앞에서 언급된 것처럼 『지식의 의지』, 『쾌락의 사용』 그리고 『자기의 관심』이다. 그런데 푸코가 이 『성욕의 역사』를 집필하게 된 동기는 정신분석학에서 다루어지는 주된 개념과 주제로서의 「성욕」(la sexualité)을, 즉 생물학적 · 정신분석적 개념을 역사의 이름을 빌려서 기술하려는 것이 아니다. 또 그가 서양역사에서 각 문명의 시기에 인간의 성행위가 어떻게 변천되어 왔는가 하는 평면적인 연대기를 작성하는 것은 더군다나 아니다. 푸코는 이 『성욕의 역사』를 통하여 니체가 말한 「계보학」의 방식대로 성에 대한 담론이 어떤 문화적 구조의 배경으로 나타나게 되었고, 그런 가치판단이 나오게 된 구조론적 토대를 성의 언표와 담론의 형성을 기초로 하여 그 인식성(고고학적)에서 표명하는 것을 겨냥하고 있다. 그런 고고학적 「성욕」의 「인식성」이 동시에 문명의 「역사 · 철학적 비판」과 연계된다.

푸코가 「성욕」(la sexualité)이라는 개념을 사용한 것은 「쾌락」을 얻기 위하여 인간의 성적 행위를 가져오게 하는 원동력으로서의 「성」을 단순히 말하는 것이 아니고, 오늘날 서양사회에서 종교와 교육과 도덕관습과 정신의학과 생물학이 지배하고 있는 「성과학」(la science du sexe)과 관련되어 나타난 것이다. 즉 어떻게 「성」(le sexe)이 서양사회에서 인식의 영역으로 구성되어졌는가를 구조주의적 담론방식에 의해서 밝히고, 또 서양의 현대사회가 아닌 다른 사회(동양)에서 아직도 성이 「성과학」(scientia sexualis, la sexologie)이 아니고 「관능의 술(術)」(ars erotica)로 남아 있는 진실을 추구하는 의도를 푸코의 「삼부작」이 담고 있다 하겠다. 즉 푸코는 오늘날 서양의 「성과학」(scientia sexualis)과 성(性)의 본질을 존중하는 「관능(官能)의 술(術)」을 비교함으로써 「성과학」(性科學)의 현주소가 인간에 관한 「현대문명의 억압」과 어떻게 연관되는가를 해석하려 한다. 그런 점에서 푸코는 서양사회의 「성에 대한 인식의 대표방식」부터 비판하기 시작한다. 「우리들은 성에 대한 상담자가 각자로 하여금 자기 성의 내밀한 것을 고백하는 것을 듣기 위하여 보수를 받는 유일한 (…) 문명이다」.[164) 「서양은 거의 모든 것—우리들, 우리의 육체, 우리의 영혼, 우리의 개성, 우리의 역사—을 욕망과 음심(淫心)의 논리라는 기호 아래에 통용되게 하는 데에 이르고 있다. 우리가 누구인가를 아는 것이 문제가 된 이후로 그 논리가 보편적 열쇠로서 우리에게 사용되고 있다」.[165)]

이 인용에서 우리가 알 수 있는 것은 서양의 근대문화와 근대인은 「성」에 대하여 어떤 「죄의식」과 늘 결부되어 자기 자신을 표현하는 방식에 익숙토록 훈련되었다는 논리이다. 그것은 이미 17세기부터 싹트기 시작하여 19세기 청교도 시대에 더욱 강화되어서 「성」과 「성욕」에 대하여 「억압과 침묵」을 강요받아 왔다는 것과 통한다. 이제 19-20세기에 와서 그 침묵이 「고백의 강요」로 이어진다고 푸코는 지적한다. 「고백이 그 결과를 멀리 확산시켰다. 즉 사법에서, 의학에서, 교육에서, 가족관계에서, 애인 사이의 관계에서, 가장 일상적인 질서에서, 그리고 가장 장엄한 의식에서 고백이 확산되었다. 사람들은 자기의 범죄와 죄를 고백하고, 자신의 생각과 욕망을 고백한다. (…) 사람들은 자신의 병과 비참을 고백한다. 사람들은 쾌락과 고통 속에서 남에게 하기 불가능한 고백을 자기 자신에게 행한다. 그래서 거기에 대한 책을 저술한다. (…) 서양에서 인간은 고백의 동물이 되었다」.[166)]

기독교로부터 「성」에 대한 「죄의식의 강요」와 그리고 「성과학」으로부터 「성」을 객관적 인식의 대상으로 보아 나온 「자료」와 「고백의 사회체제」가 합쳐져서 이른바 서양사회의 「생체적 권력」(le bio-pouvoir)이 작용하게 된다. 이 권력은 각자의 육체의 성욕적 움직임과 그것을 느끼는 영혼의 일거수일투족을 「지식이라는 감시의 거울망」으로 올가미를 채운다. 그리하여 오늘의 서양사회는 「성」(le sexe)까지도 「권력, 즉 지식」(le pouvoir-savoir)의 통제 「데이터」가 되고 있다고 푸코는 지적한다. 「성이 무력화」되고, 「성을 죄악시」하고 「고백하는 것」도 앞절에서 본 부르주아 시대에 제기된 「순종적 인간」(homo docilis)의 형태와 무관하지 않다는 것이다. 「성」에 관한 「지식의 의지」는, 즉 알고자 하는 「지식의 의지」는 개개인의 의식까지도 정상이란 이름으로 조직하고 합리화하려는 가공할 그물조직을 수행하는 「생체적 권력」(le bio-pouvoir)이나 또는 「권력, 즉 지식」(le pouvoir-savoir)의 다른 이름 이외에 아무 것도 아니다.

서양사에서 17세기만 해도 「성」과 「성욕」은 「종교적」인, 「도덕적」인 판단의 영역에 속했지만 근대 이후에 그것은 「권력에 의한 관리의 체제」에 들어갔다. 「성은 이제 단순히 판단되어지지 않고 그것은 관리된다. 성은 공권력에서부터 나온다. 성은 경영의 절차상 방법을 부른다. 성은 분석적 담론에 의하여 책임이 떠맡겨졌음에 틀림없다. 18세기에 성은 경찰의 소관사항이 된다」.[167)] 물론 푸코는 「성」(le sexe)과 「성욕」(la sexualité)을 구분하고 있다. 전자는 「가정의 문제」이고, 「결혼제도」와 결부된 「혈육의 계승」, 「재산의 상속」, 「합법적 성」과 「금지된 성」의 「제반규칙」을 뜻한다. 그러나 후자는 그런 「제도화」된 각도에서가 아니라, 「결혼제도」와 「성」을 분리시켜 인간이 누구나 개인적 차원에서 갖고 있는 「육체의 위험한 언어」인 「감추어지고 환상적인 쾌락」과 관계하고 있다. 그러나 우리는 여기서 그 「성」과 「성욕」의 자세한 구분은 피하고 일반적 원론의 차원에서만 논의하기로 하겠다.

그러면 근대기, 즉 부르주아 시대부터 특히 「성」이 그렇게 「경영」이나 「관리의 체제」와 결부되어 나타난 「계보학적」·「고고학적」 배경이 무엇일까? 푸코에 의하면 그것은 「부르주아 사회」의 기본 생리인 「경제적 이익추구의 법칙」과 통한다. 그에 의하면 「사회기율」의 확립과 「성욕」의 「생체적 권력」에 의한 「통제」는 한 계급이 다른 계급을 억압하기 위한 수단이라기보다 오히려 「부르주아 계급」의 「자기 통어역량의 증대」, 「자기 절제의 이상」 때문에 스스로 생긴 것으로 본다. 그러므로 부르주아 사회에서 「성욕에 관한 담론」은 부르주아 사회의 자기 이상인 「극기」, 「규율」, 「기강」, 「질서」와 관계된다. 푸코는 『광기의 역사』에서 세 가지 고고학적 지층을 나누었다. 즉 「광인들의 배」, 「대유폐기」(大幽閉期), 「정신분석기」가 그것이다. 그리고 『말과 사물』에서 그는 역시 세 가지 고고학적 지층을 나누어 분석하고 있다. 「닮음의 시기」, 「표상의 시기」 그리고 「인간주의의 시대」이다. 그리고 또 『감시와 형벌』에서 그는 「고문의 시대」, 「계몽기 시대의 개혁」 그리고 「감옥시대」로 나눈다. 그러나 오늘 『성욕의 역사』에서 앞에서 거론된 것과 유사한 고고학적 지층을 분명히 단절시키지 않고, 단지 18세기 이전 「성욕이 침묵의 강요를 받던 시대」와 18세기부터 서서히 발아되어 19세기부터 본격화되면서 오늘날에 이르는 「성의 자세한 고백 시기」로 양분할 뿐이다.

도대체 「고백」(l'aveu)이란 무슨 뜻인가? 푸코에 의하면 그것은 「부모에게」, 「의사에게」, 「사제에게」, 「경찰에게」, 「판사에게」 하는 「고백」이다. 왜 이런 「고백」을 해야 하는가? 그것은 「사회의 생산성」을 위하여 통제하고, 감시하고, 표준화하고 또 필요한 경우에 재교육하기 위해서이다. 그래서 푸코의 생각대로 따르면, 서양 현대문명은 권력이 모든 인간 집단을 종횡으로 묶어서 그 「권력」이 「지식과 진리의 모태」이기를 바라는 속성을 정당화하고 있다는 것이다. 이미 우리가 앞절에서 보았듯이 「권력과 지식」은 따로 떨어져 오지 않고 서양사회에서 언제나 불가분리적으로 작용하고 생산되어 왔기에 푸코는 이런 상호작용을 일컬어 「권력, 즉 지식」(le pouvoir–savoir)이라고 비판적으로 명명하였다. 그런 문명의 생리 속에서 「성욕」은 『광기의 역사』에서의 「광인」처럼, 『병원의 탄생』에서 「병자」처럼, 『감시와 형벌』에서 「경범죄인」들처럼 취급당하게 마련이다. 이 모든 것은 「권력, 즉 지식」의 각도에서 모두 다 분석되고, 통제되고, 재교육되고, 재인식되어야 할 대상이다. 권력은 인구학, 심리학, 보건위생학, 교육학, 경제학 등의 도움을 받아 건강한(?) 「사회의 생산성」을 높이는 데 기여하는 진리와 다를 것이 없다고 여기는 그 문명에 푸코는 도전한다. 푸코의 「역사 · 철학적 비판」에서 보면, 근대 · 현대인의 「주체」는 「권력, 즉 지식」에 의하여 주형된 「육체의 정치」(la politique du corps), 「영혼의 기술」(la technique de l'âme)과 같다. 그에 의하여 사용된 「주체」(le sujet)란 낱말은 「권력」에 의하여 「인식」되어야 할 「대상」이고, 동시에 「권력」에 「순응된」 「대상」이다.

『지식의 의지』(*La volonté de savoir*)까지 푸코는 늘 「주체의 소멸」과 「반인간주의」의 기치를 내거는 철학적 사유를 수행해 왔다. 그러나 사실상 이미 『성욕의 역사』 제1권에서부터 암암리에 「주체」개념이 나타나기 시작했다. 왜냐하면 그 「주체」는 「권력, 즉 지식」과의 관계에서 이것이 최종적으로 겨냥하는 「목표」가 되었기 때문이다.

그런데 『쾌락의 사용』(*L'usage des plaisirs*)과 『자기의 관심』(*Le souci de soi*)에서 본격적으로 주체개념이 부정되지 않고 나타난다. 이 두 권에서 「주체」는 소극적으로 「권력, 즉 지식」의 「관리 경영대상」으로서가 아니라 「욕망의 인간적 주체」로서 적극화된다. 그래서 상기의 두 저서에서 「욕망으로서 성욕의 경험이 주체에게 있어서 어떻게 구성되어졌던가?」를 「계보학적」 입장에서 분석하기 시작한다. 『쾌락의 사용』은 고대 희랍의 (기원전 4세기) 고전 텍스트가 주요한 「고문서」나 「기념물」이 되고, 『자기의 관심』은 기원전 2세기 전후의 희랍어와 라틴어의 「고문서」나 또는 「기념물」을 중심으로 하여 전개된다.

오늘날 서양 기독교의 도덕률에 젖은 사람들 눈에는 푸코의 이론이나 또는 이교도들의 관습이 대단한 방종과 성문란을 찬양하는 것처럼 비치기 쉽다. 기독교는 「성욕」(여기서는 「성」이 아님)을 「죄」와 「악」으로 간주하는 반면에, 기독교의 눈에 비친 이교도들은 그런 의식이 없이 단지 「성욕」 자체에 적극적으로 의미를 부여하기에 그들은 기독교에 의하여 성의 방종지대로, 이교도 지역으로 규정된다. 더구나 기독교는 철저한 「일부일처주의」인데 다른 이교도들에게는 그런 「율법」이 없다. 그래서 더욱 「성」이 문란하다고 여긴다. 그런데 푸코에 의하면 고대 희랍이 지금의 기독교 도덕보다는 「성」에 대해 훨씬 「관대한 것」이 사실이라고 한다. 이른바 「동성」연애도 죄악시하지 않는다는 것이 그것의 대표적인 보기라는 것이다. 그러나 보통 사람이 생각하는 것 이상으로 고대 희랍 사회는 「성의 방종」은 말하지 않지만 「성희에의 탐닉」이 가져다 주는

「부정적 가치」를 역설하고, 기독교보다 훨씬 이전에 「일부일처주의」를 찬양했으며, 또 「정결」과 「절제」의 미덕도 숭앙하였다는 것이다. 여기서 우리는 푸코가 의거한 「고문서」의 전적(典籍)에 대한 자세한 기술은 생략하기로 한다. 일언이폐지해서, 고대 희랍과 로마의 교양인들은 방종한 성생활을 영위하기는커녕, 그들의 생각은 기독교적인 「엄격성과 수치감」을 기독교가 생기기 이전에 벌써 지니고 있었다는 것이 푸코의 주장이다.

그러면 이 「고대 희랍과 로마 교양인들의 성도덕」과 「기독교의 성도덕」의 차이가 어디에 있는가 하는 문제점이 나온다. 여기에 대하여 푸코는 고대사회에서 「준엄함의 요구」가 근대사회의 기독교 윤리처럼 모든 이에게 「강요된 획일의 도덕적 법전의 기능」을 수행하지 않았다는 것이다. 고대인들의 요구는 오히려 일상적인 실천양식과 구분되는 일종의 「도덕적 사치」(la morale de luxe)로 체험되었다는 것이다. 즉 그들의 도덕적 요구는 그 시대의 종교나 법적인 「금지의 원칙」과 하등 관계가 없다는 것이다. 즉 고대인들의 도덕적 사유를 「도덕법칙을 법전화」해서 모든 이에게 획일적으로 강요하기보다 오히려 각 인(人)의 「금욕주의」를 존중하는 방향으로 나아갔다는 것이다. 그런 「금욕주의」(l'ascetisme)는 특히 「교양인」, 「자유인」으로 여겼던 「지도층의 윤리」였다는 것이다. 그들은 성도덕을 세 가지 차원의 상이한 경험에서 접근하였다고 한다. 1) 섭생법(la diététique) (육체의 식이요법), 2) 경제(가정관리) (la gestion de l'oîkos, du ménage), 3) 성희(la cour amoureuse) 등이 그것이다.[168] 그들에게 있어서 「성윤리의 대상」은 희랍어로 「ta aphrodisia」인데, 즉 「미의 여신」 「아프로디테」의 작품으로서의 「성적 쾌락」(les voluptés)을 뜻한다. 푸코는 고대 희랍의 세계에서 「성의 불멸성」(l'immortalité sexuelle)은 「과다」와 「수동성」 사이에 개재해 있는 것으로 보았다고 한다.「성의 과다한 추구」는 그 자체「악」이라기보다 오히려「잠재적 위험」으로 간주되었다는 것이다.

겔리우스(Aulus Gellius)와 의사 히포크라테스(Hippocrate)에게「쾌감의 극치」(l'orgasme)는「일종의 약한 간질병」 증세와 같은 것으로 여겨졌고, 철학자 데모크리토스(Démocrite)도 이와 유사한 견해를 가졌다고 한다.「아프로디테」(미의 여신)가 바다의 거품에서 태어났다는 이야기와 성교적 절정기에 내뿜는 정액은 같은「의학적 표상」으로 느껴진다는 것이다. 그래서 그들이 생각한「성윤리」는「절제」이며, 신체의 조건이 허락하는 정도에 가깝게만 성행위를 하는 것이다. 그래서「성」은 플라톤이나 아리스토텔레스(Aristote)의 경우에도 일종의「enkreteia」, 즉「자기 제어」(la maîtrise de soi)를 의미하게 된다. 이 자기 제어는「무감각」과「과잉」 사이의「중용」(le juste Milieu)과 같다.「자유인」은 그「욕망의 포로」가 되어서는 안 된다.「자유」는 먼저「그의 집안」, 즉「영혼 속」에서 시작한다는 것이다. 그래서 욕망의「과잉」과「무감각」이라는 양극을 피하는 섭생법(육체의 식이요법)이 중요하다. 둘째로「집안의 가정관리」에 책임을 진 가장은 역시「자기 제어」(enkrateia)의 능력을 갖고 있어야 한다는 것이다.「자기 제어」 능력은「남자다움」의 상징이기도 했다. 그 다음 세 번째로 사랑의「성희」는「남녀관계」보다「남자들 사이의 사랑」에 관해 다루었다. 고대 희랍에서는 소년들이 알랑거리는 것으로 되어 있고, 그래서 거기에서 윤리문제가 대두되었다고 한다. 푸코는 이 점에 대해서 그의 『쾌락의 사용』에서 많은 부문을 할애하고 있다.[169] 푸코에 의하면, 고대 희랍에서는 남자가 여자보다 소년을 더 좋아하는 것이「성도착」(pervers)으로 간주되지 않았다고 한다.

더구나 플라톤이 그의 저서 『잔치』에서 사랑의 두 가지 형태인「아가페」(agape)와 「에로스」(aros)만을 이야기하였을 뿐, 사랑의 대상이 남자냐 여자냐 하는 것은 논의하지 않았다고 한다. 단지 지순한 사랑인 「아가페」를 젊은이에게 역설하였을 뿐이다. 고대 희랍의 작가들도 여성화한 미소년에 대하여 경멸을 보냈다고 한다. 그런데 미소년을 좋이했다던가, 미소년이 어렸을 때 그런 사랑을 받았다던가 하는 사람들에 대해서 직접적인 비난은 하지 않았지만, 그런 사람들에 대해서 사회적으로 중요한 역할을 맡기는 행위는 조사대상이 되었다고 한다. 왜냐하면 그런 행위는 지도층이 지녀야 할 「자기 제어」의 「미덕」을 정면으로 어겼기 때문이다. 하여튼 고대 희랍인은 「동성연애」에 빠진 사람들을 좋게 보지는 않았으므로 그들의 「에로스」(eros)를 「우정」(philia)으로 전환시키려고 노력하였다고 한다. 하여튼 고대 희랍에서 「남자」와 「소년」 사이에는 사회적으로 동등한 교제의 관계가 정립되었다 한다. 그래서 「에로스」가 「강압」에 의해서 「윤리」에 굴종하기보다 「자유로운 행동」에 의한 「양식화」(une stylisation)로서 윤리와 접목된다고 지적한다.[170)]

이처럼 고대 희랍인들의 「자기 제어」를 통해 이루어진 「에로스」와 「에토스」(ethos)의 조화는 다음과 같은 푸코의 말에 잘 나타나 있다. 「소년에 관한 철학적 반성은 하나의 역사적 역리(逆理)를 포함하고 있다. 그 때 이후의 역사에서 오랫동안 그렇게 엄격하게 비난받아 온 남자 간의 사랑, 정확히 표현하여 청소년에 대한 사랑에 대하여 희랍인들은 그들이 이 영역에서 일치했던 자유의 시험, 즉 우리가 인정하기 좋아하는 합법성을 인정하였다. 그런데 그들은 건강문제(그들도 역시 신경을 썼음)보다 더, 그리고 여자와 결혼문제(그들이 신경을 쓴 좋은 질서로서)보다 더 이 문제에 가장 엄격한 엄숙함의 요구를 형성하였다. 확실히 몇 가지 예외를 빼면 그들은 그런 관계를 금지하지도 비난하지도 않았다. 소년에로 향하는 사랑의 반성 속에서 사람들은 "무한정한 기권"(une abstention indéfinie)의 원리, 즉 소크라테스가 유혹에 대한 일관성 있는 저항에 의하여 모범을 보여주었던 그런 포기의 이상, 그 포기가 스스로 하나의 높은 정신적 가치를 내포한다는 그런 주제가 형성되는 것을 본다」.[171)]

이 인용을 통하여 우리는 푸코가 「성욕」과 「윤리」에 관하여 그가 생각하는 위상이 무엇인지 짐작할 수 있다. 푸코의 생각이 어디에 있든지 간에 반드시 기독교적 성윤리에 젖지 않은 사람들에게까지 푸코의 철학은 때로는 기이하고 때로는 어느 정도 충격적인 면을 던져주고 있음을 감출 수는 없으리라고 본다. 소년에 대한 사랑이 「성적인 충동」으로까지 느끼지 못하는 사람들에게 푸코가 왜 그런 데까지 관심을 갖는지 쉽게 이해가 되지 않는다. 그럼에도 불구하고 미소년에 대한 사랑이 고대 희랍인들에게 그토록 참을 수 없었던 유혹이었다면, 자기 자신과의 싸움을 통해서 「욕망의 존재」와 「자기 제어의 윤리」를 동시에 다 인정하면서 그 욕망을 승화시켰다는 고대 희랍인들의 교양과 절제의 미덕은 이해할 수 있을 것 같기도 하다.

『성욕의 역사』 제3권인 『자기의 관심』에서 푸코는 기원 후 2세기의 「고문서」에서 자기 관심의 기원을 찾는다. 이 시기는 고대 희랍(기원전 4세기)의 경우와 달라서 성의 쾌감에 대하여 좀더 많은 경멸을 나타내고 있다고 한다. 고대 희랍은 「성과 사랑의 쾌감」을 윤리와 분리시키지 않으려 하였다. 그런데 이 시기에 와서 「성의 과용」이 「육체」와 「영혼」에 해로우며, 「결혼」과 「부부생활」을 더 많이 강조하고 「남색」(la pédérastie)에 대하여 고대 희랍인들이 가졌던 방관 내지 관용이 여기서는 허용이 안 된다. 그럼에도 불구하고 「도덕 법전의 강화」보다 오히려 「자기 제어에 대한 강조」와 「엄격성의 요구」가 고대 희랍보다 더 증대되었다 한다.

소크라테스 시기부터 출발하여 의사 갈리엔(Galien, A. D. 131–201)에 이르기까지 희랍과 로마의 사상가들은 「절제와 금욕」의 가치를 점진적으로 강조하기 시작하였다고 한다. 그들은 또 한결같이 병을 일으키는 성의 힘에 대하여 말을 많이 하였다고 한다. 병의 원인을 발생시키는 성의 힘 앞에서 철학자들은 안심입명(安心立命)의 자기 관심을 그만큼 많이 예찬하였다. 스토아 철학자들과 그 가운데 세네카(Seneca)가, 특히 그의 저서 『분노에 대하여』(*De ira*)에서, 그리고 한 세기 후에 마르쿠스 아우렐리우스(M. Aurelisu)도 「자기 제어」에 이르는 새로운 도덕적 기법을 자세히 밝혀놓았다.

고대 희랍에서 성적 쾌락의 실천양식에 있어서 극적인 이원화는 아니지만 그래도 저속한 사랑과 고상한 사랑 사이에 성적 욕구가 대립되어 있었다. 그런데 기독교는 모든 것을 뒤바꿔 놓아 「사랑을 통일시키고」 「탈쾌락화」하였다는 것이다. 그리고 「이성 간의 사랑」만 「합법화」하고 「동성 간의 사랑」은 완전히 「불법화」하였다. 그리고 기원 후 2세기경의 희랍과 로마는 기독교처럼 사랑을 「일원화」시켰지만, 그러나 기독교처럼 사랑을 「탈쾌락화」(déshédonisé)시키지도 않았고, 역시 고대 희랍처럼 「사랑」과 「성」, 「감정」과 「쾌락」 사이의 관계를 유지시켰다는 것이다.[172] 그리고 이 시기에도 아직 기독교가 요구하는 「고해」(la confession)의 의무가 없었다는 것이다. 이 「고해」의 제도에 대한 푸코의 비판은 마치 근 · 현대문명이 인간을 「고백의 바보」(푸코는 「고백의 짐승」이라고 했음)로 만드는 것과 유사하게 보는 것 같다. 하여튼 푸코는 고대 희랍시대에서 보는 것같이 「도덕적 반성」이 「쾌락을 탈색시키지 않고」, 또 근대 기독교처럼 획일적인 행위의 「법전화의 강압」으로 변질되지 않고 「태도의 의식화와 실존의 미학」(une stylisation de l'attitude et une esthétique de l'existence)[173]에로 향하는 길을 선택하려는 것으로 보인다.

그런데 메르키오르를 비롯한 푸코의 연구자들이 지적하고 있듯이 푸코는 이 『성욕의 역사』에서부터 암암리에 「주체」의 개념을 인정하기 시작했다. 그 이전의 철학 『말과 사물』, 『지식의 고고학』, 『담론의 질서』에서 그는 「주체」는 형이상학의 쓸데없는 잔영이고, 사회나 역사구조의 형성에서 불필요한 존재이며, 그것의 생성역사도 최근 200년 이래의 사상에 기인한 것이다. 따라서 앞으로 「인간의 모습」도, 「인간주의의 철학」도 「바닷가의 모래 위에 그려진 얼굴처럼 사라질 것」이라고 주장하였다. 푸코가 그 주장에 충실한 한에서 그는 분명히 구조주의자였다.

그러나 『성욕의 역사』에서 본격적으로 주체개념이 등장하면서 주체가 「권력, 즉 지식」에 의해 복종된 결과이거나, 또는 욕망의 주체로서 「자기 제어」의 승리를 구가하거나, 또는 기독교에서처럼 죄의식에 젖었다고 비판하거나 간에 「주체」개념이 강하게 푸코의 후반에 부각되는 것은 사실이다. 「자기 제어」(la maîtrise de soi)는 주체의 능동적 의지를 배제하고는 설명되지 않는다. 여기서 나는 말하여짐을 당하는 구조의 세계가 아니라 말하는 해석의 세계로 들어간다. 이렇게 볼 때 푸코의 철학은 간단히 정리되지 않는 내적 모순을 많이 함유하고 있음을 우리는 다시 한 번 확인하게 된다. 푸코의 사유세계와 사상을 쉽게 한 편으로 요약할 수 없는 복잡성이 거기서 나온다. 이미 그가 「고고학적 진술」과 「역사 · 철학적 비판」의 두 계열을 품고 있다는 지적 자체가 푸코 사상의 모순적 성격을 반영하는 것이 아닌가 여겨진다. 그래서 우리는 푸코의 철학을 평가하는 마지막 절을 이율배반적으로 기술하는 까닭이 거기에 있다.

9. 네오 모랄리스트냐, 네오 아나키스트냐?

사유체계의 「인식성」의 관점에서가 아니라 사상의 입장에서 푸코의 철학이 모순적 요인을 내포하고 있음을 우리는 앞에서 여러 번 암시하였고 또 지적하였다. 그의 「고고학」과 「계보학」의 기본 틀은 구조주의의 영역을 벗어나지 않았지만, 1980년 이후에 「주체의 능동성」을 부각시키면서 그는 학자들로부터 그가 싫어한 해석학(l'herméneutique)을 임암리에 전제하고 있다는 평가를 받기도 한다. 그런데 이 마지막 절은 그의 방법론에 대한 문제가 아니라, 철학자로서의 푸코가 「역사 · 철학적 비판」의 관점에서 사상적으로 겨냥하는 그 철학의 의미론적 성격에 관한 규정이다. 이 점에 대해서도 학자들 간에 이견이 있는 것 같은데, 예컨대 미국의 허버트 드레이프스(Hubert Dreyfus)와 폴 레비노우(Paul Rabinow)는 그의 공저 『미셸 푸코, 하나의 철학적 편력』(*Michel Foucault, un parcours philosophique*)—원명은 영어로 된 *Michel Foucault, Beyond structuralism and Hermeneutics*로 되어 있고, 불어 번역은 파비엔느 뒤랑-보게르(Fabienne Durand-Bogaert)에 의해서 이루어졌음—에서 푸코의 사상과 철학을 「네오 모랄리스트」(néo-moraliste)로 보려는 경향을 암시하고, 그와는 반대로 J.-G. 메르키오르(José-Guilhorme Merquior)는 그의 『푸코 또는 강단의 허무주의』(*Foucault ou le nihilisme de la chaire*)—역시 영어에서 불역한 것임—제10장에서 본격적으로 「네오 아나키스트의 초상화」(Portrait du neo-anarchiste)라는 장명을 붙여 논의하고 있다. 따라서 우리의 이 마지막 절은 이 두 저서의 내용을 상호 비교하는 것으로 그 소임을 이루어낼 것이다.

1) 「네오 모랄리스트」(Néo-moraliste)로서의 푸코

『지식의 의지』에서 푸코는 오늘날 현대세계의 실천적 양식은 기독교에 배경을 둔 「고백」과 계몽주의 시대 이후 흔들림이 없이 정착된 「합리주의」가 합쳐져서 만든 합작품인 「생체적 권력」(bio-pouvoir)이 인간을 조종하고 있다고 진단하였다. 푸코의 후기 철학, 「역사 · 철학적 비판」의 계열은 우리 시대에 자연스런 것으로 받아들여지고 있는 산업사회의 「생체적 권력」의 실상을 비판적으로 해명하는 데 있다. 그리하여 인간이 「권력, 즉 지식」에 의하여 조종되거나 지배당하는 주체에서부터 새로운 윤리의 주체를 출현시키려 하는 철학적 의도를 푸코가 지니고 있다고 평가하기도 한다.[174] 그런 작업의 일환으로서 푸코는 『성욕의 역사』를 취급하게 되었다는 것이다. 왜냐하면 「성욕」(la sexualité)은 인간 역사를 이해하는 「판결주문」이고, 그 「판결주문」을 통하여 인간 역사에 대한 「계보학적 인식」을 통찰할 수 있기 때문이다. 푸코는 『성욕의 역사』를 통하여 고대 희랍인의 윤리적 이상은 「성의 쾌락」과 절연된 것이 아니라, 「실존의 미학」을 통한 윤리의식을 정립하는 것이라고 해석하였다. 따라서 상대적으로 기독교가 오랜 세월 동안 자기 통제와 분석의 기술을 서양사에서 강화시켜 온 커다란 계기가 되어 왔다고 푸코는 기독교를 비판한다. 그리고 고대인도 적절한, 건강을 상하게 하지 않는 쾌락을 「삶의 즐거움」으로 삼기 위하여 「성욕의 절제」와 「엄격성」을 「내재적 규율」로 정하였는데, 기독교가 그 윤리를, 즉 「엄격성의 규칙」을 수단화하지 않고 목적화하여 「욕망의 순화」와 「쾌감의 억압」을 위한 「기술」로 변형시키고 말았다고 푸코는 주장한다.

푸코의 『자기의 관심』(*Le souci de soi*)은 소크라테스가 아폴론의 신전에서 인용한 「너 자신을 알라」라는 명언에 대한 기독교적 해석과 다른 주장을 편다. 그는 「너 자신」이라는 「자기」는 기독교가 좋아하는 자기 고백적 지이기 이니라, 「신탁」을 문의하기 전에 너의 질문을 확인하라는, 즉 「자기 행동에 앞서 자기 생각의 개념을 정리하라」는 뜻으로 풀이한다. 그런 각도에서 『자기의 관심』은 「윤리적 삶」을 겨냥하는 목표(행동의 목표)가 곧 「아름다운 삶」(la notion de belle vie)이고, 「아름다운 삶」에 포함시켜야 할 행위는 「쾌감에 결부된 행위」이며, 「쾌감과 윤리적 삶」을 합일시기는 방법은 「자기 제어」라는 기술이라는 깃이다. 「싱의 미학」과 「윤리학」이 하나로 되는 이런 삶은 기독교의 전통에서 자란 서양인들에게는 대단히 이상스럽고 충격적인 것이라고 생각된다. 고대 희랍의 교양인의 이상은 어떤 종교나 법률이나 과학이 그 규범을 획일화하기 이전에 「육체의 쾌감」과 「영혼의 완성」과 「도시에 대한 의무」를 모순 없이 종합하여 살아왔다는 것이다.[175] 그 대신 우리가 그런 생활철학을 종교와 법에 맡기는 순간에 우리는 「법과 의학의 표준화된 권력」의 노예로 전락하고, 「자유인의 긍지」를 상실하게 된다고 한다.

푸코의 모랄은 이러한 「획일적 규범」이 점차 산업사회에서 강화되어 가는 것을 극복하려는 노력과 같다. 「산업사회의 이성」은 곧 그런 획일적 · 통일적 규범성의 일반화와 다를 것이 없다. 즉 산업사회의 이성은 「통제적 이성」, 「도구적 이성」으로 치닫고 있다. 칸트의 실천윤리학도 계몽주의의 영향으로 모든 이의 평화를 위하여 「기율」이 있는 「통제적 이성」(la raison régulatrice)을 겨냥하고 있다고 비판된다.

드레이프스와 레비노우는 푸코가 「스토아 철학」의 「모랄」을 이상으로 삼고 있다고 주장한다. 왜냐하면 「스토아 철학자」들은 「이성」이

「도구화」되거나 「통제화」되기 이전의 우주적이고 자연적인 이성과 일치해서 살기를 바랐기 때문이다. 그들의 「이성」은 「사회적인 것」도 「종교적인 것」도 「법률적인 것」도 아니다. 그들이 사랑한 이성은 「우주의 정태적 질서」에 적합한 것이었고, 인위적인 요소를 결코 지니지 않았었다. 스토아 철학자들에게 「이성의 요청」에 의거한 「절대적 선」이란 것은 없다. 「개인과 공동체의 건강」이라는 것도 「좋은 것」이긴 하나 「절대적 필요성」은 아니다. 그러기에 「강제성」이 없다. 다만 건강이 병보다는 「보다 나은 선(善)」(la bein préféré)일 뿐이다. 모든 것을 자연의 질서에 맡긴다. 이것이 스토아 철학의 지혜였다.

「고대 교양인의 덕목」은 「우정」, 「절제」, 「아마추어 스포츠」, 「신체의 쾌감」 등이다. 호메루스에서 키케로(Cicéron)에 이르기까지 그들은 한결같이 「우정」을 최상의 덕목으로 여겼다. 왜냐하면 그 덕목에 의하여 인간은 비로소 「상호성의 관계」를 발전시켜 나갈 수 있기 때문이다. 그런데 기독교의 출현으로 「우정」의 덕목은 「신에게 바쳐진 사랑」으로 대체되었다는 것이다.[176] 성 아우구스티누스도 그의 친구의 죽음이 그에게 가져온 고통을 스스로 경계하였다 한다. 왜냐하면 「벗에 대한 애정」이 「신에 대한 사랑」을 멀리하고 유한존재에 대한 집착으로 갈까봐 위험성을 느꼈기 때문이라는 것이다. 「벗에 대한 우정」이 철학과 윤리학의 덕목에서 사라진 것은 서양사의 계보에서 오래 전의 일이라 한다. 그러나 푸코는 스토아적인 자신의 모랄도 과거 어떤 윤리체계에 못지 않는 위험성이 따른다고 내다보았다 한다. 그 까닭은 그가 비판하였음에도 불구하고 역사는 어떤 「존재론」에로 완결하게 「투명화되지 못하는」 「사유되지 않은 것」(l'impensé)이 늘 남아 있기 때문이다.

푸코를 해설한 미국의 두 저자가 그들의 저서 최종부분에서 지적하였듯이, 하이데거와 푸코가 현대 산업사회 문명의 위기를 지적한 점에서 공통성이 있다. 하이데거는 「기술」(Technik)이 모든 존재질서를 재편성하려는 데 그 위기가 있다고 지적하였고, 푸코는 같은 뜻에서 그 개념을 「생체적 권력」(le bio pouvoir)이라고 표현하였다. 그런 점에서 푸코의 「모랄리즘」은 「생체적 권력」에 대한 비판철학과 같다. 그러나 푸코가 알고 있듯이 「스토아 철학」이나 고대 희랍인들의 「생활교양」도 그 나름대로의 위험을 안고 있다면,—모든 역사에는 인간이 미리 사유하지 못한 불행이 도래하기에—푸코의 「반기술적」·「반생체적 권력」에의 「모랄리즘」도 역사 앞에서 완결된 해결책이 될 수 없는 것이 아닌가? 기술은 인류에게 보다 완벽한 편리와 조종에의 길을 낙관적으로 보장해 주고 있다. 반(反)기술의 철학은 그것의 위험성을 그만큼 더 경고하고 있다. 이 두 상반된 흐름과 생각 앞에서 철학은 머뭇거리고 있는 것 같다. 푸코는 후자를 선택했지만 어느 쪽도 완전한 것이 못 된다. 「완전한 것」이 없다는 것, 「모든 것」을 「다 말하지 않는 것」이 「진리」라는 라캉의 주장이 옳은지도 모른다.

2) 네오 아나키스트(Néo-anarchiste)로서의 푸코

앙젤르 크레메르-마리에티(Angèle Kremer-Marietti)는 그녀의 판독하기 어려운 푸코 연구서인 『미셸 푸코와 지식의 고고학』(*Michel Foucault et l'archéologie du savoir*)의 결론에서 다음과 같은 심각한 말을 끄집어내고 있다. 「(…) 권력과 그것이 내포하고 있는 실천양식은 (…) "하나의 진리"를 시인된 목표로 갖고 있다. 즉 권력에의 의지와 지식에의 의지가 합쳐진 "권력, 즉 지식"이 진리의 목적으로 주어진다」.[177] 이 인용에서 우리는 푸코가 그동안 철학이 「이성」이나 「진리」라는 개념에 대하여 쏟아 넣었던 모든 정열을 부질없게 만드는 것을 읽을 수 있다. 푸코는 니체와 같이 진리로서 군림하는 것에 대하여 크게 의심을 품고 있다. 왜냐하면 모든 과학적 지식도 결국 「권력에의 의지」를 위한 도구에 지나지 않기 때문이다. 「이성은 권력의 기술론이고 과학은 지배의 도구이다」.[178] 푸코의 철학이 하나의 중대한 인식론적인 난관에 봉착하게 된다고 메르키오르가 지적한다. 왜냐하면 푸코가 「객관성」에 맞는 모든 진리를 주장하여도 그의 주장이 어떻게 「권력적 이성의 도구」가 아니라는 보증을 우리가 받을 수 있는가? 모든 진리가 다 「생체적 권력」의 「도구적 이성」이라면 그가 말한 진리는 그런 것이 아니라는 근거가 어디에 있는가? 결국 푸코의 주장은 고대 희랍의 소피스트가 범한 「논리적 궤변」에 빠지게 된다고 메르키오르는 지적한다. 그 「논리적 궤변」이라는 것은 다음과 같다. 네가 거짓말을 한다고 너는 말한다. 이것이 참인 경우에, 너는 거짓말을 한다고 말하면서 거짓말을 한다. 그러므로 네가 거짓말을 한다는 것은 거짓이다. 그러나 만약 그것이 거짓인 경우에, 너는 거짓말을 한다고 말하면서 너는 거짓말을 또한 하지 않는다. 그러므로 네가 거짓말을 하는 것은 거짓이다.

이와 같은 궤변은 다른 것에 대한 준거를 갖지 않고 언어담론의 내부적 놀이에만 생각을 돌리기 때문에 온다. 푸코의 철학이 이런 딜레마에서 벗어날 수 있는 준거는 무엇인가 하고 예의 저자는 질문을 던진다. 이에 우리가 앞에서 언급하였듯이 심리학자 피아제(J. Piaget)는 푸코의 사상을 「구조가 없는 구조주의」라고 말하였다. 이 말은 푸코가 「역사인식의 고고학적 방법」을 도입하면서 각 지층의 「제도법」(la cartographie)을 만들었음에도 불구하고 거기에 자신의 인식이론이 결여되어 있다는 뜻이다. 마찬가지로 그는 「부르주아 사회」의 「강압적 기율제도」와 「정신」, 현대 산업사회의 「생체적 권력」의 인간 조종에 대하여 신랄한 비판을 가했음에도 불구하고, 그의 철학이 지닌 적극적이고 객관적인 이론이 무엇인지 애매모호하다고 메르키오르는 지적하기를 마다하지 않는다.[179] 그리고 이 저자는 또한 리어리(D. Leary)가 푸코 철학에 대하여 가한 비판을 소개하고 있다. 만약에 모든 형태의 역사적 연속성을 부정한다면 어떻게 역사를 만드는 것이 가능한가?[180]

푸코의 사상이 아나키스트적인 면을 짙게 깔고 있다고 주장하는 메르키오르의 근거는 세 가지로 요약된다.[181] 그가 1968년 파리 학생 데모에 대하여 행한 행동과 그가 비판하는 「사회기율」이 단속하는 것들에 대한 동정 등이 「아나키스트」로서의 푸코를 규정하는 행동들이다. 그리고 1972년 『현대지』(1972, pp. 335-366)에서 마르크시스트로서의 사르트르가 모택동주의를 옹호하였음에 반하여 푸코는 사르트르의 의견에 반대하면서, 어떤 「혁명을 위한 제도」도 결국 인간을 「생체적 권력」의 도구로 만들고 만다고 주장하면서 「혁명의 신화」가 갖는 「허구성」을 주장하기도 하였다 한다. 그러나 그런 면을 떠나서 이론적으로 메르키오르가 푸코의 사상을 「신아나키즘」으로 규정하는 두 가지 근거가 있다. 그의 소론을 소개하면 다음과 같다. 1) 푸코는 고전적인 「아나키즘」이 지니고 있는 유토피아 의식에 반대한다는 사실이다. 그는 「반유토피아적인 사상가」이다. 19세기의 아나키스트들이 한결같이 「유토피아」(l'utopie) 의식에 투철했던 이상주의자였음에 반하여, 푸코는 그런 면을 보이지도 않고 또 그것에 반대한다는 사실이다. 우리가 보고 있는 이 저자의 주장대로 따르면, 푸코는 어떤 「적극적 이상」을 제시하지도 않았고, 단지 근대 ·

현대문명의 「강압성」을 비판만 하였다는 것이다. 2) 고전적 「아나키즘」은 어떤 「비합리주의」에 자신을 던지지 않고, 그 「아나키즘」은 가장 「과학적 근거」를 지닌 「이상주의」라고 표명하는 데 반하여, 푸코는 철두철미 서양의 근대와 현대에 대하여 「고정주의」와 「비합리주의」를 표방하였을 뿐이라는 것이다.[182] 구조주의의 사유체계를 창안한 레비-스트로쓰의 사상도 푸코와 마찬가지로 「반문화」(la contre-culture)의 속성을 지니고 있다.

그러나 레비-스트로쓰의 「반문화」의 속성은 사르트르나 푸코의 철학과는 너무나 판이하다. 레비-스트로쓰는 자연으로부터 멀어진 문화를 다시 자연에 복귀시키면서 그 복귀의 방법으로 인간의 과학에 대한 깊은 신뢰를 두고 있다. 그는 「혁명과 같은 떠들썩한 사건」이나 「비합리적 열정」을 결코 거들떠보지도 않았다. 그는 「광기」가 도는 「반문화」의 현대적 상징인 「추상회화」도 별로 좋아하지 않았다. 레비-스트로쓰는 「실증주의」에 반대하였지만 그러나 「실증성의 중요성」은 귀하게 여겼다. 푸코도 「고고학의 영역」에서 자신을 「행복한 실증주의자」라고 스스로 규정했다. 그러나 그는 결코 영미철학에서 말한 그런 실증주의자는 아니다. 그러나 그가 「고고학」의 영역에서 「계보학」의 영역으로 자리를 옮기면 니체와 유사해진다. 「고고학」에서 「질서」를 사랑하다가 「계보학」에 오면 「반항」이 「질서」를 능가한다. 메르키오르가 그의 저서 마지막에 쓴 내용을 인용한다. 「레오 스트라우스(Leo Strauss)는 현대에 사람들이 이성을 개발할수록 허무주의를 그만큼 더 많이 개발시킨다고 말하였다. 푸코는 허무주의에 이르기 위하여 이성을 계발하는 것이 전혀 필요하지 않았음을 우리에게 보여주었다. 푸코, 그는 (…) "강단 허무주의"(Kathedernihilismus)의 창시자였다」.[183]

우리는 지금까지 푸코의 두 모습을 보았다. 그 두 모습은 그의 표현을 역설적으로 빌리면 「이중렌즈」처럼 사고의 초점이 잘 맞지 않는 것으로 보인다. 「고고학」에서 고전시대의 「질서와 표상의 존재문법」을 찬양하다가 급기야 니체적인 「계보학」에서는 그의 생각처럼 「반항」(la révolte)을 사랑하는 「주체」로 변한다. 「주체부정」이 「주체긍정」으로 급전한다. 그 「주체긍정」도 「모랄리스트」적인지 「아나키스트」적인지 그것도 불명(不明)하다. 그에게는 카뮈(Camus)처럼 「부조리」(l'absurde) 앞에선 「진지함」(le sérieux)도 보이지 않는다.

6_ 마르크시즘과 구조주의의 교차로에 있는 알튀세르

1. 「이론」과 「대이론」 그리고 이데올로기의 문제

루이 알튀세르와 쟝-폴 사르트르(Jean-Paul Sartre), 이 두 철학자는 가끔 상호 비교된다. 이들은 모두 마르크시스트이다. 알튀세르가 공산당원이면서 마르크시스트인 데 반하여, 사르트르는 공산당원은 아니지만 대단히 급진적인 마르크시스트임에 분명하다. 그러나 사르트르가 전후에 선풍적 인기를 모았던 그의 소저(小著)를 통하여 「실존주의는 인간주의」라고 외쳤음에 반하여, 공산당원인 알튀세르는 「마르크시즘은 반인간주의요, 반역사주의」라고 천명하였다. 이렇게 보면 이 두 사람의 사상은 같은 마르크시스트임에도 불구하고 전혀 궤도를 달리 하는 셈이다. 그러나 「실존주의적 마르크시즘」과 「구조주의적 마르크시즘」의 차이에도 불구하고 그들의 궁극 목적은 다 마찬가지이다. 폭력혁명을 통하여 경제적 자본주의와 정치적 자유민주주의를 전복하고 마르크스가 말한 사회주의 사회체제를 형성하여 종국에 공산주의에로 이행하는 작업을 준비한다는 점에서 그들은 자신들을 비판하는 정통적 · 교조적 마르크시스트나 공산당 사상가와 다를 바가 없다. 단지 이론의 틀을 구성하는 양식에서 다를 뿐이지 궁극적 목표는 언제나 일치한다. 우리는 여기서 알튀세르와 사르트르를 비교하는 것은 지양하고 알튀세르의 「구조주의적 마르크시즘」만을 해부하도록 하겠다. 불행히도 알튀세르는 그의 아내를 1984(?)년에 교살시켰다. 정신착란증에 의해 그런 비극적 범죄를 저질렀다고 한다. 그 이후 그가 정신병원에 수용되어 있다가 스스로 자살했다고 한다. 알튀세르의 사상을 알기 위해서는 먼저 프랑스 공산당의 그 시대적 상황을 알아야 한다.

1945년 제2차 세계대전이 끝난 이후에 서구, 특히 프랑스의 마르크시즘은 스탈리니즘에 깊이 연계되어 있었고, 서구 공산당은 소련의 스탈린과 그를 추종하는 공산당의 이데올로기를 옹호하는 기능을 충실히 수행하였다. 그런 상황에서 공산당원이든 아니든 하여튼 마르크시즘을 신봉하는 지식인들이 스탈린주의와 교조화되고 관료주의화한 소련사회를 비판할 수 없었음은 말할 나위가 없다. 「철의 장막」 내부의 잔인한 정치 보복과 숙청 사실이 서방세계에 알려지기 시작하면서, 그리고 본격적으로 스탈린 사후 흐루시쵸프에 의한 스탈린 격하운동이 시작된 연후에 서구 공산당은 점차 국민의 지지도와 신뢰가 흔들리는 일대 위기를 맞게 되었고, 서구사회에 「탈(脫)스탈린 운동」이 일어나게 된다. 이 시기에 마르크시즘을 새로운 시각으로 재해석하지 않고서는 마르크시즘이 서구사회에서 생존하기 어렵다는 것을 마르크시스트들이 느끼기 시작하였다. 그리하여 독일에서는 하버마스(J. Habermas)를 중심으로 하는 이른바

「프랑크푸르트」 학파가 조직되어 마르크스의 초기 저작을 중심으로 하는 휴머니스트로서의 마르크스 「소외론」이 중심 연구과제로 등장하였고, 프랑스에서는 사르트르 등이 현상학의 방법을 배경으로 친마르크스적인 실존철학을 전개하다가 노년에 이르러 사르트르는 현상학의 방법을 멀리 하고 완전히 전투적인 「혁명철학」에 몰입하게 된다. 그런 가운데 프랑스에서는 레비-스트로쓰가 일으킨 구조주의가 중대한 방법론으로 지성계를 풍미하기 시작하였다. 구조주의는 결코 「혁명의 철학」이 아니다. 이미 우리가 「구조주의의 이념」을 다룬 제1장에서 읽었듯이 구조주의는 뜨거운 피를 토해내는, 흥분과 열정으로 가득 찬, 어쩌면 선동적인 그런 시끄러운 이데올로기성의 철학이 아니다. 구조주의는 대단히 조용하며, 차분하고, 거리를 두고 생각하는 그런 과학의 모습을 닮고 있다. 그런데 그런 방법론이 너무 지나치게 뜨거운 사회에 염증을 느낀 사람들에게 지적으로 환영을 받자 한때 지성가의 유행처럼 되기도(1960-1970년) 하였다. 알튀세르는 그런 구조주의의 방법론을 마르크시즘에 접목시켰다.

이른바 1960년대 후반에 새로운 마르크시즘이 얼굴을 내밀게 되었다. 이 마르크시즘은 독일의 「프랑크푸르트」(Frankfurt) 학파의 마르크시즘과는 전혀 해석을 달리 한다. 왜냐하면 「프랑크푸르트」 학파에서는 초기 마르크스가 클로즈업되는 데 비하여, 알튀세르와 그의 추종세력은 초기 마르크스를 헤겔 철학의 아류라고 혹평하고, 본격적인 원숙기의 마르크스는 『자본론』(*le Capital*)에서 비로소 헤겔 철학이 아닌 마르크스 철학의 진면목이 나타난다고 보기 때문이다. 이에 우리가 앞장에서 알튀세르가 마르크스의 사상이 그 저작들을 통하여 변화한 것을 구분한 연대를 기술하였다. 그것을 참고하기 바란다. 좌우간 알튀세르는 공산당에 충실히 남아 있으면서도 스탈린주의를 추종하는 이데올로기를 수용하기를 거부하고 신뢰를 잃어가는 마르크스를 구조주의의 방법론에 의거해서 다시 과학적으로 재구성하는 작업에 몰두하였다. 그리하여 마르크스의 저작, 특히 후기 저작들을 다시 읽어야 한다고 주장하고 읽는 방법을 강의하였고, 드디어 1965년에 한꺼번에 『자본론 읽기』(*Lire le Capital*)라는 저서를 두 권(I과 II) 출판하게 되었다. 이어서 그는 1967년 마르크스를 철학적으로 옹호하기 위하여 『마르크스를 위하여』(*Pour Marx*)를 펴내었고, 1969년에 이번에는 레닌을 옹호하기 위하여 『레닌과 철학』(*Lénine et la Philosophie*)을, 1973년에 영국 마르크시스트인 존 루이스(John Lewis)의 알튀세르 비판에 답변하는 『존 루이스에게 답함』(*Réponse à John Lewis*)을, 그리고 1976년에 자신의 구조주의를 마르크스주의자적 입장에서 변호하는 『위상』(*Positions*)을 펴냈다. 특히 이 『위상』에서 알튀세르는 스스로 프로이트와 라캉의 정신분석학이 그의 마르크시즘에 끼친 영향을 서술하고 있다.

그의 철학과 사상내용은 구조주의의 영향이어서 그런지 대단히 사변적이고, 분석적이며, 논리적 논증을 중요시하여서 사르트르의 후기 저작을 대하는 것보다 훨씬 혁명의 투사적 전의가 약화되어 있다. 그가 사회주의 폭력혁명을 설명하고 스탈린 대신에 레닌을 높이고 모택동을 찬양하지만, 공산당원이 아닌 사르트르보다 역설적으로 덜 흥분적이고 덜 전투적이며 덜 이데올로기적이다. 그래서 앙리 르페브르(H. Lefebvre) 같은 공산당 마르크시스트는 알튀세르의 철학을 가리켜서 그것은 마르크시즘이 아니고 자본주의 사회, 자유민주주의 사회의 「기술정치」(la technocratie)의 사물이요, 그 도구라고 비판하기도 한다.

알튀세르가 마르크스의 사상에 접하는 각도는 무엇보다 먼저 마르크스의 인식이론에 대한 문제요, 관심이다. 그의 인식론적인 물음은 도대체 마르크스가 과학적인 철학자인가, 아니면 선동적인 「이데올로그」(L'idéologue)인가 하는 기본적 설문에서 시작하고 있다. 물론 그의 대답은 먼저 마르크스가 선동적인 「이데올로그」가 아니고 「과학적 이론가」라는 결론을 미리 갖고 임한다. 따라서 그의 철학은 왜 마르크스가 「과학적 이론가」인가 하는 미리 내려진 결론의 답을 정당화해 나가는 역순을 밟고 있다. 이 점에서 레이몽 아롱(Raymond Aron)이 마르크시스트들은 일종의 「신학자」(le théologien)라고 한 비유는 적절하다. 왜냐하면 언제 어디서나 마르크시스트들은 마르크스의 사상이 옳다는 것을 옹호하고 정당화하여야 하기에, 신을 변호하는 「변신론자」(辨神論者)나 또는 「신학자의 사고구조」와 다를 바가 없기 때문이다.

그렇다고 레이몽 아롱이 「마르크스 신학자」와 순수 기독교 신학자가 사상내용에 있어서도 같다는 그런 견강부회를 말하는 것은 결코 아니다. 그러면 알튀세르가 생각하는 「이론」(la théorie)이란 무엇인가? 그가 말하는 이론은 「정치적 실천양식」(la pratique politique)과 동떨어진 추상적 이론 일반을 뜻하는 것도 아니고, 그가 의도적으로 비판하고 있는 미국식 실용주의나 실증주의와 연결된 이론도 아니다. 그의 「이론」은 「공산주의의 정치적 실천양식」을 정당화해 주는 역할을 한다.[1] 즉 마르크스의 「이론」 자체와 공산당의 「정치적 실천양식」을 연결시켜 주는 가교 역할과 기능을 담당하는 것이 알튀세르의 이론이다. 그는 스스로 「계급투쟁과 마르크스 · 레닌주의의 철학은 이와 입술처럼 하나로 묶여 있다」[2] 라고 천명하고 있다.

알튀세르는 이른바 「이론」(la théorie)과 「대이론」(la Théorie)을 구별하고 있다. 우선 「대이론」(la Théorie)은 그의 표현에 따르면 본격적인 마르크스의 철학으로서, 그 철학은 단적으로 말하여 「변증법적 유물론」(le matérialisme dialectique)이다. 그래서 「대이론」은 바로 「변증법적 유물론」의 철학이며, 그것은 동시에 「이론 일반」(la théorie en général)이며 또한 「실천양식 일반」(la pratique en général)이기도 하다.[3)]

거기에 비하여 「이론」은 「실천양식의 특유한 형태」로 그에 의하여 정의되고 있다. 그의 말을 직접 들어보자. 「이론에 의하여 우리는 (…) 사회적 실천양식의, 결정된 인간사회의 복합적 통일에 속하는 실천양식의 특유한 형태라고 생각한다. 이론적 실천양식은 실천의 일반적 정의 아래서 다시 들어간다. 이론적 실천양식은 경험적이거나 기술적이거나 이데올로기적인 다른 실천양식에 의하여 자기에게 주어진 원료(une matière première)—표상, 개념, 사실—위에서 일하고 있다. 가장 일반적 형태에 있어서 이론적 실천양식은 과학적 · 이론적 실천양식뿐만 아니라 또한 선(先)과학적인 이론적 실천양식, 즉 이데올로기적인[한 과학의 선(先)역사와 그 철학을 구성하는 인식의 형태들] 이론적 실천양식을 포함하고 있다. 한 과학의 이론적 실천양식은 자기 선(先)역사(pré-histoire) 이데올로기적인 이론적 실천양식과 언제나 명백히 구분된다」.[4)]

이 긴 인용에서 우리는 다음과 같이 알튀세르의 생각을 정리해 볼 수 있다. 「대이론」은 말할 나위도 없지만, 「이론」은 늘 「이론적 실천양식」과 같은 뜻으로 쓰여지고 있다는 점이다. 따라서 「실천양식」을 갖지 아니한 「이론」은 이론이 아니다. 이 점은 그가 레닌의 말을 단적으로 옳은 진리로 받아들이고 있음에서 분명해진다. 「(…) 우리는 한마디로 레닌(Lénine)의 말, 즉 "이론이 없이는 혁명적 실천도 없다"는 말로써 대답할 수 있으리라. 레닌의 말을 일반화하면 이론은 실천양식에 본질적인 것이고, 이론이 실천양식을 태어나게 하고 자라게 하듯이 이론은 실천양식의 이론인 바 그런 실천양식에 본질적인 것이다」.[5] 따라서 「이론」은 늘 「실천양식」과 동전의 양면과 같은 역할을 수행하고 있다. 그런데 그런 「이론」은 두 가지 의미를 내포하고 있는 것으로 나타난다. 즉 두 가지 의미란 그 하나는 「과학적 · 이론적 실천양식」이고, 또 다른 하나는 「선(先)과학적, 즉 이데올로기적 · 이론적 실천양식」을 말한다.

「과학적 · 이론적 실천양식」은 역시 다양하다. 알튀세르의 예를 빌리면, 「파동역학」과 이것과 이론적으로 상반되는 「인력이론」, 그리고 마르크시즘의 과학이론이라는 「사적 유물론」(le matérialisme historique) 등이 이에 속한다. 이렇게 볼 때 마르크스 철학의 유일한 절대적 과학성인 「변증법적 유물론」이란 「대이론」과 달라서, 「이론」은 「과학적 실천양식」과 선(先)과학적이라고 불리워지는 「이데올로기적인 이론적 실천양식」을 다 내포하고 있는 것으로 풀이된다.

그러면 지금 우리는 알튀세르가 생각하는, 즉 「과학」과 구분된 「이데올로기」가 무엇인지 살펴보지 않으면 안 된다. 그에게 있어서 「이데올로기」란 하부구조로서의 경제구조의 산물인 사회의 표상과 관념의 집합을 뜻한다. 그래서 그에 의하면 모든 종교적 · 도덕적 · 철학적 사상은 피착취계급을 지배하기 위한 「이데올로기적 기능」을 갖고 있다는 것이다. 말할 나위도 없이 마르크스나 엥겔스(Engels)에 있어서 이데올로기는 한 사회의 경제사회적 관계와 인간과의 사이에서 이루어지는 구조에 대한 과학적 분석이 결여된 「환상」이요, 「가상」일 뿐이다. 이 점에서 알튀세르의 생각을 직접 들어보기로 하자. 「(…) 하나의 이데올로기는 주어진 한 사회의 내부에 역사적인 역할과 실존을 갖춘 표상들(영상, 신화, 경우에 다른 관념과 개념)의 한 체계(자신의 논리와 논리적 엄격성을 소유하고 있는)이다」.[6] 이어서 그는 다시 다른 각도에서 「이데올로기」를 규정한다. 「표상의 체계로서의 이데올로기는 사회적 실천기능이 (…) 이론적 기능(또는 인식의 기능)을 능가하고 있다는 점에서 과학과 구별된다」.[7)]

여기서 알튀세르는 「이데올로기」가 「과학적 인식」이 아니라 「선(先)과학적인 표상」의 체계요, 논리라고 진술하고 있다. 지나가면서 언급하건대, 여기에 쓰여진 「표상」의 개념은 푸코가 고전시대에서 밝혔던 「인식성」으로서의 「표상」과는 전혀 다른 의미로 쓰여진다는 것이다. 푸코의 「표상」은 대상을 언어적 기호로 담기 위한 관념의 질서를 말하는데, 알튀세르는 과학적 검토를 거치지 않는 사상, 신화, 영상, 어떤 사건에 따르는 관념의 집합 등을 말한다. 그래서 알튀세르에게 있어서 마르크스적인 과학적 판단에 속하지 않는 철학사상이나 과학사상, 또는 예술사상도 표상일 수 있다는 것이다. 그런 점에서 알튀세르가 말한 「이론」은 「사적 유물론」과 같은 역사과학적 「이론」도 있지만, 「변증법적 유물론」이나 「사적 유물론」을 반대하는 또는 거기에 무관한 철학사상과 같은 이데올로기도 포함한다. 물론 이데올로기로서의 「이론」은 과학 이전의 실천양식(이론적)에 불과하게 된다.

그리하여 알튀세르는 마르크스의 사회주의 혁명 이론이 나오기 전까지의 모든 철학사상, 모든 정치경제 제도는 그 당시의 사회체제를 유지하기만 해온 「이데올로기」였다는 이론을 도출하려고 한다. 그래서 알튀세르는 마르크스에 이어 똑같은 목소리로 유일한 과학인, 그리고 유일하고 절대적인 「대이론」인 「변증법적 유물론」과 과학적 역사이론인 「사적 유물론」을 제외하면 다른 모든 사상은 모두 「환상」이요, 「허상」이요, 「거짓 인식」인 「이데올로기」에 지나지 않는 것이 된다. 그러나 그러한 「허위 인식」으로서의 「이데올로기」의 기능이 그렇게 간단한 것만은 아니다. 「이데올로기」의 기능은 비록 「허상」일지언정 대단히 「교묘한」 데가 있다. 그렇기 때문에 인간사회는 그동안 그 사회의 역사적 생존과 생명의 호흡을 위하여 「필요불가결한 요소」와 「분위기」로서 언제나 「이데올로기」를 분비해 왔다는 것이다. 다시 말하자면 알튀세르는 「이데올로기」는 주어진 사회를 「생명체로 살게 하는 기능」을 담당해 왔다고 지적하기도 한다. 그러하기에 알튀세르가 생각한 「대이론」인 마르크시즘이란 과학이 등장하기까지 철학, 종교, 예술, 법률, 제도 등이 각각의 사회를 지탱케 해온 활력소 구실을 한 이데올로기로서 「이론」의 한 특유한 실천양식으로 도맡아 왔다는 것이다. 그런데 비로소 마르크스의 「과학」이 「이데올로기의 허위성」을 폭로하기 시작했다는 것이다.

이런 관점에서 알튀세르는 「이데올로기 기능의 교묘함」을 지적하기 위하여 라캉의 정신분석학 이론에서 도움을 받고 있다. 물론 라캉은 마르크시스트도 공산당원도 아니기에 알튀세르를 도와줄 의도는 전혀 없었다. 다만 일방적으로 알튀세르가 라캉의 이론과 사상을 마르크시즘에 원용하였을 뿐이다. 알튀세르는 라캉에게서 무엇을 보았는가? 그의 생각을 직접 알아보는 것이 효과적이다. 「코페르니쿠스(Copernic) 이래로 우리는 지구가 우주의 중심이 아니라는 것을 알고 있다. 마르크스 이후로 우리는 인간주체, 정치적이나 철학적 · 경제적 자아가 역사의 중심이 아님을 안다. 계몽주의 철학과 헤겔과는 반대로 우리는 역사가 "중심"을 갖고 있지 않고 이데올로기적인 오인(la méconnaisance) 속에서만 필연적 중심을 갖는 구조를 소유하고 있음을 알고 있다. 프로이트는 실재적인 주체, 즉 특이한 본질 속에서의 개인은 "자기" 위에 중심을 둔 자아(ego)의 모습, 즉 "의식"과 "실존"을 갖고 있지 않고 (…), 인간주체는 중심이 없고, 그리고 자아의 상상적 오인 속에서만 중심을 갖는 구조에 의하여 구성되어 있음을 우리에게 가르쳐 준다. 즉 주체나 자아가 스스

로를 알아보는 이데올로기적 형성 속에서만 자기 중심을 소유하고 있다고 생각한다」.[8)]

이 긴 인용에서 우리가 알 수 있는 것은 알튀세르도 다른 구조주의자들과 마찬가지로 「인간주체」의 개념과 그 사실은 하나의 「표상」이라는 생각을 견지하고 있다는 사실이다. 그리고 그런 그의 생각을 라캉의 이론을 빌려서 인간이 자신의 바른 구조를 깨닫지 못하는 「오인」(la méconnaisance) (라캉의 개념)에 기인한다는 것이다. 다시 말하자면, 알튀세르는 자기 환경과 인간의 관계에 대한 진실을 감추고 있는 「상상적인 것」 속에 자기 자신을 투영함으로써 인간은 사회와 자기 자신과의 구조를 알지 못한다고 본다.

이미 우리가 라캉의 사상에서 「거울의 단계」가 갖는 의미와 어린 아기와 어머니와의 「이자적 관계」가 뜻하는 「상상적인 것」과 「아버지의 출현」이 뜻하는 「삼자적 관계」의 「상징적인 것」이 무엇인지 잘 알고 있다. 라캉에 의하면 「아버지의 이름」, 「법」 또는 「질서」가 도입됨으로써 인간은 「생물학적 존재」에서부터 「인륜적 존재」, 「문화적 존재」로 탈바꿈된다는 것이다. 「삼자적 관계」의 설정으로 「인간주체」가 「실체」로서의 「자아」가 아니라, 「무의식이 타인의 진술」이듯이 하나의 「구조적 법칙과 질서」가 이루어지는 「장소」에 지나지 않게 된다. 그러나 「이자적 관계」는 「자아의 나르시즘」에 빠진 허구적인 자아를 끝까지 유지하려는 환각에 젖어 실재적이고 참된 현실의 실재를 모르게 한다. 마찬가지로 「이데올로기」는 「인간」을 「자유스러운 자기 선택의 주체」이고 거기에 책임도 져야 하는 「실체」처럼 믿게 만든다. 그래서 사회구조가 개인을 조종하고 있는 것도 모르고 자신의 「자유의지」와 「자유선택」의 「책임」에 자기 자신을 맡기게 된다고 알튀세르는 분석한다. 이렇게 믿도록 만드는 것이 「이데올로기의 교묘한 기능」이다. 라캉의 과학이 「자아의 허위의식」을 심리적으로 밝혔듯이 마르크스의 과학만이 「사회적 자아의 허위의식」을 극명하게 꿰뚫어 볼 수 있게 한다고 알튀세르는 주장한다.

그러므로 「이데올로기」는 「과학적 인식」과의 관계에서 하나의 「허상」일지언정 결코 불합리하거나 이치에 맞지 않은 억설이 아니다. 「이데올로기」는 대단히 교묘해서 인민들을 믿도록 한다. 그래서 알튀세르는 참된 「이론」인 「역사과학」으로서의 「사적 유물론」과 다르지만 「이데올로기」도 하나의 「이론」으로 취급될 수밖에 없다고 여겼다. 그러면 「이론」이 「과학」과 「이데올로기」의 두 가지 영역을 다 포괄하고 있다면 그가 말한 「대이론」(la Théorie)의 역할과 기능은 무엇인가? 말할 나위도 없이 신학자가 신의 존재와 진리의 불변성을 전제로 하여 모든 신학사상을 체계화하듯이, 「마르크스 신학자」로서의 알튀세르는 「대이론」을 「절대불변의 불가침적」인 진리로 전제하고 모든 철학사상을 전개시켜 나간다. 그에게 있어서 오직 「변증법적 유물론」만이 「대이론」에 해당한다. 그러면 「대이론」이 하는 기능은 무엇인가? 알튀세르의 말을 듣는다. 「(사회심리학, 사회학, 심리학 등과 같은) 분야의 자격에 대한 선결적인 문제를 제기하는 것이 아니라면, 모든 위장 속에 있는 이데올로기(과학 속에 있는 기술적 실천양식의 가장을 포함하여)를 비판할 수 있는 유일한 대이론은 (이데올로기적 실천양식과 구분된) 이론적 실천양식의 대이론이다. 그것은 유물변증법 또는 변증법적 유물론으로서, 그 특유성에 있어서 마르크스 변증법의 개념이다」.[9)]

여기서 우리가 인식하는 「대이론」의 기능은 「이론」 차원에서 「과학」과 「이데올로기」를 판별하는 기준의 역할을 담당하고 있다. 즉 자연과학이나 사회과학이나 간에 마르크스가 제시한 「변증법적 유물론」(또는 유물변증법)에 맞으면 모든 과학이론은 과학으로서의 가치와 자격을 갖게 되고, 거기에 맞지 않으면 모든 지식은 이데올로기의 허위인식에 떨어지고 만다. 그리고 알튀세르는 모든 「이론」들이 「실천양식」에 부딪쳐서 어떤 이론적 어려움을 겪게 될 때에 「대이론」의 도움으로 그 어려움을 해결하게 된다는 것이다.[10)]

그러면 인식론적으로 「대이론」이 「과학적 이론」과 「이데올로기적 이론」을 구분케 해주는 심판의 척도, 진리의 척도가 무엇인가? 알튀세르에 의하면 「대이론」은 「철학」이고, 「과학적 이론」은 「과학」이다. 「마르크스-레닌의 이론은 하나의 과학(사적 유물론)과 하나의 철학(변증법적 유물론)을 포함하고 있다」.[11)] 다시 다른 말로 바꿔 표현하면, 그가 생각한 유일무이한 철학이 제(諸) 과학[사적 유물론은 물리, 화학의 법칙과 같은 제(諸) 과학의 가장 대표적 이론임]에 대하여 부여해 주는 과학의 기준은 무엇인가? 그 기준은 세 가지로 표현된다. 즉 1) 반(反)경제주의(l'anti-économisme), 2) 반(反)인간주의(l'anti-humanisme), 3) 반(反)경험주의(l'anti-empirisme)이다. 「대이론」의 철학은 이와 같은 세 가지 「인식론적 기준」을 갖고서 「과학」과 「이데올로기」를 구분한다. 이 세 가지 기준의 공통성은 한결같이 「부르주아」나 「쁘띠 부르주아」(le petit bourgeois)의 세계와 자유민주주의의 질서를 부정하고 전복하는 「혁명성」과 관계 있다. 언제나 「마르크스의 이론을 위협하고 오늘날도 마르크스 이론에 깊숙이 침투하고 있는 부르주아와 쁘띠 부르주아 세계의 개념에 대한 투쟁. 이런 세계가 지닌 개념의 일반적 형식은 곧 경제주의(l'économisme), 오늘날에서는 기술주의와 그것의 정신적 보완인 도덕적 관념주의(l'idéalisme moral) [또는 인간주의(l'humanisme)]이다. 경제주의와 도덕적 관념주의는 부르주아지(la bourgeoisie)의 출현 이래로 부르주아 세계의 개념의 근본적 단짝을 형성하여 왔다. 그런 세계의 개념이 지금 철학적으로는 신실증주의(la néo-positivisme)와 그것의 보완인 현상학적 · 실존주의적 주관주의(le subjectivisme phénoménologique-existentialiste)를 형성하고 있다」.[12)]

그러면 「경제주의」란 무엇인가? 그는 이 「경제주의」를 「기계주의」(le mécanisme)라고 부르기도 한다. 그의 정의는 다음과 같다. 「미리 그리고 영원히 "최후의 심급에 있는 결정적인 모순"을 지배적인 모순의 역할과 일치시키는, (즉) 영원히 그러그러한 "국면"(생산력,* 경제, 실천양식 …)을 주(主) 역활과 연결시키고, 그러그러한 다른 국면(생산관계,* 정치, 이데올로기, 이론 …)을 이차적 역할과 결합시키는 것이 경제주의이다. (…) 경제에 의한 마지막 심급에서의 결정은 우연적이거나 우발적이거나 외적 이유 때문이 아니라 내적이고 필연적인 이유 때문에 "치환"(les déplacement)과 "압축"(les condensations)과 교환에 의한 과정의 단계에 따라 작용한다」.[13)]

이 인용에서 우리가 이해할 수 있는 것은 알튀세르가 「생산력」이 기계적으로 「생산관계」를 결정하고, 「경제」가 「기계적」으로 「정치」나 「이데올로기」나 「이론」을 결정한다는 이른바 「기계론적 경제결정설」을 비판한다는 점이다. 통속적 마르크시스트들은 이런 「경제결정설」에 빠진 과오를 범하고 있다고 알튀세르는 주장한다. 물론 「경제」가 마르크스

---

* 「생산력」과 「생산관계」는 마르크스 경제학의 용어로서 생산력에는 노동력, 노동대상, 노동수단의 3요소가 있다. 노동대상은 인간이 노동을 하는 일체의 대상으로 모든 것을 지칭하고, 노동수단은 노동에 필요한 물질적 여건(시설, 자본, 토지)을 뜻한다. 이 3요소가 결합하여 생산력이 구성되는데, 이 생산력을 생산관계, 즉 생산과정에서 결합된 인적 관계와 결부시켜 현실적 생산력이 발생함. 생산력은 생산관계의 기초이며 내용임(학원사, 『철학대사전』 참조).

의 철학에서 「최후의 심급에 있는 결정」(le détermanation en dernière instance) 임에는 분명하지만, 그렇다고 그것이 바로 한 「사회의 지배적인 모순」으로 직결되지는 않는다는 것이다. 「지배적인 모순」이 때로는 「정치적」일 수도 있고, 「문화적」 모순일 수도 있으며, 「사회심리적」 모순, 「역사적 갈등유산」일 수도 있다는 것이다. 그런 다양한 「지배적 모순」(la contradiction dominante)은 「경제」에서만 「기계적」으로 설명되는 것이 아니고 「다원적」·「복합적」 결정을 가질 수 있다는 것이 알튀세르의 이론, 즉 「모순론」이다. 이것을 알튀세르의 「다원결정에 의한 모순」(la contradiction par la surdétermination)이라고 부른다. 이 문제는 곧 뒤에서 취급되므로 여기서 더 설명하는 것은 생략하기로 한다.

그런데 우리가 여기서 심각한 의문을 품지 않을 수 없다. 왜 「경제주의」(「기계주의」)가 「부르주아지」의 가치와 연결되는가 하는 점이다. 알튀세르는 이 「경제주의」가 「생산주의」(le productivisme)로 곧 탈바꿈된다고 보고 있다. 소련의 스탈린주의나 서구의 자본주의나 다 함께 「생산주의」의 신화에 빠졌다고 알튀세르는 지적한다. 「생산주의」란 「생산력」(la force productive)을 과대평가하여서 오로지 「생산력」의 증대만이 사회발전의 원동력이 된다는 신화를 뜻한다. 「경제주의」, 즉 「생산주의」는 「생산력」을 양적 발전의 각도에서만 응시한 과오를 범하고 있다는 것이다. 그런데 본디 이 「경제주의」는 「부르주아」 사회의 가치관이고 경제관인데, 스탈린은 사회주의적 생산력의 후진성에 대한 열등 콤플렉스 때문에 자본주의적 생산력을 능가하기 위하여 「경제주의」를 도입하게 되었다고 알튀세르는 분석한다. 그래서 마르크스의 「대이론」은 우선 이 자본주의적 「생산양식」의 바탕인 「경제주의」를 부정하는 기본 원리를 갖고 있다. 그 다음 「대이론」은 「자유주의의 도덕」인 「관념주의」와 「인간주의」(또는 인본주의)를 부정하는 철학을 갖고 있는데, 이것은 뒤에 우리가 별도로 다룰 것이기 때문에 여기서 미리 언급하지 않겠다.

이제 세 번째로 「경험주의」의 부정원리를 살펴보기로 하자. 경험주의의 철학도 대체로 자본주의 사회의 소산이라는 것이다. 왜냐하면 「경험주의」는 모든 이론적 인식의 기본 출발에 하나의 「일반성」[알튀세르는 이것을 일반성 I (la généralité I)이라고 칭함]이 있음을 알지 못하고, 각자 개인이 자유스럽게 갖는 「감각자료」(sense-data)를 추후에 연결 추상해서 「일반화」의 길로 간다고 주장하기 때문이다. 따라서 「경험주의」는 「자유주의」의 「이데올로기」에 해당하는 「개인주의의 산물」과 다른 것이 아니다. 그런데 알튀세르는 마르크스의 철학에서 과학의 「원료」(la matière première)는 언제나 주어진 「일반성 I」(la génératité I) 아래서 존재한다고 주장한다.[14] 즉 「과학적 인식」은 「경험」만으로 충족되지 않는다.

그러면 마르크스적인 입장에서 과학은 어디에서 시작하는가? 그 시작이 바로 「일반성 I」이다. 「일반성 I」은 통속적 경험 속에 포함된 일반적 개념들인 「생산」이라든가 「노동」이라든가 「교환」과 같은 그런 것들을 기초로 해서 출발한다는 것이다.[15] 여기 과일이 있다고 하자. 그 과일은 경험주의 철학에서처럼 「주체」로서 개인에 의하여 수행된 「추상작용의 산물」이 아니다. 그 과일이란 「일반성」은 여러 가지 「복합적 수준」(경험적 · 기술적 · 이데올로기적)에서 각각 「무의식적」으로 작용한 「실천양식의 과정」의 결과라는 것이다. 거기에 그 과일과 연결된 그 사회의 「주술적」 · 「종교적」 그리고 「이데올로기적」인 「무의식」도 작용할 수 있다. 요컨대 「과학적 지식의 원료(原料)」는 그 「사회의 이데올로기적인 복합관계의 산물」이지 「추상적」으로 개인이 경험한 것을 「추상화」한 것은 아니라는 것이다.

그러므로 「일반성 I」(la génératité I) 은 그 사회의 특성 속에 무의식적으로 작용해 온 「집단표상으로서의 이데올로기」와 밀접한 관계를 맺고 있다. 지팡이에 대한 개념이 영국인과 프랑스인에게 다른 것은 집단표상, 즉 「일반성 I」인 「과학의 원료」가 구조적으로 다르기 때문이다. 따라서 알튀세르는 「경험주의」 철학은 「부르주아」 사회의 「자유주의」 철학의 이면이라고 공박한다.

2. 「이론적 실천양식」의 특성과 스피노자적인 인식이론

앞절에서 우리가 알튀세르의 「이론」과 「대이론」과의 관계와 그 기능, 그리고 「이데올로기」에 대한 그의 해석을 살펴보면서 그것이 그의 독특한 개념들인 「일반성 I」과 연계되는 것을 보았다. 이 「일반성 I」은 다시 「일반성 II」(la généralité II) 와 「일반성 III」(la généralité III) 과 함께 간다. 이미 앞절에서 언급된 바이지만 「일반성 I」은 한 「사회의 통속적 일반 생각」의 「원료」와 같다. 모든 「과학」은 그런 「원료」에서 출발하여 순수한 과학적 지식에 고유한 「구체적 일반성」, 「특유한 개념」인 「일반성 III」에 이르기 된다. 「일반성 I」은 한 사회에 「이미 존재해 있던」 「이데올로기적 성격」을 지닌 「다양한 수준」의 「집단적 표상구조」와 같다. 그런 점에서 「일반성 I」은 「일반성 III」을 위한 「이론적 원료」(la matière première théorique) 라고 볼 수 있다. 이런 알튀세르의 이론은 단적으로 두 가지 효과를 인식론적으로 의도하고 있다. 그 하나의 효과는 「자본주의 사회」의 「경험주의」나 「감각주의」의 이데올로기와는 달리 마르크스의 인식이론은 「개인이나 감각의 순수 특이성과 직접성을 본질로 갖는 한 존재 위에서 과학이 결코 다듬어지지 않는다」는 것이고, 또 다른 하나의 효과는 「과학은 비록 일반성이 사실의 형식을 가질 때라 할지라도 일반적인 것 위에서 다듬어진다는 것이다」.[16)]

알튀세르가 암시한 예를 여기서 소개한다. 갈릴레오(G. Galilée)의 물리학이나 마르크스의 역사적 유물론은 물론 과학적 이론(일반성 III)이다. 그러나 이 두 가지 이론(일반성 III) 도 언제나 「실존하는 개념」들, 「표상」들, 「선결적인 이데올로기적 본성」을 지닌 「일반성 I」 위에서 이루어진 것이라는 것이다. 갈릴레오나 마르크스의 과학이론이 경험과 감각의 순수한 사실인 「객관적 소여」 위에서 다듬어진 것은 아니라는 주장이다. 즉 이 새로운 과학으로서의 「일반성 III」은 그것이 태어나기 전에 있어 온 기존의 이데올로기 이론과 실천양식을 비판하는 작업을 통해서 출현된다는 것이다. 그러면 「일반성 I」이 「일반성 III」으로 「변형」되는 것이 「과학이론」의 과정이라면 도대체 누가 「변형」을 주도하는가 하는 문제가 남게 된다. 그런데 구조주의에서 누가 하였는가와 같은 물음은 무의미하다. 극단적으로 말하여 소설의 저자도 없고, 주체의 말도 없고, 저자는 단지 기초양식의 편의에 불과하며, 소설 속에 나타난 언어담론의 양식과 구조의 상관관계가 그 소설의 문법이듯이 「과학이론」도 누가 창안하였다는 것은 하나의 「편의」일 뿐이다. 그렇다면 결국 「원료」로서의 「일반성 I」이 변형되는 것은 「결정된 생산수단의 활동」(La mise en oeuvre de moyens de production determinés)에 의해서이다.

「생산수단」이라는 것은 노동대상과 노동수단을 합쳐 생산수단이라 한다. 즉 노동대상은 자연물과 가공된 원료 두 가지가 있다. 그런 점에서 「일반성 I」은 이미 가공된 원료와 같다. 노동수단은 노동대상에 대하여 작용하는 노동도구나 용구 등을 말한다. 그렇다면 「과학의 이론적 실천양식」에 있어서 이 「생산수단에 해당하는 것」, 이것을 알뛰세르는 「일반성 II」라고 칭하였다. 알뛰세르가 생각한 「일반성 II」가 정확히 무엇인지 대단히 애매모호한 데가 있다. 그가 정확히 예시나 설명을 서술하지 않고 대단히 사변적으로 그의 사상을 기술하기 때문에 가끔 독자들은 그의 사상의 서술내용에 대하여 혼미해지는 경우가 생긴다. 좌우간 그건 그렇다 치고 그가 말하는 「일반성 II」를 우리는 설명해야 한다. 그의 설명을 먼저 들어보자.

「일반성 II는 개념들의 집단으로 구성되어 있는데, 그 개념집단의 다소간 모순적인 통일이 고찰된 (역사적) 순간에 과학의 이론을, 즉 과학의 모든 "문제"가 필연적으로 정립되는 밭을 정의하는 이론을 구성하고 있다. (다시 말하자면, 과학이 자기 대상 속에서 만난 어려움, 사실과 이론 사이의 대조나 옛날 인식과 그 이론이나 또는 과학이론과 새로운 인식과의 대조 속에서 만나게 되는 어려움이 그 밭 속에서, 그리고 그 밭에 의하여 문제의 형식 아래서 제기될 곳이 일반성 II이다.)」[17)]

여기서 알뛰세르가 말하고자 하는 바가 정확히 무엇인지 짐작하기가 쉽지 않다. 다만 위 인용을 면밀히 검토해 보면 다음과 같이 요약되는 듯하다. 일반성 II는 어떤 역사적인 순간에 생겨나는 과학이론인데, 아직도 그 과학이론에는 모순적인 개념들이 통일의 형식을 빌려서 혼재해 있다. 어떤 모순인가? 사실과 이론 사이의 불일치, 구인식이론과 신인식이론과의 불일치가 아직 극복이 완전히 되지 못한 상태이다. 그래서 그 「일반성 II」는 이론은 이론(과학)이지만 「일반성 III」처럼 완전히 체계화가 이루어진 「사유의 구체」(le concret-de-pensée)가 정합적으로 완성되지 못하고 하나의 「밭」(le champ)으로 존재하는 이론이다. 그러기에 「일반성 III」이 「사유의 구체」(le concret-de pensée)라면, 「일반성 II」는 「과학의 모든 문제」(이론과 사실 등)가 아직도 혼재해서 어려움이 부딪치고 있는 「밭」(le champ)이다. 우리의 이런 추론을 뒷받침해 주는 알튀세르의 생각을 여기에 또 소개한다.

「일반성 I」이 「다듬어진 일반성」(la généralité travaillée)이라면, 「일반성 II」는 「다듬는 일반성」(la généralité qui travaille)이고, 「일반성 III」은 그 다듬어진 「작업(노동)의 산물」로서 「특수화된 일반성」(la généralité spécifiée)이라고 알튀세르가 규정하였다.[18] 그리고 알튀세르는 「일반성 II」는 「일반성 I」의 「단순한 발전」도 아니고, 「즉자상태」가 「대자상태」로 승화된 것도 아니며, 그 사이에는 「질적인 불연속성」이 있는 「변이」(la mutation)요, 「재구성」(再構成, la reconstruction)이라고 말하였다. 그리고 그 「변이」나 「재구성」의 「밭」으로부터 「질적으로 새로운 특이한 과학적 이론」이 「일반성 III」의 이름으로 태어난다는 것이다. 이렇게 정리해 놓고 보면 이해하기 힘든 난해한 문제아 「일반성 II」는 레이몽 아롱이 암시했듯이 푸코가 말한 한 시대의 「인식성」(l'épistémè)과 같은 기능을 가진 것이 아닌가 여겨진다.[19]

이미 우리가 제5장에서 살펴보았듯이 우선 푸코의 「인식성」도 한 시대의 인식이론들의 「공통적 기저」인데, 그 기저 위에는 다소간 모순적인 이론들(예컨대 린네의 「생명고정설」과 뷔퐁의 「생명진화설」)이 엉켜져 있지만 구조적으로는 공통적 맥락을 안고 있다. 그래서 그 구조적 인식성의 기반 위에 린네나 뷔퐁의 「인식성 III」이 새롭게 출현한다. 「생산수단」에 의해서 「생산물」이 나오듯이 「노동하는 일반성 II」(푸코의 개념대로 말하는 공통적 인식지층의 운동)에 의하여 그 생산품인 「일반성 III」이 생산된다. 그래서 이 세 가지 종류의 「일반성」의 관계를 알튀세르는 다음과 같이 언표하고 있다. 「이론적 실천양식은 일반성 I 위에서 일반성 II의 노동에 의하여 일반성 III을 생산한다」.[20] 비유하자면 「일반성 I」은 「이론적 실천양식」의 「원료」이고, 「일반성 II」는 「생산수단」이며, 「일반성 III」은 「생산품」이다. 다만 알튀세르의 구조주의 이론에서 「생산수단」에 해당하는 「일반성 II」에 천재나 특수한 인간을 등장시킬 수 없으니까 그것이 「이론」, 즉 「일반성 III」을 생산할 수 있는 「밭」(장), 「개념들의 집단」 또는 「다소간 모순을 띤 통일적 이론」 등으로 대체되었을 뿐이라고 여긴다.

지금까지 그의 세 가지 「일반성」의 관계와 기능을 살펴보았다. 우선 지나가면서 잠시 언급하고자 하는 것은, 아롱도 지적했지만, 알튀세르의 사유체계에서 우리는 쉽게 납득이 안 되는 하나의 모순을 본다. 왜냐하면 그의 마르크시즘은 철두철미 과학과 이데올로기를 구분하여 마르크시즘은 이데올로기가 아니라 과학이론이며, 이론 중의 이론인 「대이론」인 「변증법적 유물론」은 마르크시즘의 철학 자체라고 그가 진술하였기 때문이다. 그런 흐름이 그의 철학을 이해하는 기본이다. 그런데 느닷없이 「이론의 실천양식」이 「경험주의적」이 아님을 강조하면서 (자본주의 철학의 부정을 위해) 「일반성 I」이 「이데올로기」임을 시인하였다. 그렇다면 「과학」과 「이데올로기」는 단절되는 것인가, 아니면 연결고리를 갖는 것인가?

그리고 또 하나 지적해야 될 문제는 마르크시즘의 「대이론」인 「변증법적 유물론」도 또 다시 이데올로기로 전락할 가능성이 언제나 역사구조에서 농후하다는 것이다. 그가 마르크스의 신학자이기에 마르크스가 말한 「변증법적 유물론」을 최후의 「불변진리」로 여기지만, 그것을 불변진리로 여기지 않는 사람들에게(마르크스 신학자가 아닌 이들에게) 어떤

「최종의 불변적 진리」가 역사에 존재한다는 것은 이미 하나의 「이데올로기」, 즉 그가 비판한 「허위의식」이 된다. 푸코의 역사인식에서 보더라도 앞으로 새로운 역사인식의 「지층」이 또 생긴다. 하여튼 알튀세르가 「이데올로기」를 라캉의 「이자적 관계」에 「환각」, 「환상」, 「허상」이라고 말하였지만, 나중에 국가와 당의 이론에 가서 어느덧 「이데올로기」를 인정하게 된다. 이 모순된 점은 나중에 보기로 하겠다. 이미 인식이론에서도 이데올로기를 암암리에 전제하고 있다.

다시 알튀세르로 돌아가서 그의 「인식성」 이론을 더 보기로 하자. 그는 「일반성 I」과 「일반성 III」 사이에 「본질적 동일성」은 없고, 언제나 「실재적 변형」(la transformation réelle)만 존재한다고 말했다.[21] 「일반성 I」은 「이데올로기적인 일반성」인데, 그것이 바슐라르가 말한 인식론적 「단절」에 의해서 「과학적 일반성」으로 「변이」를 일으킨다. 그래서 「단절」에 대한 변형이나 변이는 헤겔의 변증법에서 보이는 계속적인 정신의 「자동운동」과는 다르다고 그는 주장한다. 이어서 그는 또 「일반성 I」에서 「일반성 III」으로 가게 하는 노동은 「추상」에서 「구체」에로의 탈바꿈과 같다고 한다. 이런 탈바꿈은 「이론 자체」의 「본질」이요, 「생명」이라고 알튀세르는 지적한다. 즉 모든 이론이 「실천적 양식」을 본질로 지니고 있는 사유이기에 그런 전이가 수행된다는 것이다. 이 점은 알튀세르의 마르크시즘이 「사유의 자기 행로」를 갖고 있다는 「관념성」을 귀하게 여기고 있다는 문제로 귀착된다. 이 점도 곧 보게 될 것이다. 하여튼 알튀세르는 일반적으로 「이론」과 「과학」은 추상적이고 「경험적 이데올로기」는 구체적이라는 생각이 잘못된 것임을 비판한다. 이 비판은 알튀세르가 싫어하는 헤겔 변증법과 다르지 않다. 일단 알튀세르의 생각대로 따르면, 그는 이데올로기적인 「일반성 I」은 그 대상이 「구체적 현실」(le concret-realite)이라고 특성화하고, 과학적 인식체계요 이론인 「일반성 III」은 「사유의 구체」(le concret-de-pensée)라고 칭하여 두 구체 사이의 「단절」과 「질적 차이」를 분명히 하였다.[22)]

그런데 알튀세르는 이러한 자신의 세 가지 「일반성의 관계」는 헤겔의 동질적 변증법과 다르다는 것을 강조한다. 헤겔이 「정」·「반」·「합」의 3단계를 「변증법적 전개」의 세 가지 「계기」로 내세우고 거기에 따른 변화와 생성의 현상을 논리화하였지만, 헤겔의 변증법은 어디까지나 바슐라르가 말한 「인식론적 단절」(la rupture épistémologique)이 없는 「동질성의 승리」에 지나지 않는다고 알튀세르는 비판한다. 즉 헤겔의 변증법과 그 논리는 인식 전개과정의 시초부터 출현한 보편적 개념인 「존재」가 스스로 자기 자신을 구체적으로 분비해 나가기 때문에 「존재」가 결국 「운동의 추진동력」이 되는 셈이라고 알튀세르는 지적한다. 이와 같은 헤겔의 「존재적 동질성」의 변증법은 그의 비유를 예로 들어 말하자면, 「석탄」이 자기 존재의 「변증법적 자치운동」(l'auto-dévelopment dialectique)에 의하여 증기기관도 생산하고, 거기에 따른 물리화학적·기계적·전기기술적 모든 장치와 공장을 생산한다는 것과 같다는 것이다.[23)] 그러면 왜 헤겔은 이런 오류에 빠지게 된 것인가? 그 까닭은 헤겔이 「이론적 실천양식의 실재」(la réalité de la pratique théorique)의 「내재적 변증법」을 알지 못하고 거기에 「보편적 존재개념」의 「이데올로기」를 주입시켰기 때문에 생긴 것이다.

그러면 헤겔의 「이데올로기적」인 「동질성의 변증법」과 다른 마르크스의 「과학적 변증법」은 어떻게 해서 가능한 것인가? 「(…) 이데올로기를 전도시킴으로써 과학이 얻어지는 것은 아니다. 이데올로기가 현실(실재)과 연관을 맺고 있다고 믿는 영역을 포기함으로써, 즉 새로운 문제성의 영역 속에서, 즉 다른 하나의 과학적 요소 속에서 새로운 이론의 활동성을 정초하기 위하여 이데올로기적인 문제성(…)을 포기하는 조건에서 사람들은 과학을 얻는다」.[24] 그러면 헤겔과 구분된 마르크스의 새로운 「문제성」은 「이론적 실천양식」에서 어떻게 나타나는가? 우리는 여기서 이 의문에 대한 알튀세르의 이론을 정리해야 한다. 그것을 하기 전에 우리가 지금까지 본 세 가지 일반성의 이론은 모두 최종적으로 「변증법적 유물론」의 관할로 귀속된다. 왜냐하면 이 「대이론」(유일하고 절대적인)만이 모든 과학적이고 기술적인 생산(이론)에 적용되어질 수 있기 때문이다. 그리고 그 「대이론」은 또 마르크스의 철학 자체로서 그 아들격인 역사와 경제의 과학인 「사적 유물론」에서 구체적 현실과 만나게 된다. 그러면 「변증법적 유물론」의 대이론을 정당화시키고 그것의 현실적(실재적) 적용과학인 「사적 유물론」을 합리화시키는, 그래서 헤겔의 이데올로기적 변증법에서 마르크스를 확연히 구분케 하는 (이미 「일반성 I, II, III」의 과학 창출과정에서 보았음) 이른바 「이론적 실천양식」(le pratique théorique)은 어떻게 파악되고 있나?

알튀세르의 저서에는 철학에서 일반적으로 다루어지는 「이론」(theoria)과 「실천」(praxis)이라는 두 가지 개념에서 마르크스의 실천철학을 「praxis」라 하지 않고 「실천양식」으로 번역됨직한 「pratiques」라는 개념으로 쓰여지고 있다. 그래서 「이론」과 「실천양식」을 합하여 그는 「이론적 실천양식」(la pratique théorique)이란 개념으로 통합한다. 그가 아마도 「실천」(praxis)의 개념 대신에 이 용어를 쓰는 까닭은 헤겔 철학 이래로 「praxis」란 개념이 마르크시스트들에 의하여 남발되어 왔기에 그런 헤겔적인 냄새를 마르크스에게서 지우기 위한 것으로 보인다. 또 레비-스트로쓰가 마르크시스트인 사르트르와의 논쟁에서 「이론」과 「실천」 사이에는 이론의 개념적 도식을 통한 실천구상이 있어야 된다고 하는 점에서 실천적 행동 이전의 앞 단계로서 「실천양식」(les pratiques)을 주장하기도 하였다. 아마 알튀세르는 이런 영향도 받았으리라.

아무튼 「이론」과 「실천양식」을 하나로 합친다는 것은 알튀세르의 독특한 사유세계이다(물론 마르크스에 이어서). 그러나 전통적 철학개념에서 보면 위 두 가지는 그렇게 잘 합쳐지지가 않는다. 「이론」이란 인간 이성을 경험에 연계시키는 사고나 표상의 체계로서, 그 체계는 논리적이어야 하고, 대단히 사변적인 특성을 지닌다. 이와는 반대로 「실천양식」은 현실 속에서의 결과의 생산을 기대해서 이루어지는 능동적이고 유효한 행동을 뜻한다. 그래서 이론은 이성의 자기 작품이 꼭 현실에 적용되기를 필연적으로 고집하지 않는다. 그러나 실천양식은 언제나 경험적 세계에서 그 가부와 진위가 나타나기를 고집한다. 그런데 이런 이성의 이론과 경험적 행동의 실천양식을 통합한 것이 사실상 마르크스의 특징이 되었다. 「실천양식 일반에 대하여 우리는 규정되어 있고 주어진 원료를 규정된 생산품으로서의 변형과정(tout processus de transformation)을, 즉 규정된 생산수단을 사용함으로써 규정된 인간 노동에 의하여 실현된 변형을 생각하고 있다」.[25)]

그러므로 「실천양식」은 여러 가지 방식으로 나타날 수 있다. 「경제적 실천양식」, 「정치적 실천양식」, 「이데올로기적 실천양식」, 「과학적 실천양식」 등이다. 이처럼 다양한 「실천양식」의 「복합성」이 비록 이질적이긴 하여도 그것이 하나의 「통일성」에로 수렴되어야 한다. 왜냐하면 「역사의 현실」은, 즉 「물질성」(la matérialité)은 언제나 「다양 속의 통일」로 나타나 있기 때문이다. 그래서 알튀세르는 여러 가지 실천양식들을 통합하는 기능으로서 「이론적 실천양식」을 생각하게 되었다. 즉 「이론적 실천양식」은 실천양식의 일반적 형태요, 그 정의와 직결된다.「이론적 실천양식은 경험적 · 기술적 · 이데올로기적 다른 실천양식들에 의하여 그에게 주어진 원료(표상, 사실, 개념) 위에서 다듬어진다」.[26)]

이 구절은 알튀세르의 사유체계와 사상을 이해하는 데 매우 중요한 길잡이처럼 보인다. 왜냐하면 마르크스의 새로운「독서법」을 제창하는 마르크스적인 신학자인 알튀세르에게 있어서「이론적인 인식」과 그「과정」을 논의함에서「현실적」·「경험적 세계」와 일단 차단된「이론적인 것」의 내부, 즉「이론의 내재적 요소」를 중시하기 때문이다. 위의 인용에서「이론적 실천양식」은「경험적 · 현실적 대상」을 직접 관계하지 않고 다른「실천양식」에서 이미 일단 여과된「표상」,「개념」,「사실」(이론적) 등과 같은「원료」(la matière première) 위에서 다듬어진다고 지적되었기 때문이다. 즉 알튀세르는 마르크스의 인식이론을 올바로 이해하기 위하여「역사적 질서」와「논리적 질서」, 그리고 세계에서 구체적으로 일어나는「현실역사의 진행」과「인간 사유가 파악한 사고의 진행」을 혼동해서는 안 됨을 강조하고 있다.

마르크스가『자본론』을 집필한 것은 추상적 · 논리적 분석의 도구로서「현실역사 파악」의「기본틀」과「구조」를 제시한 것이지,「역사적 경험의 진행」에「사건적」으로 휘말려 가는 흐름을 말한 것은 아니다. 그렇다고 예의「이론적 · 추상적 사고」가「현실역사」와 무관하다는 것이 아니고, 그「구조의 틀」을 통해서「사건」의 지리멸렬한 것같이 보이는 현실 경험세계를 더 잘 인식하게 된다. 그래서 알튀세르는「현실적 대상」(l'objet réel)과「인식의 대상」(l'objet de connaissance)을 근본적으로 구분하였다. 실제로「현실적 대상」과「인식의 대상」을 근본적으로 구분하여 마르크스적「인식」은「인식의 대상」만을 상대로 한다고 말한 알튀세르의 이론은 많은 사람들로 하여금 그의 마르크스적 인식이론은 헤겔적 요인을 완전 제거한 후에 그 대신 스피노자(B. Spinoza)적인 철학을 대체시켜 놓았다고 지적하는 계기를 가져오게 하였다. 스피노자의 특징을 보자. 스피노자는 다음과 같이 말한다.

「참다운 관념은 그 대상과 구별된다. 원과 원의 관념은 다르다. 사실상 원은 어떤 것이고, 원의 관념은 원처럼 하나의 중심과 하나의 원주를 갖고 있는 그런 것이 아니다. 마찬가지로 육체의 관념은 육체 자체가 아니다」.[27)]

이런 스피노자의 「언표」 곁에 우리는 알튀세르의 「언표」를 다시 놓아보자. 「사유된 전체성인 한에서는, 그리고 구체적인 것의 정신적 표상인 한에서의 구체적 전체성은 사실상 사유와 개념의 산물이다」.[28)] 이 두 가지 언표가 전적으로 그 논리와 언표내용에서 완전 합동은 아니지만 대체적인 유사성을 지니고 있다. 우리는 곧 알튀세르의 마르크시즘이 스피노자의 철학인식론과 상당한 유사성을 갖고 있음을 논의하게 될 것이다.

좌우간 알튀세르의 철학에서 「사유」가 「원료」를 「생산품」으로 「변형」시킬 때, 그 「사유」가 곧 「실천양식」이 된다. 이 점은 우리가 앞에서 보았던 알튀세르의 실천양식(이론적)의 정의에서 잘 드러나고 있다. 지금까지 우리는 알튀세르의 「이론적 실천양식」은 이론과 실천양식의 결합이며, 이때의 「이론」은 「원료」를 「생산품」으로 「변형하는 힘」을 갖고 있으며, 그런 힘을 가질 때만 「실천양식」이 되고, 따라서 「이론적 실천양식」은 모든 「실천양식」(기술적 · 정치적 · 경제적 · 과학적 등)의 통합적 뜻을 지니고 있다. 그런 「이론적 실천양식」은 다른 실천의 결과(사실, 표상, 이론)와 연계해서 나타나는데, 「이론의 인식」은 「현실적 실재 대상」과 다른 「순수 인식」의 대상임을 보았다. 이 점이 스피노자의 인식이론과 깊은 유사성을 지니고 있음도 살펴보았다. 사실상 이 「이론적 실천양식」은 알튀세르 철학의 특징이기도 하여서 사람들은 그의 마르크스 철학을 「마르크스학」(la marxologie)이라 부르기도 한다.

「이론적 실천양식」의 개념은 전통 철학의 인식이론이 주관과 객관을 분리시켜 왔던 것을 알튀세르가 그 경계선을 철폐시킨 대담성의 결과이다. 왜냐하면 「이론」은 전통적 개념에서 보면 우리 「주관」 내의 「정신적 표상세계」에 속하고, 「실천」은 「객관세계」와 관계되는 관찰 가능한 것으로 이분화되기 때문이다. 전통 철학이 실천문제를 다루지 않았던 것은 아니지만, 그 실천문제는 여전히 우리 정신 내부의 표상작용인 이론이 바깥 대상 세계로 나아가 행위에 의해 진 · 위를 검증하는 그런 방식이 전통적으로 채택되었었다. 그런데 알튀세르는 그의 「이론적 실천양식」을 마르크스 인식이론의 본질로 봄으로써 재래의 대륙(서구)의 인식이론에 일대 충격을 주었던 것은 사실이다. 그에게 있어서 「주관적인 사유」라는 것 자체는 무의미한 것이고, 그것이 「실천양식」, 즉 「질료」나 「재료」의 「생산적 변형」을 도모하는 한에서만 의미를 지닐 뿐이다.

「사유는 비록 개인들이 그 사유의 행동인이라 할지라도 심리학적 주체의 능력(…)이 아니다. 이 사유는 사회적이고 자연적인 현실(실재) 속에서 분절되고 정초된 **사유의 장치**(*l'appareil de pensée*)에 의하여 역사적으로 구성된 체계이다. 사유는 현실적 조건으로부터 (…) 인식에서 규정된 생산양식(le mode de production)*을 만드는 그런 현실적 조건의 체계에

---

* 생산양식이란 생산과정에 있어서 생산력과 생산관계의 통일을 뜻함. 인간의 자연에 대한 관계로서의 생산력과 인간 상호 간의 관계로서의 생산관계가 현실의

의하여 정의된다. 그래서 사유는 자기 자신이 일하고 있는 대상(원료)의 유형과 사유가 처분하고 있는(그의 이론, 그의 방법, 그의 기술)—실험적이든 아니든—이론적 생산수단(les moyens de production)과 사유가 생산되는 역사적 관계(이론적이며 이데올로기적이고 동시에 사회적인)를 결합한 구조에 의하여 구성된다. 사유는 생각하는 그러한 주체(개인)에게 인식의 생산 속에서 주체의 위치와 기능을 할당하는 이론적 실천양식의 조건으로 정의된 체계이다」.[29]

이 인용에서 알튀세르는 「사유」라는 것이 결코 주관적 심리의 사물이 아니라, 「생산양식」과 「생산수단」과 사유가 일어나고 있는 「역사적 관계」가 결합된 「현실적 조건」에 의하여 결정된 「구조의 체계」 이외에 다른 것이 아님을 보여주고 있다. 「사유」가 그렇게 결정된 「구조의 산물」이라는 정의는 역설적으로 또한 「사유」가 「생산수단」을 이용하여서 그런 구조의 체계 안에서, 즉 주어진 「생산양식의 틀」 속에서 「질료」나 「재료」를 갖고, 「생산물」을 만드는 「실천양식」과 분리되어 존재할 수 없음을 뜻하기도 한다. 이와 같은 그의 이론은 「원료」나 「재료」 또는 「원료」가 좌우간 사유에 주어지면 사유는 즉각 생산하기 위한 「실천양식」에로 움직여진다는 것을 의미한다.

이에 앞에서 언급된 것처럼 「구조적」으로 사유가 현실적 조건에 의하여 결정되지만, 「기능적」으로 사유는 자기 내부의 자발성에 의해서 실천양식의 활동을 수행해 나간다. 그래서 「기능적 측면」에서 보면, 알

생산양식을 갖는다. 마르크스는 인류가 지금까지 원시공산제, 노예제, 봉건제, 자본주의제, 사회주의제의 5가지 생산양식을 경험하였다고 말한다(학원사, 『철학대사전』 참조).

튀세르가 말한 「구체적 실재(현실)」(le concret-ré-alité)와 구분된 「사유의 구체」(le concret-de-pensée)가 곧 「사유의 인식대상」(현실대상과 구분된)의 이론화인 셈이다. 그러므로 사유의 이론이 결국 「사유의 구체」로 알튀세르의 인식이론에서 나타나기 때문에 그에게 있어서 「이론학」(le the-orique)이 곧 「실천학」(la praxologie)이며, 「이론적인 것」(la théorique)이 곧 「과학적인 것」(le scientifique)이 된다. 「이론적인 것」이 「이데올로기적인 것」이 아니고 「과학적인 것」이라는 인식론적인 논증을 알튀세르는 그의 「일반론 I, II, III」에서 하나의 구조적 과정으로 다루었다. 그런 점에서 「이론적 실천양식은 단적으로 참다운 이론(la theorie vraie)*을 뜻하는 셈이다」.[30] 따라서 그가 말한 「참다운 이론」이나 「참다운 관념」(l'idée vraie)은 바로 「사실적 이론」(la vraie théorie)이나 「사실적 관념」(la vraie idée)과 상통한다.

이러한 실천양식의 개념에 대하여 드프룽(Deprun)은 알튀세르에 있어서 모든 것(기술, 과학, 경제, 정치, 이데올로기)이 「실천양식」과 관계되고 또 그것이 종국적으로 「이론적인 것」으로 수렴된다면 「꿈」도 하나의 「실천양식」이 아니라는 보장이 없는 것이 아닌가 하고 비판한다. 꿈은 무의식이 의식의 감시 감독을 피하여 간접 우회의 방법으로 욕망의 질료를 나타내는 것이라면, 마땅히 꿈도 이론적 실천양식에 의하여 그 꿈의 재료가 생산으로 변형되어야 마땅하다. 그러나 그것이 무엇이겠는가? 그래서 드프룽은 알튀세르의 「이론적 실천양식」이 도처에 있지만, 또 알고 보면 아무 데도 없다는 아이러니를 범하게 된다고 주장하기도 한다.[31]

---

* 불어 표현에서 「la théorie vraie」는 「la vraie théorie」와 뉘앙스를 달리 함. 전자는 「거짓이론」이 아님을 뜻하고, 후자는 「비현실적 · 상상적 이론」이 아님을 말함.

그렇다손 치더라도 드프릉은 「알튀세르의 인식의 개념은 결과적으로 (…) 자기 자신 위에 자신을 다시 닫아두는 것을 겨냥하고 있다. 그것은 지식의 내재주의(l'mmanentisme du savoir)이다」[32]라고 천명하고 있다. 바로 이 「지식의 내재주의」가 사람들로 하여금 알튀세르가 스피노자와 많이 닮았다고 말하는 계기를 준다. 그 자신 스스로도 그 점을 흔쾌히 인정하고, 또 스스로 자신을 스피노자에 비유하기도 한다.

알튀세르의 말을 직접 들어보자. 「인식의 과정은 전적으로 사유 속에서 거쳐간다」.[33] 「이론적 실천양식은 바로 자기 자신에 대하여 자기의 고유한 표준이며, 바로 자기 안에 자기 생산품의 질의 유효화를 정의하는 준칙(des protocoles)을, 즉 과학적 실천양식의 생산품의 과학성(la scientificité)을 정하는 표준을 내포하고 있다」.[34] 이와 같은 그의 「언표」는 스피노자가 「참은 자기 자신과 거짓의 지표」(verum index sui et falsi)라고 말한 「언표」와 그 기본 성격에서 다를 바가 없다 하겠다. 수학의 진리와 공리는 그 자체 내부에서 참이면, 또 다시 바깥에서 그 수학적 참에 대하여 증명을 보완하거나 보충할 필요가 없다. 수학의 진리는 그 자체 내부의 이론적 실천양식에 의하여 참일 뿐이다. 이른바 이론적으로 참인 지식과 인식은 실제적으로도 현실적인 지식과 인식이 된다는 철학이 스피노자의 인식이론이요, 이것이 또한 알튀세르의 소론이다. 즉 「참지식」(le savoir vrai)은 「사실적 지식」(le vrai savoir)이다. 이 점을 알튀세르는 다음과 같이 언급하였다.

그는 마르크스의 「사적 유물론」이 그 자체 내재적으로 참이기 때문에 그것이 성공적으로 역사에 적용된 것이지, 그것이 성공적으로 역사에 적용되었기 때문에 사적 유물론의 이론이 참인 것은 아니라는 것이다.[35] 그래서 알튀세르는 역사에 옳았기에 참이라는 생각은 순전히 경험주의적이고 실용주의적인 해석에 불과하고, 그런 해석에서 참의 보편성이 도출될 수 없다는 것이다. 「마르크스가 생산하였던 인식에 인식의 자격을 줄 수 있는 것은 궁극적으로 역사적 실천양식이 아니다. 인식의 "진리"의 표준은 그 진리의 이론적 실천양시 안에 갖추어져 있다. 즉 그 표준은 증명적 가치에 의하여, 인식의 생산을 확인하였던 형태의 과학성의 자격에 의하여 갖추어진다」.[36]

스피노자의 「실체」(la substance)가 그의 이름 아래에 인간이 아는 한에서 「사유」와 「연장」의 두 가지 「속성」을 갖고 있고, 또 그 두 「속성」(l'attribut)의 「무한한 양식」(le mode)이 이 우주에 그물처럼 펼쳐지고 있듯이 알튀세르의 이론적 실천양식은 「사유」와 「연장」의 두 세계를 「실체가 스스로 생산한 내재적 법칙처럼 간직하고 있다. 또한 헤겔의 정신이 불가능 없이 자연에서 정신, 신의 세계까지 섭렵하듯이 알튀세르는 헤겔의 정신처럼 자기 운동에 의하여 우주를 「파우스트」(Faust)처럼 자유여행하지는 않지만, 그러나 자신의 「참판단」(le jugement vrai)이 곧 「사실판단」(le vrai jugement)이 되는 「전능의 합리성」을 「이론적 실천양식」에 부여하고 있다. 「실천양식의 합리성」이 곧 「사실적 존재」와 다를 바가 없다.

이런 알튀세르의 스피노자적 「최상위 합리주의」는 결국 「이론」이 「실천」이고 「실천」이 「이론」이라는, 「이성」이 「존재」요 「존재」가 「이성」이라는 논리의 악순환에 빠지는 과오를 범하게 된다. 「변증법적 유물론」의 「철학」과 「사적 유물론」의 「과학」은 참이다. 그러므로 그 이론은 「현실」에서 「환상적인 것」이 될 수 없는 「사실적 진리」이다. 왜냐하면 그 「이론 자체」가 「참」이기 때문이다라는 그런 악순환을 가져온다. 그런데 알튀세르의 인식이론은 많은 사람들이 주장하듯 스피노자적인 합리주의와 너무나 닮았고, 마르크스가 통상적으로 말하는 물질의 반영으로서의 의식의 현상은 완전히 제거되고 말았다. 의식은 물질의 분비와 같은 부차현상도 아니고, 물질의 반영도 아니다. 그런 생각은 물질주의적 이데올로기에 불과하다. 요컨대 알뛰세르의 「마르크스학」에서 보면 「인식의 대상」은 「관념」에 의한 「생산」이기에 그것은 「현실적 대상」과 다르다. 「인식의 수단」은, 즉 「생산수단」은 관념과 개념이다. 「관념」과 「개념」은 그 자체 「생산」을 위한 「노동작용」, 즉 「자발성」을 갖고 있다. 「생산」은 「개념의 공리준칙」과 다르지 않다. 마르크스를 이렇게 해석해야 과거의 「이데올로기」로서의 마르크시즘에서 「과학」으로서의 「마르크스학」(la marxologie)으로 바뀌게 된다. 실제 현실사회는 우리가 체험하는 감상적 사회가 아니고 모든 실천양식(경제적 · 정치적 · 이데올로기적 · 과학적 등)의 복합체에 지나지 않는다. 즉 사회는 이런 다양한 실천양식의 복합적 통일이다. 사회는 이론 실천양식들에 의해서 구성된 구조이다. 그리고 그 실천양식들의 구조로서의 사회는 개념이나 관념의 이론과는 다른 것일 수가 없다. 왜냐하면 이론과 실천양식은 분리되지 않기 때문이다.

그래서 사회가 「실천양식」들로 구성된 「구조」라는 「언표」는 「관념」의 「자기 이론의 참」과 다를 수가 없다. 그래서 이론적 스피노자주의(합리주의)가 사회적 구조주의와 짝짓게 된다. 「이론적 실천양식」이란 개념은 「합리주의」와 「구조주의」의 날개를 갖고 있는 체제와 같은 것이다. 「구조주의적」으로 사회가 다양한 실천양식의 복합체적 통일이므로 다양한 역사가 가능하다(경제사, 사회사, 이데올로기사, 과학사, 철학사 등). 이들 다양한 역사가 헤겔의 「동질성 변증법」처럼 모두 한꺼번에 다 획일적 · 연속적으로 설명되지 않는다. 각 「실천양식」에 따라 「상이한 수준」이 한 시대에 공존할 수 있다. 이렇게만 본다면 알뛰세르의 철학은 사회적으로 「구조주의」이고 인식론적으로 스피노자의 「합리주의」이지, 「마르크스주의」라는 냄새는 별로 풍기지 않는 것처럼 보인다. 그러나 그렇지 않다.

그의 마르크시즘은 각기 다양한 「실천양식」들이 「최후의 심급」에서 역시 「경제적 실천양식」에 의하여 사회 전체의 맥락에서 결정된다는 경제적 실천양식의 「결정론」을 채택하고 있다. 그러나 그의 「경제결정론」은 그가 비판한 「기계적 경제주의」와는 다르다. 오히려 그는 「경제적 실천양식」이 「기계론적 인과율」(la causalité mécanique)로서 이해되어서는 안 되고 「구조론적 인과율」(la causalité structurale)에 의해서 인식되어야 한다고 말하였다. 이 점은 우리가 다음에 곧 보게 될 것이다. 이 「구조론적 인과율」의 이론에서도 역시 우리는 스피노자의 철학을 다시 발견하게 된다. 그런데 그는 그의 저서 『위상』에서 「반성을 특징화하고 규정짓는 것은 반성의 질료(la matière)가 아니라 (같은 수준에 있는) 반성의 양상(la modalité de la réflexion)이며, (또 그것은) 반성이 자신의 대상과 함께 유지하고 있는 실재적 관계, 즉 사유의 대상이 반성되어지는 출발점으로서의 근본적 문제성(la problématique fondamentale)이다」[37]라고 말하였다. 즉 반성의 질료나 「물질성」을 대상으로 중요시하지 않고 「반성의 양식」 자체의 「형식」이 사실상 대상과 실제적 관계를 갖기에 그것이 더 중요하다고 하는 알튀세르는 바로 자신의 이런 입장을 참다운 「물질주의」(le matérialisme)라고 불렀고, 이것은 통상 생각되는 「개념주의」와는 확연히 구분되어야 한다고 주장하였다.[38] 즉 스피노자적인 「이론적 합리주의」와 「사회적 실천양식의 구조주의」를 그는 바로 「물질주의」나 「유물론」이라 불렀다.

이 점은 라캉의 세계에서 능기의 연쇄법칙이 소기의 의미보다 앞서는 이론과 유사하다. 무의식은 소기의 의미로 해석되기 이전에 이미 물질화한 능기의 기호체계와 다르지 아니하다. 알튀세르는 이 점에서 라캉과 함께 통속적 유물론이 아니고 기호화된 물질주의에 더 큰 비중을 두고 있다고 보아야 하리라. 여기서 우리는 알튀세르의 사유세계와 사상의 특징을 읽게 되고, 동시에 쉽게 납득이 되지 않는 괴이한 특성을 본다.

3. 헤겔과 마르크스

알튀세르가 생각한 인식과 진리의 개념은 헤겔 철학에서 우리가 보듯이 「역사의 통시적 전개」에 따른 역사적 진리의 출현과 같은 그런 성질과는 전혀 다르다. 과거의 마르크시스트들이 마르크스를 그렇게 교조적으로 생각하였기 때문에 마르크스 철학을 과학화하지 않고 이데올로기화하여 마르크스를 타락시켜 왔다고 알튀세르는 주장한다. 역사인식에 관하여 알튀세르는 마르크스 속에 헤겔적인 역사철학의 개념을 완전히 청소하였다. 그에게 있어서 「인식한다는 것」은 「역사적 · 사회적 구조」 속에서 「인간의 이론적 실천양식의 조건」을 탐구하는 것이다. 그리고 그에게 있어서 이성과 인식은 사회구조가 제공하는 「원료」로부터 이론의 노동에 의한 생산과 다른 뜻이 아니다. 그러므로 그의 인식이론을 「실천양식의 구조적 연관」 문제를 배제하고 「이론적 측면」만 고려한다면, 그가 「이데올로그」라고 비판한 칸트의 인식론과 그렇게 거리가 멀리 않음을 알 수 있다. 즉 그에게 있어서 사회와 역사는 칸트에 있어서 「시간」과 「공간」이 인식의 질료를 제공해 주듯이 이 칸트적 「시간」과

「공간」과 같은 기능을 갖는다고 볼 수 있다. 그러나 그는 스스로 스피노자와 유사한 점을 인정하지만 칸트와의 상사성(相似性)을 부정하고 있다. 마르크스를 구조주의와 스피노자주의(Spinozisme)에서 새롭게 봄으로써 그는 마르크스를 헤겔과 완전히 인연을 끊게 하였다. 이 점을 우리가 보지 않으면 안 된다.

이에 이 책의 앞부분에서 우리는 알튀세르가 마르크스의 저작 연도에 따른 사상의 구분을 어떻게 하였는가를 지적한 바 있다. 이 점을 다시 한 번 정리하면 다음과 같다.

- 1840–1844 : 젊은 시기의 작품
- 1845 : 단절 시기
- 1845–1857 : 완숙화에로 이르는 시기
- 1857–1883 : 완숙기

젊은 시기는 마르크스가 주로 칸트, 피히테 그리고 헤겔 등 독일 관념론의 영향을 지대하게 받았던 시절이다. 이 시기를 알튀세르는 마르크스가 「자유주의적 인간주의」(une humanisme libéral)에 의해서 지배되었다고 보았다. 그리고 1845년 마르크스가 『포이에르바흐에 관한 테제』(*Thèse sue Feuerbach*)와 『독일 이데올로기』(*L'idéologie allemande*)에서 본격적으로 마르크스가 독일 관념론과 인식론적 「단절」을 시도하고 마르크스가 제 목소리를 내기 시작하였다고 그는 지적한다. 그에 의하면, 1845년 「단절」은 「인간」의 「인간주의적 본질」 위에서 역사와 정치를 정립하려는 모든 기존의 독일 관념론적 또는 포이에르바흐적인 이론을 청산하고 마르크스가 세 가지 각도에서 새로운 이론을 제시하게 되었다고 주장한

다. 그 세 가지 새로운 관점은 다음과 같다.[39)]

1_ 근본적으로 새로운 개념 위에 근거한 정치 역사이론의 형성이 이루어진다. 이 새로운 개념은 「생산력」(la force productive)과 「생산관계」(les rapports de production), 「상부구조」(la superstructure), 「이데올로기」(l'idéologie) 등을 말한다.
2_ 철학적인 모든 「인간주의」(l'humanisme philosophique)의 이론적 주장에 대한 근본적 비판
3_ 「인간주의」를 「과학」이 아니라 하나의 「이데올로기」로 규정함

1845년 이전을 알튀세르는 「마르크스의 이데올로기 시대」, 1845년 이후를 그의 「과학시대」로 본다.[40)] 좌우간 1845년 그가 말한 「단절」 이후부터 마르크스의 철학은 현실역사에 대한 「감상적 투쟁」과 「인간 소외」로부터의 「해방」과 같은 의식화나 철학적 전투의식의 작업과 같은 이데올로기를 벗어나서 마르크스는 그의 사유에 있어서 논리적이고 개념적인 「정합성」에 더 중요성을 두게 되었다는 것이다. 이른바 「이데올로그」의 투쟁가에서부터 마르크스 사유는 면밀하고 엄격한 「논리성」에로 회귀한다. 예컨대 마르크스의 『독일 이데올로기』에서부터 그는 포이에르바흐의 「인간주의적 이데올로기」를 포기하고 새로운 과학적 개념을 생산해내는데, 그것이 이른바 「경제구조」나 「경제의 최후 심급적 결정」과 같은 것으로 표현된다. 1844년의 『초고』(*Manuscrits*)에서 보이는 「인간 본질」과 「인간 소외」와 같은 이데올로기적 개념은 1845년 이후 사라진다. 물론 1845년 이후에도 어느 정도 초기의 「인간주의적 이데올로기」의 잔재가 남아 그런 용어를 쓰기는 하였지만, 전혀 새로운 의미를 점

차로 거기에 실었다고 알튀세르는 주장한다. 1845년 이후로 마르크스는 영국 경험론과 독일 관념론(특히 헤겔)에 대항해서 새로운 합리성을 찾아 나서게 된다는 것이다.

이미 우리가 보았듯이 「경험주의에 빈대해서 마르크스는 인식이 구체적인 것에서 추상적인 것에로 나아가는 것이 아니라, 추상적인 것에서 구체적인 것에로 나아간다고 천명하였다. 이 모든 것은 (…) 사유 속에서 이루어지고 있다. 그 반면에 모든 과정을 야기시키는 현실적 대상은 사유의 바깥에 있다. 헤겔에 반대하여 마르크스는 추상에서 구체에로의 행정(行程)이 현실적인 것의 생산이 아니라 현실적인 것의 유일한 인식의 생산이라고 천명하였다. (…) 마르크스는 인식이 사유와 인지의 생산품이고, 직관과 표상(이데올로기)으로부터 출발하는 개념의 제작의 산물이라라고 지적하였다」.[41]

헤겔은 「이성적인 것은 현실적인 것이요, 현실적인 것은 이성적인 것」이라고 언표하면서 「합리와 존재」, 「인식과 대상」과의 「동질성」을 추구하려고 하였다. 알튀세르에 의하면 마르크스는 바로 헤겔의 이런 「동질성 추구」에 제동을 걸고 「현실적 대상」(l'objet réel)과 「인식의 대상」(l'objet de connaissance)을 준별시켜 놓았다는 것이다. 물론 마르크스는 유물론자이지 관념론자가 아니기 때문에 그가 사유 밖에 존재하는 「현실적 대상」이 「인식의 대상」을 근거지워 주고 그것의 전제가 되는 것을 결코 무시한 것은 아니다. 단지 알튀세르가 말하고자 하는 것은 감상주의적이거나 경험주의적이거나 체험되고 느낀 수준만으로 현실을 분석함으로써 현실의 과학적 · 구조적 인식에로 도달할 수 없음을 마르크스가 예리하게 간파하였기 때문에 경험주의적 인식이론을 부정한 것이고, 또 헤겔처럼 인간의 의식과 그 의식의 논리가 현실을 생산해 나간다는 「의식주의」나 「인간주의」, 「정신주의」를 거부한 것이라는 사실이다. 마르크스는 오히려 「현실」을 경험주의적으로 「객관화」시킨 것도 아니고, 헤겔주의처럼 「정신화」·「주관화」시킨 것도 아니다. 이 점을 알튀세르는 이렇게 말한다. 「현실적 대상의 외면성은 표상과 직관으로부터 출발하는 개념들의 작업노동에 의하여 생산된 인식과정의 고유한 성격이 긍정되어짐과 동시에 긍정된다. 그 과정의 최후에서 그 인식과정의 결과인 사유의 구체(le concret-de-pensée), 사유의 전체성(la totalité de pensée)은 "현실적 구체", "현실적 대상"의 인식으로서 정시된다」.[42)]

주어진 역사적·상황적 인식에 대한 합리적 인식의 틀 없이 그냥 흥분해서 날뛰는 뜨거운 열정만 표시하였기 때문에, 그동안 마르크시즘은 역사현장에서 제대로 이론적으로 설명하지 못하는 사례가 많았다고 알튀세르는 말하고 있다. 즉 왜 「모순의 투쟁」이 다른 결과에 이르지 않고 그런 결과로 나타나게 되었던가 하는 물음 등에서 이데올로기로서의 마르크시즘은 속수무책이었다고 한다. 더 구체적인 예를 들면, 1917년의 혁명이 왜 자본주의 국가에서 (마르크스의 예언처럼) 일어나지 않고 하필이면 서구에 비해 후진국이었던 러시아에서 발생하게 되었는가 하는 물음을 전통적인 마르크시스트들이 명쾌하게 설명해 주지 못했다는 것이다.

이 점을 우리가 곧 보게 되겠지만, 여기서 알튀세르는 「다원결정」(la surdétermination)의 개념을 라캉과 프로이트의 정신분석학에서 빌려 사용하고 있다. 헤겔은 역사현장에 있는 「모순」이 스스로 「내적 동력」이 되어서 자기 모순을 극복하게 된다고 너무 단순하게 설명하였다. 그런 단순한 「모순론」은 헤겔이 「발전사관」에 너무 급급하다 보니 생긴 것이라는 관점이다. 헤겔의 생각과는 반대로 알튀세르는 「변화」를 결정하는 정확한 시점에는 「다양한 인과관계」의 개념이 없이는 그 변화를 설명할 수 없다는 것이다. 알튀세르는 이 「다양한 인과관계」의 「목록」을 철저히 작성한다는 것은 불가능하다고 한다. 변화를 생산하는 것은 그렇다고 「무수한 원인」들의 「부가」나 「병립」도 아니다. 왜냐하면 실제 「변화의 원인」들은 서로 「상이한 수준에서 작용」하기도 하고, 「상호 간 서로 수정」되기도 하기 때문이다. 이 원인들의 구조는 「다원결정」의 놀이 속에 작용하고 있고, 현대 원자물리학의 개념처럼 어떤 「질서의 인과율」을 나타내고 있다고 한다. 고전적 인과율의 개념으로 그 변화의 인과관계를 설명할 수 없다는 것이다.

이런 모순에 의한 변화를 설명하는 방식이 이미 헤겔의 「사변적 변증법」(la dialectique spéculative)과 마르크스의 「유물론적 변증법」(la dialectique matérielle)의 차이를 특징지우는 지름대이기도 하다. 알튀세르의 소론에 의하면, 헤겔의 「사변적 변증법」은 역사를 「주체」이자 「의식」이요 「정신」이기도 한 「실체」가 스스로 자기 자신을 「모순」과 「부정의 부정」을 통하여 진행해 나가는 과정으로 보고 있다. 그러므로 모든 현실과 실재를 「의식」이라든가 「주체」라고 하는 정신적 「실체」의 「자기 운동」이나 「자기 표현」이라고 하는 경우, 「역사현실」은 하나의 과학으로 설명되는 것이 아니라, 「정신에게 미리 주입된 목적의 실현과정」으로 정당화돼 버리고 만다는 것이다. 그래서 모든 현실은 다음 단계를 위해서 합리화되는 것에 불과하므로 헤겔의 변증법은 본질적으로 「이데올로기」일 수밖에 없게 된다는 것이다. 알튀세르는 헤겔 변증법과 마르크스의 변증법이 다음의 세 가지 각도에서 단절이 이루어져 있다고 논술한다.[43]

1_ 헤겔의 변증법은 「목적론적 변증법」(une dialectique téléologique)이

다. 그 까닭은 우리가 잘 알고 있는 바와 같이 헤겔은 그 변증법의 시작에 「단초」로서 주어진 것이 나중에 최후의 단계에 가서 「목적」으로 나타난다는 것이다. 이것은 이미 우리가 바로 앞에서 지적했던 것처럼 미리 그 「목적」을 암암리에 역사의 시작에 설정해 놓고 그 암암리에 전제된 역사를 나중에 의식화해서 다시 발견하는 「이데올로기」와 다를 바가 없다.

그리고 그 「목적론적 변증법」이 역사에서 전개되게 하는 힘은 「부정성」(la négativité)이라는 「동력」이다. 역사가 추진되고 발전된다는 헤겔의 「부정의 부정」이라는 논리는 「목적론적 사고」 없이는 도출될 수 없는 「기묘한 개념」이다. 이 점에 관한 알튀세르의 지론을 들어보자. 「사람들은 헤겔적인 모형(la modalité)의 집요한 논리가 다음과 같은 개념들을 그들 사이에서 엄격히 연결시키고 있다고 본다. 그 개념들은 단순성(la simplicité), 본질(l'essence), 동일성(l'identité), 통일(l'unité), 부정(la négation), 분열(la scission), 소외(l'aliénation), 대립자들(les contraires), 추상(l'abstraction), 부정의 부정(la négation de négation), 지양(le dépassement), 전체성(la totalité) 등등을 말한다. 헤겔 변증법은 모두 거기에 있다. 즉 모두 근원적인 단순통일의 근본적인 가설에 매달려 있고, 그 다음 부정성의 덕택으로 그 단순통일의 와중에서 발전되며, 모든 자기 발전 속에서 매번마다 좀더 구체적인 하나의 전체성 속으로 언제나 근원적 저 단순성과 저 통일성만을 회복한다」.[44)]

2_ 헤겔의 변증법은 언제나 「통시적」으로 「과거와 미래」가 근본적으로 「동질화」되고, 「동시적」으로는 「정치」, 「경제」, 「종교」, 「문화」 등 모든 것이 역시 「동질화」되는 「전체성」의 논리에 입각해

있다는 것이다. 헤겔의 변증법에 의하면, 과거의 한 시대의 사건이 또 다시 그동안 부정의 부정의 부정의 부정을 거쳐 새로운 옷을 입고 재현하게 된다. 예컨대 진리가 인간의 의식을 떠난 독립적 자연 속에 있는 것으로 여기던 고대 희랍의 자연주의가 소크라테스 이후 인간 내면의 양심으로 진리의 거주지가 바뀌어졌듯이, 마찬가지로 기독교 세계에서 중세에는 진리가 인간을 떠난 제도(교회) 속에 권위를 맞고 있다고 하던 사상이 마르틴 루터(M. Luther)의 종교개혁 이후로 기독교적 진리가 인간의 내면세계로 들어오게 되었다. 각각 옛 것이 「부정의 부정」을 거쳐 새로운 옷을 입고 「통시적」(diachronique)으로 재현된 보기이다. 「동시적」으로도 한 시대의 정치경제 · 문화예술 · 철학이 모두 하나의 원리로 전체화한다. 이것이 헤겔의 변증법이다. 「과거의 현존이 의식의 자기 자신에 대한 현존이지, 의식 바깥에 있는 사실적 결정이 아니라는 것은 과거라는 것이 그 과거가 함축하고 있는 미래의 내적 본질 이외에 다른 것이 아니기 때문이다」.[45] 헤겔 변증법에 있어서 「전체성」은 「관념의 자기 전개」를 단순히 표현하고자 하는 「규정」 이외에 다른 것이 아니라고 알튀세르는 지적한다. 그의 말을 인용한다. 「헤겔적인 전체성은 하나의 단순통일, 단순원리의 소외된 발전인데, 이 발전 역시 관념의 발전의 계기이다. 그 전체성은 엄격히 말하여서 자신의 복원을 준비하는 모든 소외 속에서, (그리고) 모든 원리의 출현 속에서 지속하는 단순원리의 자기 표현, 표상이다」.[46]

그래서 알튀세르는 헤겔의 변증법 속에는 「주(主)모순」과 「부(副)모순」의 구별도 없는 이른바 「모든 모순이 다 구분 없이 평등해서」 차별이 없다고 비판한다. 즉 모든 모순은 아무런 「질서의 서열」도 없이 「무차별적」으로 부정되기 위해서 추상적으로 존재할 뿐이라는 것이다. 왜 그러한 모호한 모순론이 헤겔 철학에 대두되었는가? 거기에 대한 답변으로서 알튀세르는 헤겔이 변증법을 생각하고 그 원리를 출발시킬 때 현실의 복잡한 모순 자체를 이론적으로 분석하는 합리적 논리를 생각하지 않고 먼저 역사란 어떤 것이라는 단순원리를 내세워 거기에서 역사철학을 궁리하였고, 「현실모순」은 그 역사철학의 전개과정에서 생기는 관념의 내적 소외와 그 소외의 극복이라는 차원에서만 바라보았기 때문이라고 지적한다. 그래서 알튀세르는 헤겔적 「전체성」 개념을 다음의 세 가지 차원에서 비판하고 있다. 「1) 헤겔의 전체성은 현실적인 것이 아니고, 겉으로의 영역(sphère)으로서 분절되어 있고, 2) 그 전체성은 자신의 복합성 자체를, 즉 복합성의 구조를 통일로서 갖고 있지 않으며, 3) 그 전체성은 현실의 복합성에 통일성을 가능케 하는, 구조의 변형을 생각하면서 실천양식의 대상을 현실적으로 가능케 해주는 절대적 조건인 두드러진 구조를 결여하고 있다」.[47)]

3_ 헤겔 변증법은 「이론」과 「실천양식」과의 결합을 시도하기가 불가능하다고 알튀세르는 비판한다. 「미네르바의 부엉새는 황혼에 날개를 펴고 난다」는 말을 헤겔 스스로가 즐겨 원용하였듯이, 지혜의 여신이 가지고 있는 부엉새가 황혼에 난다 함은 사건이 다 지나간 저녁에 추후로 정리한다는 뜻이다. 마르크스의 변증법과 달리 알튀세르는 헤겔의 철학에서 「어떤 정치를 도출함」은 불가능하다고 주장한다. 이 점을 그는 다음과 같이 지적하고 있다.

「바로 그런 이유로 말미암아 현재의 존재론적 범주는 역사적 시간의 모든 예견을, 개념의 미래 발전을 의식하는 모든 예견을, 미래에 관한 모든 지식을 금지시키고 있다. 이것은 위인들의 존재를 설명하는 헤겔의 이론적 어려움을 설명해 주고 있다. (…) 위인들은 미래를 지각하지도 인식하지도 못한다. 그들은 미래를 예감 속에서 점친다. (…) 미래에 대한 지식이 없다는 것은 정치학의 존재를 방해하고, 현재 현상의 미래적 결과에 관한 지식을 방해한다. 바로 그 점 때문에 엄밀한 의미에서 가능한 헤겔적인 정치는 없고, 그 점에서 사람들은 헤겔적인 정치인을 알지 못한다」.[48]

우리는 마르크스의 변증법을 옹호하거나 또는 헤겔의 것을 반대로 변호할 생각은 추호도 없다. 알튀세르처럼 이미 마르크스가 진리라고 여기고 그것을 정당화하기 위한 「신학」을 펴는 사람에게는 언제 어디서나 마르크스가 절대적으로 옳을 수밖에 없다. 알튀세르는 헤겔의 변증법이 목적론적인 성향을 지니고 있기 때문에 이미 어떤 가정을 두고 출발하여 그 가정을 합리화하기 위해 종말의 결론도 그 최초의 가정을 더욱 진리로 보이게끔 하는 「이데올로기」에 지나지 않는다고 비판하였다. 알튀세르의 헤겔 비판이 옳다고 하자. 그러면 마르크스의 변증법은 그렇지 않은가? 마르크스의 것이 알튀세르의 기준에 따라 봐도 「이데올로기」가 아니고 「과학」이라고 주장할 근거도 역시 희박하다. 왜냐하면 마르크스도 이미 헤겔의 「정신」처럼 변증법의 「출발적 가정」에서 「두드러진 구조」(la structure à dominante)가 되어 「최초의 가정」을 역시 보완해 주고 있기 때문이다.

더구나 알튀세르의 「마르크스학」은 우리가 납득하지 못하는 이론을 전개하고 있다. 그는 마르크스의 「변증법적 유물론」은 「대이론」으로 「절대적 진리」요, 「철학 자체」라고 말하였다. 그것은 불변이란 뜻이다. 그런데 「대이론」 밑에 포섭되고 있는 「이론」의 「형성과정」인 「일반성 I, II, III」을 보면 「일반성 I」은 「이데올로기적 일반성」이고, 「일반성 II」는 「이데올로기적 일반성」이 「과학적 일반성」에로 변형하게 하는 「이론적 방법」과 「이론의 다양의 밭」이며, 「일반성 III」은 그 「II」에서 모순 없이 「특수화된 이론」이다. 그렇다면 아무리 「과학적 이론」으로서의 「일반성 III」이 「일반성 II」의 매개를 통하여 「일반성 I」과 질적으로 다른 모습을 나타낸다 하여도 애초의 출발이 「이데올로기」(상황과 역사의 표상으로서)적임을 부인할 수 없다. 그렇다면 알튀세르가 자랑한 「역사과학」의 「불변적 이론」인 「사적 유물론」이나 「대이론」인 「변증법적 유물론」이 「상황과 역사의 변화」에 따라 또 하나의 「비과학적인 이데올로기」로 전락하지 않는다는 보장이 없다.

또 하나 알튀세르에게 던지는 의문이 있다. 그는 헤겔에는 「이론과 실천양식」을 결합함이 불가능하기에 헤겔의 정치학은 존재할 수 없고, 미래에 대한 지식도 불가능하며, 또 헤겔 철학에 바탕을 둔 정치인도 있을 수 없다고 주장하였다. 그의 말대로 일단 수긍하자. 그래도 헤겔은 마르크스에 못지 않게 이 세계의 사유방식에 엄청난 변화를 주었다. 알튀세르의 「이론적 실천양식」의 이론에 따르면, 비록 헤겔의 이론이 「과학」이 아니고 「이데올로기」라 할지라도 그 「이론」은 「실천양식」, 즉 원료를 생산품으로 변형시키는 힘을 갖기 마련이다.

헤겔은 이미 많은 변화를 이 세계에 구축하여 놓았다. 설령 그것이 마르크스처럼 과학적이 아니었다고 하자. 그래도 「변형」은 「변화」요, 「생산」이다. 우리는 알튀세르가 말한 헤겔적인 「정치학이 존재할 수 없다는 것」이 무엇을 의미하는지 잘 이해할 수 없다. 헤겔에 영향을 입은 많은 사회과학이 무수히 많지만, 많다고 좋고 알튀세르처럼 없다고 무시되어야 할 성질이 아니라고 본다. 그러면 마르크스의 정치학은 옳은가? 헤겔에게는 「미래의 예감」은 있지만 「미래의 과학」은 없다고 하였다. 마르크스의 미래에 관한 과학이란 무엇인가? 사회주의가 자본주의보다 인간을 풍요하게, 그리고 자유롭고 더 평등하게 보장해 준다는 미래적 지식인가?

하기야 알튀세르는 인간을 배제하기에 그런 질문도 맞지 않는다. 인간이 배제되었든 아니든 그 지식(미래적)은 틀렸다. 중국, 북한, 동구, 소련, 인도지나 반도 삼국 등 마르크시스트적인 사회주의가 인간의 삶의 질을 높이는 데 실패하였음을 입증해 주고 있다. 지금의 북한을 제외한 모든 사회주의 국가들이 마르크시즘에서 벗어나려는 시도를 급진적이든 온건적이든 시도하고 있다. 자본주의나 자유민주주의는 자신들의 약점이 어디에 있는가를 스스로 알고 있다. 그렇기 때문에 그 제도는 성스러운 신성불가침의 제도가 아니라 언제나 수정되어야 하고 보완되어야 하는 제도이다. 그러나 알튀세르는 마르크시즘이 성스럽고 그래서 신성불가침이라고 말한다. 알튀세르의 그런 이론과 스탈린의 그런 행동이 과연 얼마나 차이나는 일일까? 그럼에도 불구하고 알튀세르는 스탈린을 비판하였다. 왜 마르크스도 역사상의 다른 모든 천재나 위인처럼 상대적이고 알튀세르가 좋아한 구조의 제약을 받을 수밖에 없다고 말하지 못하는가?

4. 다원결정의 구조와 잉여가치론

이미 지실(知悉)하고 있는 바와 같이 알튀세르는 마르크스 전 저작을 해석상 구분하고 있다. 비록 인식론적 「단절」이 『독일 이데올로기』와 『포이에르바흐에 관한 테제』에서 시작되었지만, 마르크스 사상의 고유한 완숙성은 『자본론』에서 성취되었다고 그는 주장하였다. 따라서 1845년 이전의 젊은 마르크스의 저작들은 엄밀한 의미에서 마르크스의 자기 사상이 아니고, 따라서 「마르크시즘」이란 명칭을 붙일 수가 없다고 그는 주장하였다. 왜냐하면 그 저작들은 헤겔 철학과 역사철학적 변증법에서 헤어나지 못하였기 때문이다. 그는 마르크스가 『자본론』에서부터 본격적으로 「인간주의적 역사철학」과 「인간 소외론」의 「사회철학적인 이데올로기」에서 벗어나 「자본주의적인 생산양식」의 엄밀한 분석에 이르는 구조주의적 인식이론에 이르게 되었다고 평가한다. 이제 더 이상 영국의 존 루이스(John Lewis)나 이탈리아의 그람시(Gramisci), 프랑스의 르페브르(Lefevbre), 독일의 하버마스(J. Habermass)처럼 마르크시즘을 「인간주의」나 「휴머니즘」으로 해석해서는 안 된다고 그는 논증한다. 그리고 마르크시즘을 알튀세르가 비판한 「사이비적 역사주의」(예를 들면 J.-P. 사르트르)의 수중에 맡길 수 없다는 것이다.

『자본론』의 가장 중요한 특징은 「잉여가치」(la plus-value) 개념이라고 알튀세르는 지적하고 있다. 그에 의하면 이 「잉여가치」의 개념이야말로 청년 마르크스와 완숙기의 마르크스를 재단하는 척도가 되며, 동시에 청년 마르크스의 이데올로기와 완숙기 마르크스의 과학을 구분케 하는 표준이기도 하다.

그러면 어떻게 해서 이 「잉여가치」의 개념이 마르크시즘의 중심개념이 되는가? 그에 의하면 이 개념은 「서구 자본주의 사회」와 「동구 사회주의 사회」를 갈라놓는 본질적 「변별가치」가 된다. 그러면 쉽게 말해 그 기능은 무엇인가? 그것은 재산을 결정하는 개념이다. 그에 의하면 동구의 사회주의 국가 사회에는 「생산관계」에서 「잉여가치」가 없다는 것이다. 「잉여가치」가 없기 때문에 사회주의 국가에서 「사유재산」은 없다는 뜻과 통한다. 그러므로 「자본주의」와 「사회주의」 사이에는 어떠한 「수렴이론」(la théorie de convergence)도 성립할 수 없다. 왜냐하면 두 체제 사이에는 「경제기능」이 경제구조상에서 완전히 차이가 나기 때문이다. 결코 「이데올로기의 차이점」이 아니다. 알튀세르는 「잉여가치」의 개념에 의하여 「자본주의적 생산양식」의 근거로서 「착취」(l'exploitation)를 마르크스가 밝히게 되었다고 진술하고 있고, 바로 그 사실에서부터 출발하여 그는 「공산주의적 혁명」의 정당성을 설명하려고 한다. 마르크스의 『자본론』은 「부르주아 사회」의 「경제비판」이기에 「사회과학」이며 동시에 「혁명의 과학」이 된다고 그는 진단한다.

「잉여가치의 개념」은 「노동가치」(la valeur-travail)의 개념에 이은 것이고, 「임금이론」(la théorie du salaire)과 연관되어 있다. 우선 그 이론에 대한 개념정리부터 먼저 보기로 하자. 마르크스는 리카아도의 「노동가치」 이론에다가 「노동력」(la force productive)의 개념을 더 추가시켜 「잉여가치설」을 창안하였다. 마르크스의 가치이론에 의하면 「상품가치」는 그 「상품생산」에 투입된 사회적 평균상으로 본 「노동의 양」에 따라서 비례한다는 것이다. 그리고 「노동자의 노동력」도 하나의 「상품」이고, 그 노동력이 생산품처럼 자기 임금으로 사지게 된다. 즉 구입된다. 노동자는 따라서 자기 노동에 의하여 그가 받는 「임금」보다 더 「고가의 가치」를 위하여 「상품」을 생산한다. 그러므로 「잉여가치」는 「생산수단」의 「소유자」에게 속하는 「자본의 초과액」과 같다. 「잉여가치」는 노동자가 생산하는 것과 그가 임금으로서 받는 것과의 사이에서 생기는 「차액」에서 파생된다. 잉여가치는 이런 교환의 순환체계 속에서 노동자를 희생하고 쌓일 수 있는 「자본의 인두세」(la captation de capital)와 같다. 노동자가 그의 노동력에서 착취당한 부분이 곧 잉여가치를 생산한다는 것이 마르크스의 주장이다.[49)]

그러나 이와 같은 마르크스의 설명에도 불구하고 그 문제가 그렇게 칼로 두부 자르듯이 명쾌하게 적용되지는 않는다. 우선 알튀세르를 통하여 마르크스의 생각을 좀더 들어보자. 「잉여가치로부터 출발하여 마르크스는 우리가 임금으로부터 갖게 되는 최초의 합리적 이론을 개발하였고, 그가 자본축적의 역사의 근본적 특징과 그 역사적 경향의 도표를 준 최초의 사람이었다」.[50)]

그러면 노동자가 생산한 잉여가치분의 착취가 자본주의 사회의 본질이라 하여도 과학적으로 (알튀세르가 좋아하는) 그런 「잉여가치」가 「합리적으로 계산상」 확인될 수 없고, 또 경제이론상으로도 「검증이 될 수 없다」는 주장이 있다. 단적으로 레이몽 아롱 같은 학자는 「잉여가치의 율」(le taux de la plus-value)을 도저히 계산할 수 없다고 말하고 있다. 지금부터 간략히 마르크스의 「잉여가치」설에 대한 아롱의 분석을 언급하기로 한다. 「마르크스는 반복된 예를 통하여 잉여가치의 율이 약 100% 정도로 계정된다고 암시하고 있다. 그는 또 잉여가치의 율이 언제나 일정하게 고정되려는 경향을 지니고 있다고 지적하고 있다. 그러나 어떤 순간에도 그는 잉여가치의 비율을 계산하는 수단과 방법을 제시하지 못하고 있다. 어떤 마르크시스트도 결코 잉여가치의 율을 계산한 적이 없었고, 아무도 거기에 도달하지 못하였다. 알튀세르 자신도 고백하였듯이 잉여가치의 개념은 연산적인 것도 양화(量化)될 수 있는 것도 아니다」.[51]

그러나 알튀세르는 「잉여가치의 개념」이야말로 「과학적인 것」의 기준이라고 말하고 있다. 그러면 정밀하고 엄밀한 것이 그의 말대로 과학이론인데, 잉여가치가 있고 그것이 노동자를 착취한다면 단순한 이데올로기의 수준에서가 아니라, 과학의 이론에 비쳐 정확히 「잉여가치의 율」을 계산하는 공식이 나와야 마땅하다. 그러나 「이데올로기적인 스타일」의 주장만 있지 「과학적 근거」를 객관적으로 미르크시스트들이 제시하지 못하는 셈이 된다. 그냥 알튀세르도 그 개념이 「사실」(le fait)로서는 평가될 수 없고 하나의 「법칙」(une loi)으로서만 확인된다고 애매모호한 말로 표현하고 만다.[52] 비록 「잉여가치」를 「사실적」으로 「경험적」으로 타당하게 증명할 수는 없지만, 그것이 「마르크시즘의 과학성」의 정상이기 때문에 논리정연한 체계로서 옹호해야 한다고만 말하고 있다. 이런 알튀세르의 생각은 그가 좋아하는 「이론적 실천양식」의 정신에도 어긋난다. 왜냐하면 알튀세르는 스피노자의 합리주의를 본받아 「참된 관념」(l'idée vraie)은 또한 「실제적(사실적) 관념」(la vraie idée)이 되어야 하고, 그래서 「잉여가치」가 「참된 개념」이면 동시에 그것은 「사실적 개념」이 되어야 하기 때문이다. 그러나 알튀세르 스스로가 고백하였듯이 「잉여가치」는 「사실적 개념」이 아니다. 단지 그의 방식대로 따르면 「참된 관념」으로서의 「법」(la loi)일 뿐이다. 그가 그토록 강조하던 「잉여가치」의 「과학성」은 도대체 어디로 갔는가?

알튀세르의 「마르크스학」(la marxologie)이 우리의 생각을 당혹하게 만드는 것이 한두 가지가 아니다. 레이몽 아롱과 함께 이 점을 차분히 살펴보기로 하자.[53] 마르크스가 말한 「가치」(la valeur)가 「가격」(le prix)과 같은 것인가, 아닌가? 이 점에 관하여 아롱은 마르크스가 그의 『자본론』 1권에서 「가치이론」과 「가격이론」을 같은 것으로 사료하고 있다고 말한다. 물론 이때에 공급과 수요의 기능에 따라 가격이 가치 근처에서 파동하고 있다는 것을 유보해야 한다.

「그러나 만약에 노동가치의 이론이 가격이론과 동질적 성질을 지닌다면, 특히 누구보다도 파레토(Pareto)가 그 이론의 과학적인 한계를 잘 보여주었다. 하나의 개념인 가격이 여러 가지 변수에 따라 변동한다면, 가격변동을 노동가치가 명령하고 있다는 것을 결론짓기 위하여 그 노동가치 이외의 다른 모든 변수를 괄호 속에 묶어두는 것으로 충분하다. 그 경우에 공급과 수요에 관한 시장관계를 고려하지 않고 노동의 다양성을 하나의 공통가치에로 귀일시킨다고 (그러나 어떻게?) 전제하고, 생산수단의 영향이나 생산구조의 이질성도 무시하기로 하자. 그리고 가격을 결정하기 위한 평균적 사회노동의 양만 거기에 남게 된다고 인정해 보자. 그렇게 인위적으로 가정해 보면(노동가치의 가격결정 이론은) 요지부동이 되는데, 그러나 그 이론은 가격의 현실적 변동에 관하여 우리에게 아무 것도 가르쳐 주지 못한다. (단지 장기적으로 볼 때, 희소성을 생각하지 않으면 상품의 상대적 가격은 각 상품이 요구하는 노동량에 의존하는 것을 제외하고.)」[54]

이 긴 인용에서 우리가 알 수 있는 것은 「노동가치」가 「가격」과 동일한 가치를 지닌다면 그 마르크스의 이론은 「가격변동」을 전혀 설명해 주지 못한다는 것이다. 「가격을 결정짓는 것」은 「노동」만이 아니고 「수요와 공급의 시장기능」, 「상품의 희소성」, 「생산수단(기계 · 시설)의 영향」, 「생산구조의 다양성」, 또 「노동 종류의 다양성」 등 수없이 많다. 단지 「노동량」(사회의 평균적)만이 「가격」과 「가치」를 창출한다는 것은 「참판단」(le vrai jugement)도 아니고 「사실판단」(le jugement vrai)도 아니다. 「노동량」은 「가치창출」과 「가격변동」의 한 요소일 뿐이다.

아롱의 분석은 여기에 그치지 않고 알튀세르의 「마르크스학」의 이론적 약점을 아프게 찌른다. 이번에는 「가치」가 「가격」과 다르다는 마르크스의 또 다른 이론을 검토해 본다. 마르크스는 이 경우에 가치는 하나의 「실체」라는 모호한 표현을 사용하였다 한다. 아롱은 「사용가치」와 「교환조건」을 고려하지 않고 경제가치라는 개념을 정확히 한다는 조건에서 이 의견에 동의한다고 말하고 있다. 「가치가 본질적으로 가격과 다르다는 이런 방식의 정의는 과학성이 아니고 형이상학이나 사회학이나 이데올로기의 질서에 속한다」.[56] 이 경우를 따른다면 알튀세르가 주장하듯 마르크시즘의 「노동가치론」은 이미 하나의 「과학」이 아니고, 그것은 「이데올로기」나 또는 다른 종류의 「철학적 형이상학」으로 변하게 되어 알튀세르의 소론(所論)은 근거를 상실하고 만다.

알튀세르의 마르크시즘에 또 다른 이론적 하자가 있다. 알튀세르는 「잉여가치설」이 서구의 자본주의와 동구의 사회주의 체제를 근본적으로 갈라놓고 「서구에는 착취가 있으나」「동구에는 착취가 없다」고 말하였다. 그러나 아롱의 견해는 이 점에서 알튀세르가 근본적으로 사태를 잘못 보고 있다고 비판한다. 왜냐하면 오늘날 동구의 많은 경제학자들이 「사회주의 체제의 착취」(기술관료 집단에 의한)를 구조적으로 이야기하고 있고, 또 더군다나 동서 양 진영의 경제체제가 공통적으로 수렴해 가고 있다고 진단하기 때문이다. 서구 자본주의는 사회주의 체제를 부분적으로 도입한 지 오래고, 또 동구도 이제 늦었지만 자본주의 체제를 도입하려고 몸부림치고 있다. 심지어 소련도 시장경제의 수요 공급의 메커니즘을 허용하고(부분적으로), 기업의 자율활동을 인정하며 생산자와 소비자 사이의 가격변동 제도도 도입하고 있다고 한다.[56] 그래서 이미 「사유재산 제도」가 알튀세르의 주장처럼 「자본주의 국가」에서 「혁명을 부채질하는 이론적 실천양식」이 될 수 없다고 아롱은 비판한다. 알튀세르는 이 점을 모르든지, 또는 알면서도 마르크스 신학자로서의 신앙 때문에 고의적인 주장을 하든지 둘 중의 하나이다. 그런 점에서 알튀세르의 철학이 철학이론으로서 비(非)마르크스주의자에게도 의미를 던져주는 것은 「마르크스 신학」을 변호하기 위한 「신학이론과 혁명이론」보다는 「사회의 구조」를 해명하는 구조주의적 관점일 것이다. 이것이 프로이트와 라캉의 영향을 받아 그가 사회과학에 적용한 「다원결정」의 「구조이론」이다.

이 「다원결정」(la surdétermination) 이론은 알튀세르의 「모순」(la contradiction) 분석의 구조이론과 직결된다. 알튀세르는 헤겔의 모순개념과 마르크스의 것 사이에 변별적 차이를 먼저 밝힌다. 이미 앞절에서도 알튀세르가 헤겔의 「전체성」 개념은 복잡한 현실(역사적 · 사회적)을 설명하는 합리적 · 이론적 실천양식이 되지 못하고, 단지 관념의 단순원리에 의하여 현실을 주관의 관념이나 개념이 겉으로만 설명하는 것에 지나지 않는다는 비판을 우리가 보았었다. 이 문제를 다시 숙고해 보기로 하자. 「헤겔적인 모순의 단순성은 역사적인 모든 시기의 본질을 구성하는 내적 원리(le principle interne)의 단순성에 의해서만 사실상 가능하다. (…) 하나의 역사적 세계의 구체적 생활을 만드는 모든 요소들(경제적 · 사회적 · 정치적 · 법률적 제도, 관습과 도덕, 예술 · 종교, 철학, 심지어 역사적 사건들, 즉 전쟁, 전투, 패배 등)을 하나의 내적 통일의 원리에 환원시키는 것, 이런 환원은 한 국민의 구체적인 모든 삶을 내적인 정신적 원리의 외면화, 즉 소외화(l'extériorisation-aliénation)로서 간주하는 절대적 조건에서만 가능하다. 그런데 그 내적인 정신적 원리는 이 세계의 자의식의 가장 추상적 형식인 자신의 종교적 · 철학적 의식, 즉 자기 자신의 이데올로기 이외에 결코 다른 것이 아니다」.[57] 이어서 좀더 간결하게 알튀세르는 헤겔의 모순론을 다음과 같이 비판한다.「헤겔적인 모순의 단순성은 국민의 내적 원리의 단순성의 반성, 즉 국민의 물질적 현실이 아니라 가장 추상적인 이데올로기의 반성 이외에 결코 다른 것이 아니다」.[58] 그래서 그의 눈에 비친 헤겔의 변증법은「단순 모순의 원리」위에선「단순놀이」에 불과하게 되고, 언제나「관념의 논리적 연속」이 곧 역사로 여기는 폐단에 빠져 있다.

그러면 헤겔의「단순 모순론」에 대하여 마르크스의 모순론의 변별적 차이는 무엇인가? 그것은 바로「다원적으로 결정된 모순」(la contradiction surdéterminée) 이론이다.[59] 헤겔은「국민의 자의식」, 즉「의식의 변증법」이 그「국민의 물질적 삶」을 설명해 준다고 여긴 반면에, 마르크스는 헤겔과는 반대로「인간의 물질적 삶」이 역사를 설명한다고 한다. 이런 변별적 차이는 이미 웬만한 수준이면 다 아는 문제이기 때문에 이 점을 상론하는 것은 생략하기로 한다. 요컨대「헤겔에 있어서 경제적인 것의 본질은 정치적 이데올로기이고, 마르크스에 있어서는 정치적 이데올로기의 본질은 경제적인 것이다」.[60] 우리는 이미 알튀세르의 헤겔 비판이 무엇인지 잘 알고 있다. 즉 헤겔은 너무「단순한 하나의 원리」에 의하여 변증법을 시발시켰고, 그 원리가「동질적」으로 역사를 설명하고「모순」을 해석한다는 것이다. 그런 점에서 마땅히 마르크스의 변증법 철학은 정반대의 구조를 지닐 수밖에 없다. 그 점에 대해서 알튀세르는 다음과 같이 말한다.「어떤 복합적 과정도 단순한 과정의 전개로서 사실상 우리에게 주어지지 않는다. 그러므로 복합성이 결코 단순성의 현상으로서 주어지지 않고 그 반대로 복합적 과정 자체의 결과로서만 주어진다. 따라서 복합적 과정은 언제나 주어진 복합성이고, 그것을 단순한 근원에로 환원함은 사실에서나 법적으로나 결코 있지도 않다」.[61]

예컨대 어떤 시공 속에서 「생산」을 이야기할 때, 그 「생산개념」은 언제나 「사회적 발전의 결정된 단계」에 속하는 생산이지, 단순한 「생산의 추상적 개념」이 원리로 작용할 수 없다는 것이다. 즉 예컨대 생산개념은 단순관념에 의한 「전체성」(la totalité)이 아니라, 「구조화된 사회적 전체」(un tout social structuré)에서 구체적으로 파악되어야 한다는 것이다. 그래서 헤겔이 사랑한 「단순원리」도 따지고 보면 「사회의 구조화된 전체」(le tout structuré de la société)의 존재를 상정해서 인식론으로 가능하다는 결론이 나온다. 「근원적이 되기는커녕 단순성은 결정된 조건 안에서 복합적 과정의 산물에 지나지 않는다」.[62]

알튀세르가 든 예를 여기서 상기하여 보자. 18세기 계몽주의 시대에는 「경제주체」로서의 「개인」을 사회 경제발전의 근원으로 생각하였다. 그러나 벌써 18세기의 「경제발전의 주체」로서의 「개인」은 이미 그 싹이 튼 「자본주의 발전사회」의 「전체 구조」 속에서 생각되어져야지, 「생산의 사회적 성격」을 고려하지 않는 「개인적 활동원리」는 본말을 전도한 이론이라는 것이다. 그리고 그 시대의 사회적 성격은 또 국내 국제정치의 역학관계가 주는 특이한 성격이나 사회적 · 종교적 이데올로기의 영향이나 기술적 이데올로기의 작용 등이 복합적으로 엉켜서 나타났다. 결코 「개인의 이니셔티브」가 그 발전을 주도해 온 것이 아니라는 것이다. 물론 인간을 철두철미 배제하려는 알튀세르의 역사이론에서 보면 그렇게도 볼 수 있으리라. 그러나 순수 구조주의 이론 측면에서 봐도 알튀세르의 마르크스적 구조주의에는 하나의 풀리지 않는 의혹이 크게 남는다. 레비-스트로쓰는 역사를 무시하지 않지만, 역사를 「자연의 물리화학적 체계」 속에 과학적으로 조용히 해체시킨다. 라캉은 헤겔의 철학을 긍정적으로 수용하면서 어차피 역사현실이 「번뇌와 갈등의 변증법」(의식의)에서 벗어나지 못한다고 진단한다. 물질이 변증법의 요인이 되기 전에 먼저 인간은 그 무의식에서 갈등과 번뇌의 구조에서 벗어나지 못하는 운명을 갖고 살아간다.

푸코도 그의 고고학적 인식이론에서만 제한시켜 보면, 역사를 철두철미 「불연속적 단절」로 보기 때문에 인간의 주체적 활동이 역사의 거대한 지층에 묻혀 소멸되는 것도 별로 이상하지 않다. 그러나 알튀세르의 구조주의는 궁극적으로 「마르크스의 혁명이론」을 정당화해야 한다. 그래서 마르크스가 미래적 발전, 역사발전 단계를 말한 만큼 알튀세르도 역사발전을 주장해야 혁명이론이 적어도 법적으로 성립한다. 그러나 혁명에서 인간을 배제하고 구조만 갖고 설명하자니 납득이 안 되는 무리가 따른다. 물론 알튀세르의 다원적 결정이론은 모순의 설명에서 대단히 사회과학적 신선미를 지니고 있다. 그러나 그 「복합성 자체」가 인간의 이니셔티브를 전적으로 무시한다면 (그것이 사회의 전체적 구조의 전부나 전체성은 결코 아니지만) 역사에서의 「혁명」의 촉발이 또한 설명되지 않는다. 왜 다 같은 조건에서 여기가 아니고 저기에서 하필 혁명이 일어났는가? 또는 먼저 일어났는가? 다시 알튀세르에로 돌아가 보자.

알튀세르가 신선하게 주장하는 「다원결정」의 구조이론은 「경제에 의한 최후의 심급 안에서의 결정들의 누적」(l'accumulation des déterminations en dernière instance par l'économique)이 낳는 모순구조와 분리되어 생각되어질 수 없다. 이런 구조가 이른바 「다원결정」(la surdétermanation)의 구조이다. 「순수하고 단순하고 다원적으로 결정되지 아니한 모순의 관념도 (…) 공허하고, 추상적이고, 부조리한 문장이다」.[63] 따라서 마르크스의 변증법은 단순원리가 「정 · 반」 둘로 쪼개져서 다시 「합」으로 수렴되는 그런 절차에서 성립하지 않는다. 헤겔의 그러한 변증법은 「이원성」이 「일원성」으로, 또 「일원성」이 같은 단일구조의 「이원성」으로 반복해서 나타날 뿐이라는 것이다. 즉 「내면성」이 「외면성」으로 이원화하지만 그 「이원화」는 늘 동일한 것의 자기 분열, 자기 소외, 자기 부정의 가상에 지나지 않는다는 것이 알튀세르의 반(反)헤겔주의의 철학이다. 「우리는 이미 근원적인 본질을 갖고 있는 것이 아니라 "언제나 이미 주어진 것"을 갖고 있다. 또한 우리는 이미 단순한 통일성을 갖고 있는 것이 아니라 구조화된 복합적 통일성을 갖고 있으며, 이미 단순한 근원적 통일성이 아니라 "구조화된 복합적 통일성으로 이미 언제나 주어진 것"(le toujours-déjà-donné d'une unité complexe structurée)을 갖고 있다」.[64]

그래서 알튀세르는 헤겔이 사회를 「전체성」(la totalité)으로, 마르크스가 사회를 「두드러지게 구조화된, 복합적 전체」(un tout complexe, structuré à dominante)로 보았다고 비교한다.[65] 알튀세르가 비판한 「전체성」의 개념은 모든 역사적 · 사회적 「표명을 에누리 없이 포괄하는 하나의 현실적 본질」과 직결되어 있고, 또 그 본질이 「원이나 공의 중심」처럼 가운데 자리잡고 있는 이미지를 준다고 본다. 그에게 있어서 사회를 한 묶음으로 표현하는 것이 결코 중요한 것이 아니다. 알튀세르는 영상적 매체를 빌려 헤겔과 마르크스를 비교하고 있다. 그에 의하면, 헤겔의 변증법은 두루뭉실하게 「원」이나 「공」처럼 「단순원리」라는 중심이 모든 사회적 · 역사적 현실을 남김 없이 포괄하고 싸는 데 비하여 마르크스의 변증법은 「건물구조」에 가깝다고 비유하였다. 거기에는 기초도 있고 2, 3층도 있다.[66] 모든 것이 집 건축물에 한꺼번에 들어가지 않고 거기에 결정의 질서가 있다. 「기초」와 「상부구조」 사이에 지분(持分)이 동일하지 않다. 이 두드러진 「비(非)동등」이 「헤겔의 단순원리에 의한 표현적 통일성」과 다른 「전체의 통일성」을 구성한다고 그는 주장하고 있다. 그러므로 마르크스의 「전체」(le tout)는 「복합적」이고 동시에 「비(非)동등」(inégal)하다. 이 「전체」의 「복합성」과 「비(非)동등성」이 곧 「다원결정」의 요체가 된다. 즉 그것이 모순의 다원적 결정구조를 짜고 있다. 「인간은 오직 사회 속에서만 분리되어질 수 있고, (…) 단순한 경제적 범주의 실존도 역사의 예외적인 결과이다. 마찬가지로 순수한 상태에 있는 모순은 불순한 모순으로서 결정된 생산물로서만 존재한다」.[67]

모든 「모순」은 「복합적」이고, 「모순 사이의 관계」는 「비(非)동등」하다. 이것이 모순의 다원적 구조이다. 이것이 또한 「유물 변증법」의 특색이기도 하다. 그러면 알튀세르가 「다원결정」에 대해서 내린 정의를 직접 알아보자. 「다원결정은 모순 속에서 다음과 같은 본질적 질을 지시하고 있다. 즉 모순 자체 속에서 그 모순의 실존적 조건의 반성, 다시 말하자면 다원결정은 복합적 전체를 특징화하고 있는 두드러진 구조 속에서 모순적 상황의 반성을 지시하고 있다. 이런 상황은 일의적(univoque)이 아니다. 그 상황은 법적인 유일 상황(사회에 있어서 경제와 같은 결정적 심급과의 관계에 있는 모든 심급의 위계질서에서 그 상황이 차지하는 것과 같은)도 아니고, 사실적인 유일 상황(만약에 그 상황이 고려된 단계에서 지배적이거나 종속적이라면)도 아니다. 그 상황은 사실의 상황에서부터 법적인 상황에까지의 관계이며, 다시 말하자면 사실의 상황에서부터 전체성의 불변적이고 특징적인 구조의 한 변이를 만드는 관계 자체이다」.[68]

이 난해한 인용에서 우리가 이해할 수 있는 그의 사상은 「모순」과 「모순적 상황」은 결코 「일의적」으로 해석되는 것이 아니고, 사실적으로나 법적(이론적)으로나 어떤 고정된 의미와 역할을 갖는 것도 아니라는 것이다. 오히려 어떤 모순적 현실 상황은 전체 모순과의 관계에서 그것이 어떤 변수를 차지하고 있는가를 이론적으로 규명함에서 그 의미가 나타난다. 물론 그 전체 모순구조는 복합적이고 동시에 그 내부에는 비(非)동등적이다. 그러므로 그의 특이한 표현처럼 모든 모순은 「변증법적 유물론」에서 「복합적으로-구조적으로-비(非)동등하게 결정된」(complexement-struc-turalement-inégalitairement-déterminé) 성질을 지닌다.[69)]

이 특이한 표현이 곧 「모순의 다원결정」이다. 그래서 알튀세르가 마오쩌뚱(毛澤東)이 「주(主)모순」과 「부(副)모순」을 나눈 것은 이론적으로 옳다는 것이다. 그러나 형식논리적으로 마오(毛)의 구분이 정당하지만 실제로 주모순과 부모순이 명확히 잘 구분되는 것이 아니라고 알튀세르는 말한다. 여기서 알튀세르는 라캉의 정신분석학에서 이용된 무의식의 언어활동으로서 「치환」(le déplacement)과 「압축」(la condensation)의 개념을 빌려온다. 즉 제 모순 사이의 역할의 변화가 일어나고, 그 모순이 바뀌는 것을 「치환」이라 한다. 그래서 「주모순」이 「부모순」처럼 보이고, 「부모순」이 「주모순」처럼 보인다. 그리고 「압축」은 상호 모순의 상반된 것들이 하나의 통일 속에서 「융합」되는 것을 뜻한다. 「주모순」이 「부모순」처럼 「치환」되어 별로 눈에 띄지 않게 되어 사실상 모순된 것과 「융합」을 일으킬 때(압축), 그 「주모순」(부차 모순화한)은 결정적으로 폭발하여 그 상반된 통일을 깨뜨린다. 레닌에 의하여 주도된 1917년 10월 볼셰비키 혁명은 곧 「지배모순」의 「치환」과 「모순」이 「압축」에 의하여 일어난 「다원결정」의 한 예라고 알튀세르는 말한다. 여기서 우리는 마르크스의 예언과는 달리 볼셰비키 혁명이 서구 선진자본주의 국가에서 일어나지 않고 왜 서구에 비하여 후진국이었던 러시아에서 일어나게 되었던가를 알튀세르의 소론에 따라 한번 정리해 볼 필요성을 느낀다.[70)]

어떻게 해서 볼셰비키 혁명이 러시아에서 가능하였던가? 이 알튀세르의 해석은 레닌의 주장을 옮긴 것에 불과하다. 이 사실은 「원인」(遠因)과 「근인」(近因)으로 나누어 볼 수 있다. 일단 원인(遠因)으로 제1차 세계대전을 들 수 있다. 제1차 세계대전을 레닌은 제국주의 간의 전쟁이라 한다. 이 세계대전으로 말미암아 제국주의는 평화주의의 낡은 옷을 벗어 던졌고, 거기다가 산업의 독과점은 더욱 박차를 가하게 되었으며, 산업 독과점이 자본 독과점에 종속됨으로써 노동자와 식민지 착취가 가속되었다는 것이다. 이 전쟁으로 많은 사람들이 고통을 당하게 되었고, 전쟁에 대한 염증은 심리적으로 자본주의 체제에 대한 불신을 더욱 가중시켰다. 이런 「원인」(遠因)이 왜 하필 후진국 러시아에 볼셰비키 혁명을 촉진케 하는 「근인」(近因)으로 작용하게 되었던가? 그 까닭은 러시아가 그 당시 제국주의 세력 연쇄 가운데 「가장 약한 사슬고리」(le maillon le plus faible)를 형성하고 있었기 때문이다.

짜르(tsariste) 러시아 정부의 취약성과 착취성, 거기다가 1905년 러시아 사회주의의 전 단계 혁명(비록 실패했지만)이 이미 짜르 정권의 붕괴되어 가는 전조를 암시하고 있었다. 즉 짜르 러시아라는 한 나라에 제국주의적 모든 모순이 누적되었고, 거기에 분노가 상승작용을 일으켰다는 것이다. 그 당시 러시아에는 제국주의나 자본주의적 착취 이전의 봉건주의적 착취형태가 무식한 농부에게 또는 농촌에서 자행되었고, 희랍정교 사제들의 사기행각 등이 그치지 않으면서 봉건주의에 대한 농민반항과 자본주의에 대한 노동자 혁명이 접근하는 계기가 되었다고 한다. 거기다가 자유주의의 이데올로기에 젖은 지식인들(쁘띠 부르주아지)도 이 혁명세력을 강화시키는 데 주요한 몫을 차지하게 되었다 한다. 소위 「사상전」, 「이데올로기전」, 「명분전」에서 자유주의자 「쁘띠 부르주아지」

들이 1917년 혁명을 결정적으로 도왔다. 이 당시 러시아는 「내외적 모순」이 한꺼번에 도래하였다. 짜르 정권에 의해서 망명한 혁명 엘리트들이 서구에서 노동자 계급의 정치투쟁 경험을 익힌 것도 주요한 혁명 자산이 되었다. 단적으로 말하여 러시아는 「제국주의 국가의 연쇄」 중에서 「가장 약한 사슬고리」였다.

그 당시 「봉건주의와 자본주의의 예리한 모순들」이 모두 거기에 누적되었고, 분노의 폭발을 가져왔다고 레닌은 분석한다. 더구나 「지배계급」도 「양분」되어 소위 「지적 지배계급」은 「프롤레타리아 혁명」을 고취시켜 주었고, 「경제 지배계급」은 그들의 「극단적 이기심과 사리사욕」이 역설적으로 「프롤레타리아 혁명」을 도와주는 꼴이 되었다는 것이다. 러시아는 「부르주아 혁명」에는 너무 늦었고, 「프롤레타리아 혁명」만이 유일한 돌파구가 되어서 이른바 「볼셰비키 혁명」을 성공시킬 수 있었다고 레닌과 알튀세르는 입을 모으고 있다. 만약 헤겔처럼 모순을 「단순원리」에서 해석하면, 「공산주의 혁명」이 가장 선진 자본국이었던 미국에서 일어났지, 가장 후진 자본주의국이었던 러시아에서 발생할 수는 없었으리라.

이상의 러시아 1917년 혁명에서 우리가 볼 수 있었듯이 그 「사회의 현실 전체」(헤겔적인 전체성이 아님)는 「여러 가지 실천양식」으로 「분절」되었다는 것이다. 즉 「지식인의 이데올로기적 실천양식」, 「혁명가의 정치적 실천양식」, 「사제의 종교적 실천양식」, 「지주의 봉건경제적 실천양식」 사이에 「하나의 비(非)동등성」이 분명히 있다. 즉 「최종 심급」의 실천양식과 「부차적 결정」의 심급양식 등이다. 이런 「비(非)동등적 복합성」이 모여서 모순을 결정한다. 「우리는 마르크스적인 전체는 헤겔적인 전체와 혼돈 없이 구별된다는 것을 안다. 마르크스적인 전체의 통일은 라이브니츠나 헤겔의 전체처럼 정신적이거나 표현적 통일이 아니라 구조화된 전체의 통일, 복합성의 유형에 의해서 구성된다. 그래서 그 전체는 복합적 · 구조적 통일 속에서 공존하고 있는 이른바 상대적으로 자치적이고 변별적인 수준들이나 심급들이라고 불리워질 수 있는 것을 포함하고 있다. 그리고 그 전체는 경제에 의한 최종의 심급 속에 고정되어진 특수한 결정의 양상에 따라 분절되기도 한다」.[71]

이 인용에서 우리가 알 수 있는 것은 헤겔의 전체는 「단순원리」의 「진행과정」을 중시한다면, 마르크스의 전체는 「과정」(le procès)보다 「구조」(la structure)를 더 우선적으로 여긴다는 사실이다. 「구조」를 「과정」보다 우선적으로 여겨야 「구조 속에서의 유효성과 인과율」 문제를, 즉 「주모순」과 「부모순」의 문제를 변별할 수 있다는 것이다. 즉 모순이론에서 「동시성(la synchronie)적 구조」를 「통시성적(la diachronie) 과정」보다 우선적으로 고려하는 것이 마르크스의 전체이론과 모순이론이라는 것이다.

알튀세르는 동시성적 구조의 「복합성적」 · 「비(非)동등적」 통일에서 기능과 역할의 「경중」과 「주(主) · 부(副)」를 인식하기 위하여 「구조론적 인과율」(la causalité structurale)의 개념을 언급하고 있다. 이 「구조론적 인과율」을 유도하기 위하여 알튀세르는 다음과 같은 물음을 던진다. 「(…) 무슨 개념을 수단으로 하여, 또는 무슨 개념의 집합을 수단으로 하여 사람들은 구조가 지닌 요소들의 결정을 생각할 수 있는가? 그리고 그 요소들 사이에 존재하는 구조론적 관계와 이 구조의 효력에 의하여 그 관계의 모든 결과들을 생각할 수 있는가? 그리고 하물며 무슨 개념을, 또는 어떤 개념의 집합을 수단으로 하여 지배하는 구조에 의하여 종속된 한 구조의 결정을 생각할 수 있는가? 달리 말하자면 어떻게 구조론적 인과율의 개념을 정의할 수 있겠는가?」[72] 이 유도질문에서 우리는 알튀세르가 생각하는 「구조론적 인과율」은 구조가 자기 요소들을 결정할 때, 구조 내 요소들의 관계와 그 관계의 결과를 구조 안에서 결정할 때, 「지배적 구조」와 「종속적 구조」를 결정할 때 쓰이는 개념으로 볼 수 있다.

따라서 이 인과율은 단순히 「기계론적 인과율」(la causalité mécanique)과는 본질적으로 개념이 다름을 알 수 있다. 「기계론적 인과율」은 알튀세르가 비판한 「경제주의」, 즉 「생산주의」의 개념이다. 이 인과율에 따르면 「경제」가 「단순원리」에 의하여 「지배적인 원인」이고, 그 나머지는 경제라는 「하부구조」의 「반영」이나 「결과」에 지나지 않는다는 「이데올로기」(알튀세르의 뜻에서)가 된다. 그런데 사회 전체나 모순을 그런 경제주의적 생산주의에 입각한 「기계론적 인과율」로 해석함은 자본주의의 신화에 빠진 스탈린주의의 사고방식이다. 그러면 「구조론적 인과율」은 그 자체 무엇인가? 구조 내부를 「경(輕)·중(重)」과 「주(主)·부(副)」로 변별케 하는 그 인과율은 무엇인가? 알튀세르는 이 「구조론적 인과율」을 「부재한 원인의 효과」(l'efficace d'une cause absente)라 부르기도 하고, 「결과 속에 원인의 내재」(l'immancance de la cause dans ses effets)라고 정의하기도 하였다.[73)]

물론 마르크스에게 「경제적인 것」이 사회 전체나 「모순의 최종 심급」이다. 「구조론적 인과율」로 보면 경제는 그 결과 속에 원인으로 환유법적으로 존재해 있다. 그래서 마치 경제가 주모순이나 최종 심급이 아닌 것처럼 보인다. 「부재한 원인」이지만 그래소 효과적으로 작용하는 원인이다. 그래서 장 라크루아의 지적처럼 「경제는 다른 구조에 현존적(présent)이면서 부재적(absent)」인데, 이 점은 마치 스피노자에서 「능산적(能産的) 자연」(la nature naurante)이 「소산적(所産的) 자연」(la nature naturée)을 결정하는 방식으로 경제가 다른 구조를 결정한다. 경제가 다른 구조나 결과 속에 나타나는 것이 「치환」이요, 「환유」이다. 그래서 「구조론적 인과율」은 「환유법적 인과율」이라고도 한다. 프로이트에게 「성욕」(la sexualité)이 「무의식의 최종적 심급」이듯이 알튀세르에게 「경제」가 그 역할을 수행한다. 「성욕」이 직접 자기 원인을 표시하지 않고 「꿈」이나 「착오행위」(les acts manqués)를 통하여 간접적 · 우회적으로 자신을 나타내듯이 「경제」도 「치환」에 의하며, 「환유」에 의하여 그 결과 속에 현존해서 나타나 있다. 결코 「원인」이 뚜렷이 정시되지 않는다. 그래서 「부재적 원인」이다.

이 점은 스피노자의 「신」이 이미 그의 「소산적 자연」인 수많은 「유한한 양상」(les modes) 속에 퍼져 있는 것과 같다. 「신」은 스피노자에게 있어서 양상들 속으로 「자연화」한다. 그래서 「신, 즉 자연」(Deus sive natura)이다. 알튀세르의 마르크시즘도 「경제」라는 「최종 심급」이 사회 전체 구조나 모순구조 속에서 그 사회에 존재하는 많은 실천양식들(정치적 · 기술적 · 이데올로기적 · 과학적 · 종교적 · 철학적 등등) 속으로 「내재화」하고, 그것들에게도 퍼진다. 스피노자에게 「신, 즉 자연」이듯이 알튀세르에는 「경제, 즉 제 실천양식」이다. 그러나 커다란 차이가 두 철학자 간에 있다. 스피노자의 범신론은 신에 관한 자연적 명상 속에 인간의 필연적이고 탈세속적인 행복을 보려고 하였지만, 알튀세르는 그의 범경제론 속에서 계급해방이란 이름의 혁명투쟁을 부추겼다. 이 세상을 시끄럽게 하는 그 혁명은 누구를 위해서, 그리고 무엇을 위해서인가? 그것이 문제이다.

5. 인간이 없는 혁명이론

이미 우리가 제1장에서 구조주의 이념을 논하는 가운데 「주체의 소멸」과 「반(反)인간주의」의 철학을 말하면서 알튀세르의 반(反)인간주의(l'anti-humanisme)의 마르크시즘을 말한 바 있다. 이 5절은 그것의 연장선상에 있다고 보아도 좋다. 이미 우리는 그동안 알튀세르 구조주의가 정통적이고 고전적인 마르크시스트들처럼 「생산양식」(la mode de production)의 변화를 추구하는 혁명보다, 즉 「통시적 변화」보다 오히려 「생산양식」 내부의 「동시적 구조분석」에 더 치중하고 있음을 보아 왔다. 그런 구조분석의 이론이 그로 하여금 「환유법적 인과율」이나 「구조론적 인과율」을 생각게 하였고, 구조분석[복합적이며 비(非)동등적]의 과학성을 입증하기 위해 헤겔적인 역사철학보다 오히려 스피노자적인 합리성을 가까이 하게 되었다는 것을 보았다. 그의 「일반성 I, II, III」을 스피노자가 말한 인식의 3단계설과 대응시키는 주장도 있다. 스피노자의 「3단계 인식」은 「제1단계」에서 그것은 부유하는 「경험」과 거기에 대응되는 「정념」(la passion)의 단계이고, 「제2단계」는 「이성에 의한 인식」의 단계로서 정합적인 관념에 의한 과학하는 삶과 같고, 「제3단계」는 신을 직관하는 단계인 「지적 직관」으로서 인간에게 「지복」을 보장해 준다. 알튀세르의 「일반성 I, II, III」과 스피노자의 「인식의 3단계」가 대응된다는 것은 이해하기 힘들다. 문제는 그런 지엽적인 점보다는 알튀세르와 스피노자 간에 근본적인 철학성의 유사성이 많은 것도 사실이다. 이 점은 이미 우리가 살펴보았다. 그러나 이 점에 관한 추후적 보완은 이 절의 내용전개에 도움이 되므로 잠시 더 살펴보기로 한다.

스피노자의 철학은 「모든 관념은 그 자체 하나의 경향을 지니고 있다」는 원리에 축을 박고 있다. 그래서 알뛰세르는 그의 「이론적 실천양식」에서 이론이 「실천적 경향」(생산성)을 지닌다는 것을 서슴없이 주장하고 있다. 스피노자는 「신의 밖」에서는 그 어떤 것도 인지될 수 없고 존재하지 못한다고 주장하였는데, 알뛰세르는 결국 「최종적 심급인 경제 밖」에는 어떤 것도 인지될 수 없고 존재의미를 상실하는 양식과 같다. 스피노자의 경우 「유일하고 절대적인 실체로서의 신」 이외에 다른 모든 유한한 양식들(les modes)이 모두 실재적 존재가 아니고 이성의 존재이듯이, 알뛰세르에게도 「최종 심급인 경제」 이외의 다른 실천양식들은 한결같이 경제의 종속요소들에 지나지 않는다. 스피노자의 「신」이 알뛰세르에게는 「경제」이다. 그런데 그 신이 무한한 속성(l'attribut)을 갖고 있지만 인간은 단지 두 가지 신의 속성만(사유와 물질적 연장)을 인지할 수밖에 없는데, 그 「신」은 「기하학적 방법」에 의하여 「자신의 관념」을 「우주에 질서화」한다. 그래서 유명한 스피노자주의(le spinozisme)의 명제대로 「관념의 질서와 연결은 사물의 질서와 그 연결과 같다」라는 사상이 나온다.

알뛰세르도 이 스피노자 철학의 기본명제에 따라서 「이론의 질서와 연결」이 「사물의 질서와 연결」을 결정한다고 말한다. 「생산」은 「이론」이 「원료」를 「자신의 질서」대로 「변형」시킨 것이다. 스피노자에게는 「신」이 또한 「자연」이요, 「물질」이기도 하다. 그렇다고 「신」이 「정신」인 것을 스피노자는 배척하지 않는다. 그래서 스피노자의 「신」은 「정신」이고 「물질」이다. 왜냐하면 인간에게 알려진 신의 두 속성이 「정신적인 사유」이고 「물질적인 연장」이기에 「신」은 「자연질서」와 「필연적 법칙」 속에 자신을 드러내 놓고 있다. 알뛰세르에게는 「관념」이 곧 「사물」과 다른 것이 아니고, 「이론」이 「실천양식의 생산」을 잉태하기에 「이론은 물질적인 것」이 된다. 그에게는 스피노자의 「신이 자연」이라는 물질적 측면만 보인다. 신이 자연의 여러 양식 속에 (결과 속에) 내재해 있듯이 알튀세르의 신인 「경제」도 다른 양식 속에 내재해 있다. 그러므로 스피노자의 신은 기독교의 창조자처럼 「전이적 인과율」(la causalité transitive)이 아니라 「내재적 인과율」(la causalité immanente)이다. 알튀세르가 말한 「구조적인 인과율」은 이를 두고 한 말이다.

그런데 이와 같은 알튀세르의 철학이 하나의 모순에 봉착하게 된다. 알튀세르는 마르크시즘을 「이데올로기」가 아니고 하나의 엄밀과학으로 정립하여 위기에 처한 서구사회의 마르크시즘을 재생시키려 하였다. 그 재생의 방법은 구조주의와 스피노자적인 합리주의이다. 그런데 마르크시즘을 철두철미 「과학화」하기 위하여 그가 원용하였던 구조주의와 합리주의는 드디어 마르크스의 사상 속에서 볼셰비키적인 혁명요소를 제거시키는 결과에 이르게 된다. 그것은 필연적이다. 본디 레비-스트로쓰의 구조주의나 라캉의 것은 혁명의 철학이나 사상이 아니다. 구조주의는 「멀리서 그리고 바깥」에서 보는 사유이기에 거기서 혁명적인 열정과 혁명을 위한 참여가 결코 도출될 수 없다. 단적으로 「구조주의」는 「혁명의 철학」이나 「이데올로기」의 지원을 위한 「사유체계」가 아니다. 푸코만 보아도 그가 「고고학적 지식체계」에만 머물러 있었을 때, 그는 「혁명」과 먼 「질서의 철학자」였고, 「분류학」의 인식론적 예찬자였다. 그러나 푸코가 니체적인 「계보학」을 「역사 · 철학적」 이데올로기로 탈바꿈시킨 이후에 그는 이미 구조주의의 이념에서 멀어지기 시작하였고, 자기의 「고고학적 진술원리」와 위반되는 「주체와 자아」의 적극개념을 도입하게 되었다. 알튀세르의 경우 사정은 더 악화되었다. 푸코는 마르크시스트가 아니기 때문에 마르크스를 정당화시켜야 할 속박은 없었다.

그러나 알튀세르는 철학자이면서 거기다가 마르크시스트이고 또 공산당원이기에 어떻든 마르크스를 적극 변호하지 않으면 안 되었다. 여기에 철학자로서의 알튀세르의 정신분열이 시작된다. 「철학자」로서 그는 「구조주의자」이고 「합리주의자」이다. 그러나 「마르크시스트」요, 「볼셰비키 공산주의자」로서 그는 「공산주의 혁명」의 필연적 승리와 그 쟁취를 위한 투쟁에 몸을 던져야 한다. 이 두 가지 「정신분열적 상황」에서 지금까지 우리는 그가 어떻게 「구조주의」와 「마르크시즘」 사이에서 줄다리기를 해왔는가를 보아 왔다. 그는 그가 이상으로 여기는 「과학철학」(영미계통의 개념과 다른)으로서의 마르크시즘과 볼셰비즘(Bolchévisme)으로서의 마르크시즘과의 사이에 생긴 틈을 메우려고 하였지만 그의 노력이 성공적이었다는 보장이 과학적으로나 현실적으로나 아무 데도 없다.

과학적인 측면에서의 실패를 우리가 계속 보겠지만, 현실적인 측면에서의 실패는 이미 오늘의 소련이 마르크스주의의 실패를 간접적으로 암시하고 있고, 동구권에서는 더 직접적으로 국민 모두 다가 마르크시즘에서 탈피하려고 몸부림치고 있으며, 마오쩌뚱은 문화혁명으로 중국을 야만적 무지와 정신적 황폐화로 몰고 갔음이 입증되어 이미 탈마오쩌뚱 선언은 오래된 일이고, 등소평도 최근에 자유화의 장애세력으로 간주되어 일어난 수천 명 반등(反鄧)운동자들의 살상을 야기시켰다. 「사회주의 혁명」과 「공산사회 건설」은 이미 그것을 경험한 나라들에게는 하나의 「시대착오적 유물」로 버림을 받아가고 있다. 따라서 알튀세르의 마르크시즘은 레이몽 아롱의 지적처럼 「과학적」으로도 「모순」이고 「현실적」으로도 「시대착오적」이다. 이 저서는 국제정치학 서적이 아니기 때문에 마르크시즘과 공산주의의 현실적 실패에 대해서는 더 이상 언급을 삼가고 알튀세르의 이론적 모순만을 보기로 하자.

구조주의자로서 알튀세르는 한편으로 마르크시스트이기 때문에 혁명이론을 제시해야 하는데, 옛날 식의 혁명이론은 이미 서구인들에게 매력을 상실하여 드디어 구조주의의 이념과 혁명이론이 절충된 「반(反)인간주의의 혁명 이데올로기」를 제시하기에 이르렀다. 단적으로 말하여 알튀세르의 눈에 마르크시즘은 「인간주의」(l'humanisme)가 아니다. 그에 의하면 역사를 만드는 「주체」라든가 「인간」이라는 개념은 「부르주아」 사회의 「이데올로기」이다. 경제구조가 「현존적 부재의 인과율」에 의하여 역사를 형성한다. 그래서 그는 「사회주의적 인간주의」(l'humanisme socia-liste)라는 개념은 어불성설로 단정한다. 왜냐하면 「사회주의」라는 용어는 「과학적」이라는 개념과 동의어인데, 「인간주의」나 「휴머니즘」은 「이데올로기」의 소산에 지나지 않기 때문이다.[74] 「두 가지 질서를 혼동한다는 것은 모든 인식을 금지시키는 것이고, 하나의 혼란을 유발하는 것이며, 과오에 떨어질 위험이 있는 것이다」.[75] 이 알튀세르의 「반(反)인간주의적 마르크스 혁명이론」을 다음과 같은 세 가지 각도에서 그 이론적 성격을 규명할 수 있다.[76]

1_ **철학적 축** : 마르크스는 철학적으로 인간의 본질과 같은 개념을 타기한다.

2_ **경제적 축** : 마르크스는 정치경제학의 철학적 개념들(경제적 인간, 경제주체 등)을 배격하고, 경제를 오로지 생산양식(생산력+생산관계)의 개념에 따라 분석할 뿐이다.

3_ **역사적 축** : 칸트의 도덕주의와 같은 개념을 부정하고, 인간의 보편적 본성도 존재하지 않고, 단지 인간은 경제법칙에 의하여 결

정되고 지배된다는 것을 마르크스가 주장하게 되었다.

이와 같은 세 가지 축에 근거해서 마르크스는 헤겔과 포이에르바흐의 「인간주의」를 거부하고 구조주의적이고 과학적이며 혁명적인 새 이론을 개발하였다는 주장이 알튀세르의 소론이다. 즉 마르크스는 포이에르바흐가 말한 「일반성」으로서의 「인간의 유적(類的) 개념」(le concept générique de l'homme)과 「전체성」의 개념을 무의미한 「추상적 관념」으로 거부하고, 또 인간이 「역사와 세계의 최종적 비전」이라는 「목적론적」 견해도 전혀 수용하지 않는다. 알튀세르의 말을 직접 들어보기로 하자.

「이론의 엄격한 관계 아래서 마르크스의 이론적 반(反)인간주의를 공개적으로 말할 수 있고 또 말해야 한다. 그리고 이 이론적 반(反)인간주의 속에서 인간세계와 그 세계의 실천적 변형의 인식(적극적)을 위한 절대적 가능성의 조건(소극적)을 보아야 한다. 사람들은 인간의 철학적(이론적) 신화를 잿더미로 환원시키는 절대적인 조건에서만 인간의 어떤 것을 인식할 수 있다. 그래서 마르크스로부터 어떤 방식으로든지 이론적 인간주의나 인간학을 부활하려고 요구하는 모든 사상은 이론적으로 잿더미에 지나지 않을 것이다」.[77)]

마르크스의 「구조론적 전체」[복합적이며 비(非)동등적인]가 헤겔의 「전체성」 이론과 대조되어 「유물 변증법」이 「관념 변증법」에 대치되었듯이, 알튀세르는 마르크스를 「반(反)인간주의자」로 규정함으로써 앞서 암시한 바와 같이 포이에르바흐의 「인간주의」에 대립시키려 하고 있다. 「아무도 포이에르바흐의 철학이 공개적으로 이론적인 인간주의자(humaniste)임을 부정하지 못하리라. 포이에르바흐는 모든 새로운 철학은 새로운 개념으로서 알려진다고 말하였다. 근대의 철학, 나의 철학은 "인간"

이란 개념으로 알려진다고 그가 말하였다. 그 사실에 인간(l'homme), 인간의 본질은 포이에르바흐 철학의 중심원리이다」.[78)]

여기서 우리는 마르크스와 포이에르바흐가 첨예하게 대립되는 것을 쉽게 간파할 수 있다. 알튀세르는 「마르크스의 이론적 반(反)인간주의는 먼저 철학적 반(反)인간주의이다」[79-1)]라고 말하였는데, 이런 점에서 알튀세르는 철학적으로 마르크스와 포이에르바흐를 분리시키려 하였다. 그러면 무슨 근거로 그는 그의 스승 마르크스를 「반(反)인간주의의 철학자」로 규정하게 되었는가? 물론 그 근거의 대종은 『자본론』에 있다고 주장한다. 그 이외의 근거에 대한 알튀세르의 마르크스 인용을 여기서 소개한다. 「"사회는 개인들로 구성된 것이 아니다" (*Grundrisse der Kritik der politischen Ökonomie*), "나의 분석적 방법은 인간에서부터 출발하지 않고 주어진 경제적 시대에서 출발한다" (*Notes sur Wagner*). 그리고 「노동이 모든 가치와 모든 부의 원천」이라고 말한 『고타의 프로그램』*(*Programme de gotha*) 속에 공언했던 마르크시스트와 인간주의적 사회주의자와는 반대로, 마르크스는 부르주아들이 노동에 창조의 전능을 귀속시킨 탁월한 이성을 갖고 있다고 긍정한다. 사람들은 더 명백한 단절을 생각할 수 있는가?」[79-2)] 여기서 마지막 구절은 결국 인간주의적 사회주의자와 부르주아들의 생각이 동질적인 것을 풍자한 것이다.

이어서 알튀세르는 마르크스가 『자본론』에서 분명히 반(反)인간주의의 가치를 내세웠다는 것을 다음의 글에서 밝히고 있다. 「사람들은

---

* 『고타의 프로그램』(*Programme de Gotha*)은 1875년 5월 고타(Gotha) 총회에서 독일 민주사회당의 창설을 특징지우는 계획서로서 라살레(Lassalle)와 엥겔스(Marx Engels)의 지지자들이 각각 연합하여 만들었다. 그러나 마르크스(Marx)와 엥겔스(Engels)는 『고타(Gotha) 계획의 비판』이라는 것을 썼다.

『자본론』의 결과를 읽을 수 있다. 거기서 마르크스는 사회형성을 마지막 심급에서 결정하는 것은, 그리고 사회형성의 인식을 주는 것은 인간 본성이나 인간 본질과 같은 허상이나, 인간이나 인간들이 아니라 하부구조, 기초와 함께 하나가 되는 생산관계와 같은 관계라는 것을 보여주고 있다」.[80]

그러면 위의 인용에서 우리는 마르크스가 말한 「생산관계」라는 것이 자본가와 노동자의 「인간관계」가 아닌가 하고 반문을 제기할 수 있다. 사실상 「생산관계」는 보통 생산과정에서 결합된 「인적 관계」로 규정되기 때문이다. 그래서 노예제도의 생산양식, 봉건제, 자본주의 제도의 생산양식은 각각 거기에 알맞은 생산관계의 인적 결합이 있다고 본다. 그러나 알튀세르가 생각하는 「생산관계」의 정의는 특이한 데가 있다. 그의 정의를 직접 들어보자.

「생산관계는 분배의 관계이다. 생산관계는 그것이 생산수단을 하나의 계급에 귀속시킴에 따라서 동시에 인간들은 계급으로 분배한다. 계급은 동시에 귀속인 이 분배의 적대감에서 태어난다. 자연적으로 개개인은 이런 관계 속에서 능동적인 계약 당사자(les parties prenantes actives)이지만, 먼저 개개인들이 그 관계에 포함되어진 한에서다. 개개인들이 그 계약에 포함된 것은 자유계약서처럼 개개인들이 계약 당사자이기 때문이 아니라, 그들이 거기에 계약당사자가 된 것은 그들이 거기에 포함되어 있기 때문이다. 왜 마르크스가 인간들을 오로지 관계의 지주나 또는 생산과정에서 기능의 운반자(생산관계에 의해서 결정된)로서 생각하는가를 아는 것이 매우 중요하다」.[81]

이 긴 인용에서 우리는 알튀세르가 자신의 「반(反)인간주의」를 생산관계의 몰인격적 구조에서 찾으려 하는 입장을 인식하게 된다. 결국 인간의 본성이나 본질은 「부르주아 사회」가 만든 하나의 「이데올로기적 허구」이고, 생산수단이 누구에게 귀속되느냐에 따라 달라지는 자본가계급과 노동자계급만이 구조적 실재이기 때문에 결국 계급투쟁만이 존재하며, 인간은 증발하며 「인간」이란 말을 쓸 수 있다면, 그것은 단지 「관계의 지주」나 「기능의 운반자」에 불과하다는 것이다. 「계급투쟁」과 「혁명」에서 「인간」은 없고, 존재하는 것은 「생산관계」, 「계급투쟁」, 「법률적 관계」, 「정치적 관계」, 「이데올로기적 관계」뿐이다. 알튀세르는 「인간을 배제하고」 위에 든 그런 「관계개념」만을 생각한다.

「사적 유물론에 있어서 마르크스의 이론적인 반(反)인간주의는 사회형성과 그 역사의 설명을 인간 욕구의 근원적 주체(경제적 인간)로서, 그 사상의 근원적 주체(합리적 인간)로서, 그 투쟁의 근원적 주체(도덕적 · 법률적 · 정치적 인간)로서 생각하는 이른바 이론적 인간개념 속에서 사회형성과 그 역사를 설명하고 정립하는 것을 거부하는 것이다. 왜냐하면 사람들이 인간으로부터 출발하면, 사람들은 자유나 창조적 노동의 전능을 (구가하는) 관념주의의 유혹에서 도망할 수 없거나, 또는 모든 자유 속에서 지배적인 부르주아 이데올로기의 전능에 영향을 받는 것 이외에 다른 것을 할 수 없기 때문이다. 이 지배적인 부르주아 이데올로기는 인간이 자유로운 능력을 갖고 있다는 환상 아래 다른 능력, 강력하고 현실적인 자본주의의 능력을 강요하거나 숨기는 기능을 갖고 있다. 만약에 마르크스가 인간으로부터 출발하지 않고 그가 이론적으로 인간개념으로부터 역사와 사회를 생산하기를 거부한다면, 그것은 자본주의적 생산관계 속에서 정초된, 이데올로기적인 힘의 관계만을 표현하는 기만행위와 절연하기 위해서이다」.[82)]

이 긴 인용은 결국 구조주의의 이론적 틀을 단순한 무기로 하여 알튀세르가 가고자 하는 목적과 의도가 무엇인지 우리에게 분명하게 보여주는 구절이다. 그가 우리를 끌고 가려는 곳은 「계급투쟁」(인간이 부재한)이요, 공산주의를 지향하는 「혁명」[폭력적이든 비(非)폭력적이든] 노선이다. 여기서 알튀세르 그는 이미 구조주의자(과학적)가 아니라 전투적인 혁명투사요, 그 「이데올로그」에 지나지 않는다.

이 알튀세르를 좀 찬찬히 따져 보기로 하자. 그는 헤겔의 변증법은 「단순원리」의 과학이라는 것이다. 그의 말을 직접 들어보자. 「사적 유물론」에 입각하여 역사와 현실을 단순히 동질적으로 조작하기에 과학적일 수 없다고 하였다. 그래서 그는 마르크스의 변증법만이 구조주의적이고 합리적인데, 그 까닭은 마르크스의 변증법이 「복합적」이고 「비(非)동등적」인 현실구조와 모순구조를 「하나의 구조화된 전체」로 보기 때문이라고 하였다. 그래서 그 「복합적 비(非)동등성의 구조」를 다시 설명하기 위해 「구조론적 인과율」이나 「환유법적 인과율」의 개념을 등장시켰다. 그러나 그의 표현을 빌리면 「최종 심급」은 역시 「경제」이다. 경제가 「구조론적 인과율」에 의해서 다른 결과에 내재해 있거나 퍼져 있다. 헤겔과 마르크스의 비교를 떠나서 우리는 알튀세르의 「다원결정」의 이론을 하나의 중요한 「사회인식의 방법」으로 주목하고자 한다. 그런데 우리가 알튀세르의 이론에 동의할 수 없는 것은 왜 그가 복합성과 비(非)동등성으로 구조화된 사회의 「다원결정」의 구조를 하필이면 「경제」만을 「최종 심급」으로 가정한 이유가 무엇인지 합리적인 설명이 부족하다는 것이다.

레비-스트로쓰의 민족학에서 봐도 지구상의 모든 집단사회가 최종적으로 「경제」에 의해서만(그것이 「기계적 인과관계」든 「구조론적 인과관계」든, 또는 「전이적 인과관계」든 「내재적 인과관계」든) 결정된다는 실증적 유일 증거를 발견할 수 없다. 레비-스트로쓰의 「야생적 사유」의 형태에서 보아도 때로는 「자연질서」, 때로는 「언어질서」, 때로는 「친족 결혼질서」, 때로는 「경제교환 질서」, 때로는 「요리체계」, 때로는 「신화체계」 등 다양한 구조의 법이 결합되거나 독립적이거나 병립되어 그것들이 「무의식화」하여 사회를 결정하지, 유독 마르크스나 알튀세르처럼 「경제」가 스피노자의 유일 실체인 「신」처럼 그렇게 「사회의 구조화된 전체」를 결코 결정하지 않는다는 사실이다. 알튀세르는 마르크스를 옹호하기 위하여 헤겔의 변증법과 역사철학은 「단순원리」가 중심인 「원」이나 「공」처럼 동심원의 두루뭉실한 관념과 의식의 「동질사관」이라고 비판하였다. 알튀세르의 비판이 옳다고 인정해 보자(사실 여부와 관계없이). 그래서 알튀세르는 마르크스의 변증법은 동심원에 의한 「구형」이 아니라 「건물구조」와 같다고 하여 「이질적 층」을 강조하는 인상을 던져준다.

그러나 알튀세르의 그런 이론은 우리를 납득시켜 주지 못한다. 레비-스트로쓰가 말한 바와 같이 사회의 최종 심급이 「경제」만이 아니고, 위에서 든 것처럼 다양한 「무의식」이 「결합된 것」들의 체계라면, 알튀세르와 그가 본 마르크스의 「유물 변증법」이나 「사적 유물론」도 여전히 「단순원리」에 의한 「전체성」과 다른 것이 무엇인가? 알튀세르, 그가 비판한 헤겔과 마르크스의 차이는 헤겔의 「관념의 원리」를 마르크스가 「물질의 단순원리」로 대체한 것에 불과하지 않는가? 물론 「경제」 내부의 내재적 차원에서 보면 거기에는 경제와 비(非)경제의 「복합성」이 있고, 원인이 결과에 숨어 있는 「치환」도 있고, 또 두 모순이 하나의 통일 속에 융합된 「압축」도 있고, 경제와 다른 부문의 실천양식 사이에 「비(非)동등」도 있고, 이론이 스피노자의 관념처럼 「원료」를 생산으로 「변형」시키는 「실천양식」을 포함할 수도 있다. 그러나 「경제」만을 유일한 「하부구조」(l'infrastructure)로 생각하게 되면, 마르크스의 유물 변증법은 알튀세르가 비판한 「단순원리」에 대한 「동심원 놀이」와 별로 다르지 않다는 것이다.

이런 주장을 보면 마르크시스트나 알튀세리앵(l'althussérien)—알튀세르 지지자—들은 레비-스트로쓰의 사유체계만 옳고 알튀세르의 것이 틀린다는 보장이 어디 있는가 하고 반문을 제기할 것이다. 물론 그럴싸한 반론이다. 그러나 알튀세르가 마르크스의 이론을 옳다고 설득력 있게 주장하려면 적어도 레비-스트로쓰나 많은 인류학자, 사회학자가 연구조사한 예의 내용을 틀렸다고 하는 과학적 반증을 제시했어야 옳다. 그렇지 않고 마르크스만이 최종적으로 옳다고 말함은 그가 그토록 과학적이라고 강조한 「마르크스학」(la marxologie)이 결국 「기만적 이데올로기」에 지나지 않는다는 자기 부정의 이론적 모순을 틀림없이 범하고 마는 셈이다.

알튀세르의 「마르크스학」이 지니고 있는 사슬고리의 취약성이 또 있다. 그는 조금 전의 긴 인용에서 말하였듯이 오직 「사적 유물론」만이 「반(反)인간주의적 계급투쟁」에로 이끄는 「혁명과학」을 부각시킬 수 있다고 하였다. 알튀세르 스스로가 사회주조의 복합성을 강조하였다. 그렇다면 왜 계급에는 「복합성」과 「비(非)동등성」을 적용시키지 않고 유독 착취하는 「자본가계급」과 착취당하는 「노동자계급」으로만 단순히 양분화시켰는가? 우리가 이렇게 비판하는 것은 알튀세르가 19세기 마르크스와 동시대가 아니고 지금 20세기, 그것도 후반부에 활동했던 사람임을 염두에 두고 하는 말이다. 20세기 후반기의 서구사회는 마르크스 시대와 같은 「자본가와 노동자」의 이분적 흑백논리가 적용될 수 없는 「사회의 구조화된 전체」를 나타내고 있다. 기업은 「자본가」와 「전문 경영인」으로 구분되어 「경영인」이 「자본가」는 아니지만 그렇다고 「생산 노동자」도 아니고, 「제3의 위치」에 서 있다. 또 과거 마르크스 시대처럼 「생산자/노동자」와 「자본가/소유주」와의 구분도 허물어져서 「노동자」가 「생산자」이면서 동시에 「소비자」이기도 하고, 또 「기업의 주주」이기도 하다. 알튀세르가 사랑한 「사회구조의 복합성과 비(非)동등성」이 여기서는 왜 사라지고 말았는가? 또 노동자도 「육체노동자」와 「정신노동자」로 복합화되고 「비(非)동등화」되어 「적대적 계급의식」이 전혀 무의미해진다. 알튀세르는 20세기의 서구사회에 살면서 「계급은 동시에 귀속인(생산수단의) 이 분배의 적대감에서 태어난다」고 말하였다.

레이몽 아롱의 말을 옮기면 알튀세르 그는 「시대착오적」이다. 심지어 아롱은 알튀세르가 마르크시즘의 「사회과학적 업적」과 「한계」도 구분하지 못하는 「사회과학적 문맹」이라고까지 혹평한다. 아롱만큼 사회과학의 전반에 해박한 지식으로 정통하지도 못하고, 알튀세르만큼 마르크스 저작을 천착하지 못한 우리로서는 아롱이 알튀세르에게 내린 냉엄한 비판과 같은 자신 있는 말을 할 수가 없다. 우리의 알튀세르 비판은 차라리 겸손하다. 오늘날 기업에서 일하는 많은 사원들과 경영인들과 노동자들은 도대체 누구를 위하여 일하는가? 「계급투쟁」을 위해서? 「혁명」을 위해서? 이미 낡은 「시대착오」의 발상이 아닐 수 없다. 그들은 「자기 자신」만을 위해서 일하는가? 그들은 「주주의 재산증식」을 위해서 일하고, 또 다른 것들을 위해서 일한다. 또한 그들의 일에 「복합성」과 「비(非)동등성」이 하나의 「구조화된 전체」(un tout structuré)를 이루어서 일을 한다. 거기에 「구조론적 인과율」이 분석도구로 이용됨직하다. 알튀세르는 20세기 서구사회에 살면서 이 점을 몰랐는가? 아니면 의도적으로 마르크시즘의 「이데올로기」를 다시 부활시키기 위해 모르는 척하였는가?

또 이런 비판도 가능하다. 알튀세르는 마르크스의 혁명이론이 「인간이 없는 혁명이론」, 「반(反)인간주의의 과학」이라고 극찬하고 있다. 그렇다고 일단 인정하자. 그러면 도대체 「인간이 없는 혁명」, 「반(反)인간주의의 혁명과학」이란 무슨 뜻인가? 알튀세르의 이 사상적 언표를 구조주의의 이념문제에서부터 검토하여 보자. 알튀세르의 「반(反)인간주의」는 레비-스트로쓰나 라캉, 그리고 푸코(푸코의 고고학적 측면에서만 볼 때)의 「반(反)인간주의」와 같은 것인가? 이 물음에 답변하기 위하여 먼저 알튀세르의 「반(反)인간주의」 철학의 기본을 먼저 요약할 필요가 있다. 레비-스트로쓰와 라캉은 스스로 「반(反)인간주의」의 표제를 달지는 않았지만 그런 경향은 은연중에 지니고 있다. 레비-스트로쓰는 인간의 독립적이고 폐쇄적인 자기 실존의 의미를 지우고, 다양한 종류의 기호가 형성하는 「관계의 틀」 속에서만 그 의미를 갖는 「위상의 개념」으로 인간을 해체시키고 있는 것은 분명하다.

그러므로 레비-스트로쓰는 인간을 알튀세르처럼 「주체」로 보는 것을 거부하는 것은 마찬가지이지만, 그러나 알튀세르에게 보여지는 것처럼 「인간」을 단지 「생산관계」에 의하여 정의된 「기능의 운반자」로 보는 것은 아니다. 왜냐하면 알튀세르는 「주체적 의지」로서의 「인간」을 부정하였지만, 그는 「생산관계」도 하나의 「위상」에 따른 「관계개념」으로 보지 않고 그것을 「고정적 탈(脫)위상의 개념」으로 보았기 때문이다. 그런데 「자본주의적 생산관계」나 「사회주의적 생산관계」도 그 자체 「교조적인 절대치」를 지니는 것이 아니라, 어떤 「사회적 장의 역학관계」에 따라 그 의미가 달라질 수 있다. 예컨대 같은 명칭을 지닌 사회주의도 서구식 사회민주주의와 일당독재의 공산권의 사회주의는 사회주의가 지닌 내적 본질의 차이보다 오히려 그 각각의 사회주의가 맺고 있는 정치 · 사회 · 문화적 관계의 장과 관계의 논리에 따라 그 변별적 차이가 생기는 것이다.

서구라는 정치 · 사회 · 문화적 장의 역학관계가 사회주의를 공산권의 공산당과 사회주의와 그 관계의 궤도를 달리 맺도록 한 것이다. 즉 「내적 본질의 차이」보다 「외적 관계의 차이」가 더 중요해진다. 다른 예를 들어보자. 한반도는 북한 공산당의 전무후무한 공격적이며 폐쇄적인 세력과 양분상태에 놓여 있다. 이런 특이한 역학관계 속에서의 「좌 · 우파」는 서구나 다른 지역의 「좌 · 우파」 개념으로 분류되지 않는다. 한국에서의 「우파」가 서구에서는 「좌파」가 될 수도 있고, 그 「우파」가 지금의 중국에서는 「극좌파」로 연관될 수가 있다. 그러므로 구조주의의 이념에서 보면 「좌 · 우파의 규정」은 「의미론적」(sémantique) 차원의 문제라기보다는 오히려 「통사론적」(syntaxique) 차원의 관계 속에서 규명되어야 한다. 그런데 알튀세르가 구조주의자로서 범한 과오는 유독 「사회주의적 이념」만을 「관계의 이념」으로 해체시키지 않고 「실체화」시켰다는 데 있다. 그 까닭은 그가 공산주의자이기 때문이다.

또 레비-스트로쓰나 라캉이나 푸코가 「인간의 해체」를 말하였을 때, 그 주장은 알튀세르의 혁명이론처럼 공산주의 사회 건설이란 의도된 목적론을 갖고 있었던 것은 결코 아니다. 알튀세르는 헤겔과 마르크스를 비교하면서 전자는 「목적론적 변증법」, 후자는 「과학적 변증법」이라고 주장하였지만, 마르크스의 변증법도 실천양식의 차원에서 「목적론」을 명명백백히 갖고 있다. 목적이 없는 혁명은 있을 수도 없고, 인식론적으로 성립되지도 않는다. 여기서 우리는 이미 알튀세르의 이중성을 본다. 「구조주의자」로서 그는 마르크스에 대한 과학적 이론 분석을 시도하지만 「공산주의자」로서의 그는 이미 탈과학적인 혁명봉기를 선동하고 있다. 구조주의와 마르크시즘은 과학과 이데올로기처럼 양립 불가능이다.[83] 이 양립 불가능을 양 다리로 걸쳐 지적인 유희를 시도하는 알튀세르의 교차로에 바로 그의 철학적 한계와 「사슬고리」의 최대 약점이 있다.

레비-스트로쓰는 인간을 해체시키면서 「자연의 적멸」 속으로 우리를 유도한다. 그에게는 과학(물리화학과 정보학)에 대한 깊은 신뢰가 있다. 그러나 그 과학에의 신뢰의 뒤안길에 불교적인 사유체계가 우리를 휴식케 한다. 레비-스트로쓰에게 「자연학」과 「기호학」과 같은 과학은 음악의 음표부호와 같지만 불교는 쉼표부호와 같다. 라캉의 무의식 탐구도 종국적으로 인간을 「불교적 적멸」과 고대 희랍의 「남녀동성(男女同性) 신화」로 가는 길을, 우리가 태어나자마자 잃었던 그 길을 암시하고 있다. 푸코의 「인간해체론」은 두 가지 뉘앙스를 지니고 있다. 하나는 「고전주의적인 표상과 질서의 수학적 분류학」에로 우리를 차분히 잠기게 하는 면과 또 다른 하나는 「이성이 몰이성을 박해하지 않는」 예술적 초현실주의의 세계를 재생케 하는 면이다. 그가 말한 「성욕」의 「계보학」도 성욕과 도덕이 분리되지 않는 아름다움을 찾으려는 초현실적 도덕학의 일단으로 여겨진다.

그러나 그가 현실참여의 길로 들어서자마자 「구조가 없는」 그의 구조주의는 증발되어 버리고, 다만 끝없는 「반항」의 「주체」만 다시 부활되었다. 여기에 비하여 알튀세르의 인간해체론과 반(反)인간주의는 무슨 뜻인가? 이 점은 그에게 있어서 두 가지로 요약된다. 1) 「인간」과 「인간주의」의 개념은 마르크시즘에 있어서 과학적 성격을 지니는 것이 아니고, 2) 「인간주의」라는 개념은 부르주아 사회와 자본주의 사회의 체제 유지를 위한 「기만적 이데올로기」에 지나지 않는다. 그런데 여기서 우리는 하나의 중요한 사실을 발견하게 된다. 이미 조금 전에 알튀세르의 말을 우리가 인용하였듯이(『위상』, pp. 169-170), 그리고 그 속에서 우리가 보았듯이, 알튀세르가 「인간성」이나 「인간주의」를 하나의 「부르주아적 이데올로기」로 거부하는 기본 동기는 그것이 또 다시 우리에게 「자유와 창조적 노동의 전능」을 부채질할까봐 겁이 났기 때문이다. 이것이 그가 고백한 동기이다.

레비-스트로쓰와 라캉, 「고고학적 인식성」 추구 시대의 푸코는 인간이 자유스런 존재인지 아닌지 하는 그런 이데올로기성의 언표는 전혀 하지 않는다. 단지 전통 철학의 개념대로 본다면, 이들 구조주의자들은 「인간의 자유 유무 문제」에 대해서 무관심하고, 단지 인식론적 과학지식을 토대로 하여 스피노자의 언표처럼 「허공에 던져진 돌이 만약에 의식을 갖고 있다면 그 돌은 자기 운동의 기원에 속한다고 스스로 상상하게 되리라」라는 말을 귀하게 여기고 있는 듯하다. 「구조주의」는 「결정론」(le déterminisme)이다. 그러나 그 「결정론」은 역사와 시간 속에서 「인과관계」로 맺어지는 그런 결정론이 아니라 이미 영원부터, 좀더 가시적으로 표현하면 아주아주 옛날부터 이루어진 「결정론」이다. 그래서 구조주의는 역사와 시간 차원에서의 인간 존재의 자유문제[유(有)/무(無)]에 별로 철학적 관심을 기울이지 않는 것으로 보인다.

그런데 알튀세르는 이런 사상과는 달리 「인간성」과 「인간주의」의 거부는 「자유와 창조적 노동의 전능」이 다시 부활되어 공산주의적 마르크시즘의 혁명 전의를 상실케 할까 하는 우려 때문이다. 여기서 알튀세르는 돌이킬 수 없는 자기 모순의 함정에 빠졌다. 그는 마르크시즘이 절대로 「이데올로기」가 아니고 「과학」이라고 역설했다. 그런데 이 「인간이 없는 혁명」을 주장하면서 그는 그가 부정한 「이데올로기」를 다시 붙잡는 결과가 되었다. 「자유와 창조적 노동의 전능」에 대한 불안은 그를 속절없는 「이데올로그」로 둔갑시키고 말았다. 그의 사상과 사유체계는 이미 앞에서 거론된 3인의 구조주의자와는 판이하게 다르다. 그 까닭은 그가 마르크시스트이자 동시에 공산당원이기 때문이다. 구조주의의 안목에서 보면 그는 너무 마르크시스트적이고, 공산주의자의 눈에서 보면 그는 너무 구조주의적이다. 그래서 르페브르와 같은 공산주의 「이데올로그」는 알튀세르를 비판하면서 그의 사상은 「자본주의적 기술정치의 시녀」라고 혹평했다. 알튀세르가 설 땅이 과연 어디일까?

6. 국가장치론과 이데올로기의 재음미

앞에서 우리는 알튀세르의 사상이 처해 있는 묘한 상황을 분석하였다. 그는 「마르크스학」에서는 「이데올로기」를 배척하였지만 「혁명이론」에서 그도 어쩔 수 없이 「이데올로기」를 다시 재음미하게 된다. 그가 「이데올로기」에 대한 비판을 누그러뜨린 대목을 보기 전에 먼저 그가 이데올로기에 대하여 내린 정의부터 살펴보기로 하자. 「(…) 하나의 이데올로기는 주어진 사회의 와중에서 역사적인 역할과 존재를 겸비한 표상들(영상, 신화, 경우에 따른 이념과 개념)의 한 체계(그 논리와 논리의 엄격성을 지닌)이다. (…) 말하자면 이데올로기는 사회실천적 기능이 이론적 기능(인식의 기능)을 능가하는 점에서 과학과 구별된다」.[84)]

이와 같은 정의를 내린 다음 그는 「이데올로기」가 「사회형성」에 필요한 기능임을 암시하고 있다. 그의 말을 직접 들어보자. 그런 점에서 공산주의 사회도 「이데올로기」 없이는 존속할 수 없음을 지적한다. 「(…)

사적 유물론은 공산주의 사회가 도덕이든 예술이든 또는 세계의 표상이든 간에 이데올로기 없이 지낼 수 있다는 것을 생각할 수 없게 한다. (…) 생산력과 결정된 생산관계를 내포하고 있는 새로운 생산양식으로서의 공산주의가 생산의 사회적 조직과 거기에 대응되는 이데올로기적 형태 없이 지낼 수 있다는 것은 생각할 수도 없다」.[85] 여기에 이르러 알튀세르는 과학의 입장을 떠나 「이데올로기의 중요성」을 역설하고 그것의 재음미를 논의한다. 과학만으로 공산당의 혁명이 불가능하다고 판단하였기 때문이었으리라.

그러면 왜 그가 「마르크스학」의 입장과는 판이하게 「마르크스 이데올로기」를 동시에 추구하는 두 가지 얼굴을 갖게 되었던가? 그 까닭은 이데올로기가 실천양식에 필요하다는 「실용주의적 요구」와 그 「이데올로기」가 사실상 「집단적 무의식」에 깊숙이 관여하고 있다는 진단에서 비롯한다. 「사실상 이데올로기는 (…) 의식과 별로 관계가 없고, 이데올로기는 뿌리 깊이 무의식적이다」.[86] 그렇기 때문에 이데올로기는 일종의 「집단무의식」의 표상과 같은 힘을 지닌다. 그러므로 그는 이데올로기가 많은 사람들에게 의식됨이 없이 수많은 사람들을 결집시키는 구조의 역할을 한다고 본다. 「바로 그러한 이유 때문에 마르크스는 (정치적인 투쟁의 장소로서의) 이데올로기 속에 사람들이 역사와 세계 속에서 그들이 차지하는 자리를 의식케 한다고 말하였다」.[87]

「이데올로기는 인간과 그들 세계와의 관계의 표현이다. 즉 이데올로기는 인간 현실의 실존조건에 대한 상상적이고 현실적인 관계(다원적으로 결정된)의 통일이다」.[88] 이렇게 볼 때, 마르크스가 천명한 「이데올로기」는 인간들이 살고 있는 세계와의 관계에서 때로는 현실적이고 때로는 상상적인 관계 속에서, 또 현실과 상상 사이를 왕복하는 「다원결정」

속에서 이해되어야 한다. 예컨대 「계급 없는 사회」라는 마르크스의 언표는 그것이 「과학」의 산물이 아니라 「이데올로기」의 산물이다. 그 언표는 현실적 계급구조 속에서 불만을 가진 사람이 상상적으로 공상해 보는 하나의 「상상」이다. 그러나 그 「상상」이 단순히 개인적인 꿈이 아닌 한, 그리고 「이데올로기」가 되는 한에서 「인간과 세계와의 관계」를 「변혁」시키는 힘이 된다는 것이다.

그래서 실제로 「계급 없는 사회」가 역사상 과거에 있었는지, 그리고 앞으로 있을 것인지 어떤 과학도 알지 못하는 「신화」이다. 현실적으로 인간이 정직하게 아는 과학으로 그런 사회가 과거에도 없었고 미래에도 존재할 수 없으리라는 것이 일반적으로 강한 설득력을 지니고 있다. 그러나 알튀세르는 그것을 알면서도 「계급 없는 사회」의 「케치 프레이즈」가 「이데올로기」상으로는 강한 무기가 된다고 본다.

그래서 그는 다음과 같이 말한다. 「계급 없는 사회가 세계와의 관계 속에서 불일치와 일치(l'inadéquation-adéquation)로써 산다는 이데올로기 속에, 그리고 그 이데올로기에 의하여, 계급 없는 사회가 인간들의 의식을 변화시키고, 그리고 인간의 실존조건과 노력의 수준에 올려놓기 위하여 인간의 태도와 행동을 변화시킨다」.[89] 여기서 이데올로기가 세계와의 관계에서 「불일치와 일치」로써 산다는 알튀세르의 언표는 의미심장한 표현이라고 여겨진다. 사실적인 과학에서 보면 계급 없는 사회는 현실세계와 영원한 「불일치」이다. 즉 그런 사회는 존재하지도 않았고 앞으로 존재할 수도 없다. 그래서 그 말은 기만이요, 거짓이다. 그러나 상상의 산물로서 그 말은 이데올로기상 「노력의 수준」에서 나올 수 있는 「일치」이다. 그래서 인간의 행동과 태도를 그것이 변화시키게 된다고 알튀세르는 역설한다.

우리는 기억하고 있다. 알튀세르가 라캉의 사상을 받아들이면서 라캉이 「상징적인 것」의 「삼자관계」와 「상상적인 것」의 「이자관계」를 나눈 것을 과학적 인식의 시작이라고 알튀세르가 극찬한 것을. 그리고 「상징적인 것」은 과학이고 「상상적인 것」은 이데올로기라고 알튀세르가 분명히 구분한 것을. 알튀세르의 이 말을 우리가 신용한다면, 「상상」은 「상징」과 달라 인간을 병들게 한다. 라캉의 정신분석학의 세계에서 「상징」을 받아들임은 벌써 이 세계가 역사적으로서가 아니라 구조론적으로 낙원이 아님을 인정하는 것과 같다. 「상징」은 모자(또는 모녀)관계의 원초적이고 본능적 결합에 아버지가 출현하여 그 달콤한 결합을 깨뜨리는 균열과 다르지 않다. 아버지의 존재는 이 세계가 달콤한 꿈의 낙원이 아니라 냉엄한 법칙과 질서가 존중되어야 하는 세계이고, 꿈의 포기가 인간을 인간답게 하는 것임을 쓰라린 경험으로 배우게 된다.

이 세계의 「실재적인 것」(le réel)이 무엇인지 라캉에게도 「불가지」(不可知) 하지만, 「상징적인 것」(아버지의 이름과 법)이 「상상」과 「현실」(la réalité)을 일깨워 준다. 그래서 라캉의 용어에서 「실재적인 것」(le réel)과 「현실」(la réalité)과는 다르다. 우리는 알튀세르가 이 라캉의 사상을 수용하는 줄 알았다. 실제로 그랬었다. 그러나 그 사상에서 공산주의의 혁명이 나오지 않으니까 그는 드디어 우리를 병들게 하는 그 「상상의 이데올로기」를 수용한다. 왜 「상상의 이데올로기」가 우리를 병들게 하는가? 그것은 인간의 역사현실이 꿈으로 다시 돌아갈 수 있는 것처럼 착각하게끔 하기 때문이다. 계급 있는 사회가 「현실」의 법칙이라면, 「계급 없는 사회」는 결코 인간의 현실일 수가 없는 「꿈」이다. 라캉의 경우 상징을 받아들이지 않는 어린 아기가 결국 각종 정신병을 앓게 된다. 「상상적인 것」의 질병과 「이데올로기적인 것」의 질병은 구조론적으로 같은 지층에 있다. 그런데 구조주의 철학자로서 과학적 「문제성」(la problématique)을 예리하게 던지던 알튀세르는 마르크시스트 공산주의자의 얼굴을 하면서 우리를 실망시킨다. 그의 어처구니없는 말을 직접 듣기로 한다.

「소련이 참여하고 있는 공산주의는 경제적 착취도, 폭력도 차별도 없는 세계이다. 그 세계는 소련 국민들 앞에 진보와 과학과 역사와 빵과 자유와 자유로운 발전, 그늘도 없고 드라마도 없는 그런 세계, 무한한 공간을 열어놓고 있다」.[90)]

이 대목에 이르러 우리는 도저히 그를 의미 있는 철학자로 취급할 수 없는 아연실색만을 느낄 뿐이다. 소련이 그토록 천국이라면 오늘날 고르바초프는 무엇 때문에 「혁명」과 「투명」을 내세워 낡은 소련 사회를 혁파하려고 애를 쓰고 있겠는가? 혁명을 하는 데 가장 큰 장애요인은 알튀세르나 마르크시스트들에게 「국가」(l'Etat)이다. 「국가」라는 실재는 「부르주아」 사회의 자기 체제를 유지하고자 하는 「이데올로기적 산물」이라는 것이다. 알튀세르는 자본주의 체제의 이데올로기 산물로서의 「국가」는 두 가지 기능을 갖고 있다고 분석한다.[91)] 그 첫째로, 헤겔과 막스 베버(Max Weber) 등과 같은 부르주아 학자는 계급갈등을 무마시키기 위하여 「국가이성」을 창출하였지만 그것은 사실이 아니라는 것이고, 둘째로, 알튀세르가 볼 때 자본주의 국가는 그런 무마를 수행할 수가 없고, 또 루소가 생각한 「공동선」과 「국민주권」도 실제로 존재하지(자본주의 국가 안에)도 않고, 단지 프롤레타리아 계급을 억압하기 위한 「수단」과 「장치」로서 국가가 있을 뿐이라고 비판하고 있다. 그래서 알튀세르는 자본주의 국가는 두 가지 기능의 「장치」(l'appareil)를 갖고 있다고 말한다. 하나는 「억압」의 「장치」로서 「사법」, 「경찰」, 「군대」 등이 있고, 그 다음 「이데올로기」의 「장치」로서 「학교」, 「대학」, 「교회」, 「도덕」, 「언론기관」, 「정치」

등이 있다고 말한다. 그의 말을 증거로 든다.

「국가를 지배계급에 봉사하기 위하여 억압적 실행과 간섭의 힘으로서 정의하는 국가장치는 (…) 바로 국가요, 그 국가의 기능이다」.[92] 「국가의 모든 장치는 동시에 억압과 이데올로기에로 작용한다. 국가의 억압적 장치는 억압에 이익이 되는 방향으로 다량으로 그 역할을 하고, 국가의 이데올로기적 장치도 이데올로기에 다량으로 도움이 되는 방향으로 작용한다」.[93] 알튀세르의 용어를 빌리면, 「국가 억압장치」는 폭력과 힘에 의존하고, 「국가 이데올로기 장치」는 국가 순응을 유도한다. 그런데 「국가 이데올로기 장치」에 대한 헤게모니 없이는 어떤 「국가 억압장치」도 지탱될 수 없다고 알튀세르가 레닌의 사상을 본받아 되뇌이고 있다. 「우리가 알기로는 어떤 계급도 국가 이데올로기 장치에 관한 헤게모니를 동시에 장악함이 없이는 국가의 힘을 지속적으로 유지할 수가 없다」.[94] 그러므로 혁명을 성공시키기 위하여 자본주의 「국가의 이데올로기 장치」를 집요하게 공략해야 한다고 주장한다. 왜냐하면 그 「장치」는 일종의 「내기도박」(l'enjeu)일 뿐만 아니라 「계급투쟁의 장소」이고, 또 때로는 「계급투쟁의 드센 형태가 이루어지는 장소」이기 때문이다.[95]

이미 우리는 구조주의 철학자로서의 알튀세르를 보는 것이 아니라, 혁명 「이데올로기」에 미쳐버린 한 공산당원의 「열광주의」(le fanatisme)만을 본다. 이 공산당 열광주의자는 혁명을 위하여 수단과 방법도 가리지 않음을 스스로의 글 속에 적나라하게 노출시키고 있다. 그 열광적 노출이 그로 하여금 「국가장치」(l'appareil de l'Etat)와 「국가권력」(la puissance de l'Etat)을 구별하는 기상천외한 발상을 하도록 하였다. 단적으로 말하여 「국가장치」는 혁명타도의 대상이지만 「국가권력」의 장악은 혁명수행에 필요하다는 주장이다. 그의 말을 소개한다. 「1) 국가는 국가의 억압장치이다. 2) 국가장치로부터 국가권력을 구별해야 한다. 3) 계급투쟁의 목적은 국가권력에 관계한다. 따라서 계급의 목적에 따라 국가장치가 국가권력의 소지계급에 의하여 이용되고 있는 실정이다. 4) 프롤레타리아(le prolétariat)는 현존하는 부르주아 국가장치를 파괴하기 위하여, 무엇보다 먼저 프롤레타리아 국가장치에 의하여 부르주아 국가장치를 대체하기 위하여, 그리고 종국적으로 국가의 파괴라는 근본적 과정(국가권력과 국가장치의 종말)을 정립하기 위하여 국가권력을 장악해야 한다」.[96)]

이 인용된 구절에 대한 더 이상의 해명은 필요 없는 것으로 보인다. 프롤레타리아는 「부르주아 국가장치」를 무조건 파괴하고, 그 「권력」을 장악하여 국가의 종말이 언젠가 올 때까지 「프롤레타리아 일당독재 국가」를 형성해야 한다는 것이 그의 주장이다. 이러한 알튀세르의 열광적 공산당원으로서의 주장에 대하여 더 이상의 철학적 · 과학적 진술은 불가능하다. 술 취한 이가 술에 취해 있음을 자인할 때, 그는 비(非)이성적 실수와 작태를 덜 하게 된다. 그러나 그가 술에 취해 있음을 계속 완강히 거부할 때, 그와의 이야기는 전혀 무의미해진다.

자유민주주의 국가가 공산주의 국가의 일당독재보다 낫다는 것은 자유민주주의가 인간이 만든 제도이기에 결점을 갖고 있음을 스스로 알지만, 공산주의 국가는 완전하고 성스러운 「무오류성의 덮개」로 씌워진 것으로 여긴다는 데 있다. 그래서 「공산당의 의지」는 (공산당원 개개인의 의지와 달라) 「무오류성」이기에 「일당적」이어야 하고, 「무오류적」이기에 「독재적」이어야 한다고 주장한다. 「독재」가 「독재」가 아니고 「성스러운 사업의 역사」 자체로 여긴다.

그럼에도 불구하고 알튀세르가 공산주의 혁명을 위해 이데올로기를 재수용하면서도 그는 「이데올로기가 현실에 대한 환상(une illusion)이기도 하고 동시에 암시(une allusion)이기도 하다」[97]고 말하였다. 「환상」으로서의 이데올로기는 「기만」을 뜻하고, 「암시」로서의 이데올로기는 「기대」를 뜻한다. 모든 이데올로기가 다 이 「양면성」을 갖고 있다는 뜻인지, 아니면 「자본주의의 이데올로기」는 「환상」이고 「공산주의 이데올로기」는 「암시」라는 뜻인지 명백하지는 않다. 만약에 전자의 뜻으로 그가 말했다면 그의 사상은 「기만」이자 동시에 「기대」이기도 하고, 또 후자의 뜻으로 쓰여진 것이라면 그는 구조주의의 철학자로 등록되어지기보다 열광적인 공산주의의 맹신자, 마르크시즘의 맹목적 「신학자」로서밖에 다른 평가를 내릴 수가 없다. 그러나 이 후자인 경우에 아롱이 지적했듯이 그는 「이론적」으로 「모순」에 차 있고, 「이데올로기적」으로 「시대착오적」인 사람이다. 그가 같은 책에서 여러 번 이데올로기를 비판하는 마르크스를 찬양하고 구조주의의 분석가로서 마르크시즘을 재해석하다가 급기야 급진적이고 과격한 혁명적 행동의 이데올로기를 수용하고 소련을 지상천국으로 생각한다. 이것을 단순히 「이론적 모순」이라고만 해야 할 것인지, 아니면 「정신분열의 한 형태」로 보아야 할 것인지? 이런 사실을 웃어야 할지, 아니면 슬퍼해야 할지?

7_ 구조주의의 문제와 한국문화

1. 구조주의의 철학적 성찰

지금까지 우리는 구조주의의 전반적 이념, 방법론적 특성, 그리고 항간에 「4총사」로 불리워지는 4인의 사유체계와 사상을 관견하여 왔다. 이제 이 책의 내용을 마무리할 단계에 이르렀다. 4인만이 구조주의를 대변하는 것도 아니고 롤랑 바르트, 자크 데리다(Jacques Derrida), 죠르쥬 뒤메질(Georges Dumezil)과 같은 다른 구조주의의 거장이 있다. 특히 데리다는 「후기 구조주의」(le postestructuralisme)를 대표하는 철학자로 상당한 주목을 받고 있지만 여기선 다루지 않기로 하였다. 아직 저자가 데리다의 연구결과를 낼 만큼 연찬(硏鑽)도 준비되어 있지 않은 것이 주요 이유 중 하나이다. 머지 않아 데리다의 연구가 있을 것이라는 희망을 가져본다.

무엇보다도 먼저 구조주의는 하나의 새로운 방법론이다. 물론 각 구조주의가 취급하는 대상에 따라 각양각색의 성격을 지닌 것은 사실이지만, 구조주의라는 묶음을 하기 위한 사유체계와 사상의 공통분모가 있는 것은 사실이다. 그 공통분모는 레비-스트로쓰가 갈파한 바와 같이 「체계」라는 개념이다. 그 체계 안에서 「하나의 요소의 변형」은 필연적으로 다른 요소의 변형을 동반하게 되는 성질을 지니고 있다. 그래서 구조주의는 다소간 학자마다 학설마다 조금씩 차이가 있고 뉘앙스의 변모는 있지만, 모형의 구성과 그 모형의 인식은 다른 것과의 함수관계에서 파악된다고 하는 것이다. 그리고 그 「모형」과 「모형의 구성」은 거의 대부분 기호의 체계를 떠나서는 가능하지 않게 된다. 「기호체계」야말로 구조주의의 과학적 · 철학적 연구대상이 아닐 수 없다.

「기호체계의 법칙과 규칙」이 구조주의의 생명이다. 그러므로 구조주의는 「기호학」의 토대 위에서 자란다. 이와 같은 「기호학」의 「체계」와 「사상」이 순수철학에도 영향을 미친 것은 이미 푸코의 경우에서 나타났다. 주지하다시피 푸코는 그의 주저 『말과 사물』에서 이미 기호와 사물간의 관계체계를 설명하였다. 예컨대 르네상스 시기에 기호는 곧 사물로 간주되었다. 즉 그 시기에 기호는 그 기호가 지시하는 대상과 같은 것으로 표상되었던 것이다. 그래서 그 시기에 이 우주는 기호와 사물과의 사이에 의좋은 형제처럼, 그리고 자신과 거울 속에 비친 자기 모습처럼 모두 「우호적 연결고리」를 이루었었다. 푸코의 표현을 존중하자면, 「땅은 하늘을 본받고」, 「대지는 인간을 이웃하고」, 「식물의 줄기는 인간에게 좋은 약재를 품고 있고」, 「인간은 밤하늘의 별들 속에 자신의 운명과 희망을 비쳐보기도 하였다」. 한마디로 르네상스 시기에는 말과 사물은 하나였다. 그런데 17세기부터 시작하여 「말의 기호」와 「사물」 사이에 틈이 벌어지기 시작하였다고 푸코는 진단한다.

17세기부터 르네상스 시대와 같은 그런 꿈꾸는 우주론은 사라지고, 「수학적 상관표」 위에 엄격히 「언어의 변」과 「대상의 변」을 대응시키는 「보편수학」(mathesis)의 정신이 지배하게 된다. 그와 동시에 언어는 「사물의 거울」과 같은 수동적 기능에서부터 벗어나서, 사물과 사물의 「상관적 관여」(la pertinence)를 분류해 수는 임의적 체계로 탈바꿈된다. 언어와 언어 사이의 관계와 그 차이가 곧 수학처럼 대상세계의 논리를 짜는 역할을 한다. 이것이 「고전시대의 합리주의」임을 우리가 안다. 알튀세르가 공산주의자임에도 불구하고 그가 스피노자(혁명이론과 무관하게)의 이론을 닮으려 한 까닭도 결국 고전시대의 「수학적 구조」를 가진 표상이론에 대한 구조주의 일반의 애착을 대변하는 것이라고 보아도 무방하리라.

그와 동시에 레비-스트로쓰의 제자들이 철학적으로 라이브니츠의 사상에 경도되는 것도 알튀세르의 스피노자에의 경향과 같은 본질로 설명해야 옳으리라. 르네상스 시기는 이들 구조주의자들의 눈에는 정감적 구조의 차원에만 머물러 있었기 때문에 사랑은 하면서도 수학적 엄밀성이 없어서 허전함을 느끼게 한다. 「고전시대」에, 그리고 그 시대의 「합리주의」에 대해서 구조주의자들이 한결같이 강한 신뢰를 두었었다. 푸코도 예외가 아니다. 라이브니츠와 스피노자가 데카르트와 다른 점은 「주체」나 「자아」를 크게 철학의 전면에 부각시키지 않았다는 점이다. 구조주의자들은 데카르트가 「보편수학의 이론」을 정립한 점에서 구조주의에 의하여 높이 평가를 받고 있지만, 「주체」나 「자아」가 너무 돌출되어 언어와 기호의 임의적 체계진술에 방해가 된다고 생각한다. 그런 점에서 구조주의는 라이브니츠와 스피노자의 합리주의를 구조론적 기호철학의 시발로 보려고 한다. 합리적 기호론과 구조주의에서 볼 때, 「의미」는 우리의 체험에 직접 전달되는 것은 아니다. 「의미」는 「언어기호」의 「형식적 변별체계」가 정립된 후에 나중에 나타난다. 그러므로 구조주의는 즉흥적이고 직관적인 의미론을 싫어한다.

한 예로서 레비-스트로쓰가 신화의 구조를 이야기할 때에 그는 신화를 의식에 체험된 의미로 보려고 하지 않고, 「신화소」를 「능기」로 하여 「변형하는 문법」의 「통사적 법칙」으로 파악하려고 하였다. 이 점은 이미 앞에서 수차례 거론되었기 때문에 이 말의 뜻이 쉽게 짐작되리라 여겨진다. 그러므로 구조주의는 해석학적 현상학처럼 해석하거나 이해하려고 하기보다 「변형의 문법과 질서」를 찾으려 한다. 이 점은 라캉의 경우에도 마찬가지이다. 라캉에게도 무의식 세계의 「능기」가 「부동」하고 다변적이어서 그 능기들의 문법을 파악한 연후에야 나중에 「소기」가 수줍게 말을 한다.

푸코의 인식이론에서 크게 중심으로 등장된 「인식성」(l'épistémè)도 라캉의 「능기들의 구조」처럼 한 인식시대의 무의식적 토대를 형성해 준다. 그 토대 위에서 다양한 이론들이 자신의 박자에 맞추어 춤을 춘다. 기호가 언어활동의 상관적 차이 체계에서 파악되어야 하듯이, 푸코의 「인식성」(비록 그가 능기와 소기라는 개념을 라캉처럼 사용하지 않았지만)도 다양한 담론형성이 가능토록 해주는 인식질서의 기본틀임에는 틀림없다. 알튀세르에게 공산당의 「이데올로기」와 같은 요소를 제거시켜 버리면 그의 마르크시즘은 구조인식의 체계에서 논다. 그는 통시적인 「기계론적 인과율」이나 「전이적 인과율」을 버리고 새로운 조어이긴 하지만 「구조론적 인과율」, 「환유법적 인과율」을 채택하여 마르크시즘과 구조주의 사유체계의 접목을 시도하려고 하였다. 그것의 성공 여부는 뒤에 접어두고, 새로운 발상임에는 틀림없다. 이렇게 볼 때 구조주의적 인문사회과학은 현대 언어학의 연구성과를 모르고서는 성립되지 않는다.

그 점에서 우리는 다음과 같은 말을 인용하고자 한다.「현대 언어학의 이론은 언어활동에서 주체성이라고 불리워지는 것으로부터, 즉 언표 속에 언표화 과정의 도입으로부터 통사론의 연구를 분리시킨다. 언어활동과 사물의 질서 사이에 친화성이 있건 없건 간에 그 두 질서는 전적으로 변별된 관계에 의하여 구성되고 있다」.[1] 여하튼 소쉬르 이래 구조언어학에 바탕을 둔 구조주의가 철학을 불신하는 과학이론이든 아니든 간에 철학적 사유에 커다란 충격을 준 것은 부인할 수 없다. 구조주의가 사유의 세계에 등록된 이후로 철학의 재래적 축이 흔들렸던 것은 사실이다. 특히 현상학이 강력한 타격을 받았다.「체험적 의미론」은「합리적 가공의 변형법칙」 앞에서 주춤거리게 되었고,「현상학의 의식세계」는「무의식 세계의 구조논리」 앞에서 새로운 문제성을 알게 되었으며,「역사주의적」 마르크시즘은「이론학」에 의하여 공격을 받게 되었다. 이와 같은 새로운 방법론이 철학적 인식이론에도 새로운 바람을 몰고 왔다.

믿을 수 있는 지식에로 이르는 방법적 길을 제시하는 철학적 인식이론은 구조주의의 등장 이후에 지식 자체의 본질 추구보다 그 지식을 잉태시키는 밑바닥에 깔린 조직에의 중요성을 더 귀하게 여기게 되었다. 이런 새로운 인식이론의 방법을 푸코는「지식의 고고학」이라 칭하였다.「르네상스부터 오늘날까지 우리는 유럽 이성(ratio)의 거의 중단없는 운동에 대한 인상을 헛되이 가져왔다. (…) 이념이나 주제의 수준에서 준-연속성은 물론 표피적 결과에 지나지 않는다. 고고학적 수준에서 18세기와 19세기의 전환기에 실증성의 체계가 대단한 방식으로 변모했다는 것은 우리가 본다」.[2]

푸코가 말한「지식의 고고학」은 단층으로 각각 나누어지는 역사적 문화의 각 지층마다 사람들이 알지 못하는, 모르고 생각한 기본 사유의 지층이 있다는 것을 뜻한다. 그러므로 그 「지층」은 「동일한 사유체계」를 주는 「실증적 땅」(le sol positif)이라고 볼 수 있다. 바로 그 「실증적 땅」이 칸트적 용어를 빌리면 인식을 가능케 하는 「구도」요 경험을 그런 경험으로 형성케 하는 지반이다. 그래서 푸코는 그 땅을 「역사적 선천성」이라고 말하였다. 푸코가 말한 「역사적 선천성」은 레비-스트로쓰에게는 「관계의 그물」이요, 라캉에게는 「능기의 수사학적 법칙」이요, 알튀세르에게는 「구조화된 사회적 전체」 등의 개념으로 대응되기도 한다. 그래서 그런 개념의 틀 안에서 지식이 질서의 양상을 상호 형성하게 된다. 이미 우리가 푸코의 사상을 다루는 곳에서 살펴보았듯이, 리카아도와 마르크스는 비록 그들의 경제사상에서 최종적 겨냥점은 다르지만 동일한 인식체계 속에서 자라난 두 아들임을 살펴보았다. 리카아도와 마르크스는 푸코의 눈에서는 19세기 역사주의의 시대에 태어난, 즉 이름은 다르지만 성은 같은 사유체계를 갖고 있다. 「인식」과 「지식」은 「동일한 장」 속에서의 「관계」요, 그 「관계의 분류」이다.

그러므로 구조주의가 철학에 끼친 인식이론은 어떤 하나의 사상이 그 자체 고유한 독립적 성격과 의미를 갖는 것이 아니라 다른 「사상과의 관계체계」, 「위상의 체계」, 「위치의 설정」에서만 그 의미를 지닌다. 예컨대 사회과학적으로 한 사회에 등장되는 무수한 개념들은 사전적 의미론에서는 추상적으로 존재하지만, 그것이 알튀세르가 말하는 「사유의 구체」(le concret-de-pensée)가 되기 위해서 그 개념이 쓰여질 수 있는 「관계의 외적 장」을 먼저 알아야 한다. 그런 「구조의 인식」 없는 「개념의 인식」은 「과학이 아니고」 단지 「추상적 이데올로기」에 이용되거나 거기에 그치고 만다. 따라서 인식론적으로 「장」, 「밭」, 「구조」, 「체계」 등이 「의미의 개별요소」보다 앞서 존재한다. 그렇기 때문에 이런 개념들은 우리의 의식에 노출되지 않고 감추어져 있어서, 철학적 인식을 인간이 의식하는 문제성의 수준에서 논의함은 인생이 살 만한 가치가 있느냐 없느냐 하고 끝없이 되풀이되는 무의미한 논쟁과 같다. 「의미의 표상은 체계 없이 구성되어질 수 없다. 의식되지 않는 것이 체계의 본질이다」.[3)]

이와 같은 인식론적 문제는 레비-스트로쓰의 경우에 「친족체계의 복합적 구조」가 변형의 법칙을 통하지 않고서 의식되지 않고, 라캉의 경우에도 「의자 등받이의 두 고정부분」(le capiton)과 같은 구조 해명 없이 의미가 저절로 솟아나지 않는다. 알뛰세르는 「구조론적 원인」이 그 결과와의 관계에서 「현존적」이며 「부재적」인 「양면성」을 나타내고 있다고 진딘하고 있다. 그러면 그 결과 속에 「구조의 현존」(la présence)을 어떻게 이해해야 하는가? 「구조는 그 결과 속에 존재하고 또 구조는 다른 존재를 갖고 있지 않는다는 순환을 통하여 그것을 이해해야 한다. 즉 요소의 결합이 그 구조를 표시하지만, 그러나 그 표시가 어떤 배후나 내면을 갖고 있지 않고, 또 구조는 그 구조가 결합하고 있는 요소들의 전체성 안 이외에 다른 어떤 곳에도 존재하지 않는다」.[4)]

그러면 「부재적 원인」(la cause absente)이란 무엇인가? 그것은 「부재의 효과의 개념이다. 경제적인 것도, 그리고 진실로 말해서 어떤 심급도 직접적으로 분명히 보이지 않는다. 즉 그것은 표상으로부터 구조까지 경험적 절단에서 지역의 구성까지, 직접적 파악에서 개념의 생산까지 우리가 잘 알고 있는 연결중단(le décrochage)을 말한다. 우리가 먼저 경제적 실천양식과 그것의 지배적 기능을 기술하는 곳에, 구성의 엄밀성들이 종교적 실천양식이나 정치적 지배에로 우리를 통하게 한다. 구조를 명증하게 정립함은 (…) 보이지 않을 수 있는 것을 명증하게 만듦이다」.[5)]

지금까지 레비-스트로쓰, 라캉, 푸코, 알뛰세르를 공통적으로 논의하였는데, 이 공통적인 성질에서 우리가 유추할 수 있는 구조주의의 철학성은 인간이 「의미」의 「운반자」나 「창조자」가 아니고, 인간이 사물에 대하여 「의미를 부여하는 자」도 아니라는 사실이다. 그리고 모든 「의미」는 「문맥」에서 파생되어 나오는 것이고, 그 「문맥」은 「내적 의존성을 지닌 자치적 전체」인 「구조」와 「체계」의 다른 명칭이라는 것이다. 그리고 인식과 철학에 어떤 최종적인 목적이나 목표가 있는 것도 아니다. 「우리가 그 조직이 무상인 경치를 쳐다보면, 우리는 그 경치 표면의 현상을 설명하는 땅 밑의 구조를 검토하는 순간부터 그 경치의 배열을 이해한다. 그러나 우리는 왜 알프스 산맥이 다른 곳이 아니고 하필 여기에 솟아 있는가 (…) 하는 것을 물어서는 안 되고, 단지 그것이 그렇게 있고 다르게 있지 않다는 것을 확인만 하면 된다」.[6]

이 인용은 구조주의의 사상적 성격을 가장 잘 대변해 주는 단면으로 여겨진다. 구조주의의 사유체계에 따르면, 우리가 사는 이 우주는 결국 「상관적 차이의 집합」 이외에 다른 것이 아니다. 한국문화가 무엇인지 알려면 가까이는 일본문화, 중국문화와의 상관적 차이를 밝히고 멀리는 동양(극동)문화와 서양문화와의 「변별적 차이」를 밝힘으로써 끝난다. 어느 문화에 특별한 의미를 부여하고 비교우위를 논하는 것은 「과학」이 아니라 종족적 · 문화적 · 정치적 이데올로기에 지나지 않을 뿐이다.

「인간이나 문화는 여러 가지 빅뱅(Big Bang)*이 변이와 단절에 의하여 어떤 현실도 다른 것보다 더 실재적일 수가 없는 무한한 실재를 탄생케 한 자연적인 도가니(melting pot)에서부터 분출된 찰나적인 운석에 불

---

* 우주가 수소의 대폭발로 형성되었다는 설로서 그 폭발시의 소리를 「Big Bang」이라 함.

과하다. 이성은 변증법적이라기보다 오히려 분석적임에 틀림없다. 그리고 이 분석적 이성은 결합의 집합인 변증법적 이성을 고려하지 않으면 안 된다」.[7] 레비-스트로쓰의 구조주의에서도 인간은 거대한 자연질서 속의 관계의 한 기호에 불과하다. 그에게 있어서 인간은 우연히 이 지구상에 화학분자가 결합되어 나온 집합으로, 인간이 이 우주의 주인처럼 필연적으로 존재해야 할 당위를 결코 찾지 못하고 있다. 불교의 우주관처럼 인간은 광물, 동물, 조류와 물고기, 그리고 식물, 그리고 산과 강 같은 대자연의 「유무정」(有無情) 세계의 일환일 뿐이다. 여기에서 우리는 레비-스트로쓰가 종교 가운데 불교를 가장 좋아하는 이유를 읽을 수 있다.

인간이 가장 최고라고 여기는 것은 「인간중심주의적 아집」의 결과이다. 「의미를 갖고 있지 않는 인간에 의해서만 의미가 있다」[8]고 레비-스트로쓰는 설파하였다. 레비-스트로쓰에게 「자연과 문화의 구분」은 인식을 위한 하나의 「방편」에 불과하지, 사실상 문화도 인간도 자연의 구조 속으로 용해 · 해체되고 만다. 이런 사상의 체계 속에서 「주체의 개념」도 두드러진 의미를 부여받지 못한다. 인간의 「인격」이라는 서양철학의 개념도 의심스러워진다. 흔히 우리가 「주체」라 부르는 것도 사실상 「구조의 연관법칙」이 상호 간 만나는 「매듭」과 같다. 「인간」은 「구조들이 만난 매듭」(un noeud)이다. 과학적 사고에서 형성된 「구조의 매듭」이 불교철학에서 보이는 「인연의 법칙」과 얼마만큼 거리가 있는지 잘 모르겠다. 「인연」의 법에 따라 세상을 보면 인간은 존재하지 않는다. 주체라는 자아도 없다. 인간은 「인연의 계기」일 뿐이다. 인연의 계기에 따라 우연히 이 세상에 태어났을 뿐이다. 그러나 구조주의는 직접적으로 종교와 무관하다. 다시 구조주의의 세계 안으로 들어가자.

구조주의가 주지주의의 사상적 기치를 내걸고 유럽에서 탄생하기 전까지만 하여도 서구사상계에는 반(反)주지주의의 흐름이 도도히 흐르고 있었다. 그리고 철학은 과학을 비판하고 기술사회의 생리를 부정해야만 하는 것으로 여겼다. 그런 가운데서도 프랑스에서는 여전히 과학적 지식체계의 중요성을 강조하는 철학이 명맥을 유지해 왔었다. 브룽슈빅(L. Brunschvicg)이나 카바이예스(Cavaillès) 바슐라르, 라랑드(A. Lalande) 등이 그 대표적 인물이라고 볼 수 있다. 구조주의는 과학철학은 아니지만 과학의 기능에 다시 생기를 불어넣어 준 구실을 실존주의 이후에 수행해 왔다. 왜냐하면 구조주의는 분명히 실증과학의 철학적 방법론을 인정하지는 않지만, 그래도 여러 가지 경험적인 자료를 합리적 체계 속에서 읽는 방법을 개발하였다는 점에서 분명히 「과학적」이라는 개념에 품위를 심어주었다. 그리고 그 「과학적이라는 개념」은 실증과학처럼 경험적 자료의 실험이라는 뜻이라기보다 오히려 「구조론적 전체」의 파악이라는 뜻으로 풀이되기 시작하였다. 레비-스트로쓰의 구조주의는 철학에게 「구조」와 「무의식」과 「상징」, 그리고 「모형」과 「언어」가 다 같은 등식을 인식론적으로 갖고 있음을 알려주었다.

이와 같은 인식론적인 등식은 라캉에게도 적용된다. 우리가 알고 있는 바와 같이 라캉의 정신세계에서 무의식은 언어활동의 법칙과 전혀 다르지 않다. 그래서 무의식은 「언어활동」처럼 실체적 개념이 아니라 구조론적 개념이다. 무의식은 「타자의 담론」이다. 또는 「이드」(Id)의 말이다. 그러므로 「무의식」은 「내 개인의 말」이라기보다 「초개인적인 담론」의 부분과 같다. 물론 「개인적 차원의 말」도 있지만 그 말은 「초개인적인 방법」을 앞지를 수 없다. 「그러므로 사람들은 주체에게 말하지 않는다. "이드"(Ça)가 주체에 관하여 말하고, 거기서 주체가 스스로를 알게 된다.

이 점은 "이드"가 주체에게 말을 건넨다는 유일한 사실에서 주체가 능기가 되는바, 그런 능기 아래서 주체가 주체로서 사라지기 전에, 주체가 절대적으로 아무 것도 아니기 전에 그만큼 더 어쩔 수 없이 이드가 주체에 관하여 말한다」.[9)] 「어떤 주체도 자기 원인일 수는 없다」.[10)]

라캉의 주체는 그 자체 「자기 원인」도 아니며, 「이드」의 능기 아래 사라지는 것과 마찬가지로 푸코의 문화인식론도 같은 성향을 지니고 있다. 문화체계 아래서(또는 위에서) 과학이나 철학, 정치제도, 관습과 법률 등 모든 것이 「자기 원인」(la cause de soi)을 갖고 있지 않다. 예의 모든 지식이 어떤 질서의 공간 위에서 형성된다고 보는 것이 푸코의 철학이요, 문화인식론이다. 푸코는 『말과 사물』에서 고고학적 지식의 지층으로서 「인식성」(l'épistémè)를 강조하였으나 『지식의 고고학』에서는 담론의 형성을 더 강조하였다. 그럼에도 불구하고 푸코 철학의 구조주의적 특색은 여전히 상존하고 있다. 왜냐하면 이미 우리가 살펴보았듯이 「담론은 익명의 밭(un champ anonyme)으로, 그 안에서 개인적인 주체나 말하는 주체는 자신들의 자리나 기능을 발견하게 된다」.[11)] 그러므로 「담론은 지식의 공간」[12)]이 된다.

알튀세르의 마르크시즘이 구조주의에 의해서 해석되면서(그의 인식론의 영역만 제한하면) 그가 마르크시즘을 스피노자의 합리주의와 연결시켜 놓은 것은 우리가 이미 알고 있는 처지이다. 그러면서 또 그는 마르크시즘을 라캉과 프로이트의 정신분석과 연계시켜, 특히 모순이론은 헤겔적인 요소를 완전히 불식하고 라캉적인 이론으로 대체시켜 놓았다. 그의 모순이론은 단순히 헤겔 변증법처럼 「정(正)－반(反)－합(合)」의 그런 과정에서 나타나는 추진동력이 아니다. 알튀세르는 모순의 동력을 「치환」(le déplacement), 「압축」(la condensation), 「변혁」(la mutation)으로 구분하였다. 「치환」과 「압축」은 이미 앞에서 우리가 관견하였고, 급격한 「변혁」은 바로 극도로 압축된 모순이 가장 취약한 사회의 사슬고리를 통하여 폭발함으로써 혁명이 발생하고 사회 해체와 교체의 역사가 시작되는 순간을 말한다.

좌우간 알튀세르는 스피노자의 「신, 즉 자연」과 「신, 즉 연장」(물질)에 버금가는 「신, 즉 경제」의 체계 속에 성취되는 합리적 이론실천을 등장시켜 「인간주의적」이고 「인간학적」 마르크시즘을 세척하려고 하였다. 그 세척은 구조의 법칙을 위하여 인간 운동의 감상주의적 이데올로기를 씻어내려는 작업과 마찬가지이다. 레비-스트로쓰는 푸코나 알튀세르와 같은 그런 극적인 표현[반(反)인간주의, 인간의 죽음]은 쓰지 않았지만 인간의 해체를 겨냥한 것은 사실이다. 그래서 에두아르 모로-씨르(Edouard Morot-Sir)는 다음과 같이 구조주의의 철학적 성향을 규정하고 있다. 「죽음은 레비-스트로쓰와 푸코에 대하여 마지막 의미론으로 쓰이고 있다. 역사의 죽음, 주체의 죽음, 인간의 죽음, 그리고 이 모든 죽음에서 선고 뒤에 인간 과학의 방법론적인 이름으로 (구조주의는) 철학의 죽음을 말하는 철학이다」.[13)]

이 절을 끝내면서 우리는 질 들뢰즈(Gilles Deleuze)가 프랑수아 샤투레(François Châtelet)의 주관으로 편집한 『20세기의 철학』(*La Philosophie au XXe siècle*)에서 구조주의에 대한 철학적 성찰을 일목요연하게 파악토록 정리해 준 것을 인용하려 한다.[14)] 들뢰즈는 구조주의의 철학적 특징을 다음의 7가지 기준으로 분류하였다.

1) 첫째 기준

구조주의의 사상과 철학은 「상징적인 것」(le symbolique)을 진리의 영역에서 발견하였다. 전통적인 철학은 주로 「실재적인 것」(le réel)과 「상상적인 것」(l'imaginaire)의 구분에만 철학적 인식의 관심을 집중시켰다. 그러나 구조주의는 상징을 실재와 상상과 혼동해서는 안 된다는 것을 강조한다. 예컨대 푸코가 인식의 지층을 발견하여 그 지층을 현실적 실재도 꿈의 상상도 아닌 사유의 상징적 질서의 공간으로 생각하고 있다는 것과, 또 알튀세르가 이데올로기를 상상적 관계로, 과학을 상징의 관계로 연결시키고 있는 점도 상징질서의 파악을 귀하게 여기고 있다는 증좌이다. 더욱이 라캉의 「거울의 단계」에서 가장 중요한 것이 「이자적 관계」인 상상과 「삼자적 관계」인 상징의 차이이다. 「삼자적 관계」에서 등장하는 아버지도 현실의 실재적 아버지라기보다 「아버지의 이름」으로 등장하는 「상징적 아버지」이다. 그리고 라캉은 「실재적인 것」과 「상상적인 것」, 그리고 「상징적인 것」을 엄밀히 구분하고 있다. 그에게 「실재적인 것」은 늘 「하나」의 영상, 「통일」과 「전체」의 영상을 준다. 그러나 그 실재는 영원히 우리에게 파악되지 않는다. 「상상적인 것」은 「둘」의 이미지이다. 아기와 어머니와의 관계만을 고집하거나, 아버지도 「실재의 아버지」는 「하나」인데 「상상의 아버지」는 「두 가지 인격」으로 갈라진다. 술 마시고 싱거운, 익살스러운 광대 같은 아버지와 가족을 위해서 열심히 일하는 아버지의 모습이다. 「상징적 아버지」는 「제3자」에서 있는 「법」이고 「질서」이다.

2) 둘째 기준

「구조의 요소」는 구조 밖에 있는 것도 아니고 그렇다고 구조의 두께 안에 숨어 있는 어떤 신비한 내면적 의미도 아니다. 레비-스트로쓰는 그 구조의 요소들은 의미와 다른 것이 아니라고 말하였다. 그러나 그 의미는 「고정된 실체적 의미」가 아니라 「위치」(la position) 또는 「위상」(位相)과 관련한 의미일 뿐이다. 그러므로 순수한 구조공간 속에 있는 「자리」(la place)는 사물이나 현실적 존재보다 인식에서 「선행」한다. 레비-스트로쓰의 「토테미즘」이나 「친족구조」는 「관계의 좌표」가 「현실존재」나 「사물」보다 우선 인식됨을 보여주고 있다. 알튀세르가 경제구조를 이야기할 때도 가장 주요한 인식의 대상은 「경제주체」로서의 「인간」이나 「경제객체」로서의 「생산수단」도 아니고, 「생산관계」 속에서 정의된 「구조론적」·「위상학적」 「공간」과 「자리」이다. 또 푸코가 「노동」, 「생명」, 「언어활동」을 말할 때 일하고, 말하는, 살아 있는 인간주체가 중요한 것이 아니라 인간을 노동하고, 말하는, 살아 있는 존재로 보게 하는 「위상」(la position)이나 「장소」의 자격을 문제삼은 것이다.

이 점은 라캉의 세계에서도 예외가 아니다. 왜냐하면 그의 정신분석에서 「무의식의 언어」는 주체에서 해명되는 것이 아니라, 능기적 연쇄관계와 능기적 치환이 고리를 형성하고 있는 「상호 주체성」에서 이룩된다. 그러므로 무의식의 「위상적」(능기적) 인식 없이 무의식의 언어활동은 캄캄한 지하 속에 묻히고 만다. 이 「위상적 철학사상」은 세 가지 결과를 낳았다고 들뢰즈는 분석한다.

a) 「의미」는 「요소들의 결합」(위상 속에 주어진)에서 나오는 「결과」

이기에 「무의미」는 의미와 분리되지 않고, 또 언제나 구조 속에 있는 「자리의 결합」에 따라 「여러 개의 의미」가 중첩해서 나올 수 있다. 그래서 알튀세르와 라캉은 「다원결정」(la surdétermination)이라는 개념을 쓰게 된다.

b) 「결합의 술(術)」이 중요한 인식방법이어서 구조주의는 「정신의 놀이」(le jeu) 개념을 귀하게 여긴다. 레비-스트로쓰와 라캉이 트럼프 놀이의 비유를 들고 알튀세르가 브레히트(Brecthr) 등의 연극에서 보이는 「위상개념」을 해석하는 것도 그 이유가 있다.

c) 구조주의는 「물질주의」(통속적 유물론은 아님)이며, 「반(反)인간주의」이고, 「무신론」을 공통으로 짙게 깔고 있다.

3) 셋째 기준

구조주의는 「상관적 차이」에 의한 인식의 모양을 찾으려 한다. 예컨대 레비-스트로쓰가 「친족의 기본구조」를 논할 때 마치 음운론자가 음운의 상관적 차이에 의하여 음운체계를 정리하듯이 그는 「형제/자매」, 「남편/아내」, 「아버지/아들」, 「외삼촌/조카」 등의 네 가지 「친족소」(le parentème)의 「상관적 차이」에 의하여 복잡한 친족구조를 분석해 나간다. 알튀세르가 생산양식을 생산관계의 상관적 차이에 의해서 그 구조를 파악하려고 하는 것도 같은 이치이다.

4) 넷째 기준

모든 구조는 뉘앙스의 차이는 있지만 필연적으로 「무의식적」이다. 레비-스트로쓰의 경우에 「구조」는 경험에 관찰되지 않는 「잠재적인 성격」을 지닌다. 그래서 레비-스트로쓰는 「무의식」이 어떤 욕망이나 표상 이전에 언제나 「공허한 그릇」과 같아서 그 속에 들어오는 「내용」을 「주형하는 법칙」과 같다고 말하였다. 라캉의 무의식은 말할 나위가 없고, 푸코는 무의식의 용어를 별로 좋아하지는 않지만 「익명성」의 장소로서 「담론」을 주장함은 곧 「담론」이 한 인식시대의 「집단 무의식」이 표출되는 「장소」와 다를 바 없으리라.

5) 다섯째 기준

구조주의는 「계열적 사유방식」(le seriel)을 존중한다. 무엇이든지 독립적으로 하나씩 독립시켜 논의하지 않고 가급적 서로 「계열화」시켜 종합적으로 「전체 구조」를 파악하려 한다. 예컨대 레비-스트로쓰가 토테미즘을 연구할 때, 개인이나 집단을 어떤 동물에서 독립시켜 생각하려는 발상을 비판하였다. 즉 인간과 동물을 「1 : 1」로 개별적으로 독립시켜 보지 않고 인간과 동물(자연)의 두 가지 「계열의 상응논리」를 구조화하려고 하였다. 마찬가지로 라캉의 「무의식」은 개인적이거나 집단적인 것이 아니고 「상호 주관적인 본질」을 지닌다. 이미 우리가 앞에서 본 라캉의 「도둑맞은 편지」에 대한 설명도 결국 무의식이 여러 가지 주체들의 「상호 연관적 계열」에서 연쇄성을 지니고 있음을 알려준다. 「편지」를 못 본 왕, 그것을 잘 감추었다고 즐긴 왕비, 그 왕비의 행태를 보고 다시 편지를 훔친 대신, 편지를 못 찾는 경찰과 모든 것을 알고 있고 다시 그 편지를 찾은 경찰두목 등의 「돌고 도는 관계」는 「무의식의 구조」를 라캉이 상징화하고 있는 것과 같다. 구소주의가 이처럼 「계열적 사고」를 존중하기에 「은유법」과 「환유법」이 구조의 요소로 크게 작용한다.

6) 여섯째 기준

구조주의에는 늘 「*x*와 같은 대상」이 있다. 이 「*x*대상」은 「실재적인 것」도 아니고 그렇다고 「상상적인 것」도 아니다. 그 「*x*대상」이 제자리에 있지 않기 때문에 「실재적인 것」이 되지 못하고, 그것이 자기 자신과 유사한 것을 갖고 있지 않기에 「상상의 대상」이 될 수 없으며, 또 「자기 동일성」을 지니지 않기에 개념도 아니다. 그 「*x*대상」의 기능은 마치 노래 가사에서 후렴과 같이 가사 「1절, 2절, … 4절」에 반복되어 나타난다. 그 「*x*대상」은 자기 스스로 「환유」와 「은유」를 수행하기에 고정된 위치를 갖는 것이 아니다. 이것은 「빈 카드 칸막이」(la case vide)로 비유된다. 「빈 카드의 칸막이」는 이리저리 옮겨다닌다. 이것을 야콥슨은 「영도」(le degré zéro)라고 불렀는데, 이 개념은 그 자체가 「음운론적 변별의 가치」를 내포하고 있지 않지만 그 개념과의 관계에서 모든 「음소」가 그들의 변별적 가치와 관계를 형성하게 된다. 말하자면 「*x*대상」은 「유표」(marqué)도 아니고 「무표」(non-marqué)도 아니다.

예컨대 라캉의 구조주의에서 「남근」(le phallus)이 이에 해당한다.

그 「남근」은 「현실적 남성기」(le pénis)도, 「상상적인 공상」도 아니다. 그것은 「상징적 남근」이다. 그러나 그것은 또한 「성욕」과 직결된다. 요컨대 라캉의 「남성」은 「경험적인 성의 대상」은 아니지만, 인간의 모든 「성욕」을 하나의 구조나 체계로 근거지우는 「상징적 기관」 노릇을 한다. 그런데 그 「남근」이 남자나 여자에 대해서 나타나는(존재하는) 위치가 다르며, 그것이 존재하지 않는 곳에서 사람들이 찾고, 또 찾으려 하면 그 자리에 없다. 「남근」은 일종의 「장소 이동」인 「치환」을 수행하고 있다. 「남근」을 찾으려 한다면, 그 「남근」은 이미 「환유법」과 「은유법」으로 탈바꿈하여 「다른 곳」과 「다른 것」에 숨는다. 알튀세르가 말한 「환유적 인과율」(구조론적 인과율)도 같은 「x대상」이다. 왜냐하면 그가 말한 「경제」는 사회의 복합적 전체구조 속에서 「최종적 심급」인데, 그 「원인」이 「원인」의 「자리」에 있는 것이 아니라 「결과」의 「자리」에 숨어 있기 때문이다.

7) 일곱째 기준

구조주의는 「인간의 주체」도 자신만만한 자기 내용으로 가득 채워져 있다고 보지 않고 「빈 카드 칸막이」(la case vide)처럼 여긴다. 푸코도 「인간의 죽음」과 「사라짐」을 말하면서 「사라진 인간의 빈 곳에서만 사람들이 생각할 수 있다. 그 빈 데는 채워야 할 틈을 규정하지도 않는다. 그 빈 데는 새롭게 생각하는 것이 가능한 공간의 주름살 펴기(le dépli de l'espace) 이상도 그 이하도 아니다」.[15] 라캉도 푸코의 이런 「공허한 빈 데」(le vide)로서의 「주체개념」과 같이 주체를 「주체」(le sujet)라고 하기보다 「어디에 예속된(assujetti)*된 것」, 즉 「빈 카드 칸막이」에, 「남근」에, 「자신의 치환」(la déplacement)에 「예속된 것」으로 파악한다. 구조주의는 「주체를 억압하는 사상」이 아니라, 「주체의 동일성」을 「산산조각」내고 「장소에 따라 흩어놓는」 사상이다. 구조주의의 주체는 「농경적 정착민」이 아니라 「유목민의 이미지」를 갖고 있다. 그래서 푸코는 「산재」(散在, la dispersion)라는 개념을 쓰고 있고, 레비-스트로쓰도 「진리의 체계가 환위될 수 있고 동시적으로 여러 가지 주체로서 받아들여질 수 있는 "객관"(l'Objet) 조건에 의존하는 것으로만 주체적 심급을 정의할 수 있다」[16]고 말하였다. 주체가 움직이는 「카드 칸막이」와 같은 기능을 갖기 때문에 주체는 자기 스스로를 정의할 수가 없다. 그래서 주체라는 것이 푸코의 말처럼 「산재」일 수밖에 없고, 레비-스트로쓰의 말처럼 「환위되어 여러 가지 주체로 다양화한다」. 그래서 그 주체는 여러 가지 경우에 「실천적 양식의 다변화」로 나타나게 된다.

이상의 들뢰즈의 구조주의에 대한 7개 기준을 살펴보았는데, 구조주의는 「인간」을 어떤 「이상적인 존재」로 보거나 또는 「당위적 도덕률」로 보아 「이렇게 되어야 한다」고 주장하는 철학이 아니다. 이미 우리가 성찰한 바와 같이, 구조주의를 하나의 사상적 · 철학적 조류로 평가할 수 있다면, 그것은 우리가 아는 한 「모든 것이 그와 같다!」(c'est ainsi, non autrement!), 「달리 될 수가 없다!」는 것을 정확히 인식하는 철학이다. 「그와 같구나!」, 「그랬었구나!」 하는 것 이상도 그 이하도 아니다. 그 수준을 사

---

* 여기서 불어의 묘미를 알아야 함. 즉 「주체」란 불어의 「sujet」는 「종속된다」는 단어인 「assujetti」(a는 방향전철, 끝에 오는 i는 과거분사 표시임)와 같은 어원을 갖고 있음).

랑하는 이만이 구조주의를, 어려운 구조주의를 탐구하려고 할 것이다.

2. 구조주의에 대한 비판

구조주의가 1960년대에 출현하여 세계에 던진 충격은 1945년 제2차 세계대전을 끝내고 실존주의가 던진 사상적 충격만큼 파문도 일으켰다. 그래서 구조주의를 알든 모르든 구조주의가 독서계에 선풍을 몰아왔고, 그것을 모르면 지식인의 계열에 들지 못하는 것처럼 한때 유행했던 것도 사실이다. 우리가 생각하기에 구조주의는 쉽게 접근하기 어려운 복잡한 지적 수련을 쌓아야 하기에 실존주의만큼 일반 대중의 지성적 호기심에 직접 전달되지는 못할 것 같다. 그럼에도 불구하고 그 어려운 레비-스트로쓰와 푸코의 저서가 프랑스에서 날개 돋친 듯 팔렸다고 한다. 유행은 어디까지나 유행이지 다른 의미가 없다. 그러나 유행이 보급되는 데는 대중의 목마름을 적셔주는 그 무엇이 있기 때문이다. 구조주의는 「질서의 학(學)」이다. 아마도 「1960-1970」년대 프랑스와 유럽인들은 새로운 「질서의 필요성」을 안으로 느꼈는가 보다. 이제 구조주의의 제1세대는 다 갔고, 2세대들이 데리다(2004년 췌장암으로 사망)를 중심으로 「후기 구조주의」를 펼치고 있다. 구조주의는 확실히 사유방식에서 어떤 신선한 충격을 주었고, 그 충격은 찬반 양면의 논쟁을 많이 불러일으켰다. 그 학문적 충격이 큰 만큼 거기에 대한 반론도 드세었다. 프랑스 안에서의 반론은 대강 세 가지로 수렴됨직하다. 첫째로 폴 리쾨르(Paul Ricoeur)를 중심으로 한 「철학적 해석학에서부터 온 반론」이요, 둘째로 미켈 뒤프렌느(Mikel Dufrenne)를 중심으로 하는 「철학적 인간학의 입장」에서 오는 반대요, 셋째로 앙리 르페브르(Henri Lefebvre)를 중심으로 하는 「마르크시스트들의 반론」이다. 차례로 보기로 하자.

1) 폴 리쾨르의 비판

리쾨르의 비판은 다른 비판에 비하여 구조주의에 대한 애정을 갖는 비판이다. 사실상 리쾨르는 가장 주목받는 현대 프랑스의 현상학적 해석학의 거장으로서 구조주의를 그의 사상에 많이 수용하고 있다. 또 구조주의 이후 프랑스 현상학이 많이 달라지는 변모를 보여왔는데, 그 대표적인 학자가 벨지움(같은 불어를 쓰므로 보통 구분하지 않음)의 철학자 드 와렌스(A. De Waelhens)였다. 여기서는 구조주의 이후 변한 현상학을 다루는 곳이 아니기에 그 문제는 더 이상 언급하지 않겠다.

폴 리쾨르의 구조주의에 대한 비판은 먼저 그 구조주의에 대한 업적의 인정에서부터 시작한다. 그는 자기가 아는 한에서 지능의 수준에서 구조주의를 능가할 만한 엄밀성과 사고의 풍성함을 지닌 과학은 없다는 것이다. 그런데 그 구조주의는 어디까지나 「과학」이지 「철학」은 아니라는 것이다. 「구조주의」는 「과학」이고 「해석학」은 「철학」이다. 이것이 리쾨르의 입장이다. 「구조주의가 탐구자의 개인적인 방정식에서 떠나 제도, 신화, 의례 등의 구조를 객관화하고 거리를 두려고 노력하는 한에서 해석학적 사유는 이해하고 믿는 해석학적 순환이라고 불리워질 수 있는 것 속으로 잠긴다. 그런 순환이 해석학을 과학으로가 아니라 사변적 사유로서 특징화시키고 있다」.[17] 이처럼 해석학이 구조주의와 다른 차원에 속하더라도 해석학은 구조주의의 성과를 수용하지 않을 수 없다. 왜냐하면 해석학은 구조주의의 인류학의 성과로 나타난 인간 이해의 거시적 성과를 토대로 하여 해석학의 인간론을 보완할 수밖에 없기 때문이다.

리쾨르가 구조주의는 과학이지 철학이 아니라고 말하는 근거는 세 가지 관점에서 파악되고 있다.[18] 첫째로, 구조주의는 말하는 주체를 멀리 하고, 언어를 기호의 체계로만 다룬다. 철학은, 특히 해석학은 말의 「의미」를 따지는 데 반해 구조주의는 말의 의미보다 기호체계가 상호간 어떤 차이가 나는지만을 바라본다. 「의미」는 거기서 두 번째 서열로 밀려난다. 둘째로, 「동시성」을 언제나 「통시성」보다 앞서 생각하는 것이 구조주의의 특징이다. 그런 경우 해석학과 철학은 어떤 의미의 역사성을 매우 귀하게 여기는 데 반해 구조주의에서 역사성은 증발한다. 셋째로, 구조주의는 「무의식의 체계」만을 고려하기에 「주체의 반성적 사유기능」이 제자리를 차지하지 못한다. 이 무의식적 사유는 자연과 동의어로 여겨지기에 철학이 자리잡아 왔던 반성은 설 땅이 없다. 이런 비교에 근거해서 리쾨르는 구조주의의 한계를 어떻게 보는가?

구조주의는 「구조」를 돋보이게 하기 위하여 「사건」을 그늘 속으로 묻어둔다. 그러나 역사는 「사건의 발생」을 중심으로 하여 의미를 찾는다. 물론 모든 사건이 다 의미를 지닌다는 것은 아니지만 철학적으로, 의미론상으로 지울 수 없는 「사건의 메시지」가 있다. 구조주의는 그 「사건의 메시지」를, 즉 「전언내용」을 해독하지 못한다. 리쾨르의 예를 들면 『구약』에 나오는 많은 「사건」들, 신과의 관계에서 이루어진 이른바 「복음적 전언내용」으로서의 「케리그마」(*Kerygma*) 같은 것에는 구조주의가 전혀 침묵을 지킬 수밖에 없다. 구조주의가 「분류」와 「명칭」의 학인데,

그런 「분류법」이 「복음」의 「케리그마」에 무슨 도움을 줄 수 있는가?

「헤브라이즘」의 사유는 「체계」보다 「사건」을 우위에 두는 사상이다. 그래서 역사를 소중하게 여긴다. 그래서 「헤브라이즘」은 전통과 그 전통에 대한 해석을 통해서 그 가치가 나타난다. 구조주의는 「반(反)헤브라이즘적」이다. 해식학은 역사성을 배제하고서는 성립될 수 없다. 역사는 철학에게 두 가지 사고영역을 제공해 준다. 그 하나는 전통이요, 또 다른 하나는 해석이다. 「전통은 해석을 전달하고 침전시키며, 또 해석은 전통을 유지케 하고 새롭게 한다」.[19] 그런데 구조주의는 그런 살아 있는 「전통」과 「해석」과의 「피드백」(feed-back)을 너무 경시한다. 그래서 리쾨르는 「구조론적 규칙은 참다운 전통을 특징지우는 살아 있는 재해석보다 오히려 무기력의 현상에 훨씬 더 가까이 있다」[20]라고 지적한다. 이어서 그는 또 다음과 같이 구조주의의 내용적 빈곤을 지적한다. 「상이한 구조 속에 재생할 수 있고 지속이 약속된 전통은 구조의 보자성(保磁性)보다 내용의 다원적 결정에 속한다」.[21]

그런 점에서 리쾨르는 구조주의가 「구조의 보자성」을 보호하려고 하다가 결국 내용의 「다원적 풍요」를 놓치는 과오를 범할 수 있음을 지적하고자 한다. 이런 「내용의 다원결정」은 한 번으로 그 의미가 완결되는 것이 아니라 역사를 통해서 두고두고 거듭 재해석되고 재생된다. 레비-스트로쓰가 밝힌 신화적 사유로서는 인간 역사의 사건과 의미를 해석할 수가 없다. 더구나 구조주의의 인식이론이 「의미론」(la sémantique)을 약화시키고 「통사론」(la syntaxe)을 「클로즈업」시키므로 철학자가 철학사를 통하여 여러 번 그리고 반복적으로 시도해 온 「의미와 내용의 논리학」에 정면으로 도전한 셈이다.

더구나 철학도 언어를 대단히 중시한다. 언어 없이 철학적 사유나 표현은 불가능하다. 그러나 인간의 언어활동이 구조주의가 말하는 「언어」(la langue) 우위로만 그렇게 제한될 수가 없다. 인간이 말한다는 것에 대하여 리쾨르는 다음의 네 가지 새로운 면을 「반(反)구조주의」의 측면에서 밝히고 있다.[22)]

1_ 말한다는 것(parler)은 현실적 사건이고, 일시적이고 사라지는 행위이며, 그에 반하여 체계는 비(非)-시간적이다. 왜냐하면 그 체계는 단지 잠재적이기 때문이다.
2_ 담론은 어떤 의미는 선택되고 다른 것은 배척되는 선택의 연속이다. 그 선택은 체계나 법칙적 강요의 성격과는 다르다.
3_ 그 선택은 새로운 결합을 생산한다. 전대미문의 새로운 문장이 새로운 내용과 함께 무한히 창출될 수 있다. 그 점에서 말의 선택은 유한한 기호체계의 폐쇄성과 다르다.
4_ 말하는 것은 어떤 것에 관하여 어떤 것을 말하는 것이다. 이 말은 인간이 말을 할 때, 단순히 기호체계 내에 얽매여 있는 것만이 아니라, 기호체계를 초월하는 순간이기도 하다는 뜻이다. 어떤 것에 대하여 어떤 것을 말함은 현실적인 것을 참고로 하여 이상적인 것을 말할 수 있는 경우이다. 즉 「어떤 것을 말함(dire quelque chose)은 의미의 이상성을 가리키고 어떤 것에 관하여 말함은(dire sur quelque chose) 현실의 참고에 관한 의미의 운동을 가리킨다」.[23)] 이것은 기호의 폐쇄성에 대한 초월행위와 같다. 이런 리쾨르의 반론은 언어활동에서 「언어」(la langue)에 못지 않게 「말」(la parole)도 중요함을 알린다. 그런 점에서 훔볼트(Humboldt)나 촘스키(Chomsky)의 언어학 이론을 다시 평가하면서 리쾨르는 언어활동

은 구조에 의해서 생산되어지는 것만이 아니라, 주체에 의한 생산이고 생성이기도 한 면을 잊어서는 안 된다고 강조하고 있다.

리쾨르는 구조주의의 발상과 그 업적을 부정하지 않는다. 오히려 그는 구조주의의 「토템적」인 사유체계와 「케리그마」(*kerygma*)적 유형을 양 극으로 보고 그 두 극을 조화시키려 한다. 즉 「토템적 사고」의 과학적 영역과 「해석학」의 철학적 영역의 차이를 인정하면서도 상보의 길을 모색하고 있다. 이 두 가지 길은 같은 수준에 놓여 있는 것이 아니다. 리쾨르의 말을 들어보자.

「구조론적 설명은 1) 무의식적 체계에 관계하고 있고, 2) 관찰자와는 별도로 대립과 차이에 의하여 구성되어 있다. (그와는 반대로) 전달된 의미의 해석은 1) 의식적인 되찾기인데, 이 되찾기는 2) 다원적으로 결정된 상징적 밑바탕을 다시 일깨우는 것이다. 3) 그런데 그 밑바탕은 해석자가 이해하는 것과 같은 의미론적 밭 속으로 자리를 잡는 해석학자에 의하여 다원적으로 결정된다」.[24)]

그렇기 때문에 이 두 길은 서로 같은 입장, 같은 수준에서 절충되어서는 안 된다. 단순한 「평면적 절충주의」가 아니고, 「구조의 상응」의 기초 위에서 그 구조의 다양한 수준과 비교될 수 있는 「의미론적 유비」를 다시 보충시킴으로써 보다 입체적인 인식의 길이 가능하지 않겠는가 하는 생각이다. 왜냐하면 「기호체계」(le code)가 의미론적으로 「암호」(le chiffre)를 암시할 수 있기 때문이다. 예컨대 레비-스트로쓰가 말하는 「히다차」(Hidatsa) 종족에서의 독수리 사냥은 「위/아래」의 구조 구성으로 이루어져 있고, 그 구조에서 독수리(위)와 사냥꾼(아래)의 편차가 최고로 나누어져 있다. 그러나 레비-스트로쓰가 「위/아래」의 이항적 대립을 신화로써 구조화하였을 때, 그는 그 구조논리의 밑바탕에 「위/아래」에 대한 「해석학적 의미의 충전」을 암암리에 생각하지 않았다는 보장이 없는 것이 아닌가?

구조주의도 상징을 진리의 매체로 여기고, 해석학도 그 점에서 마찬가지이다. 구조주의가 생각하는 상징에 대해서 우리는 이미 알고 있다. 상징이 없는 구조는 없다. 해석학도 「상징의 다양성」을 언제나 만난다. 예컨대 「불」이란 낱말은 「탐욕」을 상징하기도 하고 동시에 「성령」을 뜻하기도 한다. 그것은 우리를 소모시키고 우리를 재생시킨다. 그러므로 해석학도 구조주의처럼 「변별적 가치」가 분리되고 「다양성」이 둑으로 정리되도록 집합의 의미구조를 먼저 본다. 해석학의 상징해석도 「관계의 그물」로써 정리된다. 그러나 해석학적 상징관계를 정리할 때 「역사성의 인식」 없이는 불가능하다. 「케리그마」는 역사적 위상 없이 해석되지 않는다. 리쾨르의 말을 직접 번역한다. 「의미의 전이를 (가능케 하는) 해석학적 지성 없이, 구조론적 상응이 분별되어질 수 있는 의미론적 밭을 설정하는 의미의 간접적 증여 없이 구조론적 분석은 없다. (…) 무엇보다 먼저인 것은 상징과 형상의 뿌리에 "비슷하고-비슷하지 않은" 형태의 의미론적 구성이다. 그 구성으로부터 다양한 수준에서 기호의 배열을 (가져오는) 통사론이 추상적으로 가공될 수 있다. 그러나 상징성이 뜻하는 질서나 경제의 중계 없이 해석학적 지성 또한 존재할 수 없다」.[25]

2) 미켈 뒤프렌느의 비판

미켈 뒤프렌느(Mikel Dufrenne)는 리쾨르보다 구조주의의 인정에 대해서 훨씬 더 인색하다. 그의 저서 『인간을 위하여』(*Pour l'homme*)는 구조주의의 인간학 부정에 대한 「인간학 옹호」로 일관된 수준 높은 이론서이다. 여기서 이 뒤프렌느의 저서 내용을 다 소개한다는 것은 불가능하고 또 그럴 계기도 아니다. 다만 그가 의도하고 있는 철학적 관점을 소략하게 소개할 수밖에 없다. 뒤프렌느는 오늘날 프랑스를 중심으로 휩쓸고 있는 인간의 해체론과 반(反)인간주의의 철학이 그 기원에서 헤겔에까지 올라가지만, 가장 확실한 진원지는 하이데거의 「존재론」이라고 주장하고 있다. 그리고 특히 푸코의 「반(反)인간주의적 철학」은 하나의 「신실증주의」(le néo-positivisme)의 「독단론」(le dogmatisme)에 심각히 빠져 있다고 비판하고 있다. 그는 헤겔이 개인의 실천은 역사 안에서 「이성의 교지(狡智)」(la ruse de la raison)에 의하여 지배된다고 말하면서부터 인간의 사유는 점차 로고스의 생성에 자리를 내주게 되었다고 본다. 그런데 오늘날 구조주의를 관통하고 있는 「인간 부재의 철학」을 잉태시킨 산모는 하이데거라고 뒤프렌느는 힘주어 말한다. 그리고 이 하이데거 철학, 특히 그의 「존재론」(l'ontologie)과 프랑스의 개념철학자인 카바이예스(Cavaillès)가 푸코의 고고학적 인식이론, 알튀세르의 마르크시즘 인식이론, 르루아-구랑(Leroi-Gourhan)의 언어철학, 레비-스트로쓰의 구조주의, 라캉의 무의식 분석 등의 「인간 부재의 철학」을 배출시켰다고 그의 저서 『인간을 위하여』 1부에서 지적하고, 2부에서 그는 자신의 철학적 인간학을 독창적으로 개진하고 있다. 여기서 우리는 어떻게 하이데거와 카바이예스가 「인간 부재의 철학」을 잉태시키게 되었는지를 살펴보고, 그것에 대한 뒤프렌느의 비판을 보면서 소임을 다할까 한다.

하이데거 철학의 기본 이념은 「존재」가 망각된 현대세계에서 「존재에의 회귀」를 예언하고 「존재의 빛」을 다시 밝히는 철학정신을 지니고 있다. 그의 철학은 두 가지 철학적 결과를 낳았다고 뒤프렌느는 지적한다.

1_ 하이데거의 개념에 따라 「존재」와 「존재자」의 구별이다. 현대의 모든 학문이 「존재자」에게만 관심을 갖고 「존재」를 망각하였다. 「존재」는 인간이 대상으로 삼을 수 있는 것이 아니고 「진리의 빛」, 「존재의 빛」으로서, 바로 그 「존재」는 모든 「존재자」를 존재케 하는 「근거」이다. 「은총」이 「죄」의 가능성(죄가 있는 곳에 은총이 있음)이듯이 「존재의 빛」은 「개시」이지만 동시에 「방황」을 낳기도 한다. 존재는 「개시」(開示)인 동시에 「혼미」(昏迷)이다. 「존재」 속에 「무」(無)의 근거가 있다. 인간은 「존재」의 내재적 「무」의 근거 위에서 「부정」하고 「방황」한다. 이 존재의 근거에 또한 「시간」이 있다. 이 「시간」은 인간 의식에 의하여 체험되는 시간이 아니라 오히려 「근원적인 시간」으로서, 모든 「역사」를 가능케 한다. 그 「존재」가 하이데거에게 있어서 「로고스」인 동시에 「자연」(Physis)이다. 이런 「존재론」이 프랑스에 건너와서 이른바 형식적인 구조, 개념적인 체계에 대하여 하이데거의 「존재」와 같은 철학적 권위를 사람들이 부여하게 되었다는 것이다.

2_ 하이데거의 철학은 휴머니즘이나 칸트의 비판철학이 인간에게 부여한 모든 특권을 빼앗아 갔다는 것이다. 그 「존재」 앞에서 인간은 어떤 「능력」도 지닐 수가 없고, 단지 인간은 「존재의 부름」에 「응답」하는 「빈 그릇」에 불과하게 된다. 그 「존재」는 「무」이고, 그것이 「초월」이고 또 「자유」이다. 인간은 「아무 것」도 아니다. 인간은 사유하고 생각한다고들 한다. 그러나 하이데거의 철

학에 따라 보면, 「로고스」가 사유하고 모으고 자유화하기 때문에 인간은 단지 그 「로고스를 모시는」 수동적 「사제」이거나 또는 그것의 「의탁자」에 지나지 않는다. 「현존재」(인간)는 존재를 위해서만, 존재의 부름에만 거기에 있다. 그는 존재에 봉사하기 위해서만 존재에 참여한다. 마치 신학의 인간이 신에게 자유스런 경의를 표하기 위해서만 자유롭거나 신적 자유에 관여하게 되는 것처럼.[26] 인간은 존재에 대하여 책임도 없고, 존재에 응답하든지 안 하든지밖에 다른 길이 없다. 그래서 「인간은 존재에 의하여, 존재를 위하여 존재한다」.[27]

이런 하이데거의 철학은 물론 실증주의와는 거리가 엄청나다. 하이데거는 인간을 비우고 거기에 존재의 초월자를 채웠다. 「존재의 초월」 앞에 인간은 아무 것도 아니다. 이런 「존재론」과 전혀 성질을 달리 하는 「실증주의」가 프랑스에서 전전(戰前)에 싹텄다. 그것이 카바이예스의 「실증주의」요, 「개념철학」이다. 카바이예스는 독일 나치 군대가 프랑스를 점령하였을 때 조국의 해방을 위해 저항하다가 총살을 당했다. 전후(戰後) 그는 애국자로서 뿐만 아니라 탁월한 「개념철학자」로 존경과 함께 다시 태어났다.

카바이예스는 「형식주의」의 철학자이다. 앵글로 색슨의 「실증주의」는 「경험주의」로 흐르지만 프랑스의 「실증주의」는 「수학주의」(형식주의)로 간다. 이 「형식주의」(le formalisme)가 이른바 「반(反)인간주의」(l'antihumanisme)를 잉태시켰다는 것이다. 이 카바이예스의 「수학적 형식주의」는 인식이론에서 인간에 의존하는 「심리주의」와 「사회학주의」를 부정하고 인간이 범할 수 없는 「최상 구조」(le suprastructure)를 제시하였다. 이

「최상 구조」는 개인 인격과 상관없는 「개념」이요, 「사유」이다. 「학자는 지식 앞에서 사라진다」. 사유란 무엇인가? 「그것은 심리적 주체에 의해서 고려될 수 있는 행위도 아니고, 실천적 주체를 암시하는 태도도 아니다. 사유는 개념의 위상이다. 개념은 주인의 말이고 논쟁의 무기이다. 개념은 모든 참다운 지식의 목적이고 규범이다」.[28] 카바이예스에 있어서 「개념」은 「비인격적」이고 「탈인간화」된 사유 자체이다. 과학의 이론이나 합리의 연쇄는 인간의 의식이나 세계와 무관하다고 카바이예스는 생각한다. 「개념」은 그 나름대로의 「생명」을 갖고 있다. 그 「개념의 생명」을 존중하는 「형식주의」는 형식적 사유 자신 속에 스스로를 분열시키고 초극하는 「변증법적 힘」을 부여하고 있다. 그래서 그는 카르납(Carnap)이나 프레게(Frege)의 논리주의에 반대하고 후설의 현상학에도 반대한다. 현상학에 반대하는 까닭은 과학의 이론을 제공해 주는 것은 「의식의 철학」이 아니고 「개념의 철학」이기 때문이다.

뒤프렌느는 「존재자」로서 「구체적 인간」을 단지 「존재의 운반자」 정도로 평가절하한 하이데거의 존재론이 정신적 바탕을 이루고, 「형식주의적 개념」의 「자체 생명」이 과학을 발전시킨다는 카바이예스의 「형식주의」가 기술적 바탕이 되어서 「구조주의」라는 「신실증주의」(le néo-Positivisme)가 탄생되었다고 진단한다. 그는 이 이른바 「신실증주의」에 대하여 맹공을 가한다.[29] 「신실증주의」는 언어활동에 명예를 돌려주기는커녕 오히려 언어활동에 혼란을 초래하였다는 것이다. 왜냐하면 「형식적 언어」의 발전은 「실제적」·「현실적」 언어를 희생시켰기 때문이다. 「신실증주의」는 「말」(la parole) 속에 담긴 「체험적 의미」를 과소평가하였고, 그렇게 함으로써 「언어」는 「말」과 분리되어 「생각하는 기계」의 「기호체계」로 변하고 말았다는 것이다. 「먼저 생각을 모방하는 기계는 사유를 설명하기 위한 모형을 사용하게 된다. 왜냐하면 사유의 기능은 어떤 철학자들에게 두뇌의 물질 속에서 법칙을 표상함으로써만 그 임무를 다하는 그런 법칙에 복종하는 구조의 익명적인 높이에로 축소되고 말기 때문이다」.[30] 그리하여 「언어의 개성적 실존」은 사라지고 오직 「집단의 법칙」과 「익명」에 종사하는 「형식언어」만 난무하게 된다. 「인간 부재의 철학」은 가공할 결과를 낳을 수 있다고 그는 경고한다. 현대사회는 모두 자기의 생각을 버리고 「매스미디어」(mass media)의 「대량적 정보홍수」와 「주장」에 자기를 복종시키고 있다. 「개인의 실존」은 그 「매스미디어의 판단」에 따라 매몰되기 때문에 인간은 그 대중사회의 그물조직의 일원 이상도 그 이하도 되지 못한다. 유능한 대중조작 전문가가 조종하는 기술속에서 움직이는 장기의 「졸」(卒) 정도의 의미밖에 다른 입장을 개인은 가질 수가 없다는 것을 그는 지적한다.

「신실증주의」로서의 「구조주의」는 두 가지의 무서운 결과를 현대사회에 낳을 수 있다. 그 하나는 「집단적 규칙」과 「체제」에 무조건 순응하는 「창조적 자의식 상실」의 인간군상이요, 또 다른 하나는 그 가치가 조야하고 히스테리적이고 광란에 넘쳐 흐르는 「무질서의 아나키즘」(l'anarchisme)에 빠지는 인간군상이다. 그런 아나키즘에는 밑도 끝도 없는 「반항아들의 행동양식」만이 파괴적으로 폭발하기 때문에—그 파괴가 혁명적 광기든 예술적 광기든 간에—그런 행동의 욕구불만은 결국 자기 자신과 사회의 창의성마저 손상을 입힐 수 있다.[31] 푸코가 말하는 지식의 질서는 역사와 생명에서 단절된 자기 영역을 갖고 있다. 그래서 푸코는 그 영역을 이론화하려고 한다. 그러나 그 이론은 「정신의 현상학」과 단절된 논리에 불과하므로 결국 그 이론에만 탐닉한 사람들끼리만 오고 가는 「독백」이지, 다른 사람과 사귀는 「대화」는 되지 못한다고 그는 신랄히 비판한다.

3) 앙리 르페브르의 비판

앙리 르페브르(Henri Lefebvre)는 뒤프렌느만큼 구조주의의 사상에 대하여 가차없이 비판하고 있다. 그러나 그의 비판은 뒤프렌느와 철학적 방향이 다르다. 뒤프렌느가 「인간 실존의 의미」를 보호하는 차원에서 구조주의를 부정적으로 겨냥하고 있다면, 르페브르는 공산주의자적인 관점에서 구조주의를 공격한다. 이런 그의 비판이 『구조주의의 이데올로기』(*L'idéologie structuraliste*)라는 저서에서 극명히 표현되고 있다. 르페브르는 구조주의적 발상은 전적으로 「기술자적인 발상」과 다를 바가 없다고 말한다. 「기능적인 체계를 분석하고 재구성하는 기술자는 실천적으로 구조주의적이다」.[32] 이어서 그는 또 다음과 같이 분석한다. 「구조론적 인간은 자연적 세계에 자연을 복사한 것이 아닌, 자연에 가지성(可知性, l'intelligibilité)를 대체시킨 인공적 세계를 첨가시킨다. 구조론적 인간은 기술과 기술성의 인간이다. (…) 구조주의적 활동은 언제나 기술에 자신을 결부시키고 있다. 그 활동은 두 가지 근본적 조작을 내포하고 있다. 즉 절단(이산적 단위, 의미화의 원자)과 배열이다」.[33]

자동차의 구조를 연구하는 정비사가 이왕이면 자동차 구조의 역사를 안다면 좋겠지만, 정비사 자격증을 따는 데 필수적인 것은 아니다. 이처럼 구조주의는 역사를 희생시키고 구조만을 응시하기 때문에 역사와 사회도 그 본질상에서 당연한 「동태적」·「변증법적」 파악에서 인식을 구하는 것이 아니라, 역사와 사회도 자동차 구조처럼 「정태화」시켜 나간다는 것이다. 역사적 사유는 시들어지고, 그 설 땅을 잃어간다. 그래서 르페브르는 마르크시스트로 자부하는 알뛰세르가 마르크시즘의 「동태적 본질」을 왜곡하여 오직 「정태적 사회구조」에 치중하였기 때문에 이론적으로 공허한 말장난에 빠지고 말았다고 비판한다. 그런 점에서 르페브르는 누구의 구조주의든 간에 모든 구조주의는 현대 자본주의 사회의 고도로 발달된 「기술정치」(la technocratie)에 필요한 「이데올로기의 구실」밖에 못 한다고 혹평하고 있다. 왜냐하면 「자본주의의 기술정치」는 가급적이면 인간에게 역사의식을 망각케 하고 파괴시키려 하는 속성을 지니고 있기 때문이라는 것이다. 그에 의하면, 구조주의는 결국 현대사회 전체를 「로보트화」(la cybernétisation) 하는 「이데올로기」이기 때문에 로보트에게 역사란 필요가 없다. 구조주의는 형식주의이다. 형식주의는 내용을 싫어한다. 그런데 역사는 인간에게 내용을 가르쳐 주기에 구조론적 형식주의가 역사를 기피하는 것은 당연한 귀결이라고 그는 지적한다.

르페브르는 「역사」가 「구조」를 결정한다고 생각한다. 그는 구조론적 분석과 변증법적 분석을 비교하면서 「변증법적 분석은 생산적이고 창조적인 인간 활동의 와중에서 (실천) 모순의 분석인데, 그것은 근본적이고 생성을 산출하고 구조를 구성하고 파괴하기도 한다」[34)]고 주장하면서 구조론적 분석에 대한 변증법적 분석의 우위를 설명하였다. 따라서 「역사는 구조의 근거로서 나타난다」.[35)]

이어서 르페브르는 레비-스트로쓰의 사상을 새로운 「엘레아 학파」(le nouvel éléatisme)라고 하여 동태적인 것을 희생시키고 오직 「정태적 세계」만을 분석의 진실한 대상으로 본 고대 희랍의 「엘레아 학파」와 연관시키고 있다. 이런 연관을 레비-스트로쓰는 대단히 불쾌하게 생각하면서 강력히 부인한다.* 르페브르뿐만 아니라 『레비-스트로쓰의 구조주의』라는 장편의 연구서를 낸 미레이유 마르크-리피앙스키(Mireille Marc-Lipiansky)도 유사한 견해를 개진하고 있다. 이 점에 대해서도 레비-스트로쓰는 역시 부정적이었다. 레비-스트로쓰의 부정과 관계없이 그의 사상을 「신엘레아 학파」의 사상과 연관시키는 것은 다소간 무리가 있다고 여기지만, 좌우간 여기서 그 문제에 대한 우리의 생각을 개진하지는 않겠다. 다만 그것은 독자들에게 그런 견해도 있음을 참고로 알리기 위한 한 방편에 불과하다. 우리가 르페브르의 구조주의에 대한 비판의 특징을 「유표화」하기 위하여 마르크시즘이 결코 알뛰세르가 시도했듯이 구조주의가 기술주의로 환원될 수 없다는 관점만을 관견하는 수준에서 그치기로 하겠다.

르페브르는 알뛰세르의 마르크시스트적 구조주의가 마르크스 사상의 내용과 무관하게 「추상적인 개념놀이」와 「논리적 기술상의 엄격성」에만 몰입하였다고 비판한다. 그래서 그는 알뛰세르의 이론은 내용이 없는 공허한 공염불에 지나지 않는다고 비난한다. 「이러한 시도(구조주의적)와 현실적으로 유행하고 있는 다른 이데올로기 속에 "엄밀성의 신화"(un mythe de rigueur)가 있다. 사람들은 운동을 두려워하고, 균형과 안정을 교리와 가지성(可知性)의 유형에서 건립한다. 사람들은 정태적인 상태를 위하여 전환과 전환상태를 거부하고 있다. 알뛰세르와 그의 추종세력에 의하여 이루어지고 있는 마르크스의 주석은 먼저 깜짝 놀라게 하나 곧 이어서 재빨리 그 뜻을 정의할 수 있다. 그것은 엘레아 학파에

---

* 1983년 레비-스트로쓰가 강신표 박사의 주선으로 한국정신문화연구원에 강연차 왔을 때, 필자와의 사석에서 자신의 사상을 신(新)엘레아 학파로 보는 견해를 불쾌한 표정으로 비판하였음.

의하여 검토되고 재검토되고 수정된 헤라크레이토스(Héraclite)이다」.[36)]

이 인용에서 우리가 알 수 있는 것은 알튀세르의 구조론적 마르크시즘은 엄밀한 의미에서 마르크시즘이 아니고, 「엘레아 학파」가 「헤라크레이토스 학파」의 운동과 변화의 사상을 왜곡 부정한 결과와 다르지 않다는 것이다. 여기에 이르러 르페브르는 알튀세르를 위시한 다른 구조주의자들도 한결같이 자본주의 사회의 「관료주의」(la bureaucratie)를 고착시키는 「관리적」 「이데올로그」에 불과하다고 혹평한다. 그는 이렇게 말한다. 「행정적 음조를 모방하면서 엄밀성의 언어활동은 무의식적으로 관료주의의 범주를 다시 거들고, 그 틀을 겉으로 엄밀한 비전 속에서 공고히 하려 든다. 관료주의는 인간들이 사라지더라도 남게 되고, 기호체계화한 관계는 사물들—여기서는 사회구성원—이 죽는 동안에도 유지된다. 체계는 영속화한다」.[37)] 그리하여 르페브르는 알튀세르와 달리 헤겔과 마르크스를 분리시킴은 마르크스를 죽이는 일로 생각하게 된다. 우리는 끝으로 그가 알튀세르에 가한 비판이 알튀세르의 사상에만 적용되는 것이 아니고, 그것을 일반화하면 구조주의 전반에 대한 비판가들의 공통적인 견해라고 생각한다. 그의 말을 듣자. 「숙달된 해부학자에 의하여 살을 제거한 뼈들만이 분해되고 해체되고 이어서 주의 깊게 관절을 고려하면서 다시 조립된다. 이것이 마르크스의 사상인가? 그것은 하나의 해골이다」.[38)]

3. 구조주의와 한국 인문사회과학의 연구방법을 위한 시론

1) 레비-스트로쓰와 한국문화 연구의 접근

지금까지 우리는 구조주의라는 거대한 이론적 궁전 속의 다양한 면을 관찰하기 위하여 구석구석까지 샅샅이 뒤졌다고는 자부하지는 못하지만 웬만한 곳은 놓치지 않고 그대로 독자들이 알기 쉽게 체계적으로 논술하려고 애를 써왔다. 구조주의는 확실히 하나의 새로운 체계이고, 그 사유체계에 따라 새로운 사상이 형성되었다. 그런데 그 새로운 사유체계와 사상이 한국문화를 연구하는 인문사회과학에 무슨 긍정적 또는 제한적 기여를 할 수 있는지 검토되지 않으면 안 된다. 그런 각도에서 우리는 이 저술을 끝내면서 이 문제에 관한 접근을 시험적 성격으로 다루어 보고자 한다. 그러기 위하여 우리는 우리가 논술한 세계, 「구조주의의 4거두」의 각각을 음미하면서 거기서 우리가 암시나 자극을 받을 수 있는 문제를 살펴보기로 하겠다.

일반적으로 말하여 구조주의의 방법을 창안한 레비-스트로쓰의 사상이 세상에 알려지고 연구 · 검토되기 시작하면서부터 그는 인문사회과학 연구에 주요한 두 가지 기본개념을 통용케 하였다. 그 두 가지 개념이란 곧 「구조」와 「무의식」이다. 이 「구조」와 「무의식」의 개념도 아무런 근거 없이 그냥 불쑥 돌출된 개념이 아니라 문화의 연구에서 생겨나온 개념이다. 그러므로 레비-스트로쓰 이후로 인문사회과학이 주어진 여건과 상황, 혹은 문화권이나 각 나라에서 그 문화에 대한 「기본 구조」,

그 문화가 안고 있는 「무의식」의 연구 없이 자신의 생산적이고 창조적인 이론을 발전시켜 나갈 수 없다는 방식이 보편화되기에 이르렀다.

구조주의의 방식에서 보면 문화의 개념은 그 문화를 향유하고 있는 인간과의 관계개념에서 고려된다기보다 오히려 그 문화 자체를 있는 그대로 그 존재에서 파악하려는 각도에서 고려되고 있다. 그러므로 이런 문화의 구조론적 연구는 이른바 미국의 문화인류학처럼 문화와 개인, 문화와 집단 사이에서 교육을 매개로 하여 상호 오고 가는 기능적 작용을 연구하는 방식과는 판이하다. 레비-스트로쓰의 「구조인류학」에 따라 우리가 얻은 방법론적 지식은 그 속에 사는 사람들의 선택과는 무관하게 주어진 「규칙」이요, 「법칙」이라는 것이다. 그러므로 문화와 거기에 사는 인간과의 관계는 전적으로 「외면성」의 관계이다. 외면성의 관계라는 것은 이미 앞에서 여러 번 제기된 개념이기에 여기서 다시 의논하지는 않겠지만, 단적으로 말하여 문화가 거기에 사는 인간을 「밖에서 강요하는」 「무의식적」 「명령」이나 「규칙」인 한에서, 인간들과 관계를 맺게 된다는 점이다.

그러므로 거기에 사는 사람들이 그 문화의 「문법」이랄까, 「명령하는 규칙」을 개개인의 인격적 의식의 수준에서 체험하느냐 안 하느냐는 별로 의미가 없는 질문이다. 이미 「무의식」의 차원이라는 자격이 그런 질문이 무의미함을 지시하고도 남는다. 그리고 또 그 무의식적으로 명령하는 규칙이 꼭 합리적이고 이상적(상상하건대)인 「규범성」에 일치하느냐 안 하느냐 하는 가치판단과 무관하다. 구조주의는 도덕철학적 · 사회윤리적 가치기준을 결코 제시하지 않는다. 이미 우리가 지적하는 바와 같이 구조주의는 「그와 같구나!」, 「그래서 그랬구나!」 하는 엄밀한 인식 파악만을 그냥 제시할 뿐이다. 그리고 레비-스트로쓰와 함께 사유하자면 문화는 그 문화 속에 사용되는 「언어활동」과 동일한 객관성과 법칙에 의하여 영향을 받게 된다.

이 점은 레비-스트로쓰가 「여자교환」과 「재산교환」을 규칙화하였을 때, 거기에 전언내용을 가능케 하는 부호체계로서의 언어교환도 거기에 상응한다고 말하였던 점에서 분명해진다. 물론 이때의 「언어활동」은 개인적 차원의 체험에서 나오는 「의미론」보다는 푸코가 말한 「담론」의 차원에서 성립되는 「통사론적」 차원에서 이해되어야 한다. 이와 같은 레비-스트로쓰의 생각을 따르다 보면 우리는 다음과 같은 한국문화의 여건을 생각하게 된다. 우리는 한국어의 문법에서 세계 다른 나라의 문법과는 판이한(동북아 문화권에서도 더 특이한) 「경어법」(敬語法)과 「비칭법」(卑稱法)을 갖고 있다. 거기다가 「반경칭법」(半敬稱法)과 「반비어법」(半卑語法)이 경우에 따라 쓰여지고 있다. 그러면 언어활동의 교환체계에서 엄격히 존재하는 이 「경어 · 비칭법」은 「여자교환」, 「경제교환」과 어떤 상호 유기적인 구조적 맥락을 갖고 있을까? 또 이것이 「사회생활의 의사전달」 체계와 우리의 「심리구조」에 무슨 법칙과 규칙으로 작용하고 있을까? 그런 상호 구조적 연관성이 전통사회와 산업사회에서 레비-스트로쓰가 말하는 통시적인 동일한 (유사한) 체계처럼 지배하고 있을까? 언어교환 체계에서 「불평등적인 존비칭제도」가 「비(非)언어적인 실천양식」에서는 의외로 「평등적 요구」가 강하게 작용하는 것과 어떤 관계에서 설명되어야 하는가? 언어적 실천양식의 존비칭(尊卑稱) 규칙에 대하여 비언어적 실천양식에서 균형을 유지하려는 구조주의의 균형법칙에 해당되는 것인가? 아니면 어떤 이데올로기의 사물인가? 「존비칭제도」에서 뿐만 아니라 우리의 「호칭제도」도 「유표적 특기성」을 지니고 있다. 직장에서 선후배 사이의 호칭, 학교 선후배 사이의 호칭, 상하 간의 호칭도 서양문화와 변별적 차이를 심하게 보여주고 있다. 직장 여성 사이에는 「언니와 미스 X」가 하나의 이상적 대립으로 작용하고 있다. 또 우리는 직접호칭보다 간접호칭을 많이 쓴다.

레비 스트로쓰는 이런 호칭제도를 「기술명」이라고 불렀다. 「XX의 아버지」, 「XX의 부인」 등이다. 또 어른이 되면 친구 사이도 서양처럼 이름을 직접 부르지 않고 그 사람의 직위나 명예스런 간접명사를 그의 성에 붙인다. 예컨대 「김 박사」, 「이 교수」, 「정 부장」 따위이다. 이런 「호칭의 규칙」이 「문화의 담론규칙과 사고의 통사론」에 어떤 제약을 가하고 있는가? 명예스런 「대명호칭」이 있는 사회관계와 그런 호칭이 잘 발전되지 않는 사회적 인간관계는 같은 관계의 밭에서 인식되어지는가, 아니면 전혀 다른 관계의 밭에서 이질적으로 관계하는가? 그런 두 집단 사이의 「이항적 대립」은 어떻게 그 갈등구조를 극복하고 있는가(전통사회와 산업사회에서)?

더욱이 레비-스트로쓰는 「친족구조」를 연구함에 있어서 「태도」를 고려하고 있다. 즉 「아들」이 「아버지」라고 부를 때 단순한 호칭만이 성립하는 것이 아니라 거기에는 아버지에 대한 아들의 태도와 역으로 아들에 대한 아버지의 태도가 결정된다. 그런 점에서 친족체계에는 「태도체계」가 「호칭체계」와의 특이한 관계를 맺게 되는데, 레비-스트로쓰는 「태도체계」가 「호칭체계」의 차가운 변별을 역동적으로 통합하는 기능을 갖는다고 한다.[39] 이미 레비-스트로쓰가 지적하고 분석하였듯이 「인도-유럽」의 친족체계와 친족명칭, 그리고 「티벳-중국」 계통의 그것이 다르다. 후자의 경우에는 친족의 체계가 세분화되어 있고 그물조직처럼 치밀하게 유기화되어 있어서 「자아」(ego)를 중심으로 한 친족명칭이 「객관적」이다. 그러나 전자의 경우에는 친족명칭이 「객관적이지 않고」 「규칙이 치밀하지 못하면서」 그 명칭도 자아를 중심으로 「주관적」이다. 이런 친족구조와 명칭이 갖는 「변별구조」가 우리의 태도와 사고결정에 주는 영향을 무시할 수 없을 것이다. 그러면 「한 · 중 · 일」 3국의 친족구조와 그 명칭에 어떤 차이가 있는가, 없는가? 있다면 그 「유표」(有標)가 사회 전체 구조에 어떤 기능적 작용을 해왔다고 볼 수 있을 것인가?

지금 우리는 이 마지막 절에서 앞에서 밝힌 구조주의의 총론과 구조주의자의 각론에서 제기된 「문제성」을 모두 상기하면서 그 모든 「문제성」이 한국문화의 구조인식을 위하여 어떻게 합법적으로 논의되고 연구 · 검토될 수 있는지 하는 점을 에누리 없이 성찰할 수는 없다. 그것은 한 절에서 다루기에는 너무 벅찬 문제이고, 또 별도의 종합연구가 분야별로 선행되어야 한다. 그리고 그런 연구는 어느 한 사람이 아닌 인문사회과학의 각 분야가 합동으로 연구 · 추진해 나가야 한다. 그러므로 이 마지막 절은 구조주의가 한국문화 연구에 던질 수 있는 「문제성」을 인문사회과학의 방법을 위한 몇 가지 시론적 예제로서 제안하는 데 그칠 수밖에 없다. 그것도 구조주의의 다양한 이론과 각 학자들의 학설을 다 재정리하면서 한국문화의 인문사회과학적 연구와 대응시킨다는 것도 물론 여기서는 불가능한 일이다. 그래서 우리는 구조주의의 몇 가지 「문제성」만을 발췌하여 미래지향적인 한국문화의 연구「테제」로서 암시하는 것에 만족할 수밖에 없다.

다시 우리의 주제에로 돌아가자. 레비-스트로쓰에 의하면 하나의 체계는 독립적으로 존재하는 것이 아니라 전체 문화체계 속에서 다른 체계와 함께 구성된다. 그렇다면 이미 앞에서도 암시된 바와 같이 우리의 「존비칭제도」, 「결혼제도」와 「관습」, 「경제의 생산관계」, 「친족제도」 속의 「태도체계」와 「호칭체계」, 일반 「사회생활의 호칭관습」과 「인간관계」 등이 서로 간에 상응하여 맺어놓은 유기체적인 「법」과 「규칙」이 전체 문화체계 속에 연계되어 존재할 수 있을지도 모른다고 상정해 볼 수 있다. 왜냐하면 문화는 하나의 「완결된」 「폐쇄적 체계」요, 「전체성」이요, 또 다른 한편으로 다른 문화체계와의 관계에서 엮어지는 「이산적 단위」(l'unité discrète)일 수 있기 때문이다. 그리고 한 문화단위 내부에서는 「사회생활의 다양한 표출에 공통적인 형태를 발견하는 것」[40]이 레비-스트로쓰의 구조주의의 기본정신이기도 하다.

그런 정신에 비추어 우리는 다음과 같은 점도 하나의 「문제성」(la problématique)으로 고려해 봄직하다. 한국인의 「요리체계」와 「복장체계」(전통), 그리고 우리가 위에서 예를 든 바 있는 「존비칭」 및 「호칭제도」와 「친족체계」 속의 「태도체계」 등과 어떤 구조론적 「상응방식」을 갖고 있는가? 또는 그런 것은 하나의 「억측」에 불과할 것인가? 이 문제는 지금 당장 결론을 내릴 것은 아니다. 왜냐하면 구조주의적인 구조는 우리의 직관에 환하게 보이는 「감각적 소여」라기보다 오히려 오랜 「관찰」과 「추리」 및 「변형」을 거쳐서 내릴 수 있는 문제이기 때문에 당장에 진위를 판별하는 것은 무리다. 다만 서양 복장체계와 한국인의 전통적 복장체계와의 「상관적 차이」는 쉽게 우리에게 판독된다는 사실이다.

서양 복장은 호주머니가 있고 비교적 구분체계가 뚜렷한데, 한국인의 전통적인 복장은 호주머니가 뚜렷하지 않고 「구분」보다 「두루 싸는」 체계를 지니고 있다는 것이다. 푸코나 알튀세르가 표상한 비유를 들면, 「서양 복장」은 「1층, 2층, 3층」의 건축물 구조형태를 지니고 있다면, 한국인의 전통적 복장은 「동심원」을 중심으로 하여 둘러싸는 「보자기」 형태를 지녔다고 보여진다. 한국의 「요리」와 「식사법」과 서양문화와의 그것과 「상관적 차이」가 무엇인가? 또 다 같은 극동문화권 속에서 「한·

중 · 일」 3국의 「의복체계」와 「요리 및 식사체계」 사이에도 인식론적 「변별구조」가 있는가, 없는가? 이런 의문에 대한 답변은 한국문화의 구조론적 「법칙」과 「규칙」, 그리고 그 문화의 「무의식」을 인식하는 데 매우 중요한 것으로 보인다.

이 문제는 문화인류학과 의상학, 요리학의 전문가들에 의하여 합동 연구가 이루어져야 하리라. 한국의 「요리체계」가 모든 것을 한꺼번에 넣어서 잡탕으로 「익히는」 「동시적」(synchronique)인 「요리체계」라고 보아도 무리가 없을까? 그런 「동시적」 잡탕의 「익힘」이 한국요리의 대종이라고 한다면 (결론은 성급하게 내릴 수 없고 하나의 가정임), 한국의 「식사법」도 「연쇄체적」(syntagmatique)인 것이 아니라 「계열체적」(paradigmatique)인 것으로 보아도 좋을는지? 일반적으로 표상작용에 의해서 보면, 「연쇄체적」인 시간순차는 건축구조와 유비적인 관계를 갖는 반면, 「계열체적」인 「은유법」은 「공간적 동시성」의 「보자기형」을 연상시킨다. 그렇다면 그 「보자기형」은 예의 「언어활동」, 「친족체계」, 「경제적 생산관계」, 「호칭 및 태도체계」 등과 하나의 구조론적 공통적 형태를 지니고 있는가, 그렇지 않는가? 또 이런 발상도 인문사회과학의 방법론적 연구의 길잡이가 될 수 있을지도 모르겠다. 만약에 가칭(假稱)이 「보자기형」의 「의복체계」와 「요리 및 식사체계」가 우리의 전통적인 「취락구조」 또는 「가옥구조」와 어떤 「유비적 관련성」을 갖게 되는 것일까? 만약 전문가들에 의하여 그런 유비적 상관성이 입증된다면, 그 「보자기형」(건축형 또는 가방형과는 다른)의 「문화규칙」이 우리의 의식에 미치는 「무의식적 구조법칙」은 무엇일까? 흔히 우리는 일본의 대기업과 달라 한국의 대기업이 「문어발」식 기업경영을 한다고 말한다. 이 문어발식 기업경영은 예의 저 「보자기형」의 사고구조와 무관한 것인가?

이와 같은 물음들이 연구결과에 의하여 부정적인 결론이 나올지 미리 단정할 수는 없다. 그러나 레비-스트로쓰의 방법론과 사유체계에 의지해서 한국문화를 인문사회과학적으로 생각하면 예의 저와 같은 물음들을 한번 「문제성」으로 제기하지 않을 수 없다. 왜냐하면 레비-스트로쓰에 있어서 「구조개념은 항구적 관계」를 정립하고, 거의 수학적 준공리에 해당할 정도의 「요소의 집합」과 다르지 않기 때문이다. 그래서 그 「집합의 한 요구」가 수정되면 「전체의 다른 요소」들에게도 파급효과를 미치고 있다. 그런데 그런 구조 속에서 한 개인이란 결국 「추상」에 불과하고, 따라서 개인들을 지배하고 있는 「문화규칙」은 동시에 단독적인 규칙이 아니라 그 문화 속의 다양한 장르와 「논리적 결합」을 할 수 있는 규칙이어야 한다. 그러므로 문화인류학의 규칙은 사회학의 규칙과 다르지 않고, 그 사회의 규칙과 법칙은 동시에 거기에 살고 있는 사람들의 정신구조의 무의식적 규칙과 서로 대응하고 있다. 그런데 그 규칙은 바위가 산 언덕에 놓여 있듯이 그렇게 실재하는 것이 아니라, 학자들에 의한 인간 정신의 「연산적 작업」에 의한 「조작」(l'opération)이다. 그것이 정신의 논리적 탐구에 의한 「조작」이라 할지라도, 그런 「규칙성」을 발견케 하는 「기본적 질료」는 어디까지나 「사실의 여건」일 뿐이다.

그러므로 레비-스트로쓰의 사상을 단순히 「유명론」(le nominalisme)이라고 불러서는 안 된다. 그의 사유체계에 있어서 「사물은 정신」이고, 또 「사유의 법칙」은 「사물의 배열」과 「사회적 사실」 속에 있다.[41] 이런 그의 사상은 신화의 연구에도 그대로 나타난다. 이미 우리가 아는 바와 같이 신화는 그에게 있어서 결코 해석학적 「의미론」이나 「민족 이데올로기」의 저장고가 아니다. 「신화」도 「요리」나 「복장」, 그리고 「친족」과 「언어활동」처럼 하나의 「문화적 사유체계」요, 그 문화의 생리를 알려주는

「문법」일 뿐이다. 그러므로 모든 신화는 서로 유사한 상응구조를 지니고 있지만 겉으로 잘 드러나지 않는다. 단지 수학적인 변형의 방식을 통하여 모든 신화의 기본구조가 인간의 정신에 떠오를 뿐이다. 그러나 각 언어가 서로서로 「변별적 차이」를 지니듯이 신화도 「형식논리의 수준」에서 다 동일한 것은 아니다. 거기에는 「형식적 구조논리」의 「동가성」(同價性)과 「변별적 유표」에 의한 「특색」이 동시에 나타나 있다. 예컨대 토템체계에서 이미 우리가 본 네 가지 유형 가운데 어느 집단은 토템 「유형 I」에 속할 수 있고, 어느 집단은 「유형 IV」에 속할 수도 있다. 그래서 「차이」와 「동가성」을 동시에 표현하기 위하여 구조언어학이나 구조주의에서 「상관적 차이」(la pertinence)라는 말을 쓰기도 한다. 좌우간 신화에 관하여 말하자면 우리가 분석한 내용을 다시 상기할 필요가 있다. 「신화는 그들끼리 서로 생각하지」, 레비-스트로쓰 그가 신화의 사유체계를 임의로 추출한 것은 아니다. 「신화가 신화소들끼리 서로 생각한다」는 것은 그것이 동시에 다른 사회체계의 요소들과 같은 구조적 맥락을 지니고 있다는 뜻이다.

그런데 신화들끼리, 「신화소」들끼리 서로 생각한다 함은 한 문화의 기본 사유방식을 규칙화하기 위하여 많은 신화들을 소재로 연구해야 함을 뜻한다. 예컨대 단군신화와 삼국의 건국신화를 그 자체 「의미화」한다는 것은 레비-스트로쓰의 분석방법대로 하면 별로 큰 의미가 없다. 왜냐하면 우선 그 자체가 양적으로 너무 부족할 뿐만 아니라, 또 그 신화들이 이미 「이데올로기」화하여서 신화 본디의 순수한 무의식적 기능이 변질되었을 수도 있다고 보아야 하기 때문이다. 그러므로 한국신화를 분석하려면 적어도 동북아 문화권 전체의 신화를 우선 채집하여 그 신화를 한 묶음으로 하는 「상관적 차이」와 「차이」의 체계를 조사해야 하고, 또 동시에 한국의 설화를 충분한 양으로 채집해야 한다. 민담, 구비문학, 전설, 속담 등 푸코가 말한 모든 담론을 일단 채록한 다음 그것을 토대로 신화분석에 의한 한국인의 사유구조를 체계화할 수 있을 것이다. 그런 점에서 한국정신문화연구원이 다년간의 노고 끝에 완성한 『한국 구비문학대계』는 부족한 우리의 신화소재를 보완하는 중요한 역할을 한다. 이제 구조주의의 방법론에 의거해서 그 자료를 분석하는 일이 남았다.

또 레비-스트로쓰의 사상을 규정하기가 쉽지 않다. 전통적인 철학의 분류방식대로 하면 그는 「유물론적」임에는 틀림없다. 그러나 그는 우리가 철학사에서 만나는 그런 유물론자가 아니다. 왜냐하면 그에게는 「관념론」의 냄새를 진하게 지니는 사고의 요소를 또한 무겁게 갖고 있기 때문이다. 물론 그는 「합리론자」이지 「경험론자」는 아니다. 그러나 그의 사상이 「관념론」과 「유물론」의 두 측면을 동시적으로 지니고 있어서 「관념론적 유물론」이라고 명명하여도 크게 그르치는 일은 아니라고 여겨진다. 이런 각도에서 보면 그의 문화론은 관념의 수학적 구성에 의한 법칙발견과 이어지지만 그 문화가 자연과 결코 무관하지 않다. 오히려 그의 문화는 궁극적으로 자연 속에 용해된다. 이 말을 좀더 풀어서 설명하면, 자연의 물질이 주는 환경적 구조연관을 무시한 문화구조는 성립하지 않는다는 뜻이다. 그런 경우 한국문화의 인문사회과학적인 접근은 한국의 자연과 기후에 대한 「자연지리학적인 구조」의 해명 없이는 도달하기 힘들다는 결론이 나온다. 그런 점에서 「자연지리학」의 관점이 한국의 문화체계에 미치는 상관표의 작성이 문화인식 이론에서 요청된다는 것도 간과할 수 없는 「문제성」이라고 보여진다.

2) 라캉과 한국문화 연구의 접근

라캉의 정신분석학이 한국문화의 연구에 무슨 역할을 할 수 있겠는가를 딱 부러지게 말하기는 어렵다. 라캉은 인간이 누구든지 말을 하지만 무엇보다도 「상징이 인간에게 말을 하게 한다」고 진술하고 있다. 그리고 「무의식의 존재」의 문제는 라캉에게 있어서 인간의 의식과 전혀 관계가 없고 「인간의 언어활동」과 깊숙이 연관되어 있다. 그러므로 인간의 「언어활동」은 「인간의식」에 대하여 「외적인 대상」이요, 「익명적」이며 「불투명한 속성」을 지닌 대상이다. 그런데 이 점을 좀더 자세히 생각하면, 「언어활동의 법칙」이 무의식적이라기보다 오히려 「언어활동의 법칙」이 「무의식을 구성」하고 있다고 봄이 더 라캉의 주장에 어울리는 논지이다. 왜냐하면 우리가 이미 앞에서 성찰하여 보았듯이, 「무의식이 언어활동의 조건」이라기보다 오히려 「언어활동이 무의식의 조건」이라고 함이 더 타당하기 때문이다.[42] 그러므로 인간이 「언어활동」을 하지 않으면 무의식이 형성되지 않는다는 결론이다.

그러나 언어활동을 하지 않는 인간은 이미 인간이 아니기에 인간에게는 누구나 예외없이 무의식이 있다. 그런 점에서 「언어활동」(le langage)은 라캉에게 있어서 「무의식의 구조법칙」을 형성하는 주된 악상(Leitmotiv)이라고 보아도 틀림이 없으리라. 그 「언어활동」은 근원적 「법」(la Loi) 자체이고 「질서」(l'Ordre) 자체라고 강조하여도 지나침이 없으리라. 그 「법」과 「질서」는 어떤 내용에 의하여 종속되지 않고 오히려 개개의 사례와 구체적 경우들을 초월해 왔다. 그래서 라캉은 「능기의 질서」는 소기와 무관하고, 바로 소기와 무관한 「능기의 질서」가 「무의식의 담론」

으로서 존재한다고 밝혔다. 그런 점에서 라캉의 무의식은 개인적 사례의 무의식을 초월한 「초개인적」이며, 그래서 이미 살펴본 바와 같이 「무의식은 언제나 타자의 담론」이다.[43] 이와 같은 담론은 「주체의 의식의 자유로운 처분」과는 동떨어져 있기 때문에 「정신병」이나 「신경증세」의 치료는 궁극적으로 그 「담론들」과 「주체의 의식의 무자각」 사이를 메워주는 역할을 함으로써, 결국 주체의 의식이 라캉의 용어대로 말하면 「충만한 말」(l'parole pleine)로 자기 스스로를 재정립함에서 성립한다. 인간은 누구나 무의식의 영향에서 벗어날 수 없기 때문에 정상과 비(非)정상의 차이는 질적 차이가 아니고 양적 차이에 불과하다.

「무의식의 언어활동」은 우리가 알고 있는 바와 같이 주체의 의식에 의하여 「억압된 소기의 다양한 능기들」인데, 그 「능기들이 무의식의 법칙에서는 소기에 종속되지 않고」 자기 나름대로의 「법칙」(압축이나 치환, 은유나 환유 등)을 구성하고 있다. 예컨대 그 능기들은 「꿈」, 「착오행위」(실착행위), 「기벽」, 「재담」 등으로 표출된다. 이 증후(le symptôme)들은 「상징」이고, 「능기」이며, 또 언어활동의 일종이다. 그러면 이 모든 「증후」들은 왜 생기게 되는가? 그것은 「욕망」(le désir)에서 온다. 그런데 이미 우리가 앞에서 검토하여 알고 있듯이 라캉에 있어서 욕망개념은 단순히 개인적 차원의 생물학적 본능이 아니다. 「언어활동이 무의식의 조건」이고 또 「무의식은 타인의 담론」임을 우리는 알고 있다. 그리고 라캉에게 있어서 「욕망도 타인(자)의 욕망이다」.[44] 그런 점에서 언어활동은 단지 욕망을 표현하기 위한 수단이 아니다. 오히려 「언어활동」은 「욕망이 타인의 욕망」이게끔 하는 촉매 역할을 한다. 그런 점에서 언어활동이 없다면 무의식의 욕망도 발생하지 않는다는 결론이 나온다. 따라서 욕망은 어떤 주체의 숨은 뜻이 솟아난 것이 아니고, 어떤 주체가 몸을 담고 있는「언어활동의 능기」들이 스스로 엮어내는 능동적 활동과 다른 것이 아닌 셈이다. 그런데 언어활동이 타인에 대한 언어활동이듯이「욕망의 언어활동」인「능기」는 스스로 말하기 위한「장소」로서「타인(타자)」을 찾는다.「타인」을 찾는다는 것은 결국 욕망이「존재에의 결핍」(le manque à être)임을 뜻하는 것이다. 라캉의 표현처럼「꿈은 욕망의 은유」이고,「욕망은 존재에의 결핍의 환유이다」.[45)]

우리가 이미 앞장에서「무의식은 타인(자)의 담론」이고「욕망은 타자(인)의 욕망」이라는 라캉의 언표를 풀이할 때, 그 언표상의「소유격」은「주격」과「목적격」의 두 가지 의미를 동시에 품고 있음을 지적하였다.「타인을 담론함과 욕망함」과「타인이 담론함과 욕망함」의 두 가지 측면이 그 언표에 동시적으로 작용하고 있다. 왜 그런「이중구조」가 가능하느냐 하면「자기」와「타자」는 다 각각「존재에의 결핍」이기에 그「소유격」이「상호 주체적 교통」일 수밖에 없기 때문이다.

지금까지 우리는 라캉이 밝힌 무의식의 구조를 언어활동과의 관계에서 간략히 설명하였다. 한번 더 소략하게 정리하자면, 언어활동이 무의식을 가능케 하는 조건이고, 언어활동이 욕망을 일깨우는 조건이다. 그런데 그 언어활동은 유아기와 어린아이 시절에 이미 무의식으로 형성된다. 어머니와 아버지, 그리고 어린아이와의「상호 주관적 관계」에서 무의식이 형성된다. 그런데 부모도「존재에의 결핍」이고 아이도 마찬가지이다. 그래서「상호 주체성」,「초개인적 인간관계」가 최초로 가정에서 형성되는데, 아이의 무의식은「부모의 욕망」에서 형성된다. 그러면 한국인의「어머니」는「어떤 욕망의 통사(統辭)」를「언어활동」으로 아기에게 말을 건네고 있는가? 아버지는 무슨「상징의 법」을 아기에게 금지시키고 있나? 아기 시절 형성된 무의식이 평생을 지배한다. 또 그 지배하는 무의식이 다음 세대에게 접목된다. 그러면 아기에 대한 「우리 어머니의 욕망」과 「아버지의 상징적 법」이 무엇인지 우리는 조사해 보아야 한다.

모든 「욕망」은 아기에게 「언어활동」을 통하여 진술되고 전달된다. 그러면 이런 방법을 우리가 상상할 수 있다. 「한 · 중 · 일」 3국의 공동 문화권에서 「어머니의 욕망」과 「아버지의 법」이 「성(性)의 언어활동」을 통하여 자식(특히 유아)들에게 어떤 「통사론」으로 진술되고 있는가? 물론 개인 가정마다 차이가 있음은 두말할 필요가 없으리라. 그러나 크게 거시적으로 보아 「한 · 중 · 일」 3국 국민들의 사고와 행동양식에 차이가 있다면 그것은 유아기에 「부모와의 담론형태」의 차이에서 오는 것으로 보아야 하리라. 그것을 알기 위해서는 정신분석학자와 유아교육학자들이 공동 노력을 통하여 무작위적으로 아기와 부모 간의 대화의 담론들을 대량으로 조사하여 그 담론들의 「통사론적 변별구조」를 파악하여야 하리라. 그런 다음 그 통사구조 위에서 「죽음」, 「삶」, 「선악」, 「행복」, 「타인」, 「희구」 등에 대한 「의미론적」 분석을 시도해야 하리라. 동양 3국만이 아니라 서양인 가정에서의 유아와 부모 간의 오고 가는 담론을 무작위로 대량 채록하여 그것이 우리의 것과 어떤 점에서 「변별적 차이」를 나타내고 있는가를 분석하는 것이 필요하다고 본다. 그런 경우 「꿈」이라든가 「기벽」, 「재담」, 「착오행위」 등은 모두 무의식의 「증후」들인데, 「통사론적 바탕」이 없는 「의미론적 분석」만으로는 한국인의 무의식의 구조가 잘 드러나지 않을 것이다.

왜 한국인의 데모에는 서양인의 데모에서는 쉽게 찾아볼 수 없는 「결사투쟁」이라는 용어가 그토록 자주 등장하는지? 왜 한국인의 「타인의 담론」으로서의 결심을 나타낼 때 「혈서」나 「삭발」의 「관행」이 나타나는지? 한국인이 서양인보다 일반적으로 다혈질이라면 그 이유가 어디에 있는지? 한국인의 도덕심의 기조는 어디에서 심어지는지? 왜 한국인들은 예컨대 교통규칙과 같은 법과 질서를 잘 지키지 않는지? 왜 일부 한국인들은 자신을 객관화시키는 여유를 갖지 못하고 오로지 외곬으로만 행동하는지? 사회적 권위를 무시하고 외곬의 흑백논리나 저항일변도로만 흐르는 경향은 한국인의 가정생활의 문제점과 관계가 있는지? 즉 가정에서 아버지의 상징이 라캉이 말한 「법」과 「질서」의 권위로서 「유아」에게 투입되고 있는지? 그런 사람들의 가족관계는 어떤지? 혹시 아버지에 대한 강한 증오심을 무의식에서 품고 있는 것이 아닌지? 이 모든 것의 비밀은 라캉의 구조분석에 따르면, 「욕망은 타인의 욕망」인데 그 「욕망의 무의식」은 「언어활동」에서 결정된다면(능기의 통사에서), 한국인의 부모가 아기에게 보내는 「언어활동의 능기」들이 무엇인지 먼저 그 기본부터 탐구되지 않으면 안 되리라 믿는다. 그리고 그런 「결사투쟁」이나 「삭발」의 행태가 앞에서 거론된 「보자기형」의 문법(?)과 어떤 내재적 연관구조를 갖는지 하는 것도 연구되어야 하리라.

3) 푸코와 한국문화 연구의 접근

푸코와 한국문화 연구의 방법론적 접근을 한데 묶으면서 먼저 푸코 철학의 두 가지 얼굴 가운데 역사 · 철학적 비판인 계보론적 측면을 여기서는 괄호 속에 묶어두고 단지 그의 고고학적 인식이론만 생각하기로 한다. 이 후자만이 엄밀한 뜻에서 구조주의적이지, 전자는 구조주의의 성격에서 많이 일탈되어 있다. 이미 우리가 살펴본 바와 같이, 그의 「인식성」(l'épistémè)의 이론은 레비-스트로쓰에게서 우리가 발견하는

「체계의 이론」과 다를 바가 없다. 푸코를 다루는 곳에서 우리가 살펴보았기 때문에 여기서 본격적으로 재론하는 것은 중복의 권태로움을 주므로 가급적 한국문화 연구의 방법적 접근의 방편으로 이용됨직한 문제성들만 몇 가지 예제로써 간략히 서술하겠다.

푸코가 우리에게 독창적 사상과 사유체계로서 보여준 고고학적 이론은 단순한 인식이론, 즉 과학적 지식을 탐구하는 길잡이로서의 인식이론은 아니다. 오히려 그의 「고고학」은 한 시대 인식의 공통적 성격, 지식의 공통적 구조와 그 역사를 가능케 해주는 「과학적 지층이론」이라고 봄이 온당하리라 여겨진다. 그리하여 그는 이 지층을 일컬어 「역사적 선천성」이라고 불렀던 것은 우리가 익히 아는 바이다. 이 「역사적 선천성」으로서의 지층은 또한 과학과 문화 그리고 역사의 모든 「지식유형」을 결정짓는 「공간」이라고 하여도 과언이 아니다. 그러므로 한 역사 속의 「생활지식」, 「과학지식」, 「철학」도 모두 그 역사적 시기가 밑바탕에서 제기하고 있는 「인식론적 경향」에서 벗어나지 못하고 있다. 그런 점에서 푸코는 과학이 탐구하는 「대상」이 과학의 「성향」을 결정짓는다기보다 과학이 차지하고 있는 「장소」와 「시기적 위상」이 과학과 문화의 「경향」과 「특색」을 결정짓는다고 생각한다. 그러므로 고전시대의 「자연학」이 19세기 이후의 「자연과학」과 대상은 같을지 모르나 그 학문이 차지하는 시간적 위상이 다르기 때문에 고전시대와 19세기 이후에 각각 자연과학이 기본적 철학을 달리하게끔 되었다.

그런 점에서 푸코가 「실증성」이라고 불렀던 것은 결국 같은 시기, 예컨대 고전시대라면 고전시대의 자연학, 언어학, 경제가 각각 동시성적으로 지식의 일반적 성격과 구조를 같은 지식의 지층 위에서 같은 양식으로 진술하고 있음을 뜻하는 것이기도 하다. 그러므로 푸코의 용어대로 생각하면, 만약에 한 시대의 「실증성」이 다음 시대에 그것이 계속 같은 「실증성」으로 나타나지 않으면 두 시대에는 급격한 인식론적인 「단절」이 생기는 셈이 된다. 푸코의 사상과 사유체계에서 보면 역사는 지식의 계속성과 인과성의 연속이나 진보가 아니고, 언제나 거기에는 여러 가지 단층이 있게 마련이다. 현재의 지식은 앞 세대나 과거 전통의 상속자가 될 수 없다는 것이 푸코의 소론이다. 엄밀한 의미에서 푸코의 「고고학」은 역사의 「연속성」과 「전통성」을 부정하는 셈이다. 우리는 왜 푸코가 그런 바슐라르적인 「인식론적 단절」의 마디를 역사성의 인식에 고집하는지 그 이유를 이미 알고 있다. 지금 우리는 푸코뿐만 아니라 레비-스트로쓰나 라캉, 알튀세르의 구조주의가 과연 옳은지 아닌지를 평가하지는 말자. 평가와 이해는 서로 다른 문제이다.

우리의 이 저서는 평가를 위해서라기보다 이해를 위해서이다. 그러므로 각 구조주의자가 주창하는 사유체계를 한국문화 연구에 대입해 볼 때, 어떤 방법론적인 접근이 가능한지 한번 시도해 보고 연습해 보는 것이 주 목적이다. 우리가 제7장에서 구조주의에 대한 비판을 소개한 것은 본격적인 평론을 위해서가 아니라 구조주의에 대한 다각적 이해를 높이기 위해서였다.

다시 푸코에게로 돌아가 보자. 그가 역사의 「인식성」을 말하였는데, 그것은 결국 개인적인 지각이나 사고형성, 그리고 감정의 결보다 먼저 한 시대의 공통적이고 익명적인 지식의 질서가 있음을 알려주는 것이다. 그와 같은 「질서」는 「사유가 발견한 작품」이지 실제적 존재가 갖고 있는 대상의 성격은 아니다. 푸코가 말한 「역사적 선천성」의 개념 자체가 그 사실을 웅변으로 입증하고 있다. 이와 같은 푸코의 사유체계를 염두에 두고 한국문화를 생각해 볼 때, 푸코의 이론이 한국문화와 사상사에서도 적용될 수 있겠는가 하는 점이다. 물론 푸코는 자기의 「인식성」의 발견과 「인식론적인 단절」을 오직 서양사의 경우에만 한정시켰는데, 이 푸코의 방법이 동양사와 한국사에도 합법화될 수 있는지 검토해 보는 것은 역사인식의 새로운 지평확장을 위해서 필요한 조치일 수 있으리라. 그리고 그 문제에 못지 않게 서양사의 「인식성」과 동양사의 그것이 근본적으로 어떤 「변별적 차이」를 가지고 있는지 없는지 하는 것도 연구되어야 한다. 역사가 재래의 지성사나 문화사처럼 지성의 통시적 전개과정을 서술하는 것이 아니라면, 푸코의 방법을 일반화하여 동 · 서 역사의 「역사적 선천성」이 「인식성」에서 어떤 구조적 차이 때문에 각각 상이한 철학과 과학이론이 나오게 되었는지 하는 것도 인문사회과학의 「문제성」으로 제기됨직하다.

철학을 넓은 의미에서 일단 파악한다고 전제해 놓고 보자. 동서철학이 태동되는 각각의 여명기에 동서사상은 인간을 생각하고 정의하는 기본 바탕이 다른 것으로 나타난다. 여기서 인간에 대한 관심은 푸코가 비판한 19세기부터 오늘에까지 부각된 「인간주의」라 할까 「인간학적」인 관점에서 파악되는 그런 「인간」이 반드시 아님을 염두에 두고 논의하기로 하자. 동양의 유교문화권에서의 「인간」은 「은유법적인 사고」에 의하여 정의되었던 것으로 보인다. 예컨대 「인간은 천지의 마음」(人者 天地之心)이라든가 또는 「인간은 인(仁)이다」(人者也仁)라는 「언표」들은 「인간」을 「천지」와 같은 우주에 「마음」이라는 표상을 부가하여 「인간」과 「천지」 사이를 「마음」으로 「계열화」하는 방식을 취하고 있다. 그와는 반대로 고대 희랍의 인간 정의는 「환유법적 질서」와 관련을 맺고 있는 것으로 나타난다. 예컨대 「인간은 이성적 동물」이라고 한다든지 또는 「사회적 동물」로 규정하는 방식은 「환유법적 방식」에 속한다. 왜냐하면 동물과 인간은 「인접」되어 있고, 단지 종차로서 「이성적」이라든지 또는 「사회적」이라는 제한규정을 두고 있기 때문이다.

이런 정의방식은 「인간은 인(仁)이다」(人者也仁)라는 정의방식과 다르다. 왜냐하면 「인간」과 「인」(仁)의 두 개념은 「인접성」에 의한 「치환작용」이 불가능하고, 단지 거기에는 「연상에 의한 계열체적 성질」이 지배적이기 때문이다. 만약 우리가 이 주장이 근거 있는 것으로 받아들여진다면, 이런 인간 규정의 상이한 질서가 「의학」이나 「기호학」(역경은 하나의 거대한 기호학 체계임)과 「정치학」에서 어떻게 각각 푸코가 말한 「실증성」의 공통분모를 하나의 인식체계로서 상이하게 유지하여 왔었는지 검토되어야 하리라. 적어도 그런 인간관에 바탕한 인식체계가 「의학」, 「기호학」, 「정치학」 등에서, 또는 「언어학」 등에서 「실증성」의 「지식고고학」을 어떻게 체계화시켜 나갔는지 규명되어야 하리라. 그 구명(究明)이 성공할지 안 할지는 미리 예단할 수는 없다. 그러나 하나의 인식론적인 「문제성」으로서는 충분한 값어치를 지니는 것은 사실이다.

조금 전에 인간에 관한 동서양 여명기의 규정적 차이를 변별적 구분에 의하여 시도하여 보았지만, 그런 구별은 누구에 의하여 인위적으로 이루어진 것은 아니다. 그래서 더욱 하나의 「인식성」으로 가치를 더 지니게 되는 것으로 보인다. 그러한 「변별구조」 위에서 「지식의 일반적 체계」를 각각 정립하기 위하여 푸코가 말하는 「실증성」(la positivité)의 준거를 많이 발견해야 한다. 한 가지 사실만 가지고서 성급하게 결론을 내리는 것은 무리다. 그러기 위해서 우리는 푸코가 말하는 「고문서」(les archives)에서 많은 「실증성」을 준거의 「기념비」로 찾아내야 하리라. 그런 작업에 의한 연구는 또 하나의 독립적 저술을 요구하므로 여기서 우리는 우리 주제의 분수에 맞게 몇 가지 시론적 예제를 상기시켜 보는 것으로 만족할 수밖에 없다.

동북아시아 유교문화의 여명기에서 동양은 지식체계를 형성한 기호적 능기로서 「생장수장」(生長收藏)의 상징으로 구조화하였다고 여겨진다. 이 「생장수상」의 「기호」와 「상징」은 곧 「식물성」의 세계와 관계되는 「상관표」이다. 식물은 태어나서 자라고 열매를 맺고 그리고 땅 속에 다시 숨고, 그 다음 봄에 다시 태어난다. 거기에 순환의 체계가 있다. 거기에 비하여 고대 희랍의 상징체계는 어디까지나 동물적이다. 「언어를 사용하는 동물」, 「도구를 이용하는 동물」 등과 같이 동물적 「상관표」에 의하여 인간의 위치를 정하였다. 인간을 「식물적 상관표」에 연관시키는 「표상」과 「동물성」에 구조화시키는 「표상」과의 사이에서 오는 차이가 어떤 지식의 「일반적 체계」로 구조화되는지 하는 것이 「문제성」으로 등록되지 않을 수 없다. 그리고 그런 인간의 위치 설정의 「차이」는 「지식」과 「가치」의 차이를 가져올 수 있다.

푸코는 「대상의 차이」가 「과학의 차이」를 가져오는 것이 아니라, 「과학이 놓여 있는 위상의 차이」가 「과학지식의 차이」를 빚게 된다고 암시하였다. 이런 「인간의 상관표의 위상 차이」가 사회화의 과정에서 인간관계의 관심 차이를 빚을 수도 있지 않겠는가 하는 가설을 상정해 볼 수 있다. 왜냐하면 중국의 유교문화권에서 주로 등장하는 의미론이 「효제」(孝悌)와 「화」(和)라면, 고대 희랍의 문화권에서 「정의」나 「공동선」이나 「분별력」 등이 인간관계의 가치로서 주로 등장하기 때문이다. 이미 알고 있는 바와 같이 구조주의는 어느 것이 좋고 덜 좋고 하는 가치판단을 유보하고 「그것이 그래서 그렇게 되었구나!」 하는 진단을 내릴 뿐이다.

우리는 「이데올로기」에 쉽게 물든 가치판단은 여기서 유보하기로 하자. 여기서 우리가 단순히 「의미론적 차원」에서만 평면적으로 개념을 비교함은 별로 큰 「고고학적 의미와 가치」를 지니지 않음을 알아야 한다. 재래의 「비교문화권」이나 「비교언어학」, 「비교철학」이 범한 과오가 그것이다. 「화」(和)는 서양문화에서 「harmonia」에 해당하고, 「의」(義)는 거기에서 「justitia」에 상응하고, 「효제」(孝悌)는 「pietas filii」나 「fraternitas」 등과 비교된다는 논의는 「비교」이지 「지식의 고고학」은 아니다. 그런 「비교론」의 과오가 발생한 까닭은 의미가 자리를 차지하는 「담론」이나 「언표」를 무시하고 「탈담론적」·「탈언표적」 인식을 시도하려는 데서 파생한다. 우리는 푸코의 고고학에서 담론과 언표가 얼마나 중요한 것인지 알고 있다. 「담론」과 「담론의 원자」로서의 「언표」를 떠나서 「지식」은 성립하지 않는다. 그래서 푸코는 「지식」이 「담론」이나 「언표」의 「외면성」이고 「실증성」이라고 말하였다. 그런 점에서 동북아의 신화와 고대 희랍, 로마의 신화도 담론과 언표의 체계 속에서 그 지식의 지층을 찾아야만 그 신화체계가 다른 과학의 담론에 어떻게 그물조직으로 연결되어 있는지 알 수 있게 된다.

「예」(禮)에 대한 고고학적 연구도 마찬가지이다. 동양의 「예」(禮)와 서양의 「법」이 의미론상으로만 어떤 것이고 어떤 특색을 상호 갖고 있다고 주장함은 「지식의 일반적 체계」(le système général du savoir)에 등록될 수가 없다. 「예」(禮)와 「법」이 각각 어떻게 「사회제도화」하였으며, 거기서 파생된 개념이 「정치질서」와 「생산관계」, 「결혼제도」와 「호칭제도」, 그리고 「법제도」(푸코의 경우에서 보는 것같이 임상병원 제도와 감옥제도, 그리고 교육제도, 심지어 성생활의 관습), 「장례제도」에 이르기까지 어떻게 「구조화」되었는가 함을 「실증적인 담론」과 「언표」(고문서를 통하여)를 통하여 「바깥에」 드러난 것을 찾아야 한다.

또 「도」(道)와 「로고스」(logos)에 대해서도 같은 논법을 적용시킬 수가 없다. 보통 「도」(道)와 서양의 「로고스」를 「비교철학」의 관점에서 많이 언급하고 있다. 그러나 의미론적 관점의 비교보다 구조주의가 택하는 전략은 「통사론적」, 즉 「담론의 체계」 속에서 「도」(道)와 「로고스」의 「자리잡음」(l'emplacement)을 먼저 살핀다. 언표상의 문제성으로 보면 도(道)는 「불도」(佛道)와 「유도」(儒道), 「음양지도」(陰陽之道), 「정도」(正道), 「부부지도」(夫婦之道) 등으로 외면화하고 있는데, 서양의 로고스는 「심리학」(psychologie), 「사회학」(sociologie), 「생물학」(biologie), 「성과학」(sexologie) 등으로 외면화한다. 「도」(道) 문화와 「로고스」 문화가 동서양에서 역사와 문화의 인식지층을 어떻게 달리 하여 왔는지 하는 것도 연구·검토해 봄직하다.

푸코의 고고학적 인식이론이 우리에게 암시해 주는 방법론적 접근은 이외에도 많다. 단적으로 하나의 예시를 또 생각해 보자. 언어활동에 관한 분명한 변별적 차이는 동서에 있어서 각각 「서도」(書道)와 「수사학」으로 나타난다. 「서도」(書道)를 「문자학」(la grammatologie)과 비교해 보는 구조주의의 이론은 데리다의 철학을 해명한 연후에 가능하다. 그러나 우리는 여기서 데리다에 대하여 전혀 언급하지 않았기에 본질적인 접근을 시도할 수는 없다. 데리다는 「말」과 「말」을 통한 인간의 「현존」(la présence)의 형이상학이 형성해 온 서양철학의 흐름에 반대하면서 「문자」(l'écriture)의 철학적 가치를 재평가하기 시작한다. 말(la parole)은 표현을 중시하지만 「문자」(l'écriture)는 「현존」을 「흔적」에 대체시키는 것과 같다. 데리다는 「말」의 허상과 신화를 밝힌다. 「말」은 「현존」을 가져오지만 「문자」는 「차이」를 가져온다.

그래서 데리다는 철학에서 「문자」의 중요성을 철학적 지식의 근원으로 여기는 데서 동양의 「서도」(書道)철학과 구조론적 대응을 상정해 볼 수 있다. 그러나 여기서 푸코를 비판하는 데리다의 「문자철학」과 「서도」와의 관계를 다룰 수는 없다. 다시 푸코의 지대로 돌아가자. 푸코의 세계에서 보더라도 우리는 「서도」라는 「문자학」과 「수사학」이라는 「말의 표현법」과의 사이에 하나의 인식체계상의 「변별적 밭」의 「위상」이 다름을 엿볼 수 있다. 또 다른 한편으로 공자의 『논어』와 소크라테스(Socrate)의 『대화편』을 보더라도 두 담론체계가 엄청난 차이점을 노출시킴을 즉각 알 수 있다.

공자의 『논어』에는 논쟁이 없다. 논쟁이 없음은 물론 논리의 쟁점을 무기로 하여 상대방을 설득하는 일이 없음을 뜻한다. 그냥 스승으로서의 공자의 말이 기록되어 있을 뿐이다. 소크라테스의 『대화편』은 끊임없는 「논쟁의 연속」으로 가득 차 있다. 스승의 말씀과 논쟁의 기록은 동서문화의 장을 각각 다르게 형성할 수밖에 없다. 이 「담론의 상이한 형성」이 「지식의 상이한 형성」과 직결되는 것이 푸코의 이론이라면, 공자와 소크라테스의 상이한 「담론형성」은 어떤 고고학적 「지식의 일반체계」를 형성하게 되었을까?

푸코의 철학이 동서문화의 고고학적 기저의 변별을 「인식성」에서 탐구케 하는 방법의 암시에만 그치는 것이 아니다. 푸코가 역사란 「연속과 누적」이 아니라 「단절」이라고 진단하기에 과연 동양사에서 그 푸코의 철학이 엄밀히 적용될 수 있는지, 또는 동양사도 「단절」의 여러 층으로 퇴적되어 온 것인지에 대한 검토가 이루어져야 한다. 만약에 동양의 사상사에도 그런 단층이 발견된다면(또는 아닐 수도 있지만) 그 「단층」에 따른 「상이한 지식의 일반적 체계」를 어떻게 수립해야 하는가? 이 문제에 대한 해답은 동양사의 인식론적 규명에 절대적으로 필요한 것으로 보인다. 한국역사와 사상사도 이와 마찬가지이다. 「사상사」라고 편의상 말하지만 푸코가 비판하는 「지성사」의 입장에서 거기에 접근하려는 것은 결코 아니다. 단지 재래처럼 「단순하고」 「평면적인」 「철학학설사」는 기초 교과서적인 가치는 가질는지 모르나 푸코의 「고고학」에서 보면 별로 「인식성」과 「과학성」이 없는 「원료」의 나열에 불과하다. 예컨대 불교사상이라고 가정해 보자. 신라시대의 불교사상은 유교와 도가사상, 그리고 풍류사상과 좋은 이웃으로 작용하여 왔었다.

그러나 고려시대에 불교사상은 삼국시대, 특히 신라시대만큼 그렇게 유가사상과 다른 잡가사상과 긴밀한 우호관계를 형성하지 못하였다. 그러다가 조선시대에 와서는 유가와 불가사상은 완전히 대립적인 배척관계로 변하고 만다. 유가의 불가에 대한 배척뿐만 아니고, 잡가에 대해서도 마찬가지이다. 이런 차이점은 푸코가 말한 「역사적 선천성」에 바탕한 「인식성」의 「단절」을 뜻하는지, 즉 인식성의 「변형」을 의미하는지, 아니면 동일구조 속의 「차이」(서양 고전시대의 린네의 「생명고정설」과 뷔퐁의 「생명진화설」처럼)에 불과한 것인지 검토되어야 하고, 아니면 동일구조의 연속에 지나지 않는 것인지 하는 문제도 검증되어야 한다. 이런 인식론적인 구조접근이 없는 학설사의 개진만으로는 철학성과 과학성을 가질 수 없다고 보는 것이 구조주의의 입장이다. 그런 진단을 하기 위해서는 학설 내부만 봐서는 안 되고, 푸코가 말한 「전체 인식체계의 담론형성」(법제도, 가치질서, 경제질서, 과학적 진술 등)의 체계와 거기에 포함된 「언표」까지도 아울러 검토되어야 한다. 「동시적인 변형」이 없는 인식구조는 푸코가 말한 것처럼 동일구조 아래의 시각적 차이에 불과하다. 그리고 실학과 성리학의 관계도 마찬가지이다. 실학이 성리학과 다른 변이의 새로운 체계인가, 아니면 동질구조의 차이에 지나지 않는 것인가? 그런 문제성에 대한 엄밀한 진단이 이루어지기 위하여 과학체계, 정치체계,

법체계, 이데올로기 체계, 경제체계에 대한 담론형성에서의 「돌연변이」(la mutation)의 유무도 동시적으로 검토해야 한다. 그것이 우리가 알고 있는 구조의 본성이다.

4) 알튀세르와 한국문화 연구의 접근

알튀세르를 두 개의 면으로 쪼개어 본다면 그 하나는 인식론자(구조주의적)로서의 알튀세르요, 또 다른 하나는 공산당 혁명을 정당화하려는 「이데올로그」로서의 알튀세르이다. 후자의 알튀세르의 면모에 관하여 우리는 이미 비판적으로 논의하였기 때문에 그 점을 두 번 이상 언급할 필요가 없다고 본다. 그러므로 여기서 우리가 다루고자 하는 것은 물론 그 두 측면이 분리되지는 않지만, 그래도 구조주의의 인식론자로서의 알튀세르의 방법과 한국문화 연구에의 접근 가능성이다. 알튀세르는 「현실과 실재는 인식에서 독립해서 존재하지만 그러나 그것들은 현실 인식에 의하여만 정의될 수 있다」[46)]라고 말하였다. 이와 같은 인식의 틀은 스피노자적 합리성을 지니면서 그것이 동시에 생산성을 지닌다고 봄에서 또한 마르크스적이기도 하다. 그런 인식을 알튀세르가 「이론적 실천양식」이라고 불렀던 것은 우리가 다 알고 있는 바이다. 또 그런 「이론적 실천양식」이 과학과 이데올로기를 분리시키게 하고, 또 동시에 과학으로 하여금 그 이전과 질적으로 다른 전혀 새로운 「단절」을 이룩하게 하는 능력을 갖고 있기도 하다. 그래서 마르크스는 「이론적 실천양식」을 과학의 논리적 무기로 개발하면서 헤겔의 「이데올로기」와 단절하고 그것에 의하여 독자적인 사상을 정립하게 되었다고 알튀세르는 본다. 「마르크스 신학자」로서 마르크스를 어떤 경우에도 옹호하고 변호하지 않으면 안 되는 알튀세르의 사상적 기정사실은 우리에게 아무런 인식론적 매력을 던져주지 못한다. 왜냐하면 그 경우 그는 살아 있는 자유스런 과학자나 철학자가 되지 못하고 어차피 마르크스교의 신도로서 행세해야 하기 때문이다. 이 점은 접어놓고 보자.

그는 과학이 과학으로서의 품위를 지키려면 「이데올로기」에 의하여 감추어진 실재를 제대로 파악하는 것이라고 생각하였다. 그리하여 그는 실재를 과학적으로 인식하는 길을 모색하기 위하여 인식인 「사유의 구체」와 실제 현실의 대상인 「구체의 현실」을 구별하였음은 우리가 익히 아는 바이다. 이 「사유의 구체」는 그 자체 스피노자의 관념처럼 스스로의 질서와 법칙을 가지면서 그것이 동시에 실재의 질서와 법칙이 되는 「생산성」을 지니고 있다. 그러므로 「사유의 구체」가 없는 이론은 「과학」이 아니고 「이데올로기적인 격정」에 불과하게 된다. 그런데 이 「사유의 구체」가 바로 「대상의 구조인식」을 가능케 해준다. 알튀세르에게 있어서도 레비-스트로쓰에게 있어서와 같이 구조는 지성의 산물이다. 그러나 지성의 산물이지만 「원료의 생산적 변형」을 이룩하는 한에서 「실재」와 대응된다고 본다. 그런데 이 지성의 합리성으로서의 「사유의 구체」가 현실을 구조론적으로 설명하면서 그 현실의 구조가 하나의 「인과율」을 가졌다는 것이다. 그 「인과율」은 우리가 아는 「구조론적 인과율」, 「환유법적 인과율」, 또는 스피노자의 표현을 빌려서 「내재적 인과율」이라고 불리어졌다. 이 「인과율」을 설명하기 위하여 알튀세르는 현실의 구조가 「다원결정」이라고 불렀다. 한국문화의 연구나 한국학의 연구에 하나의 커다란 암시를 던져주는 것은 이 「다원결정」(la surdétermination)의 개념이다. 이 개념을 알튀세르가 프로이트와 라캉으로부터 빌려서 마르크시즘에 적용한 것이기 때문에 엄밀한 의미에서 마르크스적인 것은 아니다. 그럼에도 불구하고 알튀세르가 이 개념을 정신분석의 세계에서 사회과학의 세계에로 치환시켜 놓은 것은 사실이다.

그러면 본디 이 「다원결정」의 개념이 무엇인가? 프로이트에 의하면 「꿈」은 「다원적 중층구조」를 갖고 있고, 꿈은 하나의 「일원적」 해석으로 완결되는 것이 아니다. 즉 하나의 꿈이 해석되었는가 싶으면 이어서 그 꿈은 또 다른 것을 상징하는 것으로 「자리 이동」, 즉 「치환」(le déplacement)을 하기 때문이다. 즉 「꿈」은 「복합성의 통일」이라는 구조를 지니고 있고, 그 「복합성」은 상호 간에 「비(非)동등적인 관계」를 맺고 있다. 이 점은 알튀세르가 헤겔 변증법에 반대하면서 현실구조가 「복합성(la complexité)의 통일」이면서 그 「복합성」의 요소들 사이의 관계는 상호 간 「비동등성(l'inégalité)의 연관구조」를 맺고 있다는 논리와 같다. 알튀세르의 이 논리를 이미 우리가 살펴보았지만, 사실상 이것은 알튀세르 자신의 논리라기보다 프로이트와 라캉의 정신분석에서 차용한 사유체계이다. 프로이트에 의하면 「다원결정」이란 개념은 엄밀히 두 가지 의미를 함축한 복합개념이다. 즉 「무의식의 형성물—증상이나 꿈 등—이 복수적 결정요인에 관계하고 있다는 사실을 다원결정이라 하는데, 이것은 상당히 다른 두 가지 의미로 해석될 수 있다」.[47]

1_ 무의식의 형성물은 몇 개의 원인이 모인 결과로서 하나의 원인으로서는 무의식을 설명할 수 없다.

2_ 무의식의 형성물은 다수의 무의식적 요소에 관계하고 있다는 의미로 이해된다. 이들 무의식적인 요소는 다른 의미를 지닌 몇 개의 「계열체적 집합」과 연결될 수 있고, 해석의 수준을 어떻게 잡

> 느냐에 따라 각각의 수준에 고유한 일관성이 있는 의미를 지니게 된다.[48)]

이상의 인용에서 우리가 알 수 있는 것은 꿈과 같은 무의식은 단순히 「하나의 원인」이 「하나의 결과」를 낳는다는 「기계론적 인과율」로 해석이 안 되며, 「여러 개의 원인들이 결합하여」 「하나 이상의 결과」를 낳는다. 물론 이 경우 「여러 개의 원인」이 「주종개념」으로 얽힌 「비동등적 복합성」을 지니고 있음은 말할 나위가 없다. 또 「꿈」과 같은 무의식은 그 무의식이 또 다른 어떤 무의식과의 사이에 어떤 관계를 형성하고 있나는 것이다. 이미 우리가 알고 있는 바와 같은 언어활동의 은유법과 환유법이 무의식 사이에 작용하고 있다. 예컨대 「무의식 1」이 의식의 감시와 검열 때문에 「무의식 1」로 표출되지 않고 「무의식 2」나 「무의식 3」의 상징으로 「장소 이동」을 하는 「치환」의 「환유성」이 생길 수 있고, 또 다른 경우에 하나의 무의식이 다른 무의식과 연상을 일으켜서 「은유법의 법칙」을 적용받아 두 개의 무의식이 하나로 「압축」되는 경우도 생긴다. 이상의 설명이 정신분석학에서 논의되고 있는 「다원결정」의 의미이다.

이미 앞에서 거론된 바와 같이 알튀세르는 과감히 예의 정신분석학적 개념을 사회분석의 개념으로 도입시켰다. 그래서 그는 모든 「현실사회의 구조」가 헤겔이 말하는 「동심원」의 운동성격을 지닌 「변증법」에 의하여 설명되지 않고 「다원결정」에 의해서만 설명된다고 주장하였다. 즉 「사회현실」은 「중층구조」이고, 그 「중층구조」는 「복합성의 비동등적 통일」로서 최후의 「심급」은 곧 「경제」라는 것이다. 그러나 그 「최종(후)의 심급」이 「원인」으로서 여러 다른 구조를 「초월적 원인」으로 지배 · 결정하는 것이 아니라, 다른 종속구조에 「치환」과 「압축」의 형태로 「내재해 있는 원인」이라는 것이다. 그리하여 그런 「내재적 인과율」을 이미 우리가 알고 있는 바와 같이 「부재적 현존의 인과관계」(la causalité d'abence-présence)라고 칭하기도 하였다.

그런데 이미 우리가 앞에서 검토하였지만, 알뛰세르가 주장한 「최종 심급으로서의 경제」(l'économie comme dernière instance)이론은 이미 비(非)마르크시스트들에 의하여 비판을 받고 있다. 왜냐하면 「사회의 복합구조」에 있어서 레비-스트로쓰가 지적하였듯이 「친족구조」, 「언어구조」, 「경제구조」, 「신화구조」, 「요리구조」, 「자연구조」, 「집단적 무의식구조」 등이 모두가 상황에 따라 각각 달리 「비동등적」으로, 그러나 「복합적」으로 작용하여 「사회구조」를 「결정」하지, 어느 한 가지가(예컨대 경제만이) 언제나 유일한 「최후의 결정자」가 아니라는 것이다. 그런 점에서 어느 「한 가지」만이 「최후의 결정자」는 아닌 것이다. 이것이 일반적으로 수용되고 있는 구조주의의 「다원결정이론」이다. 더구나 푸코의 역사적 고고학의 이론을 보더라도 새로운 담론의 형성에 한 가지가 유독히 숨어서 작전을 지휘하는 것은 없다. 그래서 푸코는 그냥 무엇이라 말할 수가 없어서 「익명의 체계」라고 말하였을 뿐이다.

그러면 이런 「다원결정」의 이론을 한국학 연구에 대입해 볼 때 어떤 방법론적 문제성을 상정해 볼 수 있겠는가? 사건과 그 사건의 기술로서의 역사는 구조주의에서는 별로 존중을 받지 못한다. 역사를 설명하되 구조론적 설명의 논리로 분석해야만 한다. 우리는 한국사를 「사건의 객관적 담론」이란 측면에서 벗어나서 어떻게 구조론적인 설명방식으로 분석할 수 있겠는가? 물론 그 구조론적인 설명방식은 앞에서 거론된 「다원결정」과 무관하지 않다. 우리는 한국의 역사에서 흥망성쇠에 대한 구조론적 인식에 대한 강한 호기심을 가지지 않을 수 없다. 「민족사관」이나

「민중사관」(「계급사관」도 포함해서)과 같이 당위적인 「이데올로기」에 의해 한국사의 흥망성쇠를 열렬히 주장하는 것보다, 이렇게 해서 과거의 한국사의 흥망성쇠가 「그렇게 결정되었다」는 차가운 과학적 진단을 하나의 지식으로 일고 싶은 것이다.

한 사람의 생각도 단독적인 「원인→결과」로 쉽게 수렴이 안 되고 다양한 중층구조를 이루어 복합적으로 다원적인 해석을 내려야 하거늘, 한 시대의 역사를 단순개념에 의해서 그것의 흥망구조를 진단하기는 불가능한 것이다. 그러나 과학은 「복잡한 구조내용」을 가지적으로 가능한 한에서 「도식화」하는 일이다. 그래서 알기 쉽게 논리적으로 사태를 파악하게 하는 인식이론의 결과가 과학적 지식이다. 우리는 알튀세르의 표현처럼, 복합구조가 얽혀 있을 때 가장 「사슬고리」가 약한 부분이 파열하여 역사가 망하거나 돌변한다는 것이 인식론적인 진단이 아닌가 여긴다. 그 취약한 사슬고리도 단선이 아니고 복잡한 복선으로 얽혀 있다. 또 사회구조에도 「치환」과 「압축」이 일어난다. 그런 점에서 흥망의 「사슬고리」가 「실체적 개념」에서가 아니라 「구조적 관계개념」에서 파악되어야 하리라. 그렇게 보면 역사는 통사적인 사건설명보다 여러 분야의 「특수사」의 진단을 상호 연결시키는 「인식론적 구조의 사슬」을 만드는 것이 더 긴요한 과학적 역사학의 과제가 아닌가 여겨진다.

***

지금까지 우리는 구조주의가 한국학 연구에 응용될 수 있는 소지를 암시적 수준에서 언급하였다. 그것은 어디까지나 암시지 그 이상도 그 이하도 아니다. 그러나 구조주의의 방법이 앞으로 우리의 과학적 노력의 결과에 따라 미증유의 열매를 한국학의 분야에서 거둘 수 있을는지 미리 예측하기는 어렵다. 구조주의적 인식론의 암시자(그 자신은 구조주의자는 아니지만)인 가스통 바슐라르의 생각처럼 「철학」은 결과적으로 그 자신의 「과거」(철학사)에서 탄생하는 것이 아니고, 「개념의 다른 철학」에서부터 오는 것도 아니다. 철학은 「세계에 관한 새로운 눈」과 「사물에 접근하는 새로운 방식」에서 태어난다. 그래서 바슐라르는 「세계는 언제나 나에게 있어서 하나의 도전」(une provocation)이라는 말을 즐겨 하였는지 모른다.

우리가 살펴본 바와 같이 구조주의는 철학만이 아니다. 구조주의는 인문사회과학의 전반(심지어 자연과학도 포함)적인 지식으로부터 그 문제를 들추어내어 새로운 사유의 길을 제시한 새로운 방법론임에 틀림없다. 그래서 구조주의는 옛 지식만을 고집하는 인문사회과학을 비웃는다. 구조주의는 철학에 대한 종래의 권위를 무너뜨렸다. 어떤 점에서 레비-스트로쓰, 라캉, 푸코, 알튀세르 모두 「반(反)철학적 철학」의 소유자라고 보아도 좋으리라. 레비-스트로쓰나 라캉은 철학자가 아니고, 철학을 비웃는다. 바로 그 무시와 비웃음이 「철학적」이기에 현대의 많은 철학 교수들이 그들을 철학탐구에 넣어 끈질기게 연구하는지도 모른다.

레비-스트로쓰의 새로움은 어디에 있는가? 그의 과학적 이론의 매력은 어디에 있는가? 그는 사회체계의 밑바탕에 구조화된 「전체 요소」의 관계가 있으며, 그 관계는 「무의식적 사유의 법칙」과 같고, 그 법칙이 또한 「인간 정신」을 지배한다고 보는 논리에 있다. 그래서 인간의 「합리적 과학」은 「사물의 구조」 속에 이미 형성된 것을 언어 기호화하는 것이며, 「문화의 질서」는 「자연의 질서의 예료(豫料)」와 다른 것이 아님을 그는 알려준다. 그는 인간이 자만심의 허위를 벗고 대자연 속에 용해되는 평화와 평안을 사랑한다. 그는 과학에 대한 깊은 신뢰를 갖고 있지만, 모든 과학적 사유세계를 잠시 떠나 「불교의 적멸」을 자연의 영원한 음악으로 맞이한다. 그에게서 불교는 「평화와 안식」 자체이다. 라캉은 어떠한가?

라캉에 있어서 무의식은 생물학적 본능과는 다르다. 무의식은 전혀 생물학적 영역과 관계없고, 인간의 언어활동과 유관하다. 1882년 전까지 고대 이집트의 상형문자는 거기에 놓여 있었지만 아무도 그것을 이해하지 못했다. 샹폴리옹(Champollion)의 상형문자 해독(그는 상형문자 상호 간의 관계와 분절마디를 비교함으로써) 이후에 수천 년간 침묵 속에 입을 다물어 온 고대 이집트 왕조의 비밀이 풀리기 시작하였다. 샹폴리옹의 상형문자 해독처럼 프로이트는 수천 년 동안 언어가 인간을 지배해 온 이후 줄곧 반복되어 온 무의식의 비밀을 해독하기 시작하였다. 라캉은 프로이트의 해독을 완전히 언어학의 수준까지 올려놓았다. 무의식의 언어활동은 무엇인가? 욕망의 언어활동이다. 욕망은 「타인의 욕망」이다. 그 말은 인간이 「존재에의 결핍」을 「자신의 운명」으로 타고 났음을 뜻한다. 「존재에의 결핍」(le manque à être)이 인간을 「상호 주관적」으로 만들고 인간을 어쩔 수 없는 「번뇌의 존재」로 만든다. 이 세상에 인간으로 산다는 것은 번뇌를 떨쳐버릴 수 없음을 뜻한다. 「상상」이나 「상징」이나 다 번뇌이다. 「상상」과 「상징」의 세계가 갖는 「필연적인 번뇌」 너머로 「실재적인 것」이 있음을 알지만, 인간은 그 세계를 인식할 수 없다. 「실재적인 것」은 그래서 인간에게 「신화적인 것」이다. 「실재적인 것」은 불교에서 말하는 「리언절려」(離言絶慮)의 세계인가? 라캉은 여기서 침묵을 지킨다.

푸코에게 있어서 인간의 사유와 언어의 담론은 불가분리적이다. 인간의 모든 인식은 이 사유와 언어의 질서인 「담론」을 떠나서 존재할 수 없다. 그런데 불행히도 그 담론은 현대에 가까이 오면 올수록 인간을 「노동」과 「생명」과 「언어」의 「유한한 주체」로서 왜소하게 생각하는 틀 속에 가두어 두고, 인간으로 하여금 스스로 초라한 존재로 위축시키고 만다. 푸코는 한편으로 고전시대의 「구조적 질서」를 인식론적으로 찬양하면서도 다른 한편으로 「주체」와 「객체」, 「인격」과 「우주」의 제한된 구분이 가져오는 일체의 「유한주의」를 거부한다. 고전시대의 인식이론은 결코 「유한주의」가 아니었음을 그는 강조한다. 그때에는 인간을 무한한 사물의 연계 속에 부속시켜 놓았다고 그는 생각한다. 그는 니체의 「초인」처럼 위축되지 않고 「생기」와 「남성다움」과 「아름다움」과 「지식체계」가 무한한 세계에 잠기기를 바라는 것 같다. 거기에 가는 길은 새로운 「지식의 고고학」을 준비하는 방법과 예술처럼 「광기와 이성」, 「꿈과 현실」이 「입벌림」을 하지 않는 「원초적 세계」를 갈구하는 길 두 가지가 있는 것으로 보인다. 그러나 그 두 가지가 그의 사상에서 그의 표현처럼 하나의 「이중렌즈」처럼 작용하고 있다면 그것이 푸코의 매력일까, 아니면 한계일까?

알튀세르, 그는 어떤 사상을 가졌는가? 우리는 그의 특색을 살펴보았다. 그는 그를 추종하는 일군의 무리들 밖에서는 별로 환영받고 있지 못하는 것 같다. 비(非)마르크시스트적인 구조주의자는 그가 구조주의자이기에는 너무 마르크스적이라고 공격을 받고, 또 정통 마르크시스트들로부터는 그는 공산주의자이기에는 너무 구조주의적이어서 「자본주의의 관료 기술정치의 도구」 노릇을 한다고 비난받고 있다. 이것이 알튀세르의 위치인 것으로 보인다. 그의 사상에 대하여 새로이 또 설명을 더 추가할 필요는 없다고 본다. 과연 그는 어느 정도의 마르크시스트일까? 우리의 생각에 그는 100% 마르크시스트이고, 동시에 100% 마르크시스트가 아닌 것 같다. 이 양다리를 걸치는 「양면성」 속에서 우리는 오늘날 서구 마르크시스트들의 엉거주춤한 운명과 그 한계를 보는 것 같다.

주

〈1장〉

1) Claude Lévi-Strauss, *A. S. deux.*, Plon, Paris, p. 47.

2) 같은 책, p. 48 참조.

3) 불어 구문에 유의하기 바람. 문법적으로 "Je suis un autre"라고 해야 하나 "나"를 3인칭 단수로 여기기 위하여 루소는 의도적으로 「대화편」에서 「Je est un autre」라고 사용하였음.

4) Jacques Lacan, *E.*, seuil, p. 93 참조.

5) Jacques Lacan, 같은 책, p. 517.

6) J. Lacan, 같은 책, p. 118.

7) Angèle Kremer-Marietti의 저서인 *Michel Foucault*(p. 110)에서 재인용.

8) Angèle Kremer-Marietti, *Michel Foucault*, Seghers, p. 110.

9) Michel Foucault, *O. D.*, Gallimard, p. 55.

10) Michel Richard, *Louis Althusser, le théoricien marxiste dans la lutte des classes* in *Penseurs pour aujourd'hui*, Chronique Sociale, Lyon, p. 120.

11) Louis Althusser, *L. L. C. I.*, p. 216, *Lecture de Marx in L'Esprit*, 1967. 5에서 재인용 (p. 891).

12) Paul Ricoeur, *Structure et Herméneutique* in *l'Esprit*(1963, II), p. 618.

13) 같은 잡지, p. 633 참조.

14) Claude Lévi-Strauss, *P. S.*, p. 19.

15) Claude Lévi-Strauss, *R. H.*, Denoel, p. 72 참조.

16) 같은 책, p. 23.

17) Claude Lévi-Strauss, *T. T.*, Plon, pp. 82-83 참조.

18) *R. H.*, pp. 38–39.

19) 같은 책, pp. 42–56 참조.

20) 같은 책, p. 63 참조.

21) Michel Foucault, *A. S.*, Gallimard, p. 182.

22) 같은 책, pp. 208–209.

23) L. Althusser, *P. M.*, François Maspero, pp. 227–249 참조.

24) Jean–Marie Benoist, *Facettes de l'identité*, p. 22 in *Identité, Sémimaire dirigé par CL. Lévi–Strauss : Grasset.*

25) Françoise Heritier, *L' identité Samo*, pp. 68–71 참조. in *ibid.*

26) 같은 논문, p. 69.

27) Claude Lévi–Strauss, *L'introduction à l'oeuvre de Marcel Mauss*, p. XXV(J. B. Fages, *Comprendre Lévi–Strauss*, Privat, p. 42에서 재인용).

28) 같은 책, p. XXXII(J. B. Fages, 같은 책, p. 42에서 재인용).

29) Claude Lévi–Strauss, *A. S.*, Plon, pp. 224–225.

30) Claude Lévi–Strauss, Plon, *H. N.*, p. 614.

31) Claude Lévi–Strauss, *A. S.*, Plon, p. 28.

32) Claude Lévi–Strauss, *S. E. P.*, Mouton, pp. 9–12 참조.

33) Gearges Charbonnier, *Eutretiens avec Lévi–Strauss*, pp. 182–183 참조, 10–18.

34) J.–B. Fages, *Comprendre Lévi–Strauss*, p. 47 참조.

35) Jean–Marie Benoist, *La révolution stucturale*, Granet, pp. 127–128 참조.

36) Claude Lévi–Strauss, *H. N.*, pp. 614–615.

37) Claude Lévi–Strauss, *A. S.*, p. 102.

38) Claude Lévi–Strauss, *P. S.*, p. 327.

39) Claude Lévi–Strauss, 같은 책, p. 326.

40) Anika Lemaire, *Jacques Lacan*, Pierre Mardaga, Bruxelles, p. 14.

41) J. Lacan, *E.*, p. 415.

42) 같은 책, p. 279.

43) Robert Georgin, *De Lévi–Strauss à Lacan*, Écrits/Cistre, pp. 108–109.

44) J. Lacan, 같은 책, p. 469.

45) J. Lacan, 같은 책, p. 265.

46) M. Foucault, *Réponse au cercle épistémologique*, Cahiers pour l'analyse, no 9. Annie Guedez, *Foucault*, p. 27에서 재인용.

47) M. Foucault, *A S.*, pp. 14–15 참조.

48) Claude Lévi–Strauss, *P. S.*, pp. 301–310.

49) G. Charbonnier, *Entretiens avec Lévi–Strauss*, pp. 38–39 참조.

50) Claude Lévi–Strauss, *T. T.*, p. 471.

51) Claude Lévi–Strauss, 같은 책, p. 471.

52) 같은 책, p. 480.

53) 같은 책, p. 60.

54) Claude Lévi–Strauss, *P. S.*, p. 328.

55) Claude Lévi–Strauss, *C. C.*, Plon, pp. 18–20 참조.

56) Claude Lévi–Strauss, 같은 책, p. 22.

57) Claude Lévi–Strauss, *T. A.*, Puf, p. 135 참조.

58) *T. T.*, p. 41.

59) *T. A.*, p. 105.

60) Mireille Marc–Liplansky, *Le structuralisme de Lévi–Strauss*, Payot, p. 252.

61) Mireille Marc–Liplansky, 같은 책, p. 253.

62) M. Foucault, *M. C.*, Gallimard, p. 398.

63) M. Foucault, 같은 책, p. 397.

64) M. Foucault, 같은 책, p. 398.

65) 같은 책, p. 333 참조.

66) 같은 책, p. 351 참조.

67) 같은 책, p. 398 참조.

68) M. Foucault, *A. S.*, pp. 22–23.

69) M. Foucault, 같은 책, p. 23.

70) M. Foucault, 같은 책, p. 26.

71) M. Foucault, *M. C.*, p. 376 참조.

72) 같은 책, p. 350.

73) M. Richard, Louis Althusser, Le théoricien marxiste dans la lutte des classes, pp. 105–106 참조. in *Penseurs pour aujourd'hui*, Chronique Sociale, Lyon.

74) 같은 책, p. 106 참조.

75) A. Lalande, *Vocabuiaire technique et critique de la Philosophie*(P. U. F)와 『정신분석용어사전』(*Vocabulaire de la Psychanalyse*, 일어 번역판).

76) L. Althusser, *P.*, pp. 33–34 Edit. sociales.

77) 같은 책, p. 161. .
78) 같은 책, p. 165 참조.
79) 같은 책, pp. 169−170.
80) Jean Lacroix, *Panorama de la philosophie française contemporaine*, p. 194.

〈2장〉

1) Raland Barthes, *Système de la mode*, seuil, p. 293.
2) Feidinand de Saussure, *Cours de linguistique generale*, pp. 112−113 참조.
3) 같은 책, p. 43.
4) J−B. Fages, *Comprendre le structuralisme*, p. 20 참조.
5) F. de Saussure, 같은 책, pp. 98−101 참조.
6) J.−B. Fages, 같은 책, pp. 24−25 참조.
7) 같은 책, p. 25 참조.
8) F. de Saussure, 같은 책, p. 171.
9) J.−B. Fages, 같은 책, p. 31 참조.
10) Mireille Marc−Liplansky, 같은 책, p. 67 참조.
11) F. de Saussure, 같은 책, p. 117.
12) Jean−Mare Auzias, *Clefs pour le structuralisme*, Seghers, p. 22 참조.
13) Claude Lévi−Strauss, *A. S.*, p. 37.
14) Claude Lévi−Strauss, *A. S. deux.*, pp. 351−352 참조.
15) Claude Lévi−Strauss, *A. S.*, p. 40.
16) Claude Lévi−Strauss, *P. S.*, pp. 61−62.
17) Claude Lévi−Strauss, *A. S.*, Plon, p. 230 참조.
18) Claude Lévi−Strauss, *C. C.*, Plon, p. 205.
19) Claude Lévi−Strauss, *P. S.*, p. 197.
20) F de Saussure, *Cours de linguistique générale*, p. 160 참조.
21) Claude Lévi−Strauss, *A. S., deux.*, p. 170.
22) Claude Lévi−Strauss, *O. M. T.*, p. 184 참조.
23) Claude Lévi−Strauss, *A. S., deux.*, p. 172 참조.
24) Claude Lévi−Strauss, *P. S.*, pp. 270−277 참조.
25) Anika Lemaire, *Jacques Lacan*, p. 14.
26) 같은 책, p. 79 참조.

27) 같은 책, p. 23 참조.

28) J. Lacan, *E.,* p. 557 참조.

29) A. Lemaire, 같은 책, p. 87 참조.

30) 같은 책, pp. 72-73 참조.

31) J. Lacan, *E.,* pp. 166-167.

32) J. Lacan, 같은 책, p. 46.

33) J. Lacan, 같은 책, p. 465.

34) J. Lacan, 같은 책, p. 845.

35) R. Georgin, p. 142 참조.

36) Jean Piaget, *Le structuralisme*, pp. 8-16 참조. Que sais-je? 1311.

37) *Dictionnare de linguistique* 참조. Larousse.

38) J. Piaget, 같은 책, p. 15 참조.

39) Claude Lévi-Strauss, *A. S.,* p. 348 참조.

40) Claude Lévi-Strauss, *S. E. P.,* p. 117.

41) Claude Lévi-Strauss, *P. S.,* p. 74.

42) 같은 책, p. 75 참조.

43) *P. S.,* p. 72.

44) *C. C.,* p. 246.

45) *S. E. P.,* p. 449.

46) *H. N.,* p. 561.

47) *M. C.,* p. 201.

48) M. Focault, *M. C.,* p. 394.

49) 같은 책, p. 364.

50) 같은 책, p. 365.

51) 같은 책, p. 32 참조.

52) 같은 책, pp. 33-40 참조.

53) 같은 책, p. 41.

54) 같은 책, p. 64-72 참조.

55) 같은 책, pp. 91-189 참조.

56) 같은 책, p. 173.

57) 같은 책, p. 107.

58) 같은 책, p. 107.

59) Olivier Revault-D'allonnes, Michel Foucault, les mots contre les choses, in *Structuralisme et marxisme*, p. 23, 10-18.

60) M. Foucault, *M. C.*, pp. 262-313 참조.

61) 조동필 · 김윤환 · 김민채 · 남진우 공저, 『신경제학사』, 법문사, pp. 237-246 참조.

62) M. Foucault, *M. C.*, p. 273.

63) 같은 책, p. 274.

64) 같은 책, p. 274.

65) 같은 책, pp. 274-275.

66) 같은 책, p. 277.

67) 같은 책, p. 278 참조.

68) 같은 책, p. 291.

69) 같은 책, p. 303-307 참조.

〈3장〉

1) *T. T.*, pp. 61-62 참조.

2) 같은 책, p. 62.

3) Claude Lévi-Strauss, *Introduction à l'veuvre de M. Mauss*, p. XXIX 참조(A. Jenkins, *The social theory of Claude Levi-Stauss*, st. Martin's Press, N. Y. p. 9에서 재인용)

4) Alan Jenkins, *The social theory of Lévi-Strauss*, pp. 14-21 참조. St Martin's Press, N. Y.

5) *H. N.*, p. 539.

6) *Dictionnaire de linguistique*, Larousse 참조.

7) *A. S.*, p. 45.

8) *A. S.*, pp. 56-57.

9) *S. E. P.*, p. 98.

10) 같은 책, p. 176.

11) 같은 책, p. 158.

12) *T. A.*, p. 115.

13) *S. E. P.*, p. 61.

14) 같은 책, p. 74 참조.

15) 같은 책, p. 60 참조.

16) 같은 책, p. 29.

17) 같은 책, p. 10.

18) 같은 책, p. 10.

19) 같은 책, p. 14.

20) 같은 책, pp. 15–29 참조.

21) 같은 책, p. 29.

22) *C. C.*, p. 36.

23) *O. M. T.*, pp. 355–356.

24) Joseph Courtès, *Lévi–Strauss et les contraintes de la pensée mythique*, Mame, pp. 48–53 참조.

25) Joseph Courtes, 같은 책, p. 53 참조.

26) *L'identité, séminaire dirigé par Lévi–Strauss*, pp. 51–71, 287–303 참조. Grasset.

27) *S. E. P.*, p. 58.

28) *S. E. P.*, p. 56.

29) 같은 책, p. 151.

30) 같은 책, p. 158.

31) 같은 책, p. 117.

32) *A. S.*, p. 50 참조.

33) 같은 책, pp. 51–52 참조.

34) 같은 책, pp. 51–52 참조.

35) 같은 책, p. 52 참조.

36) 같은 책, p. 54 참조.

37) *S. E. P.*, p. 87 참조.

38) 같은 책, p. 116 참조.

39) *S. E. P.*, p. 187 참조.

40) 같은 책, p. 247 참조.

41) 같은 책, p. 248 참조.

42) 같은 책, p. 120–125 참조.

43) 같은 책, p. 186 참조.

44) Oswald Ducrot, Tzevetan Todorov, Dan Sperber, Moustafa Safouan, François Wahl, *Qu'ect–ce que le structuralisme?* Ed., du Seuil, p. 176 참조.

45) 같은 책, p. 178 참조.

46) 같은 책, pp. 179–180 참조.

47) 같은 책, p. 180 참조.

48) *S. E. P.*, p. 552.
49) 같은 책, p. 553.
50) 같은 책, p. 554.
51) 같은 책, p. 556.
52) 같은 책, pp. 569–570.
53) *P. S.*, pp. 90–91 참조.
54) *P. S.*, p. 338.
55) 같은 책, pp. 340–341.
56) 같은 책, pp. 341–342 참조.
57) 같은 책, pp. 342–348 참조.
58) 같은 책, p. 345.
59) 같은 책, p. 326.
60) 같은 책, p. 330.
61) *M. C.*, p. 408.
62) *A. S. deux*, pp. 372–376 참조.
63) *A. S.*, p. 306 참조.
64) *P. S.*, p. 73.
65) 같은 책, pp. 68–72 참조.
66) Esprit, November, 1963, p. 634.
67) *P. S.*, p. 3 참조.
68) 같은 책, p. 15.
69) 같은 책, p. 16 참조.
70) 같은 책, p. 19.
71) *P. S.*, p. 21.
72) 같은 책, p. 27.
73) 같은 책, p. 27 참조.
74) 같은 책, p. 30 참조.
75) 같은 책, p. 35 참조.
76) 같은 책, pp. 48–50 참조.
77) 같은 책, p. 292 참조.
78) 같은 책, pp. 292–293.
79) 같은 책, p. 355.

80) 같은 책, p. 348.
81) *T. A.*, pp. 14–23 참조.
82) *P. S.*, p. 152. *T. A.*, p. 27 참조.
83) *T. A.*, pp. 27–29 참조.
84) *P. S.*, pp. 120–127 참조.
85) *P. S.*, p. 126.
86) 같은 책, pp. 134–136.
87) 같은 책, p. 66 참조.
88) 같은 책, pp. 1132–138 참조.
89) 같은 책, p. 138.
90) 같은 책, pp. 136–137.
91) 같은 책, p. 144.
92) *T. A.*, p. 115.
93) 같은 책, p. 116.
94) *P. S.*, p. 152 참조.
95) 같은 책, p. 152 참조.
96) 같은 책, p. 154 참조.
97) 같은 책, p. 155 참조.
98) 같은 책, pp. 156–177 참조.
99) 같은 책, p. 165.
100) 같은 책, p. 166.
101) 같은 책, p. 173.
102) *A. S.*, pp. 87–90 참조.
103) *A. S.*, p. 373.
104) *P. S.*, p. 231 참조.
105) 같은 책, p. 240.
106) 같은 책, p. 242.
107) 같은 책, p. 253 참조.
108) 같은 책 p. 284.
109) 같은 책, p. 284.
110) 같은 책, p. 180.
111) 같은 책, p. 183 참조.

112) 같은책, p. 194 참조.

113) 같은 책, P. 201 참조.

114) Alan Jenkins, *The social theory of Claude Lévi-Strauss*, pp. 110-111 참조.

115) *T. A.*, p. 29 참조.

116) *T. A.*, p. 48.

117) 같은 책, p. 38 참조.

118) *P. S.*, p. 224 참조.

119) *T. A.*, p. 105.

120) 같은 책, p. 132.

121) 같은 책, pp. 138-145 참조.

122) *A. S. deux*, p. 18 참조.

123) 같은 책, p. 28.

124) 같은 책, p. 6 참조.

125) *C. C.*, p. 18.

126) 같은 책, p. 20.

127) *A. S.*, pp. 228-229 참조.

128) *A. S. deux*, p. 169.

129) *C. C.*, pp. 251-252 참조.

130) *M. C.*, pp. 336-337 참조.

131) *A. S. deux*, p. 209.

132) *A. S.*, *p.* 254 참조.

133) *H. N.*, p. 571.

134) *A. S.*, p. 234 참조.

135) 같은 책, p. 234 참조.

136) 같은 책, p. 236 참조.

137) 같은 책, p. 239.

138) 같은 책, p. 239.

139) 같은 책, p. 252 참조.

140) *M. C.*, p. 212 참조.

141) *C. C.*, p. 344 참조. *M. C.*, pp. 396-408 참조. *O. M. T.*, p. 406 참조.

142) *O. M. T.*, pp. 396-397 참조.

143) *O. M. T.*, p. 411 참조.

144) 같은 책, p. 401 참조
145) Claude Lévi-Strauss, *L'arc*, n 26, p. 27 (Pierre Cressant, *Lévi-Strauss*, p. 126, P. U. F 에서 재인용).
146) *M. C.*, p. 11.
147) 같은 책, p. 135 참조.
148) 같은 책, p. 23 참조.
149) 같은 책, p. 25 참조.
150) *O. M. T.*, p. 413 참조.
151) 같은 책, p. 421.
152) 같은 책, p. 422.
153) *H. N.*, p. 287.
154) 같은 책, pp. 614-615.
155) 같은 책, p. 615 참조.
156) 같은 책, p. 616.
157) *A. S. deux.*, p. 158.
158) 같은 책, p. 162 참조.
159) *C. C.*, p. 313.
160) *A. S.*, p. 232.
161) *P. S.*, p. 295 참조.
162) p. IXVIII.
163) *M. C.*, p. 280.
164) J.-G. Merquior, *L'esthétique de Claude Lévi-Strauss*, P. U. F., p. 14.
165) *P. S.*, p. 33.
166) *P. S.*, pp. 32-33.
167) J.-G. Merquior, 같은 책, p. 34 참조.
168) G. Charvonnier, *Entretiens avec Claude Lévi-Strauss*, p. 76.
169) J.-G. Merquior, 같은 책, p. 74.
170) 같은 책, p. 74.
171) G. Charvonnier, 같은 책, p. 89.
172) 같은 책, p. 90
173) *C. C.*, p. 23.
174) 같은 책, p. 24.

175) 같은 책, pp. 26–27 참조.
176) J.–G. Merquior, 같은 책, p. 81.
177) G. Charvonnier, 같은 책 p. 108.
178) *C. C.*, pp. 34–35.
179) 같은 책, p. 25.
180) *P. S.*, p. 24.

〈4장〉

1) *E.*, p. 514.
2) 같은 책, p. 834 참조.
3) A. Lemaire, *Jacques Lacan*, p. 14 참조.
4) 같은 책, p. 81 참조.
5) *E.*, p. 79 참조.
6) A. Lemaire, 같은 책, p. 86 참조.
7) 같은 책, p. 87 참조.
8) *E.*, p. 444 참조.
9) *L'inconsient*, Desclee de Brouwer.
10) A. Lemaire, 같은 책, p. 107 참조.
11-1) *E.*, p. 69.
11-2) *E.*, p. 94.
12) 같은 책, p. 96.
13) J.–M. Palmier, *Lacan*, ed., univ., p. 24.
14) B. Ogilvie, *Lacan, la formation du concept de sujet*, PUF., p. 105.
15) B. Ogilvie, 같은 책, p. 106.
16) *E.*, p. 113 참조.
17) 같은 책, pp. 186–187.
18) 같은 책, p. 121 참조.
19) 같은 책, p. 53.
20) 같은 책, p. 53 참조.
21) A. Lemaire, 같은 책, p. 123.
22) *E.*, p. 770.
23) B. Ogilvie, 같은 책, p. 16.

24) *E.*, p. 843 참조.

25) J. Lacan, Réponse à des étudiants en philosophie au sujet de la psychanayse, *Les Cahiers pour l'analyse*, n. 3, 1966(A. Lemaire, 같은 책, p. 133에서 재인용).

26) *E.*, p. 887.

27) 같은 책, p. 119.

28) 같은 책, p. 583.

29) 같은 책, p. 690.

30) 같은 책, p. 277.

31) 같은 책, p. 642 참조.

32) 같은 책, p. 24.

33) 같은 책, p. 319.

34) 같은 책, p. 88.

35) 같은 책, p. 594.

36) 같은 책, p. 414.

37) 같은 책, p. 414 참조.

38) 같은 책, p. 689.

39) J.-B. Fages, *Comprendre Jacques Lacan*, Privat, p. 40 참조.

40) *E.*, p. 506 참조.

41) J.-B. Fages, 같은 책, p. 56 참조. A. Lemaire, 같은 책, p. 347 참조.

42) Roland Barthes, *Le degré zéro de l'écriture*, Gauthier, p. 122 참조.

43) *E.*, 참조.

44) 같은 책, p. 805.

45) J.-M. Palmier, 같은 책, p. 58 참조.

46) P. Ricoeur, *De l'interpretation, essai sur Freud*, du Seuil, pp. 393-394 참조.

47) *E.*, p. 838.

48) 같은 책, p. 517.

49) 같은 책, p. 517.

50) 같은 책, p. 524 참조.

51) 같은 책, p. 524, p. 16.

52) 같은 책, p. 9.

53) 같은 책, p. 575.

54) J. Lacan, *Télévision*, du Seuil, p. 9. (A. Kremer-Marietti, *Lacan et la rhétorique de*

l'inconscient, p. 24에서 재인용. Aubier Montaigne)

55) A. Lemaire, 같은 책, pp. 243-244 참조.

56) *E.*, p. 454.

57) 같은 책, p. 431.

58) 같은 책, p. 689.

59) 같은 책, p. 454.

60) 같은 책, p. 642.

61) 같은 책, p. 548 참조.

62) A. Lemaire, 같은 책, pp. 303-305 참조.

63) 같은 책, pp. 306-308 참조.

64) *E.*, pp. 280-281 참조.

65) A. Lemaire, 같은 책, pp. 311-314 참조.

66) G. Miller 외 10인 공저, *Lacan*, Bordas, p. 13.

67) *E.*, p. 856 참조.

68) G. Miller 외, 같은 책, p. 18.

69) 같은 책, p. 31 참조.

70) J.-M. Palimier, 같은 책, p. 94 참조.

71) *E.*, p. 628 참조.

72) 같은 책, p. 629.

73) 같은 책, p. 852.

74) 같은 책, p. 279.

75) 같은 책, p. 343.

76) 같은 책, p. 852.

77) 같은 책, p. 181.

78) J.-B. Fages, 같은 책, p. 31 참조.

79) 같은 책, pp. 31-32.

80) *E.*, p. 268.

81) 같은 책, p. 628.

82) 같은 책, p. 642.

83) 같은 책, p. 319.

84) 같은 책, p. 320.

85) J.-B. Fages, 같은 책, p. 33 참조.

86) A. Lemaire, 같은 책, pp. 261–262.

87) *E.*, p. 713.

88) 같은 책, pp. 197–213 참조.

89) 같은 책, p. 415.

90) 같은 책, p. 469.

91) Daniel Lagach, La psychanalyse et la structure de la personnalité, p. 14 dans *la Psychanalyse* n. 6, P.U.F. (R. Georgin, 같은 책, p. 110에서 재인용).

92) R. Georgin, 같은 책, p. 117 참조.

93) *E.*, p. 655.

94) R. Georgin, 같은 책, p. 118 참조.

95) Moustafa Safouan 외 4인, *Qu'est–ce que le structuralisme?* p. 285.

96) 같은 책, p. 285.

97) A. Juranville, *Lacan et la philosophie*, p. 137 참조.

98) *E.*, p. 251.

99) G. Miller 외, 같은 책, p. 170.

〈5장〉

1) *M. C.*, p. 221 참조.

2) *M. C.*, p. 13 참조, *Le Nouvel Observateur*, mars 1977, p. 644 참조.

3) *H. F.*, p. 7 (10–18).

4) 같은 책, p. 7 (10–18).

5) 같은 책, pp. 9–11 참조.

6) 같은 책, pp. 25–37 참조.

7) 같은 책, p. 36.

8) 같은 책, p. 22.

9) 같은 책, p. 23 참조.

10) 같은 책, p. 40.

11) 같은 책, p. 50.

12) 같은 책, p. 51.

13) 같은 책, p. 57.

14) 같은 책, p. 80.

15) 같은 책, p. 80.

16) 같은 책, pp. 154–175 참조.
17) 같은 책, pp. 209–211 참조.
18) 같은 책, p. 212.
19) 같은 책, p. 254.
20) 같은 책, p. 260 참조.
21) 같은 책, p. 263 참조.
22) 같은 책, pp. 270–287 참조.
23) 같은 책, p. 303.
24) 같은 책, p. 282.
25) *N. C.*, p. XIII.
26) 같은 책, p. 202.
27) 같은 책, pp. 3–8 참조.
28) 같은 책, p. 15.
29) 같은 책, p. 15.
30) 같은 책, p. 29.
31) 같은 책, p. 31.
32) 같은 책, p. 89–90.
33) 같은 책, p. 115.
34) 같은 책, p. 130 참조.
35) 같은 책, p. 147–148.
36) 같은 책, p. 149.
37) 같은 책, pp. 199–200 참조.
38) *A. S.*, p. 14.
39) 같은 책, p. 15 참조.
40) 같은 책, pp. 15–20 참조.
41) 같은 책, p. 182.
42) 같은 책, p. 65.
43) 같은 책, p. 66.
44) 같은 책, p. 69.
45) 같은 책, p. 71 참조.
46) G. Deleuze, *Foucault*, ed., de Nuit, p. 59,
47) G. Deleuze, 같은 책, p. 62.

48) *A. S.*, p. 141.

49) *A. S.*, p. 141.

50) *A. S.*, pp. 66–67 참조.

51) *O. D.*, pp. 49–51 참조.

52) 같은 책, p. 53 참조.

53) 같은 책, p. 59.

54) 같은 책, pp. 53–55 참조.

55) *A. S.*, p. 107 참조.

56) 같은 책, p. 107 참조.

57) 같은 책, pp. 125–135 참조.

58) 같은 책, p. 133.

59) 같은 책, p. 136 참조.

60) 같은 책, p. 115.

61) 같은 책, p. 238.

62) 같은 책, p. 238.

63) 같은 책, p. 238.

64) 같은 책, pp. 155–164 참조.

65) 같은 책, p. 164.

66) 같은 책, pp. 152–153.

67) 같은 책, p. 167.

68) 같은 책, pp. 209–211 참조.

69) 같은 책, pp. 83–84.

70) 같은 책, p. 181.

71) 같은 책, p. 224.

72) *O. D.*, p. 59 참조.

73) *A. S.*, pp. 169–170.

74) 같은 책, pp. 172–173.

75) 같은 책, p. 275.

76) 같은 책, p. 190 참조.

77) 같은 책, p. 198.

78) 같은 책, p. 199 참조.

79) 같은 책, pp. 199–200.

80) *O. D.*, pp. 18-23 참조.
81) *M. C.*, p. 163 참조.
82) *A. S.*, pp. 200-201 참조.
83) 같은 책, p. 204.
84) 같은 책, p. 250.
85) 같은 책, p. 268.
86) 같은 책, p. 274 참조.
87) *M. C.*, p. 13.
88) 같은 책, p. 10.
89) 같은 책, pp. 45-49 참조.
90) 같은 책, p. 49.
91) 같은 책, p. 61-64 참조.
92) 같은 책, p. 71 참조.
93) 같은 책, p. 86.
94) 같은 책, p. 87 참조.
95) 같은 책, p. 79.
96) 같은 책, p. 321.
97) 같은 책, p. 20.
98) 같은 책, p. 20 참조.
99) 같은 책, p. 106.
100) 같은 책, pp. 107-131 참조.
101) 같은 책, p. 118 참조.
102) 같은 책, p. 123 참조.
103) 같은 책, p. 128 참조.
104) 같은 책, 131.
105) Angele Kremer-Marietti, *Michel Foucault*, Seghers, p. 69 참조.
106) *M. C.*, p. 139 참조.
107) 같은 책, p. 144.
108) 같은 책, p. 148.
109) 같은 책, p. 149 참조.
110) 같은 책, pp. 150-158 참조.
111) 같은 책, p. 163.

112) 같은 책, p. 173.
113) 같은 책, p. 186.
114) 같은 책, p. 187 참조.
115) 같은 책, pp. 200–202 참조.
116) 같은 책, p. 209.
117) 같은 책, pp. 215–216.
118) 같은 책, p. 216.
119) 같은 책, p. 219.
120) 같은 책, pp. 319–320.
121) 같은 책, pp. 324–325.
122) 같은 책, p. 257 참조.
123) 같은 책, p. 291.
124) 같은 책, p. 303.
125) 같은 책, p. 326.
126) 같은 책, p. 329.
127) 같은 책, pp. 329–330.
128) 같은 책, p. 331.
129) 같은 책, p. 331.
130) 같은 책, p. 337.
131) 같은 책, p. 335.
132) 같은 책, p. 335 참조.
133) 같은 책, p. 338.
134) 같은 책, p. 338 참조.
135) H. Dreyfus 외, *Michel Foucault : Un parcours philosophique*, NRF., p. 61.
136) *M. C.*, p. 339.
137) 같은 책, p. 341.
138) 같은 책, p. 343 참조.
139) 같은 책, p. 345.
140) 같은 책, p. 345 참조.
141) 같은 책, p. 346 참조.
142) G. Deleuze, *Foucault*, p. 132 참조.
143) 같은 책, p. 138.

144) *M. C.*, p. 396 참조.

145) G. Deleuze, 같은 책, pp. 140–141.

146) *M. C.*, p. 398.

147) *S. P.*, pp. 90 13 참조.

148) *S. P.*, p. 111.

149) 같은 책, p. 125.

150) 같은 책, p. 129.

151) 같은 책, p. 84.

152) 같은 책, p. 138.

153-1) 같은 책, p. 143.

153-2) 같은 책, p. 171.

154) 같은 책, p. 201.

155) 같은 책, pp. 143–171 참조.

156) 같은 책, p. 193.

157) 같은 책, p. 150 참조.

158) 같은 책, p. 312.

159) 같은 책, p. 311 참조.

160) 같은 책, pp. 223–224.

161) 같은 책, p. 32.

162) 같은 책, p. 252.

163) H. Dreyfus et P. Rabinow, 같은 책, p. 290.

164) *V. S.*, p. 14(*Penseurs pors aujourd' hui*에서 재인용, p. 85).

165) *V. S.*, p. 102(같은 책, p. 85에서 재인용).

166) 같은 책, pp. 79–80(J.–G. Merouior, 같은 책, p. 143에서 재인용).

167) 같은 책, p. 35(H. Dreyfus 외 1인, 같은 책, p. 224에서 재인용).

168) J.–G. Merquior, 같은 책, p. 151 참조.

169) *U. P.*, pp. 206–248 참조.

170) J.–G. Merquior, 같은 책, p. 154 참조.

171) *U. P.*, pp. 267–268(J.–G. Merouior, 같은 책, p. 154 재인용).

172) J.–G. Merqouior, 같은 책, pp. 156–157 참조.

173) *U. P.*, p. 106 참조(Merquior, 같은 책, p. 159 재인용).

174) H. Dreyfus et P. Rabinow, 같은 책, p. 348 참조.

175) H. Dreyfus et P. Rabinow, 같은 책, p. 352 참조.

176) 같은 책, pp. 361–362 참조.

177) A. Kremer–Marietti, 같은 책, p. 190.

178) J.–G. Merquior, 같은 책, p. 172.

179) 같은 책, p. 178 참조.

180) D. Leary, Michel Foucault, an Historian of human sciences in *Journal of the History of the Behavorial Sciences,* 12(1976), p. 293(J.–G. Merquior, 같은 책, p. 179에서 재인용) 참조.

181) J.–G. Merquior, 같은 책, pp. 182–183 참조.

182) 같은 책, p. 183 참조.

183) 같은 책, p. 188.

〈6장〉

1) *P.,* p. 35 참조.

2) 같은 책, p. 48 참조.

3) *P. M.,* p. 33, p. 169 참조.

4) 같은 책, p. 168.

5) 같은 책, p. 167.

6) 같은 책, p. 238.

7) 같은 책, p. 238.

8) *P.,* pp. 33–34.

9) *P. M.,* p. 172.

10) 같은 책, p. 176 참조.

11) *P.,* p. 37.

12) 같은 책, pp. 41–42.

13) *P. M.,* p. 219.

14) 같은 책, p. 194 참조.

15) 같은 책, p. 187 참조.

16) 같은 책, p. 187.

17) 같은 책, p. 188.

18) 같은 책, p. 192 참조.

19) Raymond Aron, *Marxismes imaginares,* p. 226 참조.

20) *P. M.*, p. 188.

21) 같은 책, p. 189 참조.

22) 같은 책, p. 189 참조.

23) 같은 책, p. 192 참조.

24) 같은 책, p. 196 참조.

25) 같은 책, p. 167.

26) 같은 책, p. 168.

27) B. de Spinoza, *Traité de la réforme de l'entendement*, in Oeuvres I de Spinoza, Flammarion, p. 190.

28) *L. L. C. II*, p. 165(J.-P. Cotten, *La Pensée de Louis Althusser*, p. 80에서 재인용).

29) *L. L. C. I*, pp. 50-51(J.-P. Cotten, 같은 책, pp. 91-92에서 재인용).

30) J. Deprun, Ya-t-il une pratique theoriques? in *Structuralisme et marxisme*. p. 71, 10-18.

31) 같은 책, pp. 71-72 참조.

32) 같은 책, p. 74.

33) *L. L. C. I*, p. 70(J. Deprun, 같은 논문, p. 77에서 재인용).

34) 같은 책, p. 75(같은 논문, p. 77에서 재인용).

35) 같은 책, pp. 75-76 참조(같은 논문, p. 80 참조).

36) 같은 책, pp. 75-76(같은 논문, p. 80에서 재인용).

37) *P. M.*, pp. 64-65.

38) 같은 책, p. 65 각주 참조.

39) J.-P. Cotten, 같은 책, pp. 106-110 참조. *P. M.*, p. 25 참조.

40) *P. M.*, pp. 26-27 참조.

41) *P.*, p. 154.

42) 같은 책, p. 155.

43) J.-P. Cotten, 같은 책, pp. 115-116 참조.

44) *P. M.*, p. 202.

45) 같은 책, p. 101.

46) 같은 책, p. 209.

47) 같은 책, p. 210.

48) *L. L. C. II*, p. 41(J.-P. Cotten, 같은 책, p. 116에서 재인용).

49) *P.*, pp. 64-65 참조.

50) *L. L. C. II*, pp. 117–118(J.-P. Cotten, 같은 책, p. 123에서 재인용).

51) Raymond Aron, 같은 책, pp. 281–282.

52) Michel Richard, Louis Althursser, le théoricien marxiste dans la lutte des chasses dans *Penseurs aujourd' hui*, p. 109 참조.

53) R. Aron, 같은 책, p. 227 참조.

54) R. Aron, 같은 책, pp. 227–278.

55) R. Aron, 같은 책, p. 278.

56) 같은 책, p. 274 참조.

57) *P. M.*, p. 102.

58) 같은 책, p. 102.

59) 같은 책, p. 106.

60) 같은 책, p. 107.

61) 같은 책, p. 200.

62) 같은 책, p. 201.

63) 같은 책, p. 113.

64) 같은 책, pp. 203–304.

65) *P.*, p. 144 참조.

66) 같은 책, pp. 145–146 참조.

67) 같은 책, p. 147.

68) *P. M.*, p. 215.

69) 같은 책, p. 215 참조.

70) 같은 책, pp. 93–94 참조.

71) *L. L. C. II*, pp. 43–44(J. P. Conten, 같은 책, p. 130에서 재인용).

72) 같은 책, pp. 166–167(같은 책, p. 133에서 재인용).

73) J. Lacroix, 같은 책, p. 193 참조.

74) *P. M.*, p. 229 참조.

75) 같은 책, p. 229 참조.

76) Michel Richard, 같은 논문, p. 112 참조.

77) *P. M.*, p. 236.

78) *P.*, p. 160.

79-1) 같은 책, p. 164.

79-2) 같은 책, p. 165.

80) 같은 책, p. 165.

81) 같은 책, p. 166.

82) 같은 책, p. 169–170.

83) Lucien Sebag, *Marxisme et structuralisme*, Payot 참조.

84) *P. M.*, p. 238.

85) 같은 책, p. 239.

86) 같은 책, p. 239.

87) 같은 책, p. 240.

88) 같은 책, p. 240.

89) 같은 책, p. 242.

90) 같은 책, p. 245.

91) M. Richard, 같은 논문, p. 115(같은 책 참조) 참조.

92) *P.*, p. 77.

93) 같은 책, p. 88.

94) 같은 책, p. 86.

95) 같은 책, p. 86 참조.

96) 같은 책, p. 81.

97) 같은 책, p. 102.

〈7장〉

1) Maurice Corvez, Les nouveaux structuralistes, dans *Revue philosophique de Louvain,* pp. 592–593, 1969. 11.

2) *M. C.*, pp. 13–14.

3) François Wahl 외 4인, *Qu'est–ce que le structuralisme?* p. 337.

4) François Wahl 외 4인, 같은 책, p. 386. *L. L. C. II*, pp. 170–171 참조.

5) François Wahl 외 4인, 같은 책, p. 387. *L. L. C. II*, p. 170 참조.

6) Jean Brun, *L'Europe philosophe*, Stock, p. 333,

7) J. Brun, 같은 책, p. 334.

8) J. Brun, 같은 책, p. 334.

9) *E.*, p. 835.

10) 같은 책, p. 841.

11) Edouard Morot–Sir, *La pensée française d'aujourd'hui*, P. U. F., pp. 100–101.

12) E. Morot-Sir, 같은 책, p. 101 참조.

13) E. Morot-Sir, 같은 책, pp. 103-104.

14) Gilles Deleuze, Quoi reconnaît-on le structuralisme? (dans *La Philosophie au xx siècle*, dirige par F. Chatelet) pp. 293-329 참조.

15) *M. C.*, p. 353.

16) *C. C.*, p. 19.

17) Rocoeur, *Structure et hermeneutique*, dans *Esprit*, novembre, 1963, p. 597.

18) 같은 논문, pp. 598-600 참조(같은 잡지).

19) 같은 논문, p. 615 참조.

20) 같은 논문, p. 615.

21) 같은 논문, p. 615.

22) Paul Rocoeur, La structure, le mot, l'événement, pp. 808-809 (dans *Esprit*, 1967. 5) 참조.

23) 같은 논문, p. 809.

24) P. Rocoeur, *Structure et hermeneutique*, p. 621.

25) 같은 논문, pp. 626-627.

26) M. Dufrenne, *Pour l'homme*, du Seuil, p. 25.

27) M. Dufrenne, 같은 책, p. 26 참조.

28) 같은 책, p. 31.

29) M. Dufrenne, *La philosophie du neo-positivisme*, pp. 781-800 dans, *Ésprit*, 1967. 5. 참조.

30) M. Dufrenne, 같은 책, p. 233.

31) 같은 책, p. 236 참조.

32) Henri Lefebvre, *L'ideologie structuraliste*, Points, p. 17.

33) 같은 책, p. 18.

34) 같은 책, p. 42.

35) 같은 책, p. 42.

36) 같은 책, p. 129-130.

37) 같은 책, p. 130.

38) 같은 책, p. 158.

39) *A. S.*, p. 46 참조.

40) 같은 책, p. 399 참조.

41) 같은 책, p. 224 참조.

42) Preface de J. Lacan dans Jacques Lacan de Anika Lemaire, p. 14 참조.

43) *E.*, p. 258, p. 265 참조.

44) 같은 책, p. 628 참조.

45) 같은 책, pp. 622–623 참조.

46) *P. M.*, p. 257 참조.

47) Jean Laplanche et J.–B. Pontalis 저, 신정천 외 8인 공역, 『정신분석용어사전』(みすず書房), pp. 308–309 참조.

48) 같은 책, p. 309 참조.

색인

[ㄱ]

[ㄴ]

[ㄷ]

[ㄹ]

[ㅁ]

[ㅂ]

[ㅅ]

[ㅇ]

[ㅋ]

[ㅌ]

[ㅎ]

지은이 **김형효**

- 서울대 문리대 철학과 졸업
- 벨지움 루벵대 철학최고연구원 졸업(박사)
- 서강대 문과대 철학과 부교수 역임
- 한국정신문화연구원 부원장 역임
- 동 한국학대학원 원장 역임
- 한국학 중앙연구원 교수 역임
- 현재 한국학 중앙연구원 명예교수

- 제10회 열암 학술상
- 제7회 율곡 학술상
- 제19회 서우 철학상 수상

〈주요 저서〉

- 『원효에서 다산까지』, 2000, 청계
- 『하이데거와 마음의 철학』, 2001, 청계
- 『하이데거와 화엄의 사유』, 2002, 청계
- 『물학, 심학, 실학』, 2003, 청계
- 『철학적 사유와 진리 I, II』, 2004, 청계
- 『사유하는 도덕경』, 2004, 소나무
- 『원효의 대승철학』, 2006, 소나무
- 『마음혁명』, 2007, 살림

구조주의 사유체계와 사상(개정판)

초판1쇄 / 1989년 11월 15일
재판4쇄 / 2014년 8월 30일

지은이 **김형효**
펴낸이 **여국동**
펴낸곳 **도서출판 인간사랑**
인 쇄 **백왕인쇄**

출판등록 1983. 1. 26. / 제일 3호
(410- 815) 경기도 고양시 일산동구 백석로 108번길 60-5
TEL (031)901-8144, 907-2003
FAX (031)905-5815
e-mail/igsr@naver.com
정가 20,000원
ISBN 978-89-7418-557-2 93160